KB238732

멘토링
사례와
조직별모음집

멘토링 사례와 조직별모음집

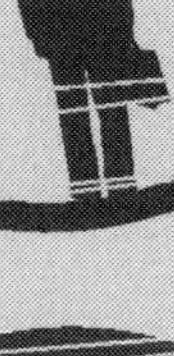

오늘날 멘토링 도입이 유행병처럼 번지고 있다. 국내에서도 160개 기업대상 설문에서 47.5%가(Job Link자료), 대학생 450명 대상 설문에서 43.1%(한국직업능력개발원자료)가 멘토링을 도입했거나 경험했다고 하는 자료가 발표되고 있다.

류 재 석 지음

멘토링 사례집 발간 서문

오늘날 멘토링 도입이 유행병처럼 번지고 있다. 국내에서도 160개 기업 대상 설문에서 47.5%가(Job Link자료), 대학생 450명 대상 설문에서 43.1%(한국직업능력개발원자료)가 멘토링을 도입했거나 경험했다고 하는 자료가 발표되고 있다.

미국에서도 이러한 무분별한 도입에 대하여 우려하면서 맥킨지 컨설팅은 제도화된 멘토링(Systematized Mentoring)을 도입할 것을 강조하고 있다.

멘토링코리아에서는 10년여에 걸쳐 한국형 멘토링(Korea Type Mentoring) 프로그램을 개발하여 준비과정, 도입과정, 활동과정, 평가과정에서 Diamond 인재개발 종합 프로그램으로 명칭하여 조직현장에서 아래 5가지 도입 선행조건을 참고로 하여 컨설팅을 수행하고 있다.

멘토링 도입 5가지 선행조건*

1. **먼저 멘토링 목표를 설정하는 것이다**
  - 예를 들자면 '신입사원 정착률 향상', '관계개선 멘토링', '경력개발촉진', '핵심인재개발', '노사화합촉진', '지식기술이전' 등이다.
2. **멘토링 활동기간을 설정하는 것이다.**
  - 예를 들자면 위 1항의 목표별로 6개월, 9개월, 12개월, 24개월 등을 설정해서

교육 이벤트성이 아니라 프로젝트 개념으로 도입하기를 권한다.

3. 멘토링 활동 시작일과 종료일을 확정 짓는 것이다

－예를 들자면 12개월일 경우 시작일은 2008년 1월 1일로 종료일은 2008년 12월 31일로 정하면 된다.

시작일과 종료일을 분명히 하여 4개 과정별로 과정마다 성과 평가를 하고 멘토와 멘제의 공식적인 관계는 종료일을 기점으로 정리해야 한다.

4. 멘제 그룹 선정기준을 정한다.

대부분 조직에서 멘토부터 선정하는데 그보다는 목표에 맞게 멘제 기준부터 선정하여 멘제 수에 맞게 멘토 수를 선발하고 또한 멘제 특성에 맞는 멘토를 나중에 선발해야 생산적이며 합리적이다.

5. 맨 나중에 멘토 그룹 선정기준을 정한다.

멘토는 목표가 설정되고 멘제 그룹 선정기준 확정 후에 멘제의 인원과 멘제의 특성에 맞는 멘토를 선정하는 것이 멘제 중심의 멘토링 기본 의미에 합당하다.

금번 멘토링 사례 종합 편은 10여 년 동안 현장에서 컨설팅한 도입 및 성공사례를 각 조직별로 체계 있게 정리한 것이다.

특히 멘토링 프로그램이 기업체를 비롯하여 대학, 교회 최근에는 공공기관, 군대에까지 다양하게 활용되므로 그간 대부분 기업 위주의 사례자료를 도서에 수록했으나 금번 각 조직 소속 회원들의 요청으로 조금은 방대하지만 기타 사례도 추가하여 발간하게 되었다.

Part 1) **국내기업**－11개 파일로 30대 재벌급 기업은 거의 신입사원 멘토링 프로그램을 진행하고 있으며 아쉬운 점은 1) 업체마다 부하직원에게만 적용하는 것으로 잘못 이해하고 있으며 2) 멘토링 전문가를 양성하지 못하여 핵심인재, 경력개발, 노사화합, 지식경영 등 멘토링 핵심 프로그램까지 접근을 못하고 있는 실정이다.

Part 2) **해외기업**－16개 파일로 해외사례를 검토한바 국내 멘토링보다 다양하게 멘토링을 적용하고 있다. 예를 들자면 임원 멘토링, CEO양성 멘토링 등 상위급 멘토링으로 효과를 거두고 있으며 핵심인재 경력개발, 지식경영, 조직문화 등 고품질의 멘토링으로 좋은 성과를 얻고 있다.

Part 3) **공공기관**－4개 파일로 노동부 컨설팅 프로젝트(06년 5～12월), 화성시청, 그리고 경기도 공무원 교육원, 특별히 육군항공학교 시행계획을 추가했다

Part 4) **교회**－3개 파일로 종교단체는 이미 자체적으로 유사 멘토링을 제자 훈

련식 교육방법으로 진행하고 있어 비체계적인 방법으로 전통적인 범주에서 대부분 다루고 있다.

Part5) **대학**—5개 파일로 대부분 경영이 취약한 전문대학 중심으로 활발하게 진행되고 있으며 을지대와 같이 노동부나 교육인적자원부의 지원자금으로 경비를 충당하고 있어 앞으로 큰 폭으로 확대 가능성을 예상한다.

Part 6) **학교**—4개 파일로 멘토링 프로그램이 평준화 대안으로 최적의 프로그램임에도 불구하고 정규학습의 과다업무와 예산의 한계로 단위 학교보다는 교육청 중심으로 도입이 추진되고 있다.

Part 7) **인간존중 멘토링**—12개 파일로 개인 간에 먼저 상호간 신뢰와 존경을 유지하면서 자연스럽게 연결되는 멘토링으로 대부분 위대한 멘토를 만나 그 시대에서 리더로 성장하는 데 좋은 사례다.

Part 8) **멘토링 성경 사례**—12개 파일로 하나님의 인간사랑 이야기를 담은 성경은 멘토링의 흐름이라고 볼 수 있다. 아담 / 하와에서 모세 / 여호수아로부터 신약에서 예수님의 멘토링과 바나바와 바울 등으로 이어지는 대표사례 12가지 선정하여 소개 했다.

멘토링 프로그램을 개발할 당시 대부분 사람들이 반신반의로 의견을 주었지만 그래도 아래에 소개하는 사람들의 물심양면 도움으로 이제는 국내에서 객관적으로 성공한 프로그램으로 인정받고 용기를 내어 체계적인 멘토링 사례 종합 편으로 출간하게 되었음을 알린다.

초창기에 멘토링 이론 정립과 실행 프로그램을 개발하는 데 큰 도움을 준 Bobb Biehl(美 멘토링 학자) 박사와 William Gray(加 브리티시대) 교수에게 감사를 드린다.

1998년 2월 1일에 멘토링코리아를 설립하여 저자와 함께 우선적으로 한국정서에 맞고 생산성 향상에 기여할 수 있는 프로그램 개발에 공동연구를 거듭한 탁충실 위원(전산), 민홍기 박사(경영), 김영회 박사(교육공학), 최창호 박사(사회심리학), 최명국 박사(언론학), 박건 박사(교회)에게 감사를 드린다.

2000년 10월 제1차 멘토링 페스티벌을 개최하여 정식으로 데뷔할 수 있도록 연구실과 강의장소와 그리고 추진자금을 제공한 한국인간교육원 김순환 원장에게 감사를 드린다.

멘토링 프로그램을 개발하고 임상실험을 할 수 있도록 현장도입에 앞장섰던 하이닉스 반도체(2000. 7. 담당: 홍무용), 포스데이터(2001. 8. 담당: 김영만), 이랜드(2002. 5. 담당: 정성찬) 삼성SDI (2002. 6. 담당: 이제화), 삼양그룹(2002. 8. 담

당: 김정법) 등 5개 기업체 CEO와 추진 담당자에게 감사를 드린다.

특히 노동부 혁신 성과단에서 2006년 5~12월 8개월간 멘토링을 혁신 주제로 선정하여 노동부 부천지청을 시범으로 멘토링 컨설팅 기회를 제공하여 금번 시스템 운영 매뉴얼 사례로 제공할 수 있도록 배려한 이원호 서기관님, 임은주 지청장님 박은경님 그리고 노동부 추진팀원에게 감사를 드린다.

끝으로 신앙적인 격려와 기도로 후원해 주신 서현교회 김경원 목사님, 10년간 멘토링에 열정을 품고 오직 프로그램 개발에 전념할 수 있도록 가정에서 따뜻한 에너지를 제공한 아내 임금자를 비롯하여 류환, 류현, 한현숙, 류경헌, 류지영, 안성훈에게 감사를 드린다.

국내에서는 현재 개척 단계에 있는 멘토링을 대승적인 차원에서 기꺼이 출판을 허락한 한국학술정보㈜ 채종준 사장님, 담당 강태우 님 그리고 편집팀원에게 심심한 사의를 표한다.

Part 2

해외기업 사례

Part 3

공공기간 사례

Part 4

교회 사례

Part 5

대학 사례

Part 6

Part 7

국내기업 사례

기업 -1 동양기전

한 연구기관의 조사에 의하면 한 사람의 이직은 그 사람의 연간 급여의 100～
250%의 비용을 발생시킨다고 한다. 통상 인력유출은 신규채용 비용, 임시직원 고
용에 따른 경비, 교육훈련비 손실, 대체인력의 학습 비용, 동료의 사기 저하와 업
무부담, 업무의 연속성 단절 등 직간접 비용을 발생시킨다. 회사 고유의 핵심기술
이나 지식을 가진 인재의 유출은 그 피해를 따지기 어려울 정도이다(삼성전자
1,000억 / 1인 핵심인재유출 비용). 이들의 유출은 공정, 노하우나 거래선 정보와
같은 기업 특유의 무형자산의 증발을 초래한다. 특히 국내기업들은 공식채널이나
명문화된 매뉴얼을 통해 일하기보다 많은 경우 사람에 체화된 지식에 의존하는
경우가 많아 인재유출이 미치는 타격이 더 심하다.

리더들이 해야 할 가장 첫 번째 일은 구성원들이 왜 이 조직에 남아 있는지
그리고 무엇이 떠나도록 유혹하는지 물어보라는 것이다. 묻지 않고 추측만 하면
진정 원하는 바를 알기 어렵다. 대부분의 사람들은 돈 때문에 떠나는 것이 아니
라 의미 있는 업무, 경험, 도전, 성장의 기회, 학습, 대화 등 보이지 않는 무엇 때
문에 떠난다. 팀원들은 단지 질문을 받는 것만으로도 스스로 존중받고 가치 있고
중요하다는 느낌을 받는다.

인재유지의 책임은 어디에 있는가? 다름 아닌 바로 '나'가 인재유지에 가장 큰
책임이 있다. 89%의 매니저가 '돈'이 인재유지의 수단이며, 핵심인재보유에 대한
책임이 상급자에게 있다고 생각하고 인재유출의 탓을 조직방침이나 보상체계로
돌린다고 한다. 그러나 종업원 만족과 몰입의 책임은 직속상사인 '나'에게 달려
있다. 직무만족의 50%가 직속상사와의 관계에 달려 있다는 조사도 있다.

  한 사람을 소중히 여기지 않으면 그들은 떠난다는 원리가 의미하듯 오늘날 곳곳에서 인간을 사랑하는 따뜻한 마음의 중요성을 느껴야 할 시대이다. 그리고 결국 경영현장에서의 인재유지 기법은 언제 어디서나 사람이 지녀야 할 기본적인 가치와 일맥상통함을 확인할 수 있다

  이러한 시대적인 요구가 한 사람을 소중히 여기고 인간존중을 이념으로 하는 멘토링 인재전략이 21c에 들어와서 북미지역을 시발점으로 국내에서도 유행처럼 번지고 있는 것이다.

[동양기전(주)]

  인천 남동공단(자동차부속)과 창원공장(유압기기) 그리고 익산공장(산업기계)에서 900여 명의 임직원이 연 매출액 2,000억을 올리는 알짜기업 동양기전(주)(양재하 사장, 조환영 상무, 선동기 부장, 멘토링 담당 전오철)가 중견기에서, 인천지역에서 최초로 멘토링을 선수 도입하는 결단을 내렸다.

  남보다 먼저 상장기업으로서 투명경영을 시도하고, 국내 최초로 독서대학으로 독서경영을 실천하여 차별화된 기업문화를 창출하여 임직원 자기개발 지원에 앞장서고 있는 기업이다.

  인간존중으로 세계 최고의 경쟁력을 기르고 나아가 기업의 성장성과 주주와 사원을 위하여 보람찬 일터를 꾸미는 것을 경영이념으로 삼고, 21c 인재상으로 인간적 인재·능동적 인재·창의적 인재로 인간경영을 몸소 실천하는 동양기전의 멘토링 도입은 어쩌면 기업풍토에 적절한 인재개발전략으로 앞으로 성공확률이 높을 것으로 기대해 본다.

  그동안 전오철 담당의 꾸준한 자료 수집과 앞장서 전문교육을 수강하고 오랫동안의 준비기간을 거치면서 선동기 부장, 조환영 상무의 지원과 양재하 사장의 최종결단으로 멘토링 도입을 하게 되어 앞으로 독서경영처럼 많은 기업들로부터 멘토링에 관하여 벤치마킹의 계기가 되지 않을까 생각해 본다.

  두 가지 부탁드리고 싶은 것은 성공을 보장할 수 있는 방법으로 교육 이벤트성을 벗어나 도입과정, 활동촉진과정, 평가과정 등 종합 프로그램(mko-12개월 인재개발 종합 프로그램 소책자 참고-무료제공)으로 멘토링의 종합대안 수립과 적어도 12개월 정도의 충분한 멘토/멘제 활동기간이 효과적일 것이다. 그러면 금번 도입교육의 프로그램을 아래 내용으로 소개한다.

　동양기전(주) 멘토링은 먼저 전오철 대리의 열정과 회사의 적극 지원으로 성공률을 높이고 있습니다. 전문교육을 이수하고 그동안 꾸준히 준비하여 1차로 연구원 신입사원 멘토링을 3개월에 걸쳐 유지율과 정착률을 100% 달성했습니다.
　2차로 경력사원 정착률을 목표로 3개월간 활동으로 역시 유지율과 정착률 100% 실적을 거두었습니다. 3차 생산직 여사원 정착률 멘토링은 준비 중에 있습니다. 이 글은 월간 인사관리 3월호에 전오철 대리가 기고한 내용입니다.

1. 당사 멘토링 시스템
2. 선행사항
3. 멘토링 추진위원회 구성
4. 멘토링 프로세스
5. 멘토링 프로그램
6. 멘토링 시행 결과 및 효과
7. 멘토와 멘제 소감

　21세기의 지식사회가 도래되고, IT산업의 발전으로 최근의 환경변화는 지난 수십 년간의 변화보다 급속하게 변하고 있다. 이런 환경변화에 유연하게 대처하고, 경쟁력을 확보하면서 기업이 지속적인 성장을 하는 것은 대단히 어려운 일이며, 그 경쟁력의 중심에 인재가 있다. 기업의 인재육성과 우수인재 확보는 기업의 사활을 다투는 중요한 문제가 되었으며, 구성원들의 잠재력을 개발하고 핵심인력을 육성하려는 움직임이 가속화되고 있다.
　이러한 움직임 속에서 인사관리도 관리와 통제 중심에서 현장 중심으로 이동되고 있다. 현장 중심의 인사관리란 종전의 일방 통행식의 정책을 탈피해 종업원의 NEED를 먼저 파악하고 선행 지원하는 인사관리의 새로운 역할 정립을 의미한다.
　오늘날의 복잡 다양화되는 기업활동과 종업원의 NEED를 파악하기 위해서는 기존에 활용했던 포괄적이고 단일화된 '돋보기형' 인사관리에서 다양한 NEED를 좀더 세밀하게 접근할 수 있는 '현미경형' 인사관리로의 전환이 필요하다.
　이러한 '현미경형' 인사관리 중에 하나가 바로 멘토링이다. 당사(동양기전주식회사)는 '창의적 인재', '능동적 인재', '인간적 인재'라는 인재상 아래 '윤리경영', '독서경영' 등의 독특한 기업문화를 가지고 있는 자동차 부품 제조업체로서 다양해지는 신입사원들의 욕구를 해결하고, 조기정착을 통하여 인재 효율성을 제고시키려고 멘토링 제도를 도입하게 되었다.

1) 당사 멘토링 시스템

최근 신입사원의 욕구는 다양해지고 있다. 인터넷의 발달과 급변하는 환경은 기존 선배사원들이 가지고 있는 생각과 문화와는 차이가 있음을 인정하지 않을 수 없게 만들었다. 하지만 기업은 같은 VISION 아래 한 방향으로 함께 합심하고 노력하여 타사와 경쟁하여야 하기 때문에 당사는 첫째, 기존 선배사원과 신입사원들의 문화와 생각의 차이를 어떻게 줄일 것인가? 둘째, 어떤 방식으로 신입사원을 조기정착시켜, 선배사원과 신입사원 모두 시너지 효과를 낼 수 있도록 할 것인가 하는 해결책을 찾고자 2003년 10월 1일 멘토링 제도를 도입하게 되었다.

2) 선행사항

멘토링 도입 시 가장 중요한 부분은 전 사원의 공감대 형성이다. 공감대가 형성되지 않고는 제도가 제대로 실행될 수가 없다. 그래서 동양기전은 제도 도입 필요성 및 타사사례 등을 경영자에게 보고하여 시행하기로 결정하고 6개월 전부터 그룹별 설명회 및 동양사보 등을 통해 홍보를 해 나가기 시작했다. 아울러 외부 강사를 초빙하여 멘토링 제도에 대한 교육도 함께 실시하여 많은 계층들로부터 공감대를 얻어냈다. 공감대 형성은 제도에 대한 이해 및 함께 동참하여 추진하고자 하는 전 사원들의 의욕을 불러일으킬 수 있다.

3) 멘토링 추진위원회 구성

기존의 인사 담당에서 운영하던 인사관리 시스템과는 별개로 D.Y(동양) 멘토링 위원회라는 별도의 조직을 구성하였다. 또한, 조직 구성원은 전문교육을 수료하고 외부 강사 초빙 등을 통해 멘토십을 학습하였다. 위원회의 구성원은 경영자 및 사원대표 등의 다양한 계층의 사원이 참여하고 있으며, 모니터 요원으로도 활동을 하면서 멘토와 멘제의 활동을 촉진시키는 역할을 하고 있다.

4) 멘토링 프로세스

멘토링 위원회가 구성되면

첫째, 먼저 전 사원을 대상으로 멘토링 설명회를 개최한다.

둘째, 각 부서에서 추천된 멘토 후보를 멘토링 위원회에서 심사기준에 따라 적합한 멘토를 선정하게 된다.

셋째, 선정된 멘토를 대상으로 멘토십과 멘토링 제도 교육을 실시한다.

멘토십이 바탕에 있지 않으면 멘토의 역할을 수행하는 데 소홀하게 되며, "현업무 외에 다른 업무가 부가된다."라는 불만이 발생할 수 있으므로 교육을 통해서 멘토십을 형성하는 것이 무엇보다도 중요하다.

넷째, 교육 및 게임을 통하여 성격분석을 하고 유사한 성격끼리 멘토, 멘제 커플을 맺는다.

다섯째, 월례조회 등을 통하여 멘토에게 멘토링 배지 등을 증정하고 결연식을 맺어 멘토링 기간 동안은 배지를 달고 다니게 해 멘토로 선정된 것에 대한 자부심을 갖게 한다.

여섯째, 주기적으로 멘토링 프로그램을 통하여 활동할 수 있는 공간을 만들어 주고, 활동성과가 좋은 사람은 포상을 하고 부족한 사람은 분발시킨다.

일곱째, 활동 결과에 대한 평가 및 결과를 경영자에게 보고한다.

5) 멘토링 프로그램

활동기간 동안 멘토링 위원회에서는 다음 네 가지 프로그램으로 멘토링 커플을 지원한다.

첫째, 동기부여 프로그램이다. 멘토에게 월 활동비를 지원해 주고 활동평가 후 우수 멘토로 선정된 멘토는 수상을 하게 된다. 그 결과는 종합평가 시 인성 부분을 참고하는 자료로 활용된다.

둘째, 오프라인 활동촉진 프로그램이다.

멘토링 추진위원이 멘토/멘제 커플을 나누어서 모니터링을 하게 되고 부진한 커플을 독려하고 그들에게 접수된 건의사항 및 고충사항은 위원회에서 해결한다. 위원회는 월간 단위로 멘토만을 대상으로 하는 간담회를 개최하고 멘토·멘제 단체활동을 주관함으로써 활동을 촉진시키고, 매주 금요일을 멘토링 데이로 지정해서 주 내에 활동하지 못한 부분을 상기시키고 지속적으로 활동할 수 있도록 도움을 주고 있다.

셋째, 온라인 활동촉진 프로그램이다. 당사는 멘토링 커뮤니티와 E-MAIL을 적극 활용하고 있다.

멘토링 커뮤니티를 구성해서, 온라인 교육을 시행하고 베스트 PRACTICE를 선정해, COMMUNITY 게시판에 공고한다. 이를 통해 선정된 사람은 자부심을 갖게 하고, 다른 멘토에게는 분발을 촉구하게 한다. 또한, 기록으로 남겨 개별적인 활동으로 남을 수 있는 활동을 모두에게 공유시켜 활동 결과를 벤치마킹하게 한다.

실제로 1기 멘토/멘제는 커뮤니티를 통해 타 커플의 활동사례를 벤치마킹하였고 선의의 경쟁을 함으로써 활동이 촉진되는 것을 모니터링할 수 있었다. 커뮤니티가 커플의 네트워크를 통한 지원이라고 한다면, 이메일은 멘토링 활동의 알람 역할을 한다. 멘토링 위원회라는 별도 계정으로 보내지는 E-MAIL은 매주 금요일 멘토링 데이에 추천활동과 함께 보내진다. 단순히 추천활동뿐만 아니라 대표이사의 신년사 등 조직문화와 관련된 여러 자료들을 멘토에게 보냄으로써 멘토가 멘제를 효과적으로 지도하는 데 도움을 주게 된다.

넷째, 활동평가 프로그램이다.(슬라이드 10 삽입)

멘토는 월 1회의 활동보고서를 제출하게 되고, 멘제를 대상으로 1개월차와 멘토링 종료 후에 각각 설문조사를 실시하게 된다. 활동평가 점수는 멘토 50점, 멘제 40점, 모니터 가점 10점으로 구성되어 있으며, 보고서 제출도, 아이디어 제공, 커뮤니티 활동, 멘제 설문조사 결과로 평가하게 된다.

6) 멘토링 시행 결과 및 효과

당사는 2003년 9월 1일에 입사한 사원 19명을 대상으로 10월 1일부터 제1기 멘토링이 진행되었으며 12월 31일 기준으로 유지율 100%, 정착률 100%의 결과가 나타났다.

활동 후 멘제에게 실시되는 멘제 만족률 설문조사에서도 긍정적인 결과가 집계되었다.

현재는 제1기 멘토링의 성공적인 정착에 힘입어 경력사원을 대상으로 한 제2기 멘토링이 진행 중이다. 기간은 12월 1일~2004년 2월 28일이며 현재까지 100%의 유지율과 100%의 정착률을 보이고 있다. 멘토링 시스템이 신입사원 이

외에도 경력사원들의 조직 적응력 향상과 긍정적인 마인드 조성에 효과를 나타낼 것이라고 기대하고 있다. 1기, 2기에 이어 제3기 멘토링이 시행되었다. 3기 멘토링은 1기, 2기와는 달리 생산 부문의 멘토링이다. 국내외 자료에서 생산 부문의 멘토링 사례는 찾아볼 수가 없어서 D.Y 멘토링 위원회에서는 '도전'이라고 표현하고 있다. 2004년 2월 1일 입사한 생산 신입여사원과 입사 3년차 이상의 멘토가 연결되어 활동하고 있다.

짧은 기간이지만 지금까지 당사가 시행해 본 결과 멘토링 운영의 성공 포인트는
첫째, 멘토링이 프로그램화되어야 한다는 것이다. 동양기전을 비롯한 국내 많은 기업도 멘토링과 유사한 후원자 제도를 한 번쯤은 시행해 보았을 것이다. 하지만 성과를 거두지 못한 이유는 멘토와 멘제를 연결만 시켜 놓고 그들을 관리해 줄 프로그램이 정립되어 있지 않기 때문이라고 생각한다.
둘째, 목표가 단순하고 명확해야 한다. 당사의 사례처럼 제1기 신입사원 정착률 향상, 제2기 경력사원 정착률 향상, 제3기 생산 부문 정착률 향상 등의 구체화된 목표가 있어야만 도달하기가 쉽다.
셋째, 멘토링의 생명은 끊임없는 관심이다. 조직 내에서 경영자가 관심을 갖고, 위원회에서는 지속적으로 새로운 프로그램을 개발하고, 활동비 등의 경비지원을 해야만 멘토링 프로그램이 활성화될 수 있다고 생각한다. 동양기전은 1기, 2기, 3기를 통해 멘토링 제도를 단시간 내에 효과적으로 정착시켰다. 2003년 10월 멘토링 제도를 도입하여, 사원들이 '돋보기형' 인사관리보다 '현미경형' 인사관리, 즉 세밀한 관찰과 세심한 배려가 밑바탕에 깔려 있는 현장 중심의 인사관리를 원하고 있다는 것을 다시 한 번 인식하게 되었다. 또한, 멘토링은 당사에 다음과 같은 세 가지 효과를 나타냈다.

첫째, 공통의 문화가치와 회사의 VISION 등을 인식시켜 줌으로써 신입사원이 조직문화에 신속히 융화되어 정착률 100%를 달성하게 되었다.
둘째, 지식이전과 기술전수이다. 멘토가 익힌 지식과 기술 등을 1:1로 멘제에게 이전시켜 주고, 멘제는 새로운 환경변화를 멘토에게 인식시켜 줌으로써 멘토/멘제가 다 같이 향상되는 시너지 효과를 가져오게 되었다.
셋째, 업무 이외에 개인적인 애로사항 등을 서로 상담하고 해결함으로써 인간관계를 향상시켜 개인 간, 팀 간의 갈등해소를 가져와 업무향상을 가져오는 효과

를 볼 수 있었다.

그러나 우리는 여기에 만족하지 않고 새로운 프로그램 개발을 적극 추진하여 멘토링 시스템을 더욱 발전시키고, 다른 인재육성 프로그램과도 연결시켜 단순한 정착률 향상만이 목적이 아니라 회사의 핵심인력 육성에 기여할 수 있도록 할 예정이다.

(ocjun@dy.co.kr)

7) 멘토와 멘제 소감

▌ 멘제 최은석(기획실 회계팀)

초등학교 때인가 '마니또'란 것을 해 보고 처음으로 접해 보는 공식적인 유대관계인 것 같다. 아무도 모르게 뒤에서 도와주는 그림자 역할을 하면서 참 뿌듯하기도 하고, 주는 기쁨이 이거구나 느끼면서 받는 사람보다 더 좋아했던 기억이 난다.

신입사원으로 처음 회사에 입사하면서 사회생활에 대한 막연한 두려움과 '내가 과연 잘할 수 있을까?' 하는 걱정을 많이 했었다. 그러다 정말 운이 좋게 멘토링 제1기로서 여러 멘토 / 멘제님들과 개인적인 유대관계를 통해 그런 두려움을 조금이나마 해소할 수 있었고, 말로만 듣던 동양기전의 기업문화가 참 인간적이라는 것을 새삼 느낄 수 있었던 기회였던 것 같다. 그리고 가족이나 친구들이 이해 못할 것 같아 말할 수 없었던 고민거리, 멘토님과 함께 나누면서 든든한 후원자 한 분을 만난 것 같아 참 고마웠다.

선배님들이 말하길 직장생활이란 것이 일이 힘들어서가 아니라 사람 사이의 관계가 힘들어 누구나 한 번은 이직을 생각해 본다고 한다. 하지만 직장 내에 누군가 나를 진심으로 후원해 주고, 고민을 들어 주며, 충고를 아끼지 않는 길잡이 역할을 해 주시는 분이 한 분이라도 있다면 마음의 상처로 쉽게 이직을 결심하지 않을 것 같은 생각을 했다.

3개월간 멘토링……

짧지마는 않은 기간이기에 많은 것을 할 수 있을 거라 생각했는데 회사에 적응을 하는 사이 어느새 시간이 훌쩍 지나가 버렸다. 막상 3개월이 지나고 나니 너무 짧아 그동안 멘토님과 많은 시간을 보내지 못한 것 같아 아쉬운 생각이 든다. 하지만 멘토님과 다짐을 했다. 공식적인 멘토링은 여기서 끝이 나지만 꼭 멘토/멘제이기 때문에 활동을 해야 한다기보다는 직장의 선배로서 인생의 선배로서 또 때로는 친언니같이 언니로서 마음의 유대를 계속 유지하기로……

그리고 언젠가 나에게 멘토의 기회가 주어진다면 이 다음에 꼭 좋은 멘토가 되어서 멘토님께 받았던 고마움을 더해 나의 멘제에게도 길잡이 역할을 해 주고 싶다는 바람과 욕망을 가져본다.

❚ 멘제 김영진(연구소)
  ▪ 활동소감
  ▪ 건의사항
❚ 멘토 윤선희(회계팀 과장)
❚ 기타 활동 후기

기업 - 2 두산메카텍

1. 도입 부문 사례

멘토링 프로그램에 대한 평가가 국내외에서 활발하게 발표되므로 날이 갈수록 기업을 비롯한 학교, 교회 등 조직에서 도입에 열기를 더해 가고 있습니다.

그러나 호사다마(好事多魔)라는 말이 있듯이 멘토링이 그렇게 환상적인 것만은 아니라는 것을 밝혀두고 싶습니다.

먼저 멘토링의 원리에 대한 정확한 이해와 활동 프로그램에 대한 검토 없이 너도 나도 멘토링을 도입한다는 것은 괜히 투자비와 귀중한 시간만을 낭비할 뿐입니다.

단도직입적으로 묻고 싶습니다.

1) **유사 멘토링**(Side Mentoring) 프로그램이란 무엇입니까?
2) **전통적 멘토링**(Typical Mentoring) 프로그램이란 무엇입니까?
3) **새로운 멘토링**(New Mentoring) 프로그램이란 무엇입니까?

위 세 가지 프로그램을 구분할 수 있다면 저는 자신 있게 권합니다. "그렇다면 멘토링 프로그램을 도입하십시오." 그렇지 못하다면 "도입을 보류하고 지금부터 3개월간 준비하십시오."

특히 삼양그룹, 두산그룹 등 멘토링 도입에 선수전략을 펴고 있는 기업과 기타 멘토링 도입을 서둘고 있는 기업은 아래 3가지 유의사항에 귀를 기울이셔야 합니다.

1) 유의사항

첫째는 그룹 차원에서 멘토링 도입을 권한다고 할지라도 시행은 각 계열사 CEO가 결단을 내려서 할 일입니다. 각 계열사마다 나름대로 특징이 있기 때문에 먼저 3개월간 신중한 준비가 있어야 합니다. **멘토링 프로그램 매니저**(Program Manager)를 먼저 길러야 합니다. 그래서 제대로 "**멘토링운영계획**"을 수립한 후에 도입해야 성공률을 높일 수 있습니다. 일부 계열사에서 전혀 준비도 없이 멘토링 전문업체에 도입교육부터 의뢰하는 일은 성급한 일입니다. 한편 멘토링 도입 부문을 일괄적으로 신입사원 정착에 집중하는 것도 역시 재고해야 합니다. 멘토링에서 신입사원 정착 부문은 가장 기초적인 부문입니다. 경력개발, 핵심인재개발, 지식경영, 노사화합촉진 등 더욱 알차고 기업인재개발에 큰 효과를 거둘 수 있는 분야로 시선을 돌려야 합니다.

둘째는 기업에서 제대로 지원이 있어야 합니다. 그러기 위해서는 먼저 **간부급 이상 사원에게 멘토링 마인드 조성 특강**을 수강할 것을 권합니다. 부서장급의 협조 없이는 멘토링 도입에서 성공하기 힘듭니다. 어떤 간부는 의도적으로 비협조 세력을 규합하기도 합니다. 일반 사원이나 대리급 등에서 멘토링 프로그램을 추진하기는 너무나 벅찬 일이라고 생각합니다.

그리고 회사에서는 경제적, 비경제적인 동기부여계획을 발표해서 멘토 / 멘제가 활동하는 데 힘을 실어 주어야 합니다.

셋째는 멘토링 활동에서 가장 주도적이어야 할 멘토 자생력에 대한 것입니다. 멘토는 사장을 대신하여 멘제 한 사람을 일정기간 동안 책임지고 주어진 목표를 달성해야 할 사람입니다. 그러기 위해서는 멘토는 아래 3가지 관점에 유의해야 합니다.

1) 멘토는 **멘토링에 관한 전문교육**을 받고 스스로 멘토로서 역할 수행에 필요한 자료와 정보를 챙겨야 합니다.
2) 멘토는 멘제에 관한 DB를 구축해야 합니다. 그 내용은 멘제의 구체적인 인적시항, **성격유형파악, 인격지수파악, 니즈**(Needs)**파악, 그리고 멘제의 가치관**을 제대로 알고 있어야 단기간에 멘제에 욕구를 충족시켜 줌으로써 멘토링을 성공적으로 이끌 수가 있습니다.
3) 마지막으로 회사의 지원이 뒷받침되어야 합니다. 멘토는 회사 정규업무를 담당하면서 별도의 시간을 내어 멘토 역할을 하는 것이므로 인사고과가점,

승진가점, 승급가점, 특별휴가 등으로 지원하고 특별히 멘토/멘제가 별도 멘토링 활동에 소요되는 경비를 지원해 주어야 합니다.

2) 두산메카텍 멘토링 도입 실제

두산그룹은 그동안 박용만 회장의 권면으로 전략본부(조성준 차장, 임지택 차장)에서 충분히 자료를 검토하고 각 계열사 신입사원 정착 부문에 먼저 도입을 권하고 있습니다.

식품BG(사장: 박성흠, 실무: 이기형 과장)에 이어 메카텍(사장: 최승철, 상무: 안명기, 팀장: 장창호)이 신입사원 정착 부문에 도입했습니다.

최형식 대리가 실무를 맡아 국내외 자료를 수집하였고 특히 시스코 멘토링 사례를 검토하면서 멘토링 도입을 확정했습니다. 최종적으로 8/14일에 멘토링코리아 류재석 소장으로부터 기본 교육과정을 1:1로 수강하고 도입에 필요한 제반 자료(도입 프로그램, 활동촉진 프로그램, 평가 프로그램, 타사도입 사례 등)를 챙겨 8/22~23일 양일에 도입일정을 잡았습니다.

3) 도입의 개요

- 도입 부문: 신입사원 정착률 향상
- 도입 일시: 8/22~23일
- 교육장소: 부곡 일성콘도
- 활동기간: 12개월
- 멘토멘제: 19쌍

(1) **최승철 사장 모시고 결연식**(8/22 도입교육 후 19:00~20:00)
  1. 멘토/멘제 선서식
  2. CEO기념 선물전달
  3. CEO격려사

(2) **성공활동을 위한 Workshop**(8/23일)
  1. 메카텍 멘토링 추진방안 안내

  2. 멘토 / 멘제 분임Workshop

  3. Brain Storming

    - 멘토링 활동의 장애요인 제거방안

    - 효과적인 활동을 위한 멘제의 자세

  4. Mentor 활동 3게임 Workshop 평가자료와 대안

(3) 3게임 평가자료 분석 및 대안

① Lynchpingame - 개인 성격가치 개발게임

1) 메카텍 멘토링 도입은 멘토와 멘제를 연결하는 방식을 성격분석을 통하여 동일성격과 보조성격을 참고로 하여 연결했다는 것이 큰 의의가 있습니다. 대부분 기업에서 1년 정도 단기간 멘토링 활동을 하기 때문에 제일 먼저 고려해야 할 일이 멘토와 멘제가 마음이 맞아야 하는 것입니다.

그러나 일부 기업에서 성격을 고려치 않고 일방적으로 회사 문서명령으로 연결하는데 이는 효과를 반감하는 결과를 낳을 수도 있습니다. 성격분석을 통하여 도입현장에서 연결해 주면 먼저 멘토와 멘제 당사자가 동질감을 느끼게 되어 첫 출발부터 서로 간에 호감을 느끼게 됩니다.

2) 성격분석을 통하여 멘토 / 멘제의 성격유형이 확정된 후 먼저 동일지역 내에서 성격유형을 찾아 연결한다면 멘토링 미팅할 때 효과적일 것입니다.

3) 다음에는 "각자의 성격은 변하지 않는다."는 전제하에 멘토와 멘제 상호간에 강점과 약점을 파악하여 상대방을 이해하고, 특히 바람직한 대응(엔돌핀이 나오는 사항)과 피해야 할 대응(스트레스를 받는 사항)을 제대로 구분하여 적절한 대응으로 멘토 / 멘제 관계의 폭을 넓혀야 합니다.

② Stargame - 개인 인격가치 개발게임

1) 스타게임은 멘토링 핵심내용을 5가지 지수(5 INDEX)로 하여 멘토 / 멘제 각자 자신의 인격의 가치를 지수로 점수화하는 기법입니다. 그래서 멘토 / 멘제가 12개월 동안 자신의 가치를 업그레이드할 수 있는 기본적인 자료로 활용합니다. 특히 상호 미팅할 때 주요 소재로 거론되게 됩니다. 각자 5가지 지수 중 약한 부문을 집중적으로 서로 간에 실천카드를 자성하여 서로 점검하면서 개선해 나가는

방법입니다. 도입교육 시 점검하는 Stargame 5Index 합계는 '출발점수'로 큰 의미는 없습니다. 그러나 활동하는 동안 적어도 3개월에 한 번 정도 체크해야 합니다. 특히 멘토/멘제 개인의 5index 중 약점 부문을 중점적으로 업그레이드해야 합니다. 멘토링을 종결할 때쯤에는 첫출발점수와 중체크점수를 비교해 보면 개인의 역량 향상도를 평가할 수 있습니다.

③ Braingame – 목표 달성 창의력 개발게임

Stargame을 통하여 자신의 가치평가자료를 가지고 실천카드 작성을 수시로 함으로 약한 부문과 그리고 본인이 관심 있는 부문을 멘토/멘제가 미팅 때마다 필수적으로 서로 점검하고 살펴서 책임 있게 자기가치 개발에 역점을 두어야 합니다. 반드시 Braingame으 통하여 멘토/멘제 서로 간에 실천카드를 작성하고 그 근거에 의하여 미팅할 때 서로 점검해 주는 절차를 꼭 진행해야 합니다.

기업 – 3 삼성그룹 – 핵심인재관리 멘토링

1. S급 인재 등 핵심인재 멘토링

윤종용 삼성전자 부회장은 상당수 외국인 핵심인재의 멘토(Mentor＝경험과 연륜으로 상대방의 잠재력을 파악하고 그가 꿈과 비전을 이뤄 리더로 성장할 수 있도록 도움을 주는 사람)를 맡고 있다. 멘토의 상대방은 외부에서 영입한 S급 인재. 윤 부회장은 한 달에 한 번씩 이들과 식사를 하거나 면담을 갖는다. 그는 "하늘이 두 쪽 나도 이 약속은 지켜야 한다."고 강조한다. 대화는 복잡한 현안들이 배제되고 가족들 안부를 묻는 데서 시작된다. 일상의 크고 작은 고충과 애로들을 물어보고 업무흐름에 불편함이 없는가도 세세하게 체크한다. 면담이 끝나고 나면 윤 부회장은 직접 메모를 작성해 관련 부서에 업무지시를 내린다.

*S급(Super) 인재 – 최고경영자 대우받는 인재
*A급(Ace) 인재 – 핵심추진인력으로 분류되는 인재
*H급(High Potential) – S급 인력으로 양성가능한 인재

삼성전자의 최도석 경영지원 총괄사장과 김인수 인사팀장도 이런 식으로 핵심인재들과 매월 다섯 차례 정도 정기 면담을 갖는다. 삼성은 핵심인재가 회사에 안착해 오랫동안 다닐 수 있도록 다양한 제도적 장치를 해 놓고 있다. 멘토 제도도 그중의 하나다. 사장은 S급 인재, 사업부장은 A급 인재, (수석)부장은 H급 인재에 대해 1대1로 직접 멘토를 맡아야 한다.

매월 면담보고서를 제출해야 할 뿐만 아니라 개선 요청사항을 받아들여 즉시

시행하는 것도 멘토의 의무다. 만약 핵심인재가 석연찮은 이유로 회사를 그만두게 되면 1차적으로 책임을 져야 하는 사람 역시 멘토다.

1) 퇴직 조기 경보제

삼성이 이처럼 핵심인재를 1대1 멘토링 기법으로 관리하는 이유는 인재를 영입하는 것 못지않게 이들을 안착시키는 일이 어렵다고 판단하기 때문이다. 삼성관계자는 "능력이 뛰어날수록 경쟁사의 스카우트 표적이 되기 쉽고 외국인들의 경우 이질적인 한국문화에 적응하기 어렵다는 점을 감안한 제도"라고 설명했다.

특히 조직 운영에 불만을 품고 떠난 외국인이 험담을 하고 다니는 상황은 최악이다. 세계 IT업계에 평판이 나빠지면 인력 수혈에 큰 차질이 빚어질 수밖에 없기 때문이다.

삼성전자는 이 때문에 핵심인재들을 대상으로 '3색경보체제'를 은밀하게 가동하고 있다. 인력의 퇴직 가능성을 △녹색(안정적) △황색(약간 불안) △적색(퇴직 가능성 고조) 등으로 분류, 핵심인재의 이탈을 조기에 감지하는 시스템이다. 퇴직 가능성이 있다고 판단하는 사람에 대해선 중점 관리에 들어가 대인관계와 개인 전문성과 업무의 불일치 여부 등을 정밀하게 진단, 즉각 개선책을 마련한다.

현재 2천 명이 넘는 핵심인재 중 S급은 대부분 녹색, A급은 99%가 녹색, H급은 98%가 녹색 등급을 받고 있는 것으로 파악됐다.

2) 집안일까지 지원

외국인이 삼성에 입사하게 되면 일단 'Employee Guide Book'이라는 이름의 두꺼운 책자를 제공받는다. 영어판·일어판으로 제작된 이 책에는 인사제도, 편의시설, 회사소개, 정착정보, 주거지, 금융·의료시설 이용법 등이 자세하게 소개돼 있다.

여기에 각 사업장에는 'Global Help Desk'라는 이름의 지원 조직이 설치돼 총 20여 명의 전문인력이 배정돼 있다. 영어 요원 10명, 일본어 요원 10명 등으로 구성된 이들은 핵심인재의 크고 작은 집안일과 차량관리, 해외 출장 시 입출국 비자업무 처리 등 업무 수행에 필요한 제반 지원 활동을 펼치고 있다.

삼성은 또 가족을 고국에 두고 홀로 생활하고 있는 핵심인재들을 위해 해외에 있는 가족들의 대소사도 챙겨준다. 예를 들어 부인이나 다른 가족이 일자리를 원할 경우 글로벌 인사팀을 통해 즉각 직장을 마련해 주기도 한다.

외국인 핵심인재들에겐 다국적 기업수준의 높은 연봉 외에 MDI(Market Driven Incentive), TDI(Technology Driven Incentive) 등의 명목으로 다양한 인센티브가 제공된다. A, H급 인력의 경우 수백만 원에서 수억 원까지 책정돼 있다.

3) '흔들기'는 금물

하지만 우수인재를 붙들어 두기 위한 가장 큰 장치는 회사의 강력한 의지다. 윤종용 부회장은 임직원들에게 틈날 때마다 "외부에서 왔다고 텃세를 부리거나 따돌리는 일이 생기면 결코 좌시하지 않겠다."는 뜻을 밝히고 있다.

최지성 디지털 미디어 총괄사장 역시 외국인들과 수시로 식사를 하며 "업무에 불편한 일이 있으면 나를 직접 찾아오라."고 주문한다. 삼성은 이를 통해 인재 간 상생풍토를 조성, 조직 전반의 경쟁력을 높인다는 전략이다.

[삼성핵심인재 확보 육성 전략]

확 보 ⇒	배 치 ⇒	육 성
* 변화 주도 역량 확인 * 전문역량 포착 * 이질적 요인 포용	* 적재적소 배치 * 업무 및 일상의 불편 해소 * 멘토제 시행(1 : 1관리)	* 성장 비전 제시 * 도전기회 제공 * 인재 간 상생풍토 조성

2. 삼성그룹 후계자 멘토링

먼저 후계자 멘토링에 대한 몇 가지 고려할 점을 짚고 넘어가겠다. 첫째는 후계자라는 개념이다. 멘토링에서 제일 먼저 후계자는 이타가왕국의 오디세우스의 왕자인 텔레마쿠스다. 당시 최고의 스승인 멘토(Mentor)가 20년 동안 정성을 다하여 지혜롭고 현명한 왕으로 세웠다는 사실이다. 우리의 역대 왕세자들도 당대의 손꼽을 만한 선생들을 각기 전문분야별로 멘토를 선정하여 지도했음을 알 수 있다.

그리고 경영계에서 최근 월마트와 GE의 후계자 멘토링이 성공한 사례로 들 수 있다.

월마트: 멘토 전 CEO 데이비드 · 글래스 - - 후계자 CEO 리 · 스콧

GE: 멘토 전 CEO 잭 웰치 - - 후계자 CEO 제프리 이멜트

우리는 이러한 후계자 멘토링을 주의 깊게 살피지 않으므로 잃는 것이 많다. 위의 두 회사는 전임자와 후임자 사이에 오래전부터 공식, 비공식적으로 끈끈한 멘토링 관계가 지속되어 왔음을 기록을 통해 알 수 있다. 끈끈한 멘토링 관계란? 단순한 업무(Task)에만 국한한 것이 아니고 인간관계, 리더십, 의사소통, 경험담 등 삶 전체로 두 사람의 관계가 이루어지는 경우를 말한다. 그러한 멘토링 관계는 당연히 성공 확률이 높은 것이다.

국내에서도 현대의 정주영-정몽구 라인, LG의 구자경-구본무 라인, SK의 최종현-최태원 라인, 한화의 김종희-김승연 라인 등 대체로 후계자 멘토링이 지속되었다고 볼 수 있다. 아쉬운 것은 가족관계 100%로 이어지고 있는데 앞으로는 미국의 전문경영인 사례에서 보듯이 국내에서도 머지않아 전문경영인 체제의 후계자 멘토링 시스템이 가동될 날이 멀지 않을 것으로 예측한다.

특히 삼성은 한국의 대표기업이다. 이재용 전무의 후계자 멘토링에는 훌륭한 멘토들이 포진해 있다고 본다. 윤종용 부회장, 이윤우 사장, 황창규 사장 등 전문 분야별로 멘토 입장에서 업무와 인간관계 등을 혼합한 명실 공히 멘토 시스템으로 역할을 발휘한다고 볼 수 있다. 성공적인 후계자 멘토링의 사례가 나오지 않을까 생각한다.

3. 삼성그룹 이건희 회장의 멘토-고바야시

이건희 삼성 회장의 활발한 현장 경영과 함께 이재용 삼성전자 경영기획팀상무의 보폭도 한결 넓어지고 있다. 이 전무는 올해에 들어 3월 러시아 휴대폰시장 점검, 4월 이기태 삼성전자 사장과 일본 방문 동행, 6월 초 이건희 회장의 고바야시 후지제록스 회장 면담 배석, 6월 중순 이후 이 회장 현장 방문동행 등 경영 현장에 잇따라 모습을 보이고 있다.

이달 2일 이건희 회장의 오랜 경영조언자(멘토)인 고바야시 회장과 면담에서는 이 전무의 활동무대가 국내에만 머물지 않고 해외로까지 확대된 것이 확인되기도 했다. 고바야시 회장은 지난 25일 회견에서 "이 전무는 아시아 태평양·유럽·미

국 3자위원회에 이미 멤버로서 참여하고 있으며 홍콩, 아시아 비즈니스 협의회에 신임 정식회원으로 가입했다.”고 소개했다. 고바야시 회장은 특히 “당시 회동을 두고 삼성그룹에서 발표했던 프린터 사업과 관련된 논의는 없었다.”고도 밝혔다.

삼성 이재용 전무는 후계자 멘토링 과정을 충실히 다져 가고 있음을 볼 수 있다.

4. 삼성의 핵심인재개발과 GE

1) 후계자 멘토링과 삼성의 이재용 전무

우리는 먼저 후계자 멘토링에 대한 몇 가지 고려할 점을 짚고 넘어가야 합니다. 첫째는 후계자라는 개념입니다.

멘토링에서 제일 먼저 후계자는 이타가왕국의 오디세우스의 왕자인 텔레마쿠스입니다. 당시 최고의 스승인 멘토(Mentor)가 20년 동안 정성을 다하여 지혜롭고 현명한 왕으로 세웠다는 사실입니다. 우리의 역대 왕세자들도 당대의 손꼽을 만한 사부님들을 각기 전문분야별로 맡아 지도했음을 알 수 있습니다.

특히 삼성은 한국의 대표기업입니다. 이재용 전무의 후계자 멘토링에는 훌륭한 멘토들이 포진해 있다고 볼 수 있습니다. 윤종용 부회장, 이학수 부회장, 이윤우 사장, 황창규 사장 등 전문분야별로 현명한 조언자, 즉 멘토 입장에서 업무와 인간관계 등을 혼합한 명실 공히 멘토 시스템으로 역할을 발휘한다면 국내에서 극히 드물게 오너경영 시스템에서 성공적인 후계자 멘토링의 사례가 나오지 않을까 생각합니다.

2) 삼성의 후계자 및 CEO양성 교육현장
－출처: 동아일보[경제] 2002년 10월 10일

이건희 삼성회장의 아들 이재용 삼성전자 전무는 지난달 21일(02년 9월 21일) 뉴욕행 비행기에 몸을 실었다. 제집처럼 드나드는 미국이지만 이번엔 특별했다.

‘최고경영자(CEO)가 되는 법’을 공부하러 미국 뉴욕 주 오시닝에 있는 제너럴일렉트릭(GE)의 크로틴빌연수원을 찾았기 때문. 이곳에서 이 전무는 15일까지 22

일 동 EDC(Executive Development Course) 과정을 밟는다.

GE는 흔히 '인재사관학교'라고 불린다. '키워진 인재 모셔오기'에 열중하는 많은 기업과 달리 사람을 키워서 인재를 스스로 확보하는 전략을 일찌감치 채택했기 때문. GE가 숱한 고비를 넘기면서 세계 일류 기업으로 우뚝 선 데는 이 독특한 인재개발 시스템이 밑바탕이 됐다. GE 출신 CEO들은 이 때문에 항상 다른 기업의 스카우트 대상이 된다.

실제로 지난 몇 년 동안 차기 회장 자리를 놓고 제프리 이멜트 현 회장과 다퉜던 제임스 맥너니 주니어 GE 항공엔진 사장, 로버트 나르델리 GE 파워시스템스 사장은 2001년 9월 경쟁에서 탈락하자마자 각각 3M과 홈데포의 CEO로 영입됐다.

(1) CEO 노릇도 배워야 한다.

이재용 전무가 GE의 CEO 후보생들만 들어가는 EDC에 외부인으로는 처음으로 들어가게 된 데는 이멜트 GE 회장의 역할이 컸다.

이멜트 회장은 지난해 10월 회장 취임을 기념해 세계 각국을 돌던 중 한국에 오게 됐다. 항공기 엔진과 의료기기, 조명기기 등에서 20년 이상 협력관계를 유지해 온 삼성그룹의 이건희 회장과 이멜트 회장이 식사를 하며 오랜 유대관계를 확인했던 것은 당연한 절차.

식탁에서 두 사람 사이 화제는 삼성의 차기 후계자 이재용 전무로 옮겨갔다. 이멜트 회장 자신이 45세라는 젊은 나이에 쟁쟁한 경쟁자를 물리치고 GE의 회장이 됐기 때문에 30대에 삼성의 차세대 후계자로 거론되는 이 전무에 대해 관심이 높았던 것.

당시 배석했던 강석진 GE 코리아 회장(당시 사장)은 "이멜트 회장이 이 전무에 대해 큰 호감을 갖고 있었다."고 전했다.

이멜트 회장은 자신이 회장으로 선출되는 바탕이 된 EDC 과정을 삼성의 후계자라면 들어볼 만하다며 이 회장에게 적극 추천했다. 이후 두 그룹은 내부 논의 과정을 거쳤다.

GE는 '외부인을 내부 경영자 과정에 어떻게 받아들이나'를 놓고 고민했으며 삼성도 '굳이 다른 회사의 교육까지 받아야 하나'를 놓고 고민했다. 그러나 양측은 '두 회사의 협력에 도움이 될 것'이리는 결론을 내렸다.

한국에서 지금까지 유일하게 이 과정을 수료한 GE 코리아 강 회장은 "이 전무는 이번 과정을 통해 많은 것을 배울 것"이라고 말했다. 직급의 높낮이에 상관없이 연수생이 제안한 의견이면 모든 것을 다 검토하고 토론해 합의에 도달하는 GE식 열린 문화, 문제에 봉착했을 때 해결하는 GE의 전략적 사고방식과 접근방식 등을 몸에 익히게 될 것이라는 설명이었다.

(2) EDC는 어떤 프로그램인가?

EDC는 GE의 '리더십 교육과정' 6단계 중 최상위급에 해당한다. 전 세계 30여만 명의 GE의 직원 가운데 CEO 후보 30명만 모아서, 1년에 단 한 차례 교육을 실시한다. 최종교육 대상자는 이멜트 회장이 한 사람 한 사람 서류심사 등을 통해 결정한다.

강석진 회장은 "단순히 지금까지 실적이 좋았다거나 장래성이 있는 간부사원이라는 이유만으로 대상이 되지 않는다. 앞으로 더 고위직까지 오를 가능성이 농후한 사람, 즉 차기 GE 회장 후보들이 뽑힌다."고 말했다.

이들은 GE 크로턴빌 연수원에 모인다. 이 연수원은 1956년 설립된 뒤 1983년 잭 웰치 전 회장이 대규모로 투자해 현재의 모양을 갖췄다. GE 인재개발 시스템의 핵이다.

30명의 CEO 후보들은 오전 8시 공식일정이 시작되기 전에 기숙사에서 일어나 구내식당에서 '번개같이' 식사를 하고 피트니스센터에 들러 운동을 한다. 오후 6시까지는 수업이 진행되며 이후 저녁 식사를 한 뒤 강의준비와 과제를 처리한다.

"식사는 함께 구내식당에서 해결하며 자는 시간 빼고는 개인시간이 없다."는 게 강 회장의 설명이다. 다만 그는 '없는 시간 빼 가며' 오후 11시쯤 동료들과 숙소를 빠져나와 맥줏집에서 우정을 다지기도 했다.

처음 10일 가량은 사내·외 강사진들의 강의가 이어진다. 주로 글로벌 리더가 되기 위한 소양 교육이다. 외부 강사는 교수도 있지만 다른 회사의 CEO도 있다. "경쟁관계만 아니면 '인재사관학교' GE의 연수원에서 강의한다는 게 다른 회사 CEO에게도 영광"이라는 게 강 회장의 설명.

후반부 2주일에는 현장학습이 진행된다. 연수생들에게는 경영학 교과서에 나오는 케이스 스터디가 아니라 GE가 맞닥뜨린 최악의 난제가 과제로 주어진다. '진짜' 문제를 통해 '경영자로서의 전략적 판단'을 내리는 연습을 한다.

강 회장은 유럽진출을 고민하던 당시의 회사로부터 '사업 부문별로 유럽진출 전략을 제시하라.'는 과제를 받았다. 5개 조로 나뉜 30명은 2주일 동안 유럽 전역을 차로, 비행기로 돌면서 고객, 직원들의 의견을 들었다. 이 과제를 위해 연수도 크로턴빌이 아닌 독일 하이델베르크에서 받았다.

그 결과 수강생들은 유럽인들의 GE에 대한 냉소적인 시선을 보았으며 유럽 시장 접근방식을 바꿔야 한다는 결론을 내렸다.

마지막 한 주는 크로턴빌에서 진행된다. 회장과 사업부의 CEO들이 모두 참가하는 정리보고 시간을 갖기 위해서다. 연수생들이 제안한 문제점과 해결과제는 토론을 거쳐 그 자리에서 경영에 반영된다. 연수생들의 제안은 대부분 채택된다.

강 회장 동기들은 강사 가운데 '고객만족'을 주제로 강의한 스웨덴 회사의 CEO를 GE가 스카우트해야 한다고 제안했다. 당시 GE는 고객만족을 중요한 과제로 생각하지 않던 시절이라 이 강의는 수강생들에게 깊은 인상을 남겼다. 이 CEO는 석 달 뒤 GE에 합류했다. 동료 연수생이었던 데이비드 니센 GE 캐피탈 당시 부사장은 현재 아시아 총괄사장이 돼 있다.

EDC 연수과정은 이런 점에서 차세대 리더를 발탁하는 경영과정이자 곧 인재충원의 수단이 된다.

강 회장은 "우리 스스로가 조그만 사업 분야의 CEO들이지만 이 과정을 거치면 진짜 CEO로 거듭나게 된다."며 "수강생들끼리도 문제접근방식과 해결방식을 토론하는 과정에서 서로 배우며, 이 과정이 끝나고 나면 완전히 '배꼽친구'처럼 가깝게 친해진다."고 말했다.

(3) 삼성의 CEO교육

그러면 삼성은 지금까지 이 전무를 어떻게 교육해 왔을까? 삼성에는 GE와 같은 공식 후계자 교육과정은 없다. 다만 현 회장 밑에서 보고 배우며, 여러 계열사의 CEO들로부터 조언을 들으며 실무를 익혀 간다.

삼성의 후계자 교육과정은 혹독하기로 이름이 높다. 이건희 회장 자신도 이병철 선대 회장 밑에서 무려 21년 동안 경영수업을 거친 뒤 회장 자리에 올랐다. 교육방식은 대개 '실전투입' 이후 '결과 채점과 상벌'이었다.

이건희 회장의 가장 큰 교사는 선친 이병철 회장이었다. 그러나 이병철 회장은 결코 자애로운 교사가 아니었다. 이 회장은 취임 이후 한 인터뷰에서 "아버지로부터 칭찬을 받은 것은 단 한 번뿐이었다. 그것도 구체적인 어떤 성과를 칭찬한 것이 아니라 네가 나를 부모로 변함없이 섬겨 왔듯이 경영도 그렇게 변함없이 하라는 말이었다."고 회고했다.

80년대 중반, 이건희 당시 삼성물산 부회장은 "수익이 나지 않으면 과감히 버릴 줄도 알아야 한다."며 특정사업을 접자는 의견을 개진했다가 아버지로부터 '설명'을 들었다는 이야기도 있다. 그 뒤 이 회장은 오히려 그 분야를 강화해 반석에 올려놓았다.

고 이병철 회장의 지도방식은 철저히 공격적인 맨투맨 수업이었다. 수시로 아들을 불러 계열사 사정을 물어보곤 했다. 담당 사장도 두 시간 정도씩 불려갔다 오면 혼이 빠져 그 뒤 한나절은 일을 하지 못할 정도였다.

이 회장은 거의 매일 비수 같은 아버지의 질문을 막아내며 자신이 생각하는 전략을 제시했다.

이 전무는 이 회장(26세)보다 조금 늦은 나이인 33세에 임원으로서 경영에 공식 참여했다. 그가 받은 첫 번째 경영수업은 신임임원 교육. 지난해 3월 경기 용인 연수원에서 5박 6일 동안 진행된 이 과정에서 그는 '디지털 경영자'가 되기 위한 다양한 강연을 들었다. 현명관 당시 삼성물산 회장이 '경영자가 갖춰야 할 리더십' 등을 강연했고 '난타', '금난새 음악회' 같은 연주회도 열렸다. '감성'과 '창의성' 교육을 병행하기 위해서다.

임원교육은 공식행사에 가깝다. 실제 수업은 '현장체험'과 '1대1 개별수업'을 통해 이루어진다.

"기업을 알려면 현장을 찾아가라."는 것은 아버지 이 회장의 지론이다. 이 전무는 지난해 스스로 해외공장 방문일정을 짜서 100일 이상을 외국에서 보냈다.

가장 먼저 방문한 곳이 삼성의 공장이 있는 지역 중 가장 낙후한 곳인 브라질의 마나우스 전자공장 단지. 이후에는 생일과 추석연휴에도 말레이시아, 영국 등을 돌았다. 특히 지난해 10월 말부터 11월까지는 이 회장 및 전자 사장단과 함께 중국 베이징과 상하이를 돌며 대중국 전략을 세웠다. 수원, 구미, 온양 등 전자 관련 국내 사업장 6군데는 수시로 들른다.

현장 공부 이외의 수업은 '1대1 방식'으로 이루어진다. 이 전무는 이학수 구조조정본부장과 삼성전자 윤종용 부회장으로부터 경영 전반에 대한 실무를 배운다. 첨단 전자기술 동향에 대한 궁금증은 진대제 이기태 삼성전자 사장, 금융실무에 관한 의문은 황영기 삼성증권 사장을 통해 수시로 해결한다.

    해외 고위급 인사들을 만나 친분을 만들고 '한 수' 배우는 것도 CEO수업의 중요 과정. 그는 이멜트 회장뿐만 아니라 니시무로 다이조 도시바 회장, 주룽지 중국 총리, 자크 로게 국제올림픽위원회(IOC) 위원장, 미래학자 앨빈 토플러 등을 만났다.

    그러나 이 전무가 받아야 할 CEO교육은 아직 많이 남은 것 같다. 최근 전경련 회장단 회의에 참석한 이 회장은 "그 자리에서 좀더 배워야 한다."고 이 전무를 평가했다. 현재 EDC 수업 중인 이 전무에 대해 삼성 측은 "지난 2년 동안 경영 수업 총론(總論)을 배웠다면 이제부터는 각론(各論)으로 들어가는 시간"이라고 말했다.

기업 - 4 삼성전자

(통신연구소 윤남이주임 월간 HRD 기고문)

05년 1월: 대졸 신입사원의 조기적응을 위한
멘토 제도 개선

정보통신 사업의 확장에 따른 신규인력의 대거 채용은 얼마나 빨리 조기전력화하느냐가 중요한 이슈였다. 이에 기존에 실시되고 있던 멘토 제도 개선운영에 대해 신입사원 지도선배 부서장의 VoC 조사를 통해 실제 업무 수행에 도움이 되는 교육 매체를 부서에서 실시되는 1:1 or 1:n 형태의 OJT(응답률 58%)라고 답변했다.

이에 대졸 신입사원의 조기적응을 위해 개선된 멘토 제도는 '05년 상반기에 입사한 75명의 통신연구소 신입사원을 대상으로 실시됐다. 약 5개월간(2004년 11월~2005년 4월) 미국 오크랜드에서 개최된 IMA(국제멘토링 협회) 컨퍼런스 참가를 통한 국외 멘토링 현황 파악과 삼성테크윈, 한국GE, 삼양사 등 국내외 멘토링 도입 현황을 검토하여 R&D 연구원에게 맞게 멘토링 프로그램을 도입하여 적용했다. 당시 지도선배라는 의미로 '멘토'라는 말이 삼성 내에서는 범용적으로 사용되고 있었고, 인간관계에 초점을 맞춘 국외의 멘토의 의미보다는, 기술적 역량의 향상이 주된 목적인 OJM(OJT +Mentoring) 형태로 진행됐다.

75명의 신입사원에 대한 멘토는 소속팀의 부서장이 멘토의 자격조건(근속 3년 이상의 대리급이며, 업무능력이 탁월하고, 대인관계가 원만하고 타의 모범이 되는 자)을 만족하는 대상을 통보하면 인사부서에서 검토 후 멘토·멘제를 매칭했는데, 이때 검토기준은 신입사원과의 업무 연관성, 근속, 인물평, 학연 및 지연의 배제 등이 있다.

매칭된 멘토는 4월에 2차례에 걸쳐 멘토링 전반에 대한 이해와 멘토 스킬을 소개하는 멘토링 특강에 참석했고, 당시 특강 시간에는 한국 멘토링 코칭 센터에서 발행하는 CPW(Career Planning Workbook)을 작성하면서 멘토링이 다만 신입사원에게만 도움이 되는 과정이 아닌 윈-윈 과정이라는 점을 강조했다.

멘토링 특강은 연구소장과 인사그룹장의 강력한 의지로 전원 수료했으며, 과정 수료 후 멘토들은 멘제와 함께 멘토링 활동의 목적, 기간(공식 멘토링 기간: 6개월), 멘토·멘제로서 지켜야 할 사항을 멘토링 약속서에 작성했고, 멘토링의 세부적인 활동사항은 멘토링 활동계획서에 작성했다.

멘토링의 자발적인 공감대 형성을 위해 인사부서에 제출하는 사항을 최대한 줄이고, 양식들을 간소화했다. 바쁜 업무를 고려하여 열린 상담센터 주관으로 진행하던 사이버 멘토링 사이트를 이용하였고, 이 사이버 장을 통해 멘토·멘제만의 공간을 활용하여 미처 대면으로 전달하지 못하는 말과 국내외 출장으로 떨어져 있을 경우 지속적인 접촉이 될 수 있도록 했다. 멘토링을 위한 활동비는 지원하지 않았고, 멘토링 특강 때 멘토들에게 총 9권의 멘토링 활동에 도움이 될 만한 책들을 미리 선택하도록 하고 배포하여 활동에 활용할 수 있도록 했다.

또한 멘토 도시락 또는 중식 간담회를 통해 2005년 연말, 수원사업장 주관으로 실시된 멘토링 활동의 베스트 우수 멘토 시상 시 통신연구소 소속의 베스토 멘토 2명, 우수 멘토 4명을 배출하는 결과를 얻었고, 2005년 12월 멘토링에 참여한 신입사원 중 퇴직한 신입사원은 단 한 명도 없었다. 당시 실시된 멘토·멘제 설문조사에서 특히 주목할 점은 멘제에게 가르치는 것과 멘제에게서 얻는 정보가 유익했다는 것이 19%로 동일하게 나왔다는 점이다. 이때부터 멘토링은 신입사원의 조기적응도를 향상시켜 경영성과에 기여하는 것 이외도 멘토에게는 멘토링 활동을 통해 리더십 발휘를 할 수 있는 기회를 주고 멘제에게는 새로운 기술 습득에 도움이 되는 프로그램임을 알게 되었다.

06년 5월: 전 임직원 대상으로 역량 향상과
조직 활성화를 위한 멘토링 확대 적응

2010년 삼성그룹의 Mission은 사업 초일류화를 통한 '가장 존경받는 기업'이 되는 것이다. 이는 초일류 제품을 많이 만들어 내는 것도 중요하지만 그것을 만드는 것은 바로 사람이니만큼 존경받는 기업이 되기 위해서는 조직 내 외적으로 존경받는 사람이 많아진다면 그룹의 장대한 목표에 한 걸음 다가갈 수 있을 것이라고 생각한다.

특히 통신연구소의 경우, 석·박사 비율이 높고 차세대 기술을 연구하고 준비하다 보니, 같은 기술에 연관되어 있는 연구원들의 수가 적어 집합교육을 개설하기가 힘든 상황이다. 이에 2004년부터 Study Group 제도를 신설하여 현재 27개 정도의 Study Group이 활동하고 있다. 하지만 이런 Study Group 활동으로 포함하지 못하는 개인의 Needs들을 다 수용한 맞춤형 자기개발을 위한 도구로서 멘토링만큼 효과가 있는 Tool은 없다는 점이 작년 운영 결과로나 국내외 트렌드이다. 이에 2006년에는 멘토링을 전 연구원을 대상으로 실시하고자 시스템과 운영에 대한 준비 중이다. 정보통신 기술의 빠른 변화에 맞추기 위해서는 조직환경의 변화에 발 빠르게 개인 역할을 변화시켜야 하며, 새로운 역량을 요구하게 됐고, 멘토링을 통해 기술적 역량 향상뿐만 아니라 임직원들 간의 원활한 커뮤니케이션과 조직력 강화를 위해 멘토링을 확대하여 운영하게 됐다.

이번 멘토링의 주제는 전 임직원들이 '나만의 멘토를 찾기 위한 멘토링 항해'이며, 이는 앞으로 정보통신 분야와 글로벌 리더가 되기 위한 성장의 기회가 되도록 운영할 예정이다. 본인과 관련 있는 기술 분야의 멘토를 찾아 본인의 멘토가 되어 줄 것을 요청하고 멘토의 1 : 1 또는 1 : n 선호유형에 따라 멘토·멘제 매칭을 하여 매칭 단계부터 멘제의 적극적 참여 의지를 담아내도록 고안했다. 최근 3년간 삼성경제연구소와 함께 실시한 리더십 진단 실시 결과, 통신연구소에서 요구하는 존경하는 리더들의 Skill이 멘토링 Skill의 동기부여, 적극적 경청, 긍정적 피드백, 부하육성 등 부합하는 부분들이 많다는 것을 알게 되었다. 이런 만큼 향후 멘토링을 통해 멘토·멘제 모두가 성장하는 윈-윈 활동으로 정착되는 가슴 설레는 한 해가 될 거라 생각한다.

기업 - 5 삼성테크윈 멘토링(김준현과장 자료제공)

21세기 Digital 시대의 진정한 리더가 되기 위해 당사는 2000년 '삼성항공산업 ㈜'에서 '삼성테크윈㈜'(Technology Winner)로 사명을 변경하고 World class의 제품을 육성하기위해 모든 역량을 집중하고 있다. 특히 멀티미디어의 총아인 디지털카메라와 영상정보기기, 반도체 부품 및 장비 그리고 항공기 엔진에 이르기까지의 다양한 제품군(群)은 새로운 인재와 그에 맞는 인재상을 요구하고 있으며 그 결과로 최근 3년간 신입사원의 수는 급격히 늘어나고 있는 추세다.

1. 신입사원은 조기에 조직의 가치관을 공유해야

최근 입사하는 신입사원들의 성향은 기성세대에 비해 '자기중심적 개인주의'가 강하다는 반면에 보다 풍요롭고 안정된 사회 속에서 성장하여 온 까닭에 솔직하고 진지한 일면과 합리적인사고방식을 갖고 있다는 점이다.

신입사원들은 자신들의 주장이 기업으로부터 받아들여지지 않는데 대하여 당혹감을 느끼기도하고 심지어 기업에 대한 실망을 느끼고 조직을 떠나는 사례가 늘고 있다. 즉 기업에 대한 소속감의약화, 전직성향의 상승으로 나타나고 있는 것이다.

리챠드 파스칼(Richard Pascale)교수는 신입사원에 대하여 가능한 한 조기에 '회사인간'으로 바꿀 것을 강조하고 있다. 신입사원의 특성인 가치관의 다양성은 존중하되, 영속적 성장이라는 명확한 조직의 목표를 갖고 있는 기업에 들어온 이상 하루 빨리 그들의 가치관을 조직의 가치관에 맞도록 바꾸는 노력이 필요하다는 것이다.

즉, 기업문화에 적응할 수 있는 인재를 채용하는것이 가장 중요하겠지만 이미 채용한 신입사원에 대해서는 기업문화에 맞는 가치관을 가질 수 있도록 조기에 훈련과 교육이 필요하다고 강조하고 있다.

이를 위해 당사에서는 기존의 후견인제도를 보완하여2003년부터 새로운 멘토링 프로그램을 도입, 운영하고 있다.

2. 업무 OJT와 병행하는 멘토링 프로그램

당사에서 운영중인 멘토링 프로그램의 특징은 '업무 OJT를 겸한 멘토링' 이라는 것이다. 일부에서는 멘토링은 업무와 무관하게진행되어야 한다는 의견이 있으나 기업 입장에서는 1 : 1 인간관계를 통한 신입사원의 조기정착과 자연스런 업무 OJT가 가능하게끔 유도하는 것이 가장 합리적인 방법이라 여겨진다. 업무 지휘관계의 특성상 인간관계 형성의 한계점은분명 존재하게 되지만, 신입사원들이 일을 통해 조직에 정착하는 방법이 그 어떤 조기정착 유도 프로그램보다 질적 우위에 있다는 것은 모두 공감하는 부분이라고 생각한다.

원래 OJT가 '업무 Skill전수' 라는 과업지향적 목표에 1:1 관계라는인간적 유대를 가미한 것이라면,멘토링은인간적 교류를 통해 자연스럽게 업무Skill을 전수하는 것으로 볼 수 있다. 즉, 멘토링을 통해 보다 완성된 OJT조직을 운영할 수 있다는 점이다.

당사의 멘토링 제도는 그간 비공식적인 후견인을 지정하여 운영하던방식을 수면 위로 끌어 올려 공식화 시킨 점이 기존의 후견인 제도와 다른 점이라 할 수 있겠다.

모든 것이 낯설기만 한 신입사원들에게 누군가가자신을 지켜주고 돌봐주고 있다는 사실은 신입사원들에게는 커다란 힘이 되고 있으며, 실제로 신입사원들의 이직율이 줄어드는결과를 가져오고 있다.

3. 멘토링 프로그램 설계

멘토링 프로그램을 설계할 때에는 기본적으로 다음의 4개 과정(4Process)을 따른다. 반드시 이 절차대로 진행되어야 하는 건 아니고 업체별로 실정에 맞게 선택할 수 있다.

Process1 – 준비과정 – 활동기간 12개월 운영안 작성 – 사전검토 목표설정 과정설계
Process2 – 도입과정 – 멘토링 도입교육 및 간부 교육, 결연식 – 실행오리엔테이션
            단계
Process3 – 활동과정 – 12개월 멘토/멘제 개인 미팅활동과 계간으로 전체그룹활동
            프로그램, 보수교육
Process4 – 평가과정 – 정량평가와 정성평가 및 사후관리단계

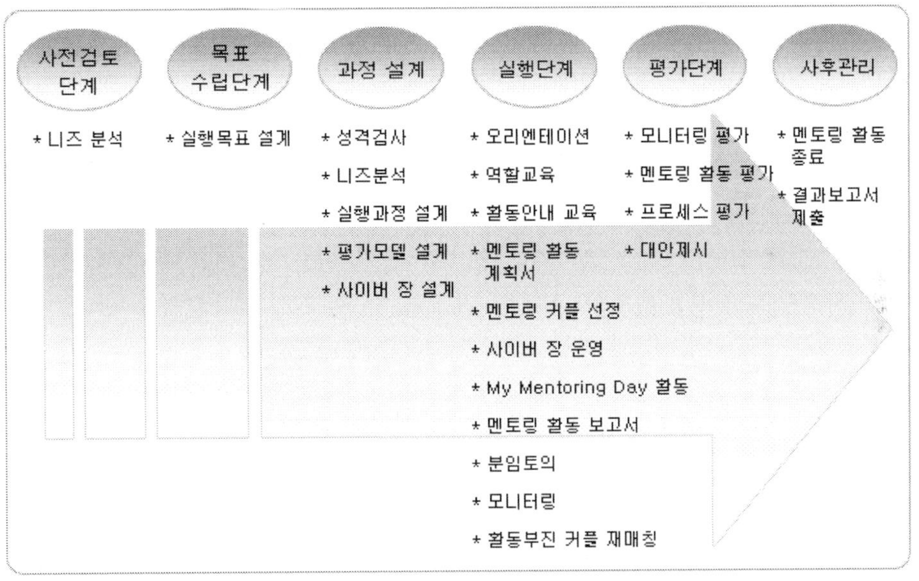

4. 멘토의 선정

당사의 멘토는 일정한 자격요건을 필요로 하며 인사부서와 신입사원의 부서장이 검토하여최종 결정하게 된다. 멘토의 선정기준은

첫째, 인격적으로 신뢰가 가고 대인관계가 원만한 사람이어야 한다. 대인관계가 원만하지 못하거나 적극적이지 못한 사람이 멘토가 될 경우 잘못된 멘토의 의식과 행동을 그대로 답습할 우려가 있으며 또한 멘토의 가정이나 건강에 이상이 있는 경우에는 신입사원(멘제)의 본보기가 되기가 어렵기 때문이다.

둘째, 일정수준의 업무성과를 내는 사람이어야 한다. 이는 멘제에게 업무상 조언이 가능하고노하우의 전수가 가능해야 하기 때문이다.

셋째, 조직에 대한 로열티 및 자기희생 그리고 솔선수범 의지가 강한 사람이어야 한다. 그래야 멘토와 멘제 모두 멘토링을 통해 자연스럽게 애사심이고취되고 직무몰입의 자연적인 유도가 가능하기 때문이다.

마지막으로 회사 및 부서의 고유한 조직문화의 전수를 가능하게하기 위해 1년 미만의 전입자와 징계를 받은 자를 멘토 선정 시 제외시키고 있다. 이렇게 선정된 멘토와 멘제는 경영진과부서장들이 참석한 가운데 공식적인결연식을 갖게 된다.

결연식 이후 멘토의 사원증(IC카드)에 'Mentor'라는 스티커를 부착해 줌으로써 주위의 사람들로하여금 멘토의 존재를 인식할 수 있도록 부각시키고 있다.

5. 멘토링 오리엔테이션 내용

멘토와 멘제가 선정되고나면 멘토링 전문기관을 통해 오리엔테이션을 실시하게 된다. 오리엔테이션은 멘토, 멘제의 개인적 성격유형을 여러 Typology 중 한 가지(Lynchpin Game, DiSC, MBTI, 애니어그램,등)를 이용하여 서로의 장단점 및 유형을 확인한 후 단계별 멘토링 활동의 목표를 정하게 되는데 여기서 서로간의 친밀도를 높이기 위한 기초적인방법부터 비교적 장기적 목표인 업무적응 및 개인별 성장목표를 공유하여언제 어떻게 목표들을 달성할 수 있을 것인가에 대한 진

지한 논의가 시작된다.

멘토는 멘제에 대한 기본적인 사항들 - 입사동기, 가치관, 비전, 개인적 관심사 - 에 대한 정보를 얻게 되고 멘제는 멘토의 육성철학, 직무경험, 지도 스타일 등에 관한 정보를 획득하게 된다. 이렇게 서로 논의한 계획들을 사무국에 제출하고 멘토링의공식적인 첫걸음을 내딛게 된다. 멘토링 활동이 시작되고 나면 6개월 후에는 멘토 보수교육이 진행된다. 보수교육은 외부 멘토링 전문가의 특강 및 성공 및 실패사례 공유 등으로 구성된다.

6. 단체 멘토링 활동으로 적극적 참여 유도

멘토링 활동에서 가장 중요한 것은 지속성이다. 업무상 바쁜 일정 때문에 멘토가 멘제와 충분한 시간을 갖지 못하게 되는 경우가 대부분이며 시간을 갖더라도 아주 짧은 경우가 많다. 그리고 멘토와 멘제가 서로 만나서 무엇을 함께 할 것인가에 대한 고민도 발생하게 된다.

이런 점들을 해결하기위해 멘토링 사무국에서는 주기적으로 단체 멘토링 활동을 실시하고 있다. 원래 멘토링 활동 자체는 지극히 개인적인것이지만 합동 멘토링을 통해 자신들 외의 다른 커플에 대한 활동 방법론에 대한 벤치마킹과 노하우를 공유하기도 한다.

일종의 멘토링 활동의 독려 차원으로 이해하면 될 것이다. 단체 멘토링 활동의 내용으로는 등반, 운동경기, 스포츠 관람, 문화체험 등을 들 수 있으며 지난 2월에는 경영진과 멘토, 멘제들이 일주일간 릴레이 중식 간담회를 실시하기도 하였다.

7. 효과 및 문제점

첫째, 멘토링에서 기대되는가장 큰 효과는 무엇보다도 신입사원들을 조직에 빨리 적응시키는데 있다. 멘토링 프로그램을 도입하기 이전인 2001년과 2002년의 신입사원 이직율은 14.4%였으나 멘토링을 도입한 2003년 신입사원의 이직율은 6.3%로 줄어들었다.현재 2007년에 진행중인 5기 멘토링의 경우에는 퇴직율 0%를 유지하고 있다. 물론 실업증가, 취업의 어려움 등 사회 전반적인 요소도 작용을 했겠지만 멘토링이 지대한 역할을 담당했다는 점은 부인할 수 없다.

둘째, 그간의 인재육성 방식이었던 대량 교육체제가 1:1 맞춤교육 체제로 변하기 시작했다는 점이다.개인별 니즈를 반영하는맨투맨 관리만이 소중한 인재를 놓치지 않는 중요한 방법이라는 것을 회사가 인식하기 시작했다는 것이다.
「멘토링 활동을 통해서나 또한 성장하고 있는 느낌을 받았다」라는 설문에서 4기(2005년 결연) 멘토의 경우 평균 83.5%이상의 만족도를 나타냈으며, 특히 중간점검(81.3%)때 보다 멘토링 활동의 종료시점에 실시한 마무리 점검(85.7%)시 보다 더 향상된 만족도가 나왔다는 것은 주목할 만한 점이다.

셋째, 멘토로 선정된 선배사원들을 조직의 차세대 리더로서 리더십 체험을 해볼 수 있게 했다는 점이다. 신입사원인 멘제뿐만 아니라 멘토들에게도 이직의 확률을 감소시켰으며, 일선 조직관리 방식에 긍정적인 모델을 제시한 사례라 할 수 있다. 뿐만 아니라 멘토링이 쌍방향 커뮤니케이션을 전제로 멘토가 멘제에게 일방적으로 정보를 제공하고 스킬을 전수하는 것이 아니라, 멘토 스스로도 멘제를 통해서 신세대들의 감성과 트렌드를 파악할 수 있게 되었으며, 자신의 직장생활의 활력을 찾게 되었다. 이는 멘토들을 대상으로 한 설문에서도 잘 나타나고 있다.

이는 멘토들을 대상으로 한 설문에서도 확인할 수 있는데 전체 멘토의 70% 이상이 현재의 멘토링에 대해 긍정적인 자세를 취하고 있으며 부서장들 역시 멘토의 66% 이상이 업무상 높은 성과를 냈다고 답변하였다.

넷째, 멘토링 프로그램은 조직 활성화에 긍정적이라는 점이다. 기업조직은 새로운 사람들이 수급됨으로써 새로운 성장엔진을 장착하듯이 선순환의 흐름으로 사업에 대응해야 한다. 하지만, 수급되는 사람이 없고, 수급된 사람마저 중도에 없어져 버린다면 이에 조직은 고인 물이 되고 결국에는 썩은 물로 전락해 버리고 만다. 신입사원이 회사를 떠나지 않고 정착하면서 조직은 청량제를 얻게 되고, 이는 조직의 활성화에 많은 기여를 하고 있다.

반면 당사의 멘토링에 대한 문제점으로는

첫째, 급격히 증가하는 멘제들에 비해 멘토의 숫자가 부족하다는 점이다. 멘토 풀(pool) 이 제대로 구축되지 않은 상황에서 성급하게 멘토와 멘제를 결연시키다 보니 극소수의 커플들이 일종의 의무감에 휩싸여 멘토링 활동의 본질을 왜곡하여 소기의 목적을 달성하는데 어려움을 겪곤 하였다. 이 점은 멘토, 멘제의 결연방식에 대한 개선여지를 충분히 갖게 하는 점이다.

둘째, 멘토링 대상자들과 멘토링 사무국의 꾸준한 관심과 정성이다. 「인재의 유지」가 인사의 업(業)이기 때문에 멘토와 멘제를 대할 때는 나의 고객으로 섬김의 마음을 지니고 다가가야 하는 것은 당연하지만 시행초기에는 제도의 정착에만 신경을 쓴 결과 대상자들에 대한 관심이 줄어들 수 밖에 없었던 상황이 전개되었고, 이는 성공적인 멘토링 활동의 저해 요인으로 작용하였다.

셋째, 부서 내에서 멘토링 활동이 자칫 다른 사람들과의 관계에서위화감과 알력으로 작용할 수 있다는 점이다. 이것은 현실적으로 피하기 어려운 점이지만 멘토로 지정되지 않은 다른 사람들에게 차기 활동시 멘토로 지원할 수 있는 여건을 조성해 줌으로써해결할 수 있다고 생각된다.

넷째, 멘토링 활동이 일회성으로 끝나지 않고 지속될 수 있도록 정기적인 멘토링 행사를 확대 추진하고 사무국의 모니터링 방법을 다양화 시켜야 한다. 멘토링 활동이 지속적으로 이루어질 수 있도록 정기적인 멘토링 소식지 「Mentoring Magazine」을 발간하여 서로의 활동을 공유하고 부서장의 관심을 유발시켰으며, 다양한 합동 멘토링 행사(자원봉사, 등산, 스포츠경기 관람 등)를 확대, 추진하고 사무국의 모니터링 방법을 설문조사, 임원 간담회 등으로 다양화하였다.

8. 우수사례에 대한 지속적인 홍보 필요

멘토, 멘제와 더불어 멘토링에서의 또 하나의 중요한 역할은 해당 부서장들이다. 부서장이 멘토링에 대한 이해가 부족하면 해당 커플은 멘토링 활동에 어려움을 겪게 된다. 이에 당사는 멘토링 도입시에 부서장의 멘토링에 대한 올바른 개념과 부서장으로서의 역할 등에 대해 사전 교육을 시행함으로써 멘토링 활동에 대한 공감대를 형성시켰으며, 사무국에서는 주기적으로 커플별 활동에 대한 피드백을 해 주어 부서장의 관심을 지속시키고 격려를 가능케 하였다.

또한 사내 인트라넷으로 멘토링 홈페이지를 구축하여각종 정보를 제공하고 서로의 활동을 공유할 수 있도록 하였으며, 사내 기획방송을 통해 전 사원에게 멘토링 활동을 홍보하기도 하였다. 작년 연말에는멘토, 멘제의 멘토링 활동사진을 모아 기념 캘린더를 제작하여배포하기도 하였다.

이런 모든 홍보활동은 개인적, 비공식적 활동이라는 멘토링의약점을 극복할 수 있는 좋은 방법이며주위의 관심을 지속시킬 수 있는 대안이기도 하다. 주위의 관심이 사라지게되면 자연스레 멘토링 활동이 위축될 수 있는 가능성이 높기 때문이다. 경영진을 포함하여 전 사원에게멘토링 활동의 우수사례를 다양한 매체를 활용하여 꾸준히 홍보하는 것이 멘토링 사후관리의 핵심이라 할 수 있다.

9. 성공적인 멘토링을 위한 방안

성공적인 멘토링 도입을 위한 방안으로는

첫째, 멘토링에대한 충분한 사전 검토와 준비가 필요하다. 조직 내에 도입하려는 멘토링의 목적이 신입사원들의 분위기 적응을 위한 것인지 핵심인재의 육성에 관한 것인지 명확히 정립해야 한다.

또한 멘토의 자질을 갖춘 사람이 조직 내에 얼마큼 있는지, 새로운 멘토 pool의 구축이 용이한 지에 대한 검토도 필요하다고 본다. 멘토링을도입한 후 멘토가 없거나 부족하다면 멘제들의 적응과 성장에 어려움이 발생할 수 있다.

둘째, 멘토링에 대한 명확한 이해가 전제되어야 한다. 멘토와 멘제 뿐만 아니라 부서장, 경영진에게 이들의 존재를 알리고 활동내용에 대한 피드백을 지속시켜야 한다. 또한 멘토는 지시자가 아닌 파트너로서의 자세를 견지할 필요가 있다. 일방적인 지시보다는 멘제가 갖고 있는 문제의 현상을 제대로 알려줘야 하며 멘제 스스로 주인의식을 갖고 생활하도록 유도하여야 한다.

셋째, 정기적인 멘토링 효과분석과 성과에 대한 적절한 인정과 보상이 필요하다. 멘토링 활동 과정이나결과에 대한 엄격한 평가가 주기적으로 진행되어야 하며 그 결과에 따라 금전적, 비금전적 보상도 함께 동반되게된다면 그 효과가 배가될 것이다.

당사에서는 멘토링 제도가 조직활성화 및 생산성 향상, 일선 조직관리에 긍정적이라는 판단 아래 사업장 고유문화로 정착시키기 위해 온 힘을 기울이고 있으며, 향후 신입사원뿐만 아니라 경력사원에게도 확대 적용할 계획이다.

기업 - 6 삼성화재

1. OJT 교육의 필요성

1) 조직적 OJT 전개의 요청

OJT의 중요성에 관해서는 옛날부터 재삼재사 강조하여 왔던 것이다. 그러나 실제로는 기업 내 교육의 기둥이고 근간이라고 하면서 바람직하게 되지 않는다고 하는 것이 각 직장에서 현실인 것 같다. 그러나 여기서 지금까지 관리 감독자에게 맡겼던 직장 내 교육의 바람직한 방법을 재검토하고 OJT 프로그램의 재구성을 도모하고자 하는 움직임이 각 사의 교육 부문에서 의욕을 보이게 되었다.

2) 일률적인 집합연수에서 개별교육으로

그 배경으로 인재개발방법이 종래의 일률적인 집합교육으로부터 사원 각자의 능력개발에 초점을 맞춘 개별적 개발방향으로 옮겨갔으며, 보다 실무적인 교육지도로서 OJT의 충실한 도입이 불가결하게 되었다고 생각한다. 또한 기업의 인재 획득방법이 지금까지 새로운 대학졸업자의 정기적인 일괄 채용으로부터 연중을 통해 수시로 채용하는 중도 채용방식으로 보편화되었고, 고용 형태도 종래의 정기 사원 중심으로부터 일시 계약 사원, Intern 사원, 시간제 사원, 아르바이트의 조기전략화로 변화하고, 여기에 수반하는 집합교육의 바람직한 방법의 검토가 진행되고 있다. 그리고 배치받은 곳에서의 받아들이는 체제와 각 지장에서 OJT 강화가 급선무가 되었던 것 등 그 요인으로 들 수 있을 것이다. 이와 같은 배경을 염두에 두고서 직장에서의 OJT를 어떻게 추진하는 것이 바람직한지 고찰해 보고자 한다.

3) 그러면 현장에서 OJT의 상황은 어떤가?

"들자니 무겁고 놓자니 깨질까?" 기업마다 경쟁적으로 도입하고 있는 지도사원 OJT 제도가 경영층에서 원하는 방향과 현장에서 관리자가 실무를 하면서 겪고 있는 현실은 너무나 큰 차이가 있는 게 현실이다.

한마디로 OJT 도입방법에서부터 활동 프로그램을 수행하는 과정이 경영자에게 좋은 통계를 보여주기 위한 것과 타사를 염두에 두고 경쟁적으로 이벤트성 제도로 흐르고 있지 않나 재고해야 할 시점에 이른 것이다.

과연 OJT가 당초 목적대로 "성과를 지향하는 제도(Training for Impact)로 나아가 본질적으로 인재개발방법을 모색하고 있는가?" 묻고 싶은 것이다.

그래서 외국경영기법이 국내에서 성공률이 겨우 17%라고 하는 통계를 경영자들은 깊이 마음에 새기면서 그만큼 투자손실을 이제껏 감당하고 있다는 사실에도 유의해야 할 것이다.

4) 어떻게 기존의 OJT 제도에 대한 문제점을 개선할 것인가?

금번 국내에서 유일하게 기존의 지도사원 OJT 제도의 대안으로 멘토링(Mentoring) 제도를 도입한 삼성화재 도입 사례를 중심으로 'OJT **멘토링 제도**'의 성공도입 전략을 소개한다.

2. 삼성화재의 OJT 제도

국내 대부분 기업에서 OJT 제도 개선안에 동감하고 있지만 그 대안을 찾지 못해 우왕좌왕하고 있을 때, 왜? 삼성화재는 현행 OJT 제도에 대한 개선안으로 멘토링 제도를 채택했을까? 이는 삼성SDI, 삼성테크윈 등 멘토링 프로그램을 먼저 도입한 현장관리자들의 조언으로 멘토링 제도를 자연스럽게 도입했다고 볼 수 있다. 그러면 좀더 구체적으로 삼성화재의 현행 OJT 제도에 대한 분석과 개선안으로 멘토링 제도와 연결 프로그램을 살펴보기로 하자.

1) 삼성화재는?

삼성그룹의 인재개발교육은 국내 산업계에서 최상의 프로그램으로 사원들에게 교육서비스를 제공하고 있다는 사실은 익히 알고 있는 바이다. 이 난(欄)에서는 특별히 신입사원 교육 프로그램에 관하여 그룹교육과 삼성화재(사장 이수창, 담당 김석호 파트장, 김재환 주임, 임직원 3.500명) 신입사원 교육체계를 간략하게 소개하고자 한다. 신입사원으로 입사하면 그룹입문교육 4주, 당사입문교육 3주, 전산교육 8일, 금융사 신입사원 입문교육 4일, SMP 과정 6개월, 그리고 부문별, 부서별 단기간의 업무수습교육으로 되어 있다. OJT과정은 SMP 6개월 과정에서 회사 주관으로 실시하고 있다.

2) 삼성화재 현행 OJT 제도의 문제점은?

〈현행 OJT 제도의 문제점〉
① 선후배 간의 결속력 저하
 • 지도선배의 잦은 부서이동 및 신입사원의 장기 교육입과(MA 등)로 인해 선후배 간의 결속력이 크게 떨어짐.
② 형식적 과제 제출 및 평가
 • 매월 반복되는 지도계획서 및 월별평가가 지도선배의 무관심 속에 형식적으로 이루어짐.
 • 100점 만점 사례 빈발
③ 손해보험 공통소양 부족
 • 손해보험사 사원으로서의 기본인 상품 및 보상체계 이해 등 기본 소양 부족 ⇒ 업무수행능력의 지장 초래
④ 동기 유발 효과 부족
 • '03년 상반기의 경우 평가 후 시상이 생략됨.
 • 신입사원 대상 해외연수 등을 실시 중인 타사대비 시상정책이 부족

3. 삼성화재 OJT 제도 주요 개선내용은?

1) 신입사원(Menger)

기존 OJT	개선안
○ OJT 계획서 작성 ○ OJT 일지 작성 ○ 기타 과제 제출 ○ 업무수행 매뉴얼 작성 ○ 현장개선 리포트 작성	○ OJT 주간, 월간 일지 등록 ○ 신입사원 커뮤니티 활동 ○ 사내 Cyber 손해보험 기초 과정 이수 ○ 신입사원 중간 미팅 ○ 업무수행 매뉴얼 작성 ○ 현장개선 리포트 작성

2) 지도사원(Mentor)

기존 OJT	개선안
○ 지도계획서 작성 ○ OJT 일지 점검 ○ 차월 / 과제 평가	○ **OJT 멘토링 Workshop** ○ 월별 멘토 지도계획서 작성 ○ 월별 평가 실시 ○ 신입사원 멘토링 커뮤니티 활동 ○ 크레듀 '리더십 기본' 과정 이수

3) 평가구조

구분	항목	비율(%)	1년 종합평가(%)	
현행 신입사원 OJT 제도	차월 평가 기타 과제 매뉴얼 평가	40 30 30	입문교육 OJT 현장개선 리포트 부서장 관찰평가	(10) (50) (30) (10)
개선안	신입 커뮤니티 활동 멘토 평가 멘토링 업무 매뉴얼 현장개선 리포트	30 10 30 30	입문교육 **OJT** 부서장 관찰평가	(10) (80) (10)

4) 시상 및 특전

OJT 결과 발표회	1년 종합평가 (현행과 동일)
부문별 상위성적 2개 팀 참가 (멘토 및 멘제 신입사원) 1등 1개 팀 50만 원 시상 기타 부문별 1개 팀(총 3팀) 30만 원 시상	A, B 등급자 (부문별 상위 30%) → 2년차 연봉 가급(10%)

5) 특이사항

① Mentoring으로 연계된 멘제 신입사원 및 멘토 지도선배는 **입사 6개월간 동일 부서 근무 원칙(인사파트 합의 要)**

② 지도선배(멘토)는 해당 부서장의 1차 선정, 인사팀 멘토링 위원회 심의 후 결정(멘토링 위원회는 인사팀 간부진으로 구성함)

③ 지도선배(멘토)에는 **학습평가 3포인트 부여('04년 적용)** 단, 크레듀 리더십 기초 과정 미이수 시 가점 부여 대상에서 제외.

4. 삼성화재 OJT 멘토링 제도 도입교육 프로그램

멘토링에 관한 용어는 국내기업의 인사 및 교육관계자들 대부분이 상식선에서 개념 정도는 이해하고 있다고 볼 수 있다. 그러나 막상 멘토링을 시스템으로 도입하는 데는 역시 대부분 기업에서 주저하고 있는 게 사실이다. 그 이유는 두 가지로 분석할 수 있다. 첫 번째는 아예 멘토링에 관한 시스템적인 사고를 하지 못하기 때문이다. 좀더 자세히 말한다면 그저 두 사람을 연결해 놓으면 잘되겠지! 하는 프로그램 없이 막연히 생각하고 있다는 것이다. 도입과정, 활동촉진과정, 평가과정 등 종합 프로그램이 있는지조차 모르고 있다는 것이다. 두 번째는 이러한 멘토링 종합 프로그램을 알고는 있지만 현재 조직의 인재 및 교육 시스템의 틀을 몇 가지는 바꿔야 하기 때문에 이러한 도전 정신이 약하다고 볼 수 있다. 현재 대부분 대기업 중심으로 도입하고 있는데 그 경위를 살펴보면 대부분 실무관리자의 의지보다는 해외에서 멘토링을 경험한 임원이나 CEO의 강한 의지로 도입하고 있다. 먼저 도입에 필요한 멘토링 시스템 관한 내용을 두 가지로 요약한다면 먼저 이론 부분에서 놓칠 수 없는 것이 **멘토링 5가지 원리**이며, 활동 프로그램으로 **도입 5가지 조건**을 들 수 있다. 이러한 내용은 삼성화재 도입교육을 사례로 소개하고자 한다.

1) 삼성화재 멘토링 도입 개요

(1) 目的
- '03년 하반기 OJT 프로세스 및 멘토링 개념 이해
- 멘제인 신입사원 및 멘토인 지도선배의 유대관계 강화

(2) '03年 신입사원 OJT 멘토링 W / S 運營(案)
① 基本方向
- 신입사원 OJT 멘토링 프로그램 안내를 통해 OJT의 중요성 및 개정된 프로세스의 이해를 도모시키고
- 외부 멘토링 전문기관과 연계하여 선후배의 유대강화 멘토링 프로그램을 실시함

② 對象
- '03년 하반기 멘제(신입사원) 33명 및 멘토(지도선배) 33명
  (총 66명, 보상서비스 부문 신입사원 제외)

③ 日程 및 場所
- 일 정: 2003년 10월 7일(화)
- 교육시간: 09:00〜17:00 (기타 상세일정은 첨부1 참조)
- 장 소: 유성연수원 대강의장

2) 삼성화재 멘토링 도입 Workshop 프로그램

시간	내용	담당자	비고
06:30~08:20	조식		6일 도착자 30명
08:30~09:00	입과자 파악 및 과정안내	김재환 주임	
09:00~09:40	신입사원 효과적 OJT을 위한 조언	김석호 파트장	
09:50~10:20	'03년 OJT프로세스 안내	김재환 주임	
10:30~12:00	– 멘토 제도의 올바른 이해 – 멘토 제도의 이해와 개발	류재석 소장	멘토링 코리아 대표
12:00~13:00	중식		
13:00~16:30	멘토링 활동 3게임 WORKSHOP – 성격차이 극복게임 – 재능개발 5 INDEX 찾기게임 – 미팅소재 개발게임	김호정 컨설턴트 류재석 소장	
16:30~17:00	과정정리 및 해산	김재환 주임	과정소감문 작성 및 도서(칭찬의 기술) 배포

3) 멘토링 제도 강의안 내용

(1) 멘토링의 5가지 원리란?

① 한 사람 멘토(Mentor)와 한 사람 멘제(Menger)가

② 일정기간 동안 멘제 중심 1 : 1로 관계를 맺고

③ 멘토의 역량(Competency)을 최대한 발휘하여

④ 멘제의 특성과 잠재력을 개발하고

⑤ 인격을 갖춘 차세대 리더(Post Leader)로 세우는 원투원 멘토십이다.

(2) 멘토링의 목적은?

멘토링의 목적은 멘제를 차세대 리더로 세우는 것(Standing Together)이다. 리더라는 개념은 사회적으로 위대한 지도자라는 뜻도 있지만 조직 적용 멘토링에서는 도움 받는 멘제가 훗날 도움 주는 멘토로 삶의 태도가 바뀌는 것을 말한다. 조직에서는 바로 멘제가 멘토로 변하므로 중간 지도자를 개발하게 되는데 결국 인적 경쟁력을 확보하게 되는 것을 의미한다.

(3) 멘토링의 콘텐츠(Contents)는?

멘토링 핵심내용(Contents)은 인격(知, 情, 意) 자체다. 그러므로 멘토링 활동은 바로 知的에 치우친 교육이 아니라 전인적인 삶으로 조언해 주는 인재개발이 되어야 한다. 그 기원은 그리스 신화에서 멘토(Mentor) 스승이 텔레마쿠스(Telemachus) 왕자를 20년간 멘토링할 때 교재로 수학(知를 상징), 철학(情을 상징), 논리학(意를 상징)을 사용했다는 데서 기인한다.

(4) 멘토 활동 5가지 지침은?

지침 1: 멘제가 마음(포용력등)을 넓히는 데 돕는다.
지침 2: 멘제가 지식을 업그레이드하는 데 돕는다.
지침 3: 멘제가 건강생활을 하도록 돕는다.
지침 4: 멘제가 자기관리를 잘하도록 돕는다.
지침 5: 멘제가 이웃관계가 좋도록 돕는다.

(근거 MKO –Stargame(5index – 知적, 情적, 意적 서비스)

(5) 멘제 개발 5가지 스킬은?

멘제 개발에 5가지 스킬은 먼저 멘토가 멘제를 왕자라는 의식을 갖고 제대로 파악해야 된다는 것을 의미한다. 손자병법에 지피지기(知彼知己)면 백전백승이라고 했듯이 멘토가 멘제에 대하여 아래 5가지를 제대로 파악한다면 단시간 내 (High Speed)에 높은 만족(High Satisfaction)을 얻을 수 있어 멘토링 전략에 성공률을 높이는 지름길이라고 볼 수 있다.

(1) 멘제의 구체적인 인적 사항을 파악하여 DB화한다.
(2) 성격유형을 파악하여 적절하게 엔돌핀으로 대응한다.
(3) 단기간에 해당하는 니즈(Needs)를 파악하여 해결을 모색한다.
(4) 장기간에 해당하는 가치관을 파악하여 삶의 목표 달성에 조언한다.
(5) 인격지수(마음, 지식, 건강, 관리, 관계＝5index)를 파악하여 대안을 세운다.

(6) 21C 멘토링 제도(Mentoring System)의 필요성은?

오늘날 멘토링 제도는 조직 구성원에게 인간적인 면을 배려하여 먼저 상호간 인간관계의 폭을 넓히고 개인의 학업이나 업무를 촉진하여 결국은 **조직의 인적 경**

쟁력을 확보하는 데 21c 최적의 프로그램으로 각광받고 있다. 멘토링 제도의 필요성에 대하여 아래 선진국의 권위 있는 3개 기관의 평을 듣도록 하겠다.

① 맥킨지 컨설팅의 평은?

-21C 인재개발전략에서 **"놀라운 힘을 발휘하고 있는 멘토링이다."**라고 극찬하고 있다.

② ASTD의 평은?

-**"**멘토링은 기업에서 두 마리 토끼-**지식경영, 학습조직**-를 잡는 데 성공한 프로그램이다.**"**라고 2003보고서에서 평을 하고 있다.

③ 포춘지 평은?

- 포춘 500대 기업 임원 설문 결과

-96% - 멘토링은 중요한 인재개발 도구다.

-75% - 자신의 직업적 성공에 핵심적 역할을 해 왔다.

5. 삼성화재의 OJT 멘토링 제도 성공 전략

먼저 기존의 OJT 제도에 멘토링 제도를 얹는 방식의 도입은 문제가 있다고 본다. 사실 멘토링 제도의 목적은 조직 내의 일반 사원을 리더로 개발하여 먼저 인재경쟁력을 확보하는 데 있다고 본다. 그 다음에 리더라는 의식으로 개인의 업무 활성화와 조직의 높은 성과(High Performance)를 기대하는 것이 올바른 순서다. 이러한 면을 염두에 둔다면 멘토링 제도의 도입은 이벤트성 교육방식이 아니라 프로젝트(Project) 도입방식을 채택해야 할 것이고 당연히 TFTeam에 의하여 추진해야 할 것이다. 결국 OJT 제도는 멘토링 프로젝트(Mentoring Project)의 한 부문으로 목표를 설정하는 것이 타당하다고 본다. 우선 교육방식으로 도입한 삼성화재 멘토링 제도가 성공하도록 아래 몇 가지 방법에 조언을 해 본다.

(1) 현장관리자는 전문가

현장관리자는 멘토링 전문교육과정(20시간 이상 과정)을 이수하여 프로그램을 관리할 수 있도록 해야 한다. 도입과정에서 활동과정 그리고 평가과정까지 전체 기간 및 각 과정에 적용하는 프로그램을 볼 줄 알아야 한다.

(2) 멘토링 제도에 대한 사내 공동 관심사

특히 간부 및 임원급에서 멘토링 특강(2시간 이상)을 수강하여 사내 공동관심사를 유도해야 한다. 그렇지 않고 간부급 중에서 잘 모르는 사람은 의외로 자기 부하 중 멘토/멘제 활동을 의도적으로 제동을 걸 수도 있기 때문이다.

(3) 지원 시스템으로 임원

임원 중 한 사람은 멘토링 운영 위원장으로 선임하여 전사에 책임 있고 계획적으로 추진해야 한다.

(4) 종합 프로그램 – 도입 – 활동 – 평가

멘토링을 교육 이벤트식으로 생각하면 앞으로 활동기간에 어려움을 겪게 된다. 인재개발이라는 총체적인 프로그램으로 받아들여 도입과정 – 활동촉진과정 – 평가과정의 프로그램 자료를 제대로 활용하여야 한다.

(5) 멘토에 의한 멘토링 자발적 활동

회사에서 멘토링 활동하는 멘토, 멘제, 모니터 일명 3M을 푸시전략으로 압박을 주면 얼마 못 가서 멘토링 활동이 위축된다. 회사는 지원에 그치고 멘토에게 멘제 개발권을 전결로 위임했다고 생각하고 간여를 줄이고 멘토, 멘제, 모니터 3인이 자발적으로 운영하게 하는 것이 더욱 효과적이다.

(6) 회사의 멘토링 TFTeam

멘토링을 실패하는 기업을 보면 멘토와 멘제를 연결만 해 놓고 그 후 체계적인 지원이 없기 때문에 시일이 경과하면 자연히 시들해져 실패로 돌아가게 된다. 반드시 멘토링을 프로젝트 개념으로 도입하고 추진 TFTeam으로 지원체제를 확실히 해야 한다.

(7) 회사의 분명한 목표 설정

회사에서는 멘토링 활동에 분명한 목표를 제시해 주고 그 목표에 합당한 활동을 하도록 해야 한다. 목표 없이 막연히 여러 분야를 하도록 요구하면 과녁 없이 활 쏘는 것과 마찬가지로 목표율 달성에 방향을 잃게 된다. 그리고 목표를 세웠을 때 그 목표 이외에는 책임을 물어서는 안 되고 그 목표에 의한 평가 프로그램을 적용하면 틀림없이 생상성과 연결된 성과를 거둘 수 있다고 본다.

(8) 적절한 투자(물심양면지원)

멘토링을 둘만이 연결해 놓는다는 생각에서 투자 없이 진행하다 보면 참석자들에게 동기부여가 되지 않아 시작을 안 한 것만 못한 사례가 빈번히 발생하고 있다. 바로 조직에 적용하는 새로운 멘토링(New Mentoring)은 종합 프로그램으로 다루어야 하기 때문에 간단한 도입교육비 정도로 생각한다면 결국 장기 지속하는데 차질을 빚게 된다. 반드시 6개월, 10개월, 12개월, 24개월식으로 기간을 정하고 그 전체 기간에 소요되는 예산을 제대로 세워 투자해야 큰 효과를 얻을 수 있는 것이다. 참고로 다음 장의 12개월 멘토링 프로그램 진행 컨설팅 비용 계산 방법을 참고하기 바란다.

6. 멘토링 활동촉진 3게임 Workshop 요령 및 33쌍 분석 결과

1) Lynchpingame - 개인성격 차이 극복 게임

Lynchpin(연결핀) game은 인관관계를 촉진하기 위하여 먼저 멘토링 활동 전에 멘토와 멘제가 성격 차이를 극복하기 위한 것으로 멘토와 멘제의 성격을 4가지 유형별로 파악한 후 **동일성격끼리 연결해 주면 동질감을** 느끼게 되어 활동기간에 상호관계가 촉진된다. 또한 상대성격의 장단점을 알게 됨으로써 서로가 적절한 대응을 하게 되어 되도록 스트레스받을 수 있는 사항은 피하고 엔돌핀 나올 수 있는 사항으로 대응해 주면 멘토링 활동기간에 두 사람의 관계가 원활해짐으로써 유지율을 크게 높일 수 있는 것이다.

사람의 성격은 변하지 않는다는 전제조건하에 성격분석을 하게 되므로 이미 고정되어 있는 성격은 서로가 이해하려고 노력하는 것이 최선의 방법이다.

2) Stargame - 인격(재능)가치 개발게임

스타게임의 원리는 인격(지, 정, 의)의 지수를 **마음, 지식, 건강, 자기관리, 인간관계 등 5가지로 분류하여**(5index) 50가지 설문으로 100점 만점으로 지수를 측정하는 방법이다. 5가지 각 주제마다 지수가 나오므로 현재 상태에서 자기 별(Star)을 그려 보면 자기의 가치를 일목요연하게 파악할 수 있게 된다. 특히 직장인의 가치를 **사내가치, 시장가치, 인간가치 등**으로 연결하여 앞으로 활동기간에 인격지수를 분명히 알고 업그레이드 대안 자료로 활용하게 된다.

① 스타게임은 멘토링 핵심내용을 5가지 지수(5 INDEX)로 하여 멘토 / 멘제 각자 자신의 인격의 가치를 지수로 점수화하는 기법이다. 그래서 멘토 / 멘제가 12개월 동안 자신의 가치를 업그레이드할 수 있는 기본적인 자료로 활용한다. 특히 상호 미팅할 때 주요 소재로 거론되게 된다. 각자 5가지 지수 중 약한 부문을 집중적으로 서로 간에 실천카드를 작성하여 점검하면서 개선해 나가는 방법이다. 도입교육 시 점검하는 Stargame 5Index 합계는 '출발점수'로 큰 의미는 없다. 그러나 활동하는 동안 적어도 3개월에 한 번 정도 체크해야 한다. 특히 멘토 / 멘제 개인의 5index 중 약점 부문을 중점적으로 업그레이드해야 하며 멘토링을 종결할 때쯤에는 첫출발점수와 중간 체크점수와 최종 체크점수를 비교해 보면 **개인의 역량 향상도를 평가할 수 있다.**

3) Braingame - 멘토 / 멘제 미팅소재 개발게임

Stargame을 통하여 자신의 가치 분석 자료를 가지고 실천카드를 수시로 작성함으로써 약한 부문과 그리고 본인이 관심 있는 부문을 멘토 / 멘제가 미팅 때마다 필수적으로 서로 점검하고 살펴서 책임 있게 자기가치 개발에 역점을 두어야 한다. 반드시 Braingame을 통하여 멘토 / 멘제 서로 간에 미팅 소재로 실천카드를 작성하고 그 근거에 의하여 미팅할 때 서로 점검해 주는 절차를 꼭 진행해야 한다.

기업 - 7 삼양그룹 사례

1. 삼양그룹은 왜 멘토링을 도입했는가?

"사원 한 사람 한 사람을 소중히 여기고 인재로 육성한다."라는 슬로건이 삼양그룹 인사방침이다.

이를 위해 그동안 인재육성에 MBA 등 해외파견, 대학원 등 국내파견, 전문기관 등 사외교육, 관리능력 향상 등 사내교육으로 그동안 타사 못지않은 다양한 교육훈련으로 나름대로 성과도 거두었다.

그러나 21C를 맞아 인재육성에 New Paradigm을 구상하게 되었고 그러한 차원에서 회사 인사방침에 적합한 한 사람을 소중히 여기는 원투원 멘토링 시스템(Mentoring System)을 도입하게 되었다.(연수원장 김위근 박사의 말)

2. 1기 멘토링 도입에 대하여

삼양그룹의 '신입사원 정착률 향상' 멘토링 도입은 벌써 1년 전인 2002년 8월 8일이다. 국내에서는 생소한 멘토링 프로그램을 선구자적인 입장에서 당시 金元 사장의 적극 후원으로 김위근 연수원장과 김정법 실무자가 추진을 맡아 1기 멘토/멘제 26쌍이 수유리 호텔 아카데미에서 발대식을 가졌다.

mko 류재석 소장의 하루 강의와 사장의 격려사를 들으면서 호기심과 기대감 속에서 멘토링을 도입하게 되었다.

3. 1년 지난 오늘날 1기 멘토링 활동에 대한 평가

- 김위근 연수원장의 평가

1) 당초 멘토 / 멘제 26쌍이 지금까지 잘 유지를 하고 있다. - 유지율 100%

2) 신입사원 멘제 26명이 이직자 없이 지금까지 잘 정착하고 있다 - 정착률 100%

3) 예년 같으면 이직률이 5~6% 정도인데 멘토링 활동 중 신입사원 멘제의 고
   충사항을 모니터링을 하게 됨으로써 업무조정 및 보직변경, 관계개선에 회
   사가 관심을 갖고 해결해 준 것이 큰 성과를 거둔 것 같다.

- 류재석 소장의 성공여건 평가

1) 멘토링을 - 도입교육, - 활동촉진 및 보수교육, - 평가 프로그램 등 종합 프
   로그램으로 받아들인 것이 성공률을 높였다.

2) 김 사장을 비롯하여 김위근 원장의 적극 지원이 성공의 열쇠다. 특히 김 원장
   이 부서장을 설득하여 멘제 신입사원의 애로 타결에 발 벗고 나선 것이다.

3) 김정법 실무자의 지속적인 자체 프로그램 개발이다.
   멘토링 홈페이지 활용, Stargame - 5INDEX 역량개발 등은 타사에 권할 만한
   좋은 사례가 된다.

4) 멘제 신입사원의 Needs와 가치관을 어떻게 멘토가 도출하고 그 욕구를 해
   결해 주느냐가 성공의 관건인데 삼양그룹은 멘제 - 멘토 - 모니터 3M의 성공
   적인 역할과 회사의 적극적인 애로 해결이 성공률을 높인 것이다.

4. 삼양그룹 멘토링에 대한 류재석 소장 코멘트

사람이란 100% 완전할 수 없다. 그리고 기업도 가치관이 시대에 따라서 변할
수도 있는 것이다. 그간 설탕과 섬유 등 중간재에 힘을 쏟았던 삼양그룹은 오늘
날 거기에 안주하지 않고 의약, 화학, 식품, 신사업 등 4개 부문에 역량을 집중하
고 있다. 그리고 삼양 인재육성 시스템의 목표는 미래경영자(Future Leader)와 직
무전문가(Job Specialist)를 양성하는 것이다. 당연히 필수적인 부문이 **핵심인재개발**
이다. 멘토링을 기본적인 '신입사원 정착'에 성공률을 높이고 있다면 이제는 그룹

차원에서 '경력개발', '전문가개발', '핵심인재개발' 등에 멘토링 적용을 확대하는 것이 바람직하다. 아래 몇 가지를 삼양인재육성팀에 코멘트로 남긴다.

1) 멘토링이 확대됨에 따라 멘토링 지도사 등 전문가 대책이 시급하다.
2) 부서장을 일일이 설득하기보다는 멘토링 교육으로 공감대 형성이 필요하다.
3) 멘토링을 좀더 다양하게 적용하기 위하여 장단기 계획이 필요하다.

5. 2기는 본부와 계열사까지 확대 시행

1기 멘토링의 성공적인 활동이 계열사 CEO 회의 때 알려지게 되므로 금번 2기는 계열사까지 참여하여 삼양그룹은 멘토링을 국내 최초로 그룹적인 차원에서 받아들이게 되었다. 금번 참여사는 삼양사, 삼양제넥스, 삼남석유화학으로 신입사원을 대상으로 1기와 같이 도입 프로그램을 진행하였다.

6. 2기 멘토링 도입 개요 및 교육 프로그램

- 참가대상: 멘토 / 멘제 22쌍(44명)
- 활동기간: 12개월
- 도입일정: 2003년 7월 14~15일
- 교육장소: 대전 삼양그룹 연수원
- 지도교수: mko 류재석 소장

- 강의내용
제1장 멘토링 원리 이해
제2장 멘토 제도 올바른 이해
제3장 21c 멘토링의 필요성
제4장 멘토링 활동 Workshop - 자기개발 촉진 3게임
　　　1. Lynchpin Game - 자기성격 개발게임

─이 글은 월간 인사관리 3월호에 인력개발팀 멘토링 담당 김정법 과장의 기고 내용입니다.

* 2003년 7월 평가에 의하면 삼양사는 1기 멘토링 26쌍이 출발하여 1년 후에
─신입사원 멘제 정착률 100% ─멘토／멘제 쌍별 유지율 100%라는 기적적인 실적을 거두었습니다. ─멘토링 시스템 중 특히 모니터링 제도를 성공적으로 운영한 결과입니다. ─현재 2기가 그해 7월까지 활동 중입니다.

멘토링코리아 류재석 소장

1. 삼양사의 인재상
2. 최근 신입사원 성향 및 특성
3. 신입사원 육성 프로그램
4. 삼양사 멘토링 시스템
5. 평가분석 및 사후 관리
6. 앞으로의 계획
7. 제1기 멘토와 멘제의 소감

1) 삼양사의 인재상

조직 내 우수인재에 대한 정의는 다양하다. GE의 경우 GE Value 준수를 최우선하는 도덕성과 함께 4E, 즉 Energy(열정), Energizer(동기부여능력), Edge(최고지향), Execution(실행력)을 갖춘 인재상을 요구하고 있으며 SONY의 경우 Curiosity(호기심), Persistence(마무리에 대한 집착), Flexibility(사고의 유연성), Optimism(낙관론), Risk─Taking(리스크 감수)의 5가지를 갖춘 인재상을 요구한다.

삼양사는 이러한 세계 초일류 기업의 인재상에서 기인하여 삼양사의 인재상을 다음과 같이 정의한다. '전문능력을 갖추고 있으면서도 긍정적인 Attitude를 보여줄 수 있는 인재, 즉 전문능력(전문능력의 보유), 변화주도(열정을 통한 신가치 창출), 도덕성(조직／고객에 대한 사명감), 인간미, 이렇게 네 가지를 갖춘 인재야말로 삼양사가 요구하며 육성해 나가고자 하는 지향점이 되는 것이다.

2) 최근 신입사원 성향 및 특성

　최근 신입사원의 키워드는 두 가지라고 본다. 패기와 열정이 그것이라고 볼 수 있는데 보수적, 관료적 조직이라면 이러한 최근 신입사원의 성향에 대해 '다소 무례함'이라고 오해할 정도이나 실제 장시간 열린 마음으로 그들을 대하면 논리와 이성에 충실하고 감성 또한 상당히 풍부한 세대라는 것을 알 수 있다.

　하지만 선배세대들보다는 자기중심적이며 어려움을 참고 견디는 인내심이 부족하여 쉽게 덤벼든 만큼 쉽게 포기하는 성향도 볼 수 있는데 이러한 성향들 때문에 예전 조직에서는 크게 중요시되지 않았던 신입사원의 조직 내 정착이라는 문제가 이제는 웬만한 조직의 인력을 관리하는 부서라면 어디라도 고민하게 되는 공통적인 골칫거리가 아닐 수 없다.

　이러한 현상은 바로 이직률과 직결되게 되는데 삼양사 또한 예외는 아니어서 심각한 수준은 아니지만 제도 및 인력개발 프로그램적인 측면에서의 해결방안을 모색하여 신입사원의 이직률을 최소화하고 이들을 최종 핵심인재로 육성해 나가는 방법들을 모색하게 되었다.

　그럼 지금부터 삼양사의 신입사원 육성 프로그램의 전반적인 모습과 그중 신입사원 멘토링 제도에 대해서 자세히 설명해 보도록 하겠다.

3) 신입사원 육성 프로그램

　삼양사의 인재를 개발하는 곳은 경영지원실 산하 인력개발팀으로서 팀장을 포함 8명(KM 담당, 인력개발 담당 2명, 연수 담당, 사무지원 2명, IT강사)으로 구성되어 있다.

　삼양사 인력개발팀의 Misson은 삼양의 인재상을 HRD적인 측면에서 접근하여 크게 여섯 가지로 분류, 지향해 나간다. 여섯 가지 Misson은 Glibalization(인재의 글로벌화), Strategy Supporting(전략실행 지원), Organizational Change(조직 활성화), Leadership(리더십 강화), Future Leader(미래경영자 육성), Job Skill Development(직무전문가 육성) 이상 여섯 가지 Mission을 추구한다.

　인력개발팀이 운영하는 교육과정은 Towers Perrin과의 컨설팅을 통하여 도출된 조직원 개개인의 직무역량(Job Competency)을 향상시키기 위한 CBHRD(Competency Based Human Resources Development)를 추구하며 인재분류별, 직급별, 역할별, 직무기능별로 특화된 맞춤식 교육을 제공하고자 노력하고 있다.

신입사원의 경우 미래경영자를 육성하는 프로그램의 일환으로 진행되는 전체 육성 프로세스는 삼양입문과정(1개월)→OJT(4개월)→중국해외연수(8일)→Mentoring(12개월)→핵심인재선발→MBA 파견 순이다. 그중 멘토링 제도 운영에 대해 자세히 설명하면

4) 삼양사 멘토링 시스템

삼양사 멘토링 시스템은 신입사원의 조직 내 조기정착, 안정된 생활 유도 및 직무역량 향상을 목적으로 2002년 1월 공채 대졸신입사원을 대상으로 2002년 7월에 1기 멘토링을 처음 시작하였다.

최초 멘토링의 형태는 1단계 안정된 생활 유도라는 테마로 6개월을 운영하고, 2단계는 1단계 테마에 직무역량 향상이라는 테마를 더하여 12개월을 운영, 총 18개월로 운영하여 2003년 12월 31일부로 종료하였으나 2003년 신입사원 대상의 2기 멘토링의 경우 멘토링 운영효율을 고려하여 2단계를 6개월로 축소하여 현재 1단계 멘토링 종료 후 2단계 멘토링을 운영 중이며 2004년 6월부로 종료 예정이다.

멘토링의 주체는 스승이자 선배로서의 멘토(Mentor)와 제자이며 후배사원인 멘제(Menger), 제도의 지원 및 모니터링을 담당하는 모니터(Monitor)의 3M으로 구성된다. 해당 멘토/멘제의 선정방법은 삼양사 핵심인재 pool 중에서 행동규범이 바르고 리더십을 소유한 자, 해당 멘제와 10년차 미만인 자 중에서 최종 COO 승인을 받은 자가 Mentor pool에 선정되며 멘토 양성교육을 이수한 후 멘토/멘제 각각의 성격유형 진단을 통해 최종 커플로 맺어지게 되는데 여기에서 특이한 점은 같은 BU(Business Unit), 같은 팀 내 선후배 간과 이성 간에는 커플로 맺어 주지 않는다는 점과 같은 사업장 근거리 내 선후배끼리 매칭을 시켜 줘야 한다는 것이다.

이유는 같은 조직 내에 있는 선후배 간은 아무래도 서로 간 자신의 속내를 보여주는 솔직한 멘토링 활동이 어렵다는 점과 이성 간은 아무래도 동성 간보다는 쉽게 친화되기 어렵다는 점, 그리고 아무리 나머지 여타조건이 적합하더라도 쉽게 만날 수 있는 공간적 여건이 확보되지 않는다면 원활한 멘토링 활동을 기대할 수 없기 때문이다.

멘토 양성과정이 종료되면 이어서 바로 멘토링 발대식을 가지게 된다. 발대식은 COO가 직접 주관하게 되는데 COO 앞에서 멘토/멘제 대표의 멘토링 활동을 열심히 하겠다는 의지의 선서 후 COO 격려사가 이어지고 확정된 커플과 COO와

같이 촬영하는 커플사진 및 전체 멘토링 pool과 COO가 함께 촬영하는 단체사진을 찍게 된다. 사진은 현상되어 액자와 함께 전체에게 나누어지며 멘토 / 멘제는 책상 위에 가족사진과 함께 나란히 액자사진을 놓도록 권유한다.

여기서 주목할 수 있는 사실은 조직 내 신규제도, 특히 멘토링과 같은 제도는 무엇보다도 경영진의 철저한 commitment가 전제되어야만 가능하다는 것이다. 삼양사 COO인 김원 사장의 경우 멘토링 발대식 시 젊은 날 본인에게 인생의 방향성을 제시해 준 『경영자는 이렇게 공부하라』(미야자키 가가야키 지음)라는 책을 직접 나눠줌으로써 삼양사 멘토링 제도의 직접적인 sponsor임은 물론 Super Mentor로서의 면모를 보여주고 있다.

그럼 지금부터 본격적으로 멘토링 활동방법을 소개하면 멘토링 실시 전 먼저 멘토 / 멘제 상호간에 세부적인 신상명세를 공유하여 서로를 인식한 뒤 5가지 지수를 도출하는데 5가지 지수(5index)란 마음, 지식, 건강, 자기관리, 인간관계 5가지 항목에 대한 진단을 통해 멘터 / 멘제 상호간에 취약한 부분이 무엇인가를 파악하여 상호간 공동의 지수 향상 관련 테마를 수립해 나가게 된다. 상호간의 공동테마를 수립하지만 멘제의 취약 부분에 대한 지수 향상이 주목적이라고 할 수 있다. 테마가 수립되면 테마 수행계획서를 각 단계 멘토링 시행 전마다 모니터에게 제출하게 되고 분기마다 주요 활동내용에 대한 실시보고서를 제출한다.

1단계 6개월간 멘토링 활동을 한 후 모니터가 주관하는 멘토링 Follow up 프로그램이 대전 연수원에서 진행되는데 주요 교육내용은 1단계 멘토링 기간 동안 진행된 실제 멘토링 내용을 제출한 보고서 내용 중심으로 모든 참석자와 함께 공유하고 앞으로의 계획에 대해 발표함으로써 차기 멘토링 활동에 대한 자기다짐의 시간을 갖는다.

또한 모니터는 그동안 모니터링을 통한 멘토링 제도 운영상의 문제점 및 협조 요망사항을 공유하게 되는데 특히 멘토 입장에서 요구하는 크게 세 가지 측면에서의 이슈를 다루게 된다.

첫째는 멘토링 제도를 실시 / 운영하는 인력개발팀에 바라는 제도 변환 및 개선에 대한 측면과

둘째는 인력을 기획하는 HR팀에 바라는 인력운용적인 측면,

셋째는 실제 해당 멘제가 소속된 팀장에게 바라는 멘토로서의 요망사항 등 세 가지이다.

이러한 세 가지 측면에서 모니터링된 사항 중 공통된 문제의 경우 인력개발팀에서 취합, 멘토링 커플 전체와 공유하는 시간을 갖고, 특정 멘제가 직면한 문제 및 갈등의 경우 HR팀과 멘제 소속팀장에게 직접 건의, 문제가 심화되기 전 사전 조정 단계를 거치게 된다. 실제 이직 직전에 있던 멘제를 이러한 모니터링을 통하여 해결한 사례가 있다.

마지막으로 Follow up에서 다루어져야 될 중요한 교육 부분 중 하나는 멘토/멘제가 서로 신뢰하고 화합할 수 있는 장을 만들어 주는 것이다. 실제 멘토/멘제들의 근속연차가 현업업무를 가장 많이 수행하는 팀 내 실무 역할을 많이 수행하기 때문에 실제 face to face의 활동이 여의치 못한 경우가 많다. 실제 모니터링을 위한 설문을 진행해 봐도 이러한 Follow up을 이용한 화합 프로그램을 멘토/멘제 양자 모두 동일하게 요구하고 있다. 이러한 맥락에서 진행되는 프로그램은 등산, 볼링, 감성훈련 등 다양한데 현실적 여건을 고려해 선별 진행한다.

1단계 Follow up이 종료된 시점부터 본격적인 2단계 멘토링이 시작되는데 서두에서 밝힌 바와 같이 1단계 안정된 생활 유도 및 조직 내 조기정착이라는 주제를 넘어서 실제 멘제가 현업에서 업무를 수행하는 능력, 즉 직무역량까지 멘토가 향상시켜 주도록 유도하고 있다. 멘토/멘제의 소속이 틀린 관계로 정확한 직무대비 Skill & Knowledge를 멘터가 지도하기는 곤란하나 능력 있는 선배사원으로서 직무를 다루는 노하우에 대한 전수는 가능하다는 판단에서 더해진 테마이며 실제 상호간 다른 직무에 대해 관심을 가지면서 새로운 업무를 알게 되는 효과와 선배사원의 적극적인 노하우 전수가 활성화되고 있다.

2단계 멘토링 역시 1단계보다 업그레이드 수정된 커플별 테마 대비 계획을 수립하여 사전 제출하고 1단계와 동일한 방법으로 멘토링 활동을 하게 된다.

2단계 멘토링 6개월이 최종 종료하게 됨으로써 공식적인 모든 멘토링은 종료하게 되고 멘토링 종료식을 정식으로 가지게 된다. 종료식 역시 발대식과 마찬가지로 COO가 직접 주관하게 되는데 전체적인 내용은 발대식과 유사하나 다른 점은 종료식의 경우 멘토링 2단계 전체적인 평가를 하여 우수자에 대한 포상 및 우수사례 발표가 진행된다는 점이다.

1, 2단계 멘토링이 진행되는 동안 모니터는 평가 및 모니터링만을 수행하는 것이 아니라 실질적인 멘토링 활동이 가능하도록 지원해 주는 역할이 사실상 더 중요하며 실제 그렇게 해야만 성공적인 멘토링이 가능하다. 삼양사 모니터의 경우 매달 커플당 10만 원의 멘토링 지원금을 제공함으로써 멘토링 활동을 통해서 빌

생되는 비용에 대해 직접 지원을 하고 있고 매달 15일을 원칙으로 '멘토링 데이'를 실시하여 해당 멘토링 커플 및 멘토/멘제 소속팀장에게 업무연락을 송부, 멘토링 데이 오후는 사내 업무시간 중이라도 멘토/멘제가 서로 만나서 관련 활동을 할 수 있도록 배려를 요청하는 등의 간접 지원을 하고 있다(매달 15일 원칙을 고수하는 이유는 스승의 날 5월 15일에서 기인한 것이다).

실제 모니터링을 해 보면 멘토/멘제 스스로는 동기부여가 높아 활동에 적극적이고자 하나 소속팀장들의 마인드가 아직 변하지 않아 활동상의 어려움이 있다고 조사된다. 따라서 모니터는 이러한 팀장들의 마인드를 변화시켜 나가는 것도 중요한 모니터로서의 역할 중 하나라고 볼 수 있다.

전체적인 멘토링 단계별 활동내용이나 방법에 대한 설명은 이것으로 마치고 멘토링 제도의 평가분석 및 사후 관리는 어떻게 진행되는지 설명하겠다.

5) 평가분석 및 사후 관리

멘토링의 평가는 월 단위 평가와 최종평가로 나누어진다. 월 단위 평가는 월 단위 멘토링 활동을 모니터에 의해 수시 진행되는데 전화 및 인터뷰를 통해서 진행되는 직접 평가와 멘토링 활성화 시스템이자 모니터링 시스템인 '멘토링 홈페이지'를 통해 진행되는 간접 평가로 나누어 볼 수 있다.

삼양사 멘토링 홈페이지는 크게 세 가지 기능을 가지고 있는데 첫째는 전반적인 멘토링 주요 내용 및 활동스킬, 관련 지식 등 멘토링 관련 source 제공기능과 멘토/멘제 간의 게시판을 이용한 on-line 활동기능, 정기 보고서 제출의 업로드 기능이다. 평가를 목적으로 한다기보다는 다른 멘토링 커플의 활동내용상의 노하우를 공유시키는 목적이 더 강하기 때문에 모니터 입장에서는 멘토링 활성화와 평가 업무의 용이성, 이 두 마리 토끼를 동시에 잡을 수 있는 장점이 있어서 이 글을 읽는 기업의 멘토링 관련 담당자는 꼭 한 번 반영을 권유하고 싶다.

평가가 평가만으로 끝나는 것이 아니라 이러한 월 단위 평가를 통해서 제일 우수하다고 판단되는 커플에게는 '이 달의 멘토링 챔피언'이라는 포상을 실시하게 되는데 해당 커플에게는 문화상품권 10만 원을 제공하고 있으며 만약 일정 기준 이상의 우수커플이 선정되지 않을 시 상대적으로 우수한 커플에게 시상하는 것이 아니라 아예 포상커플을 선정하지 않음으로써 평가 및 활동 자체에 대한 위상을 저하시키지 않으려 하고 있다. 포상금의 경우 현금이 아닌 문화상품권을 제공함으로써 멘토/멘제가 멘토링 활동과 관련된 직접적인 목적으로 쓰이게끔 유도하는 것도 중요한 일이다.

최종평가는 2단계 멘터링까지 완전 종료된 후 멘토링 종료식 전 실시하게 되는데 총 1차, 2차 심사를 통해서 최우수 1커플, 우수 2커플 총 세 커플의 우수커플을 선정하게 된다. 1차 심사는 월 멘토링 챔피언 수상커플 및 멘터링 홈페이지 상 업로드된 정기 보고서를 심사하여 주관팀인 모니터에서 1차 대상 pool을 선발하고 2차 심사는 1차 대상 pool이 제출하는 최종 보고자료를 심사하여 경영지원 실장이 확정하게 된다.

2차 심사항목은 다음 <표 1>과 같다

〈표 1〉 최종 멘토링 평가항목

평가 요소		세부내용
	배점 최종평가 60	■ 평가방법: 멘토링 활동 관련 평가▶ 평가내용: – 단계별 멘토링 활동계획(테마) 대비 실시사항 주요 내용 – 멘토링을 통한 멘제 갈등 해결 사례 – 멘제의 조직 내 정착 정도(업무적, 인간관계적인 부분 등) – 멘토/멘제 각각 멘토링 실시 후 5index 변환내용
	월 단위 평가 20	■ 평가방법: 활동기간 중 on/off Line상 활동평가▶ 평가내용: – 월 멘토링 챔피언 수상 여부

Menger평가(20)최종평가20■ 평가방법: 최종 멘토링 보고서 평가 – 평가내용: '나의 멘토링 아이디어'의 내용의 참신성

우수커플은 상패와 함께 포상금을 지급받으며 멘토 해당 소속팀장에게 차기 역량평가 시 반영토록 협조 업무연락을 취하게 되며 우수사례의 경우 사내에서 적극 홍보하게 된다.

6) 앞으로의 계획

곧 2004년 신입사원 대상의 3기 멘토링이 오는 7월에 kickoff될 예정이다. 2기에 걸친 우수사례 확보 및 멘토/멘제들을 대상으로 진행해 온 모니터링 결과를 토대로 좀더 삼양사의 현실에 맞는 신입사원 육성제도의 일환으로서의 멘토링을 안정화 및 발전시켜 나갈 예정인데 그 일환으로 멘토 자격을 삼양사 내 유능한 인재라면 반드시 가지고 있어야만 하는 선수 자격화시키는 방안과 멘토링과 관련된 실질적인 인센티브도 디욱 강회해 나갈 생각이다. 또한 멘토링을 단순한 신입사

원 육성책만이 아닌 현 팀장 중 임원으로 승계를 위한 후계자 육성 멘토링(멘토: 임원, 멘제: 해당 팀장)과 임원의 사업 내 전략실행을 지원할 수 있는 역멘토링 (Reverse Mentoring)도 계획하고 있다.

7) 제1기 멘토와 멘제의 소감

(1) 멘토 이동준(EP개발팀 과장)

• 멘토링 제도의 장점

① 멘제뿐만 아니라 멘토 자신의 발전도 꾀할 수 있어 상호간 윈-윈 효과가 있다.

② 신입사원들(멘제)의 조직 적응력을 높일 수 있으며 멘토에게는 회사생활을 다시 돌아보게 하는 계기가 되어 향후 즐거운 회사생활을 할 수 있도록 도와준다.

③ 동일한 취미생활들을 통해 건강 증진을 도모할 수 있으며 상호 인적 네트워크 교류로 사내 인간관계를 제고할 수 있다.

④ 서로에게 부족한 점을 보충할 수 있으며 공통 관심 분야에 대해 학습함으로써 지식을 넓혀 나갈 수 있다.

⑤ 멘제의 회사 적응력 향상뿐만 아니라 미래의 멘토로 육성할 수 있다.

• 아쉬운 점 및 개선점

① 멘토와 멘제의 소속팀장들이 멘토링 제도의 중요성을 인지하지 못해 멘토링 데이와 같은 정규일정까지 소화하지 못하고 있다(소속팀장도 동참할 수 있는 멘토링이었으면 함).

② 매달 멘토링 데이가 지정되어 있지만 실제로 운영되는 경우는 거의 없다. 업무 중에 멘토링 활동을 하기 힘들다면 꼭 한 달에 한 번이 아니라 3개월에 한 번 정도 인력개발팀 주관으로 저녁 또는 점심식사라도 하면서 멘토링 활동에 대한 의견을 교환할 수 있는 시간이 마련되었다면 훌륭한 멘토링이 될 수 있을 것이다.

③ 멘토링 기간이 끝난 이후에도 멘토와 멘제 관계를 유지할 수 있도록 인력개발팀에서 지원과 지속적인 관심을 유지해 주었으면 한다.

④ 사전 아무 준비 · 지식 없이 멘토링을 대하다 보니 효율적으로 멘제에게

도움을 줄 수가 없어 초기에는 멘토 자신조차 혼란을 겪었다. 사전에 멘토 풀을 선정해 매년 그 대상자들을 상대로 멘토 육성 교육을 실시하는 것이 바람직한 것으로 보인다.

• 최종소감

멘제(윤경수 씨)의 경우 소심하고 내성적인 성격을 가지고 있어 처음에는 선배들에 대하여 조금 두려운 마음이 있었던 것 같다. 그러나 멘토 역시 문제는 없지 않았다. 시작은 거창하지만 마무리가 잘되지 않는 멘토의 성격과 멘제의 성격은 '불완전과 불안전의 마음으로 인한 완전'을 이루었다고 평가하고 싶다. 다른 무엇보다 사람을 알고 사람을 사귀게 된 유용한 계기가 되었다고 생각한다.

술자리를 활용한 편안한 대화나 시간을 마련하지 못했던 점이 아쉬움으로 남는다. 멘토링 종료 이후에도 계속적인 만남을 통해 멘제－멘토가 아닌 멘토－멘제의 상생의 관계를 이어 나가고 싶다.

(2) 멘제 윤경수(식품기획팀)

• 좋았던 점

멘토링을 통해 가장 유익했던 점은 멘토를 떠나 한 분의 선배님을 알게 된 점이다. 더 나아가 많은 분들과 다양한 분야를 알게 되어 멘제 자신의 내적 발전을 향상시킬 수 있었다. 또한 업무 이외의 부분, 즉 상사와 동료를 대하는 태도를 배울 수 있었으며 원활한 인간관계 유지방법도 배울 수 있었던 기회였다. 무엇보다 멘토링을 통해 조직에 보다 빨리 적응할 수 있었으며 자신을 돌아볼 수 있는 계기가 되었다. 그리고 지식 함량이나 취미활동 개발, 운동을 통한 내외적으로 발전을 이룰 수 있어 소중한 시간이었다.

• 아쉬운 점

멘토의 경우 영업직에 있다 보니 내근직이었던 멘제와의 멘토링 활동 시간이 부족했던 점이 조금은 아쉬웠다. 주로 저녁시간과 주말, 휴일을 이용하여 멘토링 활동을 하였으나 향후 멘토링 데이를 적극 활용, 활발한 멘토링 활동을 할 수 있었으면 한다.

• 멘토링 아이디어

‘지식·건강·교양 아우르는 멘토링’

① 업무 관련 지식과 어학 관련 지식 두 가지를 선정하여 멘토링 기간 동안 멘토와 멘제 모두 지식을 함양한다.

② 주말마다 함께 즐길 수 있는 운동 한 가지를 선정하여 같이 운동을 즐기되 여기에 더하여 가족들도 함께 할 수 있는 운동으로 정한다.

③ 멘토와 멘제 소속팀들 간의 행사(등산 등)를 기획하여 멘토링 제도의 필요성을 각 소속팀장들이 충분히 이해할 수 있도록 한다.

④ 정기적으로 타 멘토와 멘제와 모임을 개최하여 자신들의 멘토링 활동을 발표하고 좋은 점은 벤치마킹하여 보다 성공적인 멘토링 활동이 될 수 있게 유도한다.

⑤ 지원사항은 과거 성공적인 멘토링 활동을 피드백해 주고 타 커플에게 모범이 되는 멘토와 멘제 커플을 선정하여 특별 보상금을 지원한다(포상 및 인센티브 - 최종 종료 후 최우수커플 선정, 해외연수의 기회를 제공한다).

제도적 멘토링 운영으로 '신입사원 빠른 정착' 성과

1924년에 설립돼 설탕, 밀가루, 식용유 등의 식품군을 비롯해, 엔지니어링 플라스틱 등 화학소재, 의료용구 등 8개 사업부와 8개의 계열사를 거느리고 있는 삼영그룹은 80년대 중반 이후부터 QC, TQM, TOP, 관리 혁신, ERP, CRM, KM 등 다양한 변화관리 활동을 성공적으로 진행해 왔다.

그러나 이러한 하드웨어적 변화관리만으로는 글로벌 경쟁력을 확보하는 데 어려움이 있다고 판단해 왔다. 이른바 한 명의 인재가 10만 명을 살리는 'war for talent'의 시대를 대비하기 위해서는 신입사원의 조기정착 및 체계적인 육성을 통해 핵심인재로서의 육성이 요구됐고, 이에 삼양은 지난 2002년부터 신입사원을 대상으로 멘토링 제도를 도입, 운영해 오고 있다.

삼양의 신입사원 운영체계는 다섯 단계로 진행되는데, 마지막 단계가 멘토링이다.

입사 전 교육 (3주)	→	입문과정 (1주)	→	배치 전 OJT (1주)	→	배치 후 OJT (3월)	→	Mentoring (12월)

멘토링 Process

삼양의 멘토링은 '역량 향상'과 '안정된 생활 유도'라는 두 가지 목표를 가지고, 지난 2002년 8월부터 전 계열사 신입사원을 대상으로 시행하고 있다. 2002년 신입사원 26명과 선배사원 26명이 멘토링 커플이 되어 참여한 1기 멘토링을 시작으로 2, 3기를 성공적으로 실시하고, 현재 4기와 5기 멘토링이 진행 중이다.

멘토링 활동은 4~10년차 선배사원으로 구성된 멘토와 신입사원인 멘제가 1:1로 매칭돼 1년 동안 공식 / 비공식 멘토링 활동을 하게 된다.

선발과 커플 매칭

멘토는 삼양에 만 3년 이상 근속한 선배사원 중에서 충성심(Loyalty)과 청렴도(integrity)가 높고, 업무 및 역량수준, 대인관계와 리더십이 뛰어난 사람들 위주로 COO(Chief Operation Officer, 최고운영책임자)의 승인을 얻어 선발한다.

선발된 멘토 pool은 교육을 통해 멘토링 제도를 이해하게 되며, 발대식에서 커플을 매칭하게 된다.

커플 매칭은 크게 세 가지 원칙을 따르고 있다. 첫째, 대면 멘토링 활동을 원활히 수행할 수 있도록 동일 지역 근무자를 우선으로 하고 있으며(Same Area), 둘째, 다양한 인적 네트워크를 확보하고, 업무 지도를 목적으로 하는 OJT와의 중복을 피하기 위해 동일 팀을 피하고 있으며(Different position), 마지막을 가급적 동성 간의 커플 매칭(Same Gender)으로, 이 원칙은 상황에 따라 유연하게 적용하고 있다.

멘토링 활동

멘토링 발대식을 통해 교육을 받은 커플은 1년 동안 공식 / 비공식 멘토링 활동을 하게 된다. 커플이 매칭되면, 커플은 상호 협의하여 멘토링 목표와 활동계획을 수립하며, 수립된 목표와 계획에 따라 공식 / 비공식 활동을 시작한다.

특히, 매월 15일은 'Mentoring Day'로 정해 멘토링 활동을 독려하고 있으며, 커플에게는 매월 10만 원의 멘토링 활동 지원금이 지급되고 있다. 활동 직후에는 멘토가 주관하여 활동내역을 멘토링 홈페이지를 통해 기록하게 되며, 인력개발팀은 이러한 활동 기록 내용을 바탕으로 멘토링 활동을 모니터링하고, 매월 활동이 우수한 한 커플을 '이달의 우수 멘토링 Champion 커플'로 선정해 포상하고 있다.

멘토링 활동 모니터링

2005년 7월에 종료한 3기 멘토링을 모니터한 결과, 멘토링 커플의 평균 미팅횟수는 월 2~3회 수준이며, 1회 미팅 시 소요시간은 1~2시간 정도인 것으로 나타났다. 멘토링 목표는 대부분이 멘토와 멘제의 합의에 의해 결정됐고, 과반수 정도가 기초 설정한 목표를 달성한 목표를 달성한 것으로 조사됐다. 이성(異性) 멘토링 커플 매칭에 대해서는 대다수가 중립 또는 부정적 견해를 나타냈다. 이와 함께 보안해야 할 이슈로 공식적으로 멘토링 활동 이외에 소그룹 규모의 다양한 멘토링 프로그램의 개발과 해당 팀장의 보대 적극적인 관심이 필요하다는 데 의견이 모아졌다.

활동평가

멘토링 활동은 멘토링 활동과 만족도 수준에 의해 평가된다. 우선 활동평가는 공식 행사 및 교육의 참여도와 활동일지의 작성 수준을 바탕으로 평가하며, 이달의 우수 멘토링 챔피언 등에게는 일정 수준의 가산점을 부여하고 있다. 만족도 평가는 멘토의 만족도를 가장 크게 반영(30%)했으며, 멘제의 팀장이 평가하는 멘토링 활동의 효과성(10%), 멘토의 팀장이 평가하는 멘토링 활동의 효과성(10%)을

반영하고 있다.(그림 3 참조)

활동평가(50%)	만족도 평가(50%)
공식행사 참여도 이달의 멘토링 챔피언 가산점 활동일지 작성도	멘제 만족도 멘제 팀장 만족도 멘제 팀장 만족도

멘토링 종료 후 우수사례 공유

1년간의 멘토링 활동이 종료하면, 종료식을 실시하고 있다. 종료식에서는 평가 결과를 바탕으로 우수커플을 포상하고, 우수사례를 공유한다. 또한 활동이 우수한 멘제들은 향후 잠재적인 멘토 풀로서 관리되며, 실제로 지난 2002년 실시한 1기 멘토링에서 우수한 활동을 보여준 멘제들은 현재 5기의 멘토로 활동하고 있다.

멘토링 도입 효과

멘토링을 실시한 이후, 신입사원 이직률이 낮아졌으며, 회사에 대한 만족도는 상승했다. 멘토의 도움을 받아 신입사원은 사내에서 일어나는 갈등과 관리와 CDP 계획, 역량개발 계획을 효율적으로 실천해 나아가며, 더불어 인적 네트워크를 키워 나가게 된다. 또한, 멘토로 활동한 선배사원들은 멘제와의 대화를 통해 스스로 리더십을 형성해 나가는 훈련을 하게 된다.

이러한 활동을 통해, 결국 회사는 신입사원의 조기전략화와 중간관리자의 리더십 향상이라는 두 가지 큰 소득을 얻을 수 있었다.

멘토링 이슈

신입사원 멘토링이 꾸준히 자리를 잡아 가고 있지만, 아직 멘토링의 객관적 평가제도의 개발과 효과성의 측정은 지속적으로 해결해야 할 과제다. 또한, 이를 확대하여 핵심인재나 팀장 후보군에 대한 확대가 꾸준히 논의되고 있다.

기업 - 8 ㈜태평양: 멘토링 도입 및 운영 사례
(인재개발팀 조지현 대리 HRD 기고문)

㈜태평양(대표이사 서경배)은 1945년 창립 이래 국내 화장품 산업에서 부동의 1위 자리를 지켜오고 있다. 그리고 2015년까지 화장품업계 글로벌 Top 10 진입을 목표로 하고(현재 24위) 해외사업 확장 중이며(중국, 동남아, 프랑스, 미국), 이와 연계하여 인재개발팀에서는 글로벌 인재육성을 추진하고 있다.

교육과정명
태평양에서는 신입사원을 대상으로 '신입사원 멘토링 과정'을 2003년 12월 처음 도입하여 실시해 오고 있다.

신입사원 멘토링 교육실시 목적
가. 신입사원(멘제)의 직무에 대한 자신감 및 회사에 대한 자긍심 함양

나. 현업의 신입사원 OJT 운영 효과성 향상

다. 지도사원(멘토)의 리더십 역량 향상을 통한 조직의 구조적인 기반 강화

대　상
멘제: 신입사원(수습사원 필수, 경력사원은 해당 팀장이 판단)

멘토: 해당 팀 내에서 팀장이 추천, 인재개발팀에서 최종 승인

멘토 선정기준표를 별도 제공하여 팀장의 판단기준에 일관성을 부여하고 있다.

실시 일정 및 기간

멘토링은 기본적으로 월 단위로 실시되며, 기간은 3개월이다.

수시채용과 상·하반기 공채가 병행되고 있어서 월별 채용 규모에 따라 멘토 과정의 세부적인 운영은 탄력적으로 가져가고 있다. 그러나 채용 멘토 선발 오리엔테이션 조별활동평가로 진행되는 큰 흐름은 변함이 없다.

세부 진행 내용

(1) 멘토 선정

신입사원이 채용되면, 해당 팀장이 멘토링 참여 여부를 결정하고(단, 수습사원 은 필수 참여) 팀 내에서 멘토 자격 평가기준에 의거하여 적합한 멘토를 추천한 다. 평가기준은 업무성과, 부서이해, 직무능력, 대인관계, 조직이해, 리더십, 역할 모델, 사회경험으로 세분화되어 있고 각각 5단계 척도로 평가하여 평균 3.5 이상 인 사원을 멘토로 추천하도록 권장한다.

(2) 오리엔테이션

멘토링 오리엔테이션은 멘토, 멘제 공통 교과목과 분반 교과목으로 나누어지는 데, 신입사원 채용인원에 따라 탄력적으로 운영된다. 일반적인 오리엔테이션은 공 통 분과 교과목으로 구성된 2일 과정에 멘토와 멘제가 모두 참여한다. 공통 교과 목은 '멘토링의 이해', '상호 이해진단', '계획수립', '결연식'이 있다. 별도 교과목 으로는 코칭 및 피드백스킬(멘토)과 상사 멘토와의 커뮤니케이션(멘제)이 있다. 해당 월에 채용인원이 너무 적어서 별도 오리엔테이션 실시가 어려운 경우는 멘 토링 코디네이터의 개별 컨설팅(전화 방문)과 개인학습(도서 이러닝)이 지원된다. 연 2회 대규모 공채 시기에는 오리엔테이션이 신입사원 입문과정에 적절히 연계 되어 멘토링과 신입사원 교육과정이 통합적으로 운영되고 있다.

(3) 멘토링 활동

태평양 멘토링 활동은 신입사원 업무 적응을 1차적인 목표로 한다. 하지만 각 멘토링 조별 목표 수립은 팀장, 멘토, 멘제의 대화를 통하여 이루어진다. 멘토는 신입사원이 향후 담당하게 될 업무를 팀장으로부터 파악한 후, 해당 업무 수행에 필요한 요소들을 정리한다. 멘제는 자기 자신의 강점과 약점을 분석하여 개발하고자 하는 요소들을 정리한다. 멘토와 멘제는 각각 정리한 자료를 공유하고 함께 목표 우선순위를 선정하고, 세부 실행계획을 작성하게 된다. 목표와 실행계획은 팀장의 승인을 거쳐 인재개발팀에 보고된다. 인재개발팀 멘토링 코디네이터는 각 조별로 활동들을 지원하고 평가한다.

(4) 평 가

준비, 활동과정, 결과의 세 부분을 종합적으로 평가한다.

준비 단계에서는 목표수준과 계획서의 구체성을, 활동과정에서는 계획대비 실행도와 팀장의 참여도를 마지막으로 결과 단계에서는 목표 달성도와 참여자 만족도를 평가한다. 평가 주체는 참여자 자신과, 해당 팀장 그리고 인재개발팀의 멘토링 평가위원들 모두가 해당된다. 우열을 가리기가 무척 난해하긴 하지만, 모범사례를 보여준 조에 대해서 별도의 시상식과 함께 사례를 공유하고 축하하는 자리를 마련한다.

향후 개선 과제

올해로 ㈜태평양은 멘토링을 도입한 지 3년째로 접어들고 있다. 자발적인 참여와 전 사원들의 공감대를 얻기 위하여 각종 홍보활동과 크고 작은 개선 작업들을 해 왔다. 2006년부터는 사보에 '멘토와 멘제'라는 고정섹션이 설치되어 멘토링 참여자들에 대한 인터뷰 기사를 꾸준히 게재하여 직원들의 많은 관심을 불러오고 있다. 멘토링 활동이 실질적으로 잘 이루어지고 있는가를 관찰하고 적절하게 피드백을 제공하는 부분이 여전히 미흡하다. 이를 위하여 멘토링 온라인 커뮤니티를 활발히 운영하여 입체적인 관찰과 피드백이 가능하도록 시스템화하여 운영할 예정이다. 또한 아직까지도 멘토링에 대한 팀장의 관심과 참여도가 부족한 만큼 멘토링 활동요소마다 팀장이 자연스럽게 관여하도록 프로세스를 개선해 나가고 있다. 효과적인 멘토링 제도 정착을 위한 조건으로 다음 세 가지를 제시하면서 맺고자 한다. 첫째, 멘토와 멘제의 적절한 매칭, 둘째, 스폰서(팀장)의 충분한 지원, 셋째, 체계적인 운영 및 평가.

기업 - 9 포스데이타

포스데이타는 포스코 계열사(CEO 김광호, SI 전문업체)로서 1,300여 명의 사원이 분당을 본사로 서울센터, 포항센터, 광양센터에서 각기 근무하고 있다. 인재개발에 남다른 관심을 갖고 운영 위원회 결정으로 2001년 8월에 국내에서 2번째로 멘토링 시스템을 도입했다. 1년 후 실적은 이직률 16.0%에서 2.4%로 감소했고, 2년차는 1.8%로 감소한 효과가 나타났다. 현재는 3년차 멘토링을 진행 중이다. 아래 자료는 1년차와 2년차 발표자료를 요약해서 게재한 것이다.

1년차 발표자: 인사팀 김영만(2002. 6. 12.)-월간 인사관리
2년차 발표자: 인사팀 김영만 대리 교육팀 이종인 팀장
(2003. 7. 10.)-2차 멘토링 페스티벌 진행

1. 멘토 제도의 실시 배경
2. Posdata 멘토 제도 실시내용
3. 제도의 효과와 문제점 및 향후 계획
4. Posdata 멘토 제도 보도자료

 * 첨부자료 1-성공사례 글-5p
 * 첨부자료-프리젠테이션 PPT

[1년차 발표자료 요약]

1. 멘토 제도의 실시 배경

포스데이타에서는 신입사원의 조직 적응도 향상 및 체계적인 기본 기술 습득을 통한 전문가로서의 성장토대 마련을 위해 2001년 8월부터 '멘토 제도'를 도입, 실시하고 있다.

이 제도는 새로 채용한 직원 또는 초급 직원을 경험이 많은 모범 선배직원에게 배정시켜 주고, 선배직원으로 하여금 후배직원을 양성하는 책임을 부과해 주는 제도이다. 직원을 일찍부터 잘 훈련시켜 그의 경영능력을 길러 주는 것이 회사발전에 가장 중요한 방법이기 때문에 존슨&존슨, AT&T, 메릴린치 같은 대회사들이 이 제도를 실천하고 있다고 한다.

'Mentor 제도'의 도입 배경은 크게 세 가지 측면에서 살펴볼 수 있다. 첫째는 99년도부터 최근 3년간 신입사원의 채용이 급속히 증가함에 따라 조직 정착의 체계적인 지원이 필요했으며, 둘째는 전문기술을 지닌 선배사원의 개별 밀착관리를 통해 필요 전문기술 및 경험을 효과적으로 전수함으로써 조직성과 향상을 꾀하고, 셋째는 개인적인 애로 및 건의사항에 대한 1:1 상담 및 지도를 통해 회사와 일에 대한 몰입도를 고취하기 위해서였다.

약 9개월이 지난 지금 신입사원과 선배사원뿐만 아니라 전 직원들로부터 큰 호응을 얻고 있다.

2. Posdata 멘토 제도 실시내용

▌멘토의 자격요건

멘토의 자격요건은 첫째, 믿고 따를 수 있는 인품과 충분한 업무경험 및 기술 보유자이어야 하며, 둘째, 회사의 Mission, 전략, 업무에 대한 정확한 목표를 이해하고 있는 자, 셋째, Leadership을 갖춘 회사 3년 이상 경력 직원이어야 한다. 이 세 가지 요건을 동시에 충족하여야만 멘토로 임명될 수 있다. 자격요건 심사는 멘토링 운영 위원회(인사팀과 교육팀으로 구성)에서 한다.

▌멘토의 역할
멘토의 역할은 크게 다음의 4가지로 볼 수 있다.
1. Teacher(교사) - - - 가르치는 교사 역할(IQ)
2. Counselor(상담자) - - - 들어주는 상담자 역할(EQ)
3. Coach(코치) - - - 같이 뛰어주는 코치 역할
4. Sponsor(스폰서) - - - 추천하고 신분 보증하는 역할

구체적으로 예시하면 신입직원의 조직 및 업무 적용에 필요한 상담과 지도(인생상담 포함), 애로 및 건의사항에 대한 자체 해결 및 관련 부서 협조 요청, 멘토링 결과(매주 1회) 소속부서장 및 인사팀에 보고, 3개월 후 멘토링 결과 Report 제출(소속팀장, 인사팀) 등으로 요약할 수 있다.

▌멘토 임명방법 및 절차
① 신입사원 채용 후 부서 배치 1~2주일 전에 인사팀에서 신입사원 인적 사항과 함께 해당 팀에 멘토 추천의뢰를 한다.
② 소속팀장은 신입사원의 직무와 개인신상에 가장 적합한 선배사원을 멘토로 선정하여 담당임원의 승인을 받아 인사팀에 통보한다(해당 팀에 멘토 대상자가 없을 경우 타 팀장 협조를 구해 선발 가능).
③ 인사팀 또는 '멘토링 운영 위원회'에서는 신입사원과 멘토의 적합성을 고려하여 검토 후 멘토 임명 인사발령을 시행한다.
④ 교육팀 및 멘토링 운영 위원회는 멘토 임명자를 소집하여 교육 후 멘토링 활동을 지원한다.

▌회사 지원
회사는 멘토의 임명 후 3개월 동안 멘토링 활동을 지원하고 관리하게 되는데, 그 구체적인 내용은
① 월 10만 원 한도 내에서 활동비를 지원해 주고,
② 멘토 교육과정을 개설하여 멘토 임명 후 멘토 제도 정의 및 도입취지, 내용, 멘토 역할 및 효과적인 멘토링 방법 등을 필수 수강토록 하며,

③ 멘토 운영 위원회를 구성하여 매월 정기모임, 제도 개선 및 상담 등을 통하
여 지속적이고 효과적인 활동 지원을 하고 있다.

3. 제도의 효과와 문제점 및 향후 계획

▌ 멘토 제도의 효과

2001년 8월 시행 후 현재까지 243명의 멘토가 임명되었으며, 현재 114명은 멘
토링 완료, 129명이 멘토링 진행 중에 있다.

이미 멘토링을 마친 멘토들을 대상으로 느낀 점들을 정리해 본 결과

"자신의 과거를 뒤돌아보는 계기, 자기반성의 기회가 되었던 것 같다."
"스스로 모범이 되려고 노력하게 되고, 책임감이 더 생겼다."
"눈높이 교육에 힘써 리더십 훈련효과가 있었고, 좋은 교육경험이었다."
"신세대 사고, 생활방식을 이해하는 기회가 되었다."
"신입사원들에게 자연스러운 출발 및 접근방법인 것 같다."
"스스로 공부해서 가르쳐 주다 보니 내적 강화 효과가 있었다." 등과 같은 의
견이 있었다.

이러한 멘토들의 스스로 느낀 효과 이외에도 회사 입장에서 볼 때

① 신입사원의 조직 정착도 제고를 통해 우수인재의 이탈 방지에 놀라운 효과
(실제로 **신입조기 퇴사율**이 16.0%에서 2.4%로 **감소**)가 있었고,
② 개별 밀착관리를 통해 잠재적 Star 직원(능력과 실적을 겸비한 직원)의 조기
선별이 가능하였으며,
③ 개인적인 애로사항에 대한 1 : 1 상담 및 지도를 통해 회사와 일에 대한 몰
입도를 확보할 수 있었고,
④ 신세대 사고, 생활방식 이해를 통한 기존 직원의 역멘토링 효과로 인해 Digital
문화의 자연스러운 전파가 이루어지는 효과가 있었다.

▌ 멘토 제도의 문제점 및 향후 계획

멘토 제도가 도입 / 시행되고 아직 1년이 지나지 않은 시점이지만 현 상황에서의 문제점 및 이에 대한 보완사항은 다음과 같다.

첫째로 문제가 되는 것은 '경쟁의식'이다. 같은 분야에서 활동할 것이기 때문에 '나의 기술을 모두 전수해 주면 나보다 더 나아지지 않을까' 하는 경쟁의식 때문에 멘토링을 기피하려는 현상이 발생할 수 있다. 이에 대한 대책으로 멘토링 기간을 3개월로 제한하였으며, 그 이후에는 자율적인 관계가 될 수 있도록 배려하는 것이 중요하다.

또 한 가지 문제점은 **멘토의 시간과 헌신에 대한 부담**이다. 일반적으로 멘토에 임명될 위치의 사람이면, 각 분야의 전문가이기 때문에 대체적으로 바쁜 일정에 쫓기고 있는 경우가 많다. 때문에 멘제와 충분한 시간을 같이할 수 없는 문제점이 발생하는데, 이는 멘토의 철저한 교육계획을 통한 질적인 멘토링으로 해결방안을 찾을 수 있다.

향후 정기적 영상회의, 자유토론 등을 통하여 멘토링 활동을 강화하고, 멘토링을 완료한 멘토를 대상으로 수기공모(우수작에게 상금＋원고료 지급)를 통해 전 직원으로의 마인드 함양 및 신입사원뿐만 아니라 전 직원으로 그 대상을 확대해 나갈 계획이다.

4. Posdata 멘토 제도 보도자료 − 한국경제 등 8 / 21일자

"신입사원 직장 적응, 선배직원이 책임진다."
　　　포스데이타, 신입사원 지도 프로그램 '멘토제' 실시

− 선배직원이 신입사원 1대1로 3개월간 밀착 지도, 관리
− 기술 지도에서부터 인생상담까지 종합 컨설턴트 역할

올해 졸업해 포스데이타 IT 컨설팅팀에 근무하고 있는 한청( ) 씨. 한청( ) 씨는 매일 매일 직장에 출근하는 것이 무척 즐겁다. 신입사원으로서 의욕도 높거니

와 친형처럼 직장생활의 모든 것을 일일이 챙겨 주고 도움을 주는 선배사원이 있기 때문이다.

처음 직장생활을 할 때 많은 사람들이 느끼는 이상과의 괴리에서 오는 갈등, 생소한 업무에 대한 어려움 등을 한청( ) 씨는 느끼지 못했다. 선배사원과 자그마한 고민이라도 툭 터놓고 이야기하고, 해결점을 찾을 수 있기 때문이다. 특히 팀장에게 이야기하기 어려운 애로사항까지 선배사원이 중간에서 건의하고 해결해 주니 얼마나 고마운지 모른다.

이러한 것은 바로 포스데이타(대표 金光晧, www.posdata.co.kr)가 운영하는 '멘토제(Mentor)' 때문에 가능한 것. 멘토제는 선배사원이 신입직원을 일정기간 동안 1대1로 지도, 관리하는 것으로, 신입사원들의 회사 적응도를 높이고 전문가로 발전하는 데 필요한 기본 기술을 신속하게 습득할 수 있도록 하기 위해 도입되었다.

'멘토'는 기술 지도에서부터 애로사항, 문제점 등, 인생상담에 이르기까지 종합 컨설턴트 역할을 담당하게 된다. '멘토'는 대리급 이상 직원들 중 선발을 통해 임명하며 별도의 교육도 받게 된다. 멘토 활동기간은 3개월간이며, 특별활동비가 별도로 주어진다. 현재 활동 중인 멘토는 모두 50명으로 각기 지도 프로그램을 수립해 운영 중이며, 퇴근 후 친밀도를 높이기 위해 볼링, 컴퓨터게임, 영화, 가정 방문 등 다양한 활동을 벌이고 있다.

(멘토 사원 이야기)

멘토로 활동하고 있는 SI 사업부 손지영(31) 씨는 "제가 신입사원 때 느꼈던 어려움들을 되풀이하지 않도록 하기 위해 가능한 한 많은 도움을 주기 위해 노력하고 있다."며 "업무 적응도도 빠르고 생활도 열심히 해 보람을 느낀다."고 말했다.

[2년차 발표자료 요약]

1. 학습목표
- 성공하는 커뮤니케이션의 스킬을 알고 적용할 수 있다
- 멘제의 유형을 파악하고 유형에 따라 대처할 수 있다.
- 멘토의 기본 개념과 역할을 알고 설명할 수 있다.
- 갈등 사례를 통해 해결점을 찾아 현업에서 적용할 수 있다.

2. 학습 대상자 멘토(인사명령)

3. 학습내용
　1단계 - 사전 학습
　2단계 - 교육(온라인교육, 집학교육)
　3단계 - 워크숍
* 경영성과 평가: 교육실시 후 1년 내에 신입사원 퇴직 수와 퇴직이유를 조사
　　　　　　　하여 멘토 교육이 성과에 미친 영향을 측정

4. Mentoring 운영 관리

1) 운영방법
- Mentoring 결과(주 단위, 월 단위) 소속부서장 / 임원 및 인사교육팀에 보고
- 3개월 후 Mentoring 결과 Report 제출[소속팀장, 인사교육팀]
- 활동비 지원: 매월 10만 원 내 멘토링 활동 실비 지급
- 멘토링 후 간담회 등을 통한 개선방안 도출

5. Mentoring 운영효과
　1) 신입사원 조직 적응, 정착도 제고 - 도입 2년 후
　　　- 실제 퇴직률 감소[신입조기 퇴사율 16.0%에서 1.8%로 감소]
　2) 신입사원 도입교육, POS - JEC 등 공식교육의 OJT 교육의 효과
　3) 업무, 적응력, 기술력 향상 ~ 조직성과 향상에 기여
　4) 애로 및 건의 사항에 대한 상담 및 지도를 통한 조직만족도 제고

5) 동종업계 최초 시행으로 신세대 문화 창출

6. Mentoring 후 멘토들의 느낀 점, 후기

1) 자연스러운 출발, 접근 효과
2) 자신의 과거를 뒤돌아보는 계기, 자기반성의 기회
3) 스스로 모범이 되려고 노력, 책임감이 더 생겼다.
4) 눈높이 교육에 힘써 리더십 훈련효과, 좋은 교육경험
5) 신세대사고, 생활양식 이해(역멘토링 효과)
6) 스스로 공부해서 가르쳐 주다 보니 내적 강화 효과 등

7. 류재석 소장 코멘트

1) 포스데이타 멘토링은 다이내믹한 성공사례입니다.
  • 경영진에서 적극 지원(운영 위원회 · 인사팀 등)하고 있습니다.
  • 모두가 동종업계에서 최초로 시행하여 자부심을 갖고 있습니다.
  • 뉴 멘토링 프로그램을 체계 있게 적용하고 있습니다.
  • 실무자인 김영만 대리의 사명감을 엿볼 수가 있습니다.
  • 반응평가와 수준평가를 잘하여 회사로부터 인정받고 있습니다.
2) 아래 사항을 보완하면 장기적인 인력개발 시스템으로 성공할 수 있습니다.
  • 회사 규모로 봐서 멘토링 지도자 자격자가 한 사람 정도 필요합니다.
  • 현 3개월에서 12개월 정도 연장할 필요가 있습니다.
  • 2년 정도 시행했으니 타 분야에 적용을 시도해도 충분합니다.
  • 테크닉 부문은 잘 개발되어 있으나 이론 부문을 많이 **보완할** 필요가 있습니다.
  • 종합평가제도를 도입하여 멘토 / 멘제 개인평가와 팀 전체 평가가 이뤄져야 합니다.

기업 –10 하나로 텔레콤

(인력개발팀 조명근 팀장 월간 HRD 기고문)

거듭된 변화와 혁신, 창의적 · 역동적 신기업문화 창출

하나로 텔레콤은 2010년에 최고의 유무선 종합 멀티미디어 사업자로 발돋움하기 위한 '도전과 전진'을 모토로 삼고 있다. 하나로가 중점을 두고 있는 부분은 음성과 데이터 통합, 유 · 무선 통합, 통신 · 방송 융합 등 컨버전스 사업이다.

하나로의 인재육성 철학은 자신이 맡은 부분에 대한 전문가이면서 동시에 회사 경영이 가능한 리더로 육성하는 것이다. 이를 위해 고객지향 전문인, 주인정신 주체인, 변화주도 창조인, 공동성취 조직인 등 4가지 인재상을 설정하고 교육을 강화시키고 있으며, 그 일환으로 지난 2004년부터 임직원당 연간 교육시간을 100시간으로 의무화하는 등 교육에 대한 회사의 지원과 개인의 참여를 대폭 강화하고 있다.

하나로는 다른 어떤 사업환경보다 하루가 다르게 변화와 혁신을 거듭하고 있는 통신서비스 경쟁에서 차별화된 기업으로 자리매김하기 위해서 21세기 정보통신 환경을 이끌어 나아갈 핵심인재를 조기에 육성하여 조직의 창의적이고, 역동적인 신기업문화를 창출할 수 있도록 2005년부터 신입사원 멘토링 제도를 도입, 성공적으로 시행하고 있다. 하나로의 신입사원 육성체계는 세 단계로 진행되며, 멘토링으로 마지막 단계를 마무리한다.

입문과정(2주)		OJT(2개월)		멘토링(6개월)
합숙＋집합		실 / 팀 OJT		멘토 – 멘제 활동

〈그림 1. 하나로 텔레콤 신입사원 육성체계〉

1. 멘토링 추진 경과

하나로 멘토링의 목표는 '신입사원의 조기역량 향상 및 조직 적응력 제고'이며, 2005년 4월부터 선배사원(멘토) 20명과 신입사원(멘제) 20명을 대상으로 1기 멘토링을 시작했으며, 같은 해 7월부터 2기 멘토링(멘토 14명, 멘제 14명)을 시작해 2005년 총 2기의 멘토링을 성공적으로 마무리한 상태이다.

사전 준비	멘토링 활동	평가 / 포상
• 멘토 선발 • 멘토링 W / S	• 멘토링 데이(월 2회) • 단체 멘토링(분기 1회)	• 활동보고서 평가 • 우수커플 선정 / 포상

〈그림 2. 하나로 텔레콤 멘토링 운영 프로세스〉

2. 멘토의 역할 및 선발

멘토는 상담자, 옹호자, 관계 형성자, 학습 촉진자 등 멘제의 조기역량 함양 및 조직 적응에 매우 중요한 역할을 수행해야 한다. 따라서 최적의 멘토를 선발하여 멘제와 매칭시키는 것이 성공적인 멘토링의 시작이라 할 수 있다. 이를 위해 멘토 선발 시 대리~과장급 이상 입사 4년차 이상이며, 리더십과 애사심을 갖추고, 무엇보다 뛰어난 커뮤니케이션 능력을 갖추고 있는 후보자 중 해당 총괄 임원의 최종 승인을 얻어 선발한다. 또한, 다양한 인적 네트워크 확보 및 OJT와의 중복을 탈피하기 위해 멘토와 멘제 매칭 시 팀 내 선배사원 및 이성 간 매칭은 배제하며, 가급적 동일 실조직 중 업무가 다른 팀의 선배를 멘토로 선발하는 것을 원칙으로 한다.

3. 멘토링 워크숍

1박 2일간 진행되는 멘토링 워크숍은 멘토와 멘제가 처음으로 얼굴을 대면하게 되며, 서로에 대한 기대감과 동시에 긴장감이 맴돌지만 짧은 시간 내 서로를 알 수 있는 귀중한 시간이다.

성격유형 검사, 팀워크 게임, 체육활동, 대화의 시간을 통해 커플 간 상호 이해 및 팀워크를 제고하며, 이를 토대로 멘토와 멘제 간 6개월간의 멘토링 세부 활동계획을 세우게 된다. 무엇보다 CEO의 격려사와 멘토/멘제 파트너십 인증서 수여를 통해 멘토/멘제 결연식의 의미를 되새기면서 6개월간의 멘토링 활동을 시작하게 된다.

4. 멘토링 활동

워크숍 기간 중 수립한 실행목표를 토대로 진행되는 멘토링 활동은 효율적인 활동 진행을 위해, 월 2회 멘토링 데이(매주 1, 3주 목요일)를 지정, 커플 간 공식적인 활동이 자율적으로 진행되며, 분기별 단체 멘토링은 인력개발팀의 주관으로 주로 봉사활동, 산행 등의 특별 프로그램을 지정하여 진행된다. 특히, 단체 멘토링의 경우 멘토링 1기와 2기와 공동으로 서울 SOS 어린이 마을 대상 봉사활동을 통해 아이들과 놀아주고, 마을/방 청소, 빨래 등 봉사활동도 하고 1기/2기 간 상호 인적 교류를 넓히는 일석이조의 효과를 거두기도 했다.

또한, 3∼4개 이상의 커플끼리 문화활동(영화/연극/스포츠 관람 등) 및 학습조직(사내 직무 관련)을 적극 구축하여 멘토링의 효과와 의미를 배가시키며, 인력개발팀에서도 이런 멘토링 활동에 주기적으로 참석하여 멘토링의 실제 현장을 경험하며, 필요시 활동 관련 다양한 조언도 제공해 주고 있다.

5. 활동평가

멘토링 활동의 결과는 커플 단위로 매일 1회 월별 활동보고서 및 분기 1회 분기별 활동보고서의 형태로 보고하되, 상호 사례 공유 및 피드백 제공을 위해 온라인 커뮤니티에서 진행된다. 멘토링 평가는 커플별 멘토링 활동평가와 인력개발팀의 제도 운영에 대한 평가로 나누어진다. 커플별 멘토링 활동평가는 월별/분기별 보고서 등 보고서 충실도(50%)와 커뮤니티/단체활동 및 계획대비 실천율 등 활동 충실도(50%)로 이루어진다. 또한 인력개발팀 자체 평가는 멘토링 만족도

(50%)와 신입사원 정착률(50%)로 이루어진다. 또한, 마지막 멘토링 종료식에는 모두가 모여 각자의 멘토링 활동내역을 공유하고 격려하며, 특별히 평가기준에 의거하여 최종 선발된 최우수커플(1쌍) 및 우수커플(1쌍)에게는 인사고과가점 반영 및 포상금을 지급하고 있다.

6. 멘토링 도입 효과

멘토링 1기의 경우 멘토링 만족도 90% 및 신입사원 정착률 100%로서 처음 도입한 멘토링 제도의 효과성을 검증할 수 있었다. 멘토링을 통해 신입사원은 직장생활에서 조기에 적응하고, 회사에 대한 로열티가 향상되며, 향후 회사생활 시 언제든지 흉금을 털어놓을 수 있는 서포터를 확보하는 기회가 되고, 멘토는 6개월간의 짧은 멘토링을 통해 자신의 커뮤니케이션 및 리더십 역량을 점검하고 업그레이드할 수 있는 학습기회가 되며, 마지막으로 회사는 새내기의 회사 정착률을 높이는 동시에 실전 리더십 경험을 갖춘 중간관리자를 양성할 수 있는 최적의 효과를 경험할 수 있게 된다.

7. 향후 과제

이런 멘토링 효과를 유지 / 보안하기 위해 자체 멘토링 성공사례를 지속적으로 발굴하고 멘토링 활동의 정확한 평가를 위해 중장기가 아닌 단기(1년 내) 멘토링 목표의 설정을 독려하며, 당사에 맞는 선진 평가지표의 개발이 필요하다.

아울러 멘토의 역량을 단기간에 재고할 수 있는 다양한 멘토 스킬 함양 프로그램을 보안하고, 멘토링이 현업의 성과 향상에 더욱 기여할 수 있도록 멘토링 최종 과제물을 현업의 실제 문제와 어떻게 더욱 연계할 것인가가 향후 풀어야 할 과제로 남아 있다.

기업-11 한화그룹

신입사원 조기전략화를 위한 멘토링 시스템 도입
(인력개발원 엄기준 차장 월간 HRD 기고문)

1983년에 개원하여 한화그룹 인재양성의 중심이 되어 온 한화인력개발원은 '신용과 의리의 한화인 육성'이라는 대명제 아래 그룹의 경영 향상과 기업문화 전파에 기여하고자 최선의 노력을 해 왔으며, 경영의 전략적 파트너로서 그룹을 이끌어 갈 인재를 키우기 위한 각종 방안을 제안하고 이를 실행에 옮기는 역할을 수행하고 있다.

1. 한화그룹 신입사원 육성 시스템

한화인력개발원에서는 그동안 그룹 임직원들의 역량 강화를 위한 다양한 교육 프로그램을 운영하였으며, 그중에서도 특히 한화그룹에 첫발을 내딛는 신입사원들을 한화그룹이 요구하는 인재, 한화그룹의 문화와 정신을 이어받을 수 있는 인재로 육성하기 위한 신입사원 과정에 가장 많은 준비와 노력을 기울이고 있다.

약 1년간 6단계에 걸쳐 진행되는 신입사원 육성체계는 첫 단계로 입사 확정 후 2주간 사이버 교육의 형태로 실시되는 사전 학습과 4주간의 그룹 입문과정, 그리고 각 사로 배치된 후 소속사별 입문과정, 멘토링 시스템을 활용한 부서 OJT를 거치게 된다.

새로운 직장생활에 대한 적응에 가장 많은 혼란을 느끼는 시기인 입사 8~9개월 시점에는 감성훈련을 활용한 Follow Up 교육을 실시하고, 마지막으로 대리 승격 전까지 그룹 및 각 사에서 선정한 필수, 선택 교육과정을 이수하여 중간관리자가 되기 위한 기본 역량을 강화시킨다.

한화그룹의 신입사원은 이와 같은 총 6번의 담금질을 통해 강철같이 강인한 미래 한화그룹의 주역으로 성장하게 된다.

(표) 한화그룹 신입사원 육성체계

교육 과정	입사 전 과정	그룹 입문과정	계열사 입문과정	부서 OJT (멘토제)	Follow Up 과정	2을 승격 이수제도
교육 내용	- 사이버 한화탐구 - 레포트 작성 - OA 교육 (엑셀 외)	- 한화탐구교육 - 직장인기본교육 - 팀워크공동체교육	- 기업조직제도 - 비전 및 전략 - 핵심 Process - 현장학습	- 담당선배사원에 의한 부서별 OJT - 업무개선 세미나	- 공동체 의 식 강화 - 팀워크 훈련	- 그룹필수 과정 - 각 사 선택과정
교육 기관	입사 전 2주	학습교육 3주 + 야외훈련	1~6주	14~16주	입사 후 8~9개월 시점 (2박 3일)	대리승격 이전
주관	인력개발원	인력개발원	계열사	계열사	인력 개발원	인력개발원 계열사
비고	- 사이버 학습 - 시스템 활용	- 그룹 내, 사내 - 강사육성, 활용	- 현장학습강화	- 현장업무개선 활동실시 - 멘토제 실시		

2. 멘토링 시스템을 활용한 신입사원 조직 적응력 강화

최근 채용전문업체에서 조사한 자료에서 보면 신입사원 10명 중 3명이 1년도 못 채우고 회사를 그만두는 것으로 조사되었는데 평균 퇴사율, 중소기업(30.8%) 〉 대기업(22.9%) 많은 비용과 시간을 투자하며 채용한 신입사원이 회사에 적응하지 못하고 1년도 안 되어 20~30%씩 회사를 떠남으로 해서 각 기업들은 엄청난 경제적, 시간적 손실을 보고 있다. 아는 사람 하나 없는 직장이라는 새로운 환경 속에서 상사의 기대수준과 자신의 목표를 조화시켜 조직에 적응해 나가기 위해서는 일반적으로 많은 시간이 필요하며, 주위로부터의 따뜻한 관심과 격려는 신입사원에게 있어서는 절대적인 필요조건이다.

때로는 동문선배처럼 때로는 스승처럼 직장생활의 든든한 버팀목이 되어 주는 사람이 바로 이러한 직장 내 부적응을 해결해 줄 수 있는 도우미, 즉 멘토이며,

업무를 떠나 개인적인 고민과 의문점까지도 터놓고 이야기할 수 있는 자신의 후원자 역할까지 겸하고 있어 아무리 직장생활이 힘들어도 서로 의지하면서 지혜롭게 이겨 나갈 수 있는 큰 힘이 되어 주고 있다.

이러한 '멘토링 시스템'을 통하여 회사나 업무에 대한 풍부한 경험과 전문지식을 갖고 있는 선배(Mentor: 멘토)가 일대일 전담으로 신입사원(Menger: 멘제)을 코치하면서, 실력과 잠재력을 성장시키는 것은 물론 조직문화를 강화하고 유지하는 역할까지 병행하고 있어 신입사원 개인이나 회사에 있어서 양쪽 모두에게 매우 효과적인 도움을 주고 있다.

*** 신입사원 멘토 / 멘제 양성과정**

1. 도입&관계 형성	2. 진단
- 멘토링 제도 도입목적 - 멘토 / 멘제의 역할과 스킬 - 상호 행동유형 분석 및 이해	- 멘토 / 멘제 역량 진단 - 역량, 활동목표 설정 - 업무 수행방식 진단
4. 멘토링 도구	3. 멘토링 스킬
- 멘토링 계획서 - 멘제 경력개발 계획 지침서 - 멘토링 협약서 등	- 코팅, 피드백, 상담 스킬 - 커뮤니케이션 스킬 - 상담 스킬

3. 한화그룹의 멘토링 시스템

그동안 각 사별로 자율적으로 시행해 오던 멘토링 시스템을 2005년부터는 그룹에서 적극적으로 권장하여 매년 신입사원 채용 시즌에 맞추어 정기적으로 한 학급당 30명 내외의 인원으로 멘토 양성과정을 실시하고 있다.

2006년부터는 멘토와 멘제가 같이 교육에 입과하여 1박 2일간 함께 학습하고 생활하며, 기본적인 멘토링 스킬 이외에 상호간의 행동유형 분석과 개인역량, 성장 비즈니스 분석, 멘제 경력개발 목표 설정 등의 공동작업 수행을 통해 신속한 조직생활 정착과 상호간의 친밀감 강화를 높이도록 적극 지원하고 있다.

특히 각 사별로 엄정한 선발기준에 의해 회사에 대한 로열티와 업무능력, 대인관계 등이 뛰어난 멘토를 선발토록 하여 사회생활의 첫걸음을 내딛는 신입사원들에게 직접 행동으로 프로 직장인의 모습을 보여주고 있으며, 멘토로 선발된 사람에 대해서는 다양한 복리후생 및 인사상의 혜택을 부여하여 스스로 멘토로서의 자긍심을 느낄 수 있도록 정책적으로 배려하고 있다. 이러한 체계적인 단계별 신입사원 관리 시스템과 감성적 접근방법으로 인하여 한화그룹의 최근 5년간 신입사원 평균 이직률은 타사 평균 이직률보다 현저히 낮은 7% 정도에 머물고 있다.

현재 한화그룹 계열사 중 약 80%가 멘토링 시스템을 도입하여 운영하고 있으며, 멘토·멘제가 함께 하는 정기적인 봉사활동, 산행 등의 모임을 통해 신입사원들로 하여금 새로운 환경에 대한 빠른 적응을 유도하고 조직문화 이해 및 대인관계를 넓히도록 기여하고 있다.

Part 2

해외기업 사례

해외 - 1 *아리조나 퍼블릭 서비스사

신입사원 조기 전력화 멘토링

신입사원을 좀더 빠른 시간 내에 전력화하는 것은 기업의 경쟁력을 높일 수 있는 또 다른 지원요소라 할 수 있다. 세계 최대의 원자력발전소를 운영하고 있는 미국 아리조나 퍼블릭 서비스사는 신입사원 조기 전력화 멘토링 프로그램으로서 국내조직에도 많은 시사점을 제시해 주는 좋은 사례로 손꼽히고 있다.

국내기업이나 조직의 멘토링 제도 운영은 신입사원을 멘제 대상으로 하는 것이 가장 많다. 신입사원 대상 멘토링 프로그램의 도입목적을 살펴보면 신규 입사자를 조직에 조기에 정착시키고, 동시에 멘토의 리더십 역량을 키우는 인재육성의 수단으로 활용하는 것이 대부분이다.

신입사원 멘토링 제도 운영의 목표는 다시 크게 두 가지로 나눌 수 있을 것이다. 하나는 신입사원의 정착 비율을 높이기 위한 것, 즉 이직률 감소를 목표로 하는 것이고, 다른 하나는 신입사원의 조직 정착 속도를 높이기 위한 다시 말하면 소위 '조기전략화'에 초점을 맞추는 경우다.

세계 최대의 원자력 발전소 아리조나 퍼블릭 서비스

아리조나 퍼블릭 서비스사(Arizona Public Service Company)는 세계 최대의 원자력 발전소인 팔로 베르데 원자력 발전소(PVNGS: Palo Verde Nuclear Generating Station)의 대주주이자 운영 회사다. 팔로 베르데 원자력 발전소는 아리나주 피닉

스시에 있으며, 아리조나, 텍사스, 캘리포니아, 뉴멕시코 등 4개 주에 걸쳐서 400만 고객에게 전력을 공급하고 있다. 1986년에 1, 2호 기 상업가동을 시작했고, 1988년에 3호 기를 완공해 설비용량 3,810메가와트를 갖췄다. 2003년도 전력 생산은 3020만 메가와트였다. 종업원은 2076명이었다(2004년 4월 기준).

PVNGS는 1996년 에디슨전기연구소 선정 '최우수산업안전사업장', 1997년에는 전국 전문엔지니어협회 선정 '우수 엔지니어링 성취상', 그리고 원자력발전학회 선정 '엑설런드어워드' 10년 연속 수상 등 업계에서 탁월한 성과를 인정받는 원자력발전소이다.

신규 채용 중단, 종업원 노령화

미국은 전 세계에서 원자력 발전소를 가장 많이 운영하고 있는 나라이다. 그러나 미국 정부의 원전 규제 완화 조치로 원전 업계는 구조조정과 다운사이징을 계속해 왔다. 그 결과 원자력 엔지니어의 신규 채용이 중단된 지 오래됐고, 많은 대학에서 원자력공학과가 축소, 폐지됐다.

2000년대에 들어와 미국 원자력 발전업계는 종업원 노령화의 문제를 심각하게 생각하지 않을 수 없었다. 2003년도 조사에 의하면 원자력발전업계 종사자의 정년 퇴직자들이 늘어날 것으로 예상돼, 5년 내 교체 대상자가 전체 종업원 5만 4,000명의 46%인 2만 6,000명, 그중 엔지니어는 전체 7,775명의 60%인 4,660명이나 되는 것으로 파악됐다.

PVNGS의 퇴직 예상 엔지니어도, 신임 엔지니어와 섹션 리더급 엔지니어들이 2010년까지 약 30%(100명)에 달하는 것으로 조사됐다. 그렇다면 이와 같은 상황에서 수년 내에 충원해야 할 엔지니어들을 어디에서 확보할 것인가? 안전과 품질, 경제성과 생산성을 유지, 발전시킬 수 있는 인력자원을 어떻게 채용하고 육성할 것인가 등의 문제가 PVNGS가 당면한 주요 이슈라 할 수 있었다.

신입 엔지니어 조기 육성 방안 검토

이에 따라 PVNGS는 엔지니어 노령화 대책에 대한 해결방안을 찾기 시작했다.

"업무 프로세스를 재조정한다? 약간의 도움은 될 것이다."

"다른 원전 업체에서 경력 엔지니어를 스카우트한다? 현실적으로 실행 불가능한 아이디어다."

"작업을 아웃소싱한다? 핵심 부분은 불가능한 부분이다."

"'지식경영' 좋은 아이디어다. 도움은 될 것이다."

"신입사원을 채용해 육성기간을 단축한다? 그렇다. 이 방안이야말로 필수 불가결한 전략이다."

이러한 대안 탐색 끝에 엔지니어링 부분 경영진이 내린 결론은 '공과대학 졸업자는 전공을 불문하고 채용해 PVNGS에서 필요한 원자력 엔지니어로 최단 기간에 육성시킨다.'였다. 현재의 시스템은 대졸 신입 엔지니어 1급이 2급으로 육성하는 기간이 5년인데 이 기간을 3년으로 단축하는 '레거시 프로그램(Legacy Program)'을 실행하기로 한 것이다.

태스크 포스 발족 핵심 분야별 성공요소 연구

레거시 프로그램의 실행에 앞서 프로젝트 기획팀은 4개의 태스크포스를 발족하고 4개 핵심 분야별로 성공요소를 연구하기 시작했다.

그 결과 4개 태스크포스 모두 레거시 프로그램의 핵심 성공요소로 멘토링 제도를 추천한다. 다수의 신입 엔지니어를 조기에 전략화하는 데에는 조직의 멘토링 문화가 필수적이라고 생각했던 것이다.

엔지니어링 부서 320명 전원이 멘토가 돼 신입직원들에게 각자의 경험을 전수해 주고 신입사원의 학습기간을 단축하도록 해야 한다는 의견이었다. 전 직원이 모두 엔지니어로서 일하는 것뿐 아니라, 신입사원의 육성과 유지를 자기의 기본 과업으로 인식을 새롭게 해야 한다는 것이었다. 매니저들도 부하직원들이 멘토링에 사용하는 시간을 존중해야 한다는 의견이었던 것.

프로젝트 기획팀은 이제 목표는 분명해졌으나, 멘토링의 목표 달성 방법은 알지 못했다. 그것도 한 번만에 성공하지 않으면 안 됐다. 내부 추진팀은 외부 전문가의 도움을 받아 다음과 같이 실행 방안을 수립하고 실천했다.

PVNGS의 레거시 프로그램

PVNGS의 신입 엔지니어 조기 전력화 '레거시 프로그램'의 주요 내용은 다음과 같다.

○ 채용은 공과대학 출신이면 전공을 가리지 않고 과감하게 뽑는다.

○ 채용기준은 특정직무 수행에 적합한 스킬을 이미 갖추었느냐가 아니라 잠재능력을 기준으로 채용한다. 이에 따른 구체적 내용은 다음과 같다.

   △ 오리엔테이션 및 교육훈련은 신입사원 한 사람 한 사람의 니즈에 맞추어 하고, 엔지니어로서의 장기적 육성을 지원하는 방향으로 설계한다.

   △ 모든 신입사원에게 3년 기간의 직무순환배치 프로그램을 적용시켜 PVNGS의 모든 업무 분야를 경험함으로써 각자 자기의 일이 전체 시스템의 일부로서 진행됨을 인식시킨다. 그리하여 직무순환을 마치면 엔지니어 2급 수준의 스킬을 습득해 원자력 엔지니어로서 독립적으로 업무를 수행할 수 있도록 한다.

   △ 신입사원 담당 섹션리더를 임명해 3년 후 부서 배치될 때까지 신입사원 순환보직과 육성 프로세스 진행을 책임진다.

   △ 3중 멘토링: 다음과 같이 1인의 신입사원에 다중의 멘토를 붙여 조기 전력화한다.

      −기술 멘토(Technical Mentor): 순환 부문 내 특정직무 수행 시 멘제를 지원하고 안내한다.

      −커리어 멘토(Career Mentor): 신입사원 지원 및 안내 담당 책임 멘토다. 3년간 바뀌지 않는다.

      −인증 멘토(Qualification Mentor): 멘제의 스킬과 역량을 진단하고 인증하는 멘토다.

   △ '학습 카드(Learning Card)': 순환근무 직무 분야별로 배워야 할 주요 학습내용이 적혀 있음. 이 학습 카드는 신입사원이 다음 단계의 순환직무로 이동해도 좋은가를 결정하는 기준으로 사용한다.

△ 멘제 자기진단: 커리어 멘토가 멘제의 강점을 자기진단하고, 순환직무
  동안의 선호 분야, 개인별 경력 목표 설정 등을 도울 수 있도록 한다.
△ 최종 구두심사 순환근무 기간이 종료되면 평가단이 최종 구두심사로 멘
  제가 레거시 프로그램 요구사항을 완료했는지 확인하고, 독립적으로 업
  무 수행이 가능하다고 판단되면 엔지니어 2급으로 승진시킨다.
△ 부서 배치: 멘제의 선호도, 강점, 경력 목표 등을 고려해 개인별 근무 부
  서를 결정해 발령한다.

부서원 전원 대상 3단계 멘토링 제도 운영

엔지니어링 부서원 320명 전원이 멘토 역할을 하는 3단계 멘토링 제도의 성공
적 운영을 위해 멘토 연수 프로그램을 개발해 실행했다. 이를 위해 외부 전문가
에게 의뢰해 커리어 멘토 교육과정과 기술 멘토 교육과정을 개발했다.

우선 커리어 멘토 역할을 할 30명의 선임 엔지니어들은 3일 과정의 커리어 멘
토 육성과정을 두 반으로 나누어 참가했다. 여기에서 훈련받은 일부 커리어 멘토
와 사내 연수 담당자들이 나머지 300명의 직원들을 3개월간에 걸쳐 기술 멘토
과정 연수를 담당했다.

레거시 프로젝트의 진행 상황

PVNGS의 엔지니어링 부분의 대다수 직원들은 레거시 프로그램에 의한 멘토
교육을 받으면서 멘토 역할을 할 마음을 다지고 필요한 스킬을 갖추게 됐다. 그
러나 대상자 모두 너무 오랫동안 신입사원 연수를 해 보지 않은 까닭에 관리자급
을 대상으로 한 연수과정이 필요했다.

채용팀은 남서부 4개 대학을 순회하며, 공과대학 졸업생들에게 APS와 PVNGS
그리고 레거시 프로그램을 홍보해 46명으로부터 입사 지원을 받았다. 입사하는
신입 엔지니어는 3년간의 멘토링과 직무순환을 거쳐 엔지니어 2급으로 진급할 것
이다. 그렇게 되면 이들이 기술 멘토 역할을 하게 될 것이다. 수년 뒤에는 일부
사람들은 커리어 멘토 역할을 하는 사람도 있을 것이다.

멘토링 조작문화로 뿌리내리기 위해
프로그램과의 통합운영 필요

이렇게 레거시 프로그램에 의한 멘토링이 계속되면 이 세계 최대의 원자력 발전소에는 멘토링이 조직문화의 일부로 뿌리내리게 될 것이다. 물론 그렇게 되기까지는 현재 진행되고 있거나 계획 중에 있는 지식경영, 퇴직자 활용계획, 직원 유자방안(Retention intiative) 등의 여러 가지 프로그램과 멘토링이 통합돼 잘 운영돼야 한다.

(참고자료: 아리조나 퍼블릭 서비스사 / 닐 티보도, 멘토링 프로그램 매니저 브래드 엑크런드 / 레가시 프로젝트 매니저베리 스위니 / 베스트 프랙티스 리스소사 대표의 2005 국제멘토링협회 컨퍼런스 발표자료)

해외 - 2 *AT&T 종합 멘토링

글 - 이본 쇼우(AT&T CPL, 멘토링 프로그램 담당자)

머리글

이 글은 AT&T(인디아나폴리스)의 Consumer Products Lab(CPL)에서 사원들이 상호이익관계를 증진할 기회를 개인적으로 그리고 전문적으로 갖도록 구축한(1989) 멘토링 프로그램에 대한 연구이다.

AT&T(인디아나폴리스 소재)에서 공식적 멘토링 프로그램이 사용되지 않았을 때도, 활동적인 많은 멘토 - 멘제 관계는 있었다. 이 관계 속에 있는 사람들은 세 가지 새로운 활력 있는 프로그램들에 참여해 왔다.

우리의 새로운 프로그램에서 우리는 무엇이 이루어지기를 바라는가? 우리의 목적은 지위고하를 막론한 사원이, 질문을 하고 관심사항을 논의하고, 우호적이고 비난적이지 않은 환경에서 다른 사원의 경험으로부터 도움을 얻는 특별한 기회를 제공하는 것이다. AT&T에서의 멘토링 프로그램들은 '보강'을 의미하지 '대체'를 의미하지 않는다. 그리고 사원들과 그들의 직속상사들 간의 정상적이고 필수적인 상호작용을 내포한다.

멘토링의 화제들은, 진행적인(Procedural) 그리고 임무 화제들(Assignment Topics) 그리고 경력 성장을 망라해 다루어져서, 세 가지 각각의 프로그램이 수립되었다. AT&T 멘토링 프로그램들은 매우 성공적이었고 수많은 지원자들이 멘토가 되기를 자원했다.

CPL - 인디아나폴리스에서의 세 가지 프로그램

'신입사원 멘토링 프로그램'(The New Employee Mentoring Program)은, 지위고하를 막론한 모든 신입사원을 대상으로, 6개월간 집행되었다. 멘토는 사원들의 직속 상사에 의해 선정되고, 가능한 한 새로이 훈련받게 된 사람과 같은 부서, 같은 직급의 사람들 중에서 선정되었다. 멘토는, 효과적이고 딱딱하지 않은 태도로, 신입사원들이 자신들의 업무를 익히는 데에 있어 능히 지원해야 한다. 멘토는 자료 활용법과 업무절차(Procedures)를 익히고, 능숙해지도록 멘제를 지원한다.

'자문관계 멘토링 프로그램'(Consultants Mentoring Program)에서, 사원은 아이디어 / 관심사항 / 자료 / 멘제가 맡은 업무 등을 향상시키는 방도 등을 논의할 수 있는 멘토를 배정받았다. 또 다양한 기술과 경험을 갖춘 컨설턴트의 명단을 볼 수 있다. 멘토와 멘제는 회사의 누구나 지원할 수 있고 누구에게나 열려 있다. 프로그램에 얼마 동안 참여해야 하는가는 정해져 있지 않다 - 완전히 개개인의 사정에 맡겨져 있다.

'상호 멘토링 프로그램'(Interpersonal Mentoring Program)은 멘토가, 중견간부인 멘제에게 제공된다. '상호 멘토링 프로그램'에서의 업무는, 회사의 문화와 구조를 잘 아는 멘토의 지식을 기반으로, 일처리 환경(work culture) / 대인관계 / 경력성장을 논의하는 것이다.

멘토는 자기 지식을 기꺼이 공유하고 알려줘야 한다. 프로그램 시작시간과 종결하는 시간은 정해져 있지 않다.

신입사원이 '신입사원 멘토링 프로그램'에 참여하는 것은 거의 의무조항이지만, '컨설턴트 멘토링 프로그램'은 자원하는 사람에 한한다. 실상 각 프로그램의 정의(定義)는 좀 모호하고, 서로 중복되는 점도 있다. 각 프로그램은 위에 설명한 대로, 제각기의 특징을 가지고 있다. 그러나 각 문제들을 논의하며 멘토와 멘제가 얘기한, 전체 이슈들은 두 사람의 판단으로 남는다.

같은 방식으로, 프로그램들은 극적이어야 한다 - 멘제의 올해 업무에 최고의 자문을 할 수 있는 멘토가, 다음 해의 업무에도 최고의 자문실력을 발휘할 수 있을지는 모르는 것이다. 본 프로그램은, 이런 유동성과 변화를 수용하고 극복한다.

멘토(Mentor) 위임

신입사원이 채용되면, 인사부서는 멘토링 위원회 멤버에게 신입사원의 이름을 통보해서, 신입사원이 개인적으로 위원회 멤버와 접촉하고 정보를 제공받을 수 있게 한다. (일이 순조롭게 진행되면) 이어서, 인사부서는 신입사원이 '신입사원 담당 멘토'에게 잘 위임받았음을 확인한다. 뒤에, 신입사원이 상호(Interpersonal) 멘토를 원하는지 컨설턴트(Consultant) 멘토를 원하는지 본다. 반응이 긍정적이면 멘토링 위원회 멤버는 그를 멘토와 매칭시키거나, 신입사원 자신이 멘토를 스스로 선택한다.

AT&T 멘토링 프로그램은 매우 성과가 컸다. 프로그램이 다음의 사항을 갖추었기 때문이다:

(1) 멘제는 모두 굉장히 많은 정보를 받았다.

(2) 멘제의 좌절을 제거하고, 누가 이 분야에 전문지식을 가지고 있는가에 대한 정보가 부족해서 발생하는, 멘제의 작업 에러를 제거하는 데 도움이 됐다.

(3) 본 프로그램은, 지식을 다른 이에게 전하는 능력을 키워줌으로써, 멘토에게 도움이 됐다.

멘토는 '린다 필립존스' 박사로부터 멘토링에 관한 오리엔테이션을 받았고, 그 밖에 멘토링 관계 서적의 목록을 받았다. 멘토는 AT&T의 도서관과 워크숍에서 알게 된 멘토링 서적을 읽음으로써, 멘토링에 대한 활용정보를 더욱 알게 되었다.

1) 신입사원 멘토링 프로그램

'신입사원 멘토링 프로그램'의 목적은, 신입사원에게 자료 / 업무진행절차 / 신속히 갖가지 것에 익숙하기 등을 배우는 것을 알려주는 멘토를, 짝지어 주는 것이다. 본 프로그램은, 지위고하를 막론한 신입사원에게 거의 의무사항으로 실시된다. 멘토는 멘제의 직속상사로부터 위임을 받는다. 프로그램의 기간은 6개월이다.

▌ 신입사원의 직속상사

신입사원의 직속상사는, 멘토가 신입사원에게 위임하는 것과 첨부된 '신입사원 오리엔테이션 체크리스트'에 대한 항목들이 적절하게 다루어지는 것을 보증(Ensure)

하는 책임이 있다. 체크리스트의 항목들은 다양한 자리에 있는 사원들에 의해서 개발된 것이다.

▌ 신입사원의 멘토들

부득이한 경우를 빼면, 멘토는 신입사원과 비슷한 등급(Classification)이거나 같은 부서여야 한다. 가능하면, 멘토와 멘제는 같은 사무실에 있어야 한다. 최소한 멘토와 멘제는 상호협력이 가능한 상태에서 매칭되어야 한다.

신입사원이 아니라 다른 부서에서 전임한 멘제를 맡은 멘토는, 원활한 의사소통과 정착, 즐겁게 부서생활을 할 수 있게, 최선을 다해 지원한다.

멘토는 멘제가 조직과 업무자료와 업무절차를 배우게 하는 책임이 있다.

멘토는 필요한 정보를 얻게, 의논의 장을 마련하는 책임이 있다.

▌ 멘제(Menger)

멘제는 적극적으로, 위임된 멘토를 이용해 CPL(Consumer Products Lab)에 대해 배워야 한다. 맡고 있는 업무에 필요한 자료는 많이 있다. 업무절차에 대해 잘 알게 되면, 업무의 지연과 이용되는 정보 / 분야 / 서비스를 잘못 이해하는 것을 피할 수 있게 될 것이다.

▌ 신입사원 오리엔테이션 체크리스트

첫째 날, 회사는 다음 분야에 대해 논한다. 초봉, 업무일정, 출근카드, '고용기회 동등(Equal Employment Opportunity)'과 '긍정적 행동 프로그램(Affirmative Action Program)', 제정 서비스 등.

또한 첫날에, 부서 책임자는 멘제를 부서로 맞이하고 신입사원 멘토(신입사원을 담당하는 멘토)를 위임하고 멘제에게 멘토를 소개한다. 신입사원은 책상과 전화를 배정받고 부서에 대한 일반적인 설명을 듣는다. 식당, 화장실, 회사 내부구조 설명을 듣는다. 작업을 배정받고 어떻게 완수해야 되는지 논하게 된다.

멘제의 첫 주가 흘러가는 동안, 양육과정이 열린다. 이 과정에서 부서의 책임자는 멘제의 업무에서의 발전을 체크하고, 업무와 급여에 대해 논의하고, 자기개발의 기회를 고찰하고, '고용기회 동등(Equal Employment Opportunity)'과 '긍정적 행동 프로그램(Affirmative Action program)'을 논의하고, AT&T의 조직에 대해 개괄하고, CPL(Consumer Products Lab) 시설을 개관하고, 클럽활동에 대해 고찰한다.

2) 자문관계 멘토링 프로그램

'자문관계 멘토링 프로그램'의 목적은, 사원에게, 아이디어 / 관심 / 멘제의 업무에 좋은 방안 등에 대해 논의할 수 있는 (비판적이기보다 포용적 성격인) 멘토를 부여하는 것이다. 자문관계 멘토링 프로그램은 절차와 방법 혹은 엔지니어링이나 스태프, 간부, 관리자급 영역에서의 업무를 수행하는 데에 요구되는 세부 지식 같은 주제를 다룬다. 이 멘토링에 멘토와 신입사원의 참여하는 것은 모든 계층의 신입사원에 있어 자발적이고 열려 있는 것이다.

본 프로그램은 두 참여자의 결정에 따라 언제든지 시작 / 변경 / 종결될 수 있다. 자신을 컨설턴트로 여기는 CPL(Consumer Producs Lab) 인사 담당의 얘기를 듣는 것은, 많은 도서를 참고하는 것과 같고, 모든 사원들에게 제공된다. 덧붙여 AT&T R&D *Community Directory of Experts*는, 자료실에서 이용가능하다. 이 리스트에 있는 사람들이 자신의 필요와 부합되지 않으면, 직속상사나 프로그램 조력자가 도와준다.

■ Program Coordinators(이하 **프로그램 조정자**)

프로그램 조정자는, 아래의 조건을 갖춘 컨설턴트(자문)의 목록을 Library staff와 함께 발간한다. 그리고 정기적으로 모든 사람에게 이것을 제공한다. 리스트는 멘토들의 이름, 전문분야, 사무실 호수, 전화번호 등을 담고 있다.

프로그램 조정자는, 신입사원이 필요로 하는 컨설턴트와 신입사원을 기꺼이 도울 수 있는 멘토를 배치한다. 적합한 CPL(Consumer Producs Lab) 사원이 대다수의 요구에 부합하도록 업무를 조정한다. 그렇지 않으면, 프로그램 조정자는 다른 적합한 자료를 찾는다.

프로그램 조정자는 프로그램 진행에 대해 정기적인 고찰(Reviewing)과 보고를 할 임무를 가진다.

■ 컨설턴트들(Consultants)

멘토 집단은 컨설턴트로 자원하는 사람들로 구성되어 있다. 이 사람들은 이 목적을 위해 억지로 동원되어선 안 된다.

▌ 컨설턴트는:

1. 멘제가 특정질문('~에 대해 알고 싶다.' 등)에 관련된 지식을 향상시킬 자료 (다른 사원, 메모, 서적, 교육반 등)를 이용하여 자기 업무를 수행하는 기술적인 능력을 개발하도록 도울 것이다.

2. 멘제가 자기 필요를 과감히 표현할 수 있게('전 그게 이해가 안 갑니다' 같은 표현) 하는 반향판(Sounding board: 의견을 수렴해서 상부에 전달)이 된다. 그리고 멘제에 대한 가치판단을 내리는 일 없이, 그가 필요로 하는 것을 채우게 돕는다.

3. 업무수행하는 데 더 나은 방법을 터득하는 것을 포함하여, 멘제가 업무를 파악하는 데에 더 익숙해지도록 돕는다.

멘토는 비판하지 않고, 의사결정자가 아닌 조언자로서의 자기 역할을 명심한다. 그런데 각 신입사원은 자신의 결정을 책임질 수 있어야 한다.

멘토는 신뢰할 수 있는 사람으로서, 멘제와 함께 하는 모든 논의시간을 갖는다. 프로그램에 참여하는 레벨을 결정하는 질문이나 피드백과 개선을 요구하는 정기적인 질문 외에 특별한 리포트는 필요 없다.

멘토는 언제든지 그리고 이유가 없이도 멘토와 멘제의 유대관계를 종결한다.

▌ 멘제(Menger 약자 Mg)

멘제는 리스트에서 적합한 멘토를 고르는 일에 이니셔티브를 쥐어야 한다. 프로그램 조정자에게 전화하는 것은 도움을 청하는 방법으로서 중요한 것이다.

멘제는 대여섯 명의 가능한 멘토를 고를 수 있어야 되고, 멘제의 직속부서 밖의 한 명의 멘토가 선택된다. 이것은 항상 가능한 것이 아니기 때문에, 우선 목표는 비판적이지 않은 환경에서의 최고의 기술적인 조언을 얻는 것이다.

컨설턴트(자문) 명부에 있는 모두 멘토링 프로그램에 있는 것이 아니기에, 멘제가 원하는 특별한 타입의 지원이 논의되고, 그리고 적합하다면, 선견력이 있는 멘토는 가이드라인에 올려진다. 세 가지 주요 동의사항(Agreement)은 다음과 같다.

1. 멘토는 멘제가 필요한 기술적 조언을 하는 임무를 맡는다.
2. 멘토는 비판적이지 않은 태도를 돕는 임무를 맡는다.
3. 멘토는 모든 결정에서 멘제의 요구를 존중하는 임무를 맡는다.

각 신입사원은 자신의 결정에 대해 설명한다. 또한 각 신입사원은 자기 직속상관의 지도를 받고 그에게 업무보고를 한다. 멘제는 멘토와의 유대관계를 언제든지, 이유가 없이도 종결할 수 있다.

3) 상호관계 멘토링 프로그램

상호관계 멘토링 프로그램의 목표는, 업무문화(Work Culture)와 대인관계 그리고 경력 신장에 대해 논의할, 관리자 그룹의 멘토를 멘제에게 부여하는 것이다. 참여는 멘토와 멘제 모두 자발적으로 하는 것이고 모든 계층의 사원에게 열려져 있다. 프로그램은 언제든지 시작되고 종결될 수 있다. 상호관계 멘토링 프로그램의 멘토로 자원한 사람들의 명단이 제공된다. 이 리스트에 있는 사람이 자기 취향에 맞지 않으면 프로그램 조정자가 도와주려고 관여한다.

▌ 프로그램 조정자(Coordinators)
멘토 명단을 작성하여, 정기적으로 모든 사람에게 제공한다. 이 명단에는 각 멘토의 성명, 직위, 부서, 연령, 성별, 인종, 사무실, 호수, 전화번호가 기재된다.
프로그램 조력자는 정기적으로 멘토링 프로그램을 고찰하고 보고서를 만든다. 프로그램 조정자는 상호관계 멘토링에 자원한 아래의 조건에 맞는 사람의 명단 프로그램 조력자는 신입사원이 적합한 멘토를 만나 멘토에게 바라는 것을 이루게 도와준다.

▌ 상호관계 멘토들(Interpersonal mentors)
멘토 집단은, 물론 멘토링에 봉사하기로 자원한 사람들로 이루어져 있다. 이 사람들은 이 목적을 위해 억지로 동원되어선 안 된다. 멘토는 최소한 관리자 위치(Supervisory Level)에 있어야 하고, 신입사원보다 최소한 한 단계 높아야 한다(같은 부서가 아닌 다른 부서에서).

▌ 멘토의 역할은:
1. 사람에 관한 문제에 대해 멘제가 능숙해지게 한다(갑자기 일어나는, 받아들일 수 있거나 받아들일 수 없는 행동을 이해하는 것 등).
2. 멘제가 주위 환경과 융화되게 돕는다. 예를 들어:

자기 보스의 심기를 읽는 법

그 일에 대해 공식적인 권한이 없을 때, 그 일을 하는 법

벌어진 상황을 분별하는 법(예: 누가 내게 힘들게 하고 있다)

3. 프로그램의 말을 잘 경청해 주기. 멘제가 자기 임무를 잘 파악하고 높은 임원의 노련한 통찰을 받는 기회를 얻는 능력을 키우도록 돕는다. 멘토는 멘제의 말을 경청하고, 그를 이끌고 조언하는 역할에 충실한다. 그러나 멘제 대신 의사를 결정하거나 그의 일을 대신 해 주어서는 안 된다. 멘토는 멘제가 해야 할 것을 결정해선 안 되나, 멘제 자신이 보다 낫게 결정하는 데에 조언하고 도움을 준다.

멘토는 (성희롱 문제같이) 특별한 상황이 아니면, 멘제의 문제를 해결하는 데에 있어 타인을 간섭해선 안 된다. 멘토는 자주 의논의 시간을 마련한다.

멘토는 멘제와 흉금 없는 사이가 되어, 모든 논의를 한다. 프로그램에 참여하는 레벨을 결정하고, 프로그램에 참여하는 레벨을 결정하는 질문이나 피드백과 개선을 요구하는 정기적인 질문 외에 특별한 리포트는 필요 없다. 멘토는 Mt-Mg의 관계를 언제든지, 또 이유 없이 종결해도 된다.

멘제는 주도적으로, 리스트를 보고 멘토를 선택하고 프로그램 조정자에게 멘토의 신상에 대해 알아본다. 멘제는 자기 상관의 지시권 안에 항상 있다. 멘제도 Mt-Mg 관계를 언제든지, 이유 없이 종결해도 된다.

흔히 제기되는 질문

AT&T의 다른 모습을 보여주는 많은 질문들을 소개한다.

▐ 멘토는 모니터를 받는가?

우리 스태프의 프로모션은 모니터받기를 원치 않기 때문에(As a promotion of our staff did not want to be monitored), 자원하면 주기적인 설문조사가 이루어진다(only voluntary, periodic survey are made).

▐ 우리의 프로그램은 어떻게 평가(Evaluate)되는가?

우리의 프로그램을 계측 / 평가하기 위해 1987년에 프로그램 참여자들을 대상으

로 설문이 행해졌고, 결과는 1988년에 발표되었다. 설문은 1989년에 다시 있을 것이다.

▌ 자금 지원을 받는가?

AT&T의 제한된 자금을 지원받는다. 이 자금은 스피커, 컨설턴트, 포스터, 이따금의 점심비용들을 지불하는 데에 쓰인다.

▌ 우리의 주요 문제들은 무엇인가?

1. 본 프로그램의 가치를 모르는 관리자들의 지원 미비
2. 프로그램에 참여하는 멘제의 이해 부족. 어떤 이는, 멘토를 갖는 것은 성가신 것이라고 생각함. 이것을 해소하기 위해서는 높은 관심을 갖는, 얘기를 주는 프로그램에, 호감을 느낀 멘제를 얻는 것이다. (to have highly-regarded protege who favored the program give talks)
3. 소수민족과 여성만을 위한 프로그램이 있다는 데에 인식이 있다. 사실, 주요 그룹은 백인남성들이다. 그러나 우리는, 본 멘토링 프로그램이 모든 종류의 멘제를 위한 것이라는 것을 알리려 미팅과 워크숍과 포스터 등을 제작하고 있다.

▌ 참여자들의 의견

잘 알려진 멘토들과 멘제들은 멘토링 프로그램에서, 상대가 그의 경험을 굳이 알려고 하지 않는다. 사람들은 상대를 얻는 데에, 스태프뿐만 아니라 모든 기술 직위에 있는 흑백남녀가 선택된다. 다음은 10명의 참여자들로부터 얻은 의견이다.

1) "난 2년 동안, 이 프로그램에서 멘토로서도 참여해 봤고, 멘제로서도 참여해 봤습니다. 멘토와 멘제로서 유대관계를 경험한 것은 가치 있는 것이었습니다. 난 멘토를 얻는 것은 한 사람의 성공 가능성을 굉장히 향상시킨다고 확신합니다. 나의 멘토는, 나의 문제들을 풀도록 도왔고, '반향판'(Sounding board: 의견을 수렴해서 상부에 전달)으로서 역할을 하며 아이디어를 많이 주었고, 업무(Job)를 바꾸는 데에 매우 좋은 제안을 하였고, 캐리어 향상에 도움이 되는 좋은 교육을 베푸는 나의 보물창고입니다.

멘토는 MTS로서 또 관리자(Supervisor)로서 내게 큰 영향을 주었습니다. 난 멘

토를 얻어서 얻는 이익은 나의 현 위치를 넘어 계속될 거라 확신합니다. 내가 계속 성장하는 만큼 오랫동안, 나는 의문사항을 가지겠죠. 나는 언제나 좋은 충고를 받아들이는 데에 열려 있습니다. 보다 높은 직위에 있는 멘토는 조직의 가치에 대해 공유하는 통찰을 갖고 있습니다. 멘토는 보통 멘제의 직속상관이 아니기에, 공유된 아이템이 멘제의 평가(Rating)에 흘러들어 갈 위험이 없어서, 멘토와 멘제가 서로에게 매우 개방적이 됩니다. 멘토링을 해 보니, 멘제가 큰 이익을 봅니다. 나는 나의 성공의 원인을, 내 멘토로부터 받는 큰 지원과 조언에 돌립니다.

한편으로, 멘토링은 또 내가, 남이 자기의 목표를 실현하는 것을 도와주게 만든다는 것을 압니다. 내가 얘기해 본 모든 멘토도 타인의 성공을 위해 자기 시간을 바치는 것에 적극적입니다. 때로 사람들은, 누구에게 자기의 멘토가 되어 주십사 하고 부탁하는 것을 꺼려합니다. 사람들이 자기 시간을 쏟을 것이라 생각지 않기 때문입니다. 그러나 실상 멘토는 그렇지 않습니다. 멘토링은 매우 가치 있는 경험이고, 나는 사람들 대부분이 조언을 가치 있게 여긴다고 생각합니다.

요약하면, 나는 멘토링 프로그램은 필수적인 것이라 생각합니다. 멘토링이 공식적으로 실시되든 비공식적이든, 멘토링은 인간발전에 중요한 부분입니다."

2) "지난 수년 동안, 내가 지원자와 인도자를 얻고, 기술자문 멘토로부터 피드백을 받았다는 것은 정말 운 좋은 경험이었습니다. 공식적 일정이 비록 빈번하지는 않았지만, 나의 멘토는 항상 친근하고 접근하고픈 상대였습니다. 아마도 그가 가진 가장 중요한 자산은, 멘토로서 그를 가치 있게 만든 이것입니다 — 남의 말에 잘 귀 기울이는 것과, 통찰력에서 나오는 상황 판단력. 이런 능력으로 문제나 상황들을 파악하고, 관련된 사람에게 실제적인 방안을 찾아 줍니다.

나는, 그가 나의 캐리어와 교육과정에서의 성과에 관심을 표하는 것을 확실히 느낍니다. 나는, 열정과 지식과 이해력을 지녀서, 내가 AT&T 조직에서 발전하도록 도와준 멘토를 얻어서 매우 행운입니다."

3) "인디아나폴리스에서, 나는 백인여성과 흑인남자 이렇게 두 명의 멘토를 해 왔습니다. 멘토링은 멘토인 나에게 매우 가치 있는 것이었고, 나는 멘제에게도 큰 도움이 되었을 거라고 믿습니다.

그들은 둘 다, 각자의 자리에서, 문제를 가지고 있었고 나는 그들이 문제를 해결하도록 도왔습니다. 또한 둘 다 캐리어 향상을 얻었습니다. 그리고 나의 인도와 조언이 그들의 성공에 일조했음을 확신합니다.

멘토링에서 내가 얻은 이익 또한 대단합니다. 나는 멘제들로부터 조직 내 다른 부서(분야)의 문제에 대해 들음으로써, 보다 나은 관리자가 되는 법을 배웠습니다. 그리고 멘토와 멘제 사이를 발전시키는 밀접한 개인적인 유대는, 삶에서 대단히 유익한 것입니다."

4) "지난 1년 반 동안, 나는 상호관계(Interpersonal) 멘토로 참여했습니다. 참여한 멘제와의 미팅은, 비공식적이었고 스케줄은 서로 합의하여 정했습니다(대략 6주 간격으로 만남). 어떤 때는 나의 사무실에서, 어떤 때는 가까운 레스토랑에서 비공식적임을 강조하여, 자유로운 분위기를 만들었습니다. 인터퍼스널 멘토의 역할은, 멘제가 쉽게 목표를 잡을 수 있고, 장애물을 파악하고, 다양한 행동을 취하게 하는 데에 있어 조력자가 되는 것입니다. 멘토링 유대관계가 될 때, 멘제는 결국 스스로, 자기에게 교정이 필요한 상황에서 만족스러운 해결을 찾을 수 있을 것이라고 믿습니다.

어떤 점에선, 상호관계 멘토는 문제를 해결해 주는 사람이라기보다, 다른 사람들이 문제를 극복해 나갈 '장'을 제공하는 사람입니다. 나는 멘토링에서의 나의 역할이 매우 만족스럽고도 반복할 만한 것임을 발견했습니다."

5) "나의 첫 번 멘토는 어떤 부서의 장이었습니다. 나는 적당한 채널을 통해 그에게 여러 가지를 요청했고, 그는 들어주었습니다. 우리는 최소한 한 달에 한 번, 점심시간에 만났습니다. 우리는 쟁점이나 관심이 생길 때는 업무시간 중에도 만났습니다. 약 1년 전에, 그와 함께, 프로젝트를 맡는 기회가 생겼습니다. 나는 매일 반나절을 그 프로젝트에 할애했습니다. 현재는 그이 밑에서 온종일 그 프로젝트를 하고 있습니다.

우리의 멘토링은 학습곡선과 함께 시작되었습니다. 우리는 서로에 대해 알고 이해하고, 업무에 관련된 어느 쟁점에 대해 터놓고 대화할 수 있게 분위기를 만들었습니다. 나는 나 자신에 대해 매우 비판적입니다. 그러나 내 멘토에겐 비판적이지 않습니다. 그는 문제를 통해 나와 이야기하고, 내가 바르게 하거나 색다르게 할 수 있게 나를 돕습니다. 그는 내가 들어보지 못한 정보를 알려주고, 업무에 관해서 '큰 그림'(Big picture)을 이해하도록 돕습니다.

요컨대 나는 통찰하고 아이디어를 공유하는 쌍방 도로로서, 멘토링을 활용했습니다. 나의 멘토는 나를 믿었고(내가 그를 믿는 것보다도 더욱), 나의 잠재력을 펼칠 기회를 열었습니다. 그는 그의 경험 / 지혜를 나누어 주었고, 조직이 무엇에 관심 있는가를 들을 기회를 가졌습니다. 내가 경험한 멘토링은 특별한 것이며, 공식적으로는 끝났지만 실제론 결코 끝나지 않을 것입니다.”

6) “약 2년 동안 상호관계 멘토로 있으면서, 우리 둘은 정상적인 민감한 주제에 대해 정직하고 개방적으로 대화할 수 있는 능력이 길러져서, 매우 가치 있었습니다. 나는, 멘토링에서 얻어지는 가치 있는 이익 중 하나는, 목표를 명확히 세우는 것과 자기가 선택할 수 있는 사항을 명확히 깨닫는 것과 행동을 명확히 계획하는 것, 이 3가지를 방해하는 ‘걱정·불안’을 제거하게 해 주는 것이란 것을 채득했습니다. 이 멘토링을 통해 더욱 성공을 경험함에 따라, 이 유대관계는 하나의 우정과 동료 간의 상호이익을 성숙시켰습니다. 혼자 할 때보다도, 문제들이 더욱 빨리 제기되고 해결됐으며, 더욱 만족스럽게 되었습니다.

사람들이 자신의 문제를 해결할 수 있어야 하고, 자신의 캐리어 성장에 책임을 져야 함을 깨닫는 것이 중요합니다. 인간이란, 자기 경험을 나누어 주는 사람으로부터 도움을 받으며, 친밀하고 남에게 지원받는 환경에서 일함에 따른 이익은, 일이 즐거움이 되느냐 짐이 되느냐 하는 차이를 만듭니다. 나는 지금 즐거움 가운데 있다고 말하고 싶습니다.”

7) “나는 이곳에서 비공식적 자격으로 대여섯 명을 상대로 비공식 멘토로 봉직했습니다. 멘토를 하면서 나는 보너스처리, 봉급처리, 승급기회, 개인적 문제 등을 외논했습니다. 미팅은 비밀리에 열렸고 사람들과 문제 해결에 힘을 쏟았습니다.

멘토링은 개인적으로 가치 있는 경험이었고, 나는 필요한 사람에게 계속 도움을 제공할 것입니다.”

8) “나는 약 2년 동안 멘제로서 멘토링에 참여했습니다: 나는 멘토를 갖는 것이, 한 사람의 성공에 크게 기여한다고 믿습니다. 나의 멘토는 내가 캐리어에서 성취할 능력을 키우는 데에 절대적인 도움을 주었습니다. 그의 도움으로 캐리어에서의 장애물을 발견해 낼 수 있었고, 나의 캐리어사의 목표들의 우선순위를, 각 목표가 얻어질 수 있도록 매기고, 나의 강점과 약점을 제대로 파악하여서, 상관들 및 동료들과의 관계를 개선시킬 수 있었습니다.

본질적으로, 나는 멘토링 프로그램이 한 사람의 성공을 크게 향상시킴을 느낍니다."

9) "멘토링 프로그램은 많은 이익이 있습니다. 어려운 문제를 다룰 때, 신참은 다양한 옵션을 교시해 주는 사람을 통해 다양한 도움을 받을 수 있습니다. 취할 수 있는 최선의 접근방식에 대한 타인의 견해를 얻는 일은 매우 가치 있는 것입니다. 상황과 환경을 아는 노련한 사람은, 앞으로 있을 어려운 문제를 보다 쉽게 다룰 수 있게 함으로써 이런 환경에 익숙지 않은 사람에게 조언을 줄 수 있습니다. 또한 멘토링 프로그램은 기업의 정책적인 부분의 관점을 제공하는 데에 도움을 줍니다. 멘토는, 기업이 '하는 것'과 '하지 않는 것'을 말해 줄 수 있습니다. 멘토는 캐리어 성장과 개발에 있어 멘제에게 안내를 제공합니다."

10) "1년 반을 넘게 나는 거의 10명의 기술인력을 멘토해 왔습니다. 모든 부분에서 매우 긍정적인 경험이었습니다. 나는 멘토링이, 다른 사람이 전문기술과 개인능력이 성장되게 한다는 것을 잘 압니다. 나는 멘토링이 한 사람을 파악하고 그를 돕는 아주 좋은 기회라고 느낍니다. 나는 내가 경험한 멘토링이 M-P 상호이익을 증대시켰음을 압니다.

나는 각기 다른 종류의 사람들과 일하면서 큰 이득을 얻었습니다. 대신에 나는 기술 분야와, 캐리어 발전과, 두 사람 상호간의 문제에 대해 좋은 안내를 제공하였습니다. 어떤 경우는 좋은 명수와 최고의 명수(혹은 실력 없는 자와 실력 좋은 자) 사이의 차이를 만드는 작은 통찰을 제공하기도 했습니다. 멘토링의 가치 중 하나는, 나의 동료로부터 긍정적인 피드백을 얻는 것입니다.

나는 상호간에 이익을 나누는 유대관계를 통해 도움을 제공할 수 있다고 생각하는 사람(멘토나 멘제)에게 멘토링 프로그램을 권합니다. 나는 멘토링이 시간과 노력을 쏟을 만한 것이란 것을 발견하게 되었습니다. 멘토링은 나의 개인적인 그리고 전문기술 분야에서의 성장에 큰 도움을 주었습니다."

■ 필자소개 - 이본 쇼는 인디아나폴리스 소재의 AT&T에서 Consumer Products 부서에서 일하며 멘토링 프로그램에 참여했다.

해외 – 3 *벨 캐나다 – 온라인 멘토링

벨 캐나다(Bell Canada)는 캐나다 몬트리올에 있는 이동통신 회사로, 직원 규모는 약 40,000여 명(2001년 기준) 정도이다.

이 회사의 경영진은 전 구성원들에게 조직문화를 전파하고 실력 향상의 기회를 제공하는 차원에서 온라인 멘토링 프로그램을 실시하게 되었다.

☆벨 케나다의 온라인 멘토링 프로그램 실시 배경

사업과 조직의 확장	• 지리적인 사업영역의 확장 • 각기 다른 제품을 중심으로 사업부를 운영
일관된 정책의 필요성	• 지역별 · 부서별로 실시하는 제도로는 전사 차원에서의 일관된 인재육성 활동에 한계가 있음 • 사업부 · 지역 · 기능에 관계없이, 일관성 있는 조직문화 형성을 위한 새로운 방안 필요
구성원들의 성장욕구 충족	• 2001년 자체적으로 실시한 설문조사 결과, 구성원들의 전문가적인 성장욕구 충족이 이슈로 등장 • 회사에 대한 주인의식 함양의 필요성 제기
오프라인 멘토링의 한계	• 진행 중인 모든 오프라인 멘토링을 인사부서에서 관리하기에는 시간 · 비용 · 관리상 어려움을 느낌

1. 온라인 멘토링 프로그램의 개요

벨 캐나다에서 시행하고 있는 온라인 멘토링 프로그램의 공식 명칭은 '멘토 매치'이다. 이 프로그램의 근본 목적은 다음 도표와 같이 구성원들의 지식과 경력

개발을 도와주고 조직문화를 전파하는 데 있다. 멘토링 대상을 주로 경영진이나 신입사원으로 한정했던 오프라인 멘토링과는 달리 멘토 매치 프로그램에서는 그 대상을 전 구성원으로 확대할 수 있었다.

이 프로그램에 참여하는 멘제는 온라인상에 등록된 멘토의 정보를 바탕으로 자신에게 가장 적합한 멘토를 선정하게 된다. 또한 본격적인 멘토링 활동에 앞서 참여자들에게 프로그램의 기본 목적과 취지를 명확히 설명해 주었다.

이러한 사전 홍보를 통해 멘토링이 승진이나 금전적 보상을 위한 활동이라거나 리더의 역할을 완전히 대체한다는 등, 구성원이 가질 수 있는 멘토링에 대한 오해를 원천적으로 봉쇄한 것이다.

2. 온라인 사이트 구성

멘토 매치 프로그램은 사내 인트라넷을 통해 진행되기 때문에 누구나 멘토 또는 멘제로 등록할 수 있으며 멘토링에 대한 풍부한 정보도 얻을 수 있었다. 인트라넷에 등록되는 주요 정보들은 다음과 같다.

- 프로그램의 개요: 프로그램 내용, 준비사항, 멘토링의 유래, 멘토링 프로세스 소개
- 효과: 프로그램을 통해 회사, 멘토, 멘제가 어떤 이점을 얻을 수 있는가에 대한 정보를 제공
- 역할과 책임: 멘토와 멘제의 역할과 책임, 우수한 멘토·멘제의 요건, 멘토링 방법 등을 설명
- 멘토링 프로세스: 멘토링 시작부터 종료까지의 과정 소개
- Q&A: 자주 하는 질문과 회사·멘토·멘제의 답변 공지
- 관련 자료: 멘토링 관련 웹사이트, 비디오, 책 등을 소개

☆멘토 매치 프로그램의 목적

◎ 인재육성 수단
- 사원들의 지식과 네트워크, 경력개발을 도와주는 수단
- 경험이 많은 사람들이 직접적인 커뮤니케이션을 통해 지식을 전달
- 성장 잠재력이 높은 사람, 즉 미래리더를 발굴하고 개발하는 과정

◎ 지식공유의 기회
- 부서·사업부에 상관없이 전사적으로 지식·정보·아이디어를 공유하는 수단

◎ 조직문화의 강화
- 회사의 경영철학·문화·운영 전반에 대한 이해와 몰입 강화
- 신입사원들의 사회화 촉진

☆인사제도와 연계

조직 차원에서의 활용

① 사원 설문조사: 설문조사에서 낮은 점수를 받은 사람을 리더십 향상 차원에서 멘토와 연결시킴
② 인재관리: 리더십 역량, 평가, 보상 제도와 멘토 매치 프로그램을 연계
③ 승진: 구성원 개개인의 육성계획에 멘토 매치 프로그램을 도입
④ 학습: 각종 학습·교육과정에 멘토링 과목 개설

인재육성 차원에서 활용

① 사전 오리엔테이션: 입사 후 6개월이 지나면 멘토 매치 프로그램에 등록할 것을 이메일로 독려
② 인정: 회사에서 각종 포상을 받은 사람에게 멘토로 활동해 줄 것을 요청
③ 승진: 승진한 사람을 멘토로 활용
④ 리쿠루팅: 신입사원 교육 시, 멘토 매치 프로그램에 대해 설명

☆ 멘토 매치 프로그램의 프로세스

도입과정

자기평가	온라인 프로필 작성
• 1단계(자기평가): 멘토와 멘제의 요건을 확인하는 단계로서 온라인상에서 자신의 행동방식과 관련된 설문에 응답하게 함. • 2단계(온라인지도): 자기평가 결과, 자질이 부족한 사람에게는 온라인상에서 효과적인 멘토가 되는 방법에 대한 강의를 제공	• 3단계(프로필 작성): 멘제와의 연결을 위해 프로필 작성 • 4단계(탐색과정): 작성된 프로필을 참고하여, 멘제가 자신에게 적합한 멘토를 찾는 과정

활동과정

파트너십 형성	파트너십 개발
• 5단계(이메일 통보): 멘제가 지목한 멘토에게 자동적으로 이메일을 발송하여 멘제의 신상을 확인하게 함 • 6단계(일정 수립): 멘토가 멘제의 요청을 허락하게 되면 상호 이메일을 통해 만날 시간, 장소, 대화주제 등을 교환 • 7단계(서명·확정): 멘토와 멘제 모두 1년간 멘토링 관계를 유지할 것을 약정	• 8단계(활동개시): 상호 우호적인 파트너십 형성을 위해 다양한 학습을 활용하면서 멘토링 활동을 전개 • 9단계(조언·자문): 어려움을 겪고 있는 멘제에게 조언과 지도

평가과정

프로그램 평가
• 10단계(평가): 멘토링 활동 시작 후 1년이 지나면 온라인으로 서로의 평가에 대해 평가 • 11단계(분석·개선): 인사부서에서 평가 결과를 분석, 향후 개선활동에 활용

3. 멘토링 프로세스

멘토 매치 프로그램은 앞의 도표와 같이 크게 5단계의 과정으로 진행된다. 이때 중요한 것은 이러한 과정이 제반 인사제도와 유기적으로 연계되어 있다는 점이다. 즉, 멘토링 활동을 신입사원 선발, 육성, 승진, 성과 평가 등에 연계함으로써 인재육성이라는 근본 목적의 달성을 가속화하고 있다.

4. 멘토 매치 프로그램의 효과

벨 캐나다는 멘토 매치 프로그램을 통해 다음과 같이 많은 이득을 보고 있다.

첫째, 모든 멘토링 활동이 온라인을 통해 진행되기 때문에 인사부서가 행정적으로 관리해야 할 시간과 비용을 상당히 줄일 수 있었다.

예를 들어 사설기관을 통해 진행하던 멘토링 사전 교육을 온라인상에서 진행함으로써 교육 비용을 크게 줄일 수 있었다. 또한 진행과정을 일일이 모니터링해야 하는 어려움도 온라인을 통해 일괄적으로 관리할 수 있게 되었다.

둘째, 구성원들의 실력 향상 및 멘토와 멘제 간 지식이전 상황 등을 지속적으로 점검할 수 있게 되었다. 보통, 멘토링 활동 개시 후 1년이 되면 효과성에 대한 평가를 시행해야 하는데, 온라인을 이용함으로써 이러한 평가작업이 훨씬 용이해진 것이다.

해외 – 4 *더글라스 항공 – 조직문화 강화 멘토링

더글라스 항공(Douglas Aircraft)의 멘토링 프로그램은 조직문화를 유지하는 핵심수단으로 자리잡고 있다. 이 회사의 경영진은 장래 사업을 이끌어 갈 리더를 육성하고, 구성원들에게 회사의 지식을 전수 · 이전하기 위해 이러한 프로그램을 활용하고 있다.

이를 위해 이 회사는 우선 멘토와 멘제의 선발기준을 명확히 설정했다. 일단 멘제는 내부 규정에 의하여 성장 가능성이 높은 인재를 중심으로 선정한다. 한편, 멘토는 임원급에서 지원을 받고 있는데, 멘토 후보자는 멘제로 선정된 사람들을 대상으로 자신이 멘토링을 통해 기여할 수 있는 지식이나 인재육성계획 등을 발표해야 한다. 각각의 멘제는 이들 중에서 3명의 후보를 지목할 수 있으며 멘토의 상사, 멘토링 프로그램 운영자, 인사부서 사람으로 구성된 위원회에서 최종적으로 1명을 선정하게 된다.

이때 심사기준에는 멘제의 선호도, 스타일, 역량수준과 멘토의 육성계획 등이 종합적으로 반영된다. 멘토와 멘제는 각각 1 : 1로 연결되며, 기본적으로 같은 부서의 사람끼리는 연결시키지 않는다.

이러한 과정이 끝나면 위원회에서는 이들을 대상으로 멘토링에 대한 오리엔테이션을 실시하여, 멘토링의 과정과 목적, 각자의 역할 및 기대 사항 등을 소개한다.

멘토링의 기간은 1년이며, 이 기간 동안 멘토는 멘제의 강 · 약점을 평가 · 분석하여 이들의 역량을 강화하는 활동을 수행하게 된다.

더글라스 항공에서는 멘토의 역할을 커뮤니케이터, 카운슬러, 코치, 브로커 등 크게 7가지로 규정하고 있다. 한편, 위원회에서는 멘토와 멘제의 직속상사로 하여금 중간과 마무리 시점에 이들의 활동에 대한 평가를 하게 함으로써 멘토링이 제대로 이루어지고 있는지 여부를 분석하고 있다.

참고로 이 회사의 멘토링 프로그램에 참여한 멘토나 멘제는 모두 80% 이상의 만족도를 표시했다고 한다.

해외 - 5 *듀폰코리아 멘토링 인재전략

'사장님 · 부장님이 나의 멘토'

근무 20년을 맞은 김숙경 듀폰코리아 부장은 두 달에 한 번씩 다른 부서의 5년차 여직원과 점심을 같이한다. 이 둘은 개인적으로 친분이 있던 관계는 아니다. 이들은 듀폰코리아가 지난해 7월부터 본격적으로 펼치는 '멘토링(Mentoring) 시스템'으로 맺어진 인연이다.

멘토는 오디세우스가 트로이 원정을 떠나며 자신의 아들인 텔레마쿠스를 보살펴 달라고 맡겼던 그리스 신화의 인물이다. 이제는 '후견인(멘토)'이라는 의미로 널리 쓰인다.

성공적인 사회생활을 위한 지침서나 처세서에서는 '당신의 멘토를 만들라'는 주문이 거의 빠지지 않는다. 하지만 막상 직장 내에서 건전한 '멘토와 멘제(멘토링을 받는 사람)'의 관계를 만드는 것은 쉬운 일이 아니다.

듀폰코리아는 지난해 직원들이 자발적으로 '멘토 위원회'를 조직했다. 지난해 5월 본인이 멘토가 되고 싶거나 멘토를 필요로 하는 직원들의 신청을 받아 현재 25개 팀이 자율적으로 활동하고 있다. 나이젤 버든 듀폰코리아 사장도 4명의 직원에게 멘토링을 해 줄 정도로 회사의 기대와 관심이 크다.

김 부장이 자신의 멘제로부터 받는 가장 많은 질문들은 경력관리. 아직 미혼인 김 부장의 멘제는 여성으로서 직장에서 어떻게 경력을 쌓아 가고 어떤 능력들을 개발해야 하는가에 관심이 많다. 또 상사와의 관계에 대해서도 자주 조언을 구한다.

김 부장은 "나의 경험을 바탕으로 실질적인 도움을 주려고 노력한다."며 "나 역시 멘제를 통해 20대의 사고방식과 관심사를 배우고 상사로서 어떻게 행동해야 하는가를 살펴보는 기회를 갖는다."고 말했다.

김 부장은 두 달에 한 번씩 만나고 있지만 매주 만나거나 필요할 때마다 수시로 만나는 팀들도 있다. 이들은 오는 7월까지 1년간 '멘토－멘제' 관계를 지속한 뒤 1년 뒤 또 새로운 팀을 구성해 1년간의 멘토십을 맺는다. 물론 예전의 멘토와 인연을 계속할 수도 있다.

좋은 취지로 마련됐지만 멘토십은 자칫 사내 파벌로 번질 수 있는 가능성이 있다. 이 때문에 듀폰은 워크숍을 통해 건전한 멘토 관계를 논의하고 지속적으로 직원들의 반응을 살피고 있다. 멘토십에서 절대 금지되는 것은 개인적인 험담과 불평. 멘토가 조직이나 인사문제에 개입하는 것도 금기다. 또 멘토와 멘제의 관계는 비밀이 보장된다.

회사 측은 멘토들에게 자신의 멘제를 위해 모든 문제를 해결할 수 있다는 생각은 금물이라고 강조한다. 오히려 서로의 경험을 나누며 양쪽이 업무능력을 키우는 것이 멘토링 시스템의 장점. 멘토는 후배를 만나면서 리더십을 키우고 젊은 세대의 가치관을 배운다. 멘제는 자신의 미래를 탄탄하게 준비하면서 회사의 문화와 업무를 더 빨리 배울 수 있다.

듀폰은 오는 7월 1차 멘토링 시스템을 평가한 뒤 새로운 팀을 구성하게 된다. 또 외부 강사를 초빙해 프로그램이 더욱 활성화될 수 있도록 적극적으로 지원할 방침이다. <출처: 서울경제> [MKO 에서 프로테제를 멘제(Menger)로 개칭함]

해외-6 *Fuller Company

미국 펜실베이니아에 있는 풀러(Fuller Company)는 건설 및 화학산업에서 이용하는 장비나 기계를 판매하는 엔지니어링 전문회사이다.

1990년 초 이 회사는 중간관리자와 고급 엔지니어들의 대거 이직으로 인해 최대의 위기에 직면하게 되었다. 회사의 특성상 우수 엔지니어의 확보·유지가 무엇보다 중요했기 때문에 당시 20%에 육박했던 연간 이직률은 매우 심각한 상황임을 의미했다.

결국, 이 회사의 최고경영자인 제이콥슨(Jscobsen)은 1995년에 전문 컨설팅업계의 도움을 받아 후계자 양성 제도인 'TEDP(Targeted Em0ployee Development Program'을 도입하게 되었다.

이 제도의 목적은 핵심인력을 대상으로 팀 중심의 멘토링 프로그램을 제공하여 리더십 능력과 기술적 전문지식을 배양하는 데 있었다. 프로그램 시행 후 이 회사는 연간 이직률을 2%까지 감소시킬 수 있었다고 한다. 풀러의 멘토링 프로그램에 대해 좀더 자세히 살펴보자.

1. 주요 특징

(1) 팀 중심의 운영

각 부서장, 인사부서 전문가, 외부 컨설턴트, 경영진으로 구성된 약 30개의 멘토팀을 중심으로 프로그램을 운영하였다.

(2) 전 구성원의 참여를 유도

프로그램의 목적 및 운영방식을 공지하여 전 구성원의 참여를 유도하였다.

(3) 프로그램의 이원화

멘토링 프로그램을 '리더십'과 '전문기술' 등으로 이원화하여 운영하였다.

(4) 경영진의 참여와 지원

매 분기마다 경영진이 프로그램의 진척도를 점검했으며, 도전적 과제 부여나 직무순환 등을 직접 주관함으로써 핵심인재들이 다양한 경험을 쌓을 수 있도록 하였다. 또한 핵심인재들의 인적 사항·역량개발 정도나 상사와의 상호작용 정도를 주기적으로 점검하였다.

(5) 미래역량 개발이 목적

과거성과 평가방식에서 벗어나 프로그램의 목적을 향후 무엇을 개발할 것인가에 맞추었다.

2. 각 부분의 역할

(1) 각 부서장
- TEDP 후보자를 추천하고 운영·활동에 대한 점검 및 모니터링을 해야 한다.
- 정기적으로 멘제들의 성과를 평가하고 매일 핵심인재들과 면담을 실시해야 한다.

(2) 인사부서
- 개별 육성목적과 회사목적과의 정합성을 평가해야 한다.
- 적절한 육성 활동을 제공해야 한다.
- 프로그램을 전반적으로 운영·관리해야 한다.

(3) 외부 컨설턴트
-TEDP 후보자에 대한 객관적 평가(강·약점 등)를 시행해야 한다.

3. TEDP의 진행과정

(1) 각 부서장이 프로그램에 참여할 후보자를 선정한다.
(2) 외부 컨설턴트를 통해 객관적 평가(1일 테스트, 인터뷰 실시)를 시행하고 평가 결과를 각 후보자에게 피드백한다.
(3) 외부 컨설턴트가 프로그램 참가자를 만나서 육성할 부문이나 향후 계획을 논의한다.
(4) 부서장 입회하에 구체적인 육성계획을 수립한다.
(5) 인사부서 담당자와 부서장이 정기적으로 만나서 사후 평가를 실시하고 평가 결과에 대해 논의한다.
(6) 경영진이 분기별로 멘토링 결과를 점검하고 TEDP의 전체적인 진척도를 평가한다.

해외 - 7 *GE그룹 멘토링

CEO와 멘토링 리더십 접근

멘토링 리더십(Mentorship)이란? 현명한 조언자로서 남을 1 : 1로 도와주는 자, 즉 멘토(Mentor)의 역할을 의미한다. 여기에서 CEO 멘토십이란? 1 : 1 전담 멘토를 통해 경영진들이 직면하고 있는 여러 고민과 문제를 해결하고 실력을 개발하는 활동이다. 그러므로 CEO는 경영리더인 동시에 한 사람의 멘토가 되는 것이 바람직하다.

일류 기업이 되기 위한 요건으로 많은 사람들이 지목하는 것 중의 하나가 경영자의 탁월한 리더십이다. 의사결정의 최고책임자로서 기업의 나아갈 방향을 설정하고 조직과 사람을 관리, 리드함에 있어서 그 핵심 축이 바로 경영자이기 때문이다. 이처럼, 리더십이 기업 경쟁력을 결정하는 중요한 원천으로 부각되면서, 경영자 및 핵심인재육성 수단으로 선진 기업들을 중심으로 활발히 운영되고 있는 제도가 CEO 멘토링 리더십(CEO Mentorship)이다.

CEO 멘토십이란 경영진들이 직면하고 있는 여러 문제들을 해결하기 위해 1 : 1 전담 멘토를 두고 문제를 상담, 조언, 해결하는 제도이다. 사실, 조직에서 경영진만큼 힘들고 외로운 사람도 드물 것이다. 자신의 고민을 누구에게 얘기할 수도 없고, 중요한 의사결정을 할 때 조언을 구할 곳도 마땅치 않기 때문이다. 이러한 경영진에게 심리적 안정감을 제공하고 전문성과 역량을 키울 수 있도록 조언하고 도와주는 것이 경영진 멘토십의 핵심기능이다. 즉 경영자에게 현명한 조언자를 연결해 주는 제도이다. 경영진 멘토십은 몇 주 또는 몇 월의 일시적 교육 차원이 아닌, 몇 년 이상에 걸쳐 장기간에 걸쳐 이루어지기 때문에, 경영진들이 바람직한 태도나 행동을 습득하는 데 효과적이다. 특히, 멘토는 일선 업무현장에서 실시간으로 지도해 주기 때문에, 바쁜 업무 때문에 자리를 비우기 힘든 경영진에게 시간적으로도 많은 이점을 제공해 줄 수 있다.

그러면 회사에서 누가 현명한 멘토를 필요로 하는가? 경영진 멘토십의 일차적 대상은 회사가 요구하는 수준의 성과를 내지 못하는 사람이다. 그러나 이 외에도 멘토가 필요한 경영진이 있다. 바로 회사에서 말하는 핵심인재다.

첫째, 경영진 위치로 막 승진한 사람이다. 경영진 대열에 들어선 사람은 이전에 경험하지 못했던 전략적 사안이나 조직 및 인력 관리 등 많은 복잡한 과제에 직면하게 되면서, 업무적으로나 심적으로 불안감을 느낄 가능성이 높다. 이들 신임 경영진이 새로운 직무에 빨리 적응하고, 성공적으로 업무를 수행할 수 있는 실력을 확보하기 위해서는 멘토가 반드시 필요하다.

둘째, 높은 성과를 내고 있는 소위 스타(Star)급 경영진도 멘토의 대상이 될 수 있다. 현재 조직에서 인정받고 있다고 해서 자기계발을 소홀히 할 경우, 자신의 강 / 약점을 제대로 파악하지 못하여 현실에 안주해 버릴 수 있는 가능성이 높기 때문이다. 전문성과 신뢰성을 갖춘 멘토 확보를 위한 경영진 멘토십에 있어서 적절한 멘토의 선발은 특히 중요하다. 일반적으로 멘토는 외부의 전문가(예를 들어, 산업 전문가, 전략 전문가, 심리 전문가 등)나 내부의 성공한 선임 경영진 등이 될 수 있다. 이때 멘토는 경영진이 담당하고 있는 사업 및 업무에 대한 전문성을 갖추어 신뢰감을 줄 수 있어야 한다. 그래야 경영진도 자신의 고민거리를 멘토에게 솔직히 얘기할 수 있으며, 멘토도 문제 해결 대안을 구체적으로 제시해 줄 수 있기 때문이다.

파트너로서의 멘토는 먼저 인간적인 배려를 통하여 업무촉진이라는 기본적인 기능을 간과해서는 안 된다. 그러므로 다양한 정보를 제공하고 조언해 주는 파트너로서의 역할을 수행해야 한다. 멘토는 말 그대로 조언하고 도와주는 사람이기 때문에, 경영진에게 일방적으로 문제점을 제시하고 개선하도록 강요해서는 곤란하다. 멘토는 경영진 주변에 있는 다양한 사람(상사, 동료, 부하 등)들로부터 여러 정보를 얻어 경영진이 안고 있는 문제점을 심층 파악하고, 개선방향에 대해 조언 / 자문하는 역할을 해야 한다. 이러한 멘토십을 통해, 경영진이 자신의 문제점을 자각(自覺)하고 적극적으로 개선해 가는 자세를 갖도록 유도해야 한다.

또한 경영진 멘토십은 단지 코앞에 놓인 문제에 답답해하는 경영진의 심리적 고통을 덜어주기 위한 것만이 목적은 아니다. 궁극적으로 경영진의 경영능력과 리더십을 강화하는 것이 진정한 멘토십의 목적이다. 따라서 기업은 경영진 멘토십을 CEO 경영자 및 핵심인재육성 차원이라는 큰 맥락에서 바라보고, 제반 인재육성 제도와 전략적으로 연계하여 활용해야 할 것이다. 다음은 선구적인 인재개발 기법으로 핵심인재개발 멘토링을 여러 분야에 적용하여 성공한 GE의 사례 중 3가지를 간추려 소개하고자 한다.

GE는 어떤 회사인가?

2001년 9월 GE 잭 웰치 前 회장은 천 3백억 불의 미국의 최고기업으로 이끌었던 CEO 자리에서 물러났다.

그가 CEO 자리를 맡았던 1981년 시절, GE는 25억 불의 회사였다. 같은 기간 동안 자본시장도 13억 불에서 4천억 불로 성장하였다. 웰치 회장 시절의 GE는 셀 수 없을 정도의 많은 합병과 인수 등 사업을 늘리고 경영리더의 역량을 키워 나가는 일에 혼신을 다했다.

어떤 경우에서든, 성공적인 비즈니스는 임직원들에게는 희망이자 꿈을 실어 준다. 따라서 조직의 리더들은 매혹의 대상이 되곤 한다. 하지만 잭 웰치처럼 언론의 조명을 받은 리더는 드물다. 물론 잭 웰치의 골프친구들인 빌 게이츠와 워렌 버펫도 많은 언론의 관심 대상이었지만 그들은 잭 웰치처럼 타고난 경영자는 아니다. 빌 게이츠는 기술자이며 사업가이고 워렌 버펫은 주식 등 증권 투자가이다.

하지만 잭 웰치는 미국 경영의 최고의 경쟁력과 결과에 집착을 하며 사업을 번창시키는 것에 피곤을 느끼지 못하는 그렇기 때문에 남들의 두려운 대상이 되기도 하는 세계적으로 유명세를 타고 있는 경영자이다.

현재 전 세계의 서점에는 잭 웰치에 관한 도서들로 북새통을 치루고 있을 정도로 그는 리더십, 경영방식, 6 시그마 그리고 자서전에 이르기까지 많은 메시지를 남겼다. 미국의 Financial Time이라는 신문사에서는 그를 세계에서 가장 존경받는 인물로 4년 연속 커버스토리로 싣고 있다.

GE 멘토링 현장 사례 4가지

1. 우수사원개발 멘토링-우수사원 후보를 멘제로 선발하여 우수사원 멘토와 연결하여 멘토링하므로 진급자의 80%가 멘토링을 받은 자 중에서 나왔다.
2. 자신을 멘제로서 IT 멘토링 사례-간부사원 600여 명을 멘제로 하고, 젊은 사원을 멘토로 IT 분야 기술을 전수받았다. 잭 웰치 자신도 멘제가 되어 37세 프라스틱 부서장한테 멘토링을 통하여 IT 기술을 전수받았다.
3. 이멜트와 멘토링-후계자인 멘제 이멜트를 위해 1년여간 잭 웰치는 멘토로서 자신의 모든 노하우를 전이(轉移)하는 데 최선을 다하는 멘토링 관계를 유지했다.

사례 1-우수인재양성 멘토링

북미지역에서 멘토링은 20여 년 전부터 체계 있는 프로그램으로 서서히 채택되면서 오늘날은 기업, 학교, 교회, 군대, 공공기관 등 모든 조직에서 일상적인 일로 받아들여지고 있다. 최근에 국내에서 베스트셀러가 되고 있는 GE의 전 CEO 잭 웰치의 자서전에서도 그의 인사관리기법으로 멘토링이 활용되고 있는데 그 내용을 저자가 요약해서 소개하고자 한다.

GE의 CEO였던 잭 웰치(Jack Weltch)는 **"최고의 인재를 뽑을 수 있고, 최고의 인재로 키울 수 있다면 기업은 성공할 것이다."**라고 인재중시의 경영을 외치면서 업무의 70% 이상을 인사관리에 집중해 왔다. 그는 특별한 인사관리기법으로 개발한 활력곡선(Vitality Curve)을 이용하여 A급 사원으로 20%, B급 사원으로 70%, C급 사원으로 10%를 선정하여 A급 사원은 파격적인 대우를, B급사원은 보통으로 대우를, C급 사원은 퇴출 대상으로 몰아붙였다.

특히 그는 멘토링(Mentoring) 프로그램을 B급 사원을 A급 사원으로 승급시키는 데 적용하였고 A급이나 B급 사원을 진급시키는 데도 필수적으로 적용시켰다. 아래 글은 그의 자서전에서 일부 발췌한 내용이다.

잭 웰치의 멘토링 - 자서전에서 발췌

{지난 몇 년 동안 우리는 같이 점심식사를 하면서 엄청난 잠재력을 가진 직원들을 많이 만나게 되었다. 그들은 최고경영진으로부터 각자 한 사람씩 멘토(Mentor)를 배정받았다. 나는 이러한 멘토링(Mentoring) 프로그램이 실질적인 혜택과는 전혀 무관한 것임을 강조해 왔다.

인재개발방법에 관해 논의하던 중에 제품을 개발할 때 사용하는 것과 똑같은 방법을 적용하기로 결론을 내렸다. 이 경우 엄청난 잠재력을 가진 멘제(Mengrer)들은 제품에 해당했다. 그들의 지도자들인 최고경영진의 스태프들은 이러한 제품을 개발하는 책임을 지고 있었다. 그것은 그들의 지도 대상자들을 A등급 수준으로 끌어올리든지 아니면 새로운 멘제(Menger)를 찾아야 한다는 것을 의미했다.

점심을 먹으며 이러한 멘토링(Mentoring) 프로그램의 진행과정에 대해서 자발적인 토의를 했다. 멘토(Mentor)와 멘제(Menger) 모두 엄격한 게임의 법칙을 지켜야 했다. 성과를 최우선으로 하는 GE의 문화에서는 각자가 더 높은 수준의 결과물을 도출해야 하며, 그에 의해 자신의 평가를 받을 것이라는 사실을 멘토(Mentor)와 멘제(Menger)들 양쪽 모두 잘 알고 있었다.

상급자는 그를 통해 자신의 리더십을 평가받았던 것이다. 이 멘토링(Mentoring) 프로그램은 제대로 효과를 나타냈다. 1999년 진급자 중 80% 이상이 멘토의 도움을 받은 것이다.}

멘토링 기술 5가지

인재개발의 성공 여부는 바로 지도자의 리더십에 달려 있다. 과연 지도자급에 있는 사람들이 현장에서 소속사원을 위하여 얼마나 애정을 가지고 접근하고 있느냐가 승패를 좌우하는 것이다. 10% 퇴출사원에게는 그렇게 냉혹한 잭 웰치가 20% 우수사원을 위해서는

"가치를 인정해 주어라.

칭찬해 주어라.

포옹해 주어라.

키스해 주어라.

보통사원의 3~5배 더 대우해 주어라. 우수사원이 퇴출한 부서장은 죄인이다."

라고 따뜻한 애정을 갖고 업무의 70%를 사람관리에 두었다는 것이다.

사례 2-부하들로부터 도움 받은 잭 웰치 및 CEO들의 쌍방향 멘토링(Reverse -역 멘토링)

1999년 Jack Welch 회장이 최고위간부 600명이 도움 받는 멘제(연령: 30~60대)가 되고 젊은 부하직원(연령: 20~30대)이 도움 주는 멘토가 되어 인터넷, 전자상거래 등에 관하여 멘토링을 실시했다. 64세의 Welch 회장도 37세의 Pam Wickham 부장(G.E.의 프라스틱 사업부서에서 웹사이트 담당)을 멘토로 하여 인터넷에 관하여 배웠다.

사례 3-후계자 핵심인재개발 멘토링

GE: 현명한 조언자 멘토 CEO 잭 웰치-후계자 CEO 제프리 이멜트

잭 웰치 CEO와 후임자 CEO 제프리 이멜트와의 관계에서 우리는 후계자 멘토링을 주의 깊게 살피지 않으므로 잃는 것이 너무 많다. 위의 전임 CEO(현명한 조언자 멘토 역할)와 후임 CEO 사이에 오래전부터 공식, 비공식적으로 끈끈한 멘토링 관계가 지속되어 왔음을 기록을 통해 알 수 있다. 끈끈한 멘토링 관계란? 단순한 업무(Task)에만 국한한 것이 아니고 인간관계, 리더십, 의사소통, 경험담 등 삶 전체로 두 사람의 관계가 1년 넘게 1 : 1로 멘토링이 이루어졌다는 것을 알 수 있다. 그러니까 성공 확률이 높은 것입니다.

사례 4-임원개발 멘토링 사례

샤린 베글리(40세) 현 프라스틱 부문 CEO(06년 4 / 6일 한국방문)

-GE 최고 여성 임원 장차 그룹 회장 물망 39세에 CEO

-단기간 내 여러 업종에 멘토링을 하면서 "임원 멘토링을 통하여 혹독한 수련 기간을 거쳐 20년 배울 것을 6년에 끝냈죠." 그녀는 토요일과 일요일은 가정에 매달리고 "일할 때는 300% 매달리고 특히 일을 하면서 배우는 것에 만족한다."

GE 멘토링 현장 – 이채욱 기자: 서울경제신문 2003–07–06

GE 의료기기 아시아 태평양 사장으로 재직할 때 도쿄에 근무하는 직원의 '멘토'를 맡았었다. 그 일본인 사원은 각종 프리젠테이션 준비는 물론, 경력관리나 자기 상사와 의논할 수 없는 다른 회사의 스카우트 제의와 개인적인 고민까지도 내 의견을 묻곤 했다. 지금은 물류 담당 중견 매니저로 일하고 있는데 장차 훌륭한 간부로 크게 성장할 재목임에 틀림없다.

멘토는 그리스의 선지자 멘토르(오디세우스가 자기 아들이 지혜롭고 현명한 왕자가 되도록 교육을 부탁했던 인물)에서 유래된 것으로 지혜와 신뢰, 존경으로 한 사람의 인생을 이끌어 주는 지도자라는 의미를 갖는다.

GE의 멘토링 제도(Mentoring System)도 업무 연관성이 없는 선후배끼리 일대일 관계를 맺고 후배가 차세대 리더가 되도록 선배가 앞장서 도와주는 활동이다. 멘토는 멘제의 성장 발전, 경력개발 계획 등에 대한 지원이나 조언을 해 주고, 멘티는 비즈니스에 대한 이해, 문화나 조직의 운용 등에 대해 배울 수 있다.

멘토링 제도는 멘토와 멘제 모두에게 도움이 될 뿐만 아니라 우수인력의 양성·유지 등 회사에도 큰 도움이 될 수 있다. 그러나 이 제도가 성공적으로 정착되려면 몇 가지 요건이 필요하다.

첫째, 멘토와 멘제 모두의 적극적인 태도, 상호간 신뢰와 존경, 서로에 대한 철저한 비밀유지가 이루어져야 한다. 둘째, 상호간 합의에 의해 기대치와 책임감 등을 잘 관리해야 한다. 셋째, 멘토·멘제 관계가 끝났을 때 서로 어떤 비방도 하지 말아야 한다.

쉬운 일이 아니지만 내 경우 멘토 역할의 장점은 상상 이상이었다. 첫째는 젊은 세대의 진솔한 이야기를 들으면서 생각을 공유할 수 있는 기회가 됐다. 둘째로 질문에 대한 답변을 하는 동안 많은 생각을 할 수 있었다. 업무상 관계에서 벗어나 있는 새 분야에 대한 정신적인 자극을 꾸준히 받을 수 있는 계기가 됐던 것이다. 셋째로 상호 토론하면서 새로운 방법을 발견했을 뿐만 아니라 내가 이해하지 못하던 부분도 알 수 있었다.

GE 코리아에서는 최근 여직원을 위한 멘토링 제도를 도입했다. 멘토링 제도는 상호 솔직한 대화로 건강한 조직을 구성하고 조직 내 젊은 세대와 기성세대와의 간극을 좁혀 줄 수 있다. 어디서든 한 번쯤 과감하게 도입해 보면 좋을 성싶다.

해외 - 8 *몬트리올은행 - 핵심인재육성 멘토링

몬트리올은행(Bank of Montreal)에서는 핵심인재를 육성하기 위해 'Executive Advisor Program'이라는 멘토링 프로그램을 운영하고 있다. 이 프로그램의 기본 목적은 핵심 부문을 담당할 차세대 리더를 육성하는 것이다.

1. 도입 배경

이 은행에서는 본격적인 프로그램 운영에 앞서 외부 컨설턴트를 활용한 파일럿 테스트를 실시했다. 우선, '조언자 Advisor'라 불리는 10명의 멘토를 선발하여 이들에게 각각 2명의 멘제를 전담하도록 요구했다. 멘토와 멘제는 모두 자발적인 참여자로 구성했으며, 이들은 약 10~12개월간 3~4주에 한 번씩 만나면서 멘토링 활동을 전개했다.

파일럿 테스트가 성공적으로 끝나자 몬트리올은행은 곧 구체적인 멘토링 프로그램 실행에 들어갔다. 이 은행이 멘토링 프로그램을 통해 추구하는 목적은 조직문화의 근본적인 개성과 구성원들의 잠재력 성장을 가로막은 현실적인 장벽을 제거함으로써 경력개발을 촉진하는 데 있었다. 보다 구체적인 목적은 다음과 같다.

- 구성원 간 인적 네트워크 및 커뮤니케이션의 증대
- 구성원과 경영진 간의 접촉 증대를 통한 상호 이해의 강화
- 전문가적 능력개발의 기회를 제공
- 관리자들의 리더십(인재육성능력) 강화
- 구성원 간 지식공유의 활성화

2. 운영방식

(1) 커뮤니케이션

몬트리올은행에서는 경영자가 직접 모든 임원들에게 자발적으로 멘토링에 참여해 달라는 서신을 발송하고 있다. 특히 임원급으로 승진할 가능성이 높은 핵심인재에게 프로그램 참여를 적극적으로 권고하고 있다.

▷ Executive Advisor Program의 개요

프로그램 개념도

변화주제 선정 – 프로그램 커뮤니케이션
⇩
행동변화 – 프로그램 평가
⇩
조직문화 변혁 – 성과분석
⇩
인적 역량 강화 관련 이슈 도출 – 프로그램 모델 수립

주요 활동 프로세스

멘토링 프로그램 커뮤니케이션

멘토·멘제 지원자 모집

멘토와 멘제 연결

프로그램 참가자에 대한 오리엔테이션

멘토링 활동 전개

개인·조직 차원에서
멘토링 성과 평가

멘토링 프로그램
평가·개선

(2) 매칭 프로세스

멘제와 멘토에 대한 매칭 프로세스는 멘제의 니즈와 멘토의 강점·역할에 기초하여 결정한다. 이때 기본적으로 멘토가 멘제에게 직접적인 명령권을 갖지 않도록 서로 같은 부서 사람끼리는 연결하지 않는 것을 원칙으로 한다. 또한 멘토는 멘제보다 최소한 두 직급 높은 사람으로 선발한다.

(3) 멘제의 상사 참여

멘제의 직속상사를 직접 프로그램에 참여시킴으로써, 이들이 소외감을 느끼지 않도록 배려하고 있다. 이들은 멘토에게 멘제의 업무기술이나 방식에 대한 사전 정보를 제공하고, 멘제의 주된 관심사나 육성방안에 대해 설명해 주는 역할을 수행한다.

(4) 오리엔테이션

본격적으로 프로그램에 들어가기 전에 멘제, 멘토 그리고 멘제의 상사를 대상으로 다음과 같이 각각 별도의 오리엔테이션을 운영하고 있다.

1) 멘제 오리엔테이션(1일)
  - 프로그램의 목적과 구조 설명
  - 사전 분석 결과의 피드백 및 육성계획의 수립
  - 멘토와 새로운 관계를 준비
2) 멘토 오리엔테이션(1 / 2일)
  - 프로그램의 목적과 구조 설명
  - 다른 멘토와 경험을 공유
  - 멘토, 멘제, 상사의 역할에 대해 논의
  - 멘토링 스킬에 대해 논의
3) 상사 오리엔테이션(브리핑 방식)
  - 프로그램에 대한 전폭적인 지원을 요청
  - 상사의 역할에 대해 논의

(5) 멘토링 프로세스

외부 컨설턴트가 6~8주 주기로 멘토와 멘제를 각각 만나서 진행 상황을 점검하며, 멘토-멘제 그룹들이 서로 만나서 아이디어 및 육성방법 등을 공유한다.

해외 - 9 *모토롤라 멘토링 Hightouch In Hightech

글 - 톰 랜드(Motorola 과장 / 기술연수 담당)

머리글

1980년, 기술집약 기업 모토롤라(남 플로리다 소재)에 멘토링이 도입되었다. 모토롤라에서의 멘토링 프로그램은, 기술을 능숙하게 이용하는 문제, 졸업생이 학원에서 산업현장으로 이동하는 문제, 사원능력의 재충전·발전, 그리고 구하기 힘든 유능한 인재를 계속 회사에 있게 하기 등의 문제에 효과적인 해결책으로서 가치 있는 것이다. 모토롤라에서의 멘토링 프로그램의 교차기능팀(Cross -Function Team) 모델을 소개하겠다.

들어가면서

지금부터 모토롤라에서 8년 동안 진행된 기업 멘토링 프로그램을 소개하려 한다. 멘토링 프로그램은 기술인력 발전에 관한 문제들을 설명하려고 시작되었다. 멘토링 프로그램은 포괄적인 'New Engineer Development Program'의 중요한 구성요소이다. 멘토링 프로그램은 목표를 아주 성공적으로 수행하였고, 기술적·마케팅적·비서적(Secretarial) 멘토링을 포함한 몇몇 프로그램들을 파생시켰다.

이 글은, 고도 기술집약 회사와 이 기술인력이 직면하는 문제들과, 이런 문제들에 멘토링이 어떻게 효과적인 'High touch' 해결책이 되는가 하는 것을 설명한다. 모토롤라 멘토링 프로그램의 목적과 목표, 그리고 ProgramTtask Flow를 다룬다. 자, 그러면 첨단산업 환경에서 멘토링 프로그램을 구축하는, 각 단계를 예로 들어 보자.

모토롤라 소개

남 플로리다에서의 멘토링 프로그램은 5,000여 명의 직원과 두 가지 주요 통신 장비를 다루는 기업에서 시행된 것이었다. 플로리다 주 보인튼 비치 소재의 The Paging Division(호출기 제작부서)은 1,700명의 직원이 있고, 라디오 페이저, 페이징 터미널, 페이징 시스템 등을 개발·생산하고 있다.

직원이 3,500명인 플로리다 주 플랜테이션 소재의 The Potable Product Division은 2-way 포켓라디오, 마이크로일렉트로닉스, Support Applied Research, Data Products Operations 등을 생산한다.

모토롤라 멘토링 프로그램에서의 의미심장한 통계

모토롤라에서의 멘토링 프로그램은 1980년에 남 플로리다에서 도입되었다. 멘토링 프로그램은 172명의 멘제를 배출하였고, 훈련된 멘토는 64명이었다. 세 가지 다른 멘토링 프로그램(신입기술사원 멘토링·기술 멘토링·비서적 멘토링)이 있지만, 본 글에선 신입기술사원 멘토링만 다룰 것이다. 나머지 두 멘토링 프로그램도 첫 번째 것과 비슷하게 구성돼 있기 때문이다.

멘토링 프로그램의 운영 비용은 기본적으로, 프로그램 운영자(이 사람은 프로그램을 가동하고 다른 인력자원과 개인적 기능을 50% 유지하는 데에 자기 시간의 반을 쓰게 된다)에 쓰는 것으로 제한한다.

모토롤라 기술인재

'모토롤라 정보통신 센터'는 기술집약 기업이라 불린다. 엔지니어링(기술)이 사업에서 주요 요소이다. 엔지니어링 파트가 섹트 내에서 가장 중요한 요소이다. 이것(기술)이 가장 중요한 자원이지만, 엔지니어링은 또한 비용이 많이 드는 요소이다. 이런 이유에서, 엔지니어링 자원의 이용과 효율성을 개선하는 어떤 단계든, 값비싼 지불이 요구된다. 실제로, 애써 투자한 기술인력이 이직(移職)하는 것은 단순한 사건이 아니다.

단순히 한 직원이 사표를 내는 것 이상의 타격이 된다. 이직문제의 원인이 되는 요소는 '효용(utilization)'에 관련된 것이다. 그러므로 기술자들의 효용(Utilization of Engineer)하는 기법을 개선하는 것은 이 가치 있는 자원을 더욱 효율적으로 사용하는 면에서뿐만 아니라, 유능한 기술인력을 더 많이 보유함으로써 기술을 비축하는 것이다.

〈기술인력에 대한 이슈들과 문제들〉
산업환경에 진출하는, 기술대학 신입기술사원에 대한 이슈들과 문제들은 다음과 같다.

- 사용가능한 기술적 재능
- 학교에서 배운 지식을 실제 현장에서 적용하기
- 남 플로리다로 이주하게 되는 문제
- 신입기술사원의 'Career 개발' 향상시키기(첫 번째 일은 Career의 안정을 위해서, Tone, 태도, 취미 등을 잘 펼치는 것이며, 또한 한 기술자가 만드는 가장 중요한 Carrer Dicision이다.)
- 일에 대한 만족(주요 요소들은: 초기 업무배당, 상사의 자질, 그룹과 조직의 분위기를 잘 느끼도록 적응되는 정도 등이다.)
- 양질의 대학졸업자들이 이직(移職)하는 것을 최소화하기(이직은 처음 직장에 출근하는 날부터 잠재하기 시작한다.)
- 기술력의 재보충(기술력은 기술력을 바탕으로 하는 조직엔 생명줄)
- 모토롤라의 정책들과 실행들에 대한 의사소통이 말단 사원에게까지 잘 이해되어야 하는 것
- 관리력(Management)이 말단에까지 미쳐야 하는 것
- 업무 완수에 있어 중요한 이슈들과 사소한 일들을 구분·격리하기

멘토링 프로그램의 목표와 목적

비즈니스 환경에서, 멘토링 프로그램의 이익(salt)은, 경영자에게 손익계산서에 직접적인 영향을 주는 가치로서 인식되어야 한다. 이것은 멘토링 프로그램의 목표와 목적이 조직이 직면한 문제와 이슈의 해결을 향한 직접적인(direct) 연계기관(link)을 가져야 한다는 말이다. 모토롤라의 프로그램은 이용(Underutilization)과 신입사원의 적정한 좋은 출발, 기술력 유치(Attracting)하고 존속시키기, 경영과의 의사소통(Communication with Management) 등을 설명한다.

모토롤라에서의 **멘토링 프로그램의 목표와 목적**들은 다음과 같다:

- 신입기술사원들에게, 그들이 부서장과 상의하지 못할 쟁점과 문제에 대해 상담과 인내를 제공
- 신입기술사원들에 관련된 쟁점에 대해 진행관리자(management)들에게 피드백을 제공
- 신입기술사원의 필요와 가치를 중견간부들에게 알림
- 기술인력을 유치하고 존속시키는 회사의 능력을 향상시킴
- 계속되는 멘토와 멘제 미팅
- 멘제와의 월간 모임
- 1년에 4번 멘토와 함께 하는 분기고찰(review) 과정
- 멘제의 문제 해결
- 멘토링 프로그램 평가(evaluation)
- 프로그램 피드백

본 글의 Reminder는 세부 사항에서, 이 점검(Critical) 단계들을 각각 논의한다.

모토롤라 멘토링 프로그램 업무흐름도(Task Flow)

다음 장 차트는 모토롤라에서의 교차기능 팀 멘토링(Cross Function Team Mentoring)

을 그림으로 보여주고 있다. 멘토링은 팀 개념을 강화하고, 프로그램이 현재의 인적자원과 관리시스템을 통합시키도록 교차기능을 한다. 프로그램에 관련된 주요 인원들은 다음과 같다.

- 멘토링 프로그램 총집행자(신입기술사원들과 본 프로그램에 대한 이슈를 위한 구심점)
- 멘토
- 멘제
- 멘제의 부서장
- 교육부서
- 진행관리자
- 멘토링 프로그램 총집행자가 모토롤라 멘토링 프로그램을 구축을 위해 시행하는 점검(Critical) 단계들은 다음과 같다:
- '멘토 풀' 선정
- 멘토 교육 실시
- 멘제 오리엔테이션 실시
- 멘제와 멘토 매칭
- 계속되는 멘토와 멘제 미팅
- 멘제와의 월간 모임
- 1년에 4번 멘토와 함께 하는 분기고찰(review) 과정
- 멘제의 문제 해결
- 멘토링 프로그램 평가(evaluation)
- 프로그램 피드백

본 글의 reminder는 세부 사항에서, 이 점검(critical) 단계들을 각각 논의한다.

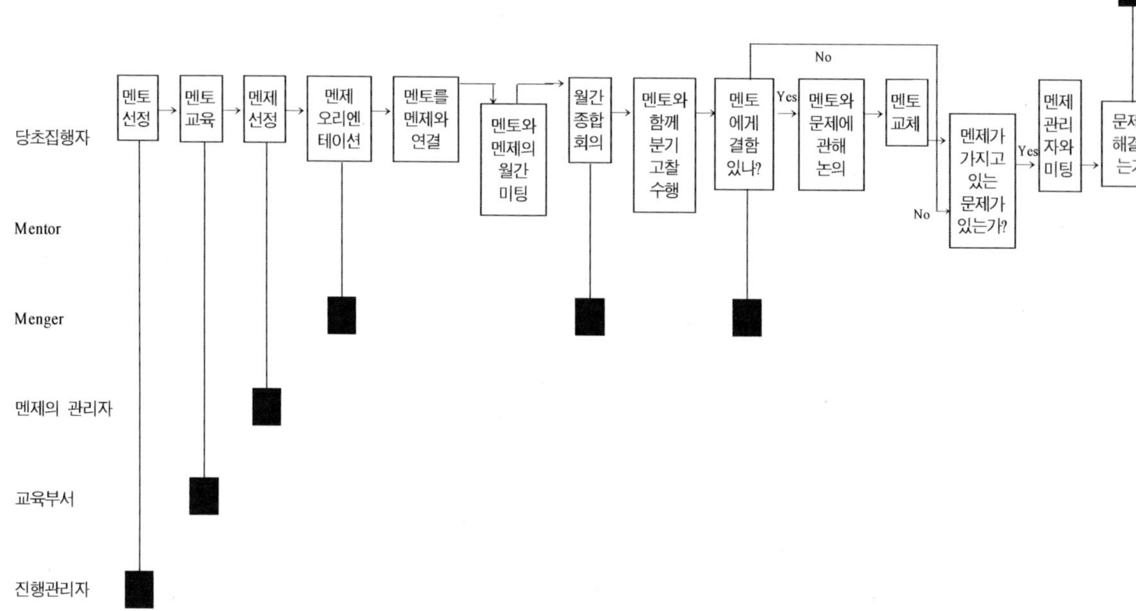

차트1, 모토로라 교차기능 팀 멘토링에서의 프로그램 흐름도

멘토링 프로그램 총집행자

멘토링 프로그램 총집행자의 역할은 아주 활력적인 것이다. 선정(Selection) 단계는 최고경영자와 개개인력(Human Resource Personnel)이 후보들을 평가(Evaluate)하는 과정을 포함한다.

'프로그램 총집행자의 직무 기술서(the administrator's job description)' 속에 있는 다음의 과제에 기초해서 말이다.

- 멘토의 선정과 교육과정에서 지원
- 멘토, 멘제, 멘제 부서장을 인터뷰(핵심적 문제들을 드러내기 위해)
- 멘제가 만족할 때가지 그의 문제를 모니터한다.
- 프로그램을 평가(evaluate)한다.
- 진전된 사항과 문제들을 통해 얻은, 관리(Management)를 지속한다.
- 프로그램 실행을 계속 발전시킨다.

모토롤라 멘토링 프로그램 점검(Critical)방침

1) 멘토 풀 정의하기

멘토는 중건간부이거나 상급자이어야 하지만 멘제의 직속상사여서는 안된다. 멘토의 목표는, 멘제와 한정적이지만 실제적인 접촉을 규칙적으로 지속하는 것이고(매우 드문드문할지라도), 멘제와 함께 주요 이슈를 토론할(모토롤라 사람 중) 또 다른 사람을 알선하는 것이다. 신중하고 경륜 있고 통찰력 있는 멘토라는 존재는, 의사소통 채널을 단일화하고, 안내자와 상담자로서 역할을 수행한다.

바람직한 멘토상은 다음을 갖추고 있다.
- **'최선을 다하는 자질'**: 멘토는 전문성과 남을 배려하는 면에서 뛰어나야 한다.
- **'조직에 대한 지식'**: 성공적인 멘토는 조직의 목표, 목적, 구조, 진행흐름을 알고 있는 자이다(조직의 앞으로의 계획이 무엇인가 하는 것을). 그리고 조직

내에서의 곤경을 피할 수 있는 방법을 멘제에게 제시한다.

- '산업에 대한 지식': 멘토는 산업계의 변화, 발전, 경향(Trend)에 대한 파악이 빨라야 한다. 이래야 멘제에게 도전과 기회를 줄 수 있는 것이다. 멘토는 멘제의 목표를 파악하고 개인적 / 캐리어적 발전을 위한 상담자가 된다.

- '시의적절함': 멘토의 조언과 지시는 멘제가 처한 실상황에 맞는 것이라야 한다. '지금껏 해 왔던 방식'을 고집하는 것은 실상황에 맞지 않는 것일 수 있다. 한편, 이것저것 일일이 지시하는 것은 멘제 개인의 성장에 장애가 될 수 있다.

- '북돋움': 멘제에게 격려가 필요할 때가 있다. 그래서 멘토에겐 적극성과 지원력이 필요하다. 멘제가 새로운 도전이나 벽을 만났을 때, 북돋울 수 있다는 것은 대단한 성과이다.

- '시간을 바침': 멘제를 지원하고 안정적인 관계를 만들기 위해 멘토는 시간을 내는 것이 필요하다. 공식적 비공식적 시간은 관계를 발전시키고 영속시키는 필수조건이다.

- 멘토링 프로그램 총집행자는 회사중역과 협동하여, 잠재적인 멘토 후보들을 판별하고 그들을 개인적으로 인터뷰하여 멘토를 기꺼이 수행하기로 하는 결실을 만든다. 멘토 풀에서의 구성원의 상태는 멘제의 구성원의 상태를 고려하고, 특히 소수그룹(여성이나 핸디캡이 있는 자 등)을 고려해야 한다. 모든 멘토는 한나절 분량의 교육세미나를 받는다.

2) 멘토 교육

'멘토 훈련 프로그램의' 목적은:

- 멘토와 멘제의 역할 및 책임이 명확해지게 하고
- 성공적으로 도울 수 있도록 멘토에게 기법을 지원하고
- 문제 해결과 피드백에서 사용할 코치적 기법을 익숙하게 사용하게 하고
- 멘토가 발전적인 고찰(Progress Review)을 수행하는 프로세스에 능숙하게 하고
- 멘토를 지원하여, 멘제가 모토롤라에 잘 적응하는 것이 잘되게 한다.

3) 멘토의 역할

멘토의 역할은:

- 멘제의 전문성이 길러지고, 개인적 발전을 이루고 Career에 만족할 수 있도록 돕는 역할
- 모토롤라의 정책들과 흐름을 바라보는 멘제와 부서의 책임자 사이의 연결관 역할
- 직무상 실수로 생긴 문제들을 다루는 데 있어서, 멘제에게 자료를 제공하는 역할
- 부서의 책임자와 멘제의 상사에게 자료를 제공하는 역할
- 멘제의 상담역, 옴부즈맨, 후원자, 비평가, 조력자 역할

4) 멘토의 책임

멘토가 가지는 책임은:

- '업무수행보고회'(Performance Reviews)에서 멘제를 지원한다. 이것은 멘제가 개인적 목표와 부서의 목표가 서로 어떻게 연관되는지 잘 인지하게 한다. 어떤 문제를 예상 / 평가하기 전에, 그리고 공동체를 든든하게 한 후에, 멘토는 멘제와 그의 부서장을 조화시킨다. '업무수행보고회'에서 멘토는 직접적인 참여를 하지 않지만, 멘제와 그의 부서장과의 의사소통을 북돋워야 한다. '업무수행보고회'는 신입기술사원을 대상으로 보통 6개월마다 연다.

- 멘제가 요구하는 안내(Guidance)를 제공한다. 멘토는 멘제의 현재의 직무만족도와, 앞으로 어떤 일을 맡기 바라는지 파악해야 한다. 문제가 있는 곳에서 멘제의 부서장을 만나서 상황을 평가하고, 신뢰를 쌓고, 유대관계를 만들고, 문제를 해결하도록 열린 정책들을 사용하도록 북돋는다. 멘토는 문제를 해결하는 데 있어 멘제의 부서장의 영역을 침범하는 것을 피해야 하지만, 정상적인 업무절차(Procedure)는 증진시켜야 한다. 멘토는 인사부서(the Personnel Department)를 이용한다면 최후의 수단으로 이용해야 한다.

멘제의 발전에 안내(Guidance)를 제공한다. 멘토는 외부적인 문제들에 전문적인 도움을 사용해야 하는지 명확히 해야 한다(→ Mentor should identify if professional help is needed for outside problem).

주택과 재정 등에서의 재배치문제(동산 / 부동산 문제?)에도 조인을 줄 수 있다.

회사의 레크리에이션 활동들과 여러 교육과정을 발견하여 참여하도록 돕는다.

멘토링은 멘제에게 넓은 시야(Big Picture)를 줄 수 있다. 다른 부서의 기능과 상호관계는 어떻게 되어 있나, 기술인력이란 누구인가, 그리고 회사에서 업무상 마주치게 될 동료들이 누구인가 등. 멘토는 멘제와 관련된 이슈들을 알고, 멘제가 맡고 있는 직무를 이해하고, 멘제가 자신들의 쟁점을 해결하여 성장하도록 도와야 한다. 특히 멘토는 멘제의 부서장과 자기 사이의 역할과 기대를 명확히 하여 멘제의 부서장이 신입기술사원을 돕는 데, 그의 책임을 다 펼칠 수 있도록 처신한다. 멘토는 부서장에 의해 다루어지지 않는 사항을 챙긴다.

5) 멘토 수행하기

훈련 중에 멘토-멘제의 접촉횟수는 한정할 필요가 없다. 그러나 보통 한 달에 한 번 정도이다. 미팅시간은 경우에 따라 차이가 있다. 보통은 30분~1시간이다. 멘토가 멘토링의 수행 스케줄을 정하도록 하는 것이 모토롤라의 입장이다. 프로그램의 성공은 각 멘토의 적극성과, 얼마나 깊숙이 참여하는가에 달려 있다. 멘토가 각 미팅에서 논의되는 것을 기록하는 것은 큰 도움이 된다. 그러나 이런 기록이 멘제의 회사 개인기록 파일이 되는 것은 아니다. 멘토로서는 기밀 정보를 다룰 수도 있겠으나, 바른 판단을 가져야 한다. 의심이 들 때, 멘토는 멘토링 총집행자와 함께 상황을 점검해야 한다.

6) 멘토의 역할이 아닌 것

멘토는 멘제의 급여·전임(轉任)·퇴임·대기·승진에 관련된 의사결정에 참여해선 안 된다. 하지만 멘제의 부서장이 이런 문제의 결정에 대해 멘토에게 자문을 받을 수는 있다. 이 부문에 있어서 멘토는, 멘제와 그의 부서장과 함께 이 문제에 대해 이견을 좁히도록 논의하여야 한다.

멘토 훈련은, 돕는 관계(HelpingRelationship)에 초점을 맞춘 모듈을 포함하고 있다. 이 모듈은 다음과 같은 화제를 다룬다. 발생시키는 성장이 요구되는 조건들(Conditions required for growth to occur), 이슈들의 타입들과, 멘제가 도와달라고 가져오는 문제들을 공유하는 멘토, 일반적으로 발생하는 문제들에 대한 논의,

문제들을 다루는 각기 다른 접근방법, 열린 논의를 제한하는 요소들, 멘토를 지원하는 자원들(예: 멘제를 돕기 위해 가야 하는 장소) 등.

7) 멘제 오리엔테이션

다음으로 중요한 단계는 멘제가 신입기술사원 오리엔테이션 과정에 참여하는 것이다. 이 과정은 부서의 중견간부팀에 의해 진행된다. 그리고 세미나의 주제는 '이론과 실제 사이의 갭을 메우기'이다. 일반적으로 이 그룹 오리엔테이션은 일년에 한 번 열리며, 신입 기술사원들에게 중견간부들과 대화하는 기회를 제공코자 하는 것이다. 모토롤라의 경영진이 신입사원들에게 말하고자 하는 메시지는:
- 그들이 경영자에게 접근하기란 쉬운 것이며 경영자는 친근한 존재라는 것.
- 도전적인 일들을 바라라, 그렇지 않다면 뭔가 잘못된 것이다.
- 기술혁신과 비즈니스 / 기술환경에서의 일에 대한 강인한 의지를 요구함.
- 모토롤라는 지속적으로 완벽한 제품을 탄생시키기 위해 품질개선에 매진하고 있다는 것.
- 고객의 만족이 우리 모두의 최우선의 목적이라는 것.
- 모토롤라는 팀워크와 전 사원의 경영에의 참여에 매진한다는 것.

8) 오리엔테이션 세미나에서의 화제들

세미나는 다음과 같은 화제들을 다룬다. 모토롤라 기술력 소개, 새 기술자들에게 조직이 기대하는 것들, 맡은 직무를 명확히 이해하는 것, 스스로의 성장을 위해 각 기술자들이 맡는 책임, 의사소통하는 방법, 도움을 구하는 방법, 문제를 제거하는 법, 기술수행에 있어서 조직이 바라는(추구하는) 것, 모토롤라에서의 경력 쌓기와 장래성 등.

모토롤라 멘토링 프로그램에서, 멘제에게 바라는 특질들:
- '위임하는 태도': 멘토는 열정(열심)을 보이는 타입의 사람(앞장을 서고 사람에게나 조직에 충성된 사람)에게 끌린다.
- '긍정적 태도': 비판보다는 칭찬하는 성격의 사람이 멘토링 유대관계에서 더욱 얻는 것이 많을 것이다.

- '**열린 마음**': 멘제는 개방되고 객관적이고 폐쇄적이지 않은 태도로 귀 기울여야 한다. 멘토의 제안과 아이디어가 모두 자신에게 적합하지는 않을 것이다.
- '**유머감각을 유지하라**': 유머감각은 대인 간에 화목을 유발하고 남을 편안하게 한다.
- '**때로는 주도권을 쥐라**': 멘토는 멘제보다 높은 지위에 있기에, 멘토가 시간을 정하고 장소를 마련하기 쉽다. 그러나 멘토링 유대관계는 팀플레이지 한 사람이 다 책임을 지는 것이 아니다. 때로 멘제가 주도권을 쥐어, 만남을 만들고 여러 가지를 정하라.

멘제에겐 멘토링 프로그램의 개요(Overview of the Mentor Program)가 주어져 있다. 그리고 오리엔테이션 과정을 마치면 보통, 멘토-멘제의 미팅이 시작된다.

9) 매칭과 만남

멘토와 멘제는 각자 다음 사항을 작성한다.

자신의 전문분야, 출신대학, 전문분야의 회원증 여부, 자기 전문분야에서의 목표, 개인적 목표, 취미, 멘토링에서 멘제가 바라는 것 등.

보통 멘제 대 멘토의 비율은 최고 2 : 1이다. 멘토-멘제 쌍을 만들 때, 매칭기준을 순서대로 열거해 보면: (멘토와 멘제의) 대학, 같은 전공, 전문분야(예: 전기공학), 전문분야에서의 목표, 개인적 고려사항 등.

멘토-멘제 만남 가이드라인을 보면, 멘토가 일반적인 사항(Generalities)을 말할 것과, 자신에 관한 사항을 알리고, 멘제에 관한 정보(배경, 흥미, 이력, 어떤 코스들을 밟아 왔는지)를 알고, 멘토의 역할과 책임을 고찰(Review)할 것을 권하고 있다.

멘토는 준비를 갖추어야 하고, 필기를 하며, 좋은 장소를 마련하고, 모토롤라에 대해 좋아하는 것에 대해 토론하고, 다음 미팅을 정한다. 멘토는, 멘토-멘제 팀이 서로 합의해서 정할 목표들이 무엇인지 논의하는 미팅을 연 4회 마련한다(멘토링 유대관계에서의 역할들 · 미팅시간 및 횟수 등에 대한 피드백, 중요 이벤트, 유대관계에 대한 피드백 등에 관해 논의).

다음 미팅에서, 멘토는 토의(업무 할당, 수행특성, 강 · 약(Performance Characteristics; Strengths and Weaknesses), 주요 장애물이나 직면한 문제들, 멘제가 모토롤라와 남플로리다에 적응하는 것, 멘제가 모토롤라에 기대하는 것, 도전과 유용성, 그리고 감독을 받는 것 등에 대한)를 위해 '멘토인터뷰 체크리스트'를 사용할 수 있다.

멘토 또한 멘제가 업무, 우선순위, 갖가지 것을 이용하고 다루는 일, 업무에 대한 흥미, 제 자신의 성장, 업무환경, 작업량의 정도, 가장 큰 문제, 가장 큰 성취, 그리고 필요하다면 육성 활동(Follow-up action) 등을 고찰할 수 있다.

멘토링 프로그램 총집행자는, 여러 가지는 조정하고, 처음 멘제를 멘토에게 공식적으로 소개시키는 일이 필요하다. 그 다음부터는 멘토가 전 미팅을 조절한다.

10) 매월의 의논미팅과 연 4회의 분기고찰(Review)

멘토링 프로그램 총집행자는 매월의 의논미팅을 모든 멘제에게 연다. 그러나 멘제는 자발적으로 참여한다. 강제가 아니다. 의논미팅의 목적은 드러난 문제들을 논의하고, 제안을 하고, 멘토들과 함께 공동 기획될 수 있다. 아이템들은 요약(Summarized)되어야 하고, 멘토들과 공유되어야 한다.

멘토링 프로그램 총집행자는 멘토와 연 4회의 분기고찰(Review)을 한다. 논의미팅에서 떠오른 이슈들을 검토하는 일 등을 하게 된다. 프로그램 개선을 위한 새로운 기회(Opportunities)나 제안이 논의된다.

전형적인 문제들(Typical problems)

1) 멘제(Menger):

멘제가 멘토에게 가져가는 이슈들은 보통:

- 자기 보수가 너무 적다고 느끼는 것이나, 급료인상이 너무 적다는 것.
- career 신장에 만족 못 함(-왜 내가 승진이 되지 못했나? 등).
- 승진에 관련된 문제에 대한 정보 부족
- 어떻게 하면 더 빨리 클 수 있는가? 내게 무엇이 필요한가?
- 자기 부서장의 일처리에 대한 불만.
- 도덕적 문제: 다른 사람에게 주어진 업무에 대한 신뢰, 흥미를 느끼는 분야

에 대한 다른 사람과의 갈등, 회사 기밀 정보 다루는 일.
- 개인끼리의 갈등과 그것을 극복하는 법.
- 어떻게 하면 맡은 작업이나 프로젝트를 잘 끝낼 수 있나?
- 평상시 다루는 업무와는 다른 유의 업무들은, 어떻게 처리해야 하나?
- 회사가 어려울 땐, 내가 해고되는가? 누구를 내보내는가 하는 결정은 어떻게 결정되나? 대량 감원사태가 오는가?
- 부서에서 다른 사람들이 보는 나의 인상은 어떤가?
- 행정적인(Administrative) 문제들
- 개인적인 문제: 가정, 금전문제, 법률, 건강, 감정 등
- 자기 업무실적이 평가된 것에 대해 동의하지 못함.
- 지원 / 교육 / 개발활동을 위한 회사의 성의는 무엇인가?

멘토의 우선목표는 장벽을 파악하여 제거하고 효과적인 수행을 하게 도와, 멘제가 자기 잠재력을 전부 발휘하게 돕는 것이다. 멘토의 책임은 멘제 부서장의 지원과 협력 안에서(부서장의 자리에서는 아님) 멘토를 수행하는 것이다. 멘토의 행동이, 모토롤라와 개인적 목표에, 부합되는 것은 멘제의 부서장을 통해서이다.

모토롤라 멘토링 프로그램의 Task Flow는, 멘토와 멘제가 열린 정책시스템(Open Door Policy System)을 통하여, 멘제의 문제를 해결하게 한다. 첫째, 멘제가 자기 부서장과, 문제에 대해 말하도록 한다. 문제가 해결되지 않으면, 더 위의 간부에게 말하고, 문제가 여전히 해결되지 않으면, 멘토와 프로그램 총집행자가 진행관리자팀(Management Team)과 만나 문제에 대해 논의한다.

인사부(人事部)는 가장 나중의 수단으로 문제 해결에 관여한다. 이러한 문제 해결 방식은 멘제와 부서장 사이에 책임을 놓아서, 문제들이 크게 악화되기 전에 해결을 하게 하고, 경영시스템의 통합(integrity)을 그대로 유지시킨다.

문제를 찾아내어, 문제가 남겨지지 않게 하고 관련된 모든 파트가 만족스럽게 하는 것이 멘토링 프로그램 총집행자의 책임이다.

2) 멘토(Mentor):

멘토가 직면하는 가장 중요한 문제는, 멘제와의 미팅들을 위한 시간을 만듦으로써 나타나는 프로그램에, 보다 많은 열의를 내는 것이다. 때때로 멘토의 많은

업무량과 많은 출장은, 그들이 멘토링에 강한 열의를 가지지 않는다면 멘제가 곁길에 빠질 수도 있게 한다. 멘토는 이 점을 때로 이런 말로써 합리화할 것이다.

"내 멘제는 잘해 가고 있다. 그에게 더 거들 것이 없고, 그에게 내가 별로 필요치 않다." 종종 멘토와 멘제 간에 개성이 부딪히는 일이 있거나, 멘토가 좋은 활동을 보이지 않거나, 그리고 드물지만 멘제의 부서장의 영역을 침범하는 경우가 있으나, 보통 멘토가 멘제의 부서장에 협조하고 부서장의 권위를 침범하지 않도록 조심하기에, 이런 일은 별로 없을 것이다.

이 같은 상황에서, 멘토링 프로그램 총집행자는 멘토와 문제를 논의하는 것이 필요하다. 그리고 문제가 해결될 수 있는지 파악한다. 해결될 수 없는 정도로 심각하면, 멘제는 다른 멘토를 배정받는다.

3) 평가(Evaluation)와 피드백

월간 의논미팅과, 연 4회 멘토와 함께 하는 분기고찰(Review)을 통해 멘토링 프로그램 총집행자는 비공식적으로 프로그램을 평가할 수 있다. 멘토링 프로그램이 프로그램의 목적에 부합되고 있는지 평가하는 데 있어 다음의 이슈들이 있을 것이다.
- 의사소통이 향상되었는가?
- 멘제의 성장과 발전이 있었는가?
- 멘제가 의사결정을 공유하고 있는가?
- 멘제의 문제가 해결되고 있는가?

프로그램 평가는, 전체 교차기능(Cross-functional) 멘토링팀(총집행자, 멘토, 멘제, 멘제의 부서장, 진행관리자)의 협동노력이다.
- 총집행자의 책임은:
- 평가(Evaluation)방법을 수립하기
- 투입되는 소스로서의 역할(Serve as a source for input)
- 변화와 개선을 유도하기
- 프로그램 효과를 요약하고 평가하기 위해 설문조사와 인터뷰하기
- 결과를 문서화하기
- 멘토링팀과 최고경영자에게 피드백하기

4) 멘토링 프로그램 설문 결과

　모토롤라에선, 신입기술직원들에게 '기술직 설문(Engineering Job Challenge Survey)'
이 두 번 실시되었다. 멘토링 프로그램에 관해서, 대부분(38명)의 응답자는 다음
과 같이 응답했다.

- 각자 자기의 멘토와 충분한 횟수로 미팅을 가졌다.
- 매월 만났다.
- 시간은 30분에서 1시간가량이었다.
- 만남은 생산적 또는 매우 생산적이었다.
- 미팅에서 다룬 것은: 업무할당, Career에 대한 질문(어떻게 향상시킬 수 있는
  가 하는), 개인적인 문제, 직장에서의 곤경을 피하는 법 등.
- 멘토의 중재 기술은, 멘제의 의견을 잘 듣고 신입기술직원의 감정을 이해함
  을 보여준다(Mentor's listening / interpersonal skill shows they listened well
  and seemed to understand the feelings of a new engineer).
- 멘토와의 관계는 친밀했다.
- '신입기술직원을 돕는 멘토는 Career적 / 개인적 문제를 해결한다.'는 응답이, 멘
  토링이 멘제의 직속상사에게 도움이 되는가 하는 항목에서 2위로 많이 나왔다.
- 멘제가 프로그램에 참여해야 하는 기간은 12개월이었다.
- '대학졸업자들에 행한 최근의 설문은, 반 이상의 응답자가 어떻게 그들이 자
  신들의 캐리어를 시작할 회사를 결정할 것인가 하는 데에, 우선순위로 멘토
  를 고려했다.'는 항목에 응답자들은 동의했다

결　론

　지금까지 모토롤라에서 시행된 매우 성공적인 멘토링 프로그램을 소개하였다.
대학환경에서 비즈니스 환경에로의 전환은 쉬운 문제가 아니다. 기술직의 Career
에서, 첫 업무가 가지는 중요성은 세심한 관리가 필요한 것이다. 신입기술사원 충
원·개발·근속시키기·첨단기술을 발휘할 지식 갖추기 등은 무엇보다 필수적인
것이다. 멘토링은 이런 것들에 응답을 주는, 효과적인 인적자원 정책이다. 모토롤

라와 신입기술사원 모두에게 승리를 가져다주는 제도이다.

이제 모토롤라에서 멘토로 활약한 '게리 그리봄' 씨의 글을 인용하며 이 글을 마치려 한다.

나의 두 번째 멘제를 잘 양육하고 관계를 종결한 후에, 나는 여러분이 나의 멘토링 프로그램의 성과(Evaluation)에 대해 알게 해야겠다고 생각했다. 내가 보기에 멘토링 프로그램은 우선 다음 분야에서 성공적이다. 문제 파악과 해결(신입직원을 자기 업무에 친숙하게 만듦으로써), 형식들(Forms)과 인터뷰 프로세스, 관심과 질문과 자기 부서장에겐 얘기하기 어려워하는 불만사항을 위한 튼튼한 지지대(Sounding board)로서의 활동, 그리고 경력에 대한 상담.

멘토링 프로그램은 또한 멘제가 업무상 정직하게 하고, 의사소통의 '갭'과 미처 사항을 잘못 이해하는 것이 발생하는 것을 방지한다. 신입직원들이 첫 시작을 하는 데 개인적으로 도움을 주었다는 것에 대해 나는 큰 만족을 얻었다. 멘토링 프로그램을 수행함으로써 말이다.

■ 필자소개 - 이 글을 쓴 톰 랜드는 모토롤라의 기술연수 담당과장이다. 모토롤라에서 7년 근무했다. 2년 동안 멘토링 프로그램 총집행자였으며, 인력자원 개발 담당자였다.

- International Journal of Mentoring Vol.3, No1, winter 1989 -

해외 – 10 *노르웨이 Scandinavian Offshore Tools

기술역량 강화를 위한 지식 멘토링

오래전부터 직원들 간에 비공식적으로 멘토링이 활용되어 오던 스칸디나비아 오프쇼어 툴(Scandinavian Offshore Tools)사는 멘토링을 공식화하기로 방침을 정했다. 회사가 멘토링을 제도화하기로 결정한 가장 큰 이유는 향후 10년 이내에 정년퇴직하는 직원이 40퍼센트에 이를 정도로 직원들의 고령화가 진행되고 있기 때문이다. 만약 회사가 조직의 전문적 지식을 다음 세대에 전승하지 못하면 회사의 경쟁력과 시장 내 위치가 위협받을 수 있다.

스칸디나비아 오프쇼어 툴(SOT)사는 호주 글로벌 오프쇼어 툴(glonal Offshore Tool)의 자회사이다. SOT는 1899년 화력발전 회사로 설립된 회사이다. 현재는 노르웨이 대륙붕 지역에서 석유나 가스를 탐사하는 회사와 관련 분야에서 연구개발(R&D)을 하는 회사에 활발하게 납품하고 있다. 회사의 직원은 1,478명인데, 연구개발과 석유 툴 부문으로 나뉘어 있다.

현재 496명이 R&D 부문에서 일하고 있는데 이들의 연령별 현황은 <표 1>과 같다. 직원들의 전공별 현황은 공학 전공이 대부분이며, 유정(油井) 엔지니어, 유전(油田) 엔지니어, 생산 엔지니어, 현장 엔지니어 등이 대부분이다. 그 밖에 재무, 보건, 환경, 안전, 행정직 직원도 있다.

〈표 1〉 직원의 연령별 분포 현황

연령대	인원수	퍼센트(%)
24〜30	42	10%
31〜40	141	34%
41〜55	182	44%
55세 초과	48	12%

회사의 계층구조는 최고경영자와 9명의 부문관리자들이 있다. 부문관리자 아래에는 두 단계의 하위관리자, 즉 섹션 매니저와 팀 매니저가 있다.

HR 부서에서는 오래전부터 직원의 고령화 문제를 중심과제의 하나로 간주했다. 직원의 평균 연령이 만 51세이며, R&D 부서 직원의 40%가 앞으로 10년 이내에 정년퇴직이 예정되어 있다. HR 부서의 최우선 과제는 현재의 직원들이 다음 세대 직원들에게 기존의 지식을 잘 전수해 주는 것이었다.

선배직원들의 인지적 지식(know Why)이 전수되지 않으면 회사는 장차 자기추진창의력(Care Way) 개발에 어려움을 겪을 것이다. 직원들이 이 4단계의 전문지식을 가지지 못하면 석유산업과 같은 고도의 기술과 전문지식을 기반으로 하는 산업의 미래는 보장되지 못한다.

멘토링 프로그램 개발

회사는 지식가속화 전문 컨설팅 회사인 COMESCO의 도움을 받아 멘토링 프로그램을 개발하였다. 컨설팅 회사는 멘토링 제도를 도입한다고 하더라도, 임원이나 관리자의 역할은 변함이 없음을 강조하였다.

CEO는 조직의 비전을 명확히 하고 가치기준을 정하여야 한다.

관리자들은 회사의 사명과 목표를 정한 다음 미래의 멘토를 훈련하고 지도하며, 권한과 역할을 위임한다. 멘토의 역할은 조직의 비전, 미션 달성을 위한 직원 한 사람 한 사람의 행동적 일상적 터치스톤이 되는 것이다.

회사는 멘토링 프로그램으로 개발하기를 원하는 관리자 스킬 가운데 중요 7개 영역을 다음과 같이 정하였다.

* 의사소통	* 개인적 성장
* 기업지식(Corporate memory)	* 지식공유
* 사업 이해	* 네트워킹
지식 가속화(Knowledge acceleration)	

　회사의 주요 인사들과 사전 인터뷰를 한 결과 멘토링에 대한 이해와 접근방법이 여러 가지였다. HR 부서에서는 세 개의 레벨별 멘토링 모델을 아우르는 멘토링 프로그램을 기획하였다. <그림 1>은 이 멘토링 프로그램의 전체 구조를 보여준다.

조직 적응. 전문분야 개발 OJT. 기업 지식 사업에 대한 이해. 다양성	동기부여. 경력개발 학습. 네트워킹	개인별
1단계: 버디(Buddy) 제도	2단계: 사내 멘토링	3단계: 선택적 멘토링

〈그림 1〉 멘토링 프로그램의 구조

왜 멘토링인가?

　SOT사가 멘토링 프로그램에 시간과 자원을 투자하는 근본적 이유는 조직이 보유하고 있는 암묵지(Tacit Knowledge)를 전승하고 직원 간의 지식경영을 가속화하려는 니즈와 요구 때문이다. SOT사는 멘토링 프로그램을 지식이론에 토대를 두고 구축하고 있다.

　암묵지와 형식지: 폴리아니(Polyani)는 암묵지의 내용은 정의할 수 없고, 불확정이며, 엄밀하게 개인적인 지식으로서 말로 설명할 수 없는 것이라고 주장한다. 노나카와 타우케우치는 암묵지를 다음과 같이 구분하고 있다.

* 쉽게 눈에 보이거나 표현하기 어렵다. * 고도로 개인적이다. * 어떤 사람의 행동, 경험, 생각, 가치, 감정에 깊이 뿌리내리고 있다. * 형식화하기 어렵다.　　　　 * 다른 사람과 소통, 공유하기 어렵다. * 주관적 통찰, 직관, 예감

암묵지에 비하여 형식지는 동전의 반대편이라고 할 수 있다. 암묵지를 정상적이라고 하면 형식지는 보다 정량적이다. 형식지의 특징은 말과 숫자로 되어 있고, 컴퓨터로 쉽게 처리되며, 전사적으로 전달되어, 데이터베이스로 저장할 수 있는 정보라 할 수 있다. 그들은 암묵지와 형식지를 다음과 같이 구분한다.

* 암묵지(주관적)   * 형식지(객관적)
 －경험적 지식(몸)   －이성적 지식(마음)
 －공시적 지식(지금 여기)   －통시적 지식(그때 거기)
 －아날로그적 지식(실천)   －디지털 지식(이론)

암묵적 지식은 그 지식을 가지고 있는 사람 이외는 쓸모가 없다. 따라서 개인이 가지고 있는 암묵지는 다른 사람이 효율적으로 활용할 수 있게 형식지로 전환하지 않으면 안 된다. 암묵지를 형식지로 전환하는 목적은 조직의 가치를 창조하기 위함이다. 암묵지 전환 작업을 성공적으로 하면 정보습득 시간을 줄일 수 있고, 이미 한 일의 중복을 방지하고, 조직의 학습능력을 높이는 등 여러 가지 효과가 나고 있다. 노나카와 타케우치가 제시한 지식 변환 모델은 '상호작용적 나선 모양(Interactive And Spiral)'의 프로세스이다. 모델은 네 파트너로 되어 있다. 1부: 암묵지암묵지(Socialization), 2부: 암묵지형식지(externalization), 3부: 형식지형식지(Combination), 4부: 형식지암묵지(Internalization).

SOT는 지식이전을 가속화하기 위해 멘토링 프로그램을 3단계로 구성하였다. 프로그램의 기본 구조는 6개의 핵심요소로 구성되어 있다. 6대 핵심요소는 서면계약, 역할의 공식화, 개발계획의 구조화, 조직의 지원, 기간, 멘토에 대한 보상 지급 등이다.

- **서면계약**: 멘토/멘제와 회사 간에 시간을 할애하겠다는 서면계약, 그리고 멘토와 멘제 간에 활동범위, 기간, 주제 등에 대한 상호 협약, 이렇게 두 가지가 있다.
- **역할의 공식화**: 조직이 멘토들의 지식 가속자 역할을 인정하고 충분히 지원해 주는 것이 중요했다. 멘토링 관계를 통해 전수되는 스킬들이 개인의 경력 목표에 이용되는 것이 아니라 전 조직의 지식수준을 높이기 위함임을 모두가 이해해야 했다.
- **개발계획의 구조화**: HR 부서에서는 사내 인트라넷을 만들어서 조직 전체에 멘

토 프로그램에 대한 일반적인 정보를 공유하고, 멘토 / 멘제를 위한 교육과정
을 세 번에 걸쳐 진행했다.
- **조직의 지원**: HR 부서에서는 멘토링 프로그램을 지원할 사람으로 멘토링 도
입을 처음 생각했던 인사 담당자인 헬렌한센을 지정했다.
- **기 간**: 공식적인 멘토링 기간은 12개월이고, 그 기간이 끝나도 원하는 페어는
멘토링 관계를 계속할 수 있다.
- **멘토에 대한 보상 지급**: 멘토와 멘제의 실질적인 미팅시간에 대해서는 멘토에
게 보상이 지급됐다.

멘토링 프로그램

◑ **1단계**: SOT의 멘토링 프로그램 3단계 중 첫 번째는 신입직원 멘토링이다. 이
단계에서는 팀 리더나 라인 매니저가 신입직원에게 멘토를 배정하며, 다음과 같
은 여섯 가지 분야가 멘토링 활동에 포함되어야 한다.
- **사회화**: 새로운 환경에 들어오게 된 신입직원이 적응할 수 있도록 멘토가 도
와준다.
- **OJT**: 멘토는 멘제가 직무를 수행할 때 지켜보고 곧바로 피드백을 준다.
- **전문분야 개발**: 신입직원들은 멘토가 일을 어떻게 하는지 관찰함으로써 회사
안의 특별한 테크닉을 배우게 된다.
- **다양성**: 인종적 다양성뿐 아니라 성별, 경험, 문화 등의 다양성 면에서 동료 /
수직구조 사이의 포용과 이해를 증진한다.
- **기업지식(corporate memory)**: 멘토링 프로그램 첫 단계는 SOT가 개발한 기업
지식 전수 전략이 시작되는 지점이기도 하다. 멘토는 회사에 대한 지식과 자
신의 경험을 멘제에게 물려준다.
- **사업에 대한 이해**: SOT는 일반적으로 직원들을 석유 / 가스와 관련된 특별한
스킬이나 지식을 기준으로 뽑았고, 따라서 직원들의 주요 관심사는 회사의
수익이나, 경쟁환경보다는 자신들의 전문분야일 경우가 많았다. 멘토는 신입
직원의 입사 때부터 사업상황을 알려 주는 역할을 한다.

◑ **2단계**: 두 번째 단계는 입사 후 약 1년이 된 직원들을 대상으로 했다.

회사에서는 멘토 / 멘제의 개인별 선호조사 양식, 성격 매칭 등 몇 가지 미리 짜인 기준에 따라 멘토 - 멘제 매칭을 했다. HR 부서에서는 이전의 비공식 멘토링 프로그램에 관여한 직원에 대한 설문을 통해 다섯 가지 주요 멘토링 주제를 선정했다.

- **경력**: 멘토가 멘제의 성장을 돕게 도면 후계자를 키움으로써 자신도 승진 기회가 높아지는 이익도 생길 수 있다. 또한 멘토를 역할 모델로 보고 그에게서 이익도 생길 수 있다. 또한 멘토를 역할 모델로 보고 그에게서 직접적인 지원/조언을 받게 되는 멘제 역시 경력 목표를 이루는 데 도움이 된다.
- **자기계발**: 멘토들은 멘제로부터 새로운 관점과 아이디어를 얻어 자신의 계발에 활력이 될 수 있다. 보험 영업직 사원들이 멘토링 활동을 할 때 더 높은 실적을 낸다는 조사 결과도 있다.
- **학 습**: 학습에 있어서 인간관계는 매우 중요한 역할을 한다. 또한 멘토는 멘제에게 보다 집중된 학습을 제공하여 실생활에서 관리 및 리더십 테크닉을 익힐 수 있게 해 준다.
- **동기부여**: 멘토는 성공적인 멘제를 통해 조직에 기여했다는 자부심을 가지게 되고, 멘제는 자신을 믿어 주는 멘토가 있다는 사실에 동기부여가 된다.
- **네트워크**: 멘토가 멘제에게 다른 상급직원들을 소개시켜 줌으로써 멘제의 사내 인적 네트워크 형성에 도움을 준다.

◑ **3단계**: 이타적인 행동에서 만족을 얻는 성숙한 장년 직원들에게 멘토링은 큰 심리적 도움을 준다. 자신이 회사에서 인정을 받고 필요한 사람이라는 기분은 잃었던 자신감과 자존감을 되찾게 해 준다.

이러한 점이 SOT 멘토링 프로그램 마지막 단계의 바탕이 된다. 세 번째 단계는 활동내용도 각양각색이고, 한마디로 설명하기가 복잡하지만, 초점은 멘제에게 가장 중요한 스킬을 개발하는 것이다. 비교적 비공식 멘토링의 형태를 띤다.

해외-11 *P&G

(여성인재육성을 위한 Mentor Up' 역멘토링 프로그램)

프락터 엔드 갬블(이하 P&G)은 최고경영자를 내부에서 육성하는 '내부 승진제도'를 오래전부터 채택한 전통 있는 세계적 기업이다. 1990년대 초 P&G 미국 본사 광고 부문(Procter & Gamble U. S. Advertising) 여성 초급간부 이직률은 남자직원보다 2배 높은 수준이었다. 여직원 승진과 유지(Retention)를 위한 획기적 방안을 강구하기 위한 테스크 포스 AWTF(Advancement for Women Task Force; 여직원 육성을 위한 테스크 포스)를 구성하고 전통적 멘토링과 정반대의 멘토링, 즉 여직원 초급관리자가 멘토가 되고 남성 고위관리자가 멘제가 되는 역멘토링 프로그램인 'Mentor-Up' 프로그램을 운영하여, work / Life balance(직장 / 개인(가정)균형), 세대 차이에 따른 동기부여 방안 등을 코칭하여 조직문화의 변화에 크게 기여하는 한편, 이직률 감소, 여성인재육성 등의 성과를 이루었고, 회사 내 다른 부문과 지역 내 타 회사까지 멘토링을 확산하는 파급 효과를 가져왔다.

1. 배 경

P&G는 최고경영자를 외부에서 영입하지 않고 내부에서 육성하는 오랜 전통이 있으며, 본사 광고 부문은 각급 부사장을 포함하여 회장을 배출하는 회사 내 핵심부서이다. 따라서 현업 중간관리자들이 항상 적정 수준으로 유지되어야 하는데, 문제는 여성 초급관리자들의 이직이 남성보다 2배나 높다는 것이다.

P&G 광고 부문은 1991년 인사부에 여직원 유지 테스크 포스(Retention of Women

Task Force)를 구성하여 여직원의 이직 방지를 도모했으나, 일관된 성과를 거두지 못했다. 그래서 1994년 모든 현업부서를 참여시켜 AWTF로 확대 개편하고, 2010년까지 모든 계층에 여성인재를 골고루 육성시키고, 이직률을 1퍼센트로 줄이며 근무 만족도를 높인다는 목표를 설정했다.

과거 5년간 이직한 여직원 면담을 통한 원인 분석 결과, 여직원들이 직장에서 겪고 있는 문제에 대한 인식 부족, 조직 내 역할 모델의 부족, 경력개발 전망, 기혼 여직원의 육아 및 자녀 관련 문제에 대한 회사의 이해와 관심 부족 등이 이직률을 높이는 이유로 나타났다.

2. Mentor Up' 프로그램 운영

1) AWTF의 핵심전략

가장 중요한 전략은 최고경영진의 지원을 이끌어 낸 것이다. 프로그램 계획 수립 단계에 회장까지 보고하여 최고경영자의 의지를 확보하고, 집행.

위원회(The Executive Committee)의 남성 고위임원을 '챔피언'(후원자)으로 추대하고 챔피언이 직접 멘제로서도 활동하도록 했다.

두 번째 성공 전략은 프로그램의 목적을 여직원 육성·유지뿐 아니라 전반적인 근무 만족도를 높인다는 것으로 확대한 점이다. 참가 대상자의 범위를 넓힘으로써 조직 전체에 긍정적 영향을 미치도록 했다.

광고 부문 전체에 실행하기 전에 우선 Health Care & Food Sector에 2년간 테스트 마케팅을 실시하고, 그 결과 이직률 감소(2년간 25%) 및 종합 직장 만족도의 성과를 확인한 다음 광고 부문 전체로 확대해 나갔다.

AWTF의 'Mentor-Up' 프로그램 지원 활동

지원 활동 / 목적 및 내용

매 칭	고위관리자(전원)와 하위 여성관리자(지원)를 매칭하기 위한 설문 적절한 결연 필요시 매칭 변경
킥오프	프로그램 오리엔테이션에서 멘토 / 멘제의 1차 상호작용 촉진이 가장 중요한 관계 형성 위한 기초 작업
토의주제	격월로 <토의 주제> 자료 배포(잡지, 신문, 논문 등의 관련 기사, 지역사회 행사, 회사정책 등)하여 미팅 촉진 및 지원
추진위원회	부서별 책임자로 구성, 모니터 및 후원자 역할 필요시 프로그램 구성요소 수정
멘 토	런천 6개월마다 멘토 전원 런천(Luncheon) 학습공유, 상호조언, 격려, 추적
모니터링	

2) 목 적

남성 관리자나 임원에게 여직원 관련 문제를 관리하는 방법을 비공식적으로 피드백 제공하기, 사운딩 보드 역할, 하위 여직원과 고위 경영진과 관계 형성하기 등을 프로그램 목적으로 정했다. 실제 실행은 각 센터별 현업부서 책임자가 프로그램 지도자가 되고, HR 담당자가 함께 전사적 추진 조직을 구성하여 진행했다.

3) 선 발

남성 임원은 모두 멘토가 되었다. 현재는 여성 임원도 멘제로 참여한다. 멘토는 여성 하위관리자 중에서 지원하는 사람으로 한다. 멘토 지원자가 모자라랄까 염려하였는데 오히려 멘제 인원보다 훨씬 많은 사람이 지원했다.

매칭의 원칙은 지원서에 고향, 취미, 학부 전공 등을 망라한 다양한 항목을 넣어 결연에 참고하도록 했고, 직급 차이는 2단계 이상으로 하되 같은 부서의 상사 부하 관계가 아닌 사람으로 매칭했다.

코디네이터가 수시로 토의 주제(Discussion guide)나 제안을 하면서 심지어 멘토·멘제 매칭을 다시 해 주기 원하는지까지 물어보며 모니터링하기 때문에 다른 멘토링 프로그램이 대개 멘토·멘제 매칭만 해 주고, 그 다음은 두 사람이 알아서 하라는 식으로 운영하는 경우와 달리 성공적으로 운영되었다고 본다.

멘토·멘제 선발기준

멘 토

- 지원자라야 한다.
- 계층별로 골고루 선발한다.
- 여직원 직장생활, 개인(가정)과의 균형문제에 관한 신뢰받는 조언자, 교사, 자
  문 역할을 한다.
- 개인적인 경험을 이야기한다.
- 새로운 행동을 제안한다.

멘 토

- 특정직원의 이름이나 사례를 이야기하지 않는다.
- 멘제에게 유일한 피드백 소스가 되지 않는다.
- 모든 사안에 대한 해법이나 의견을 주는 것은 아니다.
- 여성문제에 관한 멘제의 행동이나, 성장에 책임을 지는 것은 아니다.
- 멘제와 약속한 비밀을 준수해야 한다.
- 멘제의 부하직원이어서는 안 된다.

멘 제

- 멘토링을 통해 여직원의 직장생활 문제에 관해 인식하고 이해한다.
- 멘토의 피드백을 주도적으로 구한다.
- 멘토와의 대화를 통하여 개인적 태도와 행동을 모색한다.
- 경청하고 질문한다.
- 기꺼이 학생, 조언받는 사람, 학습자가 된다.

멘 제

- 멘토와 대화에 적극적으로 참여하지 않음으로써 멘토를 불편하게 하지 않는다.
- 다 알고 있는 것처럼 하지 않는다.
- 학습 의지가 없으면 멘토링 프로그램에 참가하지 않는다.
- 모든 사안에 대하여 모든 여직원이 '하나의 올바른' 입장에 있다고 가정하지

않는다.

• 멘토의 상사가 아니어야 한다.

4) 역할 바꾸기

멘토링에서는 멘토와 멘제가 일반적으로 상황과 정반대의 역할을 하는 것이므로 실제로 진행하기가 쉽지 않다. P&G의 'Mentor-Up' 프로그램에서는 이 점에 유의하여 킥오프 오리엔테이션에서 역할 바꾸기 훈련이 있었다.

5) 킥오프 오리엔테이션

가장 중요한 요소이다. 킥오프 오리엔테이션을 실시하는 목적은 참가자의 의지를 확고히 하고, 멘토와 멘제가 서로의 역할을 확인하기 위한 것이다. 또 효과적 멘토링 활동의 계획을 세우며, 멘토·멘제 간 초기 대화의 장이 된다. 과정 중에는 멘토·멘제가 분반하여 서로의 기대사항과 걱정되는 점을 토의한 다음 합반하여 공유한다.

6) 토의 주제(Discussion guide)

P&G 역멘토링 프로그램 성공의 결정적 요소 한 가지는 격월로 토의 주제를 제공하였다는 것이다. 프로그램 참가자의 상호작용이 구조화되고 초점을 맞출 수 있게 도와준 것이다.

토의 주제를 예시하면 '직장에서 존중받고 있다는 느낌이 들 때'라는 설문항목이나, '기업에서 여성 임원으로 승진하기'라는 컨설팅 회사의 사례 연구 보고서를 읽고 토의하기, '직장과 가정(개인) 균형 방침과 사례'로서 출산휴가, 육아지원, 유연근무시간제에 관해 토의하기 등이다.

3. 성과와 교훈

P&G의 'Mentor - Up' 프로그램의 성과는 평소 이야기하기 꺼리는 주제에 관하여 남녀 임직원 간에 대화를 나눔으로써 인식과 이해가 이루어졌다는 점이다.

원래 남자 임원을 대상으로 하였는데, 여성 임원들도 자원 참여하여 세대 차이나 부서 간 관점의 차이에 대한 통찰을 하게 됐다.

P&G에서 관리자가 승진하기 위해서는 업무실적(50%)뿐 아니라 부하육성을 통한 조직역량 개발(50%)을 달성해야 한다. P&G 광고 부문에서 실행한 'Mentor - up' 역멘토링 프로그램은 조직의 변화란 추상적 구호를 외친다고 되는 것이 아니라 '누구' 또는 '무엇'과의 관계하에서 이루어지는 것이며, 구성원 간의 인간관계 활동(면대면 만남이든, 국경을 넘는 비쥬얼 상호작용이든)은 조직의 변화는 물론 획기적 사업성과 향상도 가능하게 한다는 것을 입증했다.

해외 - 12 *푸르덴셜(Prudential) 멘토링

수전 쿠아(30)는 영국 프루덴셜 금융그룹의 아시아 지역 10만 명 직원(보험설계사 포함) 가운데서 뽑힌 핵심인재다. 회사는 그를 미래의 최고경영진으로 키우기 위해 '특별과외교육'을 시키고 있다. '과외 선생님'은 마크 터커 아시아 총괄 회장.

터커 회장은 쿠아가 다양한 경험을 쌓을 수 있도록 수개월 단위로 각종 프로젝트팀에 파견을 보내고 있다. 2001년 10월부터 지난해 6월까지 홍콩에 있는 아시아 본부 내 방카슈랑스팀에 근무시켰다. 이어 남아시아팀으로 옮겨 3개월간 현지에 진출한 계열사들의 영업 현황을 챙기게 했다.

지난해 10월엔 말레이시아 법인으로 빼, 보험 영업과 설계사 관리 등의 업무를 하도록 했다. 쿠아의 활동은 빠짐없이 터커 회장에게 보고된다. 선생님이 학생의 숙제를 검사하듯 쿠아의 활동을 점검하고 있는 것이다. 터커 회장은 수시로 쿠아를 불러 개별면담을 하며, 능력개발에 필요한 모든 사항을 꼼꼼하게 챙겨 준다. 푸르덴셜에는 이런 식으로 특별 관리하는 '핵심 중 핵심' 인재가 11명 있다. 이들은 아직 현장경험을 쌓는 데 주력하고 있지만, 장차 그룹을 짊어지고 나갈 일꾼이 될 것으로 기대된다.

◇ 1대1로 붙어서 키운다 = "핵심인력은 하루아침에 만들어지지 않는다."라는 것이 푸르덴셜의 인재관이다. 그래서 핵심인재를 조기 선발해 장기간에 걸쳐 글로벌 리더로 양성하고 있다. 푸르멘토(PRUMentor, 푸르덴셜의 멘토 제도)라는 교육 프로그램이 만들어진 것은 이 때문이다.

선발된 핵심인재들은 그룹의 최고경영진으로부터 1대1 교육을 받는다. '멘토'란 말 그대로 상사가 부하를 1대1로 관리하는 제도다. 최고경영진이 직접 핵심인재를 1대1로 관리하는 것이다. 아무리 바빠도 핵심인재를 직접 만나고, 그들을 양성하는 데 시간과 정열을 아끼지 않는다. 과제를 주고, 개별적으로 만나 잘잘못을 가르쳐 준다. '이렇게 해 보라'는 조언도 아끼지 않는다. 최고경영진의 가장 중요한 업무 중 하나다.

제인 키비 인사 담당 이사는 "최고경영진은 각자 맡은 인재들과 개별면담을 해야 하고, 평가는 최고경영진들이 모이는 이사회에서 한다."고 설명했다. 이사회에선 핵심인재들에 대한 진솔한 얘기가 오간다고 덧붙였다.

이 프로그램에 따라 핵심인재들은 3년간 세계 곳곳에 진출해 있는 영업조직을 순회하면서 현장을 파악한다. 본사의 주요 프로젝트에 참여할 기회도 갖는다. 또 마케팅·재무·영업 등 전통적인 업무뿐 아니라 e－비즈니스 등 첨단산업에 대한 미래 지향적인 교육도 받는다. 그렇다고 지원자격이 엄격히 제한돼 있는 것은 아니다. 푸르덴셜의 직원 누구에게나 문호가 활짝 열려 있다.

경영학석사(MBA) 과정을 마쳤고, 영어 외에 제2외국어를 유창하게 구사할 수 있으면 된다. 그러나 심사는 까다롭기 때문에 소수의 인원만 푸르멘토를 받는다.

한국계 직원인 서니 김(한국명 김승수) 씨도 이런 과정을 거쳐 푸르멘토 프로그램에 선발됐다.

金 씨는 푸르덴셜이 영풍생명을 인수해 한국에 진출하는 프로젝트에서 핵심역할을 맡았으며, 지금은 일본 현지법인의 사업기획팀에서 전략개발 업무를 맡고 있다. 터커 아시아 총괄 회장도 일찍이 핵심인재로 지목돼 푸르멘토와 비슷한 방식으로 양성됐다. 1986년에 입사한 이래 홍콩 등 전 세계를 돌며 경영자 수업을 받다가 1994년에 아시아 총괄 회장이 됐다. 세계적인 인사컨설팅 회사인 왓슨 와이어트 코리아 송덕호 대표는 "핵심인재는 돈을 많이 준다고 해서 제대로 관리되는 것은 아니다."라면서 "멘토 제도를 통해 최고경영자로부터 직접 코치를 받는 등 인정받고 있다는 느낌을 주는 것이 매우 중요하다."고 말했다.

◇ **사람이 재산** = 푸르덴셜은 '항상 듣고 이해한다.'는 사훈 아래 '사람'을 중시하는 기업문화를 갖고 있다. 키비 이사는 "금융회사는 사람이 재산"이라며 "눈에 보이지 않고 만기도 수십 년이나 되는 보험상품을 팔려면 사람에 대한 신뢰가 절대적"이라고 말했다.

이런 기업문화는 핵심 인력을 선발·양성할 때 가급적 전 직원에게 기회를 주려고 노력하는 것으로 나타난다. 푸르멘토 프로그램이 그렇다. 또 핵심 포스트가 비면 우선 사내에서 사람을 찾는다. 누구에게나 가능성이 있으므로 자기개발에 더욱 분발하라는 메시지를 주기 위해서다.

일반 직원을 대상으로 한 교육 프로그램도 매우 다양하다. 대표적인 것이 사이버 대학인 푸르유니버시티(PRUuniversity)다. 직원들은 인터넷을 통해 세계의 석학들에게서 강의를 들을 수 있다. 학비는 회사가 부담하며, 교육과정을 이수하면 가상학위와 수료증을 준다. 인사관리 때 중요한 참고자료가 되는 것은 물론이다.

핵심인재들에겐 금전적 보상도 하지만, 돈으로 이탈을 막을 수 있다고 생각하지 않는다. 키비 이사는 "돈으로 인재를 회유하는 것은 뇌물을 주는 것이나 마찬가지"라며 "조직 내에서 인정받고 성장하는 것 자체가 충분한 동기부여가 된다는 것이 우리의 인재관리철학"이라고 설명했다.

◇ **영국 푸르덴셜은**＝생명보험을 중심으로 연금·뮤추얼펀드·투자관리 등 종합금융 서비스를 제공하는 초대형 금융그룹이다. 2001년 매출은 2백15억 파운드(41조 3천억 원)로 포천지 조사에서 세계 생명보험사 중 5위로 꼽혔다.

2001년 10월 영풍생명을 인수하면서 한국에 진출했으며, 지난해 10월에는 굿모닝투신운용을 인수하는 등 한국에서도 적극 투자하고 있다.

미국의 푸르덴셜 생명(세계 8위)과 영문 이름은 같지만, 전혀 다른 회사다. 미 푸르덴셜보다 한국 진출이 늦어 국내에선 PCA(푸르덴셜 코퍼레이션 아시아)라는 사명을 쓰고 있다.

조직관리·리더십 중시 가능하면 내부서 발탁

제인 키비는 20여 년간 유럽의 주요 기업에서 인사관리 업무를 해 온 베테랑. 1996년 영국 푸르덴셜의 인사 담당 이사로 영입된 이후 그룹의 인력개발·관리 업무를 총지휘하고 있다.

▌ 핵심인재가 중요한 이유는?

"경쟁이 갈수록 치열해지기 때문이다. 금융업은 제조업과 달리 새로운 상품·기술 등이 나오더라도 경쟁자들이 금방 베껴서 따라오는 특성이 있다. 따라서 진정한 경쟁력은 어느 회사가 우수인재를 많이 확보하고 제대로 관리하느냐에 있다."

▌ 푸르덴셜이 핵심인재에게 가장 요구하는 능력은 무엇인가?

"조직관리능력과 리더십이 최우선이다. 조직원들에게 비전을 제시하고, 긍지와 정열을 가지고 일하도록 만들 수 있어야 한다. 고객만족 역시 빼놓을 수 없다. 업무에 관한 기술적인 능력은 그다음 문제다."

▌ 인재 채용 시 어떤 점을 우선적으로 고려하는가?

"능력이 뛰어나야 한다. 또 회사의 가치관과 개인의 생각이 맞아야 한다. 회사가 추구하는 기본 가치는 'RESPECT'다. 즉 인간존중(Respect)·격려(Encourage)·봉사(Support)·실천(Practice)·즐거움(Enjoy)·경청(Commit to listening)·신뢰(Trust)를 뜻한다."

▌ 외부 인재 스카우트에는 어느 정도 비중을 두고 있나?

"인재의 발굴·양성은 가급적 회사 내부에서 하고 외부 채용은 신중을 기하는 편이다. 스카우트 대상자가 정해지면 바로 데려오는 것이 아니라, 일정기간 비공식적으로 다른 임직원들과 어울릴 기회를 준다. 회사의 문화와 가치관을 정확히 알고 들어오라는 취지다. 이런 방식은 당사자들이 전직 결정을 내리는 데 도움이 될 뿐 아니라, 회사로서도 가치관이 다른 사람이 들어오는 것을 막는 효과가 있다."

▌ 교육은 어떻게 시키나?

"사람마다 배경·지식·경험 등이 제각각이기 때문에 개인별 발전계획을 수립해 실행하고 있다. 이 계획에 따라 부서나 프로젝트를 순환근무하도록 한다. 세계 각국을 돌아다니도록 하는 경우도 있다. 개인적으로 공부가 필요한 부분은 사이버 대학인 푸르유니버시티를 통해 스스로 알아서 한다."

해외-13 *실리콘밸리 벤처창업자를 위한 멘토

벤처창업자의 조언자: 멘토(Mentor)

일련의 전문적 자문가들이 벤처창업자를 돕고 있다.
그들은 사원모집에서 초기 사업자금을 끌어오는 것까지
사업 전반에 걸친 모든 것들에 대해 자문을 해 주고 있다.
이들을 멘토(Mentor)라고 한다. 그들은 사업의 성공과
실패를 결정짓는 아주 중요한 일을 하고 있다.

1995년, 스코트 로직(Scott Rozic)이 대학을 졸업했을 때 그가 가지고 있었던 것은 경영학 학사학위와 신용카드, 소프트웨어 회사를 위한 아이디어뿐이었다. 그는 이것을 가지고 그를 지도해 줄 사람을 찾아 실리콘밸리로 향했다. 그의 목적은 그에게 사업전략과 재무에 대해 가르쳐 줄 능력 있고 인정받는 ─ 처음부터 사업을 어떻게 해나갈지 실제적으로 이해하고 있고 가능하면 이전에 수억 달러 이상의 사업을 옆에서 도와 본 ─ 사람을 찾아내는 것이었다.

다행히 한 친구의 아버지가 얼마 전까지 실리콘 그래픽사(Silicon Graphics)에서 임원으로 일하던 스탠 멀스먼(Stan Meresman)에게 그를 소개시켜 주었고, 멀스먼은 커피 한 잔을 마실 20분 동안만 로직을 만나주겠다고 했다.

멀스먼은 그 당시 대학을 갓 졸업한 인재를 찾고 있었다. 스코트 로직은 경험도 없었고 전문지식과 재무에 관한 시각도 전혀 없었지만 멀스먼은 그에게서 뭔

가 특별한 것을 발견했다. 그는 "나는 그 젊은이가 언젠가 거대하고 성공적인 소프트웨어 회사의 최고경영자가 되리란 것을 확신했다."고 회상했다. 그는 로직이 많은 가능성을 가지고 있으며 젊은이가 성공하는 것을 지켜보는 것은 즐거운 일이므로 그를 제자로 받아들였다.

스코트 로직은 성공해서 현재 엑스마크스더스폿(Xmarksthespot)이라는 컴퓨터 기업의 최고경영자이다. 그가 여기까지 오는 데 스탠 멀스먼이 반드시 필요했을까?

어쩌면 돈을 벌기 위해 반드시 필요한 것은 좋은 아이디어와 훌륭한 기술, 차고나 기숙사라는 말이 맞을 수도 있다(주: 초기의 실리콘밸리 기업의 창업자들은 차고나 기숙사에서 사업을 시작하곤 했다). 하지만 몇몇 기업들은 대단한 아이디어나 기술 없이도 높은 가격의 초기 주식 발행금으로 굉장한 돈을 벌었다. 그들이 한 것은 거의 알려지지 않은 최소한 자원에 접근하는 일이었다.

그 자원은 바로 **기업설계인**(Business Architects)이었다. 이들은 사업 모델의 구축과 개선, 최고의 인재 발굴, 사업 프로세스의 구축, 실제 시장에서의 아이디어 실현 가능성 시험, 자금 확보 등을 돕는다. 이들이 바로 실리콘밸리에서 가치를 창출하는 데 있어 핵심인물인 것이다. 후에 사업 초기의 순수한 열정이 식게 되면 수익성이 관심의 대상이 되는데, 이때에 기업설계인은 더 큰 역할을 하게 된다(실리콘밸리의 가치창출 시스템에 대해 더 보려면 '평범한 사람들의 성공' 참조).

경험이 없는 기업가가 어떻게 필요한 전문지식을 얻는가를 이해하기 위해, 우리는 실리콘밸리에서 30명 이상의 벤처 자본가나 스탠 멀스먼 같은 멘토들을 인터뷰하는 데 4개월을 보냈다. 우리는 멘토로부터 지도를 받은 몇 십 개의 기업가 팀도 인터뷰했다.

마지막으로 우리는 사업을 시작하는 두 회사의 시작 단계를 과정을 따라가며 조사했고 지도자와 팀 간의 공식, 비공식적 회의에 참가했다. 우리가 멘토에 대해 조사한 내용은 실리콘밸리의 기업가뿐 아니라 사업을 시작하려는 모든 사람에게 중요한 교훈이 될 것이다.

현재 시점에서 멘토가 왜 필요한가?

새로운 사업을 시작하려는 많은 사람들이 지난 몇 십 년 동안 실리콘밸리로 몰려들었다. 그들은 경영학석사학위(MBA)나 컴퓨터공학박사학위, 웹에 대한 남다른 감각 같은 것들을 가지고 있었지만 시장에서 최고의 수익을 내는 데 필요한 전문지식이나 조직을 디자인하는 기술이 없었고 설득력과 인재를 모아서 고용할 만한 신뢰성이 없었다. 다시 말해 실리콘밸리의 초창기 기업경영자들은 성장에 필요한 기초적인 요소들을 전혀 갖추지 못하고 있었다.

인터넷 시대 이전에 벤처 자본가들은 기대되는 인재를 유치하기 위해 집중적이고 개별적인 노력을 해 왔다. 최근에 새로운 기업들의 숫자가 급격히 증가함에 따라 이들은 매우 바빠졌다. 이들이 많은 시간이 드는 개인적인 지도를 받는다는 것은 초기의 기업가들이 감당하기에는 너무 많은 비용이 들게 되어 버렸다.

많은 자금과 경쟁, 짧은 시간의 유동성 때문에 기업가들 사이의 상호작용은 더욱 중요해졌다고 벤처 자본가인 러스 시겔먼(Russ Siegelman)은 지적한다. 3컴의 최고경영자(CEO)였던 빌 크라우스(Bill Clause)는 "20년 전만 해도 벤처 자본가는 지식이전의 촉매자 역할을 했습니다. 그러나 오늘날 그들은 포트폴리오 관리자이고 거래 중재자인데다가 금융공학자이기까지 합니다."라고 말한다.

대규모 벤처 자본회사는 여전히 특별히 선전된 유망한 초기 사업체들을 맡아 운영하고 있다. 하지만 그들은 급속히 거대하게 성장할 사업체가 아니면 투자를 하지 않는다.

그리고 작은 업체들이 기업 전문지식을 제공받는 것은 점점 힘들어지고 있다. 소규모 사업체들은 전문지식을 얻기 위해 다양한 방안을 모색해 왔는데 가장 많이 사용되는 방법은 창업 인큐베이터와 같은 방법이다. 다양한 모델의 업체들은 공간, 행정적 지원, 컴퓨터와 같은 요소를 지원하는 가레지닷컴(Garage.com)과 같은 회사로부터 조직된다. 가레지닷컴의 고객회사들은 프리젠테이션, 금융조직화, 탄탄한 전문가 채용 등의 문제를 해결하는 데 도움을 얻었다. 그 대가로 가레지닷컴은 지분과 수수료를 받았다.

특히 경험 없는 기업가들을 위한 다른 대안으로 멘토들이 있다. 벤처 자본가나 인큐베이터와 비교해 멘토들은 기업가들과 더 많은 시간을 보내고 더 열정적으로 미래에 대한 비전을 제시하며 경영 일선에 참여하고 초기 회사들이 자금을 조성하도록 자기 자신을 투자한다는 점이다.

멘토란 어떤 사람들인가?

인튜이트사의 기업가 스코트 쿡(Scott Cook)의 뒤에는 멘토이자 현재 사장인 빌 켐벨(Bill Cambell)이 있었다. 가레지닷컴의 최고경영자(CEO)인 가이 가와사키

(Guy Kawasaki)는 벤처법 위원회의 설립자인 크레이그 존슨(Craig Johnson) 덕분에 사업 개념이 일찍이 급진전할 수 있었다고 말한다.

또한 네트워크 이퀴프먼트 테크놀러지사의 공동설립자인 오드리 맥린(Audrey Maclean)과 스탠 먼스먼은 애쉬 문쉬(Ash Munshi)의 아이디어를 구체화하여 현재 쳄덱스(Chemdex)의 계열사인 스페셜리티MD(SpecialityMD)를 만드는 데 도움을 주었다. 이런 멘토는 유명 프로선수들과 함께 자신의 회사를 차려 최고경영자(CEO)나 업무최고책임자(COO)로 역할을 하기도 한 어떤 분야에 있어서 전문 코치와 같은 이들이다. 이들의 기업경력에서 적어도 한 번쯤 성공하는 것은 보통이지만 반면 실패하기도 한다.

코치로서 그들의 임무는 유망하지만 미숙한 초기 기업들을 도와 생존 가능한 사업원형을 계속 만들고 성장하도록 자원을 제공하는 것이다(뒤에 나올 멘토링 스타일은 멘토가 기업가들을 가르치는 다양한 방식에 대해 설명한다). 이런 지도에는 상당히 많은 시간이 들어간다. 내가 코치가 된다는 것은 많은 노력을 필요로 하는 일입니다. 장난감 회사인 스카이라인의 공동설립자인 펜 멘들벰(Fern Mendelbaum)은 이렇게 말한다. "나는 회사가 성공할 수 있게 하기 위해서라면 모든 일을 할 것입니다. 그렇게 되면 회사는 상당한 심적 부담을 덜게 될 것입니다."

기업가들은 그들의 헌신에 대해 매우 감사하고 있다. 소프트 북 프레스의 최고경영자(CEO) 짐 샥크(Jim Sachs)는 티마커(T / Maker) 소프트 회사의 공동설립자이자 그의 멘토인 에디 로이즌(Heidi Roizen)에 대해 이렇게 말했다. "완전히 일에 매달렸습니다. 그녀는 저와 함께 일하고 한 주 내내 함께 커피를 마시며 일어나는 일에 대해 이야기했습니다. 일어나는 모든 일에 매우 가까이 있었다고 할 수 있습니다." 하지만 왜 중년의 성공적이고 현금 창출 능력이 있는 기업가들이 전혀 경력이나 현금이 없는 초보자 집단과 일하고 싶어 할까? 멘토들은 돈을 벌기 위해서 움직이는 것만은 아니다. 대부분의 지도자들은 그전에도 상당한 돈을 벌고 있었다. 그들은 더 이상 그들의 기업을 키우는 데는 관심이 없어졌으며 사업 초기에서만 경험할 수 있는 스릴과 흥분을 즐기고 있는 것이다.

소프트웨어 퍼블리싱의 설립자이자 최고경영자를 역임한 프레드 기븐스(Fred Gibbons)의 경우도 그와 같다. "나는 창조적 과정을 위한 위험한 경험에 참여하는 것을 좋아합니다. 하지만 그냥 평범한 최고경영자(CEO)가 되는 것은 원치 않습니다." 그 스릴과 어려움들은 다른 사람의 경험을 대신하는 듯한 느낌을 주게 된다. 하지만 일단 그런 위험이 세기되면 사업의 과정은 다시 매우 익숙한 것이 되어 버린다. 멘토들은 어렵게 얻은 전문지식을 공유하기를 원하고 그들의 제자들이 성공하는 것을 보고 싶어 하며 사업이라는 도박에서 재미를 찾고 싶어 한다 (대부분의 멘토들은 지분을 얻게 되고 초기 사업 단계에 그들의 자본을 투자한다).

3컴의 빌 크라우스는 멘토가 된 이유를 이렇게 설명했다. "저는 20살에 대학에서 전기공학 전공으로 졸업을 했습니다. 그때 저는 65세까지 일하게 된다면 15년 단위로 경력을 나눠 써야겠다고 생각했습니다. 처음 15년은 다음 단계를 위해 배우는 기간이고 다음 단계는 돈을 벌고 사업을 세우는 기간으로 잡았습니다. 마지막 단계에서는 사회에 공헌할 수 있는 일을 하고 싶었습니다. 실제로 저는 휼렛 패커드에서는 일을 배웠고 3컴에서는 사업을 설계했고 지금은 봉사하는 단계입니다. 당신이 두 번째 단계를 잘 해낼수록 세 번째 단계에서 더 많은 일을 할 수 있을 것입니다."

그와 유사하게 우리가 얘기하는 대부분의 멘토들은 결코 단기에 수익을 얻을 만한 가치를 얻기 위해 회사를 대충 만들어 내는 데에는 관심이 없다. 넷스케이프(Netscape Netcenter)의 이사를 역임한 마이크 호머(Mike Homer)는 "좋은 벤처 기업은 지속적인 가치를 가지고 무엇인가를 사회에 환원해야 합니다. 우리는 기업가들이 지속적인 기업을 만들도록 돕고 있습니다."라고 말한다.

멘토는 무엇을 하는가?

우리는 사업을 시작하는 사람들이 멘토로부터 7가지 유형의 전문지식들을 내부적으로는 조직을 형성하고 영업을 수행하는 데 사용하고 외부적으로는 잠재투자자, 고객, 법률가들과 관계를 유지하는 데 사용하는 것으로 정리할 수 있다. 대부분의 회사들이 매우 초기 상태이고 대외적으로 인식되기 전이기 때문에 내부의 역할이 더 중요한 경향이 있긴 하지만 멘토들은 외부 세계와의 중재자로서 매우 중요한 역할을 한다.

대부분의 멘토들은 각 역할에 익숙해지기 위한 몇 년간의 기간이 주어진다고 해도 7개 중 최대 3~4개 유형의 전문지식을 얻게 될 뿐이다. 이 점을 생각해서 멘토들은 자신이 맡지 못하는 다른 역할을 위해 동료들을 팀에 끌어들이게 된다.

사업설계자(Sculptor): 모든 새로운 것은 발전하게 마련이고 새로운 기업에도 예외는 없다. 기업가의 원래 사업개념은 종종 시장에서의 최종가치 부문과 매우 다르게 된다. 조각가가 선으로 뼈대를 세우고 겉에 진흙으로 층을 덮은 다음 마지막 형태를 위해 작업을 해 나가듯이 멘토들은 기업가의 기초 아이디어를 가지고 대략적인 방향을 결정한 다음 벤처 자본가에서 보여줄 원형을 만들어 나가게 된다.

여기서 조각을 한다는 것은 개발과 여러 대안에 대한 탐색을 반복하는 과정이며 그중 지속적으로 우위를 가질 만한 한두 개에 중점을 두는 것이다. 사업 초기 단계에서 멘토들은 최종가치 부문과 가능성 있는 시장을 선택하기 위해 높은 단계의 전략적인 개념을 고안하는 데 온 힘을 기울인다. 그러고 나서 그들은 실제 상품을 최적화하기 위해 시장으로부터의 반응을 이용한다.

멘토인 프레드 기븐스(Fred Gibbons)이 액티브포토(Active Photo)사와 같이 일할 때 사업팀의 아이디어는 웹상에서 소비자에게 즉각적인 무선 사진 전송을 할 수 있는 하드웨어와 소프트웨어를 개발하는 것이었다. 프레드 기븐스는 그 아이디어를 무조건 반박하지는 않았지만 다른 기업가 잭 멜처(Jack Melchor)와 함께 그 팀의 구성원들이 다른 사업 분야로 갈 수 있는 자기 테스트를 하도록 도왔다.

액티브 포토는 하드웨어를 새롭게 개발하는 아이디어를 포기하고 B2B(Business-to-Business) 중심으로 사업을 재설계했다. 최고경영자(CEO)인 세인 데어(Shane Dyer)는 그를 이렇게 평가했다. "프레드는 핵심 이슈를 뽑아내는 데 매우 탁월합니다. 무엇이 가장 중요한가를 이해하려고 노력합니다. 무선을 선택하는 이유는? 소프트웨어를 선택하는 이유는? 이 기업의 방향은? 이런 문제에 대해 말입니다."

처음의 아이디어를 마음에 들어 했던 공동설립자 밸러리 스미스(Valerie Smith)에게 사업의 중심 이동은 매우 힘든 것이었다. 그녀는 B2C(Business-to-Customer) 모델로 가는 것이 말도 안 된다는 결론에 도달한 것을 안타깝게 생각했다. 거기에다가 프레드와 멜처는 즉시 새로운 사업에 집중하라고 지시했다. 밸러리 스미스는 "저는 그들이 너무 냉정하다고 생각했습니다. 더구나 잭 멜처는 방향을 잡으라고 우리를 꾸짖기도 했습니다. 그는 모든 시장을 동시에 잡을 수는 없다고 말했습니다."라고 그때를 회상했다.

일단 기업가들이 기본 전략을(예를 들면 B2B 또는 B2C) 세우고 잠재적인 고객과 시장을 인식하면 멘토는 그 개념을 더욱 발전시키기 위해 시장에서 그 개념을 테스트해 보라고 요구하게 된다. 프레드 기븐스와 빌 크라우스는 액티브 포토 측에 다양한 고객 그룹의 취향을 알아보고 초기 사업 디자인을 발전시키기 위해 몇 개의 시장에 원형을 제시해 보라고 했다. 팀이 시작품을 대중시장에 테스트하기 위해 내놓았을 때 카메라의 플래시가 부적당하다고 판명되었고 팀원들은 경영자와 투자자들에게 일이 잘못되었다고 보고하는 깃에 대해 걱정을 하고 있었다.

평범한 사람들의 성공

엑스마크스더스폿의 최고경영자인 스코트 로직같이 되고 싶어 하는 많은 기업가들이 왜 실리콘밸리를 향하고 있을까? 그 이유는 왜 윌리 수튼(Willie Sutton)이 은행을 털었는가의 이유만큼 확실하다. 거기에는 돈을 벌 수 있는 기회가 있기 때문이다. 하지만 실제로 문제는 이것보다 복잡하다. 생리학자인 가렛 하딘(Garret Hardin)은 자신의 이성과 흥미에 따라 행동하는 사람들이 그들의 생활을 위해 필요한 자원들을 파괴하는 과정을 일컫는 평범한 사람의 비극이라는 용어를 만들어 냈다. 실리콘밸리의 문화가 이 시스템을 가져왔다. 전문지식의 집합은 평범한 사람들의 승리를 대변하는 것이다. 자원은 추출되어 자기 규제적이고 효율적인 방법으로 지속적으로 보충된다. 이러한 승리는 실리콘밸리의 독특한 지리 · 역사 · 문화가 되었다.

승리란? 샌프란시스코 공항의 비행기에서 실리콘밸리를 본다면 그 작은 규모에 놀라게 될 것이다. 벤처 로 그룹(Venture Law Group)의 크레이그 존슨은 이렇게 말했다. "실리콘밸리는 가스를 압축시켜 놓은 것과 같습니다. 점점 뜨거워지고 있고요." 이곳의 종족들은 사회적으로나 전문적으로 업무 규율(소프트웨어 엔지니어)과 대기업의 계열사(휼렛팩커드), 배경(스탠포드의 MBA나 남아시아 이민자) 등의 공통점을 가지고 있다. 이곳의 유능한 사람들은 거래를 하기 위해서나 직업을 바꾸고 업무 파트너를 찾기 위해 멀리 갈 필요가 없다. 존 도어(John Doer)는 실리콘밸리가 주차장을 옮길 필요도 없이 직업을 바꿀 수 있는 곳이라고 말했다. 공유된 가치는 실리콘밸리 사람들을 오랜 시간 동안 결속해 왔다. 여기서 특별하게 성공하는 사람이 된다는 것은 이 공동체 안의 모든 사람들이 알 수 있는 일이다. 빌 휼렛과 데이빗 팩커드는 전 세대 사람들에게 직접적인 영향을 주었고 다음 세대 기업가들에게는 성공의 지표를 만들어 주었다.
이전 고용인들을 보살피는 것은 전통이며 문화다. 선배 멘토들은 어떻게 빌 휼렛이 그들이 HP를 떠날 때 격려를 해 주었으며 어떻게 HP의 엔지니어들이 기업가 정신을 키우는가에 대해 설명해 준다. 전 인텔리코프(Intellicorp)의 최고경영자, 브랜스컴(K. C. Branscomb)은 그녀를 위해 일했던 사람들을 도우려고 애쓴다. 나는 그들을 위해 벤처 자본가를 부릅니다. 아마 제가 자금을 대는 것을 도와준 회사가 대여섯 개 정도 있을 거라고 말했다. 마이크 호머(Mike Homer)도 비슷하게 얘기했다. "나는 나를 위해 일했던 사람들에게 매우 충실합니다. 만약 누군가가 와서 도움을 요청한다면 그것을 다 주지는 못해도 어떻게 하면 그들이 필요한 것을 얻을 수 있는가에 대해 가르쳐 줄 것입니다."

평범한 사람들의 일하는 방식: 멘토들은 비공식적인 조합에서 활동한다. 현재의 고용인들이 내일의 사장이 될 수도 있고 현재의 경쟁자가 내일의 파트너나 계열사가 될 수도 있다. 만약 당신이 경험 있고 존경받는 멘토 조합원이라면 전문지식을 만들어 내야 할 것이다. 가끔 지식의 교환은 일대일 작업으로 이루어진다. 전이된 지식은 후에 다른 사람들로부터 다른 형태로 돌아오게 된다. 존슨이 설명한다. "당신은 전이된 지식이 돌아오는 것을 볼 수 있습니다. 마치 풀뿌리처럼 말입니다. 나는 이런 프로젝트에서 누가 나를 도울까 하고 생각했지만 나는 개인적으로 모르는 바쁘고 성공적인 사람들을 부를 수도 있고 거기에 응하게 할 수도 있습니다. 그게 내 경우에만 해당되는 것은 아닙니다. 그것은 게임의 에티켓입니다."

하지만 신뢰가 없이는 조합에 들어갈 수 없다. 가장 잘 알려진 멘토는 그들 자신이 사업을 시작했거나 네스케이프나 오라클 같은 차고에서 시작해 커서 거대해진 실리콘밸리 기업들의 경영진이다. 사실 그런 상처는 용기의 상징이다. 크레이너 퍼킨스의 중요한 멘토인 비노드 코슬라는 "그 사람들은 기업가들에게 충고할 권한을 얻게 되는 것입니다. 그들은 그런 일을 하도록 자격을 받았고 실제로 그것을 제대로 수행하기도 하고 제대로 수행하지 못하기도 합니다. 하지만 그들은 그 차이를 알고 있습니다." 조합원들은 잠재력 있는 기업가들을 선별하기 위해 서로에게 의존한다. 투자위험을 체크하는 매 시간들이 돈과 같은 것이다. "나는 나에게 오는 모든 기업가들에 대한 기본 정보를 얻을 수 있습니다. 우선 스스로 자체심사를 해서 벤처 자본가가 될 수 있습니다. 하지만 그건 매우 많은 시간을 요구하는 작업입니다." 존슨은 "우리는 이런 때 서로를 심사자로 이용하고 여기서는 실리콘밸리 사람들의 비공식적인 심사등급이 이용되기도 합니다."라고 말한다. 파운데이션 캐피털사의 마이크 슈허(Mike Schuh)는 멘토의 이런 가치를 뒷받침한다. "제가 매우 보는 수백 가지의 것들 중 만약 내가 아는 멘토의 이름이 있다면 더 이상 볼 필요가 없을 것입니다. 나는 그냥 즉시 약속을 잡을 것입니다."

세바스찬 튜러롤(Sebastian Turyllols)은 프레드 기븐스에게 테스트 결과에 대해 말하던 때를 기억하고 있다. 그때 프레드 기븐스는 예상하지 못한 반응을 했다. 그런 경험은 상품을 신속하게 생산되도록 했으며 시장과 시장 반응에 대해 알려 주므로 대단한 가치가 있다는 것이었다.

상담심리학자: 회사를 시작한다는 것은 기업가의 가족을 포함해 관련된 모든 사람들에게 매우 스트레스를 주는 일이다. 많은 멘토들은 정신적 고통의 시간으로 인해 행복과 공포 사이를 왔다 갔다 하던 시간들을 기억하고 있다. 그런 경험이 있었기에 많은 지도자들은 인간행동에 대한 깊은 이해를 하고 있고 그가 지도해야 하는 팀에 거의 치료사가 되어 줄 만한 대화능력을 갖추고 있다. 멘토와 성장의 고통을 겪고 있는 많은 회사들은 이런 사정을 알고 있다. 그들은 기업가에게 위기가 극복될 것이라는 것을 확인시켜 주고 그 후에 그들이 평범한 기업 이상이 되도록 돕는다. 멀스먼의 제자들 가운데 몇몇은 그 영향력에 대해 언급하고 있다. 스페셜리티 MD의 창립자인 애쉬 문쉬는 그에 대해 좋은 대화상대이며 상담자이고 기댈 만한 사람이라고 말했다.

멀스먼은 그에게 회사를 시작한다는 것은 감정의 롤러코스터가 되는 것이라는 얘기를 했다. "그는 저에게 저의 그런 생활이 가족에게 영향을 주지 않도록 해야 한다고 일러주었습니다. 저는 잘될 수도 있고 안될 수도 있었습니다. 하지만 저는 가족을 위해 일하고 싶었고 그래서 가족에게 걱정을 미치지 않도록 계획하고 있는 일에 신중을 기했습니다." 멘토들은 기업가들이 시야를 넓히는 것을 도와줄 뿐만 아니라 자신감을 갖도록 도와준다. 열정적이라 해도 기업가들은 보통 쉽게 좌절하게 마련이다. 잠재적 투자자들은 기업가들이 철저한 분석에 의존해서 결정한다고 현실적으로 그들은 열정 하나에 모든 것을 맡길 때가 많이 있다.

사업 시작팀이 세상에 용감하게 도전하는 것을 보여주는 것은 매우 중요한 일이다. 그래서 멘토들은 그들의 힘과 낙관성을 넘겨주려 한다. 네파스타일의 최고경영자(CEO)인 마이클 치렐로(Michael Chiarello)는 그의 멘토인 펜 멘들벰에 대해 이렇게 말했다.

제가 벤처 자본가를 만나려고 일정을 잡았을 때 그녀가 저에게 전화로 메시지를 남겼습니다. "당신은 최고입니다. 가서 원하는 것을 얻으세요. 당신의 신념을 잊지 마시고요. 대답은 15초 정도로 짧게 하시고, 어떻게 일이 되어 가는지 저에게도 말씀해 주십시오." 몬도미디어의 더글러스 케이(Douglas Kay)는 멘토인 랜디 코미설(Randy Comisar)의 낙관성을 이렇게 평가했다.

> "그는 이렇게 말하곤 했습니다. **큰 그림과 비전을 기약하십시오. 성패의 요소는 운과 시간일 뿐 당신의 능력과는 관계가 없습니다.** 만약 사업이 잘 안되더라도 당신이 노력을 했다면 또 다른 기회가 있을 것입니다."

Mentor로서 교육스타일

우리가 인터뷰한 멘토들은 기업가들을 위해 결정하지 않는다는 한 가지 공통점을 가지고 있었지만, 그들의 교육방법은 매우 다양했다.

실전 교육(Learning by Doing) 네파스타일(Napastyle)의 창립자이자 최고경영자인 마이클 치렐로는 캘리포니아 네파 벨리의 자유롭지만 정돈된 라이프스카일을 생각하면서 미디어 인터넷 회사의 아이디어를 개발하고 있었다. 그의 Mentor인 펜 맨들벰은 다른 미국인들이 그의 네파 개념에 공감할 수 있을지 질문했다. "저는 '펜, 그것이 뭘 의미하는지 말해드리죠'라고 생각하고 있는데 그녀가 말했습니다. '저는 마이클 당신을 진심으로 믿지만 모든 미국인이 당신을 믿을지는 모르겠군요. 당신이 취하는 모든 행동이 타당해야 합니다." 그래서 치렐로는 시장조사를 했다. "우리 중의 다섯 명이 친구 10명에게 네파가 그들에게 어떤 의미가 있는지 묻는 질의서를 이메일로 보냈습니다. 우리는 네파의 의미에 대해 그런 식으로 응답을 조사했습니다."

문답 교육(Socratid Learning) 스코트 로직은 실리콘 그래픽스의 최고 재무담당자인 스탠 멀스먼이 그에게 물었던 것을 회상했다. "그래서 '스코트, 회사가 하려는 것을 두 문장 정도로 말하면 무엇입니까?'라고 그가 물어서 대답을 하면 '뭐 특별한 것은 없군요. 경쟁력을 갖춘 무언가가 있어야 합니다.' 하거나 '경쟁력 있는 장점은 뭐죠?'라고 묻습니다. 그러고 나서 그는 괜찮게 들리는 두 개 정도의 회사를 뽑아내고 나서 이렇게 묻습니다. '엑스마크스더스폿사의 특별한 기술은 무엇입니까? 투자를 받기를 원하는 많은 회사들이 있습니다. 당신의 회사에 뭔가 특별한 기술이 있기는 한 것 같은데 그걸 어떻게 발전시킬 거죠?' 이렇게 말입니다."

훈육에 의한 교육(Stories with a Moral) 액티브 포토의 회의에서 공동설립자 세바스찬 튜토럴(Sebastien Turullols)은 신생기업의 자유로운 유동성을 어떻게 다루어야 할지에 대해 보고하고 있었다. 전 3컴의 사장인 빌 크라우스는 조심스럽게 대답했다. "몇 년 전에 최고 재무 결정자가 거기에 높은 고이자율, 고위험 채권으로 투자를 하기를 원했습니다. 고위자 하나가 그에게 말하더군요. 아무도 당신이 만들어 내는 1.5%의 이자를 기억하지는 않을 겁니다. 하지만 그들은 당신이 1000만 달러를 잃는 것은 분명히 기억할 겁니다."

경험 법칙(Rules of Thumb) 가상적으로 우리가 인터뷰한 모든 팀은 집중, 집중, 집중이라는 강한 원칙을 가지고 있었다. 그러나 멘토들은 언제 그 법칙을 적용하고 적용하지 않을지를 알고 있다. 프레드 기븐스는 액티브포토팀에게 하나 이상의 시장을 탐색해야 힐 필요가 있을 때에는 과감히 그 원칙을 포기하라고 했다. 하지만 그는 두 개 이상의 집중 대상은 갖지 말라고 주의를 주었다.

상술 교육(Specific Directives) 실리콘 그래픽스의 부사장이자 많은 기업인들의 멘토인 켄 콜먼(Ken Coleman)은 그가 판매사원을 해고하고 싶어 하는 관리자들에게 어떻게 대처하는지 보여주었다. 고객은 그 사원을 좋아하지만 그는 내부적으로 그리 큰 실적을 내지 않았다. "여기에 바람직한 결론이 있습니다. 긍정적인 결과로 이 사람을 전근시키는 것입니다. 첫째, 즉각적인 답변을 피하십시오. 주의 깊게 생각하십시오. 충고를 얻으십시오. 당신은 이 사람에 대한 훌륭한 해고전략을 세울 수가 있습니까? 서로에게 승리하는 상황을 만들 수가 있습니까? 아마 고객이 그를 고용하게 될 것입니다."

관찰 교육(Learning by Observing) 미디어 텔(Media Tel)의 최고경영자인 산지브 맬라니(Sanjeev Malaney)는 그의 멘토인 리치 젤리스크(Rich Zalisk)로부터 삼투의 원리를 배웠다고 말했다. 예를 들어 젤리스크는 다음 해의 목표를 위한 이틀간의 계획 회의를 열었다. 멜라니는 젤라스크가 우선순위와 예산을 세우며 팀 구성원을 얻는 것을 보며 배웠다. "나는 어떻게 운영을 하고 분쟁을 조정하는가를 배웠습니다."라고 그녀는 얘기하고 있다.

중재자(Dipromat): 사업 초기에 직면하게 되는 가장 큰 문제 중 하나는 여러 종류의 성격과 전문성을 가진 사람들을 다루는 일이다. 멘토들은 사람들 사이를 오가며 **중재자 역할**을 많이 한다. 사업을 설명하고 전문용어들을 번역해 준다. 한 멘토는 자신이 매우 다른 접근방식을 가진 최고경영자와 업무최고결정자 사이에

서 중재를 하고 있음을 알았다. 양측의 주장을 들은 후에 그녀는 최고경영자가 업무최고결정자의 머리를 무는 만화를 그려 최고경영자에게 선물했다. 그 최고경영자는 그 그림을 벽에 걸고 충돌이 생길 때마다 그것을 보며 감정을 조절했다.

중재자로서 멘토는 회사 외부의 주요 이해관계자들과 중재와 협상을 하지만 막후에서 직접 협상을 하기도 한다. 한 기업가는 스탠 멀스먼에게 누군가 그의 회사를 사려고 8000만 달러를 제시했다고 얘기했다. 멀스먼은 그 기업가에게 정말 회사를 팔고 싶은지 물었고 그는 만약 1억 달러를 받는다면 팔고 싶다고 대답했다. 하지만 회사를 사고자 하는 사람은 8000만 달러가 최고 상한가라고 말했다. 멀스먼은 그 기업가에게 다시는 그런 기회가 없을 것이라고 얘기했다.

다른 회사들도 그 회사를 사고 싶어 할지 생각해 보니 두 개 정도의 회사가 예상되었다. 나는 그에게 할 일을 일러주었다. 두 회사들에 그가 지금 일을 진행 중이며 제안을 받고 있지만 이 두 회사의 제안도 평가하고 싶다는 것을 알려주라고 했다. "결국 그는 어느 한 회사로부터 서면 제안을 받아 일을 끝냈습니다. 결국 그는 처음 제안을 했던 회사로부터 1억 3000만 달러를 받고 회사를 팔았습니다."라고 멀스먼이 말했다.

인재육성자(Kingmaker): 회사는 강한 경영관리팀 없이 생존하기 힘들고 경험 많은 경영자의 수요는 공급을 초과하고 있다. 우리가 인터뷰한 많은 멘토들은 그들이 최고경영자를 만들어 내야만 하며 만약 설립자가 최고경영자로 성장하지 못한다 해도 그는 다음 기회를 갖게 될 것이라고 말한다. 일단 교육의 강도와 범위가 결정되어야 한다. 어떤 멘토들은 **경영자들에게 발표하는 기술을 가르치는 표면적인 것에서부터 리더십 문제를 해결하는 문제 전반에 대해 가르친다.**

브랜스컴(K. C. Branscomb)의 제자로 현재 멘토이자 인텔리코프(IntelliCorp)사 최고경영자를 역임한 한 경영자는 사업 초기에 투자자들에게 과도한 책임을 지우지 말라고 가르침을 받았다. 훌륭한 코치는 설립자가 초기 팀이나 초기 투자자, 초기 소비자들에게 높은 책임의식을 갖게 함으로써 최고경영자로 변화시킬 수 있어야 한다고 강조한다.

가끔 설립자들은 인재를 망치기도 한다. 많은 설립자들, 특히 젊고 경험이 없는 이들은 회사가 성장할 때까지 도움을 받아야만 한다. 작은 회사를 시작하는 데 필요한 열정과 에너지는 수천 명의 사람을 고용하는 회사에서 요구되는 리더십과는 다르다. 보통 벤처 자본가와 멘토들은 초보 기업가들에게 새로운 회사를 만들 자금을 형성하기 전에 이런 능력에 대해 교육시킨다. 브랜스컴뿐만 아니라 다른 사람들도 경영자가 CEO로 남을 수 있는가가 어느 이사회에서든 언제든지 의문시될 수 있는 문제라는 점에 인식하고 있다.

인재 발굴자(Talent Magnet): 인재획득 경쟁이 치열한 세계에서 멘토의 역할은 사업 초기에 매우 중요하다. 숙련된 경영자들이 안전 한계를 넘어 100% 아니면 0%의 인터넷 게임에 뛰어들고 있지만 그럼에도 불구하고 경험이 있는 경영자는 매우 부족한 상태다. 마이크 호머(Mike Homer)는 "인재를 얻는 것이 가장 중요한 일입니다. 초기 사업을 키우는 데 유능한 사람들은 인재 채용에 많은 노력을 합니다."라고 말한다. 멘토들은 세 가지 방법으로 인재들을 모으고 있다. 전문적인 헤드헌터들을 설득해서 찾는 방법과 그들의 네트워크 내에서 실제 지원자를 발굴하는 방법, 그리고 마지막으로 지원자를 인터뷰하는 방법이다. 존경받는, 설득력을 갖춘 멘토들은 초기 사업자가 바람직한 직원을 채용할 때 신뢰를 줄 수 있다.

베네피트포인트사의 설립자인 커트 드그로즈(Kurt DeGrosz)는 회사가 강력한 최고경영자를 필요로 하는 것을 느꼈다. 멘토이자 IVP 버산트의 벤처 자본가인 샘 코렐라(Sam Colella)는 최고경영자를 구해 주려고 나섰다. 그는 맥케손(McKesson)의 최고경영자였던 마크 풀리도(Mark Pulido)가 적당하지만 그가 100개 이상의 취업 제안을 받고 있다는 사실을 알았다. 코렐라는 풀리도를 만나서 베네피트포인트사의 일이 그의 능력을 더 키워 줄 것이라는 것을 확신시켜 주었고 그는 제안을 받아들였다.

프로세스 엔지니어(Process Engineer): 기업가적인 열정은 회사에 대한 애정과는 별개 문제다. 만약 기업가들이 일을 원활하게 수행하고 싶어 한다면 잘 모르는 일에 그냥 착수하지는 않을 것이다. 막 새로운 기업의 일원으로 끌어들여진 대학졸업생에게는 단순히 회의날짜와 안건을 정하는 것조차 신기한 일일 수 있다. 더 경험이 많은 기업가들은 우선순위를 결정하고 계층을 정립하고 역할과 책임을 분류하라고 재촉받기도 한다. 멘토들은 그들의 직접 경험을 성장하기를 원하는 기업의 시스템과 프로세스를 창출하는 데 사용한다. 하지만 그들은 힘든 상부구조하의 작은 기업들을 압박하는 데 있어서 매우 신중하다.

멘토인 리치 젤리스크(Rich Zalisk)는 비생산적인 활동과 혼란, 계속저인 방해

물, 쓸모없는 재평가 같은 요소들은 제거되어야 한다고 말한다. 경험이 없는 팀들은 심사숙고해서 현실적인 목표를 잡는 것을 도움 받고 있다. 그는 이렇게 말한다. "그런 팀들은 와서 '뭔가가 달라졌습니다.'라고 말합니다. 그러면 나는 '아니, 달라지지 않았습니다.' 하고 말하죠. 두세 번 후에 당신은 다시 반복할 필요가 없는 매우 높은 수준의 무엇인가를 얻게 됩니다. 중요한 것은 팀이 과정이 아니라 결과에 집중하게 만드는 것입니다."

기적을 만드는 사람(Rainmaker): 멘토들은 초기 자본을 구하는 데 그들 자체의 네트워크를 사용한다. 또한 벤처 자본가로부터 어떻게 자본을 구하는지 알고 있다. 우리가 지금까지 연구한 대부분의 신생 회사에서 멘토들은 엔젤 자본가들에게 투자를 하게 만들었다. 나중에 기업가들을 벤처 자본가와 연결시켜 준다.

ROLM의 공동 창립자인 밥 맥스필드(Bob Maxfield)는 스냅트랙이라는 회사가 처음에 어떻게 자금을 마련했는가에 대해 설명했다. "그들은 대단한 기술을 가지고 있었습니다. 나와 두 명의 다른 사람들이 자본을 투자해서 그 기술이 어떻게 활용되는가를 확인시켜 주고 사업팀이 몇 달에 걸쳐 그걸 증명해 줬습니다. 다른 사람 중 하나가 그 팀을 벤치마크사에 소개시켜 주었습니다. 나는 내 친구들 가운데 유망한 벤처 회사를 갖고 있는 사람들을 불렀습니다. 그들은 한 번의 모임을 갖고 나서 매우 흥미 있어 했습니다. 하지만 결정을 내리기 전에 벤처마크사가 와서 우리가 모든 것을 걸겠다고 말했죠. 그리고 거래가 성사되었습니다. 그 회사는 나중에 퀼컴에 10억 달러에 팔렸습니다."

요약하자면 멘토들은 기업가들에게 성공적인 기업을 만드는 데 대한 실시간적이고 강력한 지도를 하는 것이다. 그들은 오랜 기간에 걸쳐 만들어진 뛰어난 전문지식을 공유하고 적당한 시기에 적당한 만큼 그것을 실제로 수행하는 것이다. 그들은 계속적으로 사업 모형을 바꿔 나가고 인재를 끌어오며 자금을 만들고 논리적이고 효율적인 조직을 만드는 데 깊이 관여하고 있다.

성공의 모델

실리콘밸리에서 멘토들은 효험 있는 혁신주기에 전반적이지만 매우 강력한 영향력을 행사하고 있다. 그들은 창업 초기의 기업가들을 교육함으로써 전문가적인 지식을 배양하고 지역 대학으로부터 인재들을 배양하고 지역 대학으로부터 인재들을 뽑아서 키우고 있다(어떤 멘토들은 실제로 대학교수이자 초빙강사가 되기도 한다). 이미 비공식적인 조합을 형성해 온 멘토들은 그들 네트워크 안의 사람이나 성공할 가능성이 있는 기업가에게만 충성한다. 그들은 결속해서 그들의 전문지식을 유망한 프로젝트에 집중시킨 다음 문제없이 해체된다.

그들은 영원한 것을 바라는 것이 아니라 기업 생리의 다원적 견해나 성공은 일시적이라는 믿음을 갖고 있다고 할 수 있다. 현재에 훌륭한 것이 미래에는 아닐 수도 있다. 변화하는 환경은 새로운 것을 만들어 낼 수 있는 여지를 주기 때문이다. 실리콘밸리의 이런 멘토들은 쉽게 만들어질 수 없다. 이런 특별한 집단은 개발되는 데에 30년쯤을 걸릴 지식들을 만들어 내며 집단의 요소는 하루아침에 만들어지는 것이 아니다. 하지만 이미 완벽하게 연계되어 전문지식을 가진 네트워크는 실제로 엄청난 혁신을 만들어 낼 수 있다.

예를 들어 실리콘밸리에서 크게 성공한 남아시아 기업가들로 구성된 인듀스 엔타프레뉴어스(Indus Enterpreneurs)라는 조직은 미국의 태평양 연안 지역과 인도로 영향력을 넓혀 가고 있다. 멘토 조합들이 경쟁하는 것과는 상관없이 그들의 감각은 사업을 시작하려는 사람들에게 필수적이다. 경험이 없는 기업가는 멘토를 필요로 한다. 여기저기에서 벤처 자본가들은 자신의 역할을 재조정하고 있을 것이다.

그들이 빠져나간 부분에는 스마트 머니(Smart Money) 엔젤 투자가와 멘토가 들어오게 될 것이다. 멘토들은 서로의 기술을 완성하고 다른 사람들의 실패, 성공, 가르치는 방법으로부터 배워 나가기 위해 고도의 네트워크를 형성할 필요가 있다. 그들은 새로운 사업이 만들어지는 과정을 견뎌내고 이끌 수 있는 능력을 갖춰야 한다. 그들은 능력 있는 교사가 되어야 하고 초보자들의 성공에서 느껴지는 스릴에 흥미를 느껴야 한다. 결국 그들은 초기 사업자들의 열정과 영감을 같이 느껴야 하고 기업가와 멘토 모두 서로에게 열정을 가져야만 한다.

우리는 원래 멘토에 대한 연구를 하려던 것이 아니었다. 그보다는 어떻게 재능 있고 창조적인 기업가들이 전문지식을 얻어 사업을 성공시키는가에 대해 연구해 보려고 했다. 하지만 멘토를 우연히 만나게 되면서 이들이 초기 사업자의 성공에 얼마나 중요한가를 알고 놀라게 되었다.

그곳에도 지식사회의 작은 세계가 있으며 기술적인 요소들을 기업적인 지식과 결합해서 모두에게 멋진 기회를 안겨주는 연금술이 있다. 지식은 이 세계에서 핵심요소이며 이 요소의 희소성은 그 가치를 엄청나게 높여 주고 있다.

실리콘밸리가 물론 이런 지식들이 가치를 발휘하는 유일한 곳은 아니다. 미국 각지의 현인들의 젊고 지혜가 없는 이들을 위한 신경제 사회의 마술을 만들어 내고 있다. 정확한 의미의 경험은 점점 더 그 의미가 축소되고 있다고 할 수 있다.

이 글은 Havard Business Review(하버드 비즈니스 리뷰지) Nov. - Dec. 2000에 "Gurus in the Garage"란 제목으로 게재된 글이다.

글쓴이 도로시 레너드(Dorothy Leonard)는 매사추세츠 보스턴소재 하버드 경영대학원의 인사조직 담당 교수이며, 월터 스왑(Walter Swap)은 매사추세츠 주 메드포드 소재 터프트(Tuft)대학교 심리학 교수로 재직 중이다.

해외 – 14 *세계은행 – 평가를 제대로 하는 멘토링

멘토링 활동이 시작된 이후에도 회사 차원에서의 지속적인 관리가 필요하다. 무작정 모든 책임을 멘토나 멘제에게 일임해서는 곤란하며, 최종적인 멘토링 성과에 대한 평가뿐만 아니라 활동과정 중에 문제가 발생할 경우 회사가 과감히 개입할 필요가 있다.

노포크서던에서는 멘토링 활동이 시작된 지 3개월이 지나면 설문조사를 통해 멘토와 멘제가 제대로 연결되었는가에 대한 중간평가를 시행한다. 또한 이 회사에서는 멘토링 활동이 각각 6개월이 지난 시점과 10∼11개월이 지난 시점에 2회에 걸쳐 멘토링 진행 상황에 대한 평가와 피드백을 제공한다고 한다. 이러한 중간평가과정을 통해 이 회사는 멘토링의 성공적인 운영을 촉진하고 있다.

또한 세계은행에서는 앞의 도표와 같이 일정 시점을 주기로 멘토와 멘제를 대상으로 각각 4단계에 걸친 설문조사를 실시하고 있다. 이때 주요 평가내용으로는 만나는 횟수, 멘토의 역할수행 정도, 역량개발 정도, 멘토링 제도에 대한 만족도나 향후 개선되어야 할 보완점 등이 있다.

또한 멘토링이 종료되는 시점에는 외부 컨설팅 회사에 의뢰하여 멘토링 효과에 대한 보다 심층적인 평가를 실시하여 향후 멘토링 프로그램의 개선활동에 반영하고 있다고 한다.

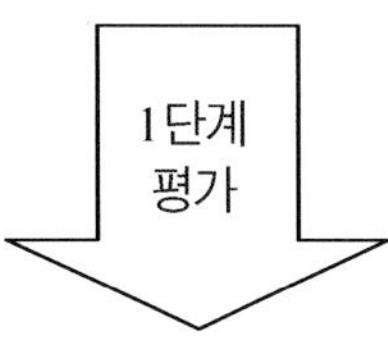

- 정기적 만남의 정도
- 진척 상황에 대한 개괄적 현상 조사
- 멘토링 시작 2개월 후에 실시
- 멘토와 멘제 모두에게 질문

- 멘토링 주요 활동에 대한 서면평가
- 주요 평가항목
  - 전문지식 이전
  - 경력개발 계획
  - 조직문화 주입
  - 대인관계 기술

- 육성·개발 목표 달성도 평가

- 최종적으로 멘토링을 통해 무엇을 얻었는가에 대한 평가
- 외부 컨설팅 기관 활용
- 멘토와 멘제 모두 평가

◀세계은행의 멘토링 효과성 평가 프로세스

해외 - 15 *제록스 - 외부 멘토와 연결 멘토링

제록스는 '외부 멘토를 활용한 멘토링'을 시행하고 있는 대표적인 회사이다. 제록스는 21세기 새로운 경영전략으로 공격적인 시장개척과 기술적 우위 확보를 내세우면서, 이를 이끌어 갈 리더의 발굴·육성의 필요성을 느끼게 되었다.

이에 제록스는 장래 리더로서 성장 잠재력이 높은 핵심인재를 선발하여 이들의 리더십 역량을 강화시키기 위해 멘토링 제도를 도입하게 것이다.

이 회사의 최고경영자인 폴 알레어를 포함한 12명의 경영진은 인재육성에 대한 자신들의 강한 의지를 나타내기 위해 직접 멘토링을 운영하고 있다. 이때 외부 멘토는 경영진이 핵심인재에 대한 멘토링을 제대로 운영하고 있는가를 중점적으로 관찰하고 부족한 부분이 있을 경우 즉시 올바른 방향으로 이끌어 주는 역할을 담당하게 된다.

이처럼 제록스는 핵심인재와 경영진, 외부 코치가 한 쌍이 되어 멘토링 프로그램을 효과적으로 운영하고 있다. 제록스의 멘토링 프로그램을 구체적으로 살펴보면 다음과 같다.

(1) 멘제의 선발

비공식적으로 12명의 경영진에 의해 선발되며 다음과 같은 과정을 통과해야 한다.

우선, 경영진은 전 계층을 대상으로 약 100여 명의 유능한 경영자 후보를 선발한 후, 각 후보들의 직속상사에게서 이들의 업무성과, 역량, 경험, 자질 등에 대한 정보를 넘겨받아 평가기준으로 활용한다.

이러한 평가 결과를 바탕으로 경영진 1명당 5명의 후보자를 선택하여 투표를 실시하고 최종적으로 가장 많은 득표를 얻은 순서대로 멘제를 확정한다.

(2) 경영진과 멘제의 연결

경영진은 자신이 원하는 멘제 후보자를 1~3순위까지 선택할 수 있으며, 멘제 또한 자신이 원하는 멘토 1명을 경영진 중에서 선택할 수 있다. 만일 경영진과 멘제가 선택한 1순위가 동일할 경우 멘토와 멘제의 연결은 완료된다.

그렇지 않을 경우 멘토와 멘제가 적절히 연결될 때까지 같은 과정을 반복하도록 하고 있다. 이때 멘토링 과정에서 발생할 수 있는 예기치 못한 부작용을 사전에 막기 위해, 기본적으로 멘토와 멘제는 같은 부서 사람끼리 연결되지 않도록 하고 있다.

(3) 외부 멘토와 멘제의 연결

제록스의 멘토링 프로그램에서 외부 멘토의 역할은 매우 중요하다. 바로 이들이 멘제의 부족한 부분과 강화시켜야 할 역량을 정확히 찾아내고 이에 대한 실질적인 대안을 제시하는 역할을 담당하기 때문이다.

따라서 이 회사에서 외부 멘토를 선발할 때에는 멘제의 니즈를 보완·강화시킬 수 있는 능력이 있는지 여부를 중점적으로 평가하고 있다. 제록스는 약 60여 명의 멘토 인력을 확보하고 있으며, 이 중에서 각 멘제에 가장 적합한 사람을 연결시키기 위해 노력하고 있다.

기본적으로 제록스에서 외부 멘토에게 요구하고 있는 요건들은 다음과 같다.

첫째, 경영진과 멘제가 신뢰할 만한 멘토 경험과 자질을 갖추어야 한다.

둘째, 30년 이상의 현장경험이 있어야 한다. 이론적으로 완벽하더라도 실제 현장경험이 부족할 경우 인재육성에 대한 노하우나 실전 감각이 떨어질 수 있기 때문이다.

셋째, 국제업무경험이나 다양한 부서·업무경험이 있어야 한다. 특정분야만을 담당했다든가, 국내업무만을 담당했던 사람은 그 관점이나 사고, 가치관에 있어서 다소 편협한 측면이 있기 때문이다.

제록스는 이러한 과정을 통해 장래 핵심사업을 담당할 인재육성은 물론, 경영진의 리더십 역량을 강화시키는 데에도 큰 효과를 거둘 수 있었다.

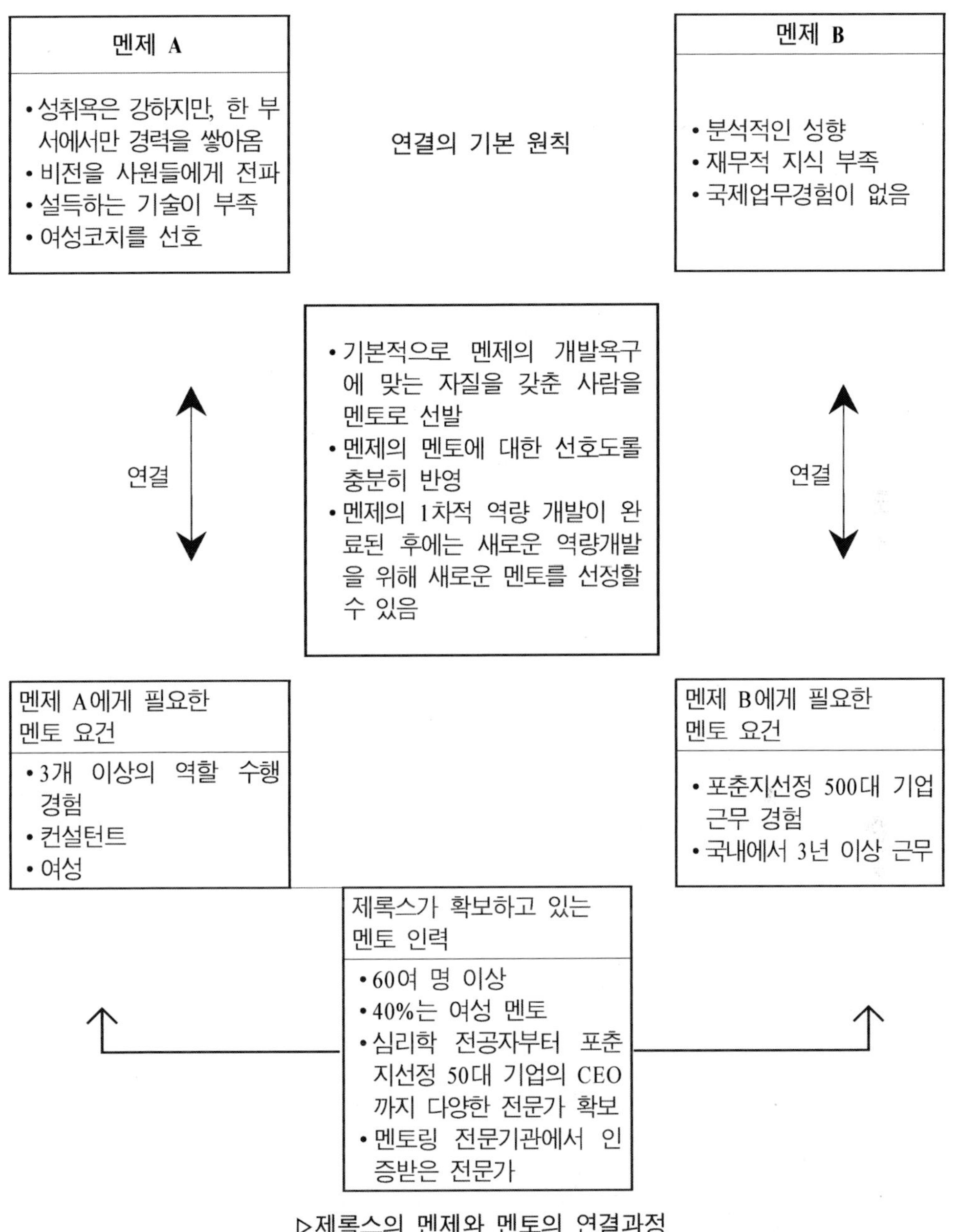

▷제록스의 멘제와 멘토의 연결과정

해외 – 16 *맥킨지 신입사원 생존전략 멘토링

세계를 이끄는 리더들의 산실, 전설적인 두뇌집단인 맥킨지! 최고권위의 컨설팅 회사, 세계 최고의 전문경영인과 사업가들의 요람, 톰 피터스, 오마에 겐니치 같은 컨설턴트들과 IBM의 루 거스트너, 아메리칸 익스프레스의 하비 콜럽 같은 세계적인 경영인들은 맥킨지에서 그 기법들을 배웠다. 철저한 비밀관리로도 유명한 맥킨지의 경영비법 중 여기에 3년차 사원의 글을 통하여 생존법칙으로서의 멘토링 사례를 소개한다.

아울러 저자가 독자들에게 귀띔해 주고 싶은 것은 북미 지역의 IT산업이나, 벤처기업, 경영 컨설팅 등 첨단기술이나 지식을 필요로 한 회사는 신입사원으로 입사와 동시에 자동적으로 생존법칙의 차원에서 멘토와 연결이 필수적이라는 상황을 한국기업들은 까맣게 모르고 있다는 사실이다.

"자신의 멘토(Mentor)를 발견하라! 가능하다면 다른 사람의 경험을 활용하라. 자신보다 높은 지위에 있는 누군가를 정신적인 멘토로 삼아라."

언젠가 타잔이 얘기했듯이 이 세상은 정글이다. 기업 세계의 열대우림을 통과하려면 안내인이 있어야 한다. 그러니까 누군가 경험이 더 많아서 당신에게 숨은 길을 알려주고 늪지를 피해 가게 해 줄 수 있는 사람을 말한다. 우리는 이런 사람을 스승, 혹은 멘토(Mentor)라고 얘기한다.

맥킨지는 다양한 방식으로 컨설턴트들이 멘토(Mentor)를 가질 수 있도록 도와준다. 직급에 관계없이 맥킨지의 컨설턴트들에게는 멘토(Mentor)가 붙어서 그들의 활동을 지켜보고 좋은 경력을 쌓을 수 있도록 조언을 해 준다.

나도 스타(멘토)에게 내 운명을 맡겼다. 나는 대부분의 일을 한 ED(관리자 컨설턴트)와 했는데, 그는 나를 채용한 바로 그 ED였다. 우리 둘의 관계는 아주 좋은 것이어서 왠지 통하는 데가 있었다. 내가 다른 데서는 얻을 수 없는 조언을 필요로 할 때,

나는 그에게 갔다. 그는 내가 가진 전문지식과 관련 있는 분야의 프로젝트가 있으면 늘 자신의 팀에 나를 넣으려 했다. 나는 그에게 좋은 결과를 보이기만 하면 도움을 받을 수 있다고 확신했다. 내 경험은 대부분의 맥킨지 사람들에게 전형적인 것이다. 자신의 공식적인 멘토(Mentor)로부터 얼마나 많은 도움을 받을 수 있느냐는 상당 부분 운(運)의 문제이다. 당신이 멘토(Mentor)를 원한다면 적극적으로 찾아 나서야 한다.

나는 이 멘토링 프로그램이 대부분의 큰 조직에 적용되는 교훈이라고 생각한다. 당신의 상사 중 당신이 존경할 만한 식견과 능력을 겸비한 훌륭한 사람을 찾아야 한다. 그리고 그 멘토(Mentor)의 조언을 구해야 한다. 많은 사람들이 조언을 주는 것을 좋아하고 기꺼이 경험을 나누려 한다.

물론 두 사람이 인간적으로 친하면 더 좋을 것이다. 가능하면 그 멘토(Mentor)와 일을 하고 가능한 많은 것을 배워라. 그러나 우물에 너무 자주 가지는 말라. 잘못하면 성가신 존재가 될 수도 있다.

당신의 조직이 어떤 시스템을 갖고 있건, 반드시 자신의 멘토(Mentor)를 찾아라. 당신이 신뢰하고 존경하는 멘토(Mentor)가 있으면 *기업세계 생존법칙*에서 살아남는 데 큰 도움이 된다.

글: 에단 나지엘(맥킨지 3년차 사원)

Part 3

공공기관 사례

공기관 - 1 * 노동부 부천지청 멘토링 운영 매뉴얼

* 멘토링 추진 배경

1. IMF 외한위기 이후 노동행정의 수요 폭증과 인력 부족에 따른 업무과중으로 많은 직원들의 삶의 질이 저하된 실정
2. 노동업무의 난이도로 62%가 이직 욕구(05년 2월 서울대행정대학원 조사)
3. 직무만족도 중앙부처 10개 중 최하(05년 1월 14일자 서울신문)
4. 현재 비공식적으로 시행 중인 멘토링이 업무부담과 개인화로 기능 약화
5. 금번 신규직원부터 신속한 업무능력개발과 공직생활 적응력 향상을 위한 체계적인 멘토링 시스템 도입을 추진하고자 함
6. 기존 직원의 자기개발을 위한 업무능력 향상과 공직자로서 가치관 확립을 통해 전략적인 업무추진 효과를 도출하기 위하여 추진하고자 함

* 멘토링 추진 목표

참가직원 차원	1 신규직원 멘제의 적응력 향상
	2 신규직원 멘제의 업무 조기 숙달화
	3 선배직원 멘토의 역량 개발 활성화
부천지청 차원	1 인재경쟁력 확보
	2 대민업무 서비스 향상
	3 유기체적인 공동체 구축
본부혁신팀 차원	1 [노동부 지청용 멘토링 실행 매뉴얼] 확보
	2 멘토링 확대를 위한 프로그램 관리 전문가 확보

* 추진 기본 사항

1. 멘토링 영역: 신입직원 멘토링
2. 멘토링 기간: 06. 06. 01.~06. 10. 31. -5개월-
3. 시행 및 종료: 시행일 06. 06. 01. 종료일 06. 10. 31.
4. 멘제 선발 대상: 3 / 13일 신입직원 20명
5. 멘토 선발 대상: 기존 직원 중 우수 및 모범직원 20명

1. 노동부 부천지청(Mentoring Manual)

1) 준비과정 - 시스템 운영계획

멘토링 도입을 원하는 업체나 기관은 최소 3개월 준비기간이 필요하다. 이 기간 동안에 자료도 수집하고 필요한 전문교육도 받고 멘토링 전문가와 대화를 통하여 자기 조직 멘토링 추진팀을 구성하고 12개월 등 멘토링 활동기간 추진 시행계획을 수립하는 단계다.

멘토링 시행계획은 1) 관리 부문 프로그램 2) 교육 부문 프로그램 3) 활동 부문 프로그램 4) 평가 부문 프로그램이 포함되어야 한다.

특별히 어떤 목표로 멘토링을 진행할 것인가를 염두에 두고 조직의 환경분석을 먼저 시행해야 한다.

(1) 노동부 멘토링 TFTeam

* 노동업무 혁신을 위한 Mentoring Project

멘토링은 인재개발이라는 특성으로 일정기간이 소요되어 일반업무보다는 특수업무(Project)로 다루는 것이 효과적입니다

멘토링 시스템이 도입되면 정규업무 라인에서는 생산성(Produtivity)을, 멘토링 특수업무 라인에서는 인간성(Humanity)을 다루게 되어 자연스럽게 조직 내 인간관계 차원에서 시너지 효과를 거둘 수 있습니다.

금번 노동부 혁신성과 관리단 지원으로 노동업무의 난이도와 직원들의 업무과

중으로 삶의 질이 저하되어 있는 현실을 감안하여 1) 직원들의 역량 개발을 촉진하고 2) 업무능력을 향상시키며 3) 부서 내 인재경쟁력을 확보하기 위한 차원에서 **멘토링 프로젝트를** 도입하게 되었습니다.

　우선 부천지청을 시범시행 지청으로 하고 멘토링코리아를 컨설팅 용역업체로 선정하여 5개월 동안 자문을 맞도록 했습니다.

　　* 추진업무명칭: 노동부 멘토링 프로젝트(Mentoring Project)
　　* 추진지원부서: 노동부 혁신성과 관리단
　　　　　　　　　정원호 서기관 김성진 담당 유연희 담당
　　* 시범실행부서: 노동부 부천지청
　　　　　　　　　임인주 지청장: 멘토링 운영 위원장
　　　　　　　　　최광희 관리과장: 멘토링 실행 TFTeam장
　　　　　　　　　박은경 관리계장: 멘토링 프로그램 매니저
　　* 실행자문업체: 멘토링코리아
　　　　　　　　　류재석 대표: 대표컨설턴트　　　탁충실 위원: 전문컨설턴트
　　　　　　　　　한광훈 박사: 교육컨설턴트　　　김동철 박사: 교육컨설턴트

*실행소요기간: 06. 6. 1.~10. 31.(실제 5 / 19일~12 / 11일−8개월 진행)

(2) 노동부 멘토링 시스템 추진 목적

멘토링 시스템 추진 목적
신규직원 멘토링을 통한
　　1) 개인역량 개발
　　2) 조직문화 강화
　　3) 내, 외 고객만족

▌현　행
・IMF 외환위기 이후 노동행정 수요 폭증과 인력 부족에 따른 업무과중으로 많은 직원들의 삶의 질이 저하된 실정
　－담당 업무에 대한 직무만족도 및 우리 부(소속기관)에 대한 소속감・자긍

　심 약화로 타 부처 전출희망 등 이직률 높아짐

　※ 2005년 2월 서울대 행정대학원 조사 결과 우리 부 소속 공무원의 62%
　　가 이직 욕구를 가지고 있는 것으로 나타남

　※ '05년 타 부처 전출자 44명, '06년 4월 현재 42명, '06년 4월 현재 의
　　원 면직자 수 20명

　※ '05년 조사 대상 10개 중앙부처 중 직무만족도 최하위로 나타남(서울신
　　문, 2005년 11월 4일자)

　- 금년 2월 감사팀 조사 결과 9.4%가 전출을 희망하였으며, 중앙인사위원회
　　인사교류 신청희망자는 374명인 것으로 조사된 바 있음

- 타 부처 전입자 및 신규임용자 등에 대한 현장(On-the Job)학습의 체계적
　지원 시스템 부재로 신구 조직원 간 자연스러운 지식이전을 통한 조직경쟁
　력 확보 기능 약화

　※ '05년 타 부처 전입자 32명, '06년 4월 현재 전입자 15명, '06년 3월 신
　　규임용자 1,000여 명

　　- 과거 반장반원 등의 형태로 자발적·자연적으로 운영되던 전통적 멘토
　　　링이 업무부담 과중 및 조직문화의 개인적 성향화 추세로 점점 그 고
　　　유기능 상실

　　- 과거 타 부처 또는 산하기관 인력 대거 전출 후 중견실무인력 부족 상
　　　태가 지속되고 있으나 현장실무 수행과 병행할 수 있는 현장학습 시스
　　　템 지원 미비

　　- IMF 외환위기 이후 신규임용 자제 또는 감소 추세 지속으로 조직 내
　　　부 구성원 간 세대 단절 현상 발생, 내부 구성원 간 커뮤니케이션 저해
　　　요인으로 작용하여 우리 부 고유의 조직문화 습득 형성에 장애 발생

(3) 노동부 멘토링 운영예산

　멘토링은 교육비 차원에서 소모성 경비가 아니라 인재개발이라는 중장기적인
투자(Investment)입니다.

　멘토링 활동이 투자개념이라는 의미는 먼저 인재개발이 단순히 몇 번에 감동
을 주는 교육 프로그램 가지고는 그 효과가 오래 지속하지 못할 뿐만 아니라 성
과관리 차원에는 접근하기조차 어렵다는 것을 의미합니다.

한편으로 멘토링을 도입 단계에서부터 교육비라는 소모성 경비(손익계산서 계정=P / L)로 다루지 말고 인재개발에 투자한다는 뜻에서 특수업무(Project) 특별예산으로 자산항목(대차대조표=B / S)의 이연 자산으로 계상(計上)하여 중장기적으로 상각하는 것이 투자의미를 올바로 살리는 것입니다.

구체적으로 멘토링에 관한 투자항목은 1) 사람의 투자 2) 업무시간 투자 3) 자금투자라고 볼 수 있으며 재무 회계적인 면에서는 크게 1) 교육경비 2) 컨설팅 경비 3) 자체활동비로 생각해 볼 수 있습니다.

과 정	구 분	세 부 사 항	비용계산
교육 컨설팅 비용	전문교육	20시간 × 40,000원	800,000
	간부특강	2시간 × 300,000원	600,000
	Workshop	8시간 × 100,000원	800,000
	수강자 교재	40명(권) × 20,000원	800,000
현장 컨설팅 비용	온라인학습	주간 이메일 서비스 5개월 × 400,000	2,000,000
	현장출장 컨설팅	월 2회 현장 출장 서비스 – 시스템 점검, 매니저피드백 모니터 멘토 피드백, 교육 및 상담으로 5개월 × 500,000	2,500,000
	중간평가	중간평가, 정량 / 정성평가 1회 × 1,000,000	1,000,000
	최종평가	최종결과 평가 및 강평회 1회 × 1,500,000	1,500,000
컨설팅 용역비 소계		5개월 교육 및 컨설팅 용역 비용	**10,000,000**
활동경비 지원 소계		매월 20쌍 × 50,000원 × 5개월	**5,000,000**
이벤트경비 지원 소계		이벤트 및 그랜드 미팅 7월, 9월, 10월	**5,000,000**
합 계		투자 컨설팅 비용	**20,000,000**

2) 도입과정 - 프로그램 시행계획

　　멘토링 도입과정은 멘토 / 멘제가 선정된 후 활동을 개시하는 출발(Kick Off) Workshop 단계다.

　　이 과정은 조직의 CEO가 관심을 갖고 현장에 참석하여 격려와 축하를 해 주는 것이 활동촉진의 계기가 된다. 진행은 5~20시간으로 멘토 / 멘제 기본 교육과 활동촉진 게임 등으로 진행한다.

　　그리고 조직 주관 결연식 순서로 진행한다. 결연식이 끝난 후에는 교제의 시간을 갖고 식사 등 Party 형식으로 축하분위기를 유도한다.

(1) 도입 단계 총괄계획

멘토링 도입 목표

"신규직원 멘토링을 통한 기관역량 및 조직문화 강화"

* 총괄계획표

활동내용	과　정	일　정	목　적
추진 운영 위원회 조직	준비 단계	즉시	추진활동의 성공적 수행을 위한 지원
추진 TFT / 모니터링팀	준비 단계	즉시	추진실무 담당 및 활동 모니터링
멘토링 담당자 선행교육 (전문가과정)	준비 단계	5월 중	실무추진자의 업무 숙지
추진위원 및 멘토 후보군 교육	도입 단계	6월 초	멘토링 도입의 이해와 공감대 형성
멘토링 활동 목표설문	준비 단계	5, 10	멘토링 활동의 강 · 약점 파악
멘토링 현장도입 워크숍	도입 단계	6월 중순	실제 멘토링 체험 및 멘토링 출발!
멘토 / 멘제 결연식	활동 단계	6월 중순	멘토 / 멘제 결연을 공식선언 - 분위기 조성
교육 및 특강(보수교육)	활동 단계	매월 1회	참여자 스킬 향상 및 분위기 쇄신
개별 쌍 활동	활동 단계	격주	멘토링 주제를 통한 쌍 미팅
학습동아리 운영	활동 단계	격주	업무스킬 향상(멘토링 활동 없는 주)
e - 멘토링	활동 단계	수시	다우리 - 학습과 혁신 - 멘토링으로 연결 부천지청 단독의 Community 개설

활동내용	과 정	일 정	목 적
이메일 발송(컨설팅사)	활동 단계	매주	멘토 / 멘제의 활동을 돕는 자료
멘토링 데이 운영	활동 단계	매월 1회	단합과 목표 달성을 위한 다양한 경험
모니터링	활동 / 평가	매월	멘토링 활동에 대한 격려와 진단
평가실시	평가 단계	매월	모니터링을 근거로 쌍별, 그룹별 평가
최종평가	평가 단계	완료 시	성과분석 및 향후 멘토링 활동에 참조

(2) 과정별 교육 사례

멘토링 교육 컨설팅 자료

교육과정	교육 참가자	일정 및 장소	지도강사
전문 교육과정	부천지청 관리과 박은경 계장	수강 1차 5 / 18일(8h) 수강 2차 5 / 25일(8h) 수강 3차 5 / 29일(4h) MKO 서울연구실	류재석 대표
특강 교육과정	관리자 고위간부	간부상견례 5 / 23일 09:20~12:00 관리자: 1차 5 / 29일 16:00~18:00 간부: 2차 7 / 24일 10:00~12:00 장소: 부천지청 강당	류재석 대표 류재석 대표 탁충실 위원
현장 Workshop	멘토 / 멘제	일시: 06 / 9~10일 현장: 멘토 / 멘제 Workshop 장소: 양평 셀라리조트 결연: 06 / 9~13일 장소: 부천지청 강당	류재석 대표 한광훈 박사 탁충실 위원 김동철 박사
보수 교육과정	멘토 / 멘제	1차 8 / 30일 14:00~16:00 2차 10 / 26일 18:30~20:00 장소: 부천지청 강당	탁충실 위원 류재석 대표

3) 활동과정 – 멘토 / 멘제 활동과정 관리

멘토링 활동과정은 이미 기간이 정해진 6개월 또는 12개월 동안 멘토 / 멘제가 개인별(주간 미팅 등) 및 그룹 활동(전체의 그랜드 미팅 등) 프로그램을 전개하는 과정이다. 먼저 미팅을 통하여 멘토링 활동소재를 개발하고 멘토 / 멘제는 사내, 사외에 구분 없이 자유롭게 활동이 이루어져야 한다. 회사에서는 멘토링 데이를 선포하여 상급자의 눈치를 볼 필요 없이 두 사람 간의 개인 미팅을 주선해 주어야 한다.

　회사에서는 활동비(월 50,000~200,000원 선택)를 지원하고 또 체계적인 활동을 위하여 홈페이지나 카페 등 사이버에서 활동을 유도해 준다. 멘토/멘제의 자생력을 키우는 데 동기부여를 제공하고 특히 보수교육 기회를 주어야 한다.

　이 기간 컨설팅은 **주간별로** e-mail 서비스를 제공하고 **월간별로** 운영 시스템 점검 및 모니터링 피드백을 하고 **계간으로 보수교육**과 그랜드 미팅, 멘토/멘제 개인 역량 점검과 멘토 자기 점검표를 체크하며 중간평가를 시행한다.

(1) 월별 활동 총괄표

월별	관 리	교 육	활 동	평가	비고
5	본부혁신단 계약 체결 멘토링 추진팀 구성 5개월 시행계획안 작성 지청 환경조사 1차 행정양식 선택	전문가교육 간부특강 1차			
6	주간 이메일 2회 전송	도입 워크숍	그룹-결연식 행사 개인 주간 미팅		
7	주간 이메일 4회 전송	간부특강 2차	그룹-병영 체험 개인 주간 미팅		
8	주간 이메일 4회 전송	그룹-보수교육 1차	개인 주간 미팅	중간평 가 자문	
9	주간 이메일 4회 전송	그룹-대부도 농촌체험 개인 주간 미팅			
10	주간 이메일 4회 전송 완료보고서	그룹-보수교육 2차	그룹-문수산 등산 개인 주간 미팅	최종평 가 자문	평가 보고

☞ **착안점(모니터링)**

(2) 도입 Workshop Curriculum

교육과정: 멘토링 도입 Workshop Camp 과정

교육참석: 멘토 20명 멘제 20명 계 40명

교육일시: 06년 06월 09일(금)~10일(토) - 13시간

교육장소: 양평 셀라 리조트

Hour	6 / 09(금)	6 / 10(토)
09~11	서울 출발 양평 셀라 리조트로 멘토 20명 멘제 19명	***Brain Game(김동철 박사)** -미팅소재 개발 1 Brain Game 의의 2 미팅소재 개발 Workshop 3 미팅소재 개발 실천카드
11~12	*** Mentoring Story(류재석 대표)** 1 멘토링 유래 2 멘토링 용어 3 멘토링 유형 4 멘토링 장 · 단점	***Mentorship Skill(류재석 대표)** 1 멘토십 학습 Skill 2 멘토십 토론 Skill 3 멘토십 현장 Skill
12~13	**Lunch Time**	
13~15	**1) Lynchpin Game(한광훈 박사)** -성격유형 대응 Workshop 1 Lynchpin Game 의의 2 성격유형 Workshop 3 성격유형 대응법	• **Mentoring** • **Camping**
15~17	***Mentoring Skill(탁충실 위원)** 1 멘토 자질 2 멘토 역할 3 멘토 활동수칙 4 멘제 자질 5 멘제 활동수칙 6 멘토 유익 ***Star Game** - 인격지수 개발 1) Star Game 의의 2) 인격지수 찾기 Workshop 3) 인격지수 시각화 실습	6 / 9일 17~18시 - 체력단련 4개 팀별 족구경기 18~20시 - 저녁식사 및 바비큐 파티 20~22시 - 노래 및 장기자랑 6 / 10일 5~6시 - 새벽 산행

4) 평가과정 - 정량 및 정성평가 실시

멘토링 평가과정은 제도적 멘토링의 특성으로 멘토링 제도 운영을 위한 3가지 투자, 즉 인력투자·시간투자·자금투자에 대한 회수율(ROI)에 관한 평가 프로그램이다. 평가방법은 먼저 멘토링에 참여한 멘토 / 멘제에 대한 개인역량평가와 멘토링 전체 쌍 그룹의 평가를 할 수 있다. 세분해서 정량평가와 정성평가방법 그리고 중간평가와 최종평가방법으로 적용할 수 있다.

이러한 평가 프로그램이 있음으로 멘토링에 참여하는 추진팀과 멘토 / 멘제에게 확실한 책임감을 느끼도록 하며 그 평가 결과에 따라 보상을 실시함으로써 멘토링 성공확률을 크게 높일 수 있게 된다.

(1) 멘토링 활동평가 의미

멘토링을 일정기간 프로젝트 개념으로 도입한다고 볼 때 가장 중요한 것이 활동평가방법이다. 교육 차원에서 멘토링을 다룰 때는 간단한 교육 커리큘럼으로 충분할 수 있지만 일정기간(6개월이나 12개월 등 기간)이 주어질 때 그 기간에 상응하는 평가제도가 제대로 갖춰 있지 않으면 성공률을 높일 수 없다.

그러므로 평가 부분은 처음부터 성과 지표를 제대로 설정하고 중간평가, 최종평가 등에서 정량 및 정성 부분의 평가를 제대로 시행하는 것이 필수적이다.

▌평가의미

- 멘토링 활동은 먼저 3가지 투자가 이루어진다. 사람투자, 시간투자, 자금투자이다. 조직에서 투자 회수는 기본적이다. 멘토링의 평가는 투자에 관한 생산성 여부를 점검하는 차원에서 당연히 해야 한다.
- 또 한편에서는 멘토링 활동에 참여하는 인력(멘토링 위원장 추진팀, 모니터, 멘토 / 멘제 등)에 대한 책임감과 목표의식을 넣어주는 차원에서 평가가 있다.

▌평가목적

- 멘토링 평가의 목적은 멘토 / 멘제의 동기부여 차원에서 이루어진다. 구체적으로 평가 결과에 따라 포상하고 칭찬하기 위한 자료를 얻는 것이다. 일반 정규업무 평가는 포상과 벌이 주어지는데 멘토링에서의 평가는 포상만을 주는 것이 특징이다.

▌평가주기

- 분기별 중간평가 - 멘토링 활동 중, 즉 분기별로 평가한다.
- 결과 및 최종평가 - 멘토링 활동 종료 시에 평가한다.

▌평가대상

- 개인평가 - 멘토와 멘제의 개인역량평가를 한다.
- 그룹평가 - 멘토링 쌍 전체를 평가한다.

▌평가방법

- 정량평가 - 평가의 결과를 숫자로 표시하는데 생산성 측정평가라고 한다.
- 정성평가 - 교육만족도, 애사심 측정, 멘토링 활동만족도, 등으로 심적인 평가이다.

(2) 멘토링 목표 대 평가실적 총괄표

평가 방법	평가 유형	평가 대상	평가 기준	당초 목표	성과 실적	성과 평가
정량 평가	유지율	그룹평가	최종 쌍 / 당초 쌍	90%	100%	달성
	정착률		최종신입 / 당초신입	90%	100%	달성
	회수율		회수금액 / 투자금액	200%	553%	달성
	인재역량 상승률		최종평균점수 / 당초 평균점수 *Star Game (51 -48)	20% Up 당초: 47점(토) 당초: 48점(제)	65점 65점	달성 달성
	인재역량 상승률	개인 멘토 / 멘제	최종점수 / 당초점수 *Star Game	20% Up	개인별 별첨	달성
	업무숙달	개인 멘제	정상기간 / 단축기간 *업무목표 설정표	기간: 120% 숙달: 30Up	단축 2.5개월	달성
	멘토 자생력 상승률	개인 - 멘토	최종점수 / 당초점수 *멘토 자기진단표	30% UP 당초 52점	72점	달성

평가 방법	평가 유형	평가 대상	평가 기준	당초 목표	성과 실적	성과 평가
정성 평가	활동만족	그룹평가	교육만족 5점 척도	3.5점 제 / 토	3.6	달성
	관계만족		관계만족 5점 척도	3.5점 제 / 토	4.0	달성
	교육만족		활동만족 5점 척도	3.5점 제 / 토	3.7	달성
	직장만족		직장만족 5점 척도	3.5점 제 / 토	3.7	달성
	환경분석	멘토 그룹	인재개발 100점 만점	36점 멘토	54점	달성

☞ **착안점(최종평가)**

1. 초기 목표 대비 달성 정도를 최종 평가하는 것으로,
   멘토링 효과 분석 자료로 활용됨
   ☞ 주로 참여자들의 주관적인 설문조사 방식을 통해
      결과값을 얻게 되므로 구체적인 평가목표나 산출식 등은
      참여자들에게는 공개하지 않음
   ☞ 상세 산출식 및 목표달성도를 사전에 인식하고 설문에
      응답할 경우 인위적 결과 값으로 조정될 수 있음
2. 가능한 외부 인사가 최종평가를 진행하고, 보수교육이나 멘토링 활동
   마무리 토론회 등과 병행 실시하는 것이 효과적
   ☞ 평가 데이터의 신뢰도를 높이기 위해 가능한 참여자 전원이 평가에
      응할 수 있도록 조치

5) 부록: 노동부 멘토링 교육(컨설팅) 운영 위탁에 관한 계약서

노동부(이하 '갑'이라 한다)와 멘토링코리아(이하 '을'이라 한다)는 멘토링 교육(컨설팅)과정 운영 위탁에 관하여 다음과 같이 계약을 체결한다.

제1조(목적) 본 계약은 '갑'의 "멘토링 교육(컨설팅)과정(이하 '교육'이라 한다)"을 '을'에게 위탁하는 데 필요한 사항을 규정함을 목적으로 한다.

제2조(계약내용) '갑'이 '을'에게 위탁하는 계약의 내용은 기본 계약서와 부속문서(이하 '부속시'라 한다)로 구성하며 그 내용은 나음과 같다.

1. 교육기간은 2006년 6월 1일부터 10월 31일까지로 한다.

   다만, 쌍방 간 합의 시에는 일정을 조정할 수 있다.

2. 교육대상은 경인지방노동청부천지청 소속 직원 40명으로 한다.

3. 교육내용

   1) 멘토링 시스템 구축 컨설팅

   2) 멘토링 교육 프로그램 운영

      - 프로그램 전문가 양성 교육

      - 간부급 멘토링 마인드 조성 특강

      - 멘토 / 멘제 도입 워크숍 운영

      - 멘토 / 멘제 월간 이벤트 운영

   3) 멘토링 시스템 월간 이행사항 확인 및 지도

   4) 멘토 / 멘제 활동촉진 프로그램 운영

4. 교육장소는 '갑' 소속의 경인지방노동청부천지청과 '을' 간 협의하여 선정하
   되, 이견이 있을 경우에는 '갑' 소속의 경인지방노동청부천지청의 의견을 우
   선한다.

제3조(위탁의 범위) 이 교육과정과 관련하여 '갑'이 '을'에게 위탁하는 사항은
다음 각 호와 같다.

1. 교육 프로그램 구성 및 강사 선정 · 섭외에 관한 사항(단, 연수 장소 확보
   등 사전 준비에 관한 사항은 경인지방노동청부천지청에서 주관한다.)

2. 교육 대상자의 안전관리 등에 관한 사항

3. 기타 과정 운영, 진행 등에 관한 사항(경인지방노동청부천지청과 협의하여 결
   정한다.)

제4조(사전 준비 및 운영)

① '을'은 '갑' 소속의 경인지방노동청부천지청의 기본 계획에 맞추어 교육과
   정이 구성 · 운영될 수 있도록 사전 준비를 차질 없이 이행하여야 한다.

② '갑' 소속의 경인지방노동청부천지청은 '을'이 사전 준비를 위해 요청하는
   사항에 대하여 적극 협조하여야 한다.

③ '을'은 교육일정이나 그 내용을 변경하고자 할 때에는 사전에 '갑' 소속의
   경인지방노동청부천지청과 협의하여야 한다.

④ '갑' 또는 '갑' 소속의 경인지방노동청부천지청은 '을'의 교육과정 운영이
   적절하지 않거나 교육목적에 부합되지 않을 때에는 이에 대한 시정을 요구

할 수 있으며, 이 경우 '을'은 정당한 사유가 없는 한 이에 응하여야 한다.

제5조(계약기간) 본 계약의 계약기간은 2006년 6월 1일부터 2006년 10월 31일까지로 하며, 쌍방이 합의한 경우에는 연장이 가능하다.

제6조(계약보증금) '을'을 당해 계약금액의 10%에 해당하는 현금 또는 보증 보험 증권을 계약 이행 전에 '갑'에게 계약보증금조로 예치한다.

제7조(위탁 비용 지급 등)

① 본 계약의 총 계약금액은 **금 이천만 원(₩20,000,000, 부가세 포함)**으로 한다. '갑'은 계약 체결 후 '을'의 청구에 따라 청구일로부터 14일 이내에 총 계약금액의 50%에 해당하는 금액을 선급금으로 '을'에게 지급할 수 있다.

② '을'은 선급금을 이 연구 용역 사업 이외의 타목적에 사용해서는 안 된다.

③ '갑'은 제1항의 금액을 제외한 금액은 위탁교육에 소요되는 비용을 '을'에게 지급하되, 위탁 비용은 계약기간 도래 후 '을'의 검수 요청(경인지방노동청부천지청의 위탁종료확인서 첨부)에 의해 '갑'의 검수가 끝난 후 '을'의 청구를 받은 날로부터 14일 이내에 제1항의 위탁 비용을 은행계좌로 입금한다.

제8조(업무진행 관리)

① '갑'은 경인지방노동청부천지청과 '을' 간에 합의한 추진일정에 따라 교육이 제대로 진행되는가에 대해 언제든지 '을'을 직접 조사하거나 기타 방법으로 확인할 권리가 있으며, 이때 '을'은 업무진행 상황을 지체 없이 '갑'에게 보고하여야 한다.

② 전항의 경우 '을'은 '갑'의 요구에 지체 없이 응하여야 하며 자료 제출 등 제반 업무협조를 충실히 이행하여야 한다. 이로 인하여 '을'의 계약 이행에 대한 책임은 경감되지 아니한다.

제9조(계약의 변경) 본 계약에서 정한 내용을 변경 또는 보완하고자 하는 경우 '갑'과 '을'이 서면에 의하여 합의함으로써만 본 계약을 변경할 수 있다.

제10조(지체상금) '을'이 소정의 기간 내에 이 계약을 완수하지 못하였을 때에는 '갑'에게 지연일수 1일에 대하여 계약금액의 1,000분의 2.5에 상당하는 지체상금을 납부하여야 한다. 다만, 천재지변 기타 이에 준하는 정당한 사유와 '을'의 책임에 속하지 않는 사유로 인하여 지연되었다고 '갑'이 인정하는 경우에는 지체상금의 일부 또는 전부를 면제할 수 있다.

제11조(계약의 해지) ① '갑'은 다음의 경우에 계약을 해지할 수 있다.

1. '을'이 사업수행에 있어서 계약서의 내용을 위배하였을 때
2. '을'이 태만하여 소정 기한 내에 계약내용을 완수할 가능성이 없을 때
3. '갑'의 승인 없이 계약에 관한 권리의무를 제3자에게 양도하거나 계약사업의 일부를 제3자에게 하청하였을 때
4. '을'의 사업수행 상황 점검 결과 소정의 연구성과를 기대하기 곤란하거나 사업을 완수할 능력이 없다고 인정될 때

② '을'은 해지일로부터 10일 이내에 기수령한 금액을 '갑' 또는 '갑'이 지정하는 자에게 현금으로 반환하여야 한다. 다만, 제1항제4호의 경우에는 '을'은 해지 후 10일 이내에 정산서 및 그때까지의 교육운영 비용을 입증할 수 있는 자료(경인지방노동청부천지청의 확인서 첨부) 등을 제출하여 '갑'의 검수를 받아야 대금의 정산을 요청할 수 있고, '갑'은 검사 결과 대금을 정산함이 타당하다고 인정되는 때에 한하여 '을'이 기수령한 금액의 한도 내에서 기성 부분에 대하여 정산할 수 있다.

제12조(손해배상 등) '을'은 이 교육과 관련하여 계약사항 위반 등으로 '갑'에게 손해를 발생케 한 때에는 그 손해 일체(일체의 부대 비용 포함)를 배상하여야 한다.

제13조(다른 계약과의 준용) 이 계약에 정한 사항 이외의 사항은 일반적인 계약관계를 준용한다. 다만, 계약의 해석상 의문이 있을 때에는 '갑'의 해석에 따른다.

제14조(계약서의 작성 등)

① 이 계약을 후일에 증하기 위하여 계약서 2통을 작성하여 '갑'과 '을'이 각 1통씩 보관한다.
② 계약서에 첨부한 인지세법에 정한 인지대금은 '을'이 부담한다.

2006. 6. 1.

'갑'

경기도 과천시 관문로 88
노동부 분임계약관 정 원 호 (인)

'을'

서울 금천구 가산동 481－11 대륭테크노타운 8차 804호
멘토링코리아 대표 류 환 (인)

공기관 - 2 화성시청 멘토링 운영계획서

1. 도입 개요

최소의 비용과 시간을 투입하여 새로운 방식의 체계적인 프로그램으로 멘토(선배공무원)의 지도를 받아 멘제(신규직원)의 잠재력과 역량을 개발하여 개인의 성장욕구를 충족하고 조직의 중견직원으로 능력개발 및 인적자원 개발을 극대화하여 개인의 욕구와 조직의 욕구를 동시에 추진시키는 데 있음.

1) 멘토링 추진배경

○ 현재 우리 조직사회는 신규자 첫 발령 초기에 진정으로 마음을 열고 대화 나눌 상대 찾기에 매우 힘겨워 하고 있는 실정임. 학교를 갓 졸업하고 직장 초년병으로서 호기심과 두려움의 연속이라고 볼 수 있음.

○ 또한 2004년 10월 전 공무원을 대상으로 실시한 설문조사에서 인사문제 등 개인문제에 대한 상담을 전혀 하지 않는다는 의견이 28%로 나타나 신규자들이 겪는 심리적, 사회적, 정서적 문제에 대한 선배공무원들의 조언과 고민을 풀 수 있는 장(場)을 마련할 필요성이 대두됨.

○ 특히 공직사회는 학교 및 가정생활과 달리 20대의 특수성을 감안하지 않고 치해진 환경에 길들이기식으로 환경에 접하게 됨……이에 새로운 틀인 1:1 멘토링 기법으로 고효율 저비용의 효과를 얻고자 함.

2) 멘토링 프로그램 목적

○ 신규발령자 멘제에게 선배공무원 멘토를 연결하여 직장생활에서 다양한 정보와 지식을 제공함으로써 성장 잠재력을 개발하고 공직자로서의 품위 및 담당 업무의 조기습득을 도모하여 **자기개발의 기회를 제공**한다.

○ 화성시 차원에서 신입사원 멘제들이 겪는 심리적, 사회적, 정서적 문제에 대한 유경험자 멘토들의 조언과 함께 고민을 풀 수 있는 자리를 마련해 준다.

○ 신규발령자 멘제들이 형님과 같은 멘토들과 교류기회를 확대하여 **상호간에 끈끈한 인간관계와 명확한 목적의식하에 상호 학습**을 통해

① 신규자의 폭넓은 시야와 훌륭한 성품, 그리고 조직 성장에 필요한 역량을 확보하여

② 조직 비전 달성과 조직 성장의 핵심적인 인재가 될 수 있도록

③ **멘토와 멘제 간의 1:1 교류와 학습으로 멘토의 Know-How를 전수**하여

④ 화성시 일등 공무원으로 능력배양과 적응력을 향상시켜 조직을 성공적으로 이끌어 갈 21C **경쟁력 있는 차세대 리더를 확보**하는 데 있다.

3) 현 황

○ 퇴직자 수

구 분	**2003**년 발령자 중 **1**년 이내	**2004**년 발령자 중 **1**년 이내
퇴직자 수	8명	2명

○ 멘제 / 멘토 대상

구 분	멘제 대상			멘토 대상		
	계	2004년 6월 이후 발령자	2005년 임용 후보자	계	7급	6급
인원수(명)	207	56	151	454	249	205

2. 멘토링의 기본 개념

1) 멘토링(Mentoring)이란

한 사람을 왕자처럼 소중히 여기고 일정기간 **동안 1:1 관계를 맺고 차세대 리더**로 **개발하는** One To One Leadership으로 조직이나 사회에서 경험이 많은 사람이 향후 발전방향이나 대인관계 개발에 관한 모든 정보, 피드백 등을 공개 또는 비공개적으로 제공하여 그들의 발전에 영향을 미치고 도움을 주는 멘토와 도움을 받는 멘제 사이의 발전되는 상호영향을 받는 모든 활동

2) 멘토링(Mentoring)의 장·단점

[장점]
- 전인적인 교육이 가능하다.
- 현실에 올바로 적응하는 법을 배운다.
- 자신의 분야에서 멘제는 남다른 확신을 갖게 된다.
- 심각한 문제들을 초기에 발견, 해결할 수 있다.

[단점]
- 경쟁의식이 유발될 수 있다.
- 시간과 헌신에 대한 부담이 된다.

3) 멘토(Mentor)의 자격요건

- 멘제의 인격을 존중하는 사람(Personal Respect)
- 멘제에게 긍정적인 사람(Peace Maker)
- 멘제의 특성과 잠재력을 볼 줄 아는 사람(Potential Power)
- 멘제와 의사소통이 능한 사람(Communication)
- 조직에 대한 올바른 가치관(The View of Value)을 가진 사람
- 업무에 대한 다양성과 전문성(핵심역량=Competency)을 갖춘 사람

3. 멘토링 제도 시행방안

구 분	추진내용	비 고
멘제 대상	○ 2005년 발령자(예정자) & 2004년 발령자 6개월 미만자	
멘토 선정	○ 7급, 6급 또는 공무원 경력 5년 이상자(희망자 우선) (희망자 부족 시 7급 직원 중 선정)	
연 결 형 식	○ 1(멘토): 1(멘제) 연결	
활 동 기 간	○ 멘토 / 멘제 연결식 이후~6개월까지 멘토 / 멘제 지속 (수료 후에도 관계지속 권장)	
위원회 편성	○ 추진위원장: 기획감사 담당관 (위원: 인사 담당, 총무 담당, 혁신 담당, 기획 담당)	
멘토링 활동방법	○ 멘토 / 멘제 자유로운 활동 보장 (권장 활동내용만 명시)	
활동비 지 급	○ 모든 활동 비용 자체 해결	
추진 방법	○ 2004년 발령자 중 6개월 미만자를 1기로 하여 2005년 이후 발령자는 30~40명씩 묶어서 연차적으로 추진	
멘토 인센티브	멘토링 활동기간 중 끝까지 책임완수자에게 실적가점 0.1점 인정	1년간 성과 평가 후 검토 예정

1) 우수 멘토 / 멘제에 대한 인센티브(안)

1. 특별휴가 부여 (2일)
2. 상품권 10만 원 내 지급

4. 추진절차 및 추진일정

1) 추진절차

2) 추진일정

5. 세부 추진계획

1) 중 점

○ 멘토와 멘제의 상호 인격수양 및 전인교육에 기여
○ 화성시 첫 입문에 따른 조기적응과 생활안정 유도
○ 신규발령자의 애로사항 수렴과 조언으로 신규자 적응 저해요소 제거
○ 멘토/멘제의 끈끈한 인간관계와 명확한 목적의식하에 상호 학습의 場을 마련하여 Know-How 전수로 화성시를 이끌어 갈 21C 경쟁력 있는 차세대 리더를 확보

2) 방 침

○ 신규발령자를 대상으로 하며 2004년 6월 이후 발령자부터 멘토링 적용 실시
○ 멘토링 기간은 6개월을 기본으로 설정
○ 추진/평가위원회 구성으로 지속적인 멘토링의 추진 및 정착화
○ 멘토 그룹은 7급과 6급으로 한정
  • 6급: 지원자에 한함
  • 7급: 지원자를 우선으로 하되 멘토 인원 부족 시 부서장의 추천자 중 선정
○ 멘토링 활동은 인트라넷, 대면, 서신, e-mail 등 모든 분야에서 실시
  • 최대한 자율적인 활동보장으로 효과증진 도모
○ 1:1 연결을 기본으로 하며 과정중복이 많을시 '1:2' 연결

3) 세부 추진계획

○ 추진일시: '05년 3월~계속
○ 멘토링 대상

구 분	멘 토	멘 제
제1기	6급, 7급	2004년 6월 ~2월 현재 신규발령자 (56명)
제2기~	6급, 7급	2005년 임용 후보자 (151명)

4) 제1기 일정별 추진계획

기 간	단 계	세부 추진내용
'05. 2. 21. ~2. 26.	사전 검토 단계	• 추진계획 수립 / 시장님 결심
2. 21.~	공감대 형성	• 전자결재시스템을 활용한 홍보 • 간부회의시 홍보
2. 28.~3. 5.	시행준비 단계	• 멘토 선정 / 추진위원회 구성 • 전자시스템에 멘토링 공간 구성
3. 5.~계속	시행 단계	• 멘제 니즈 및 가치관 설문조사 • 멘토링 특강 초빙강연(멘제, 멘토, 실과소장) (멘토링의 원리 이해, 행정기관의 활용방안 등) • 제1기 결연식 • 멘토링 활동 전개 −대면, 인트라넷, 서면, e−mail 등
'05. 5.~계속	평가 단계	• 멘토링 활동 중간 / 최종평가 실시 • 평가 결과에 따른 대안 제시 / 적용 • 추진 / 평가위원회 개최
'05. 9.~계속	사후 관리	• 활동 종료 후 멘토 / 멘제 소감문 작성 • 우수 멘토 / 멘제 선정 및 포상 • 보완 및 발전방향 도출 및 적용

5) 시행준비 단계

○ 멘토 그룹 선정(붙임#2 참조)시행준비 단계
   • 기간: 2005. 2. 23.~3. 3.
   ※ 선정확정: 3. 5.
   • 대상: 7급 이상자 또는 공무원 경력 5년 이상자
      −자원자 신청방법: 전자우편(멘토 지원 신청서: 서식#1 참조)
      −모집방법
         ◦ 공문으로 하달, 전자결재시스템 공지사항(멘토의 요건 공지)
         ◦ 자원자 부족 시 부서장의 추천자 중 선정

○ 멘제의 Needs와 가치관 설문

　• 기간: '05년 3월 멘토 / 멘제 연결식 이후

　• 대상: 2004년 6월 이후 발령자

　• 방법: 설문조사, 린치핀게임 결과수치

　　※ 멘제의 기본 인적 사항: 총무과 협조

　• 조치: 교육기간 중 피교육생들이 필요로 하는 사항들을 정리 / 멘토에게 제공

○ 멘토링 추진 / 평가위원회 개최(붙임#3 참조)

　• 일시 / 장소: 3월 5일 이후

　• 내용

　　－멘토 선정, 멘토 / 멘제 1 : 1 연결

　　－멘토링의 기본 원리 습득

　　－고려사항: 신상명세서를 기초로 공감대 형성 가능한 멘토－멘제 편성

　　　(출신, 학연 배제)

○ 전자결재시스템상에 사이버 멘토링 공간 구성(붙임#4 참조)

○ 공감대 형성을 위한 멘토링 특강 초빙강연

　• 일시 / 장소: 2005년 3월 중

　• 대 상: 멘제, 멘토 선정자, 본청 6급 담당

　• 강의내용: 멘토링 기본 이해, 행정기관에서의 활성화 방안 등

　• 강 사: 멘토링 전문 컨설팅 회사대표 초빙

6) 시행 단계

○ 제1기 멘토링 결연식

　• 일시 / 장소: 2005년 3월 중 멘토링 교육 끝나고 바로 실시

　• 대상: 멘제 및 멘토 전원 ☞ 축하객: 멘토링 수강자

　• 행사진행: 혁신분권 담당

○ 멘토링 활동 전개

　• 방침: 활동은 멘토와 멘제에게 위임하되 최소 1주에 1회 이상의 활동 권
　　장(활동의 의무화 규정 시 수동적인 자세로 목적과 상반되는 결과 우려)

　• 방 법: 대면, 전자결재시스템, 서신, e－mail 등을 활용 실시

방 법	세부 활동내용	비 고
대 면	• 만남을 통한 멘토링 – 일과 후 동석 저녁식사, 점심식사 – 주말을 이용한 집으로 초대 / 대화의 시간 – 체력단련시간을 같이 활용(일과 후 구보 등) – 취미활동, 종교활동 공유 ☞ 멘토의 적극적인 의지가 중요한 관건	
전자결재시스템 / e-mail (사이버)	• 대면의 시간이 부득이 적을시 또는 무관하게 활용 • e-mail: 인터넷 e-mail을 이용한 사이버 면담 및 멘토링	
서 신	• 멘토 / 멘제 상호 情이 담긴 서신을 활용하여 활동	

○ Mentoring Day 운영
  • **매주 금요일을 멘토링 데이로 지정**하여 멘토 / 멘제가 만나 활동하는 날로 지정함
  • 활동 시간 및 장소는 자율적 운영

○ 멘토링 활동내용 보고(서식#2 참조)
  • 방법: 전자결재시스템 멘토링 코너에 사이버 보고
  • 포함내용: 보고양식에 맞춰 육하원칙 보고
  • 활용: 우수 멘토 / 멘제 선정 자료 및 사후 관리 시에 활용

7) 평가 / 사후 관리 단계

○ 중간평가 / 최종평가
  • 방침: 중간평가 2달에 1회 실시, 6개월 멘토링 종료 후 최종평가 실시
  • 내용

구 분	중 간 평 가	최 종 평 가
시 기	1회 / 2달 * 6개월	멘토링 종료달인 6개월 후
방 법	• 멘토링 추진 / 평가위원회 회의 – 내용: 인트라넷상 활동실적 종합, 멘제 그룹 설문을 통한 분석, 활동실적과 설문조사를 바탕으로 발전방향 도출 및 전파 / 반영	

○ 멘토 / 멘제 소감문 작성

- 시기: 2005. 10.
- 대상: 해당 멘토 / 멘제
- 활용: 우수사례는 인트라넷 탑재 및 홍보, 문제점은 차기 멘토링 시 보완·반영

○ 베스트 멘토 / 멘제 선정 및 포상

- 시기: 제1기 최종평가 시
- 방법: 활동실적 종합, 효율적인 멘토링의 방안을 적용하여 효율성을 높인 조 선정
- 선정인원: 멘제 / 멘토 1개 조
- 포상내용: 문화상품권 10만 원, 특별휴가 2일

6. 예상되는 문제점 및 해결방안

문제점	증상 및 원인	해결방안
제도적 멘토링에 대한 회의적 내지 적대적 태도	• 과거의 프로그램에서 부정적인 경험 • 관리자의 무관심 • 조직적 분위기가 회의적	• 교육 및 민간기업체 성공담 • 지원세력(추진위원회)의 적극적 추진 의지 필요
자질과 관심 있는 멘토 자원 부족	• 너무 바쁘다 • 너무 내성적으로 지원 안 함 • 내일이 아니라는 배타적 생각	• 멘토의 확실한 인센티브 지원
선발에 제외된 조직 구성원들의 거부감	• 멘토링 활동에 대해 깎아내리는 말을 함 • 멘토 / 멘제 활동 시간을 못마땅해함	• 사전에 광범위한 홍보 실시
멘토와 멘제가 직접 만날 시간과 기회 부족	• 멘토들이 전화를 하지 않는다 • 멘제들이 약속한 미팅에 불참한다 • 지리적 거리문제와 잦은 출장, 업무과다로 시간내기가 힘들다	• 멘토 / 멘제 연결 시 지역 감안 • 약속을 너무 많이 하지 않을 것 • 바쁜 멘토 시간 극대화 방안 −업무 출장 시 동행 −멘토의 전형적 업무 보여주기 −전화, 메세지, 이메일 활용
참가자들의 준비 부족	• 공문지침에 활동내용이 광범위함 • 한꺼번에 너무 많은 정보를 주려고 함	• 자기 학습자료 제공 • 타 팀의 활동내용 정보 교환

7. 행정사항

1) 각 부서 임무

부서별		내 용
혁신분권		○ 멘토링 업무추진의 총괄 －계획 / 준비 / 실시 / 사후 관리 ○ 멘토링 교육, 결연식 주관 ○ 멘토링 활동내용 홍보
총무과		○ 신규발령자(2004년 6월 이후 현재까지 발령자) 공무원 명단 제출 협조: 2005년 3월 3일한 －부서(담당), 성명, 나이, 전공
정보통신과		○ 전자결재시스템에 사이버 멘토링 구축
실과소장, 읍면동장		○ 멘토 대상자에게 지원신청을 받아 2005년 3월 3일한 제출 (멘토 지원 신청서) ○ 부서별 7급 현원의 30% 범위 내에서 멘토 적임자 추천: 3월 3일한 －멘토 지원 신청서 지원 동기란의 '부서장 추천' 표기
		○ 멘토링 실시에 따른 적극적인 관심과 공감대 형성 동참 / 멘토 지원
멘토	모니터 요원	○ 해당 기수 멘토 / 멘제 간의 활동 모니터링 ○ 해당 멘토 / 멘제 격려 ※ 멘토 중 경력 많고 직원통솔 능력 있는 자
	일반	○ 적극적인 멘토링 활동 ○ 활동 중 멘토링 활동 카드 작성 및 사이버상 보고 ○ 활동 후 멘토링 소감문 작성

2) 붙임#1. 멘토링의 유래 / 원리 / 기대효과

멘토링의 유래

멘토(Mentor)라는 말의 기원은 그리스 신화에서 비롯된다. 고대 그리스의 이타카 왕국의 왕인 오디세우스가 트로이 전쟁을 떠나며, 자신의 아들 텔레마쿠스를 보살펴 달라고 한 친구에게 맡겼는데, 그 친구의 이름이 바로 멘토였다. 그는 오디세이가 전쟁에서 돌아오기까지 텔레마쿠스의 친구, 선생님, 상담자 때로는 아버지가 되어 그를 잘 돌보아 주었다. 그 후로 멘토라는 그의 이름은 지혜와 신뢰로 한 사람의 인생을 이끌어 주는 지도자라는 의미로 사용되고 있음.

원 리

멘토와 멘제가	⇒	일정기간 동안 관계를 맺고
멘제의 특성과 잠재력을 개발하고	⇐	멘토의 역량을 최대한 발휘하여

궁극적으로 멘토 – 멘제 상호의 성장을 가져다 줌

기대효과

대 상	기대효과
멘 제	○ 활동을 통한 조기적응 및 자신감 획득 ○ 조직생활에서의 성취감 ○ 조직에서의 명확하고 확실한 비전과 목표 설정
멘 토	○ 조직 내 위치에서의 자신감 확보 ○ 동료들로부터의 존경과 인정 / 멘제로부터의 감사와 존경 ○ 멘제 성장에 따른 자신감 / 성취감 획득 ○ 조직 공헌에 대한 자부심
조 직	○ 화성시 공무원으로서 의한 자부심 고양으로 긍정적 마인드 조성 ○ 조직에 조기적응으로 업무능력 향상 등 효과 증대 / 전인교육 실시

3) 붙임#2. 멘토 그룹 선정

방 침

○ 신규자 적응기간 중 7급, 6급 또는 공무원 경력 5년 이상자가 멘토 역할

○ 멘제 1인당 멘토 1명 연결

○ 매 기수별 멘토 모집 / 선정

자 격 / 제한자

○ 자 격

•7급, 6급 공무원 또는 공무원 경력 5년 이상자는 멘토 역할 의무

 – 멘제의 인격을 존중하는 사람(Personal Respect)

－멘제에게 긍정적인 사람(Peace Maker)

－멘제의 특성과 잠재력을 볼 줄 아는 사람(Potential Power)

－멘제와 의사소통이 능한 사람(Communication)

－조직에 대한 올바른 가치관(The View of Value)을 가진 사람

－업무에 대한 다양성과 전문성(핵심역량＝Competency)을 갖춘 사람

- 지원자 부족 시 부서장의 추천자 중 추진위원회에서 적격자 선정 및 개별 통보

○ 제한자

- 위 자 중 경징계 이상의 처벌을 받은 경험이 있는 자

- 추진／평가위원회에서 기타 등의 이유로 멘토의 역할이 불가하다고 판단한 자

- 파견근무 중인 자(복직 후 멘토 선정)／활동기간 내 전출예정자

멘토 가능자 판단

구 분	계	7급	6급
인 원(명)	454	249	205

멘토 선정방법

멘토 지원자 접수／선정(부족 시 부서장의 우수공무원 추천자 중 선정)

4) 붙임#3. 멘토링 추진／평가위원회

목 적

화성시 멘토링 활동을 주관하고 총괄함으로써 지속적인 멘토링 활동이 정착되게 하는 데 있음.

구성안

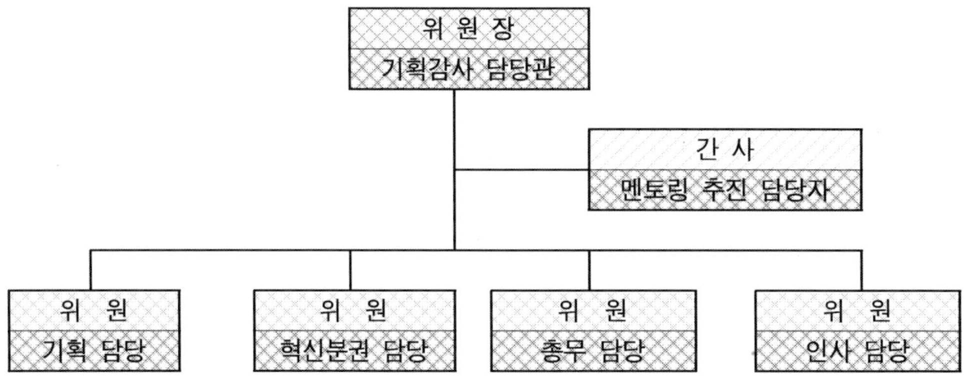

활 동

○ 멘토링 매 과정 간 준비 - 실시 - 평가의 과정 총괄

○ 지속적인 공감대 형성을 위한 활동 주관(초빙강연 등)

○ 중간 / 최종평가 주관을 통한 멘토링 평가와 발전방향 제시

　• 중간평가회의: 1회 / 2개월 / 최종평가회의: 6개월 후

　• 베스트 멘토 / 멘제 선정 및 포상

○ 향후 업무계획을 위한 연구

　• 멘토링 목표 설정 및 타당성 조사

　• 목표별 추진전략 수립

　• 목표별 소요예산 조사

5) 붙임#4. 사이버 멘토링 구성

개 요

멘토링 활동방법의 하나로서 화성시 전자결재시스템을 이용한 사이버 공간에 활동망 구축

※ 추후 화성시 홈페이지 카페 등록 유도

제작기간: 2005. 3.~2005. 4.

제작 책임관: 정보통신과장

세부 구성내용

포함목록	내 용	비 고
멘토링 자유게시판	○ 멘토-멘제의 자유게시판으로 멘토링과 관련되어 자유스러운 내용을 게재, 자연스런 분위기 조성	전 간부
자료실	○ 멘토링과 관련된 대외/대내 여러 자료를 게시함으로써 전 간부의 공감대 형성에 기여	
활동보고서	○ 멘토의 활동 후 인트라넷으로 활동사항 입력 - 멘토/멘제 성명 - 멘제 기수 - 언제/어디서 - 활동내용	멘토

※ 사이버 멘토링 적용 사례 참조: 여성부 사이버 멘토링
(http://www.women-net.net/)

6) 서식 #1. 멘토 지원 신청서(Mentor Application)

성명 :   부서(담당) :   직속상사 :

전화 :   핸드폰 :   이메일 :

지원 동기 :

멘제에게 도움이 가능한 요건

1. 전공(전문)
2. 자격증, 지적 재산권 등
3. 핵심역량
4. 기타 특기사항(교육사항, 경험, 등)

상기와 같이 지원합니다.

2005. . .

지원자 성명: 서명

최종결정: 멘토링 운영 위원장

최종 심사 결과를 아래와 같이 발표한다.
가함 (   )   다음 기회 재심 (   )   유보함 (   )

멘토링 운영 위원장   성명   서명

서식 #2. Mentor의 활동보고서   (월)

구 분	소 속		직 무	성 명	성격유형
	부 서	담 당			
Mentor					
Menger					

멘토 / 멘제 활동사항

-1차 미팅
　월　　일 :
　장　　소 :
　소　　재 :
-2차 미팅
　월　　일 :
　장　　소 :
　소　　재 :
-3차 미팅
　월　　일 :
　장　　소 :
　소　　재 :
-4차 미팅
　월　　일 :
　장　　소 :
　소　　재 :

♣ Mentor 상태

♣ Menger 상태

♣ 발생된 문제점

♣ Relation 상태

♣ 예상되는 문제점

♣ 향후 특별히 필요한 대책(특히 Mentor - Menger 쌍 교체 등)

8. 멘토링 활동 전개 지침

1) 멘토 / 멘제의 미팅

(1) 미팅주기

주 1회 미팅하는 것이 원칙(**멘토링 데이: 매주 금요일**)이나 업무에 따라 변동될 수 있다. 중요한 것은 끊이지 않도록 하는 것이다.

(2) 미팅장소

사무실, 휴게실, 야외, 영화관, 음식점 등 당사자들 간의 합의하에 결정

(3) 미팅소재

멘토링 활동기간 중 멘토와 멘제의 가장 큰 관심도는 미팅의 소재라고 볼 수 있다. 멘토와 멘제는 미팅 전에 소재를 준비하여 짧은 미팅시간을 알차게 보내야 한다.

▶ 직장에 대한 이야기　　　　　　▶ 업무에 관한 이야기
▶ 전문 및 교양서적 독후감 이야기　▶ 노하우 지식, 기술 이야기
▶ 사회활동 및 동호회 이야기　　　▶ 종교 등 신앙 이야기
▶ 가정(부부, 부모, 자녀 등) 생활 이야기
▶ 학습, 세미나, 학우, 자격증에 관한 이야기
▶ 건강(정신, 신체, 운동) 등에 관한 이야기
▶ 문화, 취미, 특기활동에 관한 이야기
▶ 자기관리에 관한 이야기 등

2) 멘토링의 활동 결과 보고

(1) 보고는 멘토가 하되 전자메일 또는 전자게시판을 이용한다.
(2) 월간 보고서를 작성·제출한다. 미팅 연월일, 장소, 소주제, 건의 및 소감

3) 모니터 요원 활동

(1) 모니터 요원은 소속팀의 멘토 / 멘제 모니터링 및 활동의 효과성 분석 보고
(2) 매월 1회 멘토 / 멘제 활동 결과 Sharing(공유) 및 Feed Back(환류)

4) 그랜드 미팅

(1) 참가자, 멘토링 운영 위원들이 모두 참여하여 중간활동을 분석해 보고 멘
    토 / 멘제 우수활동 사례 전파 및 다음 단계에 추진해야 할 사항을 결정한다.
(2) 미팅은 3개월에 한 번 실시

9. 멘토링 월간 활동 보고

월 차		멘토 성명		멘제 성명	
Meeting 일자	1차 :		Meeting 장소	1차 :	
	2차 :			2차 :	
	3차 :			3차 :	
	4차 :			4차 :	

Meeting 목적	
활동내용 (가능한 자세히 기술)	
결과 / 의견	
차기추진 예정사항	

10. Monitor의 수시 보고서

구분	Mentor에 관한 사항	Menger에 관한 사항
인적 사항	부서 및 성명 주요 특기사항	부서 및 성명 주요 특기사항
현재 상태		
예 상 문제점		
해결 방안		
실적	1. 수시평가 2. 중간평가 3. 평가 결과	

11. 멘토링 활동 예시(일반 기업체 활동 자료)
멘토링 월간 활동 보고

월 차	2004년 1월	멘토 성명	정우식	멘제 성명	정현모
Meeting 일자	1차: 1월 4일 11시		Meeting 장소	1차: 용암동	
	2차: 1월 30일 20시			2차: 강남역	
	3차:			3차:	
	4차:			4차:	

Meeting 목적	1. 01 / 04: 체력강화 활동 및 후반기 활동내용 검토 2. 01 / 30: 멘제 중점업소 방문 판촉
활동내용 (가능한 자세히 기술)	○ 1차 멘토링 　1월 4일(일) 멘토 거주지역에서 체력강화 활동 실시(불광천 → 상암경기장 → 성산대교 10㎞ 구간) 조깅 실시 ○ 2차 멘토링 　• 1월 30일(금) 멘토 R&D 센터 Work Shop 후 신제품 개발실 직원 동행(최형호 상무 외 7명)하여 멘제의 중점업소인 강남역 "돌판집"에서 음용 판촉실시하고 멘제의 일본어 기초실력 확보를 위해 멘토가 1월 27일 구입한 교재를 멘제에게 전달함. 　• 멘제는 3월 실시예정인 제16회 3 · 1절 기념 SAKA 서울 하프마라톤대회 참가비 60,000원(1인당 30,000원) 처리증빙을 멘제에게 전달함. 　• 일본어 학습방법에 대해서는 2월 1일 멘토링 시 자세히 알려주기로 함.
결과 / 의견	○ 1차 멘토링: 신년을 맞이하여 새로운 마음으로 아침운동을 하고 새해 포부 등 멘토 가족과 즐거운 시간을 가짐. 멘제는 이미 12월부터 금연을 실시 중이며 멘토에게 금연을 권유하여 멘토도 현재까지는 금연 중이나 아직 확신은 못 하는 사항으로 1차적 멘토링 기간만이라도 자제하려고 노력 중임. ○ 2차 멘토링: 멘제의 중점업소를 판촉하여 업주와 멘제의 우호관계에 도움을 주었으며, 특히 업주가 최형호 상무 및 신제품 개발실 직원들 앞에서 멘제(정현모)의 성실함을 칭찬하여 멘제의 임무에 대한 보람감을 느끼는 좋은 계기가 되었음.
차기추진 예정사항	○ 2월 1일: 멘제 지역(석촌호수)에서 멘토링 실시 예정 ○ 2월 15일: 멘토 지역(상암경기장)에서 멘토링 실시 예정 　⇒ 2월부터는 강도 높은 외국어 교육 실시 예정

12. 멘토링 월간 활동 보고

월　차	2003년 11월	멘토 성명	정우식	멘제 성명	정현모
Meeting 일자	1차: 11월 6일		Meeting 장소	1차: 강남역	
	2차: 11월 24일			2차: 강남역	
	3차: 11월 30일			3차: 석촌호수	
	4차:			4차:	

Meeting 목적	1. 11 / 06, 11 / 24: 멘제 독려 2. 11 / 30: 체력강화 활동
활동내용 (가능한 자세히 기술)	○ 1차 미팅: Value Driver1 TFT 중장기신제품 개발계획 관련 워크숍 종료 후 최형호 상무를 비롯하여 신제품 개발실 전원 참석하에 멘제인 정현모 사원의 담당 상권인 강남지역 방문 및 판촉활동→워크숍에서 도출된 대략적인 내용 등을 설명함. ☞ 회사상황에 대한 장기적 비전을 제시하여 현 상황이 당장은 어렵고 힘들지 모르지만 향후 수년 내에 긍정적으로 변화될 수 있음을 설명. ○ 2차 미팅: 현재 진행 중인 산소주 프로모션업소 　(멘제 담당 중점업소) 판촉활동 • 참석자: 성재철 부시장님, R&D 박경준 상무님 및 10명 　Value Driver1 TFT 최형호 상무님 및 전원 참석. • 개인적으로 미팅을 가지려 했으나 지속적인 산소주 행사로 개인적인 시간을 내기 어려워 멘제의 중점업소인 "선녀와 나뭇꾼"을 방문하여 판촉활동 실시→추운 날씨에 고생이 많다며 부시장님 이하 상무님들로부터 멘제 격려를 받음. ☞ 멘제의 회사에 대한 로얄티 증대 및 영업부서에서는 전혀 교류가 없었던 R&D 부서 직원들과의 커뮤니케이션 기회 제공. ○ 3차 미팅: 체력강화 활동 및 다음 활동에 대한 스케줄링 멘제 조깅화 및 의류 구입, 석촌호수(멘제 거주지역)에서 1시간가량 조깅 실시.
결과 / 의견	○ 2차 멘토링 결과 지난번 중점업소 "선녀와 나뭇꾼" 판촉으로 업주와의 유대관계가 더욱 강화되었다고 함. ○ 3차 멘토링 결과: 멘토링 활동은 각자 소속부서에 영향을 주지 않도록 함 ☞ 앞으로도 강남지역 판촉 시에는 멘제의 중점업소를 방문하기로 약속. 주말(휴일)을 이용한 멘토링 활동의 강화(11 / 30일) 실시는 나태해지기 쉬운 주말에 선후배 간의 부담 없는 대화의 기회가 되었음.
차기추진 예정사항	○ 월 2회 주말을 이용한 체력증강 활동 실시 차기는 12 / 14(일) 멘토의 거주지에서 멘제와 함께 운동 후 집에서 식사를 약속. 체력활동에 필요한 용품은 회사에서 지원하는 비용과 개인 비용으로 충당하기로 함. ※11 / 30: 멘제 마라톤화 및 의류 구입

13. 멘토링 월간 활동 보고

월 차	2003년 12월	멘토 성명	박제용	멘제 성명	설승옥
Meeting 일자	1차 : 1월 1일		Meeting 장소	1차 :보길도	
	2차 :			2차 :	
	3차 :			3차 :	
	4차 :			4차 :	

Meeting 목적	새해 첫날 가족 간의 만남을 통해 1 : 1 공적인 관계가 아닌 사적인 만남으로 확대 도모
활동내용 (가능한 자세히 기술)	○ 가족 간의 만남이었기에 연애과정, 가족상황 등에서 주로 사적인 대화 위주였음. ○ 주로 설승옥 씨 와이프는 직장이 집에서 멀어 판촉 후 택시를 이용하는 경우가 많아서 가계에 부담이 된다고 하면서 MIT 때보다는 경제적으로 여유가 생겨 행복하다고 함. ○ 현재 생활에 만족하고 있는 듯하며 새해에는 2세를 보기를 희망함. ○ 인천지점에서의 6개월간 생활이 설승옥 씨 생활에 있어서 가장 빨리 지나갔다고 생각될 정도로 분주하고 정신없는 시간이었지만 긴장감을 가지고 생활하다 보니 잘 적응하고 있다고 함. ○ 1월은 설명절이 있어서 바쁠 것으로 예상하나 추석명절을 경험했기 때문에 큰 문제는 없을 것이라고 함. 12월 말일은 연마감에 월마감이라 정신적으로 부담이 많았으나 만족하지는 않지만 무사히 마감했다고 함.
결과 / 의견	○ 가족 간의 만남을 통해 회사 선후배 관계 이상의 좋은 관계를 유지할 수 있는 계기가 됨. ○ 서로 바쁘다는 핑계로 연락도 자주 못한 것에 대해 미안함을 표시하고 회사의 선배뿐 아니라 인생의 선배로서 좋은 모범을 보여주어야겠다는 생각을 함.
차기추진 예정사항	○ 가능한 한 가족들과 야유회(스키장 또는 놀이동산) 예정. ○ 설날이 있어서 주말에 시간을 내기 힘들 경우 온–라인을 통해서 영업공부를 같이 하기로 함. ○ 명절 후에 음용판촉도 실시 예정

공기관 – 3 경기도공무원교육원

멘토링 실시계획 및 평가제도

○ 신규공무원과정에 입교하는 신규공무원의 신속한 적응능력과 실무능력 향상
  을 위한 멘토링 도입 · 실시

추진배경

- 신규교육대기자 적체 해소를 위해 교육기간 단축
  - ('06) 3주 ⇒ ('07) 2주
  - '06년 말 현재 교육대기 중인 신규임용자: 2,089명
- 교육시간 축소에 따른 효과적인 목표 달성 곤란
  ⇒ 멘도링 도입 · 시행

기본 방향

- 신규입교자의 소속 상위직급 공무원 중 인격과 능력 면에서 귀감이 되는 자
  를1) **멘토**로 하고, 해당 교육생은 **멘제로 지정**
- 공직선배 공무원과 후배 공무원 서로 장 · 단점을 지적하는 **양방향 지도방식**

---

1) **멘토(Mentor)**: 현명하고 신뢰할 수 있는 상담 상대, 지도자, 스승, 선생의 의미이며, 멘토
   의 상대자를 **멘제(menger)** 또는 멘티(Mentee), 멘토리(mentoree), 프로테제(Protege)라 함.

(Two - Way 방식)의 **멘토링** 실시
• 멘토링 효과분석 실시 및 평가, 우수사례 발굴 · 포상

추진 개요

• 운영기간: 2007. 3. 5. ~2007. 12. 31.
• 운영과정: 1개 과정(신규공무원과정)
• 참여인원: 3,600명(일반직 및 연구직 3,450명, 기능직 150명)
• 운영방법
  - 신규과정 교육생 1인 1멘토 지정 · 운영
  - 교육생의 부담감 해소와 여건을 감안 자율적인 운영방식 채택
  - 멘토에게는 멘토링 관련 자료 배포
  - 멘제는 멘토링에 대한 설명시간 교육과정에 편성
• 내 용: 공직생활 관련 전반적인 사항에 대한 멘토링

세부 추진계획

• 추진시기: 2007년 제1기 신규공무원과정 운영 시부터
• 멘토(Mentor)와 멘제(Menger)의 구성: 신규공무원 1인 1멘토 지정
  - 멘토: 신규공무원과정 입교자의 동일부서 7~6급 공무원 중 공 · 사생활에
        모범적이며 후배들의 사표로서 존경받는 자
  - 멘제: 신규공무원과정 입교자
• 멘토 / 멘제 지정
  - 신규공무원 과정 입교자 소속기관 부서장의 주관하에 교육 입교 전 멘제 /
    멘토 결연식 실시
    ※ 멘제 / 멘토 결연식은 멘제 / 멘토 선서문(별첨1)에 서명함으로 대체
  - 신규공무원 교육 입교 시 멘제 / 멘토 선서문 사본 제출
    ※ 발령대기자는 제외(발령 즉시 결연식 실시)
  - 선서문 사본 미제출자는 제출 시까지 수료통보 연기
• 멘토 / 멘제 교육 및 멘토링 실시
  - 멘토: 멘토링 가이드(실시방법 및 기법) 책자 제작 지급

※ "멘토링 가이드" 제작 중: 신규공무원과정 교육 시 교육 입교자에게 지급
- 멘제: 교과과정 중 멘토링 교과목(2~3시간) 편성, 교육 실시
  ※ 교육내용은 멘토링의 이해, 기대효과, 멘제 / 멘토의 역할 등
- "멘토링 가이드"를 참고하여 멘토링 실천 계획을 수립하여 주 1회 이상 수시 만남을 통해 실시: 멘토링 일지(멘토링 가이드 참조) 작성
- 멘토링 실시 주요 분야
  - 멘토의 풍부하고 다양한 공직경험 공유
  - 공무원으로서의 사명감과 책임의식 고취
  - 기존 업무처리방식 장·단점 지적 및 정보화 능력 등 기타 업무와 관련한 의견 제시
  - 직무와 관련된 의견 및 고충에 대한 멘토 / 멘제 간의 격의 없는 대화
- 기대효과

<table>
<tr><td colspan="1">개 인 차 원</td><td>조 직 차 원</td></tr>
<tr><td>
▶ 공직자로서의 자신감 획득, 권위 향상
▶ 멘토와 멘제의 상호 지속적인 성장의 계기
▶ 신규자의 확실한 성장목표 정립
▶ 조직생활에서의 성취감 고취
▶ 폭넓은 인적 네트워크 형성
</td><td>
▶ 대상자들의 책임의식 고취 등 조직문화 강화 및 유지
▶ 세대 간 갈등에 대해 대화를 통한 '우리'라는 공직풍토 조성
▶ 구세대와 신세대의 공직자상 공유

 신·구 조화를 통한 조직 내 시너지효과 창출
</td></tr>
</table>

평가 및 포상

- 효과분석은 3개월 단위로 실시
  - 도·시·군에서는 3개월 단위로 멘토링 추진사항(멘토링 가이드 참조)을 취합·제출
  - 추진사항 분석 후 취약점 보완
  - 우수사례집 제작·배포

- 멘토링 활동 우수자 포상
  - 매년 12월 31일 기준 6개월 이상 활동한 자를 대상으로 시·군별 자체평가 후 시·군별 우수자 2개 조(4인: 멘토 / 멘제) 도에 추천
    ※ 교육원 자체 심사위에서 도 및 시·군별 우수 조(멘토 1, 멘제 1) 선발
  - 멘토링 우수자 포상 및 해외연수 실시: 포상 및 해외연수 인원은 도 및 시·군별 2인(멘토 / 멘제 각 1인)
    ※ 소요예산: 5,000천 원×2인=10,000천 원('08년 본예산에 도·시·군별 확보)
- 포상시기: 익년도 초 실시

행정사항

- 신규공무원과정 입교 대상자는 교육 등록 시 멘제 / 멘토 선서문 사본 제출
- 신규교육과정 담당자는 교육생이 멘토링을 이해할 수 있도록 설명시간 편성·운영
- 시·군 협조사항
  - 교육 수료 후 멘토링이 활성화될 수 있도록 독려
  - 해외연수 예산 확보

멘토링 활동평가 시스템

- □ 평가종류
  - ○ 개인평가, 기관평가
- □ 평가방향
  - ○ 시·군의 멘토링 추진 담당자 및 멘토셀(멘토 / 멘제)의 동기부여
  - ○ 우수 멘토셀 혹은 멘토링 우수 시·군으로 선발되지 않은 멘토셀이나 시·군의 이의제기 요소 사전 배제
- □ 평가시기: 신규공무원과정 수료 후 3월마다 1회(연 4회)
- □ 평가방법

(1) 시·군별 개인평가:

① 3개 또는 5개 멘토셀(멘토 1, 멘제 1)을 1조(시·군의 사정에 따라 홀수개
의 멘토셀을 1개 조로 조 편성)를 편성한다.

(붙임1)

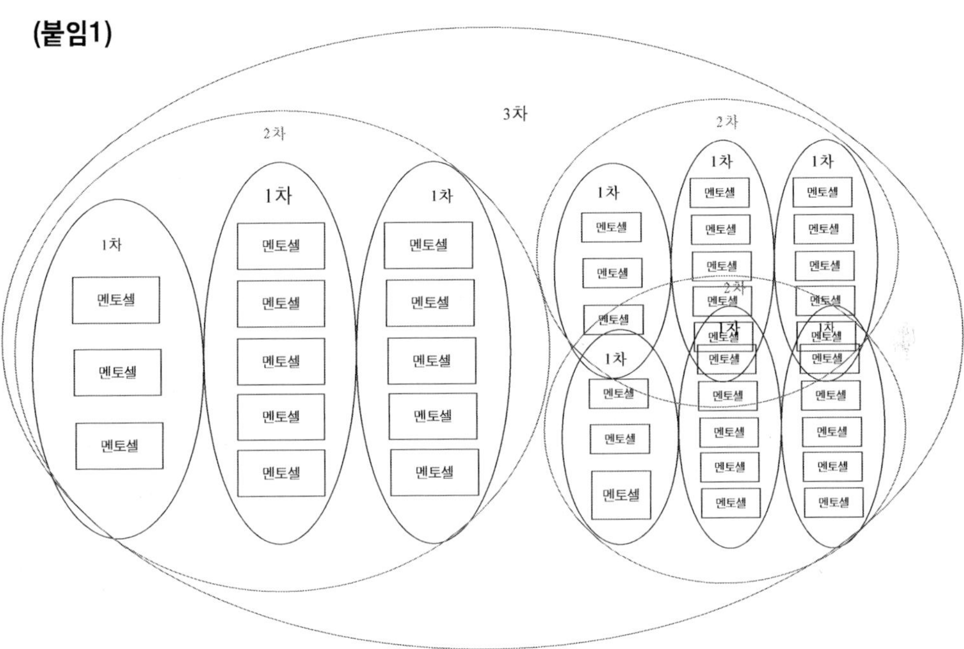

② 각 조별로 멘토링 일지, 발표 pt자료 등을 토대로 멘토링 발표회를 자율적
으로 갖는다.

③ 발표 결과를 바탕으로 조별로 토론을 거친 다음, 각 멘토셀(멘토와 멘제가 상
의하여 1개를 선정)은 자신이 속한 조에서 가장 우수하다고 판단되는 멘토셀
을 우수멘토셀선정표(붙임1)에 추천(멘토셀 자신을 추천할 수 없음)한다.

④ '③'의 추천 결과에 의해 최다 추천 받은 자를 해당 조의 최우수 멘토셀로
선정(최다 추천 받은 멘토셀이 2이상일 경우는 최다 추천 받은 멘토셀만을
대상으로 다시 추천)

⑤ '④'에서 선정된 우수 멘토셀끼리 다시 '1'에서 '4'를 시차를 두어 반복함으
로써 시·군별로 우수, 최우수 멘토셀을 선정한다.

(2) 기관평가

① 멘토링 발표회 참가 멘토셀 수÷신규공무원과정 수료자 수×100

② 'Ⅰ-③'에 의한 추천된 멘토셀 수÷멘토링 발표회 참가 멘토셀 수×100

③ ('①' + '②') × (1＋해당 시·군의 멘토셀 수÷평가 대상 시·군 멘토셀의 총합계)

④ '3'의 수치를 비교하여 우수기관 선정

⑤ '4'의 결과 동점일 경우 해당 시·군만 현지실사

※실사내용: 멘토링 일지, 멘토링 발표회 관련 자료, 멘토링 관련 전문교육 실적, 단체장의 관심 여부 등

(   )조 최우수 멘토셀 선정표

멘토셀 번호	멘토셀		멘토링 발표회 참석여부	멘토링 발표여부	발표내용	발표자료
	멘토성명	멘제성명				
1						
2						
3						
4						
5						

우리 조의 최우수 멘토셀로서

멘토셀 번호	멘토셀	
	멘토성명	멘제성명

를(을) 추천합니다.

2007년   월   일

추천자:

멘토셀 번호	멘토셀	
	멘토성명	멘제성명
	(인)	(인)

○○시장·군수 귀하

(붙임2)

(○○시·군) 멘토링 발표회 점수표

(2007.   .   )

조 번호	멘토셀 번호	멘토셀		1차	2차	3차	4차	5차
		멘토성명	멘제성명					
1	1							
	2							
	3							
	4							
	5							
2	1							
	2							
	3							
	4							
	5							
3	1							
	2							
	3							
	4							
	5							
4	1							
	2							
	3							
	4							
	5							

(붙임3)

(○○시·군)멘토링 발표회 조 편성표

(2007. .)

조 번호	멘토셀 번호	멘토셀	
		멘토성명	멘제성명
1	1		
	2		
	3		
	4		
	5		
2	1		
	2		
	3		
	4		
	5		
3	1		
	2		
	3		
	4		
	5		
4	1		
	2		
	3		
	4		
	5		

조 번호	멘토셀 번호	멘토셀	
		멘토성명	멘제성명
5	1		
	2		
	3		
	4		
	5		
6	1		
	2		
	3		
	4		
	5		
7	1		
	2		
	3		
	4		
	5		
8	1		
	2		
	3		
	4		
	5		

(별첨1)

멘토 / 멘제 선서문

□ **멘토(Mentor)의 선서**

저희는 제1회 멘토링 파트너십 멘토로 선정됨을 자랑스럽게 여기며 직장상사와 동료, 멘제 앞에서 다음과 같이 선서합니다.

첫째, 저는 멘토의 직분을 소중히 여기며 멘제의 성장을 위해 깊은 관심과 노력을 기울일 것을 다짐합니다.

둘째, 저는 멘토로서 언제나 바른 생각과 바른 마음으로 항상 모범이 되어 멘제의 역할 모델이 되겠습니다.

셋째, 저는 멘토링 과정에서 알게 된 멘제의 비밀을 언제나 보호하겠습니다.

2007년   월   일

소속: 시   과, 직급: 성명: (서명)

□ **멘제(Mentee)의 선서**

저희는 제1회 멘토링 파트너십 멘제로 선정됨을 자랑스럽게 여기며 직장상사와 동료, 멘토 앞에서 다음과 같이 선서합니다.

첫째, 저는 멘제의 직분을 소중히 여기며 멘토와의 상호 존중과 신뢰를 바탕으로 항상 겸허한 노력을 기울일 것을 다짐합니다.

둘째, 저는 멘제로서 언제나 바른 생각과 바른 마음으로 항상 모범이 되며 조직 내에서의 발전과 성장을 위해 최선을 다하겠습니다.

셋째, 저는 멘토링 과정에서 알게 된 멘토의 비밀을 언제나 보호하겠습니다.

2007년   월   일

소속: 시   과, 직급: 성명: (서명)

공기관 - 4 *육군항공학교

멘토링 제도 도입 시행계획서

논산에 위치한 육군항공학교는 군부대 헬리콥터 조종사를 양성하는 곳입니다.

학교장인 백병기 준장은 미국 포병학교의 멘토링 자료를 접하고 멘토링 도입을 준비하던 중 황준석 소령을 담당자로 선정하여 금번 조종사 입교생을 멘제로, 영관급을 멘토로 연결하여 약 10개월간 제1기 멘토링 활동을 출발시켰습니다.

멘토링코리아에서는 금번 군부대에서 최초로 제도적 멘토링 프로그램을 도입하는 데 의의를 두고 학교장의 건의를 받아들여 계속 멘토링 활동이 성공할 수 있도록 자문역을 수락하고 1차로 11월 3일 특강 시간을 마련하여 학교 간부들과 멘토/멘제들을 상대로 학교현장에서 특강이 있었습니다.

회원들께 항공학교 멘토링 제도 시행계획서(황준석 소령 작성)를 제공해 드립니다. 특히 군부대에서 멘토링 제도를 도입하는 데 귀한 자료로 활용하시기 바랍니다.

1. 특강일시: 11. 03.(수) 10:00 ~ 12:00
2. 장   소: 육군항공학교 계백관 강당
3. 대   상: 항공학교 준사관 이상 전 간부
   계급구조는 준위부터 학교장님인 백병기 준장까지입니다.
   인원은 다소 변동이 가능하겠습니다.

4. 강   사: 멘토링코리아 류재석 소장님

5. 강연내용: 멘토링의 공감대 형성에 필요한 내용

(원리, 역할, 효과, 군 활성화 방안 등)

6. 강의자료: 지도강사가 수강용으로 제공하는 자료

1) 멘토링 강의안 ppt－32p

2) 멘토링 동영상－12분용

3) 강사소개와 특강 시간 배정표－3p

7. 특 강 료: 강사비 지급기준에 의한 특강료

8. 기   타: ppt자료와 동영상은 미리 보내주시면 저희가 강당 내 프로젝트를
준비하겠습니다.

9.주   관: 육군항공학교 교장(멘토링 담당 황준석 소령)

문서번호	3대대37360 －
보존일자	2004. 12. 31
공개여부	공 개
결재일자	2004. 10.

★기안자	교육단장	교수부장	학 교 장
소령 황준석			
협 조	행정부장:		교무처장:

홍보여부: 　

1. 개 요

1) 추진배경

• 조종사 양성과정 입교 학생들의 육군항공 / 군(軍)에 대한 비전과

• 올바른 방향을 제시하고 교육과정 조기적응을 도모하여

• 안정되고 효과적인 교육훈련으로 정예 전투항공장병 육성의 학교장 지휘의도
구현

※**멘토링(Mentoring) 이란**   관련 근거: 인터넷

조직이나 사회에서 경험이 많은 사람이 향후 발전방향이나 대인관계 개발에 관한 모든 정보, 피드백 등을 공개 또는 비공개적으로 제공하여 그들의 발전에 영향을 미치고 도움을 주는 멘토와 도움을 받는 멘제 사이의 발전되는 상호영향을 받는 모든 활동(멘토: 도움을 주는 사람, 멘제: 도움을 받는 사람)

☞ **전우조 활동, 후견인 제도 등이 군에서의 대표적인 사례**

2) 추진방향

• 학교실정에 맞는 멘토링 제도 적용방안 강구
• 제도 시행 간 예상되는 제한사항 및 극복대책 제시

2. 멘토링 제도 시행방안

□ **고려방안**

구 분	방 안 #1	방 안 #2
멘토링 대상	○ 조종사 양성과정으로 한정	○ 조종사 양성과정＋고군반 장교는 중간 멘토로 활용
멘토 선정	○ 준사관 이상 전 간부 중 희망자 (중령 이상 간부는 의무화)	○ 준사관 이상 전 간부 중 특정부서 (예: 교수부) 희망자
연 결 형 식	○ 1(멘토): 1～2(멘제) 연결	○ 1: 다수(멘제) 연결
활 동 기 간	○ 정입교～수료 시까지 멘토／멘제 지속(수료 후에도 관계지속 권장)	○ 입교～수료기간 중 멘토를 상황에 맞도록 변경 운용 예) 1대대 → 2대대 → 3대대
위원회 편성	○ 추진위원장: 학교장(교수부장) (위원: 행정부장, 교육단장, 대대장, 학생대장)	○ 추진위원장: 교육단장 (위원: 1, 2, 3대대장, 학생대장)
활 동	○ 멘토／멘제 자유로운 활동 보장 (권장 활동내용만 명시)	○ 지침(횟수, 방법 등)설정 활동지시
활동비 지 급	○ 소정의 멘토링 활동비 지급	○ 모든 활동 비용 자체 해결

□ 장·단점 분석

구분	방 안 #1	방 안 #2
장점	○ 1개 과정에 집중적인 제도 적용 ○ 자율적인 활동으로 효과 증대 ○ 질적으로 높은 멘토링 가능	○ 중간 멘토의 활용으로 효과 증대 (고군반 입교기간)
단점	○ 일부 과정에만 적용 / 시행 ○ 관심소홀 시 활동저조로 낮은 효과	○ 빈번한 멘토 변경으로 혼란 우려 ○ 질적으로 낮은 멘토링 우려

□ 소결론 / 결심

구 분	방 안 #1	방 안 #2
소결론	○	△
결 심		

3. 추진계획

□ 중 점

- 멘토와 멘제의 상호 인격수양 및 전인교육에 기여
- 육군항공의 첫 입문에 따른 조기적응과 생활안정 유도
- 피교육생의 애로사항 수렴과 조언으로 교육훈련 저해요소 제거

□ 방 침

- 조종사 양성반을 대상으로 하며 #04 - 4기부터 멘토링 적용 실시
- 멘토링 기간은 양성과정 기간인 35주를 기본으로 설정 (준사관 과정: 41주)
- 추진 / 평가위원회 구성으로 지속적인 멘토링의 추진 및 정착화
- 멘토 그룹은 항공병과 장교 및 준사관(준사관 과정)으로 한정
    - ○ 중령 이상 간부: 의무 / 소령 이하 간부: 희망자 및 위원회에서 선정
    - ○ 대령급 간부: 매 기수별 선임 멘토로 선정
- 멘토링 활동은 인트라넷, 대면, 서신, e -mail 등 모든 분야에서 실시
    - ○ 최대한 자율적인 활동보장으로 효과증진 도모
- '1 : 1' 연결을 기본으로 하며 과정중복이 많을 시 '1 : 2' 연결
- 모금계획에 의거하여 소정의 멘토링 활동비 지급(결연식 시)

□ **일반 계획**

- 일 시: '04년 10월~계속
- 대 상

구 분	멘 토(후견인)	멘 제
대 상	학교기간 장교 및 준사관	조종사 양성반 #04 - 4기 ~

- 단계별 추진계획

기 간	단 계	세부 추진내용
'04. 9. 20.~10. 5.	사전 검토 단계	• 추진계획 수립 / 지휘관 결심
10. 6.~10. 15.	시행준비 단계	• 멘토 선정 / 추진위원회 회의 • 멘제 요구사항 수렴(설문조사) • 멘토링 특강 초빙강연 • 인트라넷에 사이버 멘토링 공간 구성
10. 16.~ 계속	시행 단계	• 제1기 결연식(조종 #04 - 4기) • 멘토링 활동 전개 - 대면, 인트라넷, 서면, e - mail 등
'04. 12.~ 계속	평가 단계	• 멘토링 활동 중간 / 최종평가 실시 • 평가 결과에 따른 대안 제시 / 적용 • 추진 / 평가위원회 개최
'05. 2. 7.~ 계속	사후 관리	• 활동 종료 후 멘토 / 멘제 소감문 작성 • 우수 멘토 / 멘제 선정 및 포상 • 보완 및 발전방향 도출 및 적용

□ **세부 추진계획**

- 시행준비 단계
  - ○ 멘토 그룹 선정(붙임#2 참조)
    - -기 간: 매 기수 가입교 1주차(조종 #04 -4, 5기 멘토 선정: '04. 10. 7.(목)~13.(수)
    - -대 상: 중령 이상 기간간부 전원 / 준사관 이상 간부 중 희망자
    - -모집방법: 공문으로 하달 / 희망자 부족 시 추진위원회에서 적임자 선정
  - ○ 멘제 요구사항 의견 수렴
    - -기 간: '04. 10. 7.(목)~11.(월)
    - -대 상: 조종 #04 -2, 3, 4기

- 방 법: 설문조사
- 조 치: 교육기간 중 피교육생들이 필요로 하는 사항들을 정리 / 멘토에게 제공
○ 멘토링 추진 / 평가위원회 개최(붙임#3 참조)
- 일시 / 장소: 10. 15.(금) 14:00 / 교수부장실
- 내 용: 멘토 선정, 멘토 / 멘제(조종 #04 - 4기) 1 : 1 연결
- 고려사항: 신상명세서를 기초로 공감대 형성 가능한 멘토 - 멘제 편성 (출신, 학연 배제)
○ 학교 홈페이지(인트라넷)상에 사이버 멘토링 공간 구성(붙임#4 참조)
○ 공감대 형성을 위한 멘토링 특강 초빙강연
- 일시 / 장소: 11. 03.(수) 10:00 / 계백관
- 대 상: 조종 #04 - 4기, 학교 준사관 이상 전 간부
- 강의내용: 멘토링 기본 이해, 군에서의 활성화 방안 등
- 강 사: 류재석 소장(멘토링코리아 대표)

• 시행 단계
  ○ 항공학교 제1기 멘토링 결연식
  - 일시 / 장소: 매 조종과정 정입교식과 함께 멘토링 결연식 실시 (조종 #04 - 4기 결연식: 10. 16.(토) / 계백관)
  - 대 상: 입교식 행사인원 및 담당 멘토 전원
  - 주 관: 학교장
  - 행사진행: 인사과
  ○ 멘토링 활동 전개
  - 방침: 활동은 멘토와 멘제에게 위임하되 최소 2개월에 1회 이상의 활동 권장(활동의 의무화 규정 시 수동적인 자세로 목적과 상반되는 결과 우려)
  - 방법: 조종사 양성기간 동안 대면, 학교 홈페이지, 서신, e - mail 등을 활용 실시

방 법	세부 활동내 용	비 고
대 면	• 교육기간 중 만남을 통한 멘토링 - 일과 후 동석 저녁식사, 점심식사 - 주말을 이용한 집으로 초대 / 대화의 시간 - 체력단련시간을 같이 활용(일과 후 구보 등) - 취미활동, 종교활동 공유 ☞ 멘토의 적극적인 의지가 중요한 관건	
학교 홈페이지 / e -mail(사이버)	• 대면의 시간이 부득이 적을 시 또는 무관하게 활용 • e -mail: 인터넷 e -mail을 이용한 사이버 면담 및 멘토링	붙임#4 참조
서 신	• 멘토 / 멘제 상호 情이 담긴 서신을 활용하여 활동	

○ 멘토링 활동내용 보고 / 개인 활동카드 작성

 - 방법: 학교 홈페이지(인트라넷) 사이버 보고

 - 포함내용: 홈페이지 보고양식에 맞춰 육하원칙 보고

 - 활용: 우수 멘토 / 멘제 선정 자료 및 사후 관리 시에 활용

• 평가 / 사후 관리 단계

○ 중간평가 / 최종평가

 - 방침: 교육과정 중 2회의 멘토링 평가 실시(조종#04 -4기는 최종평가만 실시)

 - 내 용

구 분	중 간 평 가	최 종 평 가
시 기	교육과정 15주차	교육과정 35주차 (준사관 과정 41주차)
방 법	• 멘토링 추진 / 평가위원회 회의 - 내용: 인트라넷상 활동실적 종합, 멘제 그룹 설문을 통한 분석, 활동 실적과 설문조사를 바탕으로 발전방향 도출 및 전파 / 반영	

○ 멘토 / 멘제 소감문 작성

 - 시 기: 조종사 양성반 졸업주차

 - 대 상: 해당 멘토 / 멘제

 - 활 용: 우수사례는 인트라넷 탑재 및 홍보, 문제점은 차기 멘토링 시

 보완 · 반영

○ 베스트 멘토 / 멘제 선정 및 포상
　－시 기: 조종사 양성반 졸업주차 추진위원회 최종평가 시
　－방 법: 활동실적 종합, 효율적인 멘토링의 방안을 적용하여 효율성을 높
　　　인 조 선정
　－선정인원: 멘제 / 멘토 1개 조
　－포상내용: 문화상품권 5만 원

4. 예상되는 제한사항 / 극복대책

□ **예상 제한사항**
　• 멘토링 제도의 공감대 형성 부족
　• 제도의 지속성 유지 미흡
　• 멘토 선정 / 멘토링 활동

□ **극복대책**

제한사항	세부 극복대책	비 고
제도의 공감대 형성	• 홍보의 강화 ○ 제도 시행 전 상황보고 시 소개교육 ○ 전 간부 대상 계획 전파 및 대대회의 시 홍보교육 실시 ○ 학교 홈페이지에 홍보 / 사이버 공간 개설 ○ 외부 강사 초빙강연 통한 멘토링의 이해(대상: 전 간부) ○ 교관 워크숍 시(연 1회) 멘토링 교육 의무화 • 도서관 멘토링 관련 서적 구매 / 비치 ○ 『멘토링 성공사례집』(출판사: 멘토링코리아) 외 다수	
제도의 지속성 유지	• 추진 / 평가위원회의 적극적인 활동 ○ 지속적인 평가 및 모니터링으로 발전방향 제시 ○ 매기별 베스트 멘토 – 멘제 포상으로 동기 유발 ○ 창의적인 멘토링 사례 발굴 및 적극홍보 / 개인포상 ○ 사이버 공간에서의 활동 강화(자료 게시, 홍보 등) • 장기적으로 단위대 병사 – 간부 간 멘토링 적용 • 지휘관 및 위원장의 강한 실천 의지	
멘토 선정 / 활동	• 적극적인 홍보활동으로 지원자 유도 • 멘토의 자긍심과 자부심 유도 ○ 우수 멘토 포상, 타의 모범이 되는 자로 명시(자격) • 활동은 기본 지침만 정하고 최대한 자율 부여	붙임#2 참조

5. 결 론

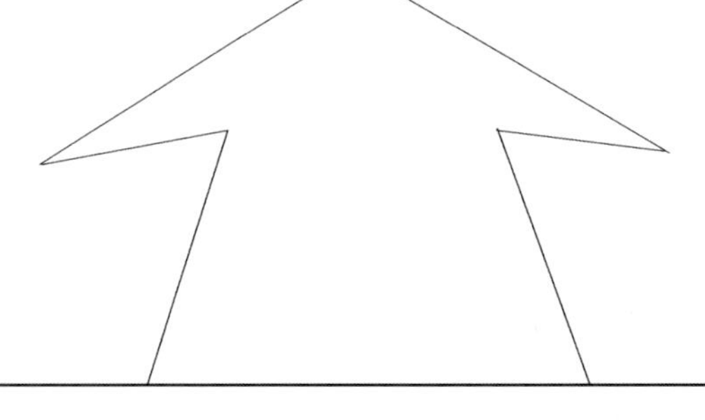
• 멘토 – 멘제 상호 발전 / 육군항공 리더로서의 조기적응
• 학교장 지휘의도인 정예 전투항공장병 육성에 기여
적극적이고 능동적인 멘토링 활동
/ 지속적인 사후 관리
• 전 간부의 공감대 형성
• 지휘관의 강력한 의지 / 제도의 뒷받침
• 치밀한 계획과 훌륭한 멘토와의 연결

붙 임 #1. 멘토링의 유래 / 원리 / 기대효과

□ 멘토링의 유래

멘토(Mentor)라는 말의 기원은 그리스 신화에서 비롯된다. 고대 그리스의 이타카 왕국의 왕인 오디세우스가 트로이 전쟁을 떠나며, 자신의 아들인 텔레마쿠스를 보살펴 달라고 한 친구에게 맡겼는데, 그 친구의 이름이 바로 멘토였다. 그는 오디세이가 전쟁에서 돌아오기까지 텔레마쿠스의 친구, 선생님, 상담자 때로는 아버지가 되어 그를 잘 돌보아 주었다. 그 후로 멘토라는 그의 이름은 지혜와 신뢰로 한 사람의 인생을 이끌어 주는 지도자라는 의미로 사용되고 있음.

□ 원 리

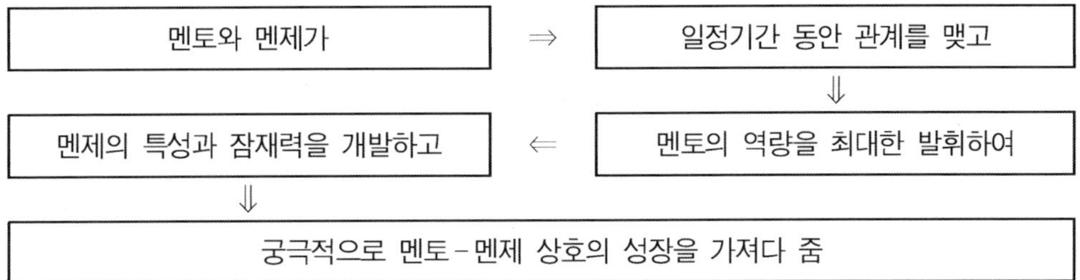

□ 기대효과

대 상	기대효과
멘 제	○ 활동을 통한 조기적응 및 자신감 획득 ○ 조직생활에서의 성취감 ○ 조직에서의 명확하고 확실한 비전과 목표 설정
멘 토	○ 조직 내 위치에서의 자신감 확보 ○ 동료들로부터의 존경과 인정 / 멘제로부터의 감사와 존경 ○ 멘제 성장에 따른 자신감 / 성취감 획득 ○ 조직 공헌에 대한 자부심
조 직	○ 육군항공 입문에 대한 자부심 고양으로 긍정적 마인드 조성 ○ 조직에 조기적응으로 교육훈련 등 효과 증대 / 전인교육 실시

붙 임 #2. 멘토 그룹 선정

□ 방 침
- 장교과정의 멘토는 장교 / 준사관 과정의 멘토는 장교 및 준사관
- 멘토 인원을 고려 1명의 멘토가 2개 과정 멘제와 연결 가능
  예) 1명 멘토: 조종 #04-4기 멘제 1명, #04-6기 멘제 1명(2개 기수 간격)
- 매 과정 입교 시 멘토 모집 / 선정(대령급은 선임 멘토로 활용)

□ 자 격 / 제한자
- 자 격
  ○ 학교 항공병과 준위 이상 전 간부(중령급 이상 장교는 멘토 역할 의무)
  ○ 지원자 부족 시 추진위원회에서 적격자 선정 및 개별 통보
- 제한자
  ○ 위 자 중 경징계 이상의 처벌을 받은 경험이 있는 자
  ○ 추진 / 평가위원회에서 기타 등의 이유로 멘토의 역할이 불가하다고 판단한 자
  ○ 연습강의 준비 중인 교관(연습강의 후 멘토 선정) / 활동기간 내 전출예정자

□ 멘토 가능자 판단

구 분	계	장 교				준사관
		대 령	중 령	소 령	대 위	
인원						

□ 멘토 선정방법

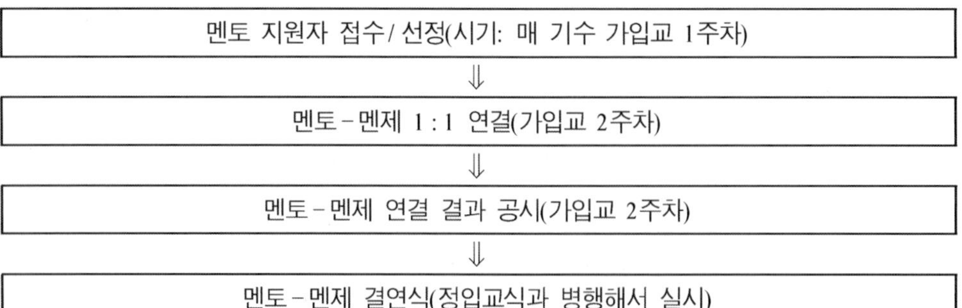

붙 임 #3. 멘토링 추진 / 평가위원회

□ 목 적
학교 멘토링 활동을 주관하고 총괄함으로써 지속적인 멘토링 활동이 정착되게 하는 데 있음.

□ 구 성
• 1안

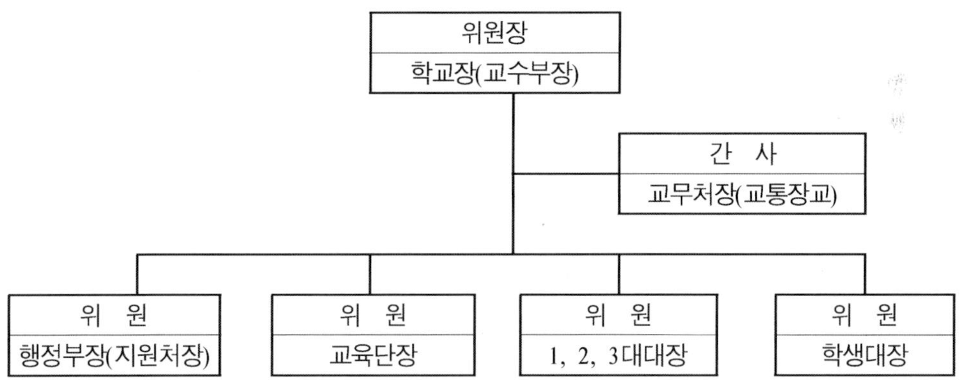

• 2안

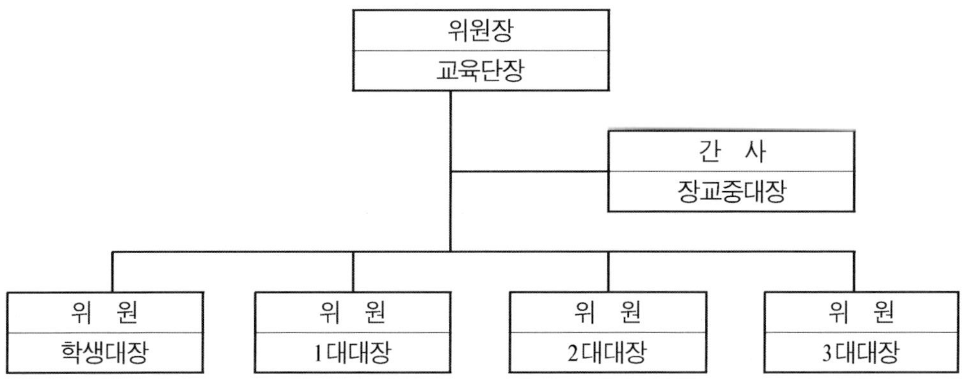

□ 활 동

- 멘토링 매 과정 간 준비 – 실시 – 평가의 과정 총괄
- 지속적인 공감대 형성을 위한 활동 주관(초빙강연 등)
- 중간 / 최종평가 주관을 통한 멘토링 평가와 발전방향 제시
  ○ 중간평가회의: 15주차 / 최종평가회의: 35주차
  ○ 베스트 멘토 / 멘제 선정 및 포상

붙 임 #4. 사이버 멘토링 구성

□ 개 요

멘토링 활동방법의 하나로서 학교 홈페이지를 이용한 사이버 공간에 활동망 구축

□ 제작기간: '04. 10. 7. ~ 10. 31.

□ 제작 책임관: 전산실장

□ 세부 구성내용

포함목록	내 용	비 고
공지사항	○ 추진 / 평가위원회 실무자에 의한 멘토링 관련 공고사항 탑재 (멘토링 활동비 사용내역 공개 등)	운영자
자유게시판	○ 멘토 – 멘토의 자유게시판으로 멘토링과 관련되어 자유스러운 내용을 게재, 자연스런 분위기 조성	전 간부
자료실	○ 멘토링과 관련된 대외 / 대내 여러 자료를 게시함으로써 전 간부의 공감대 형성에 기여	
Q / A	○ 궁금한 사항을 질문 / 답변을 통한 멘토링	
활동보고서	○ 멘토의 활동 후 인트라넷으로 활동사항 입력 – 멘토 / 멘제 성명 – 멘제 기수 – 언제 / 어디서 – 활동내용	멘토

※ 사이버 멘토링 적용 사례 참조: 여군발전단 홈페이지

붙 임 #5. 멘토링 활동비 모금 / 사용계획

□ 개 요

멘토링 활동 간 소정의 활동비를 지급함으로써 멘토의 사기 및
책임감 고취로 적극적인 활동 유도

□ 방 침

- 모금 대상은 지휘부(학교장님), 교육단, 1, 2, 3대대, 학생대
- 조종사 양성과정 가입교 2주차 시 모금
- 멘토 개인당 결연식과 함께 활동비 2만 원씩 지급

□ 세부 모금 / 사용계획

- 모 금

단위: 만 원

계	학교장님	교육단	1대대	2대대	학생대
32	5	5	10 (본부 2, 중대 8)	10 (본부 2, 중대 8)	2

- 사용계획

단위: 만 원

구 분	계	멘토 활동비 지급 (기수별 13명 기준)	베스트 멘토 포상
금 액	31	26(13 × 2)	5(1 × 5)

※ 기수별 인원변동에 따른 융통성 있고 투명하게 운용

- 사용내역 결산
  - ○ 사용내역은 핸디오피스 및 학교 홈페이지 사이버 멘토링난에 공고

붙 임 #6. 행정사항

□ 각관의 임무

부 서		임 무
교 육 단		○ 멘토링 업무추진의 총괄 −계획 / 준비 / 실시 / 사후 관리
교 무 처		○ 교관 워크숍 시 멘토링 교육계획 반영 실시 ○ 초빙강연 등 필요시 교육단과 협조하여 MTP 작성 ○ 멘토링 관련 도서 구매 / 비치(교재장교)
학 생 대		○ 조종사 양성반과정 학생들의 신상 파악 ○ 멘제들의 활동 모니터링 ○ 추진 / 평가위원 및 간사 역할 수행
지 원 처		○ 입교식 및 멘토링 결연식 주관(인사과) ○ 멘토링 활동 간 국방일보에 홍보(정훈실)
전 산 실		○ 학교 홈페이지에 사이버 멘토링 구축 / 관리
1, 2, 3대대		○ 멘토링 평가 / 추진위원의 일원으로서 멘토 지원 및 교육단 업무추진에 적극 협조
학 교 전 간부 (준사관 이상)		○ 학교 멘토링 실시에 따른 적극적인 관심과 공감대 형성 동참 / 멘토 지원
멘토	선임 (대령급)	○ 해당 기수 멘토 / 멘제 간의 활동 모니터링 ○ 해당 멘토 / 멘제 격려
	일반	○ 적극적인 멘토링 활동 ○ 활동 중 멘토링 활동 카드 작성 및 학교 홈페이지에 보고 ○ 활동 후 멘토링 소감문 작성

Part 4

교회 사례

교회 - 1 *서현교회

- 남전도회 회원 활성화 멘토링

1. 전략의 필요성

하나님의 사랑과 전임 임원들의 노고로 베드로회가 장족의 발전과 장자 전도회로서 충분히 면목을 갖추게 되었다. 이를 계기로 다수 회원을 체계 있게 관리하고 특별히 금년 연말에 분회(分會)를 앞두고 회원 확보가 필요한 시기다. 이를 위해 임원과 회원이 한마음으로 단합하여 힘을 모아 기도하고 노력을 한다면 목표 달성에 성공할 수 있을 것이다.

2. 전략의 개요

1) 성경 말씀 마18:12-14

"너희 생각에는 어떻겠느뇨? 만일 어떤 사람이 양 100마리가 있는데 그중에 하나가 길을 잃었으면 그 아흔아홉 마리를 산에 두고 가서 길 잃은 양을 찾지 않겠느냐. 진실로 너희에게 이르노니 만일 찾으면 길을 잃지 아니한 아흔아홉 마리보다 이것을 더 기뻐하리라. 이와 같이 이 소자 중에 하나라도 잃어지는 것은 하늘에 계신 너희 아버지의 뜻이 아니니라."

2) 슬로건(Slogan) '한 회원을 귀하게 여기는 베드로회'

3) 전략의 목적

개인적으로는 출석률을 향상시켜 성숙한 회원이 되게 하고
조직적으로는 인간관계의 폭을 넓혀 사랑의 공동체를 만들기 위함 이다.

4) 전략의 목표

출석률 향상 목표율 28% up(출석 39명에서 50명으로, 재적 47명에서 60명으로 확대)

5) 전략 추진 단계

준비 단계 10~12월 / 2001
실행 단계 1~10월 / 2002
중간평가 5월 말
종합평가 10월 말

3. 멘토링 실행방법

회원 중에서 출석이 부진한 회원을 도움 받는 자 · 멘제(Menger)라 하고
회원 중에서 리더력이 있는 회원을 도움 주는 자 · 멘토(Mentor)라 하여
1 : 1로 연결한다.

4. 멘토링 실행팀(Task Force Team＝TFTeam)과 역할

1) 실행 위원장: 류재석 회장
2) 팀장 및 팀원

1팀장 한의정 부회장	2팀장 강대율 총무	3팀장 이복희 서기	4팀장 최철호 회계
박창섭 문화부장	장형 선교부장	장해규 섭외부장	이기동 봉사부장
멘제 / 멘토 쌍	멘제 / 멘토 쌍	멘제 / 멘토 쌍	멘제 / 멘토 쌍

3) 모니터: 류재석 회장, 한의정 부회장, 강대율 총무, 서경원 목사, 정영락 목사
4) 실행팀의 역할
  가 위원장: 멘토링 전략에 대한 기획, 실행, 평가 등을 총괄한다.
  나 각 팀장: 멘토링 각 쌍의 출결석과 회원동정을 관리한다.
  다 각 부장: 각 부서 재적회원의 출결석과 회원동정을 관리한다.
  라 모니터: 각 쌍의 의견수렴, 기간조정, 재연결, 평가 등을 맡는다.

5. 멘토링 전략 실행에 참고할 사항

1) 멘제(Menger)에 대하여

(1) 누가 멘제가 되는가?(멘제의 선정기준)
  가 교적부에 있고 교회에 출석하고 베드로회에 안 나오는 회원
  나 교회 새신자에 등록한 회원
  다 재적회원 중에서 출석률이 저조한 회원
  라 회원 중에 신체건강문제, 마음상처, 가정우환 등으로 중보기도가 필요한 회원
(2) 멘제 회원명단: 1차 선정 28명 - - - 별지 첨부

2) 멘토(Mentor)에 대하여

(1) 누가 멘토가 되는가?(멘토의 선정기준)
  리더력이 있는 회원으로서
    가 멘토 교육 수료 회원
    나 장로 안수집사
    다 전 현직 임원
    라 기타 모범 회원
(2) 멘토 명단: 1차 선발 28명 - 별지 명단 첨부
(3) 멘토의 역할과 할 일은?
  가 주님의 사랑으로 주 1회 이상 중보기도를 한다.

나 따뜻한 마음으로 월 1회 이상 전화한다.

다 경, 애사에 참석하고 특별한 일이 있을 시 방문한다.

라 취미, 특기, 운동, 등산 등 함께 할 수 있는 기회를 만든다.

마 교회행사 및 성경공부 등에 참석을 권면한다.

바 베드로회 정규 집회에 참석을 권면한다.

멘토의 역할은 출석을 권면하는 것도 중요하지만 더 중요한 것은 주님께서 한 사람을 사랑하고 귀하게 여겼듯이 멘토도 한 회원을 그리스도의 뜨거운 사랑으로 품어 인간관계의 폭을 넓혀서 함께 성숙한 그리스도인의 삶을 공유하는 것이다.

3) 멘토와 멘제를 어떻게 연결하는가?(연결기준)

(1) 멘토가 멘제보다 가능한 직급이 위일 것임

(2) 멘토가 멘제보다 가능한 연령이 위일 것임

(3) 멘토와 멘제가 친구, 친인척 등 지인이 좋음

(4) 같은 취미, 직업, 특기 회원이 좋음

4) 회원이 참석해야 할 베드로회의 정규집회는?

(1) 월례회 - 12회

(2) 야외 예배 - 1회

(3) 산기도회 및 수양관 예배 - 봄가을 2회

(4) X - Mas 친목모임

5) 동기부여 및 평가 시상 내용은?

(1) 각 부별로 재적기준 개근 시 시상한다.(연 2회)

(2) 회원이 연 개근 시 시상하고 전도회원을 시상한다.

(3) 멘토링 모범사례 발표 시 시상한다.

(4) 우수 멘토로 선정되면 시상한다.

6) 멘토링 전략이 성공한다면 어떤 효과가 있는가?(멘토링 성공의 효과성)

(1) 출석인원이 50명으로 확대되어 본회가 활성화된다.
(2) 부장이 부원에 대하여 관심이 깊어지므로 재적원 관리가 잘된다.
(3) 멘토의 활동이 원활해지므로 중간지도자가 배출된다.
(4) 임원의 임무가 효율성을 발휘하므로 보람을 느낀다.
(5) 교회에서 이미 양성한 멘토 인력을 적절하게 활용한다.
(6) 타 전도회에도 성공사례를 도입한다면 교회 발전에 계기가 될 수 있다.

7) 멘토링을 또 다른 부문에 도입한다면? (멘토링 도입 목표테마)

(1) 출석률을 향상시키는 멘토링 전략-금번에 적용한 목표 테마임
(2) 그 외에도 슬럼프 회원·회복시키는 멘토링을 도입할 수 있고
(3) 취미, 등산, 특기 등 회원 친목을 위한 멘토링 도입이 가능하고
(4) 회원 대 회원이 함께 하는 1 : 1 성경공부 멘토링도 가능하고
(5) Business 지원을 위한 전문지식 전달 멘토링 도입이 가능하고
(6) 본회원이 멘토가 되고 청소년이 멘제가 되는 후원 멘토링도 가능함.

멘토와 멘제 연결명단 1차 28쌍 연결

2차 3차 계속 연결 계획 있음.

부서 / 구분	멘제(Menger) – 중보기도 받을 자				멘토(Mentor) – 중보기도자
팀장: 한의정 부장: 박창섭 (문화부)	1 구태서	62세	998 – 6649	김현순 집사	이우근 장로
	2 권오영	60	324 – 4350	새신자회원	박창섭 집사
	3 김 청	62	336 – 0521	차동순	최재면 장로 – 멘토수료자
	4 신동일	62	679 – 3093	신경자 집사	이승기 장로
	5 유치만 집사	61	3672 – 3135	최경순 집사	한의정 장로
	6 최정길	60	334 – 7331		황기종 장로 – 멘토수료자
	7 김진용	62	536 – 5417	새신자회원 골프회 회장	이균형 집사
팀장: 강대율 부장: 장 형 (선교부)	1 김창희	64	323 – 1071	구정홍	장 형 집사
	2 오동순 집사	63	031)903 – 0783	강광파 집사	안세민 집사
	3 이교운 집사	65	336 – 7901	이상순 불국사중개소	강대율 장로 – 멘토수료자
	4 장주환	63	338 – 2659	배영순 집사	박무남 집사 – 멘토수료자
	5 변정남 장로	61	336 – 9925	김형자 B권사 새신자 건축업	홍기표 장로
	6 홍윤봉 집사	61	336 – 7237	손순덕 집사	강대현 집사
	7 박태수 집사	63	393 – 4374	천경순 집사	서성일 장로 – 멘토수료자
팀장: 이복희 부장: 장해규 (섭외부)	1 김수영	69	337 – 7969		이규식 장로
	2 김왕원 집사	69	334 – 1501	이수자 집사 한국제지	장해규 집사
	3 김정남	67	336 – 6069	신윤희 집사	최병진 집사
	4 서갑석 집사	69	031)912 – 9929	김형자 A집사 삼광스틸	이복희 집사
	5 박창현 장로	63	305 – 5980	신복연 권사 새신자회원	류재석 장로
	6 권진만 집사	68	337 – 0508	박순애 집사 유신시계점	황종우 집사
	7 최근해 집사	64	337 – 1011	김의행 집사 산부인과의사	김명수 집사 – 멘토수료사
팀장: 최철호 부장: 이기동 (봉사부)	1 김재일	66	716 – 7817	김명숙 집사	최철호 집사
	2 김진성	66	324 – 4923	민경희 권사	최완석 장로 – 멘토수료자
	3 양한종 집사	66	336 – 0504	이연미 집사	이기동 집사
	4 옥명철	66	3216 – 0788	유명혜 집사	옥휘철 장로 – 멘토수료자
	5 전영기	66	337 – 1374		안균세 장로 – 멘토수료자
	6 차수일	66	336 – 5211	강행자 집사	긴재도 장로 – 멘토수료자
	7 이동철	65	323 – 1476	새신자회원 직장인	박덕호 장로

6. 멘토링 활동평가

1) 멘토 활동 자기평가(Mentor's Self Scored)

멘토가 된 것도 하나님의 작은 부르심이다. 이 소명에 충실하려면 어떻게 해야 할까요? 아래에 훌륭한 멘토가 될 수 있는 몇 가지 항목이 있다. 나는 어떤 멘토일까요? 격월에 한 번씩 기도하는 마음으로 자기를 평가한다면 성적이 쑥쑥 오를 것이다.

작성자: 성명   부서

자기진단 설문항목	평가점수				
	10	8	6	4	2
1. 멘제를 위하여 매주 1회 이상 기도한다.					
2. 멘제와 매월 1회 이상 전화한다.					
3. 멘제와 교회나 외부에서 만난다.					
4. 멘제의 가족이름을 한 사람 이상 안다.					
5. 멘제에게 교회행사나 본회 집회 참석을 권한다.					
6. 멘제가 교회 나오기까지 과정을 안다.					
7. 멘제의 교회 관심사에 의견을 나눌 수 있다.					
8. 멘제의 애, 경사에 필히 참여하겠다.					
9. 멘제에게 교회 흐름을 자세히 알릴 수 있다.					
10. 멘토가 된 것도 하나님의 은총으로 생각한다.					
종합평가점수 (점)	100~81	80~61	60~41	40~21	20 이하
	지도멘토	모범멘토	잠재멘토	문제멘토	결격멘토

2) 멘토링 활동 종합평가(Mentoring Activity Total Evaluation)

조직개발에 적용하는 멘토링은 인간성과 생산성 향상을 동시에 목표로 정한다. 이 목표를 달성하기 위해서는 적절한 평가가 뒤따라야 한다. 아래 평가는 각 부서별, 멘토링팀별, 전체 종합별로 5월 말과 10월 말에 평가하고 성적이 발표된다. 부분적으로는 중간에 자주 평가도 가능하다.

※ 종합평가기준표

구 분	평가항목	평가기준	5월말성적	10월말성적	평가자
부서별 평가	출석률	출석수 / 재적수 × 100			각 부장
	재적률	현 재적수 / 당초 재적수 × 100			
멘토링팀별 평가	재적편입률	재적에 편입수 / 7명 × 100			각 팀장
	각쌍유지율	현재 활동쌍수 / 7쌍 × 100			
본회종합평가	재적목표율	현 재적수 / 60명 × 100			모니터
	출석목표율	현 출석수 / 50명 × 100			

◈ Mentoring Leadership

한 아이에게 영향을 끼치는 것은 한 사람의 인생에 영향을 끼치는 것이다.

한 부모에게 영향을 끼치는 것은 한 가족에 영향을 끼치는 것이다.

한 기업의 대표에게 영향을 끼치는 것은 전체 기업에 영향을 끼치는 것이다.

한 목회자에게 영향을 끼치는 것은 한 교회에 영향을 끼치는 것이다.

한 국가 지도자에게 영향을 끼치는 것은 그를 지도자로 여기는 모든 국민에게 영향을 끼치는 것이다.

※ 하나님은 한사람의 지도자, 즉 '멘토'를 통해 그의 역사를 세상 속에 이루어 내신다. 인간 편에서는 Mentoring Leadership이다.

■ 베드로전도회 멘토링 실적보고(1차)

◆ 1월 월례회 보고사항(2002. 2. 3.)

1) 각 부서 현황보고(1월 월례회 결과)

부 별	부 장	재적	출석	결석자	신 입 원	비고
선교부	장 형	11	10	전명국	변정남 장로	
문화부	박창섭	12	10	박금환, 신현철	김진용 성도	
봉사부	이기동	12	11	김성택	김재일 성도	
섭외부	장해규	12	12		박창현 장로	개근부서
계		47	43	4	4	

2) 중보기도 후원 대상
건강회복기도 대상 - 조명원 집사, 정재남 집사, 장성섭 집사, 손무원 집사(종합진단), 정근창, 유치만 집사, 최신애 집사(장해규 집사)
마음상처치유기도 - 박금환 집사

3) 회원동정
해외여행 다녀옴 - 김문수 집사 내외(뉴질랜드) 이기동 집사(미국자녀방문)
자녀결혼축하 - 최완석 장로(대환군) 김재일 성도
정년퇴직 - 김준길 집사(공직 36년 - 산업인력공단 중앙인력개발센타 원장)

◆ 멘토링 실행팀 보고

1) 2002 Slogan: 한 회원을 귀하게 여기는 베드로회
2) 목표대 실적통계

목 표	11월 출석	12월 출석	1월 출석	비고
출 석 - 50명	39명(78%)	41명(82%)	47명(94%)	
멘토링 쌍 - 28쌍			4쌍 신입회원 출석	

3) 신입회원 출석(1월 월례회) 멘토링팀 소개

| 멘제 신입원 | 김진용 성도 | 변정남 장로 | 박창현 장로 | 김재일 성도 |
| 멘토 후원자 | 이균형 집사 | 홍기표 장로 | 류재석 장로 | 최철호 집사 |

■ 베드로전도회 멘토링 실적보고(2차)
  (보고일: 2002년 7월 14일 월례회)

1) 주요 행사:
봄 수양관 예배(4월 10일) - 참석 인원 62명(부부동반)
여름 야외 예배(6월 6일) - 참석 인원 76명(부부동반)

2) 월례회 참석 인원:

1월	2월	3월	4월	5월	6월
47명	45명	43명	47명	43명	38명

3) 출석 우수부서 및 회원: 3개 부
　　우수부서 1. 봉사부(부장: 이기동)---2회 전 부원 개근
　　　　　　2. 섭외부(부장: 장해규)---1회 전 부원 개근
　　　　　　3. 선교부(부장: 장 형)---1회 전 부원 개근

4) 부서별 전반기 개근자 명단: 총 25명

	선교부	봉사부	문화부	섭외부
부장	장형	최완석	이우근	조명원
	김영조	이복희	최재면	이규식
	정재남	김정희	황기종	김재도
	안세민	박진	이승기	최재영
	강대율	최철호		류재석
	한의정	손무원		송귀성
	박무남	박덕호		김명수
평가	7 / 11 =63.6점	7 / 12 =58.3점	4 / 12 =33.3점	7 / 12 =58.3점
	1등	2등	4등	2등

5) 멘토링 활동실적: 6쌍

멘 토		멘 제
이균형 회원	----	김진용 회원
홍기표 회원	----	변정남 회원
한의정 회원	----	유치만 회원
최철호 회원	----	김재일 회원
류재석 회원	----	박창현 회원
이승기 회원	----	신동일 회원

■ 베드로전도회 멘토링 활동 실적보고(최종)

멘토링 활동 1년 기간을 마감하고 아래 내용의 실적을 정기총회 때 보고하였다.

		2001자료	2002자료	실적분석
1	재적	47명	53명	112%
2	출석	39	45	115%
3	개근자	6	22	366%
4	예 · 결산	예산 7,900천 원	결산 9,600천 원	121%
5	이월잔액	550	1,200천	218%

* 베드로전도회 1년간 멘토링 활동은 당초 목표대로 재적, 출석 등 양적 성장으로 분회(分會) ― 베드로 / 야고보 ― 하였다.
또한 멘토링 활동은 개근자가 6명에서 22명으로 증가 효과가 있었고 예산보다 결산이 20% 이상 상승하고도 차기이월로 전년대비 118%가 순증가하여 질적 성과도 크게 향상되었다.

교회 - 2 *온누리교회

1. 온누리교회의 멘토링

이 장에서는 한국의 혁신적인 교회에서 사용된 멘토링 모델을 살펴보고자 한다. 온누리교회는 짧은 기간에 급성장한 교회로 잘 알려져 있으며 그 성장구조에서 훌륭한 멘토링 제도를 가지고 있다.

2. 온누리교회의 철학

온누리교회는 교회의 튼튼한 기초인 분명한 목회 철학을 가지고 출발하였다.

첫째로, 성경 지향적이다.

즉, 성경을 하나님의 무오(無誤)한 말씀으로 믿고 구원과 그리스도인의 생활 지침으로 인정한다. 전교인이 성경을 배우거나 가르치고 있다.

둘째로, 복음 지향적이다.

즉, 주님을 경외하며 복음의 교훈에 기초한 경건한 그리스도인의 삶을 추구한다.

셋째로, 선교 지향적이다.

즉, 교회의 첫째 관심과 초점은 선교이다. 그리고 복음을 땅 끝까지 전하는 것이다.

넷째로, 구제 사역 지향적이다.

이 사역은 고통받는 세상을 마음으로부터 공감하고 하나님 나라 건설에 매진하는 것이다.

다섯째로, 문화 변혁 지향적이다.

즉, 그리스도 중심의 역사관과 문화관을 형성하도록 돕기 위하여 음악과 예술과 드라마와 문화로써 예수를 왕으로 드러내 보인다.

3. 온누리교회의 위원회

온누리교회에는 주요 위원회가 두 개 있다. '당회'는 목사들과 시무 장로들로 구성되어 있다. 교회의 다양한 활동들은 당회의 지도를 받고 있다. '사역 당회'는 목사들과 시무 장로들과 협동 장로들로 구성되어 있다. 교회 안에서 그 달 안에 이루어지는 전체 사역을 논의하고 매달 정규적인 모임의 기도를 맡게 된다.

4. 7단계 양육 프로그램

교인들의 영적 성장과 평생 훈련을 위하여 온누리교회는 다음과 같이 7단계 양육 프로그램을 개발하였다.

1단계 / 경건의 시간(the Quiet Time)

말씀과 현장생활에서 말씀의 적용을 통하여 매일 하나님과 사귐을 갖는다.

2단계 / 일대일 양육과 소그룹 성경공부

양육자와 동반자가 짝을 이루어 그리스도 안에서의 그들의 삶을 함께 나누며 서로 재생산하도록 도전한다.

3단계 / 제자도

한 개인이 그리스도의 참된 제자의 삶을 영위하면서 그는 다른 사람들을 그리스도의 제자로 훈련시킨다.

4단계 / 전도 훈련

교인들 모두가 시간과 장소에 관계없이 그리스도의 제자로서 복음을 증거할 능력을 갖추도록 하는 것이다.

5단계 / 지도자론

기본적인 신학 훈련으로써 지도자의 자질을 향상시키는 것이다.

6단계 / 파견 전도(out-reach)

교회가 농촌과 어촌 주민들에게 전도하는 것을 말한다. 현대 문명의 혜택을 별로 누리지 못하는 사람들이나 목회자가 전혀 없는 지역을 위해 교회가 그 사역을 담당한다.

7단계 / 선교

교인들이 선교를 후원하거나 복음을 전하는 목회자나 평신도로서 외국 선교에 직접 참여한다.

5. 새신자 훈련 프로그램

온누리교회는 뛰어난 새신자 훈련 프로그램이 있다. 이 7주 프로그램을 다 끝낸 사람만이 교회의 정회원이 될 수 있다. 이 수업내용은 다음과 같다.

첫째 주 / 교회 소개

멀티미디어 슬라이드 상영을 통하여 온누리교회의 역사와 그 사역방향과 교육목표와 위원회와 새신자 훈련방법이 소개된다. 교육장소와 교회건물을 둘러보고 봉사에 참여함으로써 열린 교회로서의 온누리에 대한 이해를 하게 한다.

둘째 주 / 창조주 하나님

새신자는 하나님께서 천지만물의 창조주이심을 배운다. 모든 피조물의 기원과 생명의 신비는 과학적 해석과 말씀을 통하여 해명된다. 이 교육과정에서 진화론을 논박하고 하나님의 고귀한 피조물로서 인간의 존재를 변호한다.

셋째 주 / 구주 하나님 공부

기본적인 기독교 원리들을 사영리(四靈理)를 사용하여 설명하고 하나님의 자녀로서의 삶을 확실하게 하기 위하여 구원의 확신을 설명한다.

넷째 주 / 성령 하나님 공부

내주하시는 성령께 순종함으로써 거듭난 그리스도인들에게 주님의 통치가 확증된다는 것을 설명한다. 이 교육과정 동안 성령 충만한 삶을 사는 것이 무엇을 의미하는지 깨닫게 된다. 그리고 계속 성령 충만한 생활을 하기 위하여 자신의 영적인 상태를 진단할 수 있게 된다.

다섯째 주 / 경건의 시간(Quiet Time) 훈련

계속적인 믿음의 장성을 위하여 우리는 하나님의 말씀을 계속적으로 묵상해야 한다. 따라서 이 시간에 참여자들이 그들의 생활에서 규칙적으로 경건의 시간을 가지는 것을 배우면서 하나님과 동행하고 성경을 묵상하는 방법을 배우게 된다.

여섯째 주 / 교인 등록 정보

개개인 등록할 교인에게 선교와 구제 사역의 헌신이 소개된다. '순' 가입이 확정된다. 더 나은 그리스도인 생활을 위하여 일대일 양육을 장려한다. 새신자 등록 카드를 작성한다.

일곱째 주 / 새신자 환영

등록 카드를 제출함으로써 온누리교회 교인(정회원)으로 가입하게 되며 새신자는 교회로부터 따뜻한 환영을 받게 된다. 새신자를 위한 7주 프로그램을 수료하고 등록 카드를 제출하면 각 회원은 한 '순'에 배치되어 그 리더를 소개받게 된다. 또한 담임 목사와 최초의 면담이 있게 되고 새신자 한 사람 한 사람 자기소개를 하고 느낀 소감을 이야기한다. 이것은 사람들로 하여금 새로운 회원이 된 기쁨을 표현하도록 하는 시간이다.

새신자 환영회: 7주 온누리 과정을 성공적으로 수료하면 그 달 마지막 주일에 환영회를 한다. 이 환영회는 각 회원들이 자기 순장과 순원들과 만나기 위하여 계획된 것이다.

6. 새신자 과정

온누리교회에 새신자가 들어오게 되면 그 사람은 새신자반으로 안내를 받게 된다.

새신자반에서 7주 과정을 수료하면 그 사람은 온누리교회 교인이 된다. 그 다음에 그 사람은 6주간의 일대일(멘토링) 과정을 밟게 된다. 멘토는 그 순에서 뽑는다. 따라서 양육 위원회는 새신자에게 순에 가입할 것을 권한다. 그러나 그것은 꼭 그렇게 해야 하는 것이 아니라 자유로이 할 수 있다. 멘토링 과정을 끝내면 새신자는 6주 동안 교역자가 인도하는 제자 훈련반에 가입하거나 회중 멘토링 과정을 밟는다. 제자 훈련반은 15명으로 구성되어 일대일 제자 양육 과정과 똑같은 교재를 사용한다. 마침내 새신자는 일대일 제자 양육 과정에서 멘토가 된다. 만일 그 새신자가 순에 속해 있다면 그 사람은 추천을 받아 구역 지도 목사에 의해 순장으로 임명될 것이다(도표 1 참조).

도표 1

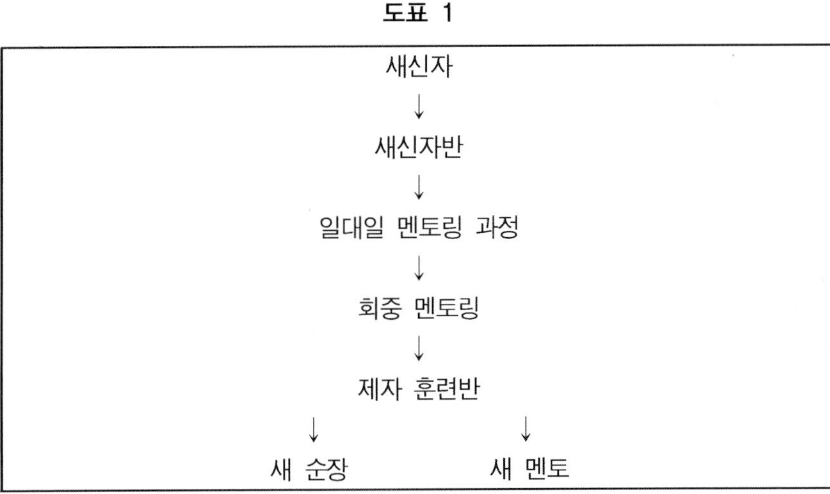

7. 세 가지 멘토링 방법

새신자에 관해서 온누리교회에는 새신자반의 효과적인 운영을 위한 다음 세 가지 멘토링 방식이 있다.

첫째 / 회중 멘토링

이것은 30명 이상으로 이루어진 그룹 멘토링이다. 교사는 기도 모임이나 성경 공부반 학생들의 멘토가 된다. 온누리교회는 일대일 멘토링 과정 이후에 여러 성경공부반이 있다

둘째 / 소그룹 멘토링

이것은 '셀 그룹'(The cell group)인 순 멘토링과 관계가 있다. 셀 그룹 리더는 그의 셀 회원들 모두의 멘토가 된다. 그들은 상담을 하고 영적인 지도를 받고 코치도 받고 어떤 영적인 주제를 배울 목적으로 정규적으로든 비정규적으로든 만나게 된다.

셋째 / 일대일 멘토링

이것은 사람과 사람의 접촉을 통한 멘토링이다. 이 방법은 교인으로 등록한 새신자들을 위한 것이다.

8. 일대일 멘토링의 기본 원칙

첫째, 멘토는 교사나 강연자가 아니라 영적인 부모여야 한다.(골 4 : 15 / 갈4 : 19) 복음을 다른 사람들에게 전한 사람이나 거듭난 사람은 멘토를 할 수 있다. 후자의 경우에 멘토는 영적인 양부모이다.

둘째, 멘토링 과정은 단순히 지식전달 과정이 아닌 부모가 자녀를 양육하는 것과 비슷한 과정이 요구된다.(살전2 : 7, 8, 11 / 벧전2 : 2) 다음 네 가지는 멘제가 성숙한 그리스도인으로 자라기 위해 있어야 할 것들이다. 따뜻한 사랑(고전 13 : 4 - 7)과 영적인 양식(마 4 : 4)과 세심한 주의(엡 6 : 10 - 12)와 엄격한 훈련(마 28 : 20 / 갈6 : 7)이다.

셋째, 멘토링의 목적은 멘토의 제자를 길러 내는 것이 아니라 그리스도 안에서 완전한 사람인 예수님의 제자가 되도록 돕는 것이다.(골1 : 28) 한 제자를 양성하기 위하여 제자로 삼는 사람 자신은 그리스도께 합당한 삶을 살아야 한다.(골11 : 1)

넷째, 멘토링의 원천은 개인의 능력이나 제자로 삼는 사람의 재능이 아니라 그 사람을 통하여 역사하시는 성령이시다.(골1 : 29)

9. 성인교육을 위한 순모임

온누리교회는 교인들에게 스스로 주님의 동역자로서 경건한 삶을 영위하도록 촉구하면서 하나님의 아들 예수님을 아는 지식으로 하나님을 공경할 수 있도록 하는 프로그램을 운영하고 있다. 순 모임은 매주 금요일 밤에 모여서 그리스도 안에서 말씀과 친교의 찬양 집회를 갖는 유기체적인 공동체이다. 그것은 신약성경의 교회 정신을 현시대에 불러일으키기 위하여 만들어졌으며 순 자체는 교인들이 함께 하나님께 기도하고 찬양하는 작은 교회이다. 각 순의 지도팀은 순장과 부순장과 조력자로 구성되어 있다. 그들이 맡은 책임은 순 회원들을 가르치고 격려하는 일이다. 각 다락방(셀 그룹인 순의 지역 연합체 그룹)에는 방문하여 상담해 주는 담당 교역자가 있다.

10. 온누리교회의 멘토링 사역

온누리교회는 처음부터 멘토링 비전을 가지고 시작하였다. 온누리교회의 성장 과정의 핵심은 일대일 멘토링 관계이다.

11. 일대일 멘토링 철학

사람들은 점점 더 많이 교회를 찾아와서 설교를 듣고 있다. 그러나 복음을 믿고 예수 그리스도를 그들의 개인의 구주로 영접하는 사람들의 수효는 제한되어 있다. 믿기로 작정한 사람들 중에 소수만이 적절한 멘토링을 받고 있다. 빌리 그래함은, 그리스도인 생활은 5%의 헌신과 95%의 성장 훈련에 달려 있다고 말한다. 교회는 복음 전도와 마찬가지로 멘토링에도 관심을 기울일 필요가 있다.

1. 교회를 통한 멘토링

그리스도인을 멘토링하는 목적은 그들이 회심한 뒤에 예수 그리스도에게까지 자라도록 돕는 것이다.(엡 4:15) 훈련과정은 그들을 "각 마디를 통하여 도움을 입음으로 연락하고 상합하여" 자라게 해 주어야 한다.(엡 4:16)

2. 일대일 멘토링의 중요성

첫째, 일대일 멘토링은 중생한 사람의 신앙을 유지시키고 더욱 자라게 한다.(욥 39:13-16)

둘째, 일대일 멘토링은 영적인 재생산을 가능하게 한다.(딤후2:2)

셋째, 일대일 멘토링은 모든 사람의 도움을 얻을 수 있다. 심지어 가르치는 은사가 별로 없는 사람에게서도 도움을 얻을 수 있다.(행18:4, 26)

3. 일대일 멘토링에 영향을 주는 요소들

관계: 자신과 그리스도 사이의 관계와 자신과 멘제 사이의 관계가 멘토링 방법론보다 더 중요하다.

헌신: 멘토링은 정해진 기간을 위해 정규적으로 일정한 시간을 할애하는 프로

그램이 되어서는 안 된다. 바쁘게 돌아가는 요즘 세상에서는 헌신하는 태도가 필요하다. 헌신하는 태도를 가지려면 반드시 다음과 같이 자문(自問)해 보아야 한다.

'나는 일대일의 멘토링을 중요하게 생각하는가?'

'나는 형제자매와의 만남을 즐거워하는가?'

전념: 회중 멘토링이나 소그룹 멘토링과 달리 일대일 멘토링은 새신자반을 수료한 헌신적인 사람에게 전력을 기울여야 한다.

기간: 일대일 멘토링에 지름길은 전혀 없다. 이 훈련에서는 3년(예수님)이나 2년(두란노 서원에서의 바울) 또는 적어도 6개월은 걸려야 한다.

환경: 일대일 양육은 설교나 주일 예배로 대체할 수 없다. 일대일 멘토링을 효과적으로 실행하려면 교회의 영적인 분위가가 필수적이다.

12. 온누리교회의 멘토링 일람표

<도표 1>에서 보여주듯이, 온누리교회는 여러 단계의 멘토링이 있다. 맨 처음 새신자는 새신자반에 등록한다. 새신자반을 수료한 다음에는 신자는 온누리교회 정회원으로서 양육(멘토링) 위원회에 등록한다. 양육 위원회는 새신자를 위하여 셀(순)에서 멘토를 뽑는다. 새신자를 위하여 셀에서 멘토를 뽑는 데는 두 가지 이유가 있다.

첫째 이유는 순의 모든 멘토들은 이미 일대일 멘토링 프로그램을 수료하여 그들 셀 그룹의 셀 리더들에게 멘토링을 받았기 때문이다.

둘째 이유는 새신자를 셀 그룹에 가입시키기 위한 것이다. 일대일 멘토링 관계는 셀 그룹에서 시작된다. 새신자가 일대일 멘토링 관계를 시작하면서 셀 구성원이 된다. 이 멘토링 위원회의 목사는 새신자에 관한 어떤 정보를 멘토에게 준다.

그 다음으로 16주의 제자 양육 프로그램을 준비하여 새신자로 하여금 온누리교회의 건실한 회원이 되어서 주 예수 그리스도에게 헌신하도록 한다. 이 프로그램의 성과는 두 가지이다. 멘토링 과정을 수료하는 경우에 멘토는 양육 위원회에 양육 보고서를 제출하고 멘제는 양육 증명서를 제출한다. 멘토와 멘제는 수료파티에 참석한다. 양육과정을 수료하지 못한 경우에는 멘토가 그의 셀 리더에게 보고서를 내고 셀 리더는 그 멘토에게 다른 멘제를 추천해 준다(도표 2를 참조하라).

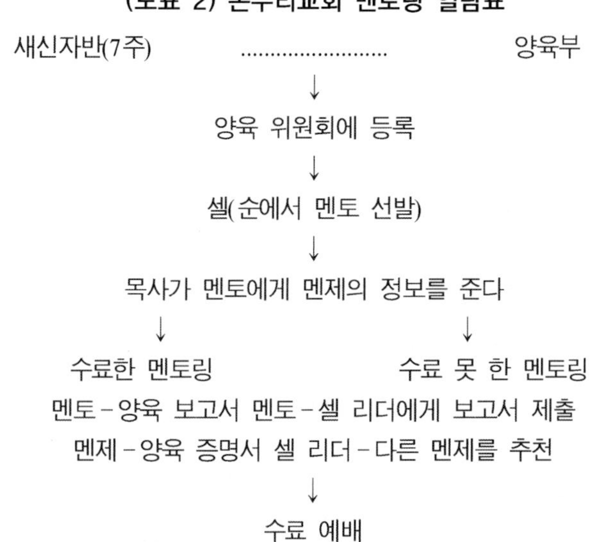

(도표 2) 온누리교회 멘토링 일람표

5단계 멘토링

온누리교회에는 일대일 관계 발전을 위한 5단계의 멘토링이 있다.

1단계 / 면담
면담은 7주 프로그램을 수료한 사람들이 멘토링 과정에 들어가기 전에 하게 된다.

2단계 / 가교 역할
다락방 사역자는 새신자들이 멘토링 반으로 이동할 수 있도록 도와준다.

3단계 / 멘토링 과정 등록
새신자들은 한 달 걸려서 등록한다.

4단계 / 일대일 멘토링 관계
멘토는 매주 양육부(部)에 멘토링 보고서를 제출한다. 이 과정은 16주 프로그램이다. 온누리교회에 출석하고 있는 교인들 대략 3분의 2 정도가 이 프로그램을 수료하였거나 하고 있는 중이다.

5단계 / 멘토를 위한 지도자반

사역자들이 15명으로 구성된 이 반을 지도한다. 16주반을 수료하게 되면 멘토가 될 자격이 있다. 온누리교회에는 약 3000명의 멘토들이 있다.

13. 멘토링 교재

온누리교회는 멘토링 교본으로 『일대일 제자 양육 성경공부』를 쓰고 있다. 이 책은 16과로 되어 있으며 그 내용은 다음과 같다.

매주 각 과를 마친 멘제들은 새로운 과제를 받는다. 이 과제에는 성경의 장들 중에서 매일 한 장씩 읽기, 도표와 '지도'(the helm)와 관련된 성경을 공부하기, 다음 과에 필요한 내용을 조사하고 준비하기, 매주 한두 구절씩 암기하기, 주일 설교 받아쓰기, 관련된 책 읽기, 그 밖의 숙제하기 등등이 포함된다.

각 과를 함께 토의하고 완성하기 위하여 멘토는 멘제에게 읽으라고 한다. 빈칸을 채워야 할 때 멘토와 멘제가 함께 성경구절을 찾아서 멘토는 멘제에게 성경을 큰 소리로 읽도록 한 다음 빈칸에 필요한 말을 적는다.

1. 예수는 어떤 분입니까?
2. 예수는 어떤 일을 했습니까?
3. 예수는 지금 무엇을 하고 있습니까?
4. 예수를 믿으십시오.
5. QT의 이론과 실제
6. 구원의 확신
7. 하나님의 속성
8. 하나님의 말씀 – 성경
9. 기도
10. 교제
11. 전도
12. 성령 충만한 삶
13. 시험을 이기는 생활
14. 순종하는 그리스도인의 삶
15. 사역
16. 이 훈련과정을 수료한 사람들을 위한 지침

멘토는 멘제에게 숙제장과 함께 한 번에 한 과씩 나눠준다. 멘제는 다음 시간까지 그 과를 전부 공부해 온다. 따라서 과마다 전부 다 읽어야 할 필요는 없다.

질문과 답은 꼭 읽고 함께 이야기를 나누도록 한다. 내용상 정확하게 답해야 하는 것이 더러 있다. 그 답밖에는 없다. 그 밖의 답들이 옳은 것이었을지도 모르지만 그 말로 표현해서는 안 된다. 이해하는 것은 아주 중요한 일인데, 이것은 멘제에게 '왜'나 '어떻게'란 질문을 함으로써 이해를 확실히 하게 된다.

멘토는 인내심이 필요하고 멘제의 영적 필요를 잘 알아야 한다. 멘토는 멘제의 능력 이상을 요구해서는 안 된다. 교본에서 멘토에게 이런 제안을 하고 있다.

멘제가 한 숙제를 칭찬하고 기회가 있을 때마다 그를 격려하라. 당신의 사랑과 관심을 보여주어라. 개인적인 필요와 문제에 대하여 귀를 기울이도록 하라. 멘제를 위해 기도하라.(알블룸과 로레인 블룸 1983 : 1 - 2)

멘제가 과정을 마치게 되면 그가 다른 사람을 제자 양육시키는 일을 시작할 수 있도록 격려해 주어야 한다. 16주가 다 지나서 그 과정을 다 끝냈을 때 멘토와 멘제는 함께 그 멘토가 제자 양육을 시킬 사람에 관하여 기도한다.

일대일 양육은 사실을 가르치는 것 훨씬 그 이상이다. 사실은 반드시 가르쳐야 하지만 전해지는 것은 마음의 태도이다. 예를 들면, 하나님의 속성을 가르칠 때 멘제는 멘토의 하나님께 대한 경외와 하나님께 대한 확신과 하나님께 대한 사랑을 느껴야 한다. 교재는 멘토와 멘제의 뜻있는 관계의 발전이 용이하고 새신자들을 지도하는 멘토에게 도움이 되도록 짜여야 한다. 멘토는 멘제에게 그리스도 지향적인 삶에 필요한 많은 기본 원리들을 따르도록 가르쳐야 한다. 그 멘제가 '재생산'이라 부르는 것을 통하여 다른 사람의 멘토가 될 것이고, 다시 그의 멘제는 또 다른 사람의 멘토가 될 것이다.

멘토링 관계의 열 가지 요소

온누리교회에서 제시하는 멘토링 관계의 유익한 원리들은 다음과 같다.

1. 멘토와 멘제의 바른 관계가 맺어지도록 성령께 의지한다.
2. '일대일'의 원리를 따른다.
3. 남성끼리, 여성끼리 멘토링 관계를 맺도록 한다.
4. 부부의 경우에는 멘토 남편이 멘제 남편을 지도하고 멘토 아내가 멘제 아내를 지도한다. 만약 그렇지 않으면 멘토 남편이 멘제 부부를 지도한다.
5. 멘토가 멘제보다 네댓 살 위인 경우가 좋다.
6. 한 멘토에 둘 이상의 멘제인 경우에는 멘제들의 교육 배경과 영적 성장 상태와 직업과 수입수준이 비슷할 필요가 있다.
7. 멘토나 멘제는 그의 그룹에서 멘제나 멘토를 선택할 수 있다.
8. 멘제들이 수효가 많을 때에는 멘토들에게 영적인 휴식과 회복의 기회를 주는 것이 좋다.
9. 멘제를 위한 멘토는 반드시 같은 셀 그룹에서 뽑아야 한다. 그러나 멘토는 다른 셀들로부터 도움을 받는 것은 가능하다.
10. 멘토링 사역을 돕는 교역자는 평일과 주일 멘토링 서비스 데스크에서 만날 수 있다.

교회 - 3 *LA 사랑의교회

1. 성장 분석

멘토링 관계의 견지에서 미국 LA에 소재한 사랑의교회의 성장을 평가하고자 한다. 이 연구가 지속적인 교회 성장을 위해 유익하고 다른 교회들의 모델이 되리라고 확신한다. 사랑의교회에 대한 이 분석이 한국교회의 영적인 건강을 회복시켜 우리 주 예수 그리스도의 몸 된 교회가 수적으로 증가하는 데에 일조하였으면 한다.

1) LA 사랑의교회 현황

LA 사랑의교회는 옥한흠 목사가 시무하는 서울 사랑의교회가 파송한 오정현 목사를 담임 목사로 하여 1988년 2월 7일에 열두 명의 교우들이 개척 예배를 드렸다. 11년 경과한 현재 LA 사랑의교회는 장년 교인 2,500명이 출석하고 있다. 지금 LA 오렌지 카운티에 150여 개의 가정 셀 그룹 모임이 있다. 이러한 모임들은 다락방이라고 부른다. 다락방은 소그룹 모임으로 여기서는 리더들이 신앙고백과 삶과 교제와 복음 전도를 통하여 지도한다. 또한 사랑의교회에는 10여 개의 훈련그룹이 있다.

LA 사랑의교회는 11년밖에 안 되는 짧은 역사를 가지고 있으므로 모든 면에서 그 성장을 평가하기란 어렵다. 그러나 사랑의교회 교인 수의 큰 증가와 교인들의 헌신을 고려하여 성장패턴의 원동력을 분석해 보면 유익할 것이다.

2) 성장패턴에 대한 설명

 LA 사랑의교회 오정현 목사는 교회 성장 원리들을 명확히 인식하고 있다. 그는 신학교와 교회 성장 세미나에서 교회 성장패턴과 전략을 계속 연구했다. 그의 이러한 연구로 말미암아 LA 사랑의교회가 크게 성장할 수 있었다.

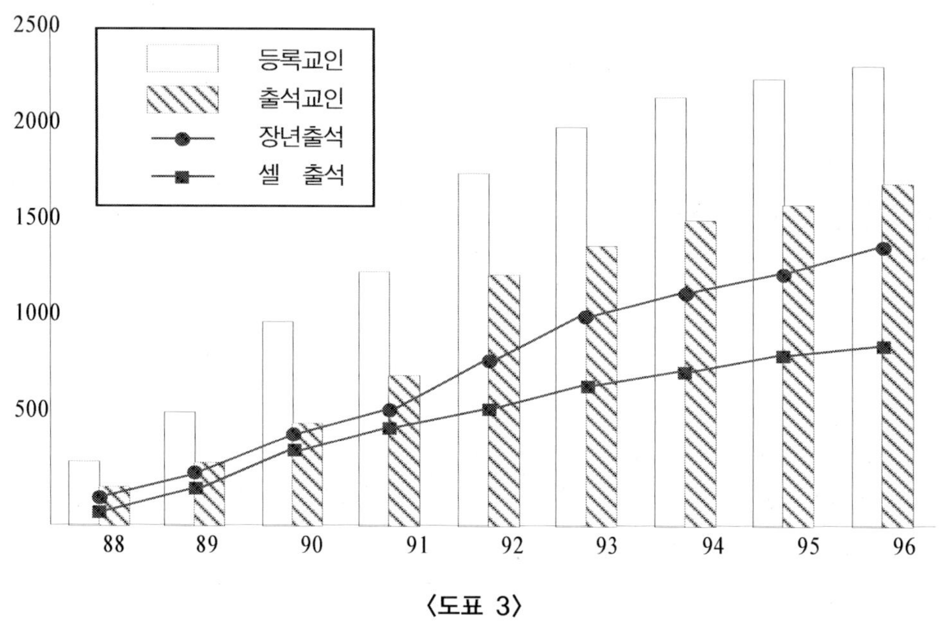

〈도표 3〉

 앞쪽 도표(<도표 3>)는 등록교인 수와 출석교인 수와 장년출석에 대한 기록을 나타낸다. 예배 참석을 기록하기 위하여 각 연도의 마지막 달까지 출석의 정확한 숫자를 더하여서 연 평균치를 구하였다. 이 도표에서 가리키고 있는 것처럼 평균 예배 출석자는 실제로 등록된 교인 수의 54퍼센트이다. 이것은 평균 예배 출석 수준이 미국의 다른 한인교회들과 비교해서 높다는 것을 뜻한다. 비록 LA 사랑의교회는 수요 기도회나 주일 저녁 예배를 드리지 않지만 일주일 내내 강력한 멘토링 모임과 제자 훈련 모임이 있고 매주 금요일 밤마다 셀 그룹 모임이 있어서 여기서 신자들이 스스로를 훈련하고 그와 동시에 잘 훈련된 평신도 지도자들이 스스로를 훈련하고 그와 동시에 잘 훈련된 평신도 지도자들의 지도를 받을 수 있다. 교회 사역에서 평신도 지도자들의 지도를 받을 수 있다. 교회 사역에서 평신도의 친교와 참여수준을 측정하기 위하여 LA 사랑의교회는 수요일과 주일 저녁 예배 참석 대신에 이러한 멘토링과 훈련 모임 출석의 기록을 사용한다.

<도표 3>은 교인의 성공적인 성장을 나타낸다. 셀 그룹 출석은 성인출석의 62.5퍼센트이다. 이 높은 출석률은 사랑의교회가 급성장할 수 있었던 주요 원인 중의 하나이다. 그리고 만일 셀 모임의 출석이 예배 출석 성장 비율과 함께 계속 늘어나면, 교회는 역량이 강화되어 더욱더 성장할 것이다.

3) 성장원인

이렇게 성장한 데에는 여러 가지 이유가 있을 수 있다. 무엇보다도 이 놀라운 역사에는 하나님의 은혜를 말하지 않을 수 없다. 모든 일에 있어서 하나님께서 그 뜻대로 부르신 자들의 유익을 위하여 역사하셨다.

4) 목회자의 지도력과 멘토링

목회자는 사도적 또는 선지자적 사역을 할 수 있다. 목회자는 복음을 전하고 사람들을 가르칠 수 있다. 그러나 무엇보다도 교회에서 목회자의 역할은 교인들의 구체적인 필요에 따라 그들을 돌보고 양육하는 것이다. 그러므로 교인들은 물론 목회자들도 목회의 역할과 위치를 명확하게 이해하여 최선을 다해 더 나은 교회가 되기 위하여 협력해야 한다.

목회자가 지도자 역할을 하고 있을 때 목회자는 자신이 '섬기는 지도자'임을 깨달아야 한다. 교회 안에서 문제가 많이 발생하고 더욱이 목회자와 그리스도인 일꾼들의 재직기간이 길지 못하다는 것은 현재 대부분의 지도자들이 어려운 일을 처리하는 능력이 부족하다는 것을 보여준다. 대부분의 목회자들의 그와 같은 좌절은 그들이 성령 충만하지 못하거나 너무 참을성이 없다는 것을 뜻한다. 그렇지 않으면 그것은 교회와 구조적인 문제점들을 가리키는지도 모른다.

지난 11년 동안 LA 사랑의교회가 급성장한 중요한 원인 하나는 담임 목사의 탁월한 지도력이다. 교회 성장을 강조하는 피터 와그너의 지적을 설교자와 교사로서는 아주 유능하지만 지도력이 부족하거나 믿음의 은사가 부속한 복회자를 둔 교회에 큰 문제가 일어날 수 있다는 것이었다. 그러나 오정현 목사는 비록 45세에 불과하지만 효과적으로 교인들을 지도하고 관리한다. 그는 지도력과 뛰어난 여러 은

사들로 인해 권위 있는 목회를 하고 있다. 또한 와그너는 다음과 같이 말한다.

> 성장하는 교회들이 그들의 목회자에게 품는 사랑에는 항상 처음에는 인정하지 않던 것들이 포함된다. 그리하여 목회자가 상당히 권위가 있게 되는 것이다. 이것은 목사 안수나 학식이나 직무 내용 설명서에 의해 부여된 권리가 아니다. 이것은 목사 안수나 학식이나 직무 내용 설명서에 의해 부여된 권위가 아니다. 이것은 목사가 관계를 통하여 얻은 하나님께서 주신 권위이다.(1976: 65)

오 목사는 목회자의 가정에서 태어나 수년 동안 대학생 관련 선교회에서 훈련을 받았다. 그는 서울 내수동교회(박희천 목사)에서 대학부 간사로서 수고하였다. 그가 사역하는 동안에 교회 대학부 인원이 300명으로 늘어났다. 그것은 아주 획기적인 사역이었다. 그동안(1978~1981) 대교회들조차도 젊은 학생들의 필요를 채워 줄 수 없었다. 대부분 젊은이들이 실망하여 교회를 떠났다. 그럼에도 내수동교회 대학부는 크게 부흥했고 많은 교회들의 모델이 되었다. 그 후 그는 미국으로 이민하여 신학 공부를 마쳤다. 신학 훈련을 마친 뒤에 그는 한국으로 돌아가 총 교인 수가 2만 명에 이를 정도로 급성장한 사랑의교회에서 부목사로 섬겼다. 사랑의교회는 여러 요인이 있지만 제자 훈련이 이 교회 성장의 주요 원인이며 특징이라고 여겨진다. 서울 사랑의교회 담임 목사인 옥한흠 목사는 오 목사와 그의 사역을 후원하는 멘토이다. 그는 많은 목회적 조언뿐만 아니라 재정적으로도 그를 도왔다. 이런 배경을 가진 오 목사는 한국과 LA 이민사회에서 잘 알려지게 되었다.

요컨대, 그는 LA 사랑의교회를 개척하기 전에 이미 많은 성공적인 사역을 경험하였다. 이러한 경험들이 밑거름이 되어서 그는 목회자와 교회 행정가로서 통찰력과 능력을 갖추게 되었다.

그에게는 또한 한국에서 목회에 성공한 유명한 멘토가 여러 명 있다. 이러한 멘토 덕분에 그는 일찍부터 견실한 목회 철학을 갖추게 되었다. 시의 적절한 조언과 목회적 지혜와 유익한 지침을 그들에게서 받고 있다. 그는 그의 책 『열정의 비전 메이커』에서 다음과 같이 말한다.

> "나는 멘토링 관계들을 통하여 축복받은 멘제……내가 목회에 성공할 수 있었던 것은 그러한 멘토들 덕분이다."(1997: 97-98)

오정현 목사는 교회의 사역 가운데 주일 예배를 가장 강조한다. 그는 주일 낮 예배를 위해 한 주간 철저히 기도로 무장하고 예배 시간 직전에는 예배를 위한 기도 후원팀이 운영된다. 철저한 준비와 기획을 함은 물론 살아 있는 영감 있는 예배가 진행되도록 만전을 기한다.

오 목사는 또한 교회 성장을 강조한다. 와그너는 공동체 안에서 성장 기회에 관하여 부정적으로 생각하는 목회자들이 성장에 가장 무서운 장애라고 말한다.(1976: 52) 그러나 오 목사는 언제나 교회의 양적·질적 성장에 비전을 품어 왔다. 그 결과로 '99년도 4월에 LA 애너하임 지역에 2천 석 규모의 최신형 건물로 입당했다. 그 이후로도 계속 성장을 거듭하고 있으며 이민교회뿐 아니라 세계교회의 모델로 자리매김을 하고 있다.

5) 다이내믹한 설교

오 목사는 다이내믹하고 열정적인 설교자이다. 그는 길 잃은 자들뿐만 아니라 평신도들에 대한 사랑과 열정도 크다. 이 열정적인 관심이 그의 설교에도 나타난다. 그는 또한 세련된 외모와 지성을 겸비하고 있다. 그는 미국 칼빈 신학교에서 신학석사과정(TH.M)과 남아프리카 포쳅스트롬 신학교 과정(Th.D)에서 설교학을 전공하였다. 그의 설교를 듣기 위해 많은 사람들이 교회로 찾아오고 있다.

6) 복음 전도 사역에 대한 열심

지난 11년 동안 사랑의교회는 20회 이상의 영적 각성 집회를 개최하였다. 그러한 집회들이 교회 성장에 크게 도움이 되었다. 강사들은 대부분 한국에서 존경받는 목회자들이었다. 집회가 끝날 때마다 교인 수가 50명에서 100명 정도가 불어났다. 새신자들을 조직적으로 잘 짜인 양육관리 방식으로 효과적으로 보살폈다.

오 목사 또한 다양한 복음 전도 사역에 참여한다. 그는 "코스타"(KOSTA: Korea Students in America)의 국제 이사이며 미주 지역 "콤"(KOM: Korean Operation Mobilization) 이사회 의장이다. 이러한 선교 단체를 통하여 많은 유학생들과 선교사들이 교회와 연결되었다. LA 사랑의교회는 40여 명의 선교사들과 선교 기관을 재정과 기도로 돕고 있다. 그리하여 교인들은 그들도 하나님의 선교에 참여하고 있다는 의식을 가지고 있다. 이런 열렬한 참여를 통하여 이미 활기찬 교회가 더욱더 활기차게 된다.

7) 생기 넘치는 축제와 같은 예배

와그너는 말하기를 "훌륭한 축제에는 그 축제를 재미있고 흥미를 돋우게 하는 많은 사람들이 필요하다."고 하였다.(와그너 1976: 133) 신자는 모두 마음의 소원이 있으며 반드시 이러한 소원을 만족시켜야 한다. 만일 예배에서 그들이 만족을 얻지 못하면 그들은 지루하게 생각할 것이며 그렇게 되면 교회 성장 자체가 제한을 받을 것이다. 토착적이고 그 나라 형편에 맞춘 예배가 제3세계 여러 나라에서 예배의 열기를 더해 주고 있다. 다른 한인교회들과는 달리 LA 사랑의교회는 주일 저녁 예배와 수요 기도회를 드리지 않는다. 따라서 오정현 목사는 주일 오전 예배에 온 힘을 기울인다. 주일 오전 예배를 위하여 사랑의교회는 매주 토요일 아침 모임 때마다 전체 합심 기도로써 준비한다.

LA 사랑의교회는 두 종류의 주일 오전 예배, 곧 전통적인 예배와 현대적인 예배를 1~4부까지 드린다. 이 다양한 예배 방식으로 인하여 교인들이 그들이 좋아하는 예배를 선택하게 된다.

8) 지리적 이점(利點)

생활수준이 향상된 많은 한국인 이민자들은 LA 도심지에서 점차 남쪽 오렌지 카운티로 이사하면서 좀더 안락한 생활과 자녀를 위한 좀더 나은 교육을 원하고 있다. 그들은 동류의 중산층 집단을 형성한다. 와그너는 회중 안에서 동류의 집단은 건강하고 성장하는 교회의 중요한 표시라고 말한다.(1984: 12&)

'99년도에 새로 이사한 이 교회는 고속도로 바로 옆이다. 따라서 이 교회 신자들의 교회까지 이동 시간과 거리는 차로 평균 30분 이내이다.

LA의 이민자들은 시간이 갈수록 남쪽으로 이동이 계속될 것으로 예상된다. 이러한 것을 고려하여 오 목사는 성장 속도를 가속하는 지리적인 이점을 최대한 선용하고 있다.

9) 잠재적인 문제점들

비록 사랑의교회는 성장할 좋은 여건들을 구비하고 있지만 또한 몇 가지 문제점도 안고 있다.

◀1세와 2세의 차이

오 목사는 교회에 대한 철저한 헌신과 부모의 지도를 존중하는 전통적 한국식 신앙을 강조한다. 그는 미국문화 속에서 태어나서 자라난 한인 2세대들의 신앙이 미국화되는 것을 우려한다. 그의 방식은 이민 1세대들의 마음에 들지만 자녀들은 그들의 부모와 다르다. 특히 예배에서 큰 간격이 있다. 대부분 한인 2세대들에게는 성인예배가 낯설며 따라서 언어와 방식이 무의미하다. 청년들은 그들의 부모들보다 미국의 문화적 상황에 훨씬 더 익숙하다. 만일 남가주 사랑의교회가 성장을 계속하려면 이민 2세대를 위한 새로운 전략이 있어야만 한다(예를 들어 2세만을 위한 영어 예배 등). 이 교회가 앞으로 계속 성장하려면 이 점을 도외시해서는 안 되리라고 본다(이러한 점은 비단 이민교회뿐만 아니라 한국교회 내에서의 세대차 문제이기도 하다. 젊은이에게 적응성 있는 기독교 교육이 절실히 요망된다).

10) 지역사회에 대한 섬김

이제 남가주 사랑의교회는 이민사회뿐 아니라 미국사회와 지역에서도 주목받는 대형 교회가 되었다. 그럴수록 주위의 시선은 더욱 따갑다. 장기적인 목회 전략을 위해 지역사회를 위한 섬김의 장을 더욱 확장시켜야 한다고 본다. 미국 주류 사회에 한인이 가지고 있는 가장 큰 약점이 바로 이것이기도 하다. 그리고 그에 대한 대안으로 지역사회 다인종을 위한 예배를 마련하는 것도 좋으리라고 생각한다. 한인 교인들만을 위한 교회가 아니라 지역사회를 위한 교회로 발돋움해야 할 것이다.

2. 멘토링 시스템

미국에 이제 막 도착한 한인 이민자들은 어느 교회에 가입해야 할지 결정해야 한다. 그 결정이 어렵다. 그들은 바른 교회를 찾기 위하여 많은 교회들을 기웃거린다. 그들이 찾은 그 교회가 그들에게 부적절하다 싶으면 금방 교회를 바꾸어 버린다(이것은 비단 미국의 한인교회의 상황에 국한되는 것이 아니라 한국의 대도시 교회 형편도 대동소이하다). 이런 상황에서 봉사 시스템과 일대일 양육 훈련 시스템은 아주 중요하다. 다음은 LA 사랑의교회의 성장 프로그램을 멘토링 관점에서 설명한 것이다.

1) 교회 지향적인 멘토링과 훈련

LA 사랑의교회가 비약적으로 성장한 주된 이유들 중의 하나는 평신도 양육과 훈련을 강조한 데에 있다. LA 사랑의교회에는 한 사람을 평신도 멘토와 리더가 되도록 준비시키는 일곱 가지 훈련 프로그램이 있다.

(1) 바나바 사역(4주 과정)
새신자를 위한 일대일 멘토링 과정. LA 사랑의교회는 바나바 사역을 채택하여 LA 사랑의교회에 맞게 수정했다.

(2) 새가족반(6주 과정)
전담 교역자가 일주일에 한 번 기본 교리를 가르친다. 이 공부를 마쳐야 등록교인이 될 수 있다.

(3) QT반(6주 과정)
인도자는 QT 방법을 멘토링으로써 참여자들이 하나님의 말씀을 깊이 있게 묵상하도록 훈련시킨다.

(4) 새일꾼반(16주 과정)
이 반의 회원은 새가족반을 수료한 둘 내지 네 명으로 구성되며 이 소그룹에서 멘토들에 의해 훈련을 받는다. 온누리교회의 일대일 멘토링 교재와 같은 교재를 사용한다.

(5) 제자 훈련반(1년 과정)

이 반에 들어가려면 새일꾼반을 수료한 뒤에 가능하다. 교재는 서울 사랑의교회 『평신도를 깨운다』를 사용하고 있다. 이 반은 교역자가 지도하는데, 7~12명의 소그룹으로 모이고 교역자는 소그룹 멘토로서 지도한다.

(6) 사역 훈련반(1년 과정)

제자 훈련반을 수료한 회원이 이 반에 참가할 수 있다. 담임 목사가 지도하며 이 반을 수료한 회원 중에서 순장이 된다. 구성인원은 30~40명 정도이다.

(7) 순장반(무제한 과정)

이 반에서는 매주 주일 오후에 모든 순장들이 금요일 밤 다락방에서 그들이 가르칠 과목들을 담임 목사와 함께 공부한다. LA 사랑의교회는 이 평신도 지도자반을 가장 중요한 모임으로 강조하고 있다.

사랑의교회는 이미 언급한 대로 주일 밤 예배나 수요 기도회를 드리지 않는다. 그 대신에 매일 밤낮으로 운영되는 이 양육반과 훈련반이 있다.

2) 환영하는 절차

LA 사랑의교회는 새신자들을 효과적으로 관리한다. 다음은 사랑의교회 새가족들을 적절하게 환영하는 절차와 직무 목록이다.

---

1. 새가족들을 개인적으로 접촉한다.
2. 환영 카드를 받는다.
3. 환영실로 초대한다.
4. 4주 동안 바나바의 멘토링이 실시된다.
5. 새가족에게 환영과 안내의 편지들을 보낸다.
6. 교구 목사와 만나도록 조정한다.
7. 새가족을 방문한다.
8. 순장에 의한 멘토링과 보살핌을 위해 다락방을 배정한다.
9. 새가족반에 참석한다.
10. 만남의 시간에 초대(환영회)한다.

LA 사랑의교회는 새가족이 처음 교회에 오면 환영실에서 교회의 비전과 프로

그램을 소개하는 시간이 있다. 그때에 새신자는 개인적으로 바나바와 연결된다. 그러한 모임을 후에 교인이 될 사람은 6주 새가족반에 초대받아 거기서 기독교의 기본 교리와 교회방침을 배운다. 그 과정을 수료하면 그들은 6주마다 실시하는 환영회(만남의 시간)에 초대를 받게 된다.

환영회 다음에 새신자는 매주 금요일 밤에 모이는 100여 개의 다락방(가정 셀 그룹) 중의 한 다락방에 배치된다. 그룹 모임에서 그들은 멘토인 평신도 지도자들의 보살핌을 받게 된다. 만일 그들이 좀더 성장하고 싶거나 평신도 지도자로서 봉사하고 싶으면, 이미 설명한 대로 16주 과정으로 짜인 새일꾼 과정을 신청할 수 있다.

3) 새신자 과정

새신자가 LA 사랑의교회에 오면 그에게 특정한 바나바를 지정해 준다. 그와 동시에 그는 LA 사랑의교회 교인을 위한 새가족반에서 6주 동안 공부한다. LA 사랑의교회는 멘토링에 있어서 새신자에게 두 가지 과정을 제공한다. 하나는 '양육과정'이고 다른 하나는 '훈련과정'이다. 양육과정은 셀 그룹 지도자인 순장의 지도를 받는 다락방에서 이루어진다. 순장은 금요일 밤마다 귀납적인 성경공부로 자기 그룹을 지도한다. 이 그룹은 기간이 제한되어 있지 않다.

또한 훈련과정은 단기간에 이루어지는 과정이다. 새일꾼반은 16주 동안 평신도 목자(a lay pastor)가 지도한다. 이 반을 수료하면 새신자는 제자 훈련반에 들어가게 되고 거기서 1년 동안 교역자의 지도를 받는다. 그 과정이 끝나면 담임 목사인 오 목사가 1년 동안 지도하는 사역 훈련반이 있다. 이 반을 수료한 사람은 다락방의 순장으로 임명을 받아 섬기게 된다(<도표 4> 참조).

<도표 4> 남가주 사랑의교회 새신자 교육과정

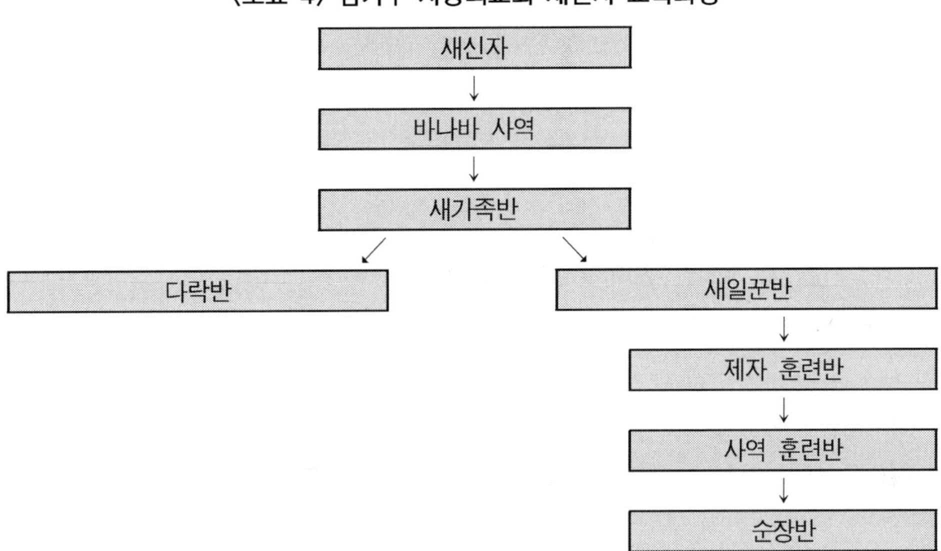

4) 멘토링 프로그램

이미 언급한 바대로 LA 사랑의교회는 교인들 대부분이 참여하는 강력한 멘토링 훈련 프로그램이 있다. 이 프로그램은 담임 목사인 오 목사의 사역 철학에서 비롯된 것이다.

1. 내 삶에 영감을 불어넣을 수 있는 모델이 있는가?
2. 나를 가르치고 주언해 줄 수 있는 멘토가 있는가?
3. 나를 도울 수 있는 파트너가 있는가?
4. 나를 지지할 수 있는 친구가 있는가?

교인들의 소명을 확증하기 위하여 오 목사는 '축복받은 사람의 관계'로서 멘토링을 강조한다. 그는 설교에서 교인들에게 다음과 같이 전도한다.

그는 여러 가지 질문을 사용하여 멘토와 멘제가 멘토링의 유익을 곰곰이 생각하고 최대한 활용하도록 돕는다.

> 1. 당신의 생애에서 내린 가장 중요한 결정은 무엇이겠는가?
> 2. 당신의 생애에서 가장 큰 실패는 무엇이었는가? 그 실패를 통해 얻은 교훈은 무엇이었는가?
> 3. 당신의 생애에서 가장 큰 성공은 무엇이었는가?
> 4. 당신의 인간관계는 어떠한가?
> 5. 당신에게 가장 큰 영향을 끼친 책은 어떤 책인가?
> 6. 당신은 시간 관리를 어떻게 하고 있는가?
> 7. 당신은 스트레스를 어떻게 푸는가?

멘토링의 유익에 대한 그의 강조는 LA 사랑의교회에 대한 전체적인 돌봄과 훈련 시스템에서 분명히 나타나고 적용되고 있다.

5) 바나바 사역

사랑의교회는 새신자를 감독하고 도와서 바나바 사역을 돕는 '새가족 위원회'를 두고 있다. 이 사역을 지난 몇 년 동안 시행하면서 성공적인 사역으로 평가되고 있다.

LA 사랑의교회 새가족 위원회는 새가족 환영실을 아름답게 장식하여 새신자를 맞이할 준비를 한다. 새신자를 맞이할 준비를 할 때에는 환영 인사말을 준비하고 탁자 위에 꽃꽂이를 하고 얼마간의 간식을 준비하고 폴라로이드 카메라(즉석카메라)를 준비하게 된다.

6) 바나바 사역의 과정

> 1. 새가정 위원회 회원은 기쁜 얼굴로 새신자를 환영하고 주일 오전 예배에 새신자에게 환영 카드를 나누어준다.
> 2. 이때에 새신자가 본당으로 들어오면 바나바도 새신자와 함께 들어와 같이 앉는다.
> 3. 바나바는 예배를 드릴 동안 친절하게 몇 가지 자료를 가지고 돕는다.
> 4. 예배를 마치면 바나바는 새신자를 환영회실로 데리고 간다.
> 5. 환영회실에서 주최자나 교역자는 새신자를 환영하고 폴라로이드 카메라로 사진을 촬영하고 문에서 대기하고 있는 바나바가 될 사람들을 소개한다.

6. 서로 소개가 끝나면 바나바는 지정된 장소에서 약 10분 동안 새신자에게 공부를 지도한다.
7. 공부를 마치면 바나바는 만난 소감을 적어서 사무실에 제출한다.
8. 바나바는 평일에 그의 멘제(새신자)에게 전화한다. 혹은 지난 주일에 교회에 나오게 된 것을 감사하는 글을 적어 엽서로 띄울 수도 있다.
9. 다음 주일, 바나바는 예배 후에 다시 그 새신자를 만나서 그를 데리고 가서 교회 교인 세 사람―목사나 장로나 집사나 평신도―을 소개시킨다. 소개가 끝나면 함께 『새가정 공부』 책을 공부한다.
10. 바나바는 제4장 공부를 마치면 그의 셀 리더(순장)를 새신자에게 소개한다. 이 셀 리더는 바나바와 함께 그 공부를 끝마치면 그 새로운 식구를 받아들일 것이다.
11. 담임 목사는 4주 새가정 공부를 마친 새식구를 위해 '만남의 시간'이라는 환영회를 베풀고 그러고 나면 교회의 일원이 된다. 이 시간부터 그 새식구는 순장이 지도하는 새로운 셀의 한 식구가 된다.
12. 그다음 주일, 바나바는 다시 대기하고 있다가 다른 새신자의 새로운 파트너가 된다.
13. 교역자는 계속해서 바나바 훈련과정을 제공하여 바나바 후보자들을 새로 많이 만들어 낸다.

7) 바나바 공부내용

LA 사랑의교회는 바나바라는 멘토를 중심으로 새신자 정착 프로그램을 4주로 진행한다.

4주 바나바 사역 프로그램은 다음과 같이 짜여 있다.

첫째 주일: "우리 교회에 처음으로 방문하신 것을 환영합니다."

1. 사랑의교회 약사 소개

2. 예배와 교회 직원에 대한 안내

둘째 주일: "만나서 반갑습니다. 환영합니다!"

1. 사랑의교회 '네 가지 비전' 소개

2. 주일 예배 후에 적어도 교회 직분자 세 명을 새신자에게 소개한다.

셋째 주일: "안녕하십니까! 뵙게 되어 기쁩니다."

1. 사랑의교회 일곱 가지 훈련 시스템 소개

2. 다락방(사랑의교회 지역 셀 그룹 모임)에 대한 안내

넷째 주일: "안녕하세요! 빌써 마지막 주일이네요."

1. 순장 소개하기

2. 주일 예배와 세례와 결혼과 장례식에 대해 설명한다.

멘토링 방식에 의한 제자 훈련

일반적으로 한국 사람들은 양질의 교육을 열망한다. 중상류층 사람들은 그들의 자녀를 위하여 학교시설이 좋은 지역으로 이사하는 것도 마다하지 않는다. 이런 이유 때문에 평신도들은 지도자 훈련과 제자 훈련을 받을 수 있는 무한한 가능성이 있다.

오 목사는 제자 훈련 사역의 전문가이다. 그는 이 교회를 세울 때부터 제자 훈련을 강조하였다. 처음부터 그는 그 자신의 제자들 그룹을 모아서 훈련시켰다. 지금도 사역반과 순장반을 직접 지도하고 있다.

많은 평신도들을 그리스도 안에서 장성하여 좀더 효과적으로 주님과 그 교회를 섬기기를 원한다. 그들은 훈련받고자 하는 강한 열의가 있다. 이 제자 훈련 사역은 이런 요구를 만족시켜 준다. LA 사랑의교회 제자 훈련은 멘토링과 그룹 관계에 의한 재생산을 목적으로 하고 있다. 이 훈련과정을 수료한 교인들은 재생산을 위한 순장과 멘토로 봉사한다.

멘토링 장소인 다락방

모든 한국 전통 가옥에는 사랑방(손님 접대실)이라 부르는 방이 있었다. 사랑방에서 집주인은 이웃도 만나고 마을 사람들도 만나고 여행객도 만난다. 여기서 거래가 흥정되고 소식이 오가고 아이디어를 교환하고 이야기를 듣고 잡담을 늘어놓는다. 그 방은 결코 개인의 것으로 생각된 적이 없었다. 이 방에서 특히 초기에는 선교사들이 많은 사람들과 만나 그들에게 복음을 전하였다. 만일 선교사가 그 집에서 하루 이틀 밤을 보내게 되면 보통 저녁 설교를 하여 경청하는 청중 모두에게 '새로운 종교'를 설명하였다. 소책자들을 배포하였고 쪽복음 같은 것들을 읽고 설명하였다. '사랑'은 선교사와 권서인(勸書人)들과 복음 전도자들에게 정말 좋은 전도 장소였으며, 다른 사람들에게 복음을 전할 기회를 이용하고자 하는 그리스도인들에게도 정말 좋은 장소였다.(로드스 1934: 248)

이 사랑방 모임은 LA 사랑의교회의 가정 셀 그룹이나 다락방 모임과 같은 구실을 한다. LA 사랑의교회는 이것을 '다락방'이라고 부른다. 서울 사랑의교회의 용어를 그대로 사용한 것이다. 각 다락방 모임은 6명에서 10명으로 구성되어 있으며, 그 구성원들은 사랑방 모임처럼 교제를 많이 나눈다. 교회의 잘 훈련된 평신도 지도자들이 그들의 다락방에서 이러한 가정 셀 그룹들을 지도한다. 그 지도자들은 그들의 사역에 철저히 헌신하여 그들의 그룹 회원(순원)들을 신실하게 보살핀다. 그들은 귀납적 성경공부와 찬양, 그룹 기도로써 이 그룹을 양육하며 이끈다. 어떤 사람의 생활에 어려운 문제가 발생하면 순장들과 다른 회원들, 곧 순원들은 어려운 일을 당한 사람을 위해 간절히 기도한다.

사람들끼리 상호 깊은 관계를 누리려면 그와 같은 소그룹으로 만나는 것이 반드시 필요하다. 이것이 셀이다. 셀은 큰 회중들 속의 소그룹과 비슷한 집단 안에서 아주 특별한 관계를 나누는 것을 뜻한다.

신앙교육을 위하여 LA 사랑의교회는 적어도 다음 5년 내에 300개 그룹이 필요하다. 그렇게 하기 위하여 각 셀 회원들이 복음을 전하고 이웃을 교회로 인도하는 훌륭한 복음 전도자가 되어야 한다. 일단 한 가정 셀 회원이 12명 이상이 되면 나누도록(다시 말해서, 배가하도록) 하는 것이 좋다. 그런 식으로 교회는 다음 5년 동안 계속 교인 수가 늘어날 것이다.

오 목사는 셀 그룹이 그 그룹 회원들끼리만 관계를 가지고 다른 그룹 회원들에 대해서는 배타적으로 되는 위험성을 충분히 인식하고 있다. 그러므로 그는 석 달마다 이 셀 그룹들을 모두 연합 모임으로 모이게 한다. 이런 노력으로 교회는 전체 회중과 셀 간의 적절한 균형을 유지하고자 한다. 그 모임은 예배도 드리고 또한 서로 풍성한 교제를 나눈다. 교인들은 격려를 받고 그들의 생활경험을 깊이 나누게 되고 하나님의 말씀으로 새롭게 조명을 받게 된다.

LA 사랑의교회의 이와 같은 잘 조직된 소그룹 시스템은 교회가 새신자를 맞이하여 잘 보살필 수 있도록 해 준다. 이 셀 단위들은 군중 속의 고독을 느끼는 현대인들에게 강한 소속감을 느끼게 해 준다.

셀 그룹 멘토링 순장

LA 사랑의교회에는 지난 수년 동안의 제자 훈련과 사역 훈련 프로그램을 수료한 평신도 지도자들이 500명 이상이다. 그들의 주요 업무는 매주 금요일 밤 가정 셀 그룹들(다락방)을 지도하거나 돕는 것이다. 셀 그룹의 멘토로서 순장은 정규적으로든 비정규적으로든 그룹 회원(순원)들을 만난다. 또한 순장은 소그룹 성경공부를 지도하고 가정 멘토와 상담자로, 찬양과 예배 인도자로, 해외선교 위원회 위원으로 활동하고 ‘전도 폭발’ 사역을 담당하고 주일학교 교사를 맡는다. 귀납적 성경공부와 어려움이 있는 식구들에게 효과적인 상담과 영감을 불러일으키는 찬양과 예배, 전도 훈련 등은 주로 평신도들이 주관하며 이런 것들 때문에 많은 사람들이 LA 사랑의교회에 매력을 느끼고 찾아오게 된다.

　　LA 사랑의교회는 주로 잘 교육받는 중산층으로 구성되어 있으며 이 때문에 교회 사역을 위하여 자질을 갖춘 평신도들을 생산적으로 가장 잘 활용할 수 있다. 오 목사는 평신도들을 멘토와 지도자로 만들 목적으로 그들을 체계적으로 훈련시켰다. 그의 감독하에 2~3년의 기간 동안 훈련받음으로써 그들은 이제 그들이 배운 바를 다른 사람들에게 가르치도록 도전을 받는다.

Part 5

대학 사례

2차 멘토링 시스템 4개월 운영계획서
(2006년도 특성화 사업 과제 수행신청서)

1) 강릉영동대학

(1) 대학 개요: 교수 90명, 학과 22, 학생 4,000명
(2) 추진 팀원: 정맹식 교수, 박준식 교수, 하기종 교수(멘토링 교육수강 3명 교수)
(3) 자문 위원: 멘토링코리아(대표 류재석)

2) 멘토링 시스템 운영 개요

(1) 멘토링 Project명: 멘토링 시스템 운영(IT학과 분야)
(2) 목표: 2차 신입생 대학생활 적응력 향상(1차 2003년 11월부터 3개월)
(3) 행사: 멘토 / 멘제 연결 및 시스템 운영 4개월(06년 10월~07년 1월)
(4) 멘제: 신입생 40명
(5) 멘토: 선배학생 40명

3) 도입교육 및 연결행사

(1) 교육일시: 2006년 10월 21일 10:00~17:00 −6시간−

(2) 교육장소: 대학세미나실

(3) 교육강사: 멘토링코리아 류재석 대표 탁충실 전문위원

4) 멘토링 시스템 2차로 4개월 운영 목적 및 필요성

일반적으로 실제 조직에서 구성원들의 학습행위나 지식들은 구성원들 간의 상호 작용 과정에서 습득하는 경우가 상당히 많다. 멘토링의 목표는 인간적인 면을 배려하여 개인의 업무와 학습 촉진을 통해 조직의 인재경쟁력을 확보하는 데 있다.

그동안 대학, 기업체 등 각 조직마다 집단교육의 부작용을 보완하기 위한 수단으로 OJT, 사수/조수제, 후견인제, 지도사원제 등 1:1이나 소그룹 제도를 활용해 왔다. 그러나 대부분 멘토링 제도에 접근하려고 노력은 했으나 결국 체계적인 프로그램을 갖추지 못하여 대부분 실패로 끝나게 되어 아쉬움을 남기는 사례가 빈번하였다.

대학에서 멘토링 시스템 운영 목적은 교수와 학생, 학생과 학생(선후배, 동료) 간의 지적 학습활동을 촉진시키고, 졸업 예정자의 취업을 촉진시켜 교육의 질과 생산성을 높일 뿐만 아니라 대학생활의 적응력 향상으로 학생 유지율을 높이는 데 목적이 있다.

따라서 본 대학의 멘토링 시스템 운영에 있어서는 2차로(1차 2003년 11월 3개월 운영) 현재 지방 대학에서 어려움을 겪고 있는 신입생 재원 확보율과 입학생 정착률을 높이는 데 목적을 두고 선배학생 멘토(Mentor) 및 신입생 멘제(Menger)의 연결행사를 멘토링 전문가를 통해 가장 최상의 멘토/멘제 쌍을 연결하여 4개월 동안 멘토링 활동을 시행함으로써 지방 대학에서 학생 정착률에 대한 목적을 달성할 수 있도록 한다.

5) 대학 멘토링 현황

미국 대학에서 멘토링은 활발하다. 미국대학 MBA 출신 중 86%가 멘토링 제도가 있는 기업을 선택하겠다고 밝힌 것으로 나타났다. 이는 대부분의 대학에서 재학생들에게 멘토링 활농을 적극 권장하기 때문이다. 또 개인의 역량 개발과 대학 조직 활성화에 멘토링이 큰 효과를 발휘한다는 점을 잘 알기 때문이기도 하다.

국내에서도 멘토링 경험을 묻는 설문에 대학생들이 43.1%가 답하고 있다.(한국

직업능력개발원 02년 11월 설문) 그러나 체계적인 멘토링 시스템은 이제 겨우 시험적으로 도입을 서두르는 단계다. 몇몇 대학들이 2~3년 전부터 도입을 시작했고 교내 혹은 산학협동 차원으로 다양화되고 있는 추세다.

특히 지방 대학에서의 멘토링 제도 도입이 눈에 띄게 늘고 있다. 상대적으로 정보가 취약하고 취업률이 낮은 맹점을 극복한다는 목적에서다.

6) 본 대학에서 멘토링 시스템 운영에 착안점

(1) 멘토 / 멘제 연결 프로그램 연구
(2) 멘토 / 멘제 선정기준 연구 대상자 선발
(3) 멘토 / 멘제 대상자 멘토링 교육
(4) 멘토링 연결행사 프로그램 진행 및 최상의 멘토링 Couple 연결방법
(5) 효율적인 멘토링 활동 전개를 위한 연구 관리
(6) 멘토링 활동에 따른 결과 평가

7) 멘토링 시스템 운영에 관한 기대효과 및 확대 활용방안

본 대학 멘토링 시스템 운영에서는 일차적으로 멘토링 목표를 '신입생 대학생활 적응력 향상'에 두고 선후배 간에 멘토링 활동을 전개함으로써 학교에 대한 자부심을 증대시키고 자퇴율을 감소시킬 뿐만 아니라 의식 전환의 효과를 통해 결국 대학의 학생 정착률을 높이는 효과를 얻을 수 있을 것으로 기대된다.

향후 본 프로그램이 도입·확대되면 산업체 및 지역사회 인사와 동문 선배와 재학생(선후배) 간에 멘토 및 멘제로 확대 연결하면 취업활동을 더욱 활발하게 전개해 나갈 수 있고, 점차적으로 교수와 학생 간에 멘토 및 멘제를 연결함으로써 특정인재를 양성할 수 있을 뿐만 아니라 존경과 신뢰 회복의 계기를 제공할 수 있을 것으로 기대된다.

그리고 재학생과 신입생 간의 연결로 확대하면 신입생 정착률을 높일 수 있고, 재학생과 출신고 2~3년생과 멘토 및 멘제로 연결하면 신입생 재원 확보율을 높일 수 있을 것으로 기대된다.

8) 멘토링 시스템 추진일정 계획표

運營期間: 2006. 10. 1. ~ 2007. 1. 31.																
월 운영에 관한 연구주제	10				11				12				1			
	1	2	3	4	1	2	3	4	1	2	3	4	1	2	3	4
행사 프로그램 조사 분석	0															
행사내용 및 범위설정		0														
멘토 / 멘제 행사참여 협조		0														
멘토 / 멘제 자료조사			0													
전문가 초청 교육 실시				0												
멘토 / 멘제 연결행사 진행					0											
멘토링 활동 전개						0	0	0	0	0	0	0				
멘토링 활동 평가 실시													0	0		
보고서 작성															0	0

9) 운영에 관한 연구분담표

과제책임 및 공동연구원	분담내용	연구보조원 성 명	비고
하기종 교수 박준식 교수	프로그램 전체 실행 감독 및 기획 프로그램 실무운영 기획 및 재정 감독 프로그램 주 실무 운영에 관한 실행	최성집	

* 위의 내용을 별도 용지(A4) 5매 이내로 작성·첨부하시기 바랍니다.

10 / 21일 멘토링 Workshop 행사를 위한 윤양소 학장 인사말씀

안녕하십니까?

오늘 강릉영동대학 멘토링 행사에 참석해 주신 교수님, 학생 여러분께 진심으로 감사말씀 드립니다.

과학기술은 21세기 지식 기반 사회에서 국가의 경쟁력을 결정짓는 중요 역할을 합니다. 그러나 이를 담당할 연구인력은 선진국에 비해 반 정도의 수준으로, 이공계로의 진출이 절실히 요구되고 있습니다.

이번 교육인적자원부 특성화 사업은 공학계열의 경쟁력을 높이기 위한 사업으로 지원하며 우리 강릉영동대학이 이 특성화 사업에 선정되어 총 24억의 지원비로 공학계열의 과학기술인력을 양성할 임무를 가지고 시작하게 되었습니다.

따라서 교육인적자원부의 특성화 사업의 일환으로 실시되고 있는 멘토링 프로그램은 멘토링을 통한 개개인의 잠재력 개발을 도와주고, 자신감 있는 학교생활을 할 수 있도록 하며, 파트너로서 함께 고민하고 걱정해 주고 조언해 주면서 스스로 문제를 해결할 수 있도록 자긍심을 갖게 되는 성공적인 멘토링 시스템 운영이 될 것이라고 봅니다.

여러분의 맑고 신선한 머리로 좋은 아이디어를 창출해 선후배 간에 인생여정을 공유하고 지적인 자극을 주고받으며 서로가 더욱 돈독한 관계가 될 수 있는 행사가 되기를 기대하며 이러한 작은 도움 하나하나가 여러분의 대학생활을 풍요롭게 해 줄 것입니다. 강릉영동대학 멘토링을 통해 영동인들만이 누릴 수 있는 학술적이면서 정이 넘치는 풍요로운 제3대학생활을 경험하시기를 바랍니다. 감사합니다.

2006. 10. 21.

학장 윤양소

멘토링 <∞> 코리아

전화(02)7117 – 104 / 5   www.cmko.com

멘토링: 061016호

수 신: 강릉영동대학 윤양소 학장

참 조: 정맹식 교수 하기송 교수 박준식 교수

제 목: **대학생 멘토링 도입 Workshop 실행안**

1) 21C 급변하는 사회환경에서 귀 대학의 발전과 교육혁신에서 성공을 기원합니다. 금번 귀 대학에 멘토링 제도 도입 Workshop 실행안을 제출합니다.

2) 신입생 정착률 향상 멘토링 Workshop 과정은 대학에서 선배학생 멘토와신입생 멘제를 선발 후 멘토링 활동 개시(Kick Off) 시점에서 실행하는 교육입니다. 먼저 멘토와 멘제가 한 장소에서 만나 충분한 상견례를 겸해서 멘토링에 관한 올바른 이해와 멘토링 활동기간에 수행할 멘토 / 멘제의 역할, 활동수칙, 미팅소재 개발, 성격대응법 등 스킬 분야를 중점적으로 학습하는 과정입니다.

3) 특히 저희 9명의 교육강사 및 컨설턴트들은 멘토링 지도사로서 체계 있게 멘토링 지식과 활동 프로그램 실행에 경력을 갖춘 멘토링 전문가들입니다.

4) 아래 소개한 참고자료를 검토하시면서 한 번 저희 전용 홈페이지를 방문해 주시고 추가하실 자료가 있으시면 바로 보완해 드리겠습니다.

영동대학 멘토링
Mentoring workshop 개요

교육목적: 멘토링 한 쌍이 도입현장에서 활동촉진 기술을 학습하고 성공적인
활동을 전개함으로써 최종목표 달성률을 높이고자 함이 목적
교육참가: 일정기간 동안 멘토링 활동에 참여할 멘토 / 멘제와 모니터 요원 멘
토 / 멘제 대상자, 현재 활동하고 있는 멘토 / 멘제, 모니터
교육시강: 1일 6시간
교육교재: 멘토링현장활동촉진기술(교재선택 77p)
교육강사: 멘토링코리아 류재석 대표 조병용 박사 탁충실 위원

Workshop 과정 6시간 학습개요

Theme	Hour	Main Contents	Sub Contents
Mentoring Story	1H	제1부 멘토링 제도 기본 이해	1강 멘토링 원리 기본 이해 　1 멘토링 유래 　2 멘토링 용어 　3 멘토링 유형
Mentoring Skill	1H	제2부 멘토십 활동촉진 Skill	2강 멘토 / 멘제 현장활동 스킬 　1 멘토 / 멘제 자질 　2 멘토의 역할 　3 멘토 / 멘제 활동수칙 　4 멘토 자생력 개발 자기진단
Mentoring Game	3H	제4부 멘토링 활동촉진 게임	게임 1 Lynchpin Game 게임 2 Star Game 게임 3 Brain Game
Mentoring Case Study	1H	제3부 멘토링 Case Study	1장 멘토링 사례 효과성 평가 2장 국내 멘토링 사례 5 3장 해외 멘토링 사례 6

Workshop 과정 효과

효과 1 멘토링 원리와 현장 프로그램에 대한 올바른 이해를 갖습니다.
효과 2 멘토 / 멘제 상호간 관계 촉진 커뮤니케이션이 원활해집니다.
효과 3 멘토 / 멘제가 미팅 시 소재 개발에 아이디어를 갖게 됩니다.
효과 4 멘토십이 개발되어 멘제를 양육하는 데 노하우를 갖게 됩니다.
효과 5 멘토는 리더십이 개발되어 대학에서 애교심으로 인정받게 됩니다.

영동대학 멘토링
6시간 Workshop Curriculum

교육참가: 선배 멘토 / 신입생 멘제 40쌍 80명

교육일시: 10 / 21일(토) 10:00 ~17:00 - 6시간

교육장소: 본 대학 세미나실

교육강사: 멘토링코리아 류재석 대표 조병용 박사 탁충실 위원

Theme	Hour	Contents	Style	Speaker
Mentoring Story	10:00 11:00	**1강 멘토링 기본 이해** 1) 멘토링 유래 2) 멘토링 용어 3) 멘토링 유형 4) 멘토링 효과	강의식 동영상 5m	류재석 대표
Mentoring Skill	11:00 12:00	**2강 멘토 / 멘제 현장활동 Skill** 멘토 / 멘제 자질 멘토 역할 멘토 / 멘제 활동수칙 멘토 자생력 개발 Skill	토론식 질의응답식	조병용 박사
Mentoring Game(1)	13:00 14:00	**3강 Lynchpin Game** －성격 개발게임 1) 게임의 목적 2) 성격유형별 확정 Workshop 3) 성격유형별 대응방법	Workshop	탁충실 위원
Mentoring Game(2)	14:00 15:00	**4강 Star Game** －인격지수 개발게임 1) 게임의 목적 2) 인격지수 파악 Workshop 3) 인격지수 시각화	Workshop	조병용 박사
Mentoring Game(3)	15:00 16:00	**5강 Brain Game** －미팅소재 개발게임 1) 브레인 게임의 목적 2) 미팅소재 개발 아이디어 Workshop 3) 가치개발 실천카드 Workshop	Workshop	탁충실 위원
Mentoring Case Study	16:00 17:00	**6강 멘토링 사례** 1) 멘토링 효과성 평가 2) 국내 멘토링 사례 3) 해외 멘토링 사례	노동부 직원 현장활동 동영상 10m	류재석 대표

영동대학 교육경비 산출내역

교육비 산출 기본 자료
* 도입주관: 강릉영동대학(IT학과 주관)
* 도입과정: 멘토링 도입 Workshop -6시간-
* 참가대상: 선배학생 멘토 / 후배학생 멘제
* 참가인원: 멘토 / 멘제 40쌍＝80명 기준
* 교육장소: 영동대학 세미나실(강릉소재)

교육비 산출 기준

과 목	구분	단위	단가	제안액	비고
정규교육	2일 과정	15시간	40,000		1인당 수강료
	3일 과정	20시간	40,000		
전문교육 리더교육					
현장교육	도입과정	6시간	300,000	1,800,000 180,000	
Workshop 야외캠핑 현장특강					시간당 수강료 10%
교재단체 구입	50p까지	60권	10,000원		대학단체 구입경우 표지 Logo 2도 컬러
	75p까지	100권	15,000원	1,500,000	
	100p 이상	권당	20,000원		
출장여비	강릉지역	강사 2	100,000원	200,000	왕복 교통비 숙식비
					항공료, 숙식비별도
합 계	도입교육비 제안금액			3,500,000 180,000	

* 합의 실행사항
1 교육수강금액   1,050,000원(강사교육비로 대학서 지불)
2 교재 인쇄비   1,440,000원(멘토링코리아에서 계산서 발행)

대학 멘토링 도입 및 현장특강 실적

도입 및 특강 실적

도입 대학

대전보건대학, 강릉영동대학, 대원과학대학, 서울사이버대학교, 광운대학교, 충청대학, 수원장안대학, 서울여자대학교, 명지전문대학, 한국기술교육대학교, 교원대학교 서울 보건대학 안산1대학

특강 대학

숭실대학교, 서울대학교, 경기대학교, 용인대학교, 한양대학교, 한림대학교, 대전보건대학, 충천대학, 광주보건대학, 서울보건대학

대학 멘토링 활동 12목표

신입단계 Getting	목표1: 십입생 정착률 향상 목표2: 입학 정원 확보
성장단계 Growing	목표3: 주문학과 지원 목표4: 학습능력 향상
유지단계 Keeping	목표5: 복수 전공 멘토링 목표6: 특기 개발 멘토링 목표7: 국가 자격 취득 목표8: 어학 실력 향상 목표9: 노사 화합 촉진
리더단계 Leadering	목표10: 취업률 향상지도 목표11: 학생 장학지원 목표12: 핵심인재개발

대학-2 *서울대학교

1. 인재개발 멘토링

경영대학원(조동성 교수)에서 대학원생의 학업 지원을 목적으로 동문 등 외부 후원자들과 대학원생들과 1:1로 연결하여 "Big Brothers" 시스템으로 멘토링을 실시하고 있다. 작년까지만 해도 학비 지원만 했으나 금년부터는(02년) 직접 도움 주는 사람인 멘토(Big Brother)와 시간을 같이하면서 식사도 나누고 사회경험담, 성공사례, 진로문제 등 명실 공히 멘토와 멘제와의 멘토링 활동을 하고 있다.

2. 학습능력 향상 멘토링

서울대 인문대는 학생이 스스로 과제를 선정한 뒤 지도교수를 지정받아 1:1로 공부하는 "독립과제 연구 프로그램"을 도입했다(06년 1학기). 교수가 강좌를 개설하고 학생을 받는 기존 수업방식과 180도 반대 개념이다. 이번 학기(06년 1학기)에는 5명의 학생이 5명의 교수에게 각각 지도를 받고 있다. 3학점짜리지만 정해진 강의시간이 없다. 교수와 학생이 이메일 과제와 자료를 주고받으면서 매주 약속시간과 장소를 따로 정해 진도를 체크한다.

3. 학습 지원 장학 멘토링

서울대 학생들이 오는 06년 4월부터 서울 관악구와 동작구 인근의 저소득층 자녀들을 위해 무료 과외지도에 나선다. 영어, 수학 등 공부는 물론 연극이나 캠핑도 함께 즐기는 프로그램이다.

'대학생 멘토링' 제도가 도입된다. 이를 위해 교육부와 서울대, 서울시 교육청, 관악구 동작구 등은 지난 2/8일 서울대에서 협약식을 체결했다. 대학생 멘토링은 전국 11개 교대와 40개 사범대로 확대하고, 1년간 시범실시 결과가 좋으면 다른 지역으로 확산될 예정이어서 대학생에게 개인지도를 받는 학생들이 크게 늘어날 것으로 보인다. 일단 교육받을 기회가 상대적으로 부족한 저소득층 밀집지역을 중심으로 대학생 멘토링 사업이 펼쳐진다. 기초 생활 수급자 등 저소득층 자녀에게 우선적으로 대학생 지도 혜택이 주어진다. 이번에 시행되는 관악구와 동작구에서 1,000명 정도의 저소득층 가정 초·중·고생과 장애학생이 서울대생 300명으로부터 과외지도를 받게 된다. 현재 관악구와 동작구에 사는 기초 생활 수급자와 특수아동이 2,000명이며 3월 중 희망 과목이나 특기적성 지도내용에 대한 신청을 받는 등의 절차를 통해 희망자 1,000명을 선정할 예정이다. 정부는 차상위 계층으로 대학생 멘토링 대상자를 점진적으로 확대한다는 방침이다. 대학생들은 1명당 3~4명을 그룹지도 형태로 가르친다. 특수아동 등 그룹지도가 곤란한 학생은 1:1로 개별지도를 해 준다. 한 번 갈 때마다 2시간씩 매주 2회 지도해 준다. 공부장소는 구민회관, 주민자치센터, 공부방 등 구청에서 제공한다. 하지만 학생이 원하면 가정에 직접 방문해 준다. 가르치는 내용도 다양하다. 글쓰기나 영어, 수학, 과학, 한자 등 교과지도는 물론 만화나 애니메이션, 가야금, 바이올린, 풍악놀이 등도 포함된다. 캠핑이나 등산, 답사, 연극, 영화 관람도 한다. 진로상담이나 학교생활도 도움 받을 수 있다. 서울대는 3월 중 희망 대학생을 대상으로 적격자를 선발하고 기초 소양 교육을 시행한다. 교육청은 대학생과 교육받을 학생들을 연결해 준다. 참여 대학생에게는 활동비(식비와 교통비 등)로 시간당 20,000원씩 320,000원(16시간 기준)이 제공될 예정이다. 서울대는 상반기 학칙을 개정해 멘토링 활동을 봉사학점으로 인정해 2학기부터 1학점을 주는 방안을 추진하고 있다. 미국에서는 멜번대학과 플로리다 주립대가 멘토링을 학점에 반영하는 등 상당수 대학이 사회봉사를 학점으로 인정해 주고 있다.

대학 - 3 *충청대학(원안83P를 34P로 요약한 것임)

전문대학 특성화 2영역 과제
2004학년도 멘토링 운영보고서
2004. 12.

1. 멘토링 도입의 목적과 기대효과

1) 멘토링 도입의 목적

개인적으로 대학의 누군가와 의미 있는 관계를 맺고 있는 학생들은 대학생활 만족도가 높고 학업 성취도도 높다는 연구 결과가 있으며, 공식적인 멘토링 프로그램 실시가 학생들의 학교 적응률(출석률, 성적, 진학률) 등을 향상시키고 있음이 보고되고 있다.

우리 대학 재학생들의 대학생활 평가 및 만족도 조사연구 결과(2003) 학생들의 선후배와 교수 간 친밀성이 다른 만족도 조사 항목들에 비하여 낮게 나타났다. 선후배 간 친밀도는 만족도 5점 만점 척도에서 2.66점이 나와 보통 이하의 수준을 보이고 있으며, 교수와의 친밀감 항목도 2.90점을 보이고 있다. 이는 학생들이 대학 내에서 자신에게 도움을 줄 수 있는 의미 있는 사람과의 관계를 맺지 못하고 있음을 시사한다. 특히 신입생들에게 대학은 그동안 의존적이며 수동적이었던 입시 위주의 교육환경과는 상이하게 다른 환경으로 다가올 수 있다. 이러한 신입생들에게 그들을 이끌어 줄 수 있고 후원자 역할을 할 수 있는 선배가 있다면 보다 성공적인 대학생활을 할 수 있을 것이다.

또한 멘토링은 대학이 단지 지적 능력을 개발시키는 곳이 아니라 인간성을 바탕으로 서로 포용하고 이끌어 주어 학생들 스스로가 자신의 인격을 발달시키고 학업 성취감을 높이는 데 실질적인 도움을 줄 수 있는 시스템이라 할 수 있다.

양(Quantity) 위주의 현행 교육체제는 학생들의 다양한 재능을 개발하는 데 걸림돌이 되고 있는 반면, 인간성(Humanity) 위주의 멘토링 제도는 학생 개개인의 재능과 특성을 개발하여 질(Quality)적 성장을 유도하는 대안으로 평가받고 있기 때문이다. 또한 멘토링은 학력 위주의 학습풍토를 지양하고 멘토와 멘제가 1:1의 관계를 맺어 교수와 학생 간, 학생과 학생 간의 인간적인 면이 우선적으로 베풀어지게 함으로써 자연스럽게 인성교육의 장(場)을 제공할 수 있다.

이에 우리 대학에서는 전문대학 특성화 사업의 일환으로 학생들에게 학교에 대한 애교심을 고취하고 학교생활 적응력 향상에 도움 주고자 멘토링 프로그램을 도입하게 되었다. 현재 우리 대학 2(3)학년 학생(멘토)과 1학년 학생(멘제)을 1:1 관계로 연결하여 1학년 학생의 학교생활 적응력과 선후배 간의 친밀감을 향상시키는 것이 충청대학 멘토링의 주목적이라 할 수 있다.

다시 말해 1학년 학생들의 학교생활 적응력을 향상시켜 휴학률을 줄이고 출석률을 높이며, 선후배 간의 인간적 유대관계 형성 및 자기성장의 기회를 마련하고, 학교에 대한 자긍심과 애교심을 높이고자 하는 데 그 목적이 있다.

2) 멘토링의 기능과 기대효과

많은 연구와 문헌을 통하여 멘토링이 개인의 경력과 직업개발에 중요한 부분이라는 인식이 증가되고 있다. Kram(1983)은 멘토링의 2가지 중요 기능을 제시하였는데, 경력관리 기능과 심리적 측면을 지원해 주는 사회심리적 기능이 그것이다. 경력관리 기능은 경험과 조직 내의 영향력을 가진 멘토가 조언, 지도, 후원 등을 통하여 멘제의 진로나 경력 발달을 촉진시키거나 향상시키는 데 도움을 주는 것을 뜻한다.

심리사회적 기능은 관계의 친밀감과 유대감을 바탕으로 멘토가 역할 모델과 상담자, 지원자 역할 등을 통하여 멘제가 자존감, 자신감, 직무 효율성을 향상시킬 수 있도록 하는 것을 뜻한다. 특히 역할 모델 기능은 멘제가 멘토를 바람직한 대상으로 설정하고 멘토의 태도, 가치관, 행동 등을 닮으려 하는 것을 뜻한다. 한편 멘토는 발전 가능성 있는 멘제에게 자신의 경험과 가치관을 전해 줌으로써 스스로 사부심을 느낄 수 있고 조직으로부터 멘토 자신의 능력을 인정받을 수 있다는 이점이 있다.

또한 멘토링 활동을 통하여 멘토와 멘제 모두 생활의 변화를 기대할 수 있는 데 멘토링을 통한 삶의 변화 기대효과는 다음과 같다.

우선 자기중심적 이기주의에서 다른 사람을 배려할 줄 아는 이타주의로 변하는 기대효과를 가져올 수 있다. 이러한 변화는 경쟁중심의 조직을 사랑의 공동체로 바꿀 수 있게 한다. 또한 개인중심에서 조직 전체를 생각하는 조직중심으로 변하여 애교심과 애사심을 발휘할 수 있게 하며 대학의 지식 위주의 교육에서 인격개발을 중시하는 전인적 교육마인드를 조성하게 한다. 나아가 멘토링 활동을 통하여 직장과 학교 내에서의 성공에 국한하지 않고 폭넓은 사회인으로 성공을 기대하게 되어 사회 속에서의 인재경쟁력을 확보할 수 있게 된다.

멘토링이 멘토와 멘제 그리고 그들이 소속된 조직과 사회에 어떤 이익을 주는가에 대하여 Schulz(1995)가 제시한 내용을 표로 정리하면 다음과 같다.

〈표 Ⅲ.1〉 멘토링이 주는 이익

대상	멘토 측면	멘제 측면	조직과 사회 측면
이익 (benefits)	학습 면: 멘토가 갖고 있는 아이디어와 기술을 재확인하거나 비판적으로 점검할 수 있는 학습기회를 얻음. 성장 면: 리더십 배양, 조직 안에서의 위상이 높아지고 멘제로부터 오는 긴장감을 늦추지 않기 위한 노력을 한다. 성공적 인생의 발달과정을 경험하고 멘토 역할에서 오는 내적 만족감과 성취감을 갖는다.	학습 면: 업무의 완성도를 높이고 인간관계, 조직의 규범 등에서 여러 가지 이익을 얻음. 성장 면: 자기주도성, 의사결정력, 적극적 참여, 리더십 배양. 후에 멘토와의 분리를 통해 자신들의 기술과 지식을 시험해 보고 멘토로서 부상.	• 의사소통, 생산성, 이직률, 작업환경, 자기평가, 사명감 등에서 긍정적 결과 초래. • 공식적 의사소통을 통하여 얻지 못했던 정보 얻음. • 잠재력을 지닌 인재들을 발견하여 육성할 기회가 생김. • 세대 간 또는 문화 간의 네트워킹을 통한 이해 증진은 사회발전에 도움을 준다. • 조직입장에선 생산성 향상, 이직률 저하, 조직몰입 등이 증진된다.

(출처: 대학에서의 직업교육 활성화를 위한 멘토링 시스템 모형개발(2002), 장원섭, 한국직업능력개발원)

2. 충청대 멘토링 운영

1) 목 표

학생들의 학교생활 적응력 및 학습능률 향상과 선후배 간의 친밀한 관계를 형성하며 나아가 학생들의 휴학률을 감소시키고 대학에 대한 관심과 소속감을 높여 애교심을 갖도록 하는 것을 목표로 하고 있다.

2) 운영절차

우리 대학에서는 멘토링 제도를 운영하기 위하여 다음과 같은 절차를 따랐다.

먼저 준비 단계로 멘토링 제도 운영에 대한 자료 수집과 운영자에 대한 교육 실시가 있었으며, 멘토링 목표를 설정하고, 멘토링 활동기간을 정하여 멘토링 활동 시작일과 종료일을 확정 지었다.

실행 단계에서는 멘토와 멘제의 선정기준을 정하고 이공계열 교수에게 멘토링 실시에 대한 홍보를 한 후 학과별로 멘토와 멘제를 선정하였다(총 30쌍 60명).

멘토／멘제를 위한 멘토링 도입 오리엔테이션 및 Workshop을 통하여 멘토링에 대한 이해와 어떤 활동을 해야 하는지 제시하였다.

본격적인 멘토링 활동을 개시하면서 멘토와 멘제를 돕는 활동촉진 프로그램을 운영과 함께 멘토링에 대한 모니터링을 시작하였다.

3주일 간격으로 멘토로부터 활동보고서와 자기개발점 검표를 받았으며, 멘토링 활동을 격려하는 e－letter를 보냈다. 또한 2주일마다 멘토 교육을 실시하였다.

멘토와 멘제의 활동을 촉진시키기 위하여 프로그램 실시기간 동안 한 커플당 총 15만 원의 활동비를 지원하였다.

마지막 평가 단계에서는 멘토링 활동에 대한 평가를 실시하였다. 멘토링 활동을 진행하면서 멘토링 만족도에 대한 중간평가를 실시하였으며 멘토링 활동 종결 시에 활동 전체에 대한 종합성과 평가를 실시하였다.

3) 실시 대상

충청대학 이공계열 학생들 30쌍(12개 학과 60명)을 대상으로 하였다. 멘제는 1학년으로서 보다 나은 학교생활 적응력과 수업태도를 요하는 학생을 선발하였다. 멘토는 2(3)학년 또는 연장자로서 학교생활에 성실하고 의욕이 있으며 멘제를 이끌어 줄 수 있는 능력이 있다고 생각되는 학생을 대상으로, 멘토와 멘제는 동성 연결을 원칙으로 하였다.

이공계열 교수들에게 멘토링에 대한 공문을 보내고 교수들의 추천을 받아 멘토와 멘제를 선발하였다. 각 학과 교수들은 우선 학생들에게 멘토링이 무엇인가에 대하여 설명한 후 자발적 참여를 유도하여 전공별로 멘토-멘제 지원서를 쓰도록 하였다.

4) 실시기간

멘토링 활동은 2004년 10월 8일부터 12월 8일까지 10주 동안 실시하였다.

5) 멘토링 운영 및 실시

우리 대학에서 실시한 멘토링 프로그램 운영을 단계별·월별로 정리하면 다음과 같다.

(1) 단계별 실시안

〈표 Ⅳ.1〉 멘토링 단계별 실시안

단 계	내 용	비 고
1. 준비 단계	1) 전문지식 알기: 멘토링 운영자 교육 수료 2) 도입추진팀 구성: 충청대 멘토링 운영 위원회 　　　　　　　　위원장 / 운영 위원 　　　　　　　　매니저 / 모니터 　　　　　　　　멘토 / 멘제 3) 도입타당성 / 효과성 논의	

단 계	내 용	비 고
1. 준비 단계	4) 목표: – 개인목표: 학교생활 적응력 높이기 / 선후배친밀감 형성 – 학교목표: 휴학률 감소 / 선후배친밀감 형성 / 애교심 향상 5) 멘토링 실시기간 결정: 2004. 10. 8.~12. 8. 6) 예산작성	
2. 실행 단계	1) 멘토 선정기준 – 현재 충청대 2년(3년) 재학생 – 학교생활에 의욕적이며 적극적인 자 – 대인관계가 원만하며 타인의 복지에 관심이 있는 자 – 학업능력이 있는 자 2) 멘제 선정기준 – 현재 충청대 1년 재학생 – 학교생활 부적응자 – 학교에 소속감을 느끼지 못하는 자 – 학습의욕이 저하되어 있는 자 3) 멘토 / 멘제 보상내용 설정 　　멘토: 학점(봉사점수 / 교양학점) 　　　　활동비 　　　　자기성장 　　멘제: 자기성장 　　　　학점(봉사점수 / 교양학점) 　　　　활동비 4) 멘토 / 멘제 모집 – 교내 핸디오피스를 통한 공고(이공계열 대상) – 교수추천 5) 멘토링 도입 오리엔테이션 및 워크숍 실시(5시간) 　　내용: – 멘토링에 대한 이해 　　　　– 활동촉진 3게임 workshop 　　　　– 멘토 – 멘제 연결 　　　　– 멘토 / 멘제 미팅 시 활동소재 제공 　　　　– 친밀감 / 멘토링 활동 분위기 형성 　　　　– 선서식(멘토 대표)	멘토링 실시 홍보 멘토/ 멘제 지원서 작성 – 오리엔테이션 책자 　Lychpin Game(성 　격게임) 　StarGame(인격개 　발게임) 　BrainGame(멘토 / 　멘제 미팅소재게임) – 선서식 양식 – 멘토 / 멘제 실천 　계획서 – 다과 및 음료수
3. 활동 단계	1) 정기모임(멘토 / 멘제) 　1주 1회 미팅(총 8회) 　주간 활동보고서 작성 2) 모니터링 　미팅 조력 　문제점 해결 　모니터 보고서 작성	멘토활동보고서 자기개발점검표 제출 e –letter 발송

단 계	내 용	비 고
3. 활동 단계	3) 멘토 – 매니저 정기모임 1개월 2회 미팅(총 4회) 멘토 교육 진행사항 점검 / 애로사항 해결	멘토 교육 프로그램 준비
4. 평가 단계	1) 멘토링 활동평가 정량 / 정성평가 – 사전 / 사후평가 – 중간 / 종합평가 – 개인 / 전체평가 2) 우수커플 시상(3쌍 총 6명)	평가 설문지 작성 우수커플 선정기준
5. 사업보고서 제출		
6. 사후 관리	– 멘토링 완료 후 사후 활동 점검	

(2) 월별 실행안

〈표 Ⅳ.2〉 멘토링 월별 실행안

월	주	내 용	비 고
9	1		– 목표수립 및 멘토 / 멘제 선정
	2	매니저 전문교육 / 참고문헌 수집	
	3	멘토 / 멘제 선정기준 확정	
	4	멘토링 홍보 및 멘토 / 멘제 모집	
	5		
10	1		– 활동전개 및 실행 – 활동비 지급(1차)
	2	멘토링 오리엔테이션 및 워크숍 실시	
	3	멘토링 활동 시작 / 멘토 미팅 및 교육 시작(1회)	
	4		
	5	멘토링 보고서 제출(멘토)	
11	1	멘토 미팅 및 교육(2회)	– 모니터링 보고서 수시 작성 – 활동비 지급(2차)
	2		
	3	멘토 미팅 및 교육(3회)	
	4		
	5	멘토 미팅 및 교육(4회) / 멘토링 보고서 제출(멘토)	
12	1		– 활동비 지급(3차) – 평가 – 사업보고서 제출
	2	멘토링 종료 / 우수커플 시상식 / 멘토링 평가지 제출	
	3		
	4		
	5	사업보고서 작성 및 제출	

3. 멘토링 운영에 대한 단계별 실시내용

멘토링 운영에 대한 각 단계별 실시내용은 다음과 같다.

1) 준비 단계

(1) 관련 자료 수집

멘토링에 대한 관련 단행본 서적은 국내에 거의 나와 있지 않은 실정이었다. 따라서 인터넷을 통한 참고자료 수집을 주로 하였으며 한국직업능력개발원, 멘토링 전문 컨설팅 및 교육기관, 국내 대학 등의 연구자료들을 참조로 프로그램 실시 준비를 하였다.

(2) 멘토링 목적 설정

이공계열 학생들을 대상으로 개인적으로는 학교생활 적응력 높이기와 선후배 간의 친밀성 형성을 목적으로 하였으며 이를 통한 휴학률 감소와 애교심 향상을 목표로 설정하였다.

(3) 멘토링 예산

전문대학 특성화 사업 예산을 지원받아 프로그램을 실시하였다. 예산 사용 주요 항목은 멘토링 운영자 교육, 멘토링 도입 오리엔테이션과 워크숍, 멘토링 활동 지원비, 종결식 및 우수커플 시상 등이다.

(4) 멘토링 운영자 전문교육

멘토링 시스템의 효과적인 도입 및 운영을 위하여 담당 요원이 전문교육기관인 멘토링코리아에서 멘토링에 대한 원리 및 멘토-멘제에 대한 기본 이해, 활동내용 등 멘토링 운영 전반에 대한 교육을 받았다. 총 20시간에 걸친 교육을 통하여 멘토링을 도입하고 활동을 촉진하며 평가할 수 있는 매니저과정을 수료하였다. 매니저 교육과정에 대한 구체적 내용은 아래와 같다.

① 교육일시: 2004년 9월 7일~2004년 9월 10일(20시간)
② 교육장소: 서울 멘토링코리아 교육장

2) 실행 단계

(1) 멘토 · 멘제 선발

이공계열 교수들에게 멘토링 실시에 대한 홍보를 한 후 교수들로부터 멘토와 멘제를 추천받았다. 멘토는 현재 충청대 2학년(3학년) 재학생으로서 학교생활에 의욕적이며 적극적인 자, 대인관계가 원만하며 타인의 복지에 관심이 있는 자, 학업능력이 있는 자를 선정기준으로 하였다. 멘제는 현재 충청대 1학년 재학생으로서 학교생활에 잘 적응하고 있지 못한 자, 학교에 소속감을 느끼지 못하는 자, 학습의욕이 저하되어 있는 자를 선정기준으로 하였다.

선착순 접수를 원칙으로 하여 멘토 30명, 멘제 30명 총 60명(30쌍)을 선정하였다. 각 쌍에 대해선 멘토링 활동을 위한 활동비를 지급하였다.

(2) 멘토링 도입 오리엔테이션

멘토, 멘제로 선정된 60명을 대상으로 멘토링에 대한 유래, 종류, 장 · 단점 및 멘토 및 멘제의 역할과 자생력 개발에 대한 오리엔테이션을 멘토링 전문교육기관인 멘토링코리아에 의뢰하여 실시하였다. 또한 오리엔테이션 시 멘토들의 선서식을 가졌다. 이에 포함된 내용은 아래와 같다.

① 일시: 2004년 10월 8일 1~3시
② 장소: 도서관 1층 소극장(멀티미디어실)

(3) 워크숍

멘토와 멘제 상호간의 성격유형을 알아보고 멘토링 활동내용을 제공하기 위한 워크숍을 멘토링 전문교육기관인 멘토링코리아에 의뢰하여 실시하였다. 멘토와 멘제 연결은 워크숍을 통하여 하려 하였으나 학생들의 특성을 잘 파악하고 있는 학과 지도교수가 연결하는 것이 보다 효율적일 것으로 생각하여 사전에 짝을 결정하였다. 멘토와 멘제의 인격지수를 개발하기 위한 스타게임과 미팅소재를 개발하기 위한 브레인게임 등을 실시하였다. 워크숍 주요 내용은 아래와 같다.

① 일시: 2004년 10월 8일 3~6시
② 장소: 도서관 1층 정보검색실

(4) 멘토 교육 및 멘제 모임

멘토가 멘제를 잘 이끌어 나갈 수 있도록 MBTI 검사 및 워크숍, 감정표현하기, 대화법 등의 교육을 2팀으로 나누어 각각 4회에 걸쳐 실시하였다. 멘제에 대해선 자기이해를 위한 MBTI 성격검사 및 해석을 실시하였다. 멘토 교육 및 멘제 모임에 대한 내용은 아래와 같다.

① 멘토 교육 실시 일시 및 내용:
 −1차 멘토 교육: • 2004년 10월 18일 / 19일
  • 멘토링 활동내용 나누기
  MBTI 성격검사 실시
 −2차 멘토 교육: • 2004년 11월 1일 / 2일
  • 멘토링 활동내용 나누기
  MBTI 해석을 통한 자기성격특성 이해하기
 −3차 멘토 교육: • 2004년 11월 15일 / 16일
  • 멘토링 활동내용 나누기
  올바른 대화법1(대화를 잘하려면)
 −4차 멘토 교육: • 2004년 11월 29일 / 30일
  • 멘토링 활동내용 나누기
  올바른 대화법2(마음을 나누려면)
 −교육장소: 학생생활상담실

② 멘제 모임:
 −일시: 2004년 10월 26일 / 27일 / 28일
 −내용: 멘토링 활동 나누기 및 MBTI 성격검사 실시 및 해석
 −장소: 학생생활상담실

(5) 멘토링 활동내용 보고서

멘토, 멘제의 활동내용과 활동비 지출에 관한 내용은 3주에 한 번씩 총 3회에 걸쳐 활동보고서를 받았다.

활동보고서에는 멘토와 멘제의 상태와 관계가 어떠한지, 현재 어려운 점이나 예상되는 문제점은 무엇인지에 대하여 적게 하였다. 주로 멘토와 멘제는 만나서 식사를 하며 친목을 도모하거나 학과생활에 관한 이야기나 학점 관리, 자격증 획득에 관해 토론을 하는 등 함께 공부한 내용이 많았다. 어려운 점이나 예상되는 문제점에 대해선 1차 활동보고서에서는 아직 서로 익숙하지 않아 서먹서먹하다는 내용이 많았으며, 2, 3차 활동보고서에서는 서로 친해져서 고민을 들어주고 상담을 해 준다는 내용이 주를 이루고 있었다.

멘토링 활동 시 예상되는 문제점으로는 2학년 멘토들이 취업과 기말고사, 편입 준비 등으로 인해 서로 만날 시간이 적었다는 내용이 많았다.

(6) 모니터링

멘토링 활동에 대한 모니터링을 통하여 멘토와 멘제의 관계를 파악하고 멘토와 멘제 간의 문제점 상담에 대한 상담을 온라인과 오프라인을 통하여 실시하였다. 멘토와 멘제의 활동이 어떻게 이루어지고 있는지 멘토로부터 활동보고서와 자기개발점검표를 받아 이를 바탕으로 피드백을 주었으며 만족도 설문지와 최종 성과 평가지, 소감문을 제출하도록 하였다. 모니터링에 포함된 상세 내용은 아래 표에 제시되어 있다.

〈표 V.1〉 멘토링 모니터링

월	주	내 용	비고
	1		
	2	멘토링 오리엔테이션 준비 및 실시	
10	3	멘토 교육을 위한 멘토, 멘제 시간표 파악 1차 멘토 교육 실시에 관한 e-mail 발송, 전화 연락 활동비 지급을 위한 멘토 계좌번호 획득 멘토, 멘제 MBTI 채점	
	4	1차 멘토 교육 보조참여, 사진촬영 1차 활동보고서와 자기개발점검표 획득(멘토)	
	5	멘토링 중간보고서 작성	

월	주	내 용	비고
11	1		
	2	2차 멘토 교육 실시에 관한 e -mail 발송, 전화 연락 멘토, 멘제에게 e -letter 발송	
	3	2차 멘토 교육 보조참여 2차 활동보고서와 자기개발점검표 획득(멘토) 멘토링 중간보고서 작성 멘토, 멘제에게 e -letter 발송	
	4	3차 멘토 교육 실시에 관한 e -mail 발송, 전화 연락 3차 멘토 교육에 관한 핸드아웃 준비 멘토, 멘제에게 e -letter 발송	
	5	4차 멘토 교육 보조참여 3차 활동보고서와 자기개발점검표 획득(멘토) 멘토링 중간보고 작성	
12	1	멘토링 종결식 실시에 관한 e -mail 발송, 전화 연락 멘토, 멘제 만족도, 성과 평가지 각 소속학과별 발송	
	2	멘토링 종결식 보조참여, 사진촬영 다과준비, 핸드아웃 준비 멘토, 멘제에게 e -letter 발송 멘토, 멘제 만족도, 성과 평가지 과별 획득	
	3	빠진 서류 받기 위해 멘토, 멘제에게 e -mail 발송, 전화 연락	
	4	보고서 작성	
	5	보고서 제출	

(7) 종결식

2004년 10월 8일부터 12월 8일까지 시행된 멘토링 프로그램을 마치면서 수료식을 하고 우수커플을 선정하여 시상하는 시간을 가졌다.

① 일시: 2004년 12월 9일 2시
② 장소: 도서관 1층 소극장
③ 내용: -시상-우수커플 선정기준에서 최고득점을 한 3커플 시상.
　　　　 -수료식-멘토링을 마친 멘토, 멘제 전원에게 수료증 수여.
우수커플은 출석(멘토와 멘제의 출석점수 48점), 멘토·멘제 만족도(멘토와 멘제의 만족도 48점), 멘토가 보고한 활동보고서의 내용(40점)을 기준으로 평가하였다.

우수커플 선정근거의 구체적 내용은 아래 표에 제시하였다.

<표 V.2> 우수커플 선정근거

	멘토(30점),	멘제(18점)
• 출석(48점)	OT(6) WS(6) 1차 멘토 교육(6) 2차 멘토 교육(6) 3차 멘토 교육(6)	OT(6) WS(6) 1차 멘제 교육(6)
• 멘토 · 멘제 만족도(48점)	멘토(30점) 자기개발점검표1(5) 자기개발점검표2(5) 자기개발점검표3(5) 만족도 설문1(7.5) 만족도 설문2(7.5)	멘제(18점) 만족도 설문1(9) 만족도 설문2(9)
• 활동내용(40점)	멘토(40점) 1차 활동보고서(10) 2차 활동보고서(10) 3차 활동보고서(10) 가중치 A: 10점 　　　　B: 6점 　　　　C: 4점	

3) 평가 단계

멘토링 결과에 대한 평가는 유지율, 멘토링 활동에 대한 만족도 및 전반적 성과에 대하여 행하여졌다. 평가도구는 멘토링코리아의 평가지를 참고로 하여 자체 제작한 설문지를 사용하였으며 리커르트 5점 척도(매우 그렇지 않다~매우 그렇다)와 최빈치 평가를 하였다.

4. 멘토링 결과 평가

1) 유지율

멘토링 유지율(최종 쌍 수 / 당초 쌍 수 × 100)은 100%를 나타냈다. 그러나 멘토 1명이 취업을 이유로, 멘제 1명이 휴학을 이유로 중도탈락하여 2쌍의 멘제와 멘토는 중간에 다른 학생으로 대치되었다.

2) 만족도 평가

만족도는 멘토·멘제 상호간 어느 정도 멘토링 활동에 대하여 만족하는가를 2회(중간 / 최종)에 걸쳐 평가하였다. 만족도 평가에 대해서는 멘토와 멘제를 구분하여 결과 처리하여 비교하였으며, 평가 결과는 다음과 같다.

(1) 멘토 / 멘제 상호간 만족도 설문조사

멘토링 활동에 대한 만족도는 2차례에 걸쳐 실시하였다.

① 멘토 만족도

만족도 1: 만족도에 대한 1차 평가로서 멘토링 활동 중간에 실시하였으며(10월 초부터 11월 중순까지의 활동사항) 멘토 30명 중 26명이 응답하였다.

만족도 2: 만족도에 대한 2차 평가로서 멘토링 활동 종료 단계에서 실시하였으며(11월 중순부터 12월 첫 주까지의 활동사항) 멘토 30명 중 25명이 응답하였다.

최빈치로 평가하는 3번과 4번 문항을 제외한 문항을 리커르트 5점 척도를 사용하여 평가한 결과 평균 4.00점 이상으로 만족도가 높은 편이었다. 만족도 1보다 만족도 2의 값이 더 상승하여 멘토들이 멘토링 후반기에 만족도가 더 증가했음을 알 수 있다. 각각의 평균은 아래 표에 제시되어 있다.

〈표 VI.1〉 멘토 만족도

문항	만족도 1 평균	만족도 2 평균
1. 멘토 / 멘제 상호간 도움을 받고 있습니까?	4.11	4.36
2. 멘토 / 멘제 상호간 도움에 만족하십니까?	4.26	4.56
3. 멘토 / 멘제 상호간 어떤 면에 만족하십니까?	1순위: 인간적 매력 2순위: 성실성 친절함	1순위: 인간적 매력 2순위: 친절함
4. 멘토 / 멘제 상호간 부족한 것이 있다면 어떤 것이라고 생각하십니까?	1순위: 기타 (좀더 넓은 마음과 교류법 / 시간 부족) 2순위: 풍부한 지식	1순위: 풍부한 지식 2순위: 기타(좀더 넓은 마음과 교류법)
5. 멘토 / 멘제 상호간 도움을 앞으로도 계속 받고 싶습니까?	4.50	4.60
6. 멘토링 프로그램 참여를 친구나 선·후배에게 권하고 싶습니까?	4.53	4.52

(*1점: 매우 불만족 2점: 불만족 3점: 보통 4점: 만족 5점: 매우 만족)

멘토의 만족도 평가 결과, 멘토 / 멘제 상호간에 도움을 받고 있다고 생각하고 있으며 상호간 도움에 대한 만족도가 높게 나타났다. 또한 앞으로도 멘토 / 멘제 상호간에 도움을 받고 싶다고 했으며 멘토링 프로그램 참여를 친구나 선·후배에게 권하고 싶다고 하였다. 멘토 / 멘제 상호간의 관계에 있어 인간적 매력에 대한 만족이 가장 많았으나 좀더 넓은 마음과 교류법, 풍부한 지식 및 시간적 면에 대해서는 부족하다고 생각하였다.

② 멘제 만족도

만족도 1: 만족도에 대한 1차 평가로서 멘토링 활동 중간에 실시하였으며(10월 초부터 11월 중순까지의 활동사항) 멘제 30명 중 14명이 응답하였다.

만족도 2: 만족도에 대한 2차 평가로서 멘토링 활동 종료 단계에서 실시하였으며(11월 중순부터 12월 첫 주까지의 활동사항) 멘제 30명 중 12명이 응답하였다.

최빈치로 평가하는 3번과 4번 문항을 제외한 문항에 대하여 리커르트 5점 척도를 사용하여 평가한 결과 평균 4.00점 이상으로 만족도가 높은 편이었다. 멘제의 만족도는 만족도 1보다 만족도 2의 값이 하락하여 멘제들이 멘토링 후반기에 만족도가 감소한 것으로 볼 수 있다. 각각의 평균은 아래 표에 제시되어 있다.

〈표 VI.2〉 멘제 만족도

문항	만족도 1 평균	만족도 2 평균
1. 멘토 / 멘제 상호간 도움을 받고 있습니까?	4.14	4.33
2. 멘토 / 멘제 상호간 도움에 만족하십니까?	4.35	4.16
3. 멘토 / 멘제 상호간 어떤 면에 만족하십니까?	1순위: 친절함 2순위: 기타(인간 대 인간으로서의 마음)	1순위: 친절함 2순위: 학습능력
4. 멘토 / 멘제 상호간 부족한 것이 있다면 어떤 것이라고 생각하십니까?	1순위: 기타(시간 및 상호교류 부족) 2순위: 교수능력 풍부한 지식	1순위: 기타(시간 부족) 2순위: 교수능력 풍부한 지식
5. 멘토 / 멘제 상호간 도움을 앞으로도 계속 받고 싶습니까?	4.35	4.25
6. 멘토링 프로그램 참여를 친구나 선·후배에게 권하고 싶습니까?	4.14	3.83

(*1점: 매우 불만족 2점: 불만족 3점: 보통 4점: 만족 5점: 매우 만족)

멘제들 역시 멘토 / 멘제는 상호간에 서로 도움을 받고 있고 상호간 도움에 만족하며 앞으로도 서로 도움을 받고 싶다는 의견이 높았으며, 멘토링 프로그램 참여를 친구나 선·후배에게 권하고 싶다는 의견도 평균 이상이었다. 그러나 '멘토 / 멘제 상호간 도움에 만족하십니까', '멘토 / 멘제 상호간 도움을 앞으로도 계속 받고 싶습니까', '멘토링 프로그램 참여를 친구나 선·후배에게 권하고 싶습니까'에 관한 문항 만족도는 후반기에 다소 감소한 것으로 나타났다.

최빈치로 평가한 문항, '멘토 / 멘제 상호간 어떤 면에 만족하십니까'에 대해서는 멘토의 친절함에 만족한다는 것이 가장 많았으며, '멘토 / 멘제 상호간 부족한 것이 있다면 어떤 것이라고 생각하십니까'에 관한 문항에 대해서는 시간 부족, 교류 부족, 풍부한 지식 부족을 지적하고 있다.

③ 만족도 종합평가

멘도의 만족도는 초반기보다 후반기에 상승한 것에 반해, 멘제의 만족도는 후반기에 다소 내려갔다. 모니터링과 멘토링 활동촉진 교육이 멘토 중심으로 이루어진 점과 후반기 멘토들이 취업과 졸업작품전으로 멘제를 만날 시간이 부족했던 것이 그 원인으로 생각된다. 멘토링 관계에서 서로 어떤 면이 만족스러운가에 대해선 멘토는 멘제의 인간적 매력에, 멘제는 멘토의 친절함에 만족한다고 답한 것이 가장 많았다. 멘토는 시간 및 상호 교류법과 풍부한 지식이 부족하다고 했으며 멘제 역시 시간 및 서로 간의 교류, 풍부한 지식이 부족하다고 하였으나, 전반적으로 만족도 4점 이상의 평균을 보여 멘토·멘제 모두 멘토링 활동에 대하여 만족하고 있는 으로 나타났다.

3) 멘토링 최종성과 평가

최종성과 평가는 활동을 마무리하는 시점에서 멘토링 목표 달성이 어느 정도 이루어졌는가를 멘토링 프로그램 측면, 대인관계 측면, 멘토링 효과 측면, 장·단점 등을 통하여 평가하였다. 멘토 30명 중 27명, 멘제 30명 중 22명의 응답지를 회수하여 평균을 산출하였으며, 리커르트 5점 척도 및 최빈치 평가를 사용하였다. 프로그램, 대인관계, 멘토링 효과 모두 평균 3.00점 이상(보통 이상)을 나타내 긍정적으로 평가되었다. 각각의 평가내용을 멘토와 멘제를 구분하여 표로 나타내면 아래와 같다.

(1) 프로그램 측면 평가

〈표 VI.3〉 멘토링 최종성과 평가-프로그램

문항	멘토 평균	멘제 평균
1. 멘토링 프로그램의 목적을 잘 이해할 수 있었다.	4.14	4.22
2. 학과 교수님은 멘토링 프로그램 실시에 관심이 있었다.	3.21	3.59
3. 멘토가 효과적인 역할 수행을 할 수 있도록 돕는 멘토 교육 프로그램이 필요하다.	3.75	3.72
4. 멘토링 실시기간이 적절했다.	2.53	3.68
5. 멘토와 멘제의 연결(커플 형성)이 적절했다.	3.67	4.22
6. 멘토링이 멘제의 학교생활 적응에 도움이 된다고 생각한다.	4.07	4.18
7. 멘토링 관리자는 지원 역할을 제대로 수행했다.	3.92	4.27
8. 멘토링 프로그램 진행에 있어 담당자와의 상호연락(커뮤니케이션)이 잘 이루어졌다.	3.85	4.04

(*1점: 매우 그렇지 않다 2점: 그렇지 않다 3점: 보통 4점: 그렇다 5점: 매우 그렇지 않다)

멘토를 대상으로 프로그램 측면에 대하여 평가한 결과, 멘토링 프로그램의 목적을 잘 이해할 수 있었으며 멘토링이 멘제의 학교생활 적응에 도움이 된다고 생각한다는 평균값이 높게 나왔다. 이에 비하여 학과 교수님은 멘토링 프로그램 실시에 관심이 있었다는 문항과 멘토와 멘제의 연결(커플 형성)이 적절했다는 문항에 대하여 평균값이 상대적으로 낮았으며, 멘토링 실시기간에 대해서는 2.53점이 나와 실시시기에 문제가 있음을 시사하고 있다.

멘제를 대상으로 프로그램 측면에 대하여 평가한 결과, 멘제들은 멘토링 프로그램의 목적을 잘 이해할 수 있었고 멘토와 멘제의 연결(커플 형성)이 적절했다고 평가하였다. 또한 멘토링이 멘제의 학교생활 적응에 도움이 된다고 생각하며, 멘토링 관리자는 지원 역할을 제대로 수행하였다고 평가하였다. 반면 학과 교수님은 멘토링 프로그램 실시에 관심이 있었다는 문항과 멘토가 효과적인 역할 수행을 할 수 있도록 돕는 멘토 교육 프로그램이 필요하다는 문항에 대해서는 상대적으로 낮은 평가가 나왔다.

(2) 대인관계 측면 평가

〈표 Ⅵ.4〉 멘토링 최종성과 평가 - 대인관계

문항	멘토 평균	멘제 평균
1. 멘토링을 통해 선후배 간의 유대감을 느낄 수 있었다.	4.00	4.36
2. 멘토(멘제)와의 만남이 즐거웠다.	4.03	4.31
3. 멘토링이 자기발전에 도움을 주었다고 생각한다.	4.03	4.18
4. 마음을 터놓고 자유롭게 대화했다고 생각한다.	4.03	4.09
5. 멘토(멘제)와 좋은 인간관계를 맺었다고 생각한다.	4.21	4.22
6. 서로 관심사를 기울이고, 이를 해결하기 위해 노력했다.	3.82	4.09
7. 멘토-멘제 관계는 프로그램이 끝나도 지속될 것이다.	4.10	4.22

(*1점: 매우 그렇지 않다 2점: 그렇지 않다 3점: 보통 4점: 그렇다 5점: 매우 그렇지 않다)

멘토를 대상으로 대인관계 측면에 대하여 평가한 결과, '멘토링을 통해 선후배 간의 유대감을 느낄 수 있었다', '멘토(멘제)와의 만남이 즐거웠다', '멘토링이 자기발전에 도움을 주었다고 생각한다', '마음을 터놓고 자유롭게 대화했다고 생각한다', '멘토(멘제)와 좋은 인간관계를 맺었다고 생각한다', '멘토-멘제 관계는 프로그램이 끝나도 지속될 것이다'라는 문항에 대해서는 4.00점 이상의 높은 평균값을 보였다. 반면 서로 관심사를 기울이고, 이를 해결하기 위해 노력했다는 문항에 대해서는 상대적으로 평균값(3.82)이 낮았다.

멘제를 대상으로 대인관계 측면에 대하여 평가한 결과, 모든 문항의 평균값이 4.00점 이상을 나타냈으며 멘토보다 높은 점수를 나타냈다. 멘제들은 멘토링이 대인관계 측면에 많은 도움이 되었고 좋은 인간관계를 맺은 것으로 생각하고 있음을 알 수 있다.

(3) 멘토링 효과 평가

<표 Ⅵ.5> 멘토링 최종성과 평가 – 멘토링 효과

문 항	멘토 평균	멘제 평균
1. 멘토링은 학교생활 적응을 돕는 효과적인 프로그램이라고 생각한다.	3.92	4.18
2. 멘토링을 통해 학교생활을 하는 데 도움을 받았다. (도움을 받았다면) 특히 어떤 면에서 도움을 받았는가?	자격증 취득	자격증 취득
3. 멘토링이 대학에 대한 소속감을 느끼는 데 도움이 됐다.	3.57	3.72
4. 활동비 지급이 멘토–멘제 관계 형성에 도움이 됐다.	4.14	3.59
5. 지급한 활동비 금액은 어떠하였는가?	3.42	2.95

(*1점: 매우 그렇지 않다 2점: 그렇지 않다 3점: 보통 4점: 그렇다 5점: 매우 그렇지 않다)

멘토를 대상으로 멘토링 효과에 대하여 평가한 결과, 멘토들은 활동비 지급이 멘토–멘제 관계 형성에 도움이 됐다(4.14점)고 생각하였다. 반면 멘토링이 대학에 대한 소속감을 느끼는 데 도움이 됐다는 문항과 지급한 활동비 금액은 어떠한가에 관한 평균값이 3.57과 3.42로 다른 문항에 비해 상대적으로 낮게 나타났다. 멘토링을 통해 학교생활을 하는 데 도움을 받았다면 특히 어떤 면에서 도움을 받았는가에 관한 문항에서는 자격증을 취득하는 데 도움을 받았다는 응답이 가장 많았다.

멘제를 대상으로 멘토링 효과에 대하여 평가한 결과, 멘토링은 학교생활 적응을 돕는 효과적인 프로그램이라고 생각하고 있었으며, 자격증을 취득하는 데 도움을 받았다고 하였다. 멘토링이 대학에 대한 소속감을 느끼는 데 도움이 됐다는 문항과 활동비 지급이 멘토–멘제 관계 형성에 도움이 됐다는 문항에 대한 평가는 역시 상대적으로 낮게 나타났다. 특히 지급한 활동비 금액에 관한 문항은 보통 이하로 부족하다는 의견이 많아 멘토에 비하여 낮은 만족감을 보였다.

(4) 서술식 질문

멘토링 참여자의 다양한 내용을 담기 위하여 서술식 질문을 통하여 멘토링 활동에 참여하면서 얻은 이점과 활동하면서 어려웠던 점, 프로그램의 장·단점과 제안점에 대하여 알아보았다.

① 멘토링을 통해 얻은 최대의 이점은 무엇입니까?

리더십 개발, 학교생활 적응, 인간관계, 학과학습, 선·후배 간의 유대감 형성, 서로 도움을 주고받은 것, 자기개발, 남을 배려하는 마음에 대해 알게 된 것, 학교생활의 색다른 경험, 서로 친해지는 계기가 된 것, 자격증 취득에 도움을 주는 것, 멘제를 가르치기 위한 멘토의 자기개발, 상대방에 대한 이해 등으로 나타났다.

② 멘토(멘제)와의 관계 형성에서 가장 어려웠던 점은 무엇입니까?

시간 부족과 미팅시간 조절의 어려움, 학교성적이나 자격증 공부에 있어 지식이 부족한 점, 멘토와 멘제의 성격 차이, 의견 충돌, 멘토링을 잘 알지 못한 상태에서 시작한 것, 처음 마음을 여는 일, 멘제가 동생이 아니라서 어색함, 나이 차이, 멘제가 어린 점 등으로 나타났다.

③ 멘토링 프로그램의

a. 좋은 점은 무엇이라고 생각합니까?

원만한 대인관계 발전과 리더십 함양, 모든 일에 한 번 더 생각하게 된 것, 학교 적응, 대인관계가 쉬워지고 넓어짐, 선·후배 관계가 좋아짐, 많은 도움을 받을 수 있었다. 스스로 생각하는 시간이 됨, 맨투맨 방식이어서 서로 성격 파악을 하는 데 좋았음, 서로 부족한 점을 보충, 자기성장에 도움이 되었다는 의견이 있었다.

b. 문제점은 무엇이라고 생각합니까?

학과 교수님들의 관심 부족, 시기가 적절하지 못함, 멘토와 멘제가 만나는 동기부여의 인공성, 실시기간이 너무 짧음, 활동비 부족, 체계적인 프로그램 개발, 멘토와 멘제가 이성이 아닌 동성이었으면 좋겠다 등의 의견이 있었다.

c. 프로그램에 대하여 제안할 것이 있으면 써 주세요.

관심 있는 몇몇 교수님만 지원 및 지도를 하는데 전반적으로 확산되어 멘토링에 대한 인지도를 높였으면 좋겠다, 학기 초에 시작했으면 좋겠다, 좀더 자연스러운 만남이 필요하다, 멘토링 프로그램을 두 명이 진행하는데 한두 명 정도 늘리면 멘토와 멘제를 지원하는 데 효율성을 높일 것 같다, 전체 참여자들의 단합 활동, 멘토와 멘제가 다 같이 만나서 이야기하는 시간을 가졌으면 좋겠다, 멘토링 시간을 늘렸으면 좋겠다, 멘토링에 대한 교육 필요하다는 의견이 있었다.

(5) 종합평가

멘토와 멘제 모두 멘토링 활동에 참여한 것에 대하여 만족하고 있었으며 자신에게 도움이 되었다고 평가하였다. 특히 대인관계 측면에서 많은 도움이 되었다고 평가하였으며 멘토보다 멘제의 만족도가 상대적으로 높게 나타났다.

최종성과 평가 결과 멘토링의 실시 목표인 학교생활 적응과 선후배 간의 친밀성 형성은 성공적으로 이루어졌다고 생각한다(멘제의 경우 '멘토링이 학교생활 적응에 도움이 되었다고 생각한다'에 4.18점, '멘토링을 통하여 선후배 간에 유대감을 느낄 수 있었다' 4.36점이 나왔다). 또한 학업 면에서도 멘제들은 선배인 멘토로부터 직접적인 도움을 받았음을 알 수 있다. 그러나 학과 교수들의 멘토링 활동에 대한 관심도는 낮게 평가되고 있어 교수들의 멘토와 멘제에 대한 보다 적극적인 관심이 요구된다. 또한 멘토링이 대학에 대한 소속감을 느끼는 데 도움이 된 정도도 상대적으로 낮게 평가되고 있다. 결론적으로 멘토링 활동이 선후배 간의 인간적 유대관계 형성에 많은 도움이 되며 멘제들의 학습능률도 향상시켜 학교생활 적응력을 높일 수 있다는 것이 입증되었다.

5. 문제점 및 제언

1) 멘토링 프로그램 실시에서 나타난 문제점

우리 대학에서 멘토링 프로그램을 실시하면서 나타난 주요 문제점을 살펴보면 다음과 같다.

(1) 실시시기의 부적절성 및 실시기간이 짧았다는 점을 들 수 있다. 멘토링 최종평가 결과에서도 많은 학생들이 실시시기가 부적절했다고 지적하고 있다. 2학년 2학기는 이공계열 학생들이 졸업작품전으로 매우 바쁜 시기이며 졸업작품전이

끝남과 동시에 취업을 위한 원서접수와 면접으로 멘토가 멘제를 정기적으로 만날 시간이 절대적으로 부족했다. 또한 11월 말부터는 실제 취업을 하여 회사근무를 시작하는 멘토들도 있어 멘토링 활동이 어려웠다.

또한 총 10주간의 활동기간은 서로 변화를 가져오고 더욱 발전된 관계를 맺는데 짧았다고 생각한다. 보다 효과적인 멘토링을 위해선 신입생들이 입학을 한 직후인 3월 학기 초부터 실시하여 적어도 여름방학 전까지 한 학기 이상은 실시하는 것이 바람직하다고 생각한다.

(2) 멘토링 운영 조직의 결여이다. 효과적 멘토링 프로그램 운영을 위해선 멘토링 추진팀의 결성이 필수적이다. 멘토링 풀 센터를 구성하여 멘토링 제도에 대한 전반적인 업무를 총괄하는 책임자가 필요하며, 멘토링 위원회를 구성하여 멘토링 매뉴얼 개발과 실질적인 프로그램 운영 및 평가 업무를 분담하여 실행할 수 있도록 하는 것이 필요하다.

(3) 프로그램 운영자와 멘토·멘제 간의 원활한 의사소통이 어려웠다는 점이다. 12개 학과에서 선발된 학생들은 수업시간이 모두 다르기 때문에 한꺼번에 모이기가 매우 어려웠고 모든 연락을 개별적으로 해야 하는 상황이었기 때문에 통제가 잘되지 않았다. 멘토링 운영자와 학과 교수 및 조교 간의 협력체제가 구축되어 프로그램 실시 및 멘토·멘제 관리가 체계적으로 이루어져야 하겠다.

(4) 멘토링 목표의 명료성과 구체성이 부족했다고 할 수 있다. 주목표인 학교생활 적응력 향상과 선후배 간의 친밀성 형성 중 선후배 간의 친밀성 형성은 목표 달성을 비교적 분명하게 평가할 수 있었으나, 학교생활 적응력은 그 의미가 광범위하고 모호하기 때문에 세부적인 목표 달성도에 대한 측정이 어려웠다. 멘토링 활동 기간 동안 도달할 수 있는 보다 구체적이고 가시적인 목표 제시가 필요하겠다.

(5) 멘토·멘제들을 위한 보다 적절한 활동촉진 프로그램이 필요하다. 초기에 학생들을 위한 멘토링 도입 오리엔테이션과 활동촉진 워크숍을 실시하였지만 멘토링이 보다 효과적이기 위해선 활동기간 동안 추가 교육이 필요하다고 생각한다. 이번 멘토링 프로그램에서는 멘토들만을 위한 교육 프로그램을 4회 실시하였고, 멘제들에게는 MBTI 성격검사 및 해석만을 실시하였다. 그러나 멘제들이 보다 적극적으로 멘토링 활동을 하기 위해선 멘제들에게도 정기적 교육이 필요하다고 생각한다. 이를 위해선 멘토링 목표에 맞는 멘토·멘제 활동촉진 교육 프로그램 개발이 필요하다고 할 수 있다.

2) 대학에서의 효과적 멘토링 프로그램 사용방안에 대한 제언

Jacobi(1991)가 "멘토링은 오늘날 대학교육의 발전과 유지 수단으로 그 중요성이 점차 증대되어 가고 있다."라고 했듯이 대학에서의 멘토링은 매우 유용한 시스템으로 활용될 수 있다.

첫째, 신입생 정착률 향상을 위한 제도로 사용할 수 있다. 학교생활이 낯선 신입생을 재학생이나 교수와 연결하여 멘토링을 하면 신입생 정착률 향상이 가능하며 휴학률을 감소시킬 수 있다.

둘째, 취업률 향상과 진로지도를 위하여 멘토링 제도를 사용할 수 있다. 취업 관련 부서와 연계하여 취업 대상 협력업체 임직원과 졸업 예정 학생을 1:1로 연결하여 지도하거나, 재학생을 동문이나 사업체 운영 학부형과 연결하여 관계를 지속하도록 할 수 있다.

셋째, 학습능력 향상을 위한 멘토링 프로그램을 도입할 수 있다. 학습 부진 학생을 교수, 강사, 조교와 멘토링 관계를 형성하여 지도하고 보충해 주는 제도다. 또한 학생 개인지도(Student Tutoring)를 이용하여 상급생이 저학년생을 지도하도록 하거나, 특정과목의 능력 향상을 위하여 교수가 직접 학생의 멘토가 되어 개인지도를 할 수도 있다.

또한 교수와 학생을 연결하는 멘토링은 학습 이외도 교수-학생 간의 신뢰와 인간적 유대관계 형성에 많은 도움을 줄 수 있다.

마지막으로 특별활동, 동아리활동, 여가활동 등에 멘토링 프로그램을 적용할 수 있다. 동아리활동 및 여가·취미활동과 봉사활동(교내, 사회) 등을 앞에서 언급한 학습활동에서와 같은 방법으로 시행할 수 있을 것이다.

멘토링의 목적은 개인적으로는 조직 적응력을 향상시키고 자신의 능력과 잠재력 개발을 통한 전인적 인격 향상이라고 할 수 있으며, 학교 측면에서의 목표는 인간적인 면을 배려를 통하여 학교가 생활 적응력을 높이고 더불어 유능한 인재를 확보하는 것이라고 할 수 있다. 그러므로 멘토링은 최종적으로는 인간성(Humanity) 위주의 프로그램이라고 볼 수 있다.

위에서 제시한 교수와 학생 간의 지적 활동을 촉진하거나 신입생의 정착률을 높이고 졸업생의 취업을 촉진하는 등 생산성(Productivity)의 수단으로 활용하는 것을 단기적 목표로 정하고 장기적으로는 인간성(Humanity) 함양이 목표가 될 때 멘토링을 통하여 대학 운영이 더 높은 생산성을 거두는 상호 시너지 효과를 얻을 수 있을 것이다.

6. 멘토링 활동보고서

<실내건축과 활동 수시 보고서>

	(멘토) 이름: 오명옥 학과: 실내건축	(멘제) 이름: 김성태 학과: 실내건축
활동보고	**1차(10. 9.~10. 24.)** 실내건축과 가구 동아리실에서 과제전 디자인 및 모형제작에 참여하고 과제전 준비과정 및 학과 관련 행사에 대해 토론하였다. 멘토는 과제를 준비하느라 많이 힘들었고 멘제는 과제전 도우미 일을 하느라 힘들었다. 서로 과제전 도우미를 하면서 좋은 점을 많이 볼 수 있었다. 활동비 45,000원 지출 **2차(10. 25.~11. 14.)** 학교 동아리방에서 멘제 안색이 안 좋아 보여 상담을 하였다. 강의실에서 과제전 준비를 어떻게 하면 좋을지 상의하였고 멘제 아버지의 안부에 관해서도 물어보았다. 시내에 있는 문구사에 가서 재료를 같이 보았다. 멘제는 아버지가 편찮으셔서 근심이 많았고 멘토는 이런 멘제에게 도움이 못 되어 미안했다. 시간이 부족해서 많은 얘기를 못 했지만 좋은 관계를 유지하고 있다. 활동비 55,000원 지출 **3차(11. 15.~12. 5.)** 학교 강의실에서 1학년 과제전을 준비하였다. 계속 과제전을 준비했고 학생회관에서 작품을 나르기도 하였다. 멘토는 몸이 좀 지쳤지만 멘제랑 친해져서 좋았고 멘제는 과제전을 하느라 많이 지쳐 보였다. 과제가 많아서 서로 시간 맞추는 게 어려웠다. 멘토링을 하면서 좋은 멘토·멘제 관계가 되어 도움을 많이 줄 수 있었다. 두 달이라는 시간이 너무 짧게 느껴지고 자금도 많이 부족하였다. 활동비 50,000원 지출	
자기개발 점수	87 - 82 - 80	
소감	처음엔 이게 뭔가 했는데 하다 보니 말을 어떻게 해야 하는가에 대해서도 배우게 되어 좋았다. 사람들에게 적극 추천하고 싶다.	이런 프로그램이 더 많이 알려져서 멘토·멘제 관계들이 더욱더 원만해지고 편안해졌으면 한다.

<건설환경시스템과 활동 수시 보고서>

	(멘토) 이름: 김영수 학과: 건설환경시스템	(멘제) 이름: 한명훈 학과: 건설환경시스템
활동보고	**1차(10. 9.~10. 24.)** 학교 앞에서 만나 간단히 대화한 후 점심을 먹었다. 충대 중문에서 만나 저녁을 먹고 간단히 술을 마셨다. 멘토는 처음보다 많이 적응이 되었고 멘제에게 신경을 쓰고 자주 연락하려고 노력한다. 멘제는 첫 대면할 때의 어려워하는 모습이 많이 없어졌다. 서로 가까워지고 서먹함이 없어졌다. 활동비 50,000원 지출 **2차(10. 25.~11. 14.)** 학교에서 만나 공부를 하고 대화를 하고 점심을 먹었다. 시내에서 만나 게임을 하고 저녁을 먹었다. 이후 충대 중문에서 만나 식사하고 술을 마셨다. 멘토는 멘제에게 관심을 갖고 가까워지기 위해 노력하고 있고 멘제는 의욕을 갖고 임하려고 한다. 서로 시간이 맞지 않아 대화하는 것이 힘들었지만 많이 친해졌고 장난까지 할 정도로 가까워졌다. 활동비 50,000원 지출 **3차(11. 15.~12. 5.)** 학교 앞에서 만나 점심을 먹고 오락을 하였다. 충대 부근에서 만나 저녁을 먹고 술을 마셨다. 시내에서 만나 저녁을 먹었다. 멘토는 많은 것을 알았고 좋은 경험으로 생각하고 있으며 서로 많이 알고 생각하는 사이가 되었다. 활동할 때 어려운 점은 만남을 가지는 것이었고 서로 많이 가까워지고 친해졌다. 활동비 50,000원 지출	
자기개발 점수	66 - 69 - 59	
소감	아주 짧은 기간이었지만 이 기간 동안 한 사람을 알아가고 만남을 가져서 좋았다. 이 프로그램을 통해 많은 것을 배웠고 나에게도 좋은 기회였다.	

<멀티미디어 전공 활동 수시 보고서>

	(멘토) 이름: 강유경 학과: 멀티미디어	(멘제) 이름: 권미경 학과: 멀티미디어
활동보고	**1차(10. 9.~10. 24.)** 학교 동아리방에서 만나 중간고사 시험을 준비하였다. 강의동 앞 잔디밭에서 만나 멘제의 고민을 상담해 주었다. 볼링장에 가서 볼링을 치고 친목을 도모하고 식사하면서 즐겁게 대화를 나누었다. 중간고사와 졸업작품전으로 멘제에게 제대로 신경을 못 써 준 것 같다. 멘제의 집이 천안인데 자주 집에 가서 만나는 시간과 장소가 한정되어 있다. 활동비 28,000원 지출 **2차(10. 25.~11. 14.)** 멘제가 영화를 보고 싶어 해서 같이 영화를 보았다. 동아리에서 가는 산행에 멘제와 함께 참석해서 정상까지 올라갔다. 충대 중문에서 술을 마시고 고민상담을 하였다. 멘토는 몸이 안 좋아 병원을 다니느라 멘제에게 많은 관심을 갖지 못했다. 멘제는 고민 빼고는 기분이 좋은 편이었다. 멘토·멘제 관계는 좋은 편이다. 활동비 72,000원 지출 **3차(11. 15.~12. 5.)** 성안길에서 만나 드림위버 공부를 위해 책을 샀다. 동아리방 및 도서관에서 만나 기말시험을 준비하고 멘제를 도와주고 같이 공부하였다. 시험이 끝나고 멘제와 쇼핑도 하고 멘토링 마지막을 장식하며 술을 마셨다. 멘토·멘제 상태 아주 좋고 서로 많이 친해졌다. 활동비 50,000원 지출	
자기개발 점수	66 - 68 - 71	
소감	이 프로그램 처음 시작할 때는 귀찮았는데 시작하고 끝을 맺고 나니 정말 잘했다는 생각이 든다.	멘토와 멘제, 선후배 간의 신뢰와 믿음을 얻은 것 같고 그동안 느껴 보지 못한 선배의 남을 배려하는 마음을 알았다.

<메카트로닉스과 활동 수시 보고서>

	(멘토) 이름: 박정군 학과: 멀티미디어정보	(멘제) 이름: 정환호 학과: 멀티미디어정보
활동보고	**1차(10. 9.~10. 24.)** 공학관에서 만나 공학수학을 학습하고 기계제작 작품설계를 하였다. 이 내용에 대해 토론도 하고 작품 발표회 준비를 하였다. 멘토·멘제 모두 직장을 다니고 있어 자주 만나지 못한다. 현재까지 무리 없이 상호관계를 유지하고 있다. 활동비 50,000원 지출 **2차(10. 25.~11. 14.)** 공학관에서 만나 공학수학을 학습하고 기계제작 작품 발표회 준비를 하였다. 멘토는 잦은 출장으로 만날 기회가 적고 멘제는 회사에서 주야 일을 해서 수업참여가 적은 상태이다. 서로 자주 만나지 못하지만 무리 없이 상호관계를 유지하고 있다. 활동비 50,000원 지출 **3차(11. 15.~12. 5.)** 비하동에서 만나 기계제작 작품 제작 준비를 하고 발표준비를 하였다. 멘제는 회사에서 주야 일을 해서 수업참여가 적은 상태이다. 서로 자주 만나지 못하지만 무리 없이 상호관계를 유지하고 있다. 활동비 50,000원 지출	
자기개발 점수	67 - 63 - 59	
소감	직장생활로 인해 멘토링 프로그램에 많이 참석하지 못해 아쉽고 좀더 적극적이지 못해 많은 기회를 가질 수 없던 점이 안타깝다.	

〈산업정보과 활동 수시 보고서〉

	(멘토) 이름: 남경현 학과: 산업정보	(멘제) 이름: 박형주 학과: 산업정보
활동보고	**1차(10. 9.~10. 24.)** 도서관에서 만나 학과공부를 하고 품질관리 산업기사 시험에 대한 공부 및 상담을 하였다. 틀린 부분에 대해 알려주고 학교생활 및 자격증에 대해서도 이야기하였다. 멘제 친구들과 차를 마셨다. 멘토는 산업기사 시험으로 바쁘고 멘제는 시험 후 틀린 부분 때문에 신경이 많이 쓰이는 것 같다. 서로 좋은 형, 동생으로 지내고 있으며 파이팅을 외쳐 주고 있다. 멘제가 알바를 해서 주말에 한번 찾아가 볼 계획이다. 활동비 35,000원 지출 **2차(10. 25.~11. 14.)** 강의실에서 만나 대화를 나누고 도서관에서 만나 공부를 하였다. 멘토는 취업준비로 바쁘고 멘제는 감기몸살로 고생이다. 멘토의 취업준비로 시간이 부족하고 취업을 하게 되면 서로 만나고 활동하기 어려울 것 같다. 활동비 80,000원 지출 **3차(11. 15.~12. 5.)** 멘토가 취업 상태라 전화를 통해 서로 안부를 물었고 가경동 호프집에서 만나 멘토의 친한 친구, 형들과 멘제가 함께 어울렸다. 멘토는 연수교육 중이어서 바쁘고 멘제는 시험을 잘 봐서 기분이 좋고 서로 편한 관계가 되어 있다. 자주 만나지 못하지만 연락은 더 자주 하고 있다. 활동비 55,000원 지출	
자기개발 점수	75 – 72 – 81	
소감	멘제를 많이 못 챙겨 준 거 같아 미안하고 동생을 얻은 기분이 좋았다.	멘토에게 감사하고 아주 유익한 프로그램이었고 기회가 되면 내가 멘토가 되어 신입생에게 도움이 되었으면 좋겠다.

<웹커뮤니케이션 전공 활동 수시 보고서>

	(멘토) 이름: 이지현 학과: 웹커뮤니케이션	(멘제) 이름: 김현정 학과: 웹커뮤니케이션
활동보고	**1차(10. 9.~10. 24.)** 도서관에서 만나 자격증 공부를 하고 드림플러스에서 영화를 보았다. 학교에서 만나 밥을 먹고 술도 마셨다. 멘토는 멘제에게 해 주어야 할 일을 생각하고 어떤 고민이 있는지 관심을 가져 준다. 멘제는 선후배를 떠나 친한 언니처럼 멘토를 대하려고 노력한다. 서로 믿고 따라 주는 좋은 관계이다. 활동비 37,000원 지출 **2차(10. 25.~11. 14.)** 시내에서 만나 디자인 책을 사고 도서관에서 만나 공부를 하였다. 게임방에서 만나 과제를 하고 학교에서 밥을 먹고 공부를 하였다. 멘토는 멘제의 지식을 넓혀 주기 위해 공부 중이고 멘제는 항상 마음이 열려 있는 상태이다. 좋은 관계를 유지하고 있다. 활동비 39,700원 지출 **3차(11. 15.~12. 5.)** 도서관에서 만나 기말고사 시험을 준비하고 과제물과 학과시험에 대비하였다. 멘토, 멘제 모두 기말고사 대비 공부 중이다. 서로 많이 친해진 상태이고 학교생활 전반에 관해 얘기를 할 정도로 편하다. 방학이 지나도 좋은 관계를 유지했으면 좋겠다. 활동비 80,000원 지출	
자기개발 점수	70 - 74 - 64	
소감	바쁜 시간을 쪼개 활동하면서 멘토, 멘제 서로 도움을 받고 친해질 수 있는 기회가 되었고 앞으로도 더욱 활성화되었으면 좋겠다.	선배님과의 만남을 통해 학교생활과 전공과목에 대한 이해와 적응을 하는 데 도움이 되었다.

〈환경보전 전공 활동 수시 보고서〉

	(멘토) 이름: 서경순 학과: 환경보전	(멘제) 이름: 오진수 학과: 환경보전
활동보고	**1차(10. 9.∼10. 24.)** 공학관 앞에서 만나 앞으로 멘토링에서 무엇을 할지 대화를 나누고 동아리방에서 전공과목 문제들을 같이 풀어 보았다. 성안길에 가서 멘제의 남자친구를 함께 만나 저녁을 먹고 차를 마셨다. 멘토는 멘토링하면서 멘제와 가까워지고 학교생활도 활동적으로 했고 멘제는 챙겨 주는 언니가 생겨 든든하고 대인관계를 넓히는 데도 도움이 되었다. 공부방식이나 고민거리에 대해 이야기하면서 친해지고 앞으로도 멘토링이 유지되었으면 좋겠다. 활동비 50,000원 지출 **2차(10. 25.∼11. 14.)** 환경지킴이 동아리방에서 만나 근황에 대해 얘기하고 점심을 먹고 기말시험을 대비해 노트정리를 했다. 멘토는 멘제에게 도움이 되어서 기뻤고 멘제는 공부하는 데 자세히 알 수 있게 설명해 줘서 고맙고 쉽게 이해가 가서 좋았다. 서로 힘든 부분을 알게 되었고 힘이 되어 주려 애를 쓴다. 멘제가 야간작업으로 건강이 안 좋아졌고 학과 부회장에 선출되어 만날 시간이 부족하다. 활동비 45,000원 지출 **3차(11. 15.∼12. 5.)** 동아리방에서 만나 기말시험 대비 예상문제 공부를 하고 분식집에서 같이 밥을 먹고 시험이 끝난 후 방학에 무엇을 할지 이야기하였다. 멘토는 시험기간이라 잠을 못 자서 지쳐 있고 멘제는 같이 공부하면서 성적을 올릴 수 있어서 좋았다고 한다. 서로 시험기간이라 예민하고 힘들었으며 서로 힘이 되어 주려고 애썼다. 활동비 45,000원 지출	
자기개발 점수	91 - 91 - 91	
소감	같이 공부하고 밥 먹으면서 힘이 되어 주었던 것들이 사회에 나가서 발판이 될 기린 생각에 든든하나.	선배들과 친해질 수 있어서 좋았고 적성검사 프로그램을 하면서 내가 알지 못했던 성격이나 행동 등을 일 수 있게 되어서 좋았다.

〈컴퓨터그래픽스 전공 활동 수시 보고서〉

	(멘토) 이름: 변상원 학과: 컴퓨터그래픽스	(멘제) 이름: 김민철 학과: 컴퓨터그래픽스
활동보고	**1차(10. 9.∼10. 24.)** 활동사항이 없다. 활동비 0원 지출 **2차(10. 25.∼11. 14.)** 컨벤션센터에서 만나 멘토의 졸업준비로 인해 바빠 일을 도와주었다. 1학년 과제전에 대한 이야기를 했고 밥을 먹었다. 멘제가 서울 코엑스에 가서 멘토의 작품을 관람했다. 멘토는 졸업작품전 준비로 많이 피곤한 상태이고 멘제 역시 과제전 준비로 많이 고민하고 있다. 서로 시간이 맞지 않아 자주 만나지 못했다. 활동비 30,000원 지출 **3차(11. 15.∼12. 5.)** 교내에서 만나 멘제에게 과제전에 관한 도움을 주었고 전시회나 취업이야기를 하며 식사를 하고 술을 마셨다. 과 특성상 꼭 필요한 USB 메모리 카드를 사서 멘제에게 선물했다. 활동비 120,000원 지출	
자기개발 점수	52 - 62 - 57	
소감	멘토에게는 자기 자신의 발전과 리더십에 도움이 되고 멘제에게는 학교생활 적응과 대인관계 향상 등 많은 영향을 주는 꼭 필요한 프로그램이라고 생각한다.	다음에는 시간을 늘리고 좀더 자유롭게 멘토와 멘제의 만남을 위해 여러 가지 설문조사는 자제해 주고 이런 기회가 확대되었으면 좋겠다.

<컴퓨터정보과학 전공 활동 수시 보고서>

	(멘토) 이름: 정영근 학과: 컴퓨터정보과학	(멘제) 이름: 박미진 학과: 컴퓨터정보과학
활동보고	**1차(10. 9.~10. 24.)** 식당에서 만나 친목도모를 하고 취업준비내용에 대해 얘기했다. 호프집에서 만나 다른 선배들과 멘제가 만나는 자리를 마련해 주고 올바를 학교생활에 대해 알려주고 학교생활상담을 하였다. 멘토는 기말고사 및 취업준비로 바쁘고 멘제는 앞으로의 계획 등에 대해 고민하고 있다. 취업준비로 바빠서 멘제에게 신경을 써 주지 못했지만 서로 도움을 주기 위해 노력하고 있다. 활동비 59,000원 지출 **2차(10. 25.~11. 14.)** 졸업작품 전시회를 준비하고 컨벤션 센터에 가서 전시회를 보았다. 총동문회를 준비하고 같이 밥을 먹었다. 멘제는 졸업작품 도우미로 활동하고 무리한 밤샘 작업으로 건강이 염려된다. 서로 친해졌다. 활동비 50,000원 지출 **3차(11. 15.~12. 5.)** 강의실에서 만나 학교생활 및 성적 관리에 대해 상담하고 친목을 도모하며 좀더 편안한 관계를 형성했다. 장수촌에서 다른 선배와의 만남을 만들어 멘제가 올바른 학교생활 및 과에 대한 설명을 듣게 했다. 멘토는 취업준비로 바쁘고 멘제는 학교 행사 및 학점 관리에 관심을 보이고 있다. 과 간부로 같이 활동함으로써 자주 만남을 가질 수 있었고 서로에 대해 더 많이 알 수 있었다. 활동비 50,000원 지출	
자기개발 점수	65 - 82 - 83	
소감		

대학 – 4 *을지대학교(원안72P를 31P로 요약한 것임)

1. 을지대학교 멘토링 시스템 운영

1) 멘토링 시스템 도입 절차

(1) 목 적: 재학생들의 취업에 대한 마인드 고취 및 취업률 향상
(2) 도입절차

(1) 2006년도 멘토링 시스템 구축 – 시범운영
  (가) 운영기간: 2006년 6월~12월 말
  (나) 참여인원
    ① 멘토: 산업체 인사 및 졸업한 선배 100명
    ② 멘제: 재학생 100명
  (다) 진행절차

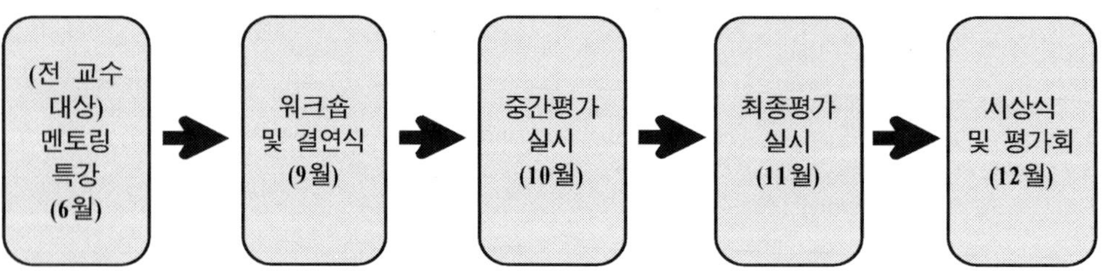

(라) 결과

* 멘제들이 작성한 면담일지를 평가하여 우수멘제 **20**명을 선발하고 시상함
* 최종평가회 참석한 멘토 및 멘제 대상으로 설문조사를 실시한 결과
　① 멘토링 시스템에 대한 만족도는 매우 만족함 – 83.4%
　② 취업정보를 취득하는 데 유용함 – 80.3%
　③ 만족스러운 부분 – 멘토와의 만남 〉인생의 새로운 방향 설정 〉취업정보의 습득 〉학교의
　　지원
　④ 또한 대부분의 멘토와 멘제들이 이러한 행사에 참여할 의향이 있음을 시사하였으며,
　　좀더 체계적이고 장기적으로 운영되길 희망함

(2) 2007년 1월 동계방학 중 체계적인 멘토링 시스템 운영을 위한 멘토링 전문가 양성과정 연수 실시

* 교육과정: 멘토링 프로그램 전문가(Manager) 양성과정
* 교육참가: 을지대학교 교수 22명
* 교육일시: 15시간(1일 5시간씩 3일간 1 / 30 1 / 31 2 / 1)
* 교육강사: 멘토링코리아 류재석 대표 조주영 박사 홍은경 박사 탁충실 위원

멘토링 전문가 양성과정 15시간 Curriculum

Hour	1 / 30일(5H)	1 / 31일(5H)	2 / 1일(5H)
13:00 – 15:00	*** Mentoring Story** 1. 멘토링 원리 기본 이해 2. 멘토링 인재개발 의미 3. 멘토링 현대사회 필요성	*** Mentoring Skill** 1. 멘토에 관한 기본 Skill 　1) 자질 　2) 역할 　3) 활동수칙 2. 멘제에 관한 기본 Skill	*** Mentoring Manual** 1 준비과정 매뉴얼 2 도입과정 매뉴얼 3 활동과정 매뉴얼 4 평가과정 매뉴얼
15:00 – 16:00	*** Mentoring Game(1)** **1. Lynchpin Game** 　(성격 개발게임)	*** Mentoring Game(2)** **2. Star Game** 　(인격가치 개발게임)	*** Mentoring Game(3)** **3. Brain Game** 　(미팅소재 개발게임)
16:00 – 18:00	*** Mentoring Leadership** 1. Dia 인재개발 멘토십 2. Dia 조직개발 멘토십 3. Dia 수익개발 멘토십	*** Mentoring Case Study** 1. 개인(빌, 버핏) 모범사례 2. 그룹(GE 삼성) 모범사례 3. 대학(서울대) 모범사례 4. 공기관(노동부) 모범사례	*** Mentoring Strategy** 1. 실패원인 분석 2. 성공 전략 – 5 3. 경영방법 4. 21c 방안 / 대안

2) 2007년도 멘토링 시스템 확대 운영계획

가. 운영기간: 2007년 4월~12월 말

나. 참여인원

　(1) 멘토: 산업체 인사 및 졸업한 선배 105명

　(2) 멘제: 재학생 105명

다. 운영일정

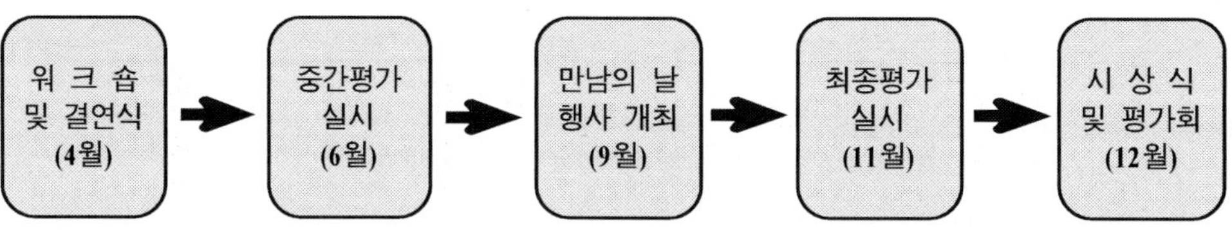

2. 멘토링 워크숍 및 결연식 계획서

1) 목　적: 멘토와 멘제, 교내 교수들을 대상으로 멘토링 시스템 구축 사업을 홍보하고 멘토링의 방법, 일정 등을 설명하는 워크숍을 실시해 멘토링 시스템에 대한 이해를 높인다. 또한 멘토와 멘제의 결연식을 통해 동기부여를 해 주고 만남의 장을 마련해 멘토링 프로그램의 효율적 운영 및 지속적 발전방안을 모색한다.

2) 일　시: 2007년 4월 27(금) 19:00~21:00

3) 장　소: 을지대학교 실내체육관

4) 참석대상: 멘토 및 멘제(105쌍, 210명), 총장, 교무위원, 학과장, 멘토링 및 취업 TFTeam

5) 행사일정

구 분	시 간	내 용	비 고
I부 오리엔테이션	18:30~19:00	참여자 확인 및 지침서 배부	행사장 입구
	19:00~19:30	멘토링 특강 I	멘토링 전문강사
	19:30~19:35	휴식	
	19:35~20:05	멘토링 특강 II	멘토링 전문강사
	20:05~20:10	휴 식	
II부 결연식	20:10~20:20	개회사(내빈 소개)	취업지원팀장
	20:20~20:30	멘토, 멘제 선서	
	20:20~20:30	격려사	총장
	20:30~20:35	멘토 인증서 수여(대표자)	총장
III부 멘토·멘제 교류의 장	20:35~21:30	발전방안 논의 및 만찬	

6) 멘토링 시스템 운영계획

내 용	기 간	비 고
학과별 멘토 및 멘제 참여자 대상자 확정	2007. 4.13(금)	
멘토링 시스템 워크숍 및 결연식	2007. 4.27(금) 19:00	
멘토링 시스템 운영	2007. 4.27(금)~11.30(목)	
멘토링 시스템 중간결과보고서 제출 및 평가 실시	2007. 6.21(목)~ 6.29(금)	
멘토링 시스템 만남의 장	2007. 9.21(금) 19:00	
멘토링 시스템 최종결과보고서 제출 및 평가 실시	2007.11.30(목)~12.7(금)	
멘토링 시스템 운영 평가회	2007.12.19(수) 19:00	

※ 위 일정은 학사일정에 따라 변경될 수 있음

3. 멘토링 이해(Mentoring Story)

1) 멘토링의 유래

'멘토(Mentor)'란 용어는 호머의 서사시(BC 1250) "오디세이"로부터 유래되었다. 오디세우스가 트로이 전쟁에 출정하면서 가장 친한 친구인 멘토(Mentor)에게 자신의 어린 왕자인 텔레마쿠스의 교육을 맡기게 된다. 멘토는 10여 년 동안 왕자를 성실하게 교육하고 지도하여 지혜로운 인물로 만들었다. 그 후 그의 이름을 따서 멘토(Mentor)는 지혜와 신뢰로운 사람, 이끌어 주는 스승, 지도자 등의 의미로 사용되어 왔다.

현대의 멘토링은 1970년대 후반부터 북미지역의 학자들(Bobb Biehl, Howard Hendricks, Robert Clinton, WIlliam Gray 등)에 의하여 연구가 활발하게 진행되었다. 특히 Roche 교수(1978, 하버드대)와 Leonard 교수(2001, 하버드대)는 멘토링 성공사례를 하버드 비즈니스 리뷰지(경영격월간지)에 기고함으로써 사회 각층에서 큰 호감을 갖게 되었으며, Levinson 교수(1979, 예일대)의 저서를 통하여 기업, 학교, 교회 등 각 조직 구성원에 대한 멘토의 필요성이 급부상하게 되었다.

2) 멘토링의 정의

멘토링에 대한 정의는 학자와 사용 분야에 따라 조금씩 다르다. 경영학 분야에서는 멘토를 "앞선 경험과 지식을 갖고 있으며, 후배의 발전을 위해 지원해 주는 영향력 있는 사람"으로 정의하고 있으며, 심리학자인 Bronfenbrenner(1993)는 멘토링은 "경험이 많은 성인이 나이 어린 아동이나 청소년과 일대일의 관계를 형성하여 이들의 품성과 유능성을 발달시키고자 하는 활동"으로 정의하고 있다. 한편 청소년 전문가 Sipe(2002)는 멘토가 멘제와 친밀하고 신뢰로운 관계를 형성하여 그 관계를 기반으로 멘제에게 필요한 사회적·정서적 지지와 격려를 제공하고 나아가 역할 모델이 되어 줌으로써 멘제의 발달과 성장을 도모하는 활동이라고 정의하였다.

즉 멘토링이란 "한 사람이 다른 사람에게 일정한 관계에 의하여 장(단)기적으로 혹은 정규(비정규)적으로 개인적인 영향을 끼치는 모든 과정"이라고 정의할 수 있다.

멘토링에서 이루어지는 관계는 조직의 공식적·비공식적 규범에 적응하도록 도와주고, 일과 관련된 문제들을 해결할 수 있도록 도와줄 수 있는 특별하고 강한 인간관계를 뜻한다. 이런 관계는 상당히 포괄적이며 비공식적 관계까지를 포함한다.

멘토와 멘토링에 대한 여러 연구들의 공통적 면을 정리한다면 다음과 같다.

멘토링은 경험이 적은 개인과 경험과 지식이 많은 개인 간의 관계를 포함하고 있으며, 사회화의 상호관계를 의미한다고 할 수 있다. 또한 멘토링을 통하여 멘제는 멘토로부터 상담, 안내, 교수, 모델링, 지원 등을 제공받을 수 있고 이러한 활동들은 멘토·멘제 모두에게 변화·전환과 정체성을 제공한다고 할 수 있다.

멘토링 개념을 도입하여 조직의 지원하에 멘토와 멘제가 공식적인 관계를 형성하여 오프라인이나 온라인에서 활동하는 멘토링 구조와 활동과정을 멘토링 시스템이라 할 수 있다. 현재 멘토링은 학교, 기업, 종교단체 등 모든 영역에서 도입되어 폭넓게 사용되고 있으며, 특히 학교, 집, 지역사회, 직장으로부터 소외된 젊은이를 위한 방안으로서도 사용되고 있다.

4. 멘토링(Mentoring) 관련 용어

1) 멘토(Mentor)

도움을 주는 사람이며 멘제의 전인적인 삶의 조언자다. 멘토(Mentor)란 교사, 지도자, 모델, 후원자, 상담자 등의 포괄적인 개념을 갖고 있으며 전인적인 차원에서 그 역할을 이해해야 한다.

멘토는 자신의 자원, 능력을 멘제의 목표를 성취할 수 있도록 도와주는 사람이며, 멘제들이 자신의 리더십을 발휘하여 그들이 될 수 있는 유능한 사람이 되도록 돕는 자라고 할 수 있다.

2) 멘제(Menger)

도움을 받는 사람이며 상대인 멘토를 통하여 자신의 역량을 개발하고자 하는 사람이다. 멘제(Menger)는 멘토링에서 도움을 받는 사람으로서 유사용어로는 Protege(불란서에서 호칭), Mentoree(영국), Mentee(미국) 등이 있다. *멘제(Menger)는 멘토링 전문연구기관인 멘토링코리아에서 한국적 정서에 맞는 어감의 용어를 만들고자 멘제의 '멘' 자와 불어의 '프로테제', 한국어의 '형제'의 '제' 자를 합성하여 만든 용어이다.

3) 멘토링(Mentoring)

멘토링(Mentoring)이란 멘토가 멘제와 활동(Activity)하는 상태를 말한다(Mentor +ing).

4) 멘토링 시스템(Mentoring System)

멘토링 시스템(Mentoring System)이란 운영 조직의 지원하에 멘토와 멘제가 공식적인 멘토링 관계를 형성하여 Off Line이나 On Line에서 활동하는 멘토링 구조와 프로세스를 지칭한다.

5) 멘토링 셀(Mentoring Cell)

멘토와 멘제의 한 쌍을 말한다. 멘토링의 최소단위이다.
Cell(세포)은 자연 번식을 의미하며 Push 전략보다는 멘토의 자생력으로 하여금 그 활동을 촉진할 수 있도록 하는 것이 바람직하다.

6) 멘토 체인(Mentor Chain)

멘토는 위로 멘토를 둘 수 있고 동시에 아래로는 멘제를 둘 수 있는 상황에서 상(上)과 하(下)의 연결점이라는 것을 말한다.

7) 멘토 풀(Mentor Pool)

멘토를 선발하고 양성하고 관리하고 재충전하고 동기부여하는 등 멘토를 전문적으로 다루는 기구를 말한 **멘토링 시스템**(Mentoring System)—**운영 조직**의 지원으로 멘토와 멘제가 공식적인 멘토링 관계를 형성하여 Off Line이나 On Line에서 활동하는 멘토링 구조와 프로세스를 지칭한다.

8) 모니터링 시스템(Monitoring System)

멘토와 멘제의 활동을 관찰과 지원을 통하여 사전에 문제점을 발견하고 해결하고자 하는 전담기구다. 전통적 멘토링보다는 제도적 멘토링에서 멘토의 리더십을 보완하는 필수적인 기구이다.

9) 다이아몬드 멘토링(Diamond Mentoring)

야구 4개 베이스를 상징하여 인재개발, 조직개발, 수익개발을 각각 4단계로 진행하는 프로그램을 말한다.

5. 멘토링(Mentoring) 유형

학자마다 멘토링의 유형화 기준을 달리하고 있다. Ritchie & Grenoni(1999)는 멘토와 멘제와의 관계를 어떻게 맺느냐에 따라, 즉 멘토링의 관계구조에 따라 1:1 멘토링, 동료 멘토링, 그룹 멘토링으로 나누었다.

Russel &Adams(1999)는 멘토링을 전통적 유형과 대안적 유형으로 나누었다. 전통적 유형은 조직이 관리하고 규제하면서 조직에서 멘토와 멘제 관계를 다양한 방법으로 형성하게 하는 공식적 멘토링과 조직의 통제 없이 자발적으로 발생하는 비공식적 멘토링으로 다시 나눌 수 있다. 대안적 유형에는 집단 멘토링, 동료 멘토링 등이 포함되며, 최근에는 온라인상의 e-멘토링이 포함될 수 있다.

1) 전통적 멘토링(Typical Mentoring)

역사 이래로 오늘날에 이르기까지 계속되고 있는 1:1 인간관계에서 자연스럽게 연결되어 활동하고 있는 형태를 말한다. 둘만의 관계이기 때문에 어느 누구의 간섭 없이 만나고 헤어지는 것이 자유스러운 관계이다. 그러므로 개인 간의 멘토링 적용에는 좋으나 격식을 갖춘 조직에 적용하는 데는 분명히 한계가 있다. 사례로 소크라테스와 플라톤, 프로이드와 칼융, 설리반 선생과 헬렌켈러, 그레이엄과 링컨 대통령, 국내사례로 동의보감 허준과 유의태, 상도에서 임상옥과 홍득주, 인기 드라마 대장금에서 장금이와 한 상궁, 성악가 조수미와 카랴얀 등 많은 사례가 있다.

2) 유사 멘토링(Side Mentoring)

멘토링의 형식은 갖추었으나 그 활동내용이 업무에 편중하여 문제가 있는 것을 유사 멘토링이라고 한다. 1：1 관계나 1：소그룹 관계를 말하는데 처음 연결은 멘토링 형식이나 실제 현장에서 활동 시 멘토링 내용과 프로그램이 제대로 갖추지 못한 형태를 말한다. 국내에서 대부분 적용하고 있는 OJT 사수 조수제, 후견인제, 지도사원제, 신병과 고참병제, 일대일 제자 훈련, 도제제도, 팀장제, 최근 인기 끌고 있는 코칭 스킬 등이 있다.

 * 도제제도: 중세 유럽도시의 수공업 기술자 양성제도

3) 제도적 멘토링(Systematic Mentoring)

전통적 멘토링이나, 유사 멘토링은 프로그램을 제대로 갖추지 못한 관계로 대부분 일회성 교육으로 끝나게 된다. 새로운 멘토링은 William Gray 교수(加 브리티시 기업)가 개발한 6단계 매뉴얼을 멘토링코리아에서 4개 과정 매뉴얼로 멘토링 시스템에 적용하는 종합 프로그램을 말한다. 바로 제도적 멘토링 프로그램(Systematic Mentoring Program)이며 준비과정, 도입과정, 활동과정, 평가과정 등 4개 과정에 프로그램을 적용하여 전통적 멘토링의 주제인 인간성(humanity) 바탕 위에 유사 멘토링의 주제인 생산성(productivity) 확보를 겸해서 얻고자 하는 조직개발 프로그램이다.

4) 1：1 멘토링(one - on - one mentoring)

특정한 학습과정이나 변화나 도움의 필요성을 갖고 있는 경험이 부족한 사람에게(멘제) 이를 이끌어 줄 수 있는 경험 많은 멘토를 일대일로 연결하는 전통적인 멘토링 관계를 뜻한다.

5) 동료 멘토링(peer mentoring)

업무 상 또는 같은 직종의 동료들이 서로를 지원하고 지도하며 보완하는 관계를 맺는 것을 뜻한다. 동료들은 윗사람과는 달리 비슷한 경험을 공유하고 있기 때문에 심리사회적 지원을 하는 데 이상적일 수 있다. 최근에는 인터넷상에서 같은 직종의 사람들이 신분적 구별 없이 서로 모여 정보를 나누고 서로 도움을 주고받는 형태도 찾아볼 수 있다.

6) 그룹 멘토링(group mentoring)

경험이 풍부한 한 명의 리더(멘토)가 아래 여러 명의 사람들(멘제)들과 관계를 형성하는 것이다. 그룹의 리더는 일대일의 멘토 역할을 하고 참가자들은 서로 동료 멘토의 역할도 한다. 그룹으로서 여러 명과 아이디어를 교환하고 피드백을 받을 수 있다는 장점이 있다.

7) 면대면 멘토링(face to face mentoring)

멘토와 멘제가 정기적으로 직접 만나 멘토링을 하는 것으로 가장 전통적 방법이라 할 수 있다.

8) e-멘토링

인터넷상의 이메일이나 게시판 등을 이용하여 멘토와 멘제의 만남을 갖는 형태이다. 인터넷을 통하여 멘제에게 연결 가능한 멘토 리스트를 제시하고 멘토링에 대한 정보 제공 및 매칭, 토론방, 이메일 주소 등을 제공한다. 시간과 공간의 제약을 받지 않는다는 것, 참가자의 다양한 요구에 맞는 멘토-멘제의 연결이 가능하다는 점 때문에 최근 들어 많이 사용되고 있다.

9) 비공식적 멘토링(informal mentoring)

조직과 상관없이 서로가 필요한 입장에서 학연·지연 등에 의해 자연발생적 관계를 맺음으로써 도움을 주고받는 형태이다. 특히 우리나라의 문화는 서구문화에 비해 인간중심적 면이 강하므로 관계 형성이 혈연, 지연, 학교 선후배와 같은 비공식적 유형의 관계 형성이 많다.

자연발생적인 비공식적 멘토링은 멘토-멘제 간의 심리적 유대감이 높다는 점과 관리하는 데 비용이 들지 않는 점이 장점이라고 할 수 있나. 그러나 멘토의 질 관리가 어렵고, 멘제의 학습내용이 비정형화되어 있으며, 멘토링 시스템 효과 파악이 어렵다는 단점을 갖고 있다.

10) 공식적 멘토링(formal mentoring)

조직에 의하여 멘토 - 멘제 관계가 공식적으로 연결되는 것을 뜻한다. 이는 후배(멘제)를 기존의 조직 구성원인 선배(멘토)와 공식적으로 짝을 정해 주어 조직에서 관리하고 규제하는 형식이다. 공식적 멘토링은 비공식적 멘토링에 비하여 심리적 유대감이 낮을 수 있고, 관리상 비용이 든다는 단점이 있으나, 멘토의 질 관리가 용이하고 멘제의 학습내용을 정형화시킬 수 있으며, 멘토링 시스템의 효과를 파악하는 데 용이하다는 장점을 갖고 있다.

6. 멘토링의 기능과 기대효과(장 · 단점)

많은 연구와 문헌을 통하여 멘토링이 개인의 경력과 직업개발에 중요한 부분이라는 인식이 증가되고 있다. Kram(1983)은 멘토링의 2가지 중요 기능을 제시하였는데, 경력관리 기능과 심리적 측면을 지원해 주는 사회심리적 기능이 그것이다. 경력관리 기능은 경험과 조직 내의 영향력을 가진 멘토가 조언, 지도, 후원 등을 통하여 멘제의 진로나 경력 발달을 촉진시키거나 향상시키는 데 도움을 주는 것을 뜻한다.

심리사회적 기능은 관계의 친밀감과 유대감을 바탕으로 멘토가 역할 모델과 상담자, 지원자 역할 등을 통하여 멘제가 자존감, 자신감, 직무 효율성을 향상시킬 수 있도록 하는 것을 뜻한다. 특히 역할 모델 기능은 멘제가 멘토를 바람직한 대상으로 설정하고 멘토의 태도, 가치관, 행동 등을 닮으려 하는 것을 뜻한다. 한편 멘토는 발전 가능성 있는 멘제에게 자신의 경험과 가치관을 전해 줌으로써 스스로 자부심을 느낄 수 있고 조직으로부터 멘토 자신의 능력을 인정받을 수 있다는 이점이 있다.

또한 멘토링 활동을 통하여 멘토와 멘제 모두 생활의 변화를 기대할 수 있는데 멘토링을 통한 기대효과는 다음과 같다.

우선 자기중심적 이기주의에서 다른 사람을 배려할 줄 아는 이타주의로 변하는 기대효과를 가져올 수 있다. 이러한 변화는 경쟁중심의 조직을 사랑의 공동체로 바꿀 수 있게 한다. 또한 개인중심에서 조직 전체를 생각하는 조직중심으로 변하여 애교심과 애사심을 발휘할 수 있게 하며 대학의 지식 위주의 교육에서 인격개발을 중시하는 전인적 교육마인드를 조성하게 한다. 나아가 멘토링 활동을 통하여 직장과 학교 내에서의 성공에 국한하지 않고 폭넓은 사회인으로 성공을 기대하게 되어 사회 속에서의 인재경쟁력을 확보할 수 있게 된다.

멘토링이 멘토와 멘제 그리고 그들이 소속된 조직과 사회에 어떤 이익을 주는가에 대하여 Schulz(1995)가 제시한 내용을 표로 정리하면 다음과 같다.

〈멘토링이 주는 이익〉

구 분		멘토 측면	멘제 측면	조직과 사회 측면
이익 (benefits)	학습면	멘토가 갖고 있는 아이디어와 기술을 재확인하거나 비판적으로 점검할 수 있는 학습기회를 얻음.	인간관계, 조직의 규범, 취업에 관한 정보 및 Skill 등을 통하여 여러 가지 이익을 얻음.	- 의사소통, 생산성, 이직률, 작업환경, 자기평가, 사명감 등에서 긍정적 결과 초래. - 공식적 의사소통을 통하여 얻지 못했던 정보 얻음. - 잠재력을 지닌 인재들을 발견하여 육성할 기회가 생김. - 세대 간 또는 문화 간의 네트워킹을 통한 이해 증진은 사회발전에 도움을 준다. - 조직입장에선 생산성 향상, 이직률 저하, 조직몰입 등이 증진된다.
	성장면	리더십 배양, 조직 안에서의 위상이 높아지고 멘제로부터 오는 긴장감을 늦추지 않기 위한 노력을 한다.	자기주도성, 의사결정력, 적극적 참여, 리더십 배양.	
	종합	성공적 인생의 발달과정을 경험하고 멘토 역할에서 오는 내적 만족감과 성취감을 갖는다.	후에 멘토와의 분리를 통해 자신들의 기술과 지식을 시험해 보고 멘토로서 부상.	

(출처: 대학에서의 직업교육 활성화를 위한 멘토링 시스템 모형개발(2002), 장원섭, 한국직업능력개발원)

【멘토링의 장점】

멘토링의 장점을 요약하면 다음과 같다.

첫째, 멘토링의 장점은 전인적인 교육이 가능하다는 것이다.

멘토는 멘제에게 단순한 지식만을 전달하는 사람이 아니다.

멘토는 멘제와의 관계를 통하여 필요한 기술, 지식, 신앙을 가르쳐 줄 수 있다. 조직사회에서 적응하며 자신을 발전시키는 법을 조언해 줄 수 있다. 이런 면에서 멘토링은 한 부분만을 교육하는 것이 아니라, 멘제의 여러 부분을 보충해 줄 수 있는 전인교육이 되는 것이다.

둘째, 멘제는 멘토를 통해서 현실에 올바로 적응하는 법을 배운다.

새로운 분야에 처음 뛰어든 사람은 대체로 현실감각이 떨어진다. 사업에 뛰어든 사람은 단기간 안에 재벌이 되려는 꿈을 꾼다. 공부에 뛰어든 사람은 뼈를 깎는 노력도 없이 박사학위를 취득하려고 생각한다. 목회에 뛰어든 사람은 몇 년 내에 수천 명의 성도를 가진 교회를 꿈꾼다. 꿈과 비전 자체가 나쁘다는 것이 아니라, 현실성이 없는 꿈과 비전은 자신과 주변 사람에게 실망과 고통을 안겨줄 뿐이다. 그러나 멘토를 둔 사람은 현실을 바로 볼 수 있는 안목을 키우며, 다른 사람보다 빨리 자신이 처한 환경에 적응할 수 있다.

셋째, 자신의 분야에서 멘제는 남다른 확신을 가지고 일을 추진할 수 있다.

자신의 재능을 극대화시켜 더욱 빛나게 할 것이며, 미래에 자신의 분야에서 지도자가 되는 데에 필요한 소양들 △리더십 △결단력 △추진력 △탄력성을 갖추게 된다.

넷째, 멘토링은 어떤 사람에게 발생될 수 있는 심각한 문제들을 초기에 발견, 해결할 수 있다.

예를 들어 불륜관계, 약물중독, 공금의 유용, 직권의 남용 등은 초기에 그 원인만 제거하면 얼마든지 사람을 파멸로부터 미연에 방지할 수 있다. 멘토가 있는 사람은 이러한 문제가 진척되기 전에 멘토에게 조언과 협조를 구함으로써 죄의 깊은 수렁에 빠지는 것을 방지하게 된다.

【멘토링의 단점】
멘토링은 여러 가지 장점들도 있지만 약점들도 있다.

첫째, 멘토링 유대관계에서 가장 장애가 되는 것은 '경쟁의식'이다.

그래서 같은 분야에 있는 사람에게 멘토링을 해 주기를 원하면 멘제가 어느 정도 수준에 올랐을 때 멘토로서의 관계는 끝내는 것이 좋다. 그리고 그 다음부터는 동역자나 동료의 관계로 들어가는 것이 바람직하다.

둘째 약점은 시간과 헌신에 대한 부담이다.
일반적으로 멘토의 위치에 있는 사람은 어느 분야든지 전문가의 위치에 있는 사람이다. 그는 대체적으로 바쁜 일정에 쫓기고 있는 사람이다. 멘토링의 핵심은 관계중심인데 자신의 멘제와 충분한 시간을 같이할 수 없는 약점이 있다. 이에 대한 대책으로 멘토가 멘제와의 시간을 양적인 면보다 질적인 면을 고려하면 문제를 극복할 수 있다.

7. 멘토링 운영의 기본 원리

효과적인 멘토링 시스템을 운영하기 위한 기본 원리를 살펴보면 다음과 같다.

1) 목적에 맞는 멘토(Mentor)와 멘제(Menger)를 선정한다.

특별한 기준을 갖고 멘토와 멘제를 선정해야 한다. 즉 조직에서 멘토링을 도입하는 목적에 맞게 멘토와 멘제의 기준을 선정한다.

2) 일정기간 동안 멘제 중심의 1 : 1 관계를 맺는다.

멘토링 활동은 일정기간을 정해서 이루어지도록 한다. 일정기간 동안 활동을 하되 멘토가 중심이 아니라 반드시 멘제 중심의 활동이 이루어지도록 해야 한다.

3) 멘토의 역량(competency)을 최대한 발휘하도록 돕는다.

멘토가 멘제를 위하여 자신이 갖고 있는 여러 가지 능력이나 일 또는 학습의 노하우를 발휘하여 멘제의 성장을 위해 최선을 다하도록 해야 한다. 멘토와 멘제가 만날 때 목표 없는 평범한 일상생활을 나누는 차원이라면 멘토링의 효과를 거두기 어렵다. 특히 멘토가 제대로 역량을 갖추고 멘제에게 전이(轉移)가 이루어진다면 자연스럽게 지식전달과 학습조력이 이루어질 수 있다.

4) 멘제의 특성과 잠재력을 개발한다.

멘토링 활동이 성공하려면 멘제에 대한 다방면의 정보를 수집하여 멘제의 특성을 충분히 이해할 수 있어야 한다. 즉 멘제의 인적 사항, 욕구(needs), 가치관, 성격 등을 충분히 파악하여 그가 갖고 있는 인격의 가치를 개발하고 발전시켜 주어야 한다.

5) 멘제를 인격을 갖춘 리더로 세우는 것이 멘토링의 최종목표이다.

멘토링 도입에는 여러 목표가 있겠지만 최종목표는 멘제를 능력과 인격을 겸비한 전인적인 리더가 되도록 하는 것이다. 역량을 갖춘 멘토가 멘제를 일정기간 동안 멘토링하여 멘제가 인격적으로 발전하여 사회와 조직에 중심인물 역할을 하며, 일정기간이 지나면 멘제 자신이 도움 주는 멘토가 되도록 한다.

8. 멘토 / 멘제(Mentor / Menger)에 관한 기본 스킬

1) 멘토(Mentor)에 관한 기본 Skill

(1) 멘토의 정의와 자질

멘토링을 연구했던 대부분의 학자들은 멘토에 대한 정의를 내리는 데 어려움과 혼동을 겪고 있다는 것이다. 이 말은 멘토라는 말은 어떤 한 단어 혹은 한 문장으로 쉽게 정의 내릴 수가 없다는 것이다.

멘토라는 단어 안에는 여러 종류의 의미가 내포되어 있는데, 예를 들면 교사, 인생의 안내자, 본을 보이는 사람, 후원자, 의욕을 고취시키는 사람, 비밀까지도 털어놓을 수 있는 사람, 스승 등이 있다.

어떤 사람이 멘토로 불리기 위해서는 이들 중 적어도 서너 가지의 자격을 갖춘 사람이어야 한다. 한 문장으로 정의를 내리자면 멘토는 '상대보다 경험이나 연륜이 많은 사람으로서 상대방의 잠재력을 볼 줄 알며, 그가 자신의 분야에서 꿈과 비전을 이루도록 도움을 주며 때로는 도전도 줄 수 있는 사람'으로 한마디로 정의하자면

'전인적인 삶의 조언자'라고 할 수 있다.

그러면 누가 멘토가 될 수 있는가? 멘토는 누구나 될 수 있지만 아무나 될 수는 없다. 멘토는 몇 가지 자질이 요구되는데 그 자질은 다음과 같다.

① 멘제의 인격을 존중하는 사람(Personal Respect)

멘토는 멘제를 하나의 진정한 인격으로 대하는 사람이다. 상대방을 자신의 목적을 위해 이용하려는 사람, 즉 정치적인 의도가 다분한 사람은 멘토의 자격이 없다. 20세기의 위대한 사상가 마틴 부버는 이것을 지적하여, 상대방을 수단으로 보는 것은 '나와 그것(I-It)'의 관계라고 말한다. 그러나 멘토는 상대방을 자신과 동등하게 존중받아야 할 인격체로 이해하며, 가면을 벗고 상대방을 조정하려는 자세를 버린다. 이러한 때 진정한 관계가 성립되고 부버가 강조하는 '나와 너(I-Thou)'의 관계로 발전된다.

- 지(知)적 서비스 제공 - 지식, 기술, 정보
- 정(情)적 서비스 제공 - 포용력, 봉사 헌신력, 정서력
- 의(意)적 서비스 제공 - 선 / 악, 상 / 벌, 진리 / 허위의 판단력

② 멘제에게 긍정적인 사람(Peace Maker)

멘토는 평소의 삶이 긍정적 자세인 사람이며, 마음이 열린 사람이다. 멘토는 마치 부모나 가족과 같아서 자신의 멘제에게 일관된 관심을 줄 수 있어야 하는데, 삶을 보는 시각이 부정적이거나 마음이 닫힌 사람은 멘토로서는 자격이 결여된다.

- 입(口)의 서비스 험담보다는 칭찬을 해 준다.
- 눈(眼)의 서비스 흠보다는 장점을 발견한다.
- 귀(耳)의 서비스 부정적인 말보다는 긍정적인 말을 듣는다.

③ 멘제의 특성과 잠재력을 볼 줄 아는 사람(Potential Power)

멘토는 멘제가 지닌 적성을 볼 수 있는 사람이다. 멘토는 보통 멘제보다 세상 경험이 많은 사람이다. 그 분야에서 이미 시행착오를 겪은 사람이다. 그리고 상대방의 장점을 극대화시키며, 상대방의 단점을 극소화시킬 수 있는 안목이 있다.

④ 멘제와 의사소통이 능한 사람(Communication)

멘토는 의사소통에 능한 사람이다. 같은 말을 해도 상대방에게 부정적인 표현 등을 통해 부담을 주는 것이 아니라, 힘과 용기를 줄 사람이다. 그리고 중요한 것은 상대방의 견해를 소화하는 열린 귀가 있는 사람이다.

⑤ 조직에 대한 올바른 가치관(The view of value)을 가져야 한다

먼저 멘토는 자신이 조직의 배려로 오늘과 같은 가치 있는 구성원으로 업그레이드되었음을 인정하고 이러한 조직에 대한 올바른 가치관을 가지고 멘제에게 자신이 소유한 정보, 지식, 업무 등을 제공할 경우, 멘제는 멘토에게 좀더 호의적으로 다가올 수 있다. 조직이 멘토인 나를 키워 주었으므로 나는 대신 멘제를 키운다.

⑥ 핵심역량(Competency)과 업무의 다양한 전문성을 갖춰야 한다

멘토는 개인의 노력이나 조직의 지원을 통하여 소유한 역량(Competency)과 다양한 전문지식을 멘토링 활동에서 멘제와의 자율학습 향상, 업무 조기 숙달, 경력개발, 지식경영 등에 최선을 다하여 발휘함으로써 멘토링 목표를 성공적으로 달성하는 데 기여할 수 있다.

(2) 멘토(Mentor)의 5가지 역할

유능한 멘토는 멘제의 상황에 따라 자유자재로 대응방법을 바꿀 수 있는 역량이 필요하다. 이러한 멘토가 되기 위하여 갖추어야 할 5가지 역할 멘토십 스킬을 소개하면 교육(teaching)에 대한 스킬, 상담(counseling)에 대한 스킬, 지도(coaching)에 대한 스킬, 후원(sponsoring)에 대한 스킬 그리고 조정(confronting)에 대한 스킬이다.

그리고 목표는 한 가지, 멘제의 능력을 개발하고 창의력을 살려 개인적으로는 리더로서 성장할 수 있도록 하며 결국은 조직에 공헌함으로써 조직의 목표인 인적 경쟁력을 확보할 수 있도록 하는 것이다.

① 교육(Teaching) - 가르치는 교사의 역할(IQ 부문)이다

교육을 실시하는 것은 멘제에게 테크닉을 주입시키는 것이 아니다. 교육의 근

본은 '너는 우리 가족이다', '너는 해낼 수 있다'는 의식을 깨우치는 것이다. 이 기본만 확실히 되어 있다면, 이후의 기술 습득과정은 60~90% 단축된 것이나 다름없다. 왜냐하면 이 자각이 학습의욕을 불러일으키기 때문이다.

그러나 유의해야 할 점은 '교육'과 '지시 내리는 것'을 혼동하여서는 안 된다는 것이다. 교육이 일방적인 지시가 되어서는 안 된다는 것이다. 적절한 도구와 행동의 자유를 주어 스스로 해 보도록 하고 결과에 관하여 구체적이고 솔직한 피드백을 해 줌으로써 잠재능력을 향상시키는 것이다. 그러한 잠재능력을 누구나 갖고 있다는 굳은 신념에 입각하여 행동하는 것, 이것이 교육의 진수이다.

② 상담(Counseling) ― 들어주는 상담자의 역할(EQ 부문)이다

교육을 담당하는 자라면 누구라도 한 번은 '수강생 제일'이라는 모토를 내세운다. 이 신조가 조직에서 실제 행동으로 이어지느냐 아니면 말로만 그치느냐가, 상담자인가 아닌가를 가르는 판단기준이 된다. 카운슬러 역이 서툴다는 것은 ― 즉 문제 해결에 나서는 것이 너무 이르거나 너무 늦는 것 혹은 수강생에게 너무 엄격하거나 지나치게 관대한 것, 학습적으로 단시간에 끝맺거나 까닭 없이 질질 끄는 ― 이 모토가 체면용에 지나지 않음을 입증하는 것이다.

멘토로서 카운슬러의 역할은 멘제가 실력을 마음껏 발휘하는 것을 가로막는 문제를 이해시키고 그 문제의 해결에 도움을 주는 것이다. 시간을 가지고 인내심을 지녀야 한다. 물론 더러는 30분만 들이면 해결할 수 있는 것도 있다.

정보부족이나 단순한 오해에서 비롯된 문제는 쉽게 풀린다. 그러나 훌륭한 기술을 가지고 있음에도 불구하고 팀플레이를 주저하는 멘제를 설득하여 다른 사람과 협력하도록 만들기 위해서는 며칠이나 몇 개월이 걸릴지도 모른다. 카운슬링이란 이러한 여러 가지 문제 상황을 해결해야 하는 '감초'인 것이다.

③ 코칭(Coaching) ― 같이 뛰어 주고 친목교제를 나누는 코치의 역할이다

멘토링에서 코칭은 일반적으로 멘제를 마음을 주고받을 수 있는 신뢰관계로 만들고 적극적으로 멘토링 활동에 참여하도록 유도하는 친목적인 활동인 것이다.

효과적인 코칭이란? 구체저으로 말하면, 인간석인 승자를 낳는 것, 혼란 가운데서 신뢰를 유지하는 것, 활력을 부여하는 것, 실망 속에서 한 줄기 희망을 찾아내는 것, 멘제의 장점을 발견하여 그것을 키워 주는 것이다.

④ 후원(Sponsoring) - 추천하고 신분을 보증해 주는 후원자 역할이다

후원이란? 강력한 훈련을 실시하여 용기를 북돋아 준 다음 멘제가 자신의 힘으로 멘토링 활동을 수행할 수 있도록 여러 조건을 마련해 주는 것이다. 멘토는 멘제가 실력을 마음껏 발휘할 수 있도록 장애물을 제거하여 홀로 설 수 있도록 한다. 멘제가 조직에 적용하는 데 필요한 업무나 학업의 기술을 이미 익힌 상태에서 이것을 발휘하도록 하는 것이 후원이다. 후원의 요점은 그때까지 잡아 주고 있던 손을 갑자기 놓지 않는 것이다. 갑자기 손을 놓아 버리면 비틀거리며 쓰러지고 만다.

반대로 너무 오래 붙들고 있어서도 안 된다. 한참 잡고 있다 놓을 때는 또 사정없이 놓아 버리고 말면 멘제는 이때 그동안 가졌던 멘토에 대한 신뢰를 잃어버리게 된다.

후원이란 원 투 원(One to One)으로 멘제의 자립성을 개발하는 것이다. 멘토는 멘제의 가이드인 것이다. 멘토는 멘제를 자신의 생각대로 움직이게 하고 싶은 충동에 휩싸이기 마련이다. 그렇지만 이 충동을 뿌리치는 것이 후원자로서 지녀야 할 중요한 마음가짐 중의 하나이다.

후원자의 역할은 기본 원리로 공평(Fairness), 자유(Freedom), 참여(Commitment), 지원(Waterline) 등 네 가지를 들 수 있다.

멘제와 그 후원자 멘토는 이 기본 원리를 제대로 수행할 수 있어야 비로소 승자로 살아남을 수 있다. 이 후원자는 자발적으로 후원 대상자인 멘제의 활동, 행복, 진보, 성취, 개인적 문제, 장래 희망 등등에 적극적인 관심을 기울이게 된다.

⑤ 조정(Confronting) - 맞대면하여 업무보직 적응력에 대한 불만을 해소한다

멘제의 적응력과 업무능력 향상을 위하여 멘토는 모든 수단으로 지원하지만, 효과가 나타나지 않을 경우도 물론 있을 것이다. 그 경우에는 다른 방책을 진지하게 고려할 필요가 있다. 특히 멘제가 처한 업무적인 문제를 정면에서 보고 조정해야 한다. 업무의 관계, 보직관계, 상급자와 관계, 불만처리 관계 등 달리 어떤 해결방법이 있는지 명확히 하고 선택의 폭을 넓히는 것이다.

(3) 멘토(Mentoring)의 활동수칙

○ 한 번에 한 사람의 파트너와 만나라.
  - 대량생산 방법은 인재개발에 효과적이지 못하다.
○ 두 사람 간의 개인적인 내용은 비밀을 유지하라.
  - 이것에 실패한 멘토는 사람과 신용을 모두 잃는다.
○ 겸손한 마음으로 조언자 역할을 할 뿐임을 알라.
  - 자기를 주입하려 하지 말고 도우라. 그래야 상처가 없다.
○ 멘토 자신이 계속 자기개발 훈련을 받으며 성장하라.
  - 멘제는 멘토의 성장 모습을 통해 더 격려를 받는다.
○ 말보다는 삶으로 본을 보이라.
  - 멘제는 말보다 멘토의 삶을 통해 변화한다.
○ 상대방에 대한 진지한 사랑과 관심을 가지라.
  - 멘토링의 기술보다는 사람이 더 중요하다.
○ 먼저 멘제의 질문을 들어 주고 자세히 관찰하라.
  - 잘 들을 때 멘제의 필요를 빨리 발견할 수 있다.
○ 상호 정해진 미팅시간과 약속을 잘 지키라.
  - 약속을 지킬 때 서로의 신뢰가 쌓인다.
○ 언어 사용에 주의하고 예의를 지키라.
  - 언어 사용은 멘토의 인격을 나타내 줄 때가 많다.
○ 친목용 물질과 시간을 투자하고 멘토링 활동에 최우선순위를 두라.
  - 투자하는 만큼 열매를 맺는다.
○ 멘토의 모든 활동은 모니터(Monitoring System)의 지도와 관찰을 받으라.
  - 멘토 자신의 멘토가 모니터임을 기억하라.
○ 함께 멘토링 활동기간 동안 분명한 성장목표를 설정하라.
  - 목표가 없으면 두 사람의 만남이 방향을 잃기 쉽다.
○ 어떤 내용을 가지고 친목 교제할까에 대해 정하라.
  - 미리 알 때 기대감이 생기고 준비가 된다.
○ 멘토링 활동에서 반드시 정규직인 만남을 가지라.
  - 정규적인 만남이 두 사람의 목표를 이룸에 크게 작용한다.
○ 멘토링 활동기간을 정하고 시작하라.

－일정한 기간이 정해질 때 지루함이 방지되며 계획 설정에 도움이 된다.
○ 문제 해결에 있어 성인이나 위인들의 말을 인용하라.
　－성인이나 위인들의 말을 인용할 때 멘제의 이해의 폭을 넓힌다.
○ 멘제를 외적인 요소로만 판단하지 말라.
　－외형이나 신분에 집착하는 것은 멘토링 활동의 실패 원인이다.
○ 성공 확신으로 적극적인 자세를 가지라.
　－소극적인 멘토는 멘제의 열심을 끌어내지 못한다.
○ 2, 3개월에 한 번씩 두 사람의 관계를 평가하라.
　－정기적인 평가는 방향 설정을 재정립해 준다.
○ 멘토링 활동은 가능하면 동성끼리 하라.
　－서로에게 이성을 느끼는 사이라면 피하는 것이 좋다.

(5) 멘토(Mentor) 자생력 개발 스킬

멘토링 활동에서 성공률을 높이기 위한 필수적인 조건이 멘토의 자생력을 길러 주는 것이다. 특히 조직개발 멘토링에서는 멘토의 리더십을 제대로 개발해 주어야 멘토링 활동에 열정을 바칠 수 있다. 멘토의 자생력 개발을 위해서는 학교(회사)에서 적극적인 지원이 필요하다.

---

* 측정 척도
1점＝거의 2점＝드물게 3점＝간혹 4점＝대부분 5점＝언제나
본 진단은 자기진단이므로 타인을 의식할 필요는 없다. 멘토 자신의 자생력을 개발하는 기준 자료이므로 멘토링 활동 중 정기적으로 진단하여 스스로 평가자료로 활용한다.

구 분	자기진단 설문항목	평 가				
		5	4	3	2	1
소명 의식	1. 멘제를 위하여 관심을 갖고 주간 단위로 이메일을 전송한다.					
	2. 멘제와 함께 학교 행사에 참석하면서 궁금해하는 점을 설명해 준 적이 있다.					
	3. 멘제가 학교 규정이나 사칙에 대해 가장 의문스러워하는 점이 무엇인지 알고 있다.					
	4. 종종 그와 직장체험을 나눈다.					
	5. 내가 속해 있는 학교에 만족하며 다른 이에게도 권할 의향이 있다.					
	6. 대학의 구성원이 된 것에 감사하고 있으며, 멘토가 된 것도 나에게 주어진 사명이라고 생각한다.					

구 분	자기진단 설문항목	평 가				
		5	4	3	2	1
사명 의식	7. 멘제와 함께 봉사활동을 할 의향이 있다.					
	8. 자신의 가족을 멘제에게 소개하고 식사를 함께한 적이 있다.					
	9. 그들이 학교에 입학하기까지의 과정을 알고 있다.					
	10. 멘제의 애·경사에 관심을 갖고 참석한다.					
	11. 멘제에게 힘겨운 일이 생겼을 때, 나는 그가 찾아올 수 있는 평안한 사람이라고 생각한다.					
	12. 멘제를 많이 두는 것보다는, 한 사람일지라도 잘 돌보는 것이 더 중요하다고 생각한다.					
	13. 멘제가 관심을 보이는 자선단체나 봉사활동에 대해 조언을 해 줄 수 있을 정도의 지식을 갖고 있다.					
창조 의식	14. 멘제가 최근에 했던 고민을 알고 있다.					
	15. 멘제 가족의 이름을 알고 있다.					
	16. 멘제가 존경하는 성인에 대해 알고 있다.					
	17. 멘제에게 학회 출판 자료나 전문서적 구입을 권한다.					
	18. 멘제와 함께 수련회나 야외 행사에 참여했거나 계획 중이다.					
	19. 학교의 관심사에 대해 멘제와 토론하며, 이때 주장을 내세우기보다는 그의 의견을 경청하는 편이다.					
	20. 가끔 학교 밖으로 나가서 그들과 함께 유익한 문화생활을 한다.					
계( )점						

2) 멘제(Menger)에 관한 기본 Skill

(1) 멘제(Menger)의 자질

멘제의 일반적 경향은, 자기가 아무리 명석하고, 열성적이며, 밝은 미래와 감사할 줄 아는 태도를 지니고 있을지라도 멘토를 처음 찾아가는 데 대한 두려움이 있다. '왜 이분이 나를 보살펴 주고 도와주려는 것일까, 이분은 나를 거부하지 않을까, 나의 참모습을 알면 형편없는 실수투성이로 보지 않을까, 혹 나를 지배하려는 것은 아닌가……' 등에 대하여 많은 의심과 두려움을 갖게 된다. 따라서 멘토가 어떤 사람인지를 점검해 보면 이러한 현상이 없어지게 되는데 멘제의 자질을 아래와 같이 정리하여 본다.

① 믿을 만한 사람이어야 한다.
② 쉽게 좋아할 수 있고, 자연스럽게 시간을 함께 나눌 수 있는 사람이어야 한다.
③ 계속 도와주고 싶은 사람이어야 한다.
④ 가족 같은 사람이어야 한다.
⑤ 배울 자세가 되어 있는 사람이어야 한다.
⑥ 멘토를 존경하고 사모하는 사람이어야 한다.
⑦ 자기 동기화가 되어 있는 사람이어야 한다.
⑧ 도움이 필요한 사람이어야 한다.

(2) 멘제(Menger)의 활동수칙

멘제에게 개인적으로 조언해 줄 수 있는 멘토를 찾아냈을 때, 아래에 언급한 지침들을 사용하면 그 사람과 긍정적인 의미에서 멘토링 관계(Mentoring relationship)를 맺는 데 도움이 될 것이다.

① 멘토에게 적절한 질문을 하라

멘토와 만나기 전에 무슨 질문을 할 것인지 생각해 두라. 그리고 그것들을 자신의 성장을 위한 전략으로 사용하라.

② 멘토에게 자신이 기대하는 수준을 분명히 하라

일반적으로 멘토링의 목표는 완전해지는 데 있기보다는 발전하는 데 있다. 아마도 극소수의 사람들만이 아주 특별한 수준으로 올라갈 수 있겠지만 누구나 수준이 향상되기는 할 것이다.

③ 낮아져서 배우는 자의 위치를 받아들여라

배우는 데서 너무 자존심을 세우지 말라. 멘토에게 자신의 재능이 뛰어나고 아는 것도 많다고 잘난 체하여 그의 환심을 사려는 행위는 도리어 관계만 불편하게 할 뿐이다. 그리고 더 나아가 멘토에게서 배워야 할 점들을 배우지 못하는 걸림돌이 될 수도 있다는 사실을 기억하라.

④ 멘토를 존경하되 우상화하지 말라

멘토를 존경한다는 것은 그가 가르치는 것을 받아들인다는 의미이다. 하지만 멘토를 우상으로 받들다 보면 그의 지식과 경험이 가져다주는 강점들을 객관적 입장에서 우리 것으로 받아들이지 못하게 한다. 멘토를 존경하되 객관적이고 분석적으로 볼 수 있는 능력이 필요하다.

⑤ 배운 것은 즉시 실천하라

가장 이상적인 멘토링 관계는 무엇인가 새로운 것을 배운다는 데 그 초점이 모아진다. 배우라. 실천하라. 내 것으로 만들어라.

⑥ 멘토에게 행동을 주의하라

어떤 주제를 함께 배울 것인가를 정하고, 만나는 시간이 가장 유익한 시간이 될 수 있도록 미리 준비하라. 정기적으로 만나고, 충분한 시간을 함께 보낼 수 있도록 시간을 관리하라.

⑦ 성장하는 것을 보여줌으로써 멘토에게 보답하라

말로는 감사하다고 하면서 전혀 나아지는 게 없다면, 멘토는 멘제를 보면서 실패했다고 느낄 것이다. 성장하고 있음을 보여주는 것이 멘토에 대한 가장 좋은 보답이다. 더 나아지도록 노력하라. 성장하라. 그리고 그 결과를 멘토에게 보여주어라.

⑧ 멘토에게 그만두겠다는 말을 조심하라

멘토에게 꼭 해내고 말겠다는 의지를 보여주어라. 끝까지 인내하면서 승리를 쟁취하겠다는 자세를 보여주어라. 그럴 때, 멘토는 자기의 시간을 낭비하고 있지 않다는 확신을 갖게 될 것이다.

9. 멘토링(Mentoring) 활동 효과

1) 단기간에 최소의 비용으로 효과를 나타낸다

구성원 단기 인재개발 촉진과 업무 조기 숙달 등을 통하여 조직이 견고해지며, 창의성과 자율성이 강해진다.

2) 학습 전이 효과가 탁월하다

과거 도제와 같은 기술전수의 효과를 나타낼 수 있으며, 업무능률이 향상되고 학습조직이 활성화된다.

3) 허리가 튼튼한 조직으로 발전한다

전 직원을 우수직원으로 향상시킬 수 있으며, 자신의 자질을 발휘할 기회를 주고 인간관계를 통하여 특히 신입직원의 정착률 향상과 조직문화에 조직적응의 효과를 얻는다.

4) 조직 전체가 최상의 성과를 내는 견고한 조직으로 발전시킬 수 있다

멘토링 활동 목표를 통하여 개인적인 목표로는 인격성장(인재개발 PDI)의 성과를 도출할 수 있고 조직적으로는 12가지 목표를 통하여 생산성 향상을 이룰 수 있으므로 조직 전체가 성장 발전의 기회를 얻을 수 있다.

5) 지식경영 체제로 변화된다

지식의 창조, 저장, 활용, 공유가 멘토링 활동 자체이므로, 지식경영의 가장 핵심인 암묵지의 형식지화와 공유가 아주 자연스럽게 일어난다. 멘토링은 좁게는 일종의 암묵지 공유라고도 볼 수 있고 넓게는 형식지 공유라고도 볼 수 있다.
* 암묵지(暗默知, Tacit Knowledge): '학습과 체험을 통해 개인에게 습득돼 있지만 겉으로 드러나지 않는 상태의 지식'
* 형식지(形式知, Explicit Knowledge): '암묵지가 문서나 매뉴얼처럼 외부로 표출돼 여러 사람이 공유할 수 있는 지식'

6) 취업마인드 제고 및 질 향상

대학의 취업 멘토링 시스템 운영을 통하여 멘제(재학생)들이 취업에 대하여 미리 준비할 수 있는 취업마인드 변화가 이루어지며, 멘토(산업체 인사, 졸업생)에게서 취업에 대한 다양한 정보를 전수받음으로써 멘제들의 취업의 질이 향상될 것이다.

10. 2006년도 멘토링 시스템 면담일지(멘제) 샘플

■ 직접면담: 임상병리과

    교수님이 야간수업을 하시는데 원래 목요일날 수업이시지만 월요일로 옮기셔서 오늘 뵙게 되었습니다.
    교수님을 만나 뵙고 저녁시사를 한 후 국가고시에 대해서 이야기를 했습니다.
2주밖에 안 남아 이번에는 얼마나 붙을지 걱정이라고 말씀하셨습니다.
    아직 1년이나 남았지만 벌써부터 걱정이 된다고 말씀드렸더니 공부가 인생의 전부는 아니라고 하시면서 동아리나 서클모임을 하면서 경험이 중요하다고 말씀하셨습니다.
    요즘에는 병원에서 사람을 뽑을 때 공부 잘하는 사람보다 여러 가지 잘하고 특기 있는 사람을 더 선호한다고 말씀해 주셨습니다.
    교수님은 저의 고민도 들어 주시고 헤어지면서까지 고민이나 힘든 일이 있으면 언제든지 메일을 보내라는 말을 잊지 않으셨습니다.

※ 아래 사진: 멘토와 함께 찍은 사진

■ 직접면담: 치위생과

선배님이 계신 곳은
성남중앙병원으로 지금
하루에 검진을 480명정도
하고 계신다고 하셨다.
하루에 검진을 480명이라니
정말 놀라운 숫자였다.
나도 나중에 잘되면 할수
있겠지라는 생각이 들었다.
우선 제일 궁금했던 종합
병원과 일반병원의 차이점에
대해 물어보았다. 두 곳다
장·단점에 대해 말씀해
주셨다. 그리고 병원에 가면
제일 중요하다고 생각하는
점에 대해 이야기를 나눴다.
먼저 다가가고, 인사 잘
하고, 잘 웃고, 거북에
친절하고, 신뢰를 가질 수
있게 되어야 하며 보람을
느끼면 모든일이 잘 풀릴
거라고 말씀해 주셨다. 정말 가장 단순하고 순수하게 생각하면
될것같다는 생각이 들었고 이런 얘기를 다 해주시는 선배님께
너무 감사했다~

■ 직접면담: 관광영어과

　일주일 만에 교수님과 하는 멘토링 시간이었다. 오늘은 진학도 진학이지만 미래에 꼭 필요하게 될 이력서와 자기소개서 작성에 대한 충고를 해 주셨다.

　멘토인 교수님께서 말씀하신 이력서를 빈칸 없이 좀 채우라는 말에 공감을 한다.

　솔직히, 아직 졸업도 안 한 나로서는 큰 경험이 없으므로 졸업예정과, 현장실습 외에는 작성할 내용이 없었기 때문이다.

　그래도 다행인 것은, 오늘 멘토인 교수님과 차근차근 이야기하다 보니 이력서에 채워 넣을 말을 그나마 많이 찾았다. 장학금 수상경력이나 학교 활동 대표적인 내용들을 넣어서 이력을 채워야겠다.

　어느덧 졸업이 코앞에 다가왔지만, 생각해 보면 나의 대학생활도 참 다사다난했다. 또한 멘토인 교수님의 경험얘기를 들었다. 이력서 외에 별도의 이력서를 만드셨단다. 그것은 그동안의 활동사항 사진들과 상장 및 수상 수여 사진들을 모아 또 다른 이력서로 포트폴리오를 만드는 일이다.

　나는 멘토인 교수님처럼 오늘부터 자료가 될 만한 사진들을 모을 예정이다.

　또 잘 나온 사진을 뽑은 후 잘 정리해서 스캔을 하고, 파일로 저장하여 색다른 나만의 이력서를 만들어 놔야겠다.

　멘토인 교수님을 만나고 온 하루는 꼭 하나씩 얻는 것이 있다.

　오늘도 이 정도면 꽤 성과가 큰 셈이다.

　멘제로 선정되었을 때 주변 친구들이 부러워한 만큼 이 소중한 시간들을 잘 활용하고 내 것으로 만들어야겠다.

■ 직접면담: 관광중국어과

① 여행사 전망에 대해서.
→ 앞으로 더욱 늘어나는 여행객 등에 따라 전망은 좋다

② 여행사 업무
→ 여행 상품 관리. 여행지 수배 등의 일을 하는 OP. 영업 카운터라 해서
항공스케줄 및 예약을 총괄하는 일, 여행객 들 인솔하는 롯어 견더러.

③ 여행사 취업 자격 요건 : 직업에 대한 열의. 많은 사람 상대하는
일이라서 성격이 밝고 명랑. 쾌활 해야 한다. 깨끗한 이미지...

④ 여행사 입사하면 여행 갈수 있나?
→ 가이드로 경비없이 갈 기회가 있다.

⑤ 자격증에 대해 (입사 취업때 ⊕요인)
→ 여행사 입사 준비하는데 있어서 있으면 좋은 것은 간단한 인터넷 활용
능력과. 항공 예약 시스템 (CRS) 자격증 이나 수료증 있으면 좋다.
자격증은 현재 따기 어려우므로 운영기관 에서 운영하는 부속기관에서.
(항공사)
교육 + 시험 (60점 이상) = 수료증   장기코스 (6개월 까지   단기수강 - 인터넷
                                     3개월 과정   └ 4만원정도
장기코스. 방학 틈을 타서 지방 관련학과 아이들 서울에 올라와 자취하면서
듣고 수료증 받아 간다고 한다. 서울에 있는 대학생들은 잘 않한다고
열의가 없다고. 별로 관심이 없는 것 같다고 하셨다.

⑥ 어학 공부
→ 어학 연수 해외나가서 몇년 있는것보다 유능한 사람 에게 과외하고.
여행사 에서 취업해서 꾸준히 하면 된다. 네가 열심히만 하면된다.
관련 학과 나와서 일한다고 부담가지지 말고 중국어과. 유망학과로
잘 선택 한것이다. 중국어 능통하게 할 수있는 실력으로 키워라.

* 교수님. 메일 자주 확인 하신다. 전화는 월요일 빼고 시이무 넣어가능

■ 이메일 상담: 치위생과 (1)

나는 산업체 (우리과는 병원과 소방서가 주취업체)에 많은 관방을 두지 않았었다.
애초부터 산업체로의 취업은 생각도 하지 않았던터라 산업체에서 근무하고 계신 선배님과의
연계는 그다지 반가운게 아니었다. 그래도 연담일지는 써야지.. 하며 의무적으로 물어봤던
산업체에 대한 질문은 내 생각을 180° 변하게 만들었다!!

1. Laerdal은 어떤 회사예요?
"Laerdal" 이란 회사는 노르웨이에 본사가 있고, 응급소생에 대한 모든분야를 다루고 있어.
현재는 학교같은 교육단체나 병원, 소방에서 사용되는 장비, 부목, 마네킹등을 판매하거나
교육하고 있어. 나는 'Product Specialist' 라고 해서 판매한 제품의 사용방법에
대한 교육이나, A/S, 상담등을 맡고 있어!! 판매이외의 거의 모든일을 맡고 있어 ^_^

2. 전 병원이나 소방요로의 취업만을 생각하고 있었어요.
  선배님은 언제부터 의료기기 회사로의 취업을 생각하셨나요?
  나도 처음부터 이 직장을 생각했던건 아냐. 다른 친구들처럼 병원에서 어느정도
  경력을 쌓고 소방구급쪽을 생각했었어! 그런데 워낙 여행을 좋아하고 제약된 생활이
  싫어서 유학을 준비하면서 영어공부를 시작하게 됐는데, 그러던 중에 학과게시판에
  모집광고를 보고 지원하게 됐어 ^_^

3. 직업이 갖는 매력이 있다면?
  매우 활동적이고 보람 있다는것, 그리고 이 일은 내가 아니면 할 수 없는 일이라는거야!!
  누가 장비해바를 가지고 수십,수백번 연습해보고, 공부하고, 교육하겠어?! 그러면서 얻게 되는
  장비에 대한 자신감이 가장 큰 매력같아 ^_^

  선배님 역시 나와 똑같은 진로를 생각하다가 다른 길로 취업을 했다는 점이 위로(?)가
  되더라! 다른 취업분야도 생각해볼 수 있는 좋은 기회였고, 선배님의 이야기가
  곧 나에게도 생길수 있는 일이라 느껴지는게 많은 시간이었던것 같다.

■ 이메일 상담: 치위생과(2)

갑자기 부쩍 쌀쌀해진 가을 날씨탓에.. 날씨를 핑계삼아 선배님께 이메일을 보냈다.

선배님, 이제 비가 온 후로 날씨가 부쩍 추워졌습니당♡
장마시즘? 이제 부쩍 가을 같아용 ^_^ ㅋㅣ
:

이 야기 저 얘기 소소한 일상을 얘기했다. 더불어 질문 하나!!
선배님과 남은 취업진로로 생각하는 후배에게 현 직장의 선임이 어떤지..

이희후배, 날씨 정말 추워졌지?
지난 일요일에도 동운체육대회 였다는데, 난 주말에 심포지엄생들의 날 행사때문에 일하느라..
:
그럼 추운 날씨 감기걸리지 말고, 학교생활 열심히 :) ^_____^

또, 선배님이 보내주신 귀중한 답변하나요 ;;

빠르게 변하는 현대사회에서 죽어가는 산업·직업이 많시만.. 이 직종만큼은
의학이 아무리 발달하여 더 좋은, 혹은 나쁜이더라가 모더라도 발전가능성이 없어요,
그것도 아주 많이 ; 현재 Laerdal은 전세계 모두 응급의료, 특히 마네킹 분야에서
1위로 손꼽히는 브랜드야. 국내에선 매출이나 요하수, 직업수술에서도 가장 큰 규모이고!
앞으로 더 새롭고 좋은 제품이 생산되고 그 보급량도 많아질테니 앞으로 발전도 무궁무진하다고
생각해 ^_^

선배님과 더 많은 얘기를 나눌수록 그 분야에 대해 답했던 이용이 끔씩 열리는것 같다.
의료기기회사는 당연히 행정업무만 보겠지..라고 생각해서 그쪽으로는 한번도 생각해보지
않았었는데.. BMT(응급구조사)를 교육함으로서 간접적인 환자처치를 한다고 생각받았다는 선배님의
말씀은 이용꼭 같이 남았다 !! 나도 선배님처럼 멋진 생각을 갖고싶다 ^_____^
선배님과의 만남이 하루빨리 이루어지길... 물어보고싶은게 너무너무 많다 !!!

■ 이메일 상담: 병원경영과

Q1) 병원행정업무에 지원하기 위해 필요한 자격증과 필요한 전공은?
Ans: 컴퓨터와 관련된 기본 워드 or 컴퓨터 활용능력 자격증 등을 필요로 하며, 원무과의 경우 보험청구와 관련하여 의무기록사를 요구하는 경우도 있다. 그리고 일반적인 로컬병원의 경우 남자직원은 외근(환자 이송이나 보험 관련)을 할 경우가 많아 운전면허는 필수라고 했다.(이번 학기 내로 운전면허를 따야겠음.)
전공에 관련해서는 예전엔 전공과 관련 없이 많이들 근무했는데 병원들의 인식이 조금씩 바뀌어 우리 전공과 관련된 직원을 요구하고 있는 추세이긴 하나 아직 비전공자들도 많다고 함.

Q2) 병원 원무과에서 진짜로 우리 전공자들이 할 수 있는 업무는?
Ans: 접수, 수납 등은 비전공자들도 일만 익히면 할 수 있으나, 보험청구와 관련해서는 상대적으로 전공자들이 유리하다고 설명하심.(나의 경우 의료보험실무가 약하므로 공부해야겠음.) 또한 산재나 교통보험 등에 대해서도 대부분 전공자들이 하고 있으며, 환자관리 등에 대해서도 우리 전공자들이 유리하므로 열심히 공부해야 된다고 하심.

Q3) 병원직원 채용에 관하여?
Ans: 병원 상황에 따라 유동적인 채용이라고 함. 보통 대학병원이나 대형병원들도 일반 회사들처럼 채용기간이나 인원이 매년 이루어지는 것이 아닌 필요에 따라 충원하거나 대체하는 정도로만 이루어지고 있다고 함. 그러므로 틈새전략으로 전문병원 등이나 특별한 특기를 소지해서 새로운 직종을 창출하는 것이 유리하다고 함.
1) 병원 업무에 관한 간단한 테스트: 보고서 작성 및 파워포인트로 미래의 병원상에 대하여 간단히 보고 프리젠테이션을 해 봄.
2) 말하는 자세 교정: 과도한 행동 및 말하는 어투를 수정해 주심.
3) 모의면접 해 보기: 병원직원 입사면접을 실시함. <많은 지적을 해 주심>
4) 병원들에 관하여 간단한 질문과 설명을 하심:
   요즘 뜨는 병원과 쇠퇴되는 병원에 관하여 설명해 주심.

부 록

멘토·멘제 선서문

선 서

우리는 을지대학교 성남캠퍼스 제2회 멘토링 시스템 운영에 멘토와 멘제로 선정됨을 자랑스럽게 여기며 여기에 참석한 교직원 및 재학생 앞에서 다음과 같이 선서합니다.

≪멘토≫

하나, 저는 멘토의 역할을 소중히 여기며 멘제의 성장을 위해 깊은 관심과 노력을 다할 것을 다짐합니다.

둘, 저는 멘토로서 언제나 바른 생각과 성실한 마음으로 항상 모범이 되어 멘제의 역할 모델이 되겠습니다.

≪멘제≫

하나, 저는 멘제의 직분을 소중히 여기며 멘토와의 상호 존중과 신뢰를 바탕으로 항상 겸허한 노력을 기울일 것을 다짐합니다.

둘, 저는 멘제로서 언제나 바른 생각과 성실한 마음으로 항상 모범이 되며 대학 내에서의 발전과 성장을 위해 최선을 다하겠습니다.

≪멘토 / 멘제≫

셋, 우리는 멘토링 활동 모임에 최우선을 두겠습니다.

넷, 우리는 미팅시간을 상호 성실히 지키겠습니다.

다섯, 우리는 멘토링 과정에서 알게 된 상호간 비밀을 언제나 보호하겠습니다.

2007년 4월 27일
멘 토: 홍길동 (인)
멘 제: 홍길동 (인)

면담일지 작성방법

1) 면담일지 작성방법

가. 멘제가 멘토와 상담한 내용을 작성한다.

나. 면담일지 작성은 전화통화 내용, E-Mail 주고받은 내용, 직접 면담한 내용을 아래의 첨부된 파일에 작성한다.

다. 면담일지를 주기적으로 작성한다.

라. 면담일지 내용을 충실(성실)하게 작성한다.

마. 면담일지 내용을 증빙할 수 있는 내용을 첨부한다.

　　예시) 이메일 내용, 직접상담 시 멘토와 찍은 사진 등.

2) 멘토링 중간 및 최종 보고서 제출기한

가. 멘토링 중간보고서 제출: 2007. 06. 21.(목) 17:00까지

나. 멘토링 최종 보고서 제출: 2007. 11. 30.(목) 17:00까지

※ 결과보고서는 멘제가 면담일지를 작성하여 중간 및 최종 보고서 제출기한에 제출, 제출한 보고서 평가 후 우수멘제(토) 시상함

3) 제출 장소: 학과 사무실

※ 학과에서는 수합한 중간 및 최종 보고서를 취업지원센터 또는 대외협력처 취업지원팀(본관 202호)에 제출

4) 평가 후 시상

가. 시상: 제출한 면담일지를 기준으로 우수멘제(토)를 선발하여 시상

나. 시상식: 2007년 12월 초 실시 예정

면담일지

<멘제用>   년   월   일

멘제명	소속학과	학번	전화번호	E - Mail

면담일시	년 월 일 시~ 시
면담방법	전 화 ( ) E - Mail ( ) 직접면담 ( )
면담장소 (직접면담인 경우만 작성)	
면담내용	

🛡 을지대학교 취업지원센터

※ 멘토와 상담 후 매회 작성

멘토링 중간보고서

<멘제用>   년   월   일

멘 토	성 명	산업체명	전화번호	E – Mail

멘 제	성 명	학 과	학 번	전 화 번 호	E – Mail

면담횟수	총 회
면담일시	년 월 일 시~ 시 년 월 일 시~ 시 년 월 일 시~ 시 년 월 일 시~ 시 년 월 일 시~ 시 년 월 일 시~ 시 년 월 일 시~ 시
면담내용	<별첨: 면담일지>
느낀 점 및 향후 개선방안	

※ 면담일지 첨부

을지대학교 취업지원센터

※ 면담일지 내용 요약, 느낀 점, 향후 개선방향 기술

멘토링 최종 보고서

<멘제用>　　　년　　　월　　　일

멘 토	성 명	산업체명		전화번호	E-Mail

멘 제	성 명	학 과	학 번	전화번호	E-Mail

면담횟수	총　　　회

면담일시	년　　　월　　　일　　　시～　　　시 년　　　월　　　일　　　시～　　　시 년　　　월　　　일　　　시～　　　시 년　　　월　　　일　　　시～　　　시 년　　　월　　　일　　　시～　　　시 년　　　월　　　일　　　시～　　　시 년　　　월　　　일　　　시～　　　시

면담내용	<별첨: 면담일지>

느낀 점 및 향후 개선반안	

※ 면담일지 첨부

을지대학교 취업지원센터

※ 면담일지 내용 요약, 느낀 점, 향후 개선방향 기술.

대학 - 5 *대학멘토링(한경비즈니스 2003년 5월 게재내용자료)

1. 멘토링 Tutorial System 교육방식은?

멘토링은 전인교육방법이다. 아니 교육이라기보다는 둘이서 삶을 나누는 것이 정답이다. 멘토링에서는 교육자나 경영자나 목회자이기 이전에 먼저 인격자로서 성숙을 원하는 것이다.

그러므로 멘토링의 내용(Contents)은 지(知)적과 정(情)적과 의(意)적인 서비스, 즉 인격적으로 멘토가 멘제에게 자신의 역량을 최대한 베푸는 삶이라고 볼 수 있다. 그러한 근거는 멘토링의 유래에서 당초 스승인 멘토(Mentor)가 왕자 텔레마쿠스와 20년 동안 생활교육에서 찾아볼 수 있다. 바로 그 당시 교재로 사용했던 수학, 철학, 논리학이 무엇을 의미하는지 깊은 통찰이 있어야 한다. 수학=知, 철학=情, 논리학=意의 등식? 인격을 이해하는 데서부터 출발한다.

참고로 멘토(Mentor)가 텔레마쿠스 왕자를 위해 사용한 특이한 1:1 Tutorial System 교육방법을 아래와 같이 열거한다.

- 멘토는 왕자와 대화식으로 교육을 하였다.　　　　　-대화식
- 멘토는 왕자와 열렬한 토론을 벌였다.　　　　　　　-토론식
- 멘토는 질문자이고 왕자는 대답하였다.　　　　　　-문답식
- 멘토는 왕자와 동료처럼 거리를 좁혔다.　　　　　　-동료식
- 멘토는 왕자에게 사물을 예로 들어 설명했다.　　　-예화식
- 멘토는 왕자에게 신처럼 아버지처럼 정답게 지냈다.　-정답게

멘토는 왕자가 완전한 인간, 즉 인격자, 용사, 지혜자, 왕으로서 성장하도록 그에게 맡겨진 임무를 완수하기 위해 온몸을 던져 완벽하게 수행했으며, 자신의 임무가 완료되었을 때에 미련 없이 떠나가는 아름다운 이야기에서 멘토링을 발견하게 되고 1:1 Tutorial System에 대한 유래와 방법론 그리고 한 사람을 고품질의 인재로 성장시키는 최적의 시스템임을 알 수 있다.

Mentoring Tutorial System은 오늘날 1:1 교육이 가능한 교육 부분에 아름다운 사례를 갖고 있다. 교수와 학생 간 관계에서 초·중·고 선생님과 학생 간 관계에서 감동적인 사례가 가끔 매스컴이나 잡지에 실리기도 하여 많은 사람에게 감동을 주기도 한다. 왜냐하면 학교의 평준화 교육이나 기업의 집단교육에서는 이러한 사례가 제도적으로 발생 확률이 거의 불가능하기 때문이다. 먼저 전통 깊은 옥스퍼드대학의 사례를 소개한다.

2. 옥스퍼드대학(英)의 Tutorial System 사례

－세계적인 명문 옥스퍼드대학의 차별화한 교육방법으로 Tutorial System을 수백 년 동안 운영하고 있다. 내용은 담당 교수를 멘토로, 학생을 멘제로 하는 1:1 멘토링 교육방법이다. 매주 정한 날에 4시간씩 교수와 학생이 직접 1:1로 대면하여 학습토론을 갖는 제도로 이를 위해 학생은 일주일 내내 토론 주제에 맞는 자료를 구하여 공부하게 되고 당일 교수와 불꽃 튀는 토론으로 학습이 진행된다. 결국 공부의 열심은 한국의 고3을 연상케 되나 한국과 다른 점은 주입식 교육이 아니라 담당 교수와 학생이 1:1의 토론방식이다. 세계의 명문 옥스퍼드 대학의 Tutorial System은 타 대학과 차별화 교육으로 최고의 경쟁력을 갖고 있는 이유가 바로 여기에 있다고 볼 수 있다.

▲ 학습 엿보기＝지난해 11월 8일 오후 영국 옥스퍼드대 맨체스터 칼리지 본관 3층 철학과 맨더(37세) 교수실. 2학년 앤서니 군이 칸트 철학에 관해 맨더 교수와 1:1 토론수업(Tutorial)을 하고 있었다. "데카르트의 자유인식에 대한 학생의 해석이 올바르다고 보는가?" "그렇습니다." "그 자유인식을 실존주의적 입장에서 해석해 보겠나?" "……." 금세 대답이 나오지 않자 맨더 교수는 "에세이가 부실하다"고 공박했다. 얼굴이 붉어진 앤서 군은 "이틀 밤을 샜다"고 항변했지만, "중

요한 것은 시간의 양이 아니라 질"이라는 답변이 돌아왔다.

3. 국내 대학에서의 멘토링

스승 멘토와 제자 텔레마쿠스의 관계는 오늘날 대학교수와 학생의 관계와 유사하다. 스승 멘토는 제자 텔레마쿠스에게 수학, 철학, 논리학으로 지(知), 정(情), 의(意)를 가르쳤고 이는 현대의 대학교육에서도 다르지 않다. 멘토링을 실시하는데 최적의 터전이 바로 대학이라는 의미이기도 하다.

국내 대학들은 이제 막 멘토링에 관심을 두고 도입을 서두르는 단계다. 몇몇 대학들이 2~3년 전부터 도입을 시작했고 교내 혹은 산학합동 차원으로 다양화되고 있는 추세다. 특히 지방대에서의 멘토링 제도 도입이 눈에 띄게 늘고 있다. 상대적으로 정보가 취약하고 취업률이 낮은 맹점을 극복한다는 목적에서다.

[주요 멘토링 실시 대학 현황]

학 교 명	내 용	시작시기
강릉영동대학	선후배 1:1 멘토링 20쌍 시험 가동	2003. 10.
대경대학	지도교수·산업체·선배 멘토 임명, 재학생 진로·학습·생활상담	2003. 3.
대전보건대학	전교생 선후배 멘토링 실시	2003. 3.
	150쌍 산업체 연계 멘토링, 실습·강의·생활교류	2003. 11.
이화여대	글로벌리더십캠프수시모집 합격생캠프에 재학생 멘토 참가	2003. 8.
숙명여대	자문 위원 멘토 프로그램–기업 CEO 및 실무자와 재학생 연결	2003. 11.
	멘토 프로그램 I·II–교내 교수와 재학생 연결	
서울대경영대학원	재학생 멘제와 동문 등이 멘토로 정기적인 관계 유지	2002.

〈대전보건대학〉

지난해 초부터 멘토링을 도입한 대전보건대학의 경우 도입 이전에 비해 취업률이 23%나 상승하는 효과를 보았다. 전교생을 선후배 멘토링으로 엮는 한편 150쌍을 산업체와 연결해 실습과 강의, 인간적 교류를 하도록 한 결과 이 같은 기록을 낸 것.

이 대학 교수 5명은 멘토링코리아의 지도사 과정을 수료하는 등 대학 차원의 관심과 투자도 대단하다. 멘토링 프로그램을 총괄하는 김상진 교수는 "이강오 학장이 직접 멘토링 도입을 권했을 정도로 관심이 높다."고 전하고 "프로그램 품질과 목표를 지속적으로 향상시키기 위해 앞으로 로드맵 기능을 추가할 계획"이라고 밝혔다.

〈대경대학〉

경북경산시 대경대학의 경우 지난해 3월 본격적인 멘토링 제도를 도입했다. 이전까지 멘토링 제도와 유사한 전담지도 교수제를 통해 진로 및 취업지도를 하던 데서 교수, 산업체, 선배 멘토를 학생과 직접 연결시켜 상호 교류하도록 보완한 것.

김정목 호텔조리과 교수는 "지난 1년간 운영한 결과, 졸업생 취업률이 전년도에 비해 18% 올랐으며 멘토링 제도를 도입한 8개 학과 졸업 대상자 797명 가운데 740명이 직장을 구하는 놀라운 기록을 세웠다."고 밝혔다.

〈강릉영동대학〉

강릉영동대학은 재학생들끼리 멘토링을 통해 선후배 유대관계를 돈독히 하고 학습 효과도 높이는 효과를 보았다. 지난해 하반기부터 멘토링 프로그램을 도입한 이 대학은 1차로 40명의 선후배를 멘토-멘제로 연결해 **대학생활, 학습조직, 특정재능 개발** 등 세 분야로 나눠 운영했다.

하기종 교수는 "첫 시행이라 학생들이 생소하고 프로그램 개발에 애를 먹기도 했지만 1차 시행 결과는 만족스럽다."고 밝히고 "앞으로 지역사회, 기업체, 교수, 졸업생 등을 멘토로 임명해 프로그램을 다양화할 계획"이라고 밝혔다.

〈숙명여대〉

4년제 대학 중에서는 여대를 중심으로 도입이 늘어나는 추세다. 여성에게 상대적으로 취약한 인적 네트워크 구축을 돕고 학생 개개인의 경쟁력 향상을 높이기 위한 목적이 대부분이다.

숙명여대는 지난해 하반기부터 기업 CEO와 학생을 연결하는 멘토 프로그램을 가동, 좋은 평을 받고 있다. 특히 멘토로 참가하는 기업인의 면면이 화려해 화제를 불러일으키기도 했다. 이현봉 삼성전자 사장, 김신배 SK텔레콤 사장, 김진형 남영L&F 사장, 차석용 해태 제과 사장, 김영경 신화전자 사장 등이 멘토로 참여하고 있으며 대기업의 과장, 대리 등 검증된 커리어를 가진 주요 실무자들도 포함돼 있다.

강정애 취업 경력개발센터장은 "CEO의 멘제들이 공모전에 입상하고 해당 기업의 인턴으로 채용되는 등 성과가 나타나고 있다."고 밝히고 "성공적인 사회진출을 지원할 뿐만 아니라 조직에서 꼭 필요한 여성 리더를 육성하기 위해 멘토링을 도입했다."고 덧붙였다.

〈이화여대〉

동문을 멘토로, 재학생을 멘제로 하는 Sponsor System을 가동하여 주로 진로상담을 해 준다. 이화여대는 예비대학생을 선배와 연결시켜 끈끈한 관계를 맺도록 하는 멘토 이벤트를 실시하고 있다. 수시 합격생을 대상으로 리더십 캠프를 개최하면서 재학생 멘토가 일상을 함께하는 방식.

〈서울대학〉

경영대학원(조동성 교수)에서 대학원생의 학업 지원을 목적으로 동문 등 외부 후원자들과 대학원생들과 1:1로 연결하여 "Big Brothers" 시스템으로 멘토링을 실시하고 있다. 작년까지만 해도 학비 지원만 했으나 금년부터는(02년) 직접 도움주는 사람인 멘토(Big Brother)와 시간을 같이하면서 식사도 나누고 사회경험담, 성공사례, 진로문제 등 명실 공히 멘토와 멘제와의 멘토링 활동을 하고 있다.

서울대 인문대는 학생이 스스로 과제를 선정한 뒤 지도교수를 지정받아 1:1로 공하는 "독립과제 연구 프로그램"을 도입했다(06년 1학기). 교수가 강좌를 개설하고 학생을 받는 기존 수업방식과 180도 반대 개념이다. 이번 학기(06년 1학기)에는 5명의 학생이 5명의 교수에게 각각 지도를 받고 있다. 3학점짜리지만 정해진 강의시간이 없다. 교수와 학생이 이메일 과제와 자료를 주고받으면서 매주 약속 시간과 장소를 따로 정해 진도를 체크한다.

〈아주대학〉

Tutor System으로 대학원생들이 장학금을 받으면서 멘토 역할로 학부생을 멘제로 하여 1:1로 학습지도를 해 준다.

〈인하대학〉

특이하게 고시준비생을 멘제로 하고 선배를 멘토로 하여 고시준비에 1:1로 도움을 주는 제도로 활용하고 있다.

Part 6

학교 사례

교육인적자원부지정 학교 상담망 구축 연구학교 운영계획서

청소년 멘토링 프로그램(Mentoring Program) 적용을 통한 Safe School 조성

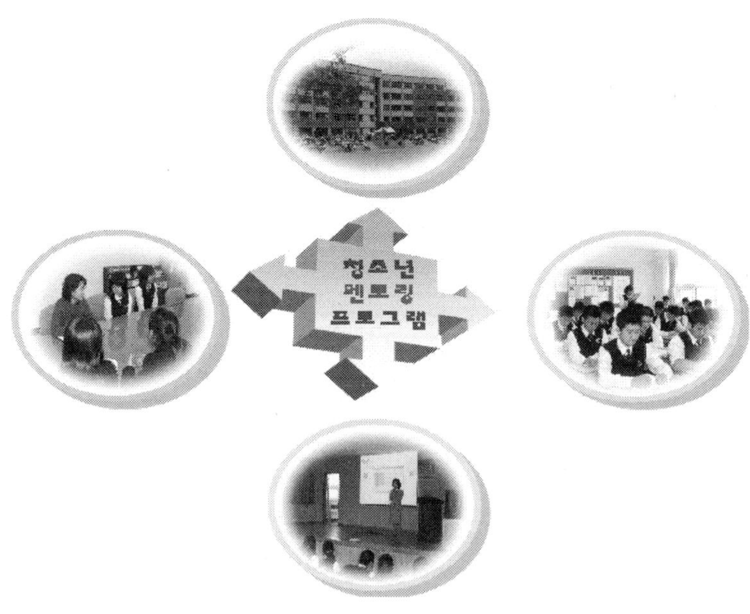

김해삼문고등학교
http://www.sammoon.hs.kr

연구 개요

주 소	경남 김해시 장유면 삼문리 67-6		우편번호	621-831
교 장	김 병 열	전화번호	교 장 실	(055) 312-0160
교 감	정 재 기		교 무 실	(055) 312-0161
연구부장	이 재 현		F A X	(055) 312-0159

학 급 수				학 생 수			
1학년	2학년	3학년	계	1학년	2학년	3학년	계
10	10	9	29	301	305	281	887

학 교 명	영 역	지 정 별	기 간
김해삼문고교	상담	교육부지정 / 연구	2007.03.01~2009.02.28

주제	청소년 멘토링 프로그램(Mentoring Program) 적용을 통한 Safe School 조성	
	연구과제	**활동내용**
내용	학교와 지역사회의 멘토링 네트워크를 활용할 수 있는 여건을 조성한다.	가. 멘토링 오리엔테이션을 실시한다. 나. 교내 멘토링 부스 및 홍보 코너를 설치한다. 다. 학교폭력 예방을 위한 멘토링 협의회를 조직한다. 라. 멘토링 활성화와 홍보를 위한 학교 홈페이지를 구축한다. 마. 멘토링 안내 책자를 발행·배부한다. 바. Safe School 조성을 위한 멘토링 직통 전화를 개설한다.
	청소년 멘토링 프로그램(Mentoring Program)을 구안한다.	가. 멘토링 프로그램에 대한 연수를 실시한다. 나. Safe School 조성을 위한 멘토링 프로그램 연간계획서를 구안한다. 다. Safe School 조성을 위한 멘토링 협의회를 활성화한다. 라. 교육과정과 연계한 멘토링 프로그램을 구안한다.
	청소년 멘토링 프로그램(Mentoring Program)을 적용하여 Safe School을 조성한다.	가. 교육과정과 연계한 Mentoring Program을 운영하여 Safe School을 조성한다. 나. Mentoring 9선 Program을 전개하여 Safe School을 실현한다. 다. Mentoring 자원봉사활동을 적극적으로 수행한다. 라. 사이버 활동을 전개하여 안전학교문화를 정착시킨다.
기대 효과	• 지역사회·학교·가정이 연계된 체계적인 상담활동이 학교안전문화 정착에 기여할 것임 • 학생·교사·학부모에게 상담에 대한 이해와 홍보를 제공할 것임 • 학급의 응집력을 높여 학교 부적응 요소를 감소시키는 데 기여할 것임 • 학교폭력·흡연·사이버 중독 등에 효과적으로 대처할 수 있는 능력을 함양시킬 것임	
특색	• 학생 중심의 개별적인 상담 운영 • 체험활동을 통한 Safe School 조성 • 교사를 포함한 지역사회 인사와의 상담 네트워크 구성 • 청소년 멘토링 프로그램을 활용할 정서적 지지 모델 제공 • 학생의 인격 개선에 기여하는 학교풍토 조성	
자료 제작 계획	• 상담활동이 원활히 될 수 있는 상담 부스 설치 • 상담 홈페이지 구축 • 청소년 멘토링 상담에 대한 안내자료 제작 • 교사연수자료 제작	

1. 운영의 개요

1) 운영의 필요성

오늘날 많은 사람들은 공교육이 위기에 처해 있다고 한다. 자유분방한 학생들이 학교에서 일으키는 크고 작은 사건들이 부각되면서 공교육의 위기는 더욱 두드러지고 있다. 이러한 문제의 상당 부분은 학교 밖에서 바라보는 편향된 시각에 기인하기도 한다. 사실 오늘날 사회 구성원들의 개인중심적인 생활양식이 학교현장에 많이 침투해 왔음에도 일선 학교에서는 이러한 변화를 적극적으로 수용하지 못하여 문제를 더욱 키웠다고 할 수 있다. 더욱이 날로 증가하는 각종 사회병리 현상 속에서 증가되는 학교폭력과 사이버 중독, 흡연과 학생사고, 집단따돌림과 지역사회 폭력조직과 연계된 학생 간의 폭력과 말씨는 교사로서 위협을 느낄 만큼 심각한 현실이다.

2004학년도에 신설된 우리 학교 학생들의 학력은 대단히 저조하다. 많은 학생들이 부정적인 사고와 피해의식에 젖어 있으며 인성도 편협되어 있다. 학생들은 입학할 때부터 극심한 자기 열등감에 빠져 있으며, 스스로를 비하하며 자존감이 낮다. 장래에 대한 목표의식이 아주 약하지만 때로는 극단적인 감정표출이나 폭력적인 의사표현으로 자신의 존재를 드러내기도 한다. 겉으론 폭력적이지 않은 학생들도 친구나 교사들 앞에서는 자신의 문제점을 은폐하거나 내면의 상처를 다른 방법으로 해소하는 등 올바른 자아정체성 확립에 많은 어려움을 겪고 있다.

우리 학교에서는 최근 3년간 이런 문제점들을 해결하기 위하여 전 교직원들이 최선을 다하여 학생생활지도와 인성교육지도를 하여 왔다. 현재 주로 학생·상담부에서 열심히 대처해 왔지만 이제 완성학교가 되어 상담의 대상이 되는 학생들이 크게 증가하면서 학교·교사 및 지역사회가 함께 상담자로서 나서지 않으면 안 되게 되었다. 또한 과거보다 더 많은 시간과 인력이 필요하게 되었다. 청소년 비행과 관련된 제반 연구들에 의하면 청소년들이 비행에서 벗어나 탈비행화의 새로운 과정으로 돌아서도록 돕는 데 있어서 결정적인 역할을 하는 것이 친사회적 성인과 청소년들이 지속적인 신뢰관계를 갖는 것임이 밝혀지고 있다. 이에 우리 학교에서는 유관지역사회 인사와 함께 청소년들에게 정서적 이해와 지지, 적절한 역할 모델을 제공하는 청소년 멘토링 프로그램(Mentoring Program)을 구안·적용함으로써 초기 비행화 단계에 있는 청소년들이 비행에서 벗어나 가정과 학교, 지역사회에서 건강하게 적응·성장할 수 있게 하는 Safe School의 조성에 기여하고자 한다.

2) 운영의 목적

본 연구학교의 운영 목적은 청소년 멘토링 프로그램(Mentoring Program)을 구안·적용하여 Safe School을 조성하는 데 있으며, 이를 구체적으로 말하면,

첫째, 우리 학교와 지역사회의 멘토링 네트워크 활용을 위한 여건을 조성하고
둘째, 고등학생들과 지역사회 실정에 맞는 청소년 멘토링 프로그램을 구안하며
셋째, 청소년 멘토링 프로그램을 적용하여 Safe School을 조성하는 데 있다.

3) 실태 분석

우리 학교는 최근 5~6년 사이에 빠르게 도시화가 진행되고 있는 김해시 장유 소재 농어촌 비평준화지역 일반계 고등학교다. 3월 초 전교생 수는 936명이었으나 이 중에서 학교생활에 적응하지 못하고 전·퇴학한 학생이 11월 20일 현재, 57명이나 되어 매년 재학생이 줄어들고 있다.

특히 우리 학교는 절대적으로 낮은 기초 학력과 주변 인문계 학교보다 높은 14.3%(125명)라는 맞벌이 부모나 결손 가정(한 부모·재혼·부모부재·소년소녀 가정) 등의 열악한 가정환경으로 인하여 보호관찰학생만 16명이라는 현실이 말해 주듯 학생생활 및 인성지도에 어려움이 많아 좀더 효율적인 상담 프로그램의 구안 및 실천이 시급한 실정이다.

(1) 상담 자원 현황

우리 학교는 교사 평균 연령이 44세로 학생들의 생활지도와 상담에 도움을 줄 수 있는 경험을 보유한 교직 경력 20년 이상인 교사가 전체 교사의 2/3 이상으로, 또한 '전문상담교사' 자격증 보유 교사 58명 중 16명으로(28%), 타 학교 평균 12% 내외에 비하면 2배 이상 많은 상담교사가 본교에 근무하기 때문에 '멘토링 상담 프로그램'을 실시하기에 적합한 조건을 갖추고 있다.

① 전문상담이 가능한 교사 현황

연구주제를 수행하기 위한 우리 학교의 전문상담교사 현황은 다음과 같다.

〈표-1〉 전문상담이 가능한 교사 현황

총 원	전문상담 자격증 소지자	전문상담 연수 이수자	비 고
58명	16	29	박사(2), 석사(36)

② 상담 가능한 학교시설 현황

연구주제를 수행하기 위한 우리 학교의 상담 가능한 시설 현황은 다음과 같다.

〈표-2〉 상담 가능한 학교시설 현황

시설	계	상담실	예절실	집 단 상담실	양 성 평등실	휴게실	성고충 상담실	진 로 지도실	도서관	정 보 검색실	시청 각실	다목 적실
현황	**20**	2	1	1	1	3	1	1	1	1	1	7

(2) 학생 실태 분석

① 입학 시 평균성적

입학 시 성적은 석차 백분율이 85~100%로 기초 학력이 절대적으로 부족하고, 학습의욕이 낮은 학생이 대부분이며, 김해시 관내에서 학업수준이 실업계 학교보다도 뒤떨어져 있다.

② 학생 이동 상황

〈표-3〉 학생 이동 상황

(2006년 11월 현재)

전 가족 이주로 전출한 학생	학교생활에 적응하지 못하고 타 학교로 전출한 학생 수	학교생활에 적응하지 못하고 자퇴한 학생 수
16명	13명	28명

전출학생 57명 중 41명(78%)이 학교생활 부적응으로 나타났으며, '학교생활 적

응을 위한 별도의 상담 프로그램'이 필요한 실정이다.

③ 가정환경

<표-4> 가정환경

구 분		편 부	편 모	의 부	계 모	조부모와 동거	외가에서 생활	혼자 생활	소년, 소녀 가장
학생 수	남	27	42	6	4	5	1	2	·
	여	11	16	7	8	1	·	1	2
합계: 123명		28	58	13	12	6	1	3	2

가정적으로 어려움을 겪는 학생들이 전체 학생의 16%로, 이들이 어려움에 처했을 때 나쁜 길로 빠지지 않도록 물질적, 정신적으로 도움의 손길을 줄 수 있는 '멘토링 상담 시스템'이 절실히 요구되고 있는 실정이다.

④ 보호관찰 대상자

<표-5> 보호관찰 대상자

구분	2004	2005	2006
학생 수	14	17	16명 (해제된 학생 6명 포함)

보호관찰 대상자는 학교 내에서도 타 학생들에게 위협의 대상이 되므로 'safe school 조성'을 위하여 이들을 선도할 수 있는 별도의 상담 프로그램이 필요한 실정이다.

⑤ 교권침해, 교내폭력, 금품갈취, 절도 등으로 인한 징계

<표-6> 교권침해, 교내폭력, 금품갈취, 절도 등으로 인한 징계

(2006학년도 11월 현재)

구 분	교권침해	교내폭력	금품갈취	절 도
학생 수(계 50명)	14	21	11	4

학력수준이 낮을 뿐만 아니라, 자신을 제어할 수 있는 절제력이 부족한 학생들은 대부분 폭력성을 띠며 Safe School 조성을 위하여 선량한 학생들을 보호할 수 있는 제도와 가해 학생을 선도할 수 있는 별도의 프로그램이 동시에 필요한 실정이다. 특히 징계위원회를 통하여 징계받은 학생 중 교권침해로 인한 징계가 29%로 본교교사의 교권침해 상황이 심각한 실정이다.

⑥ 흡연 실태

〈표-7〉 흡연 실태

구 분	남, 여 평균	보건복지부 발표(2006년 9월)	차 이
학생 수	**43.3%**	15.7%	27.6%

흡연학생의 63.4%가 중학교 때부터 흡연을 시작하였으며, 대부분 1년 이상 장기흡연자로 중독으로 인하여 금연하기 어려운 실정에 처해 있다. 보건복지부 발표 전국 평균보다 무려 3배나 많은 학생들이 흡연을 하고 있으며, 음성적 흡연으로 비행 발생의 요인이 되고 있다.

⑦ 출결 사항

〈표-8〉 출결 사항

(2006년 11월 현재)

전체 결석	결 석			무단지각	무단조퇴 (일과 중 도망)	무단결과 (수업시간 결강)
	질병	무단	기타			
4037회	938	3072회 (316명)	.	2038회 (226명)	377회 (120명)	739회 (170명)

무단결석, 무단지각, 무단조퇴, 무단결과는 학생들이 가정이나 학교 밖에서 방황하며 보내는 시간이 많아져, 결과적으로 사고로 이어질 수 있는 위험성을 안고 있다. Safe School 조성을 위하여 방황하는 학생들을 '학교 내로 이끌 수 있는 프로그램'이 필요하다.

(3) 설문지 조사를 통한 실태 분석

"청소년 멘토링 프로그램(Mentoring Program) 적용을 통한 Safe School 조성"이라는 본 연구과제의 구안과 실천을 위해 자체 제작한 설문지를 이용하여 2006년 11월 20일에 1학년 학생 209명, 1학년 학부모 200명(설문조사에 응답함), 교사 58명을 대상으로 설문조사를 실시하였으며 분석 결과는 다음과 같다.

① 학생 설문지 조사 결과

2006년 11월 20일에 1학년 학생 209명을 대상으로 한 설문지 조사 결과는 다음과 같다.

가) 현재 가장 많이 하는 고민

〈표-9〉 현재 학생들이 가장 많이 하는 고민

구 분	학교폭력	공부 및 성적	진 로	생활습관	정 서	친구관계	이성관계	외 모	기 타
N =209	26	94	38	13	8	7	7	14	2
백분율(%)	12.4	45.1	18.2	6.2	3.8	3.3	3.3	6.7	1

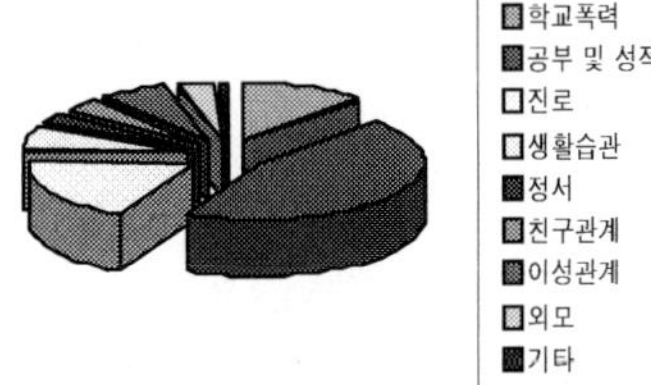

학생들이 가장 많이 고민하는 것은 공부와 진로에 대한 것으로서 45.1%로 나타났다. 학교폭력이 문제가 되는데 언어폭력, 따돌림, 금품갈취 순으로 호소하고 있다. 이 같은 고민을 해결하고 자신감을 조성하고자 학생들과의 1 : 1의 멘토링 상담이 필수적으로 요청된다.

나) 고민 해결방법

〈표-10〉 학생들의 고민 해결방법

구 분	혼자 고민	도움될 만한 사람과 의논	인터넷 정보 활용	해결될 때까지 내버려 둠	기타
N =209	39	134	9	22	5
백분율(%)	18.7	64.1	4.3	10.5	2.4

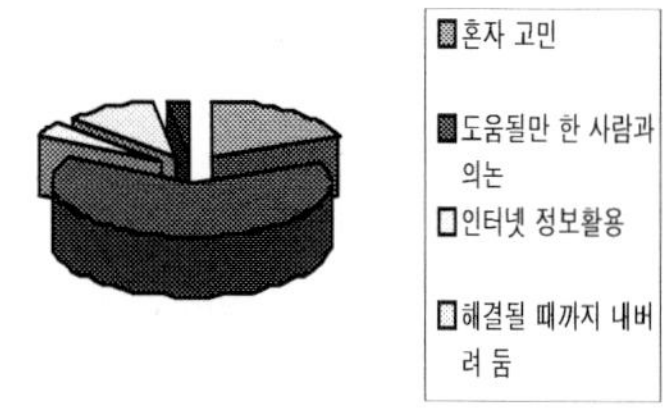

학생들의 고민 해결방법으로는 '도움될 만한 사람과 의논'한다가 64.1%로 가장 높다. '혼자 고민'하거나 '내버려 두는' 학생도 29.2%이며, 인터넷을 활용하여 해결하는 학생도 4.3%로 나타났다. 따라서 학생들에게 상담교사나 전문상담가에 의한 체계적인 상담의 조언이 절실히 요구된다.

다) 가장 많이 원하는 상담 종류

〈표-11〉 가장 많이 원하는 상담 종류

구 분	멘토링식 개인상담	또래 상담	집단 상담
N = 209	127	48	34
백분율(%)	60.7	23	16.3

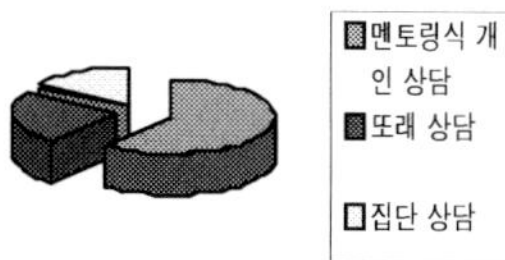

자신의 문제 해결에 제일 좋은 방법으로 학생들은 1:1의 멘토링식 상담을 60.7%나 원하고 있었다.

② 교사 설문지 조사 결과

2006년 11월 20일에 우리 학교 교사 58명을 대상으로 한 설문지 조사 결과는 다음과 같다.

가) 학생들이 가장 많이 하는 고민이라고 생각하는 것

〈표-12〉 교사가 본 학생들이 가장 많이 하는 고민

구 분	학교 폭력	공부 및 성적	진로	생활 습관	정서	친구 관계	이성 관계	외모	기타
N =58	9	23	7	4	7	4	3	1	0
백분율(%)	15.5	39.6	12.1	6.9	12.1	6.9	5.2	1.7	0

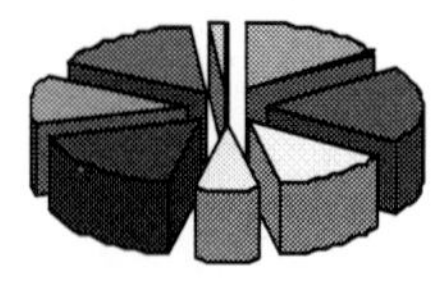

교사들은 학생들이 가장 많이 하는 고민이 '공부 및 성적', '학교폭력', '정서'라고 39.6%가 반응하고 있다. 교사들은 심성이 바르지 않고, 언행이 거친 학생들에 대해서 많이 염려하고 문제 해소를 위한 1:1 상담을 주로 하고 있다.

나) 문제행동, 부적응 학생에 대한 지도방법

〈표-13〉 문제행동, 부적응 학생에 대한 지도방법

구 분	면담하여 타이름	학부모 면담과 협조구함	정기적인 상담	전문기관에 의뢰	기타
N = 58	24	17	14	1	2
백분율 (%)	41.4	29.3	24.1	1.7	3.45

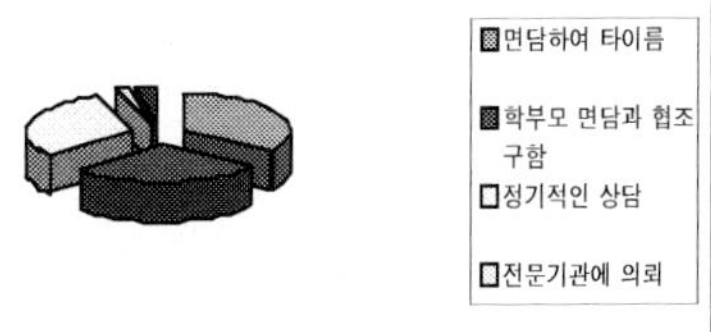

문제행동, 부적응 학생 지도의 주된 방법은 교사들의 면담을 통하여 지도를 하고 있다. 반면 '전문기관 의뢰'는 1.7%로 미비한데 앞으로는 지역사회와 연계한 프로그램을 개발하여 부모가 자녀들의 문제를 정확하게 발견할 수 있는 환경 조성이 필요하다.

③ 학부모 설문지 조사 결과

2006년 11월 20일에 1학년 학부모 200명을 대상으로 한 설문지 조사 결과는 다음과 같다.

가) 자녀들이 가장 많이 하는 고민이라 생각되는 것

〈표-14〉 자녀들이 가장 많이 하는 고민

구 분	학교 폭력	공부 및 성적	진로	생활 습관	정서	친구 관계	이성 관계	외모	기타
N =200	24	120	30	3	3	13	3	2	2
백분율 (%)	12	60	15	1.5	1.5	6.5	1.5	1	1

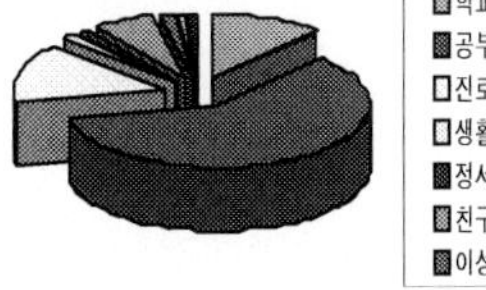

학부모들은 자녀들이 가장 많이 고민할 것으로 60%가 '공부 및 성적'이라고 반응하고 있다. 다음은 '진로'였다. 대화와 관찰을 통해서 자녀들이 고민하고 있는 다른 부분들에 대한 관심도 필요하다.

나) 자녀문제 발생 시 해결방법

〈표-15〉 자녀문제 발생 시 해결방법

구 분	전문상담가와 상담	학교교사와 상담	혼자 해결	배우자 혹은 친인척상담
N =200	1	15	41	143
백분율 (%)	0.5	7.5	20.5	71.5

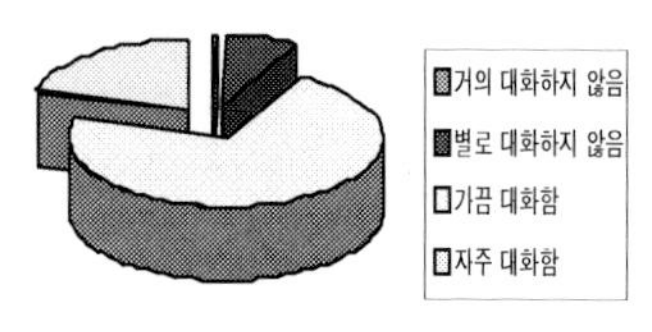

자녀문제 발생 시 부모님들의 해결방법은 전문상담에 의뢰하기보다는 혼자 해결하거나 비상담전문가에게 의존하는 경우가 많았다. 따라서 자녀문제 해결을 위해 전문적인 상담 프로그램인 멘토링 프로그램이 절실히 요구된다.

4) 용어의 정의

(1) 멘토링

'멘토링(mentoring)'이란 성인과 청소년이 한 쌍을 이루어 신뢰를 기반으로 일대일 관계를 맺는 것 혹은 그 관계[2]라고 말하나 본 연구에서는 상대보다 경험이나 연륜이 많은 사람으로서 상대방의 잠재력을 파악하고 그가 꿈과 비전을 이룰 수 있도록 도전을 주는 멘토(mentor)와 상담이나 조언을 받는 멘제(mentee), 프로그램 전담관리자 또는 비행청소년상담전문가로서 4~5명으로 구성되는 멘토들의 소집단을 관리·담당하는 슈퍼바이저(supervisor) 신뢰를 기반으로 일대일 또는 다자간의 관계를 맺는 것 혹은 그 관계를 총칭한다.

(2) Safe School

Safe School이란 날로 증가하는 학교폭력과 사이버 중독, 흡연과 학생사고, 집단따돌림 등에서 청소년들이 아무 걱정 없이 희망찬 미래를 향해 정진할 수 있는 학교 여건과 사회환경을 만들어 우리 청소년들이 안심하고 학교에 다닐 수 있도록 각종 범죄와 유해환경으로부터 청소년을 보호하는 안전한 학교문화를 의미한다.

---

2) 한국청소년상담원, 청소년 멘토링 프로그램, 1999, 56쪽.

(3) 청소년 비행 예방을 위한 멘토링

오늘날 청소년들은 이전의 어느 시대보다도 비행에 쉽게 접근할 수 있는 상황 속에서 생활하고 있다. 가정이 핵가족화되고 결손 가정이 늘어나면서 과거에는 부모가 담당했던 역할을 더 이상 기대할 수 없게 되었고 학교는 인격적 관심을 보이기보다는 진학이나 취업을 준비하는 데 비중을 더 많이 두고 있는 실정이다. 청소년은 성인의 향락적 문화를 모방하면서 현재의 즐거움의 추구나 현실의 어려움에 대한 도피로 비행에 빠져드는 경우가 증가하고 있다.

이러한 청소년과 관련된 각 부분의 역할 상실은 현대에 들어와 급증하고 있는 청소년 문제를 이해하고 해결하는 데 중요한 의미를 지닌다. 청소년 비행의 예방을 위해서는 비행을 부추기는 위험요인의 감소를 위한 접근과 청소년의 건전한 성장·발달을 도모하고 비행의 위험을 완충시키는 멘토링 프로그램을 통해 학교 폭력으로부터 학생들을 보호할 수 있는 요인을 강화시킬 수 있다.

2. 이론적 배경

1) 청소년 비행 및 폭력 예방을 위한 멘토링(Mentoring)

오늘날 청소년들은 이전의 어느 시대보다도 비행에 쉽게 접근할 수 있는 상황 속에서 생활하고 있다. 가정이 핵가족화되고 결손 가정이 늘어나면서 과거에는 부모가 담당했던 역할을 더 이상 기대할 수 없게 되었고, 청소년은 성인의 향락적 문화를 모방하면서 현재의 즐거움의 추구나 현실의 어려움에 대한 도피로 비행에 빠져드는 경우가 증가하고 있다. 이러한 청소년과 관련된 각 부분의 역할 상실은 현대에 들어와 급증하고 있는 청소년 문제를 이해하고 해결하는 데 중요한 의미를 지닌다. 청소년 비행 및 폭력과 관련된 제반 연구들에 의하면 청소년들이 비행에서 벗어나 탈비행화의 새로운 과정으로 돌아서도록 돕는 데 있어서 결정적인 역할을 하는 것이 친사회적 성인과 청소년들이 지속적인 신뢰관계를 갖는 것임이 밝혀지고 있다.

멘토링은 청소년들에게 정서적 이해와 지지, 적절한 역할 모델을 제공하는 것을 통하여 초기 비행화 단계에 있는 청소년들이 비행에서 벗어나 가정과 학교,

지역사회에서 건강하게 적응·성장할 수 있게 하는 데 유효한 전략이 될 수 있을 것이다.

본 연구학교에서는 청소년 멘토링 프로그램을 구안·적용하여 청소년들의 비행을 예방하고 청소년들이 비행에서 벗어나 가정과 학교, 지역사회에서 건강하게 적응·성장할 수 있게 하며 청소년 문제에 대한 지역사회 공동의 노력을 증진시키기 적합한 프로그램으로 판단하였다.

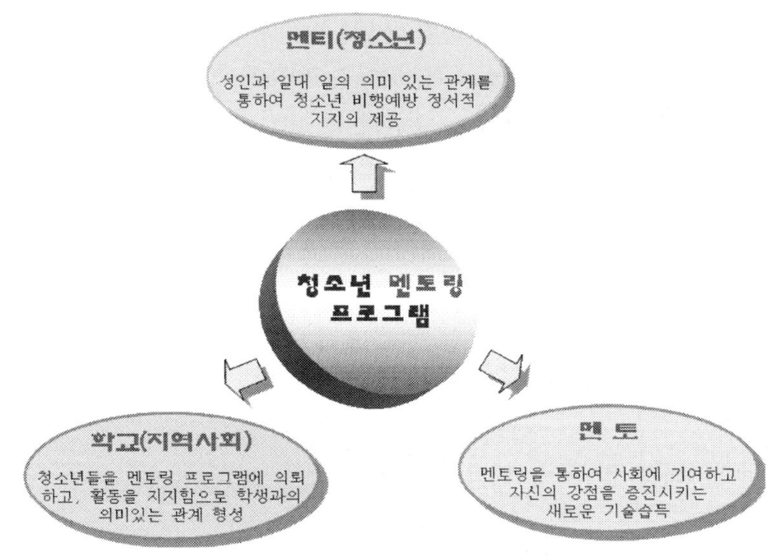

〈그림-1〉 청소년 멘토링 프로그램 구성도

2) Safe School로 가는 지침

일반적으로 학교 내에서 우리 학생들은 안전하다고 생각하지만, 알게 모르게 학교와 지역사회 속 폭력과 음란물, 흡연과 인터넷 중독 등에 심각하게 노출되어 있다. 학교폭력뿐만 아니라 우리의 이웃과 지역사회에서 일어나는 폭력은 결국 교사 출입문[3] 속으로 도달하게 된다. 그러나 우리가 폭력으로 이끄는 것을 이해하고, Safe School로 가기 위한 여러 연구들이 보여주는 지원의 형태들이 폭력을 예방하는 데 효과적이라면, 우리는 우리의 학교를 더욱 안전하게 만들 수 있을 것이다. 또한 이러한 연구는 학교폭력에 노출된 우리 청소년들이 필요로 하는 도

---

3) * 즉 학교에 영향을 미치게 된다는 의미

움을 얻을 수 있도록, 학교공동체(행정가, 교사, 가족, 학생, 지원인력 그리고 지역사회 성원들)가 조기에 경고 신호들을 인식하는 데 도움을 줄 수 있다. Safe School 확립을 위한 학교에서의 폭력 예방 활동들, 즉 폭력과 다른 문제성 있는 행태와 관계가 있는 조기 경보 신호를 인식하거나 폭력과 다른 문제성 있는 행태를 예방하고, 개입하여 문제아를 돕고, 폭력이 일어날 때 학교폭력에 대응하기 위하여 학교공동체가 취할 수 있는 가장 효과적인 행동 조치들에 관한 연구와 이론들은 다음과 같다.

(1) 예방의 원칙

- 학생들은 신고하지 않는다. 교사가 감지해야 한다.
- 학교폭력 발생을 감지할 수 있는 시스템을 구축하라. (학폭 관찰, 체크리스트 활용, 수시 설문조사 활용, 경찰 - 지자체 - 학교 - 학부모 등 지역사회 내 네트워크 설치)
- 예방교육을 일상화하라. (정기적 예방교육, 사건발생 후 재발방지를 위한 전교생 단위의 예방교육)
- 학교자원(상담교사, 상담자원봉사자)을 최대한 활용하여 상담을 일상화하라.
- 재발방지를 위한 사후 관리를 철저히 하라. (학교폭력의 경험이 있는 대상자들은 전문기관의 프로그램에 지속적인 참여 유도)

(2) Safe School를 위한 학교공동체 대응체계

- Safe School를 위한 직원, 학생, 학부모 그리고 지역사회 구성원들은 종합상담 네트워크를 구성하고 충분히 활용하라.
- 학교폭력을 인지할 수 있는 조기 경고 신호를 놓치지 말고 적절하게 개입하라.
- 효과적인 학교폭력 예방과 대응을 위한 프로그램을 만들고 그것을 확실히 집행할 수 있도록 팀을 구성하라.
- 평소 Safe School을 위협할 수 있는 학교폭력의 잠재적인 위기에 대비하라.

3) 멘토링과 Safe School과의 관계

학생들이 학교폭력, 인터넷 중독, 흡연, 음주 등에 영향을 받아 학교생활에 적응하지 못하고 더 나아가 가출, 수업 결손, 약물중독 등의 사태에 이르게 되었다. 요즘 34%의 학생이 학교폭력에 대한 심각성을 인식하고 있고 30% 이상의 학생들은 흡연을 하고 있으며 인터넷 중독에 빠진 학생은 10% 이상에 이르고 있다. 그러므로 이러한 환경 때문에 고민하고 있는 학생들이 스스로의 문제를 고찰해 보고, 이러한 위험에서부터 벗어날 수 있게끔 도움을 줄 수 있는 상담체계를 마련하고자 한다. 우리는 '멘토링'을 통해, 학교를 각종 일탈 행위로부터 청소년을 안전하게 보호하고 안전한 학교문화를 형성하는 방법으로 멘토링을 활용하고자 한다.

4) 선행연구의 분석

본 연구를 계획하고 진행하기 위해 참고 분석한 선행연구들은 다음과 같다.

연 도	연구기관	연구주제	연구내용
2006	교육인적 자원부	'Safe School' 역량 강화를 위한 전국 교감 · 학생부장 연수자료	• 학교폭력의 실태와 예방대책 • 학교폭력 사안 대책에 관한 실제 • 21세기 학교 상담의 진단과 대안
2005	오금 중학교	e - 러닝 홈페이지 활용을 통한 교사, 학생, 학부모가 서로 대화할 수 있는 여건 조성	• 대화 활동의 증진을 위한 e - 러닝 교육 여건을 조성 • e - 러닝 대화 문화를 통하여 자아 정체성을 함양
2006	충남 중학교	사회복지사의 상담교육활동을 활용한 학교폭력 예방 및 건강한 또래문화 형성 방안	• 사회복지사를 활용한 상담활동 • 학교폭력 예방과 건강한 또래문화 형성
2006	오산 중학교	교내 전문상담인력의 효율적 활용을 통한 학교 상담의 활성화 방안	• 청소년 상담사와의 상담활동 활성화 • 학교현장에서의 교육과정과 연계한 상담활동의 모형 구안 · 적용
2006	안산부곡 중학교	교사의 상담프로그램 운영 능력 제고를 통한 학생의 학교생활 적응력 향상	• 청소년 상담사를 활용한 교사의 상담 프로그램 운영 체제 수립 • 상담을 통한 학생과 학교의 학교생활 적응력 향상

3. 연구과제의 설정

1) 운영과제 1

학교와 지역사회의 멘토링 네트워크를 활용할 수 있는 여건을 조성한다.

실 천 내 용

가. 멘토링 오리엔테이션을 실시한다.
나. 교내 멘토링 부스 및 홍보 코너를 설치한다.
다. 학교폭력 예방을 위한 멘토링 협의회를 조직한다.
라. 멘토링 활성화와 홍보를 위한 학교 홈페이지를 구축한다.
마. 멘토링 안내 책자를 발행 · 배부한다.
바. **Safe School** 조성을 위한 멘토링 직통 전화를 개설한다.

2) 운영과제 2

청소년 멘토링 프로그램(**Mentoring Program**)을 구안한다.

실 천 내 용

가. 멘토링 프로그램에 대한 연수를 실시한다.
나. **Safe School** 조성을 위한 멘토링 프로그램 연간계획서를 구안한다.
다. **Safe School** 조성을 위한 멘토링 협의회를 활성화한다.
라. 교육과정과 연계한 멘토링 프로그램을 구안한다.

3) 운영과제 3

청소년 멘토링 프로그램을 적용하여 **Safe School**을 조성한다.

실 천 내 용
가. 교육과정과 연계한 **Mentoring Program**을 운영하여 **Safe School**을 조성한다. 나. **Mentoring 9선 Program**을 전개하여 **Safe School**을 실현한다. 다. **Mentoring** 자원봉사활동을 적극적으로 수행한다. 라. 사이버 **Mentoring** 활동을 전개하여 안전학교문화를 정착시킨다.

4. 운영의 설계

1) 대상 및 기간

(1) 운영대상
김해삼문고등학교 1, 2, 3학년 전교생(887명)

(2) 운영기간
2007. 3. 1.~2009. 2. 28.

2) 운영절차와 실험 설계

(1) 운영절차

<표-16> 운영절차

연 차	절 차	추진내용	시 기	비 고
1차 연도 (2007학년도)	계획 및 준비	• 선행연구 분석 및 문헌 고찰 • 운영분과협의회 조직 • 주제 및 세부 실천과제 선정 • 기초 조사 및 실태 분석	2007.3.1.~3.31.	운영분과 협의회 및 교직원 연수 실시
	운영과제의 실천	• 운영협의회 및 교직원 연수 • 시설 정비 및 환경 조성 • 각종 자료 수집 • 청소년 Mentoring Program 구안 • 홈페이지 구축 • 운영과제의 세부 실천	2007.4.1.~ 2008.2.29.	
	중간보고	• 1차 연도 실천 결과 평가 및 반성 • 중간보고서 작성 제출 및 보고회	2007.10.~2007.11.	
	계획 보완	• 1차년도 실천반성 • 1차년도 운영문제점 보완 • 2차년도 운영계획 수립	2008.1.1.~2.29.	
2차 연도 (2008학년도)	준 비	• 연구학교 운영 분과 조직 및 분석	2008.3.1.~3.31.	
	운영과제의 실천	• 운영과제별 보완 및 심화 적용	2008.4.1.~ 9.30.	
	분 석	• 운영 결과 자료 정리 및 분석	2008.8.1.~9.30.	
	결과보고	• 운영보고서 작성 • 연구 결과 자료 CD 및 인쇄물 제작 • 운영 결과 보고서 작성 및 발표	2008.10.1.~11.30.	
	일반화 단계	• 일반화 자료 배부 • 시범학교 간 자료와 정보 공유	2008.11.1.~ 2009.2.28.	

3) 운영협의회 조직

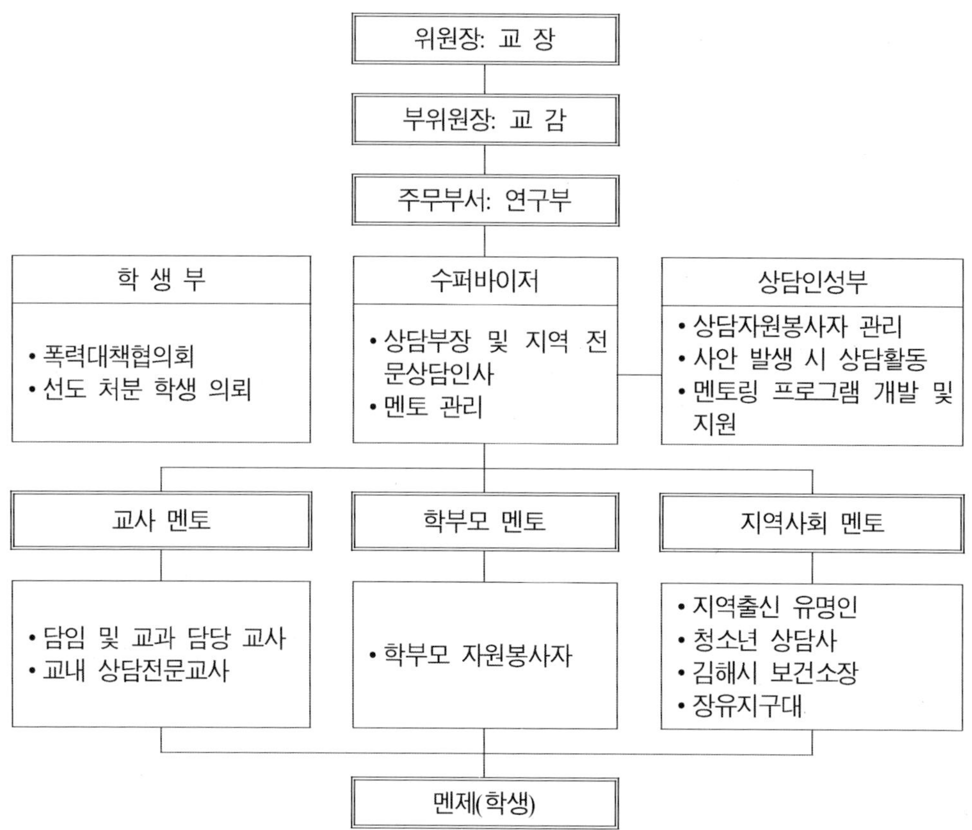

〈그림 - 2〉 김해삼문고등학교 멘토링 운영협의회

5. 운영의 실제

1) 운영과제에 따른 세부 추진일정

〈표-17〉 세부 추진일정

단계	추진내용	1차 연도											2차 연도										
		2월	3월	4월	5월	6월	7월	8월	9월	10월	11월	12월	1월	2월	3월	4월	5월	6월	7월	8월	9월	10월	11월
실천	멘토링 프로그램 연간계획서 구안		●												●								
	멘토링 오리엔테이션		●												●								
	멘토링부스 및 홍보코너 설치		●																				
	멘토링 협의회 조직		●												●								
	학교 홈페이지 구축		●																				
	멘토링안내책자발행배부		●												●								
	멘토링 직통 전화 개설		●																				
	멘토링 연수		●	●					●						●	●						●	
	멘토링 데이				●												●						
	김해삼문고등학교 폭력예방의 날 개최									●												●	
	멘토링 대자보및현수막 설치		●																				
	멘토링 강연			●			●		●							●		●			●		
	공동영화 감상문쓰기대회							●												●			
	멘토링 등반대회			●					●						●						●		
	마라톤대회 참가 소감문 쓰기							●												●			
	멘토링 활동사진전시회										●												●
	멘토링 향토대문화제 참가		●	●					●	●	●				●	●					●	●	●
	멘토링 심성수련 활동		●	●	●	●	●	●	●	●	●	●	●	●	●	●	●	●	●	●	●	●	●
	멘토링 자원봉사활동		●	●	●	●	●	●	●	●	●	●	●	●	●	●	●	●	●	●	●	●	●
	사이버 멘토링 활동		●	●	●	●	●	●	●	●	●	●	●	●	●	●	●	●	●	●	●	●	●
평가 및 정리	설문조사	●	●						●						●						●		
	방법 개선 자료 발간									●	●												
	운영 결과 평가 및 수정·보완												●	●							●		
	운영 결과 최종평가								●	●											●	●	
	개선 자료 및 사례집 발간·배포								●	●											●	●	

2) 운영과제 1의 실천

> 학교와 지역사회의 멘토링 네트워크를 활용할 수 있는 여건을 조성한다.

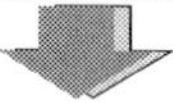

실 천 내 용
가. 멘토링 오리엔테이션을 실시한다.
나. 교내 멘토링 부스 및 홍보 코너를 설치한다.
다. 학교폭력 예방을 위한 멘토링 협의회를 조직한다.
라. 멘토링 활성화와 홍보를 위한 학교 홈페이지를 구축한다.
마. 멘토링 안내 책자를 발행·배부한다.
바. **Safe School** 조성을 위한 멘토링 직통 전화를 개설한다.

(1) 멘토링 오리엔테이션을 실시한다.

① 멘토링 멤버(수퍼바이저, 멘토 및 멘제)를 선정하는 기준을 설정한다.

가) 수퍼바이저
교내 상담부장과 지역사회 상담을 전공한 교수(외부 인사)를 초빙한다.

나) 멘 토
(1) 교사: 수퍼바이저로부터 연수 후 전 교사의 멘토화를 실시한다.
(2) 학부모: 각 학급별 학부모 자원자를 선정한다.
(3) 지역사회 인사 자원: 지역출신 유명인, 사회복지사, 청소년 상담사, 보건소장 등 희생정신과 봉사정신을 겸비하고 학생들에게 역할 모델을 제시할 수 있는 자로 선정한다.

다) 멘 제
수퍼바이저의 지도하에 담임교사들은 아래 사항에 해당되는 학생들을 멘제로 선정할 수 있다.
(1) 학교생활 면에서 어려움을 겪는 경우

- 가출, 비행 등 학교 부적응 학생
- 학습 부진으로 개인적 도움이 필요한 학생
- 학교 중도탈락의 위험에 처한 학생
- 진로 결정에 어려움을 겪는 학생

(2) 교우관계 면에서 어려움을 겪는 경우
- 친구관계를 맺는 기술이 부족하거나 친구관계에서 소외되어 있는 학생
- 친구들에게 지속적인 괴롭힘을 당하는 학생이나 폭력을 행사하는 학생

(3) 가정생활 면에서 어려움을 겪는 경우
- 가족 내의 지지체계가 부족하거나 부모로부터 적절한 정서적 보살핌을 받지 못하는 학생
- 기타 여러 가지 가정적 어려움에 처하여 도움과 지도가 필요한 학생

(4) 기타 여러 가지 이유로 인해 지지체계가 부족하고, 역할 모델이 필요한 학생

(2) 교내 멘토링 부스 및 홍보 코너를 설치한다.

① 교내 멘토링 부스 설치 및 활용
각 층마다 학년별로 멘토링 프로그램을 활용할 수 있는 멘토링 부스를 설치한다.

② 홍보 코너 설치
가) 학급 교실: 멘토링에 대한 관심을 유도하며 분위기 조성을 위하여 각 학급 교실 및 특별실에 '멘토랑 멘제랑'난을 제작하여 게시한다.
나) 복도게시물: 각 층 복도에는 멘토링 관련 패널을 제작하여 환경을 정비한다.

(3) 학교폭력 예방을 위한 멘토링 협의회를 조직한다.
본 연구주제 해결을 위한 '김해삼문고등학교 멘토링 협의회'는 <그림-2>와 같다.

(4) 멘토링 활성화와 홍보를 위한 학교 홈페이지를 구축한다.
김해삼문고등학교(http://www.sammoon.hs.kr) 홈페이지에 시범학교 전용 페이지와 게시판을 구성하고 이를 활용하여 시범학교 운영사항 및 멘토링 관련 자료를 탑재하도록 한다.

(5) 멘토링 안내 책자를 발행·배부한다.

① 목　적

교사, 학생, 학부모, 지역사회 인사로 하여금 멘토링 프로그램에 대한 이해도를 높이고 참여를 활성화할 수 있다.

② 주요 내용

청소년 멘토링 프로그램, 기본 방향, 실제, 멘토링 관련 웹사이트 소개

(6) Safe School 조성을 위한 멘토링 직통 전화를 개설한다.

① 목　적

학생들의 인권을 보호하고 신속한 문제 해결방법을 제시하며 인권의 사각지대에 있는 학생의 신속한 피해 회복을 도모할 수 있다. 또한 익명성을 유지하는 멘토링 상담이 가능하며 위기의 학생에게 정서적 공감대를 형성해 줄 수 있다.

② 실행방법

위급한 상황에서 멘토 역할을 할 수 있는 전문상담교사와 직통연결이 가능한 'One-Stop' 전화를 상담인성부, 학생부, 각 학년실 옆 부스에 설치해 위기의 학생, 도움이 필요한 학생은 언제든지 이용할 수 있게끔 한다.

3) 운영과제 2의 실천

청소년 멘토링 프로그램(Mentoring Program)을 구안한다.

실 천 내 용
가. 멘토링 프로그램에 대한 연수를 실시한다.
나. Safe School 조성을 위한 멘토링 프로그램 연간계획서를 구안한다.
다. Safe School 조성을 위한 멘토링 협의회를 활성화한다.
라. 교육과정과 연계한 멘토링 프로그램을 구안한다.

(1) 멘토링 프로그램에 대한 연수를 실시한다.

① 목 적

멘토들의 멘토링 프로그램에 대한 전반적 이해와 자신을 더 잘 인식하는 가운데 멘제와의 만남을 준비할 수 있는 과정을 제공할 수 있다.

② 연수대상: 멘토

③ 연수내용

멘토링 프로그램의 원활한 진행을 위하여 멘제, 멘토들 대상의 연수를 실시한다.

〈표 - 18〉 멘토링 프로그램 세부 추진일정

프로그램	세부 내용	실시 일정	강 사	비 고
멘토 오리엔테이션	프로그램의 목적과 목표	3월	청소년상담사	동영상 및 유인물을 통한 전달연수
	멘토의 역할			
	멘토링 과정과 활동내용			
	멘토 활동의 지침(초기, 중기, 말기)			
멘토 자신에 대한 이해와 나눔	프로그램의 참여 동시 탐색 및 강화	3월	청소년상담사	
	자신에 대한 이해 증진			
멘제(청소년)에 대한 이해	청소년기에 대한 이해	3월	상담부장	
	청소년 문화에 대한 이해			
	나의 멘제 이해			
의사소통 기술	적극적 경청을 위한 지침	3월	상담부장	
	여러 상황에서 사용할 수 있는 표현			
멘제의 위기 발견과 대처방안	자살	4월	학생부장	
	약물 사용			
	성폭력 피해			
예상되는 어려움	첫 만남의 준비	4월	청소년상담사	
	예상되는 어려움의 실례 (역할극 사용)			
멘토와 멘제가 갖는 어려움	멘토와 멘제의 환상	4월	청소년상담사	

(2) Safe School 조성을 위한 멘토링 프로그램 연간계획서를 구안한다.

〈표-19〉 멘토링 프로그램 연간계획서

구 분	프로그램명	실시기간	실시횟수	비 고
Mentoring Program 여건조성	멘토링 오리엔테이션	3월	연 1회	멘토와 멘제 모집 홍보
	멘토링 연수 실시	3~4월, 9월	연 2회	정기교육과 보수교육
	멘토링 협의회 조직	3월	연 1회	학교, 가정, 지역사회와의 연관
	멘토링 안내 책자 발행	3월	연 1회	교사, 학부모, 학생 지역인사 배부
	Safe School 대형풍선 및 현수막 설치	연중		학교폭력 경각심 촉구
교육과정연계 Mentoring Program 운영	교과 수업 연계 운영	연중		창의적 재량활동과 계발활동 시간 활용
	학급 중심 Mentoring Program	연중	월 1회	학급 응집력 도모
Mentoring 9선 Program	멘토링 데이 운영	5월	연 1회	학교시설 이용
	김해삼문고등학교 폭력 예방의 날 개최	10월	연 1회	장유지구대 협조
	멘토링 강연 실시	2007년 (4,7,10월) 2008년 (4,6,9월)	총 6회	• 범죄예방교육 – 장유지구대장 • '잊지 못할 나의 멘토' – 최철국 국회의원 • 성폭력 예방 – 구성애 • 인터넷 중독 예방 – 정보부장 • 약물 중독 예방 – 김해시 보건소장 • 지역출신 유명인사 내교 강연 – 송강호
	학교폭력 관련 '멘토랑 멘제랑' 공동 영화 감상문 쓰기 대회 운영	8월	연 2회	방학 기간 이용
	멘토링 등반대회 개최	4월, 9월	연 2회	교사, 학부모, 학생 지역인사 참석
	'멘토랑 멘제랑' 마라톤대회 참가 소감문 쓰기	8월 15일	연 1회	김해시청 주관 '8·15광복 기념 단축마라톤대회' 참가
	멘토링 활동사진전시회 개최	10월	연 1회	학교축제(용봉제) 기간 전시
	멘토링 향토문화제 참가	3월~11월	연 7회	7개 향토문화제 참가
	멘토링 심성수련 활동	연중		장유 단학선원
Mentoring 자원봉사활동 Program	학기 중 Mentoring 자원봉사활동	3월~12월		주말 봉사활동, '시험 끝! 봉사활동 시작!', '놀토 시원하게 밀어 드립니다!'
	방학 중 Mentoring 자원봉사활동	8월, 1월, 2월		캄보디아 국제 구호활동, 외국인 이주노동자를 위한 한국어학당 참가
사이버 Mentoring Program	사이버 Mentoring 코너 설치 및 활용	연중		학교폭력 예방 활동
	사이버 Mentoring 네트워크 조성	3월		컴퓨터 사용 실태, 게임 및 채팅 중독도, 인터넷 자가진단, 음란물 실태 및 중독도
	사이버 멘토링 활동	연중		인터넷 활용
	Safe School 조성 문자메시지 주고받기	연중		휴대폰과 인터넷 활용

(3) Safe School 조성을 위한 멘토링 협의회를 활성화한다.

① 목 적

멘토링 프로그램 및 멘제 학생들에 대한 정보를 교환하고 학생들에 대한 이해를 높임으로써 멘토링 프로그램이 유기적으로 활성화되고 효과의 극대화를 꾀할 수 있다.

② 조 직

가) 가해자, 피해자 담당 멘토 소모임: 학교폭력대책위원회나 상벌위원회에 회부된 학생, 보호관찰 경험 학생 담당

나) 위기의 학생 담당 멘토 소모임: 학교나 가정생활 면, 교우관계 등 어려움에 처한 학생

③ 활동방향

가) 교사, 학부모 자원봉사자들로 하여금 각자 원하는 소모임에 회원으로 가입토록 하고, 학교상벌협의회와 학교폭력대책협의회와 연계활동을 벌인다.

나) 멘제를 관찰·면담하여 주 2회 이상 '학교폭력 예방 멘토링 상담일지'를 기록한다.

(4) 교육과정과 연계한 멘토링 프로그램을 구안한다. 3월

(1) 학급 중심 멘토링 프로그램: 교사 멘토 활용
(2) 교과 담당 멘토링 프로그램: 창의적 재량활동 시간과 계발활동 시간 활용

4) 운영과제 3의 실천

> 청소년 멘토링 프로그램을 적용하여 **Safe School**을 조성한다.

실 천 내 용
가. 교육과정과 연계한 **Mentoring Program**을 운영하여 **Safe School**을 조성한다.
나. **Mentoring 9선 Program**을 전개하여 **Safe School**을 실현한다.
다. **Mentoring** 자원봉사활동을 적극적으로 수행한다.
라. 사이버 **Mentoring** 활동을 전개하여 안전학교문화를 정착시킨다.

(1) 교육과정과 연계한 Mentoring Program을 운영하여 Safe School을 조성한다.

① 교과 수업과 연계한 Mentoring 활동은 다음과 같다.

〈표-20〉 교과 수업 연계 멘토링 프로그램

구 분	세부 영역	대 상	활동 멘토	연간 활동 시간
재량활동	창의적 재량활동	3학년	지역 전문상담 자원	10시간
		1, 2학년	교내 상담전문교사	34시간
특별활동	계발활동	희망 학생	또래상담부 담당 교사	18시간

② 학급 중심 Mentoring Program: '네가 있어 행복한 우리 반-생일 축하해!'

가) 실시기간: 매월 첫 주 토요일 계발활동이 끝난 후 3교시

나) 실시방법

(1) 담임교사와 전 학급 학생들이 금월 생일 해당 학생들의 멘토가 된다.

(2) 전 학급 학생들은 금월 생일 해당 학생들에게 보내는 멘토 메시지를 촬영한다.

(3) 촬영한 멘토 메시지 동영상 시청 후 서로가 느낀 점을 대화로 나눈다.

(4) 멘토링 메시지 동영상 시청 대화 내용을 기록하여 교지 제작 자료에 활용한다.

다) 기대효과

(1) 담임과 학생들이 함께 하는 생일파티를 통하여 강한 학급 응집력이 생성될 것이다.

(2) 강한 학급 응집력은 급우들 간의 폭력이나 왕따와 같은 학교폭력을 예방하는 효과가 있을 것이다.

(2) Mentoring 9선 Program을 전개하여 Safe School을 실현한다.

① 멘토링 데이(Mentoring Day)를 개최한다.

　　가) 실시기간: 매해 5월

　　나) 행사장소: 학교 전체

　　다) 실시 프로그램

<표-21> 멘토링 데이(Mentoring Day) 프로그램 일정

순 번	프로그램명	행사장소	비 고
1	**Safe School** 기원 촛불 가두 캠페인	학교~장유시내	장유지구대 협조
2	**Safe School** 기원 체육 행사 활동	학교 운동장	동영상 자료 제작
3	'멘토랑 멘제랑' 함께 배우는 호신술	학교 강당	삼문검도관 협조
4	'멘토랑 멘제랑' 김밥으로 만든 **Safe School**	학교 강당	불우이웃 기증

② 멘토링 '김해삼문고등학교폭력 예방의 날' 행사를 실시한다.

　　가) 실시기간: 매해 10월 셋째 주 금요일

　　나) 실시방법: 7단계 폭력 예방 프로그램 운영

〈표-22〉 7단계 폭력 예방 프로그램 운영

회기	과정	내 용	시간	비 고
1	기본 인성 함양	프로그램 소개, 학교폭력 동영상 시청(10', 이타행동)	50'	동영상 활용
2		학교폭력 퀴즈대회(도전 골든벨!)	〃	시상 계획
3	폭력 인식	학교폭력에 관한 경험 공유 및 사례 발표	〃	
4		학교폭력에 따른 처벌의 사례 소개	〃	창원검찰청, 장유 지구대 협조
5	학교 폭력 대처	친구 동행프로그램 실시 '친구야 사랑해!'	〃	김해 청소년 상담소
6		모둠별 학교폭력 역할극 실시	〃	
7		동영상 시청(금품갈취, 사이버폭력), 소감문 작성 및 발표, 학교폭력 예방 교육수료증 교부	〃	동영상 활용

③ 멘토링 강연회를 개최한다.

멘토링 프로그램 효과 극대화를 위해 강연회를 개최한다.

　가) 실시기간: 2007년 04월, 07월, 10월 / 2008년 04월, 06월, 09월

　나) 강연 초청 내용 및 초청자

〈표-23〉 멘토링 강연회 프로그램 일정

순 번	강연내용	시 기	강연자	비 고
1	범죄 예방 교육	07. 04.	장유지구대장	삼문 지구 담당
2	'잊지 못할 나의 멘토'	07. 07.	최철국	지역출신 국회의원
3	인터넷 중독	07. 10.	우리 학교 정보부장	학교 방송망 이용
4	약물 중독 예방	08. 04.	김해시 보건소장	학교 방송망 이용
5	학교폭력 관련 영화	08. 06.	송강호	지역출신 영화인
6	성폭력 예방	08. 09.	구성애	성교육 전문가

④ 학교 관련 '멘토랑 멘제랑' 공동 영화감상문 쓰기 대회를 개최한다.

　가) 실시기간: 매해 8월 방학기간 이용

　나) 추천영화: 우리들의 일그러진 영웅, 투사부일체, 친구, 내 생애 가장 아
　　름다운 일주일, 사우스파크, 죽은 시인의 사회, 학교 괴담, 화산고

　다) 감상문 작성방법: 멘토와 멘제가 함께 영화를 감상한 뒤 학교폭력에 대
　　해 '멘토'와 '멘제'로서 느끼는 공통점과 차이점을 기술한다.

라) 시상계획: 최우수 1팀, 우수 2팀, 장려 3팀을 선정하여 시상한다.

⑤ 멘토링 등반 대회를 개최한다.

　가) 실시기간: 매해 4월, 9월

　나) 행사장소: 학교 인근 뒷산 옥녀봉, 장유사 뒷산, 창원 천관산, 제주도 한라산

　다) 실시방법

　　1) 참가한 멘토링 커플은 Safe School 조성과 관련된 글귀가 인쇄된 견장을 부착한다.

　　2) Safe School 조성과 관련된 글귀가 인쇄된 리본을 등반하는 산의 나뭇가지에 부착한다.

　　3) Safe School 조성과 관련된 글귀가 인쇄된 팻말을 정상에 설치한다.

　　4) 정상에 도달한 후 멘토링 커플들은 단체를 이룬 뒤 Safe School 구호를 외친다.

　　5) Safe School 조성 등반 대회 참가증을 배부한다.

⑥ '멘토랑 멘제랑' 마라톤대회 참가 소감문 쓰기를 한다.

　가) 실시기간: 매해 8월 15일

　나) 실시방법

　　1) 김해시가 주관하는 '8·15 광복 기념 단축 마라톤대회'에 멘토, 멘제가 함께 참가한다.

　　2) Safe School 조성과 관련된 글귀가 인쇄된 견장을 부착한다.

　다) 소감문 작성방법: Safe School 조성 마라톤대회에 참가하면서 나눈 멘토링 커플 대화를 바탕으로 한 소감문을 작성한다.

　라) 시상계획: 최우수 1명, 우수 2명, 장려 3명을 선정하여 시상한다.

⑦ 멘토링 활동사진전시회를 개최한다.

　가) 실시기간: 매해 10월

　나) 제출내용: 1년간 '멘토랑 멘제랑 함께 지킨 Safe School' 멘토링 활동사진을 제출한다.

　다) 전시장소: 장유 문화회관에 전시한다.

⑧ 멘토링 향토문화제에 참가한다.

가) 프로그램 및 실시기간

〈표-24〉 멘토링 향토문화제 참가 프로그램 일정

순 번	프로그램명	실시기간	비 고
1	가락문화제	음력 3. 14.~3. 17.	
2	연지 봄 축제	4월 초	
3	가야세계문화 축전	9월 말	김해시청 문화예술과
4	김해예술제	10월 초	문화담당 부서의 협조
5	허황옥 실버 축제	10월 초	
6	김해분청도자기 축제	10월 말	
7	진영단감 축제	11월 초	

나) 참여활동
   (1) 향토문화제 프로그램 중 2개 이상 참여한다.
   (2) 멘토링 커플은 향토문화제 기간 중 교통정리, 길 안내 등 행사자원봉사
       활동을 겸할 수 있다.
   (3) 행사 참여 중 멘토는 자연스럽게 학교폭력 예방 상담을 병행한다.
   (4) 멘토는 멘토링 상담일지를 작성한다.
   (5) '멘토랑 멘제랑' 함께 참가한 활동사진을 멘토링 활동사진전에 제출한다.

다) 기대효과
   (1) 향토문화행사 참여에 따른 내 고장 소속감과 애향심은 청소년의 심성 순
       화 효과가 있을 것이다.
   (2) 비격식적인 행사 중 병행한 학교폭력 예방 상담은 Safe school 조성의
       기반이 될 것이다.

⑨ 멘토링 심성수련 활동에 참가한다.
   가) 실시기간: 주 1회 매주 금요일 하교 후
   나) 실시장소: 장유단학선원

다) 실시대상: 학교 부적응아 멘제(장기 결석자, 보호관찰 대상, 교칙위반 처벌대상)

라) 실시방법: 지역인사 멘토인 장유단학선원장의 협조로 'Safe school 조성 특별 심성수련 단학운동프로그램'을 운영한다.

(3) Mentoring 자원봉사활동을 적극적으로 수행한다.

① 학기 중 Mentoring 자원봉사활동

가) Safe School 조성을 위한 가두 캠페인 자원봉사활동을 실시한다.
   1) 실시기간: 매월 첫 주 월요일 점심시간
   2) 실시장소: 장유시내 일원
   3) 실시방법:
      (가) 참석한 멘토링 커플은 '함께 하는 Safe School', '마음 안심 Safe School', '학교 튼튼 Safe School' 등의 글귀를 인쇄한 견장을 착용하거나 팻말을 소지한다.
      (나) Safe School 구호를 크게 외친다.
      (다) Safe School 조성을 위한 홍보 전단지를 배포한다.
      (라) Safe School 조성을 위한 가두 캠페인에 참여한 멘제 학생에게는 봉사활동 인정 점수를 부여한다.
   4) 협조기관: 김해 장유지구대

나) '멘토랑 멘제랑' 어려운 이웃돕기 봉사활동을 실시한다.
   1) '주말에 만나요': 병원 일손 돕기, 캠페인 봉사활동, 음성 꽃동네 입소
   2) '시험 끝! 봉사활동 시작!': 장애인 돕기, 아동복지센터 행사 동영상 제작,
   3) '놀토 시원하게 밀어 드립니다!': 양로원 어르신 목욕 보조, 어르신 산책 및 말벗 해드리기

다) 방학 중 Mentoring 자원봉사활동

  1) 캄보디아 국제 구호활동 참가: 파라미타청소년자원봉사센터 연계활동

  2) 외국인 이주 노동자를 위한 한국어학당 참가: 경남외국인노동자사무소 연계활동

  3) 인근 병원 중환자실 자원봉사활동에 참여한다.

(4) 사이버 Mentoring 활동을 전개하여 안전학교문화를 정착시킨다.

  (1) 학교 홈페이지에 사이버 Mentoring 코너를 설치, 운영한다.

  (2) 사이버 멘토링 네트워크 조성

  가) 인터넷 중독 자가진단 실시(K척도), 음란물 접촉 실태조사 및 음란물 중독도 검사를 실시하여 사이버 중독자를 선별한다.

  나) 선별된 사이버 중독자를 사이버 멘제로 선정한다.

  다) 사이버 멘토링 커플을 정한다.

  (3) 사이버 멘토링 활동 진행과정

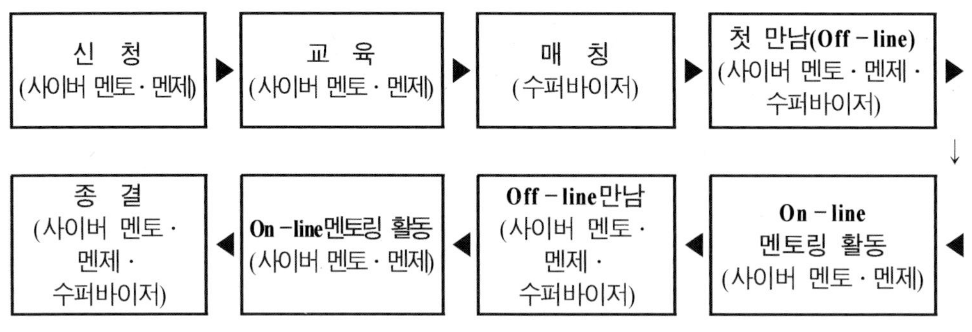

〈그림-3〉 사이버 멘토링 활동 진행과정

〈그림-4〉 Cyber Mentoring Cycle

(4) Safe School 조성 문자메시지 활용: 학교 홈페이지의 활성화와 더불어 휴대폰이나 인터넷을 활용하여 '멘토링 커플 Safe School 조성 문자메시지 주고받기'를 실시한다.

6. 일반화 및 평가계획

1) 일반화 계획

학교 상담망 구축 정책연구학교 운영은 지역사회 유관기관과의 네트워크 구축과 학교에 근무하고 있는 전문상담교사 자원을 효율적으로 활용한 맞춤형 상담활동을 극대화함으로써 다음과 같은 과제를 일반화할 예정이다.

가. 학생·교사·학부모의 의견을 수렴한 멘토링 프로그램을 보급한다.

나. 교육과정과 연계한 멘토링 프로그램을 적용한다.

다. 학교 홈페이지를 활용한 사이버 멘토링을 활성화한다.

라. Safe School 조성을 위한 학교·가정·지역 유관기관의 상담 네트워크를 구축한다.

2) 평가계획

연구의 성과를 검증하기 위하여 학생·교사·학부모를 대상으로 다양한 방법으로 사전 준거 조사와 사후 검사를 통해 변화의 정도를 파악하고자 한다.

〈표-25〉 평가내용 및 방법

연번	평가내용	사용도구	대상	실시시기	자료처리방법
1	멘토링 네트워크 활용도 조사	자작설문지 면담	멘토, 멘제, 수퍼바이저	2007년 9월 2008년 8월	양적 평가(백분율) 질적 평가(면담)
2	청소년 멘토링 프로그램(Mentoring Program) 만족도 조사	자작설문지 소감문 작성	멘제	2007년 10월 2008년 9월	양적 평가(백분율) 질적 평가(소감문 작성)
3	청소년 멘토링 프로그램(Mentoring Program) 흥미도 조사	자작설문지 면담	멘토, 멘제,	2007년 10월 2008년 9월	양적 평가(백분율) 질적 평가(면담, 소감문 작성)
4	청소년 멘토링 프로그램을 적용한 Safe School 기여도 조사	자작설문지 소감문 작성	멘토, 멘제, 슈퍼바이저	2007년 10월 2008년 9월	양적 평가(백분율) 질적 평가(소감문 작성)

7. 기대하는 효과

첫째. 학교와 지역사회의 멘토링 네트워크를 활용할 수 있는 여건을 조성하고, 교사와 학생 간의 1:1 상담을 통하여 친밀감을 조성할 수 있는 공간을 마련함으로써, 학생들과 교사 간에 긴밀한 래포가 형성될 것이다.

둘째. Safe School 조성을 위하여 구안하는 멘토링 프로그램(Mentoring Program)은 학부모 및 교사에게 자기 연수의 기회를 제공하고, 학교 상담의 중요성을 일깨워 줄 수 있을 뿐만 아니라, 이를 통하여 학생들과의 상담이 학생들의 인성 형성에 중요하게 작용함을 인식하는 데 이바지할 것이다.

셋째. 멘토링 프로그램은 가출경험, 일탈경험이 있는 학생들에게 정신적인 지지 역할을 할 수 있으며, 대화할 수 있는 창구를 통하여 적절한 역할 모델을 제공받을 수 있을 것이다.

넷째. 청소년 멘토링 프로그램(Mentoring Program) 적용을 통하여 Safe School을 조성함으로써 학생 상호간에 교류와 우정이 획득될 수 있는 기회를 제공하고,

정서적 지지 모델을 찾아 즐거운 학교문화 형성에 도움을 줄 것이다.

　다섯째. 학교폭력과 흡연, 사이버폭력과 음주 등 부적응 학생을 위한 프로그램의 적용은 청소년 비행문제에 효과적으로 대처할 수 있을 것이며, 학교 부적응 학생을 위한 교육 복지 서비스가 함께 제공되어 청소년 비행 예방에 효과적일 것이다.

　여섯째. 지역사회와 학교, 가정이 연계된 다양한 학생생활지도 프로그램의 구축으로 지역사회 내에 학생으로 인한 문제를 해결하는 데 협조적인 분위기를 형성할 수 있으며, 학생과 학부모, 지역사회가 삼위일체가 됨으로써 안전한 학교문화 형성에 도움이 될 것이다.

참고문헌

김연숙, 「청소년 학교폭력의 실태와 대처방안에 관한 연구」, 전북대학교. 2005.

무학여자고등학교, 「학습활동 활성와 모형개발 운영」, 서울: 무학여자고등학교, 2005.

박교선, 『학생 생활지도 이제는 변해야 한다』, 교육과학사, 2006.

손선희, 「빈곤·결손 가정 청소년을 위한 해결 중심적 멘토링 프로그램의 효과」, 인제대학교, 2005.

안산부곡중학교, 「교사의 상담프로그램 운영 능력 제고를 통한 학생의 학교생활 적응력 향상」, 경기: 안산부곡중학교, 2006.

오금중학교, 「홈페이지 활용을 통한 대화활동으로 학생들의 자아정체성 함양」, 서울: 오금학교, 2005.

오산중학교, 「교내 전문 상담인력의 효율적 활용을 통한 학교상담의 활성화 방안」, 경기: 오산중학 2006.

유성경, 이소래, 「비행예방을 위한 청소년 멘토링 프로그램」, 한국청소년상담원, 1997.

유홍준, 정은경, 「학교 생활 요인과 학교 청소년 비행」, 성균관대학교 사회과학연구소, 1999.

이동혁, 유성경, 「상담연구의 주제 및 연구 대상 분석」, 한국청소년상담원, 2000.

이진규, 「청소년 문제의 실태와 그 지도 방안」, 김해문화원, 1996.

충남중학교, 「사회복지사 상담교육 활동을 활용한 학교폭력 예방 및 건강한 또래 문화 형성」, 대전: 남중학교, 2006.

A Guide to Safe Schools, U.S. Department of Education, 1998.

교육인적자원부, Safe School 역량강화를 위한 전국 교감, 학생부장, 상담부장 연수회 자료, 교육인적자원부, 2006.

"가슴이 따뜻한 해성인 육성"

2007학년도
남해해성중고등학교 멘토링 운영계획

2007학년도
남해해성중고등학교 멘토링 운영계획

1. 이론적 배경

1) 멘토링

(1) 멘토링의 유래

① 신화성: BC1250년 – 멘토 등장 – 호머의 그리스 신화

최근에 이르러 산업계나 교육계 등에서 붐을 일으키는 멘토링은 사실상 오랜 역사를 지닌 개념이다. 멘토는 유명한 호머의 서사시 오디세이에 나오는 이타카왕 오디세우스의 친구 이름이었다. 왕이 트로이 전쟁에 나갈 때 아들 텔레마쿠스를 멘토에게 맡기고 지도를 부탁하였는데, 20년 후 왕이 전쟁에서 돌아왔을 때 텔레마쿠스는 왕의 자질을 갖춘 지혜롭고 현명한 사람으로 성장해 있었다는 데서 유래한다.

② 역사성: AD1699년 – 페넬롱(프랑스) 멘토링

이러한 멘토와 텔레마쿠스의 이야기를 처음으로 활용한 사람은 17세기 프랑스의 페넬롱이었다. 그는 멘토(스승)로서 프랑스 루이 14세의 손자 Louis를 지도했으며, 1699년에는 텔레마쿠스에 대한 책('텔레마쿠스의 모험' – 당대 가장 인기 있는 책 중의 하나였음)을 써서 널리 알려진 인물로 오늘날 우리가 연구하고, 활용하고 있는 멘토링의 사상을 전해준 최초의 사람이다. 이로서 멘토는 지혜와 신뢰로 한 사람의 인생을 이끌어 주는 One to One Mentorship, 즉 지도자(Leader) 등의 동의어로 사용되는 계기가 된 것이다.

③ 현실성: AD1970년대 – 윌리엄 그레이 – New Mentoring Program

오늘날 멘토링은 70년대 후반부터 북미지역의 학자들에 의하여 연구가 활발하게 진행되었다. 레빈슨 교수(79'예일대)의 저서 『남자의 생의 계절』에서 언급한

"멘토가 없는 사람은 부모가 없는 고아와 같다."는 내용은 학교, 기업, 교회 등 각 조직에서 구성원으로서 멘토의 필요성이 급부상하게 되었다. 한편 1979년에 로체는 ≪하버드 비즈니스 리뷰≫라는 잡지에서 당시 사업계에서 임원 자리를 차지하고 있는 대부분의 사람들이 과거에 멘토가 있었다는 사실을 발견해 낸다. 이 보고서 이후, 미국의 많은 직장에서는 이 멘토링 프로그램에 많은 관심을 보이고 있으며 연구하고 적응해 왔다.

(2) 멘토링의 원리

멘토링 프로그램은 고품질의 인재개발에서 출발한다. 멘토는 먼저 자신의 인격을 지속적으로 서비스하고, 멘토의 도움을 받는 멘제는 일정기간 후 멘제 자신도 도움을 주는 멘토로 생활태도가 바뀌어야 한다. 이때 멘토링에서의 가장 중요한 것은 멘제 중심이 되는 것이다.

◈ 멘토링의 원리는 다음과 같다.
○한 사람의 멘토와 한 사람의 멘제를 선정한다.
－멘토와 멘제를 선정할 때는 아무렇게나 선정하는 것이 아니라 조직의 멘토링 목표에 맞게 선정해야 하며 특별한 기준이 있어야 한다.
○일정기간 동안 멘제 중심의 1 : 1 관계를 맺는다.
－멘토링 활동에는 조직마다 약정한 기간을 설정해 주어야 한다.
○멘토의 역량을 최대한 발휘한다.
－멘토는 멘제를 업그레이드하는 데 전심전력을 기울여야 한다. 멘토가 리더가 되는 것은 멘토링의 본질에서 벗어나는 것이다.
○멘제는 특성과 잠재력을 개발하여 인격을 갖춘 차세대 리더로 세운다.

(3) 멘토링의 구성요건

① 멘토의 역할 및 자질
　1) 역할
유능한 멘토는 멘제의 상황에 따라 자유자재로 대응방법을 바꿀 수 있는 역량을 필요로 한다. 멘토가 갖추어야 할 다섯 가지 기술로는
　① 교육(teaching)에 대한 기술

② 상담(counseling)에 대한 기술
③ 지도(coaching)에 대한 기술
④ 후원에 대한 기술
⑤ 조정에 대한 기술 그리고 한 가지 멘제의 능력을 개발하고 리더로서 성장할 수 있도록 하며 결국 조직에 공헌함으로써 조직의 목표인 인적 경쟁력을 확보할 수 있도록 하는 것이다.

2) 자질
① 멘제의 인격을 존중하며 멘제의 ㉮인성 ㉯적성 ㉰지성을 개발하기 위해 지(知), 정(情), 의(意)를 서비스하는 사람이어야 한다.
② 멘제에게 긍정적인 사람이어야 한다. 책망, 경고, 위협 등은 금물이다.
③ 멘제의 특성과 잠재력을 볼 줄 아는 사람이어야 한다.
④ 멘제에게 용기를 주며 상대방의 견해를 소화하는 열린 귀가 있는 사람이어야 한다.
⑤ 교육에 대한 올바른 가치관을 가져야 한다.
⑥ 업무에 대한 다양성과 전문성을 가져야 한다.

② 멘제의 활동수칙
  1) 멘토에게 적절한 질문을 하라.
  2) 멘토에게 당신이 기대하는 수준을 분명히 하라.
  3) 낮아져서 배우는 자의 위치를 받아들여라.
  4) 멘토를 존경하되 우상화하지 말라.
  5) 배운 것은 즉시 실천하라.
  6) 멘토에게 행동을 주의하라.
  7) 성장하는 것을 보여줌으로써 멘토에게 보답하라.
  8) 멘토에게 그만두겠다는 말을 조심하라.

(4) 멘토링의 성공조건
  가) 강제적 · 제도적 장치가 마련되어야 한다.
  나) 멘토링 결과에 대한 정기 평가대회(발표대회)를 통하여 우수 팀을 장려

한다.

다) 개인의 인적 사항뿐만 아니라 성격분석을 통하여 멘토, 멘제 간에 성격 차를 극복하고 자기개발을 위해 힘쓰며 교육의 초점을 인격의 가치를 둔 개발로 두어야 한다.

◈ 학교 멘토의 역할
○ 이모나 삼촌(아주머니, 아저씨)과 같이 허심탄회하게 삶의 이야기를 나눈다.
○ 왕따, 학교생활, 가정생활, 친구관계 등에서 일어나는 어려움을 이야기한다.
○ 즐거운 일(생일, 진급, 수상)이 있을 때 같이 나눈다.
○ 학습부진의 경우에 서로 대안을 세운다.
○ 가정과 학교 사이에서 대리인 역할을 해 준다.
○ 지배의식을 갖지 말고 자유롭게 의사결정의 기회를 준다.
○ 이야기 내용을 경청하고 존중해 준다.
○ 나보다도 더 뛰어날 수 있도록 안내한다.
○ 일방적이 아니고 서로에게 도움이 될 수 있도록 상호관계를 유지한다.

---

2. 운영의 필요성 및 목적

1) 필요성

많은 학생들이 가정적으로나 사회적으로 어려움을 겪음으로써 학교 적응에 큰 애로를 느끼는 것 같다. 특히 가장 중요한 성장기인 고등학교 학생에게는 더 어려움이 많을 것이다. 이에 부적응 학생이나 도움을 필요로 하는 학생들과 교사, 학부모, 지역사회 인사가 연계활동을 통하여 후원제도를 도입함으로써 학생들이 학교생활에 대한 적응력을 높여 원활하고 활기찬 학교생활을 할 수 있도록 유도하고 또한 교육공동체 구성원들의 자발적 참여를 통하여 지식 기반 사회의 시대적 요구와 학생들의 변화에 맞는 새로운 학교교육의 체계적 방법과 실행방안을 밝혀내고, 이의 확산을 통하여 참다운 학교교육을 실현하는 성공적인 학교를 만들어 본교 학생에게 사회화 및 전문적 지식을 제공받을 기회를 갖게 할 필요가 있다.

2) 목 적

교육공동체 구성원의 자발적 참여로 학교교육의 변화와 혁신을 선도하는 학교를 만들기 위하여 도움을 필요로 하는 학생들의 교과지도, 진로·상담, 특기지도 등을 담당하게 하여 계층 간 교육격차 해소에 기여하고 멘토링 운영을 통하여 다양한 모델을 개발·활용, 긍정적인 태도를 길러 교육의 질을 높이고 이 나라가 필요로 하는 인재를 양성하는 데 그 목적이 있다.

◆ 멘토링(Mentoring)
ㅇ정해진 성인(Mentor)과 대상 학생(Menger)이 일대일로 정해진 기간 동안 정기적인 만남을 통해,
–멘토와 멘제 간 정서적·사회적 관계를 형성하고, 성장과정에 필요한 지적, 정서적 지원을 하는 것
※ Mentor의 역할: Menger의 개인적인 후원자, 역할 모델, 교사, 코치, 상담자

---

3. 추진방향

1) 1단계: 도움을 필요로 하는 학생(멘제)의 선정 단계

소년소녀 가장, 결손 가정 희생, 부적응 학생, 우수 학생, 희망학생 등을 담임교사가 중심이 되어 선정하되 학생의 자발적 참여를 유도한다.

2) 2단계: 멘토 선정 단계

직원회의를 통하여 교사들의 자발적 참여를 유도하고 학부모 총회 및 학교 운영 위원회와 연계하여 학부모 및 지역사회 인사의 적극적 참여를 유도한다.

3) 3단계: 멘제 - 멘토 결연관계 형성

학부모, 지역인사, 교사 멘토를 선정하여 멘제와 1 : 1로 결연한다.

4. 추진내용

1) 계 획

◪ 멘토링 연간 운영계획서 ◪

실천과제	실천내용	목표량	시기(월)	담당(멘토)
멘토 대상 연수	• 효율적인 멘토링을 위한 연수	1회	4월	학부모, 교사 지역사회 인사
e - mail 및 휴대 폰 문자 보내기	• 학부모 연계지도, e - mail 상담 • 교사 연계지도, e - mail 상담 • 휴대폰 문자를 통한 안부 지도	수시 수시 수시	연중 연중 연중	학부모, 교사 지역사회 인사
문화 체험	• 영화 관람 • 관광명소 견학	2회 1회	6월, 9월 8월	학부모, 교사 지역사회 인사
가정방문 및 초청	• 식사초대 • 고민상담	1회 수시	5월 4월~	학부모, 교사 지역사회 인사
방과 후 개별상담	• 교사 개별지도(학습지도 및 상담) • 음식 같이 먹기	수시 3회	4월~ 5, 7, 9월	교사
방학 중 인성함양 프로그램 참여	• 여름방학을 이용한 캠프	1회	8월	학생부 협조

2) 실 제

1) 멘토(76명): 교사 멘토, 희망 참여자 멘토(지역사회 인사), 학부모 멘토
2) 멘제(205명): 전교생

〈멘토-멘제 결연 명단〉

멘 제			멘 토(교사)		
학 번	이 름	연락처	부 서	이 름	연락처
1101	김○○		교무부	강억구	
1201	박○○		교무부	이두홍	
2101	신○○		교무부	권경희	
2201	정○○		교무부	박노주	
3101	최○○		교무부	이병희	
3201	이○○		교무부	이지영	

3) 멘토 연수 실시:

- 학기별 1회 학부모, 교사 및 지역사회 인사 멘토에게 멘토링에 대한 연수 실시
- 멘토링 담당 부서에서 멘토의 연간 활동계획에 대한 연수(학기 초)
- 외부 강사 초청 연수 실시(연 1회)

5. 운영방침

1) 멘토링 운영방법

○ 멘토와 멘제를 연결하여 1회 1시간씩 월 2회 개별상담지도(e-mail 및 전화 상담 가능)
○ 기초학습 및 교과지도, 특기 · 적성 지도, 진로 및 학교생활 상담 등 다양한 활동 가능
○ 등산 · 답사 등 체험활동, 연극 · 영화 관람 등의 문화활동 병행

2) 멘토 지원방안

○ 멘토링 우수사례 발굴 및 표창 추천
○ 멘토 자질 향상 및 지속적 동기부여를 위한 사전 교육 및 연수 실시

6. 운영계획

가. 운영기간: 2007학년도부터 지속 운영
나. 운영장소: 학교나 멘토 및 멘제가 원하는 장소
다. 운영대상: 본교 전학생(졸업 이후도 지속)

구 분	대상 및 선정기준	인 원	비 고
멘 토	○ 학부모, 교사, 지역사회 인사	76	
멘 티	○ 재학생 중 희망자 전원	205	
합 계		281명	

7. 멘토링 운영 관리

1) 관리 및 역할(학교장)

- 운영계획 수립
- 소요예산 신청
- 홍보 및 평가

2) 관리 및 역할(교감)

- 운영 관리 책임
- 멘토링 운영과 관련한 멘토 / 멘제 결연

- 멘토링 관련 개선점 · 우수사례 · 환류사항 발굴

3) 멘토 / 멘제 배정계획

소 속	멘토 수	예정 배정인원		비 고
		멘토	멘제(최대)	
법인 이사장 및 이사	8	8	24	
교 장	1	1	3	
교 감	1	1	3	
교무부	6	6	18	
학생부	5	5	15	
연구부	4	4	12	
정보부	3	3	9	
학운위	3	3	6	
학부모	20	20	40	
동창회	5	5	15	
힐튼임원 및 희망자	20	20	60	
계	76	76	205	

4) 예산계획

○ 예산 신청액: 15,700천 원

○ 소요경비(안)

항 목		산출근거	지원요청액	비 고
사업비	멘토 / 멘제 1 : 3교재비	• 학습교재비 -15,000원 × 76명 × 5종 = 5,700,000	5,700,000원	
	발대식 및 간담회	• 발대식 간담회(선물 및 다과 포함) -7,000,000원 • 간담회 및 연수(연 4회) -4,000,000원	11,000,000원	
합 계			15,700,000원	

○ 회계 관리방법
 - 멘토의 교재비는 본교 멘토링 운영규정에 따라 집행
 - 멘토링 운영과 관련 교육 대상자(멘제)에게는 경비부담 불가
 - 동 경비와 관련한 예산 운용은 학교회계처리규정에 준함

5) 평가 및 환류계획

(1) 양적 평가: 멘토링 실시 후, 만족도 조사 실시
 ○ 실시방법: 붙임 설문지에 의거, 멘토 및 멘제를 대상으로 실시
 ○ 실시기한: '07. 12. 01.~12. 16.

(2) 질적 평가: 멘토 및 멘제의 참가 소감문을 제출
 ○ 실시횟수: 학기별 1회
 ○ 실시시기: '07년 6~12월

(3) 환류계획: 개선점 보완 후, 2008년 확대 실시 예정

(4) 운영 조직
 멘토링 자율장학 시범학교로서 운영의 효율성을 높이기 위해 분과별 구체 업무 담당자를 조직하여 분과 간 수시 협의가 이루어지도록 한다.

■ 운영 조직 및 임무 ■

위원장
교 장 | 정창호

지도기관
경상남도교육청

자문·협조기관
학교법인, 학운위, 학부모, 동창회

부위원장
교 감 | 최성기

기획·총괄
교무부장: 강억구

학교경영조직분과
고정현
백종기, 정종명, 김영선, 류경현
• 멘토링제 운영을 위한 기반 조성
• 업무 및 자료 지원
• 환경 정리
• 시설 관리
• 멘토링 프로그램 연구

연구 기획 분과
박계숙
이두홍, 권경희, 박노주, 이지영
• 멘토링 운영계획 수립
• 추진 및 분석
• 실태조사 및 분석
• 보고서 작성
• 간담회 개최

수업 연구 분과
서대원
정은주, 정선자 김정숙
• 멘토링 수업 연구 계획 및 추진
• 협의회 개최
• 일반화 자료 제작 활용
• 예산 관리
• 연수 추진

평가 분석 분과
강재성
안영미, 김옥진 이병희
• 기초 실태 분석
• 평가 및 기록
• 자료 검토
• 연구성과 검토 및 분석

멘토링을 통한
가슴이 따뜻한 해성인 육성

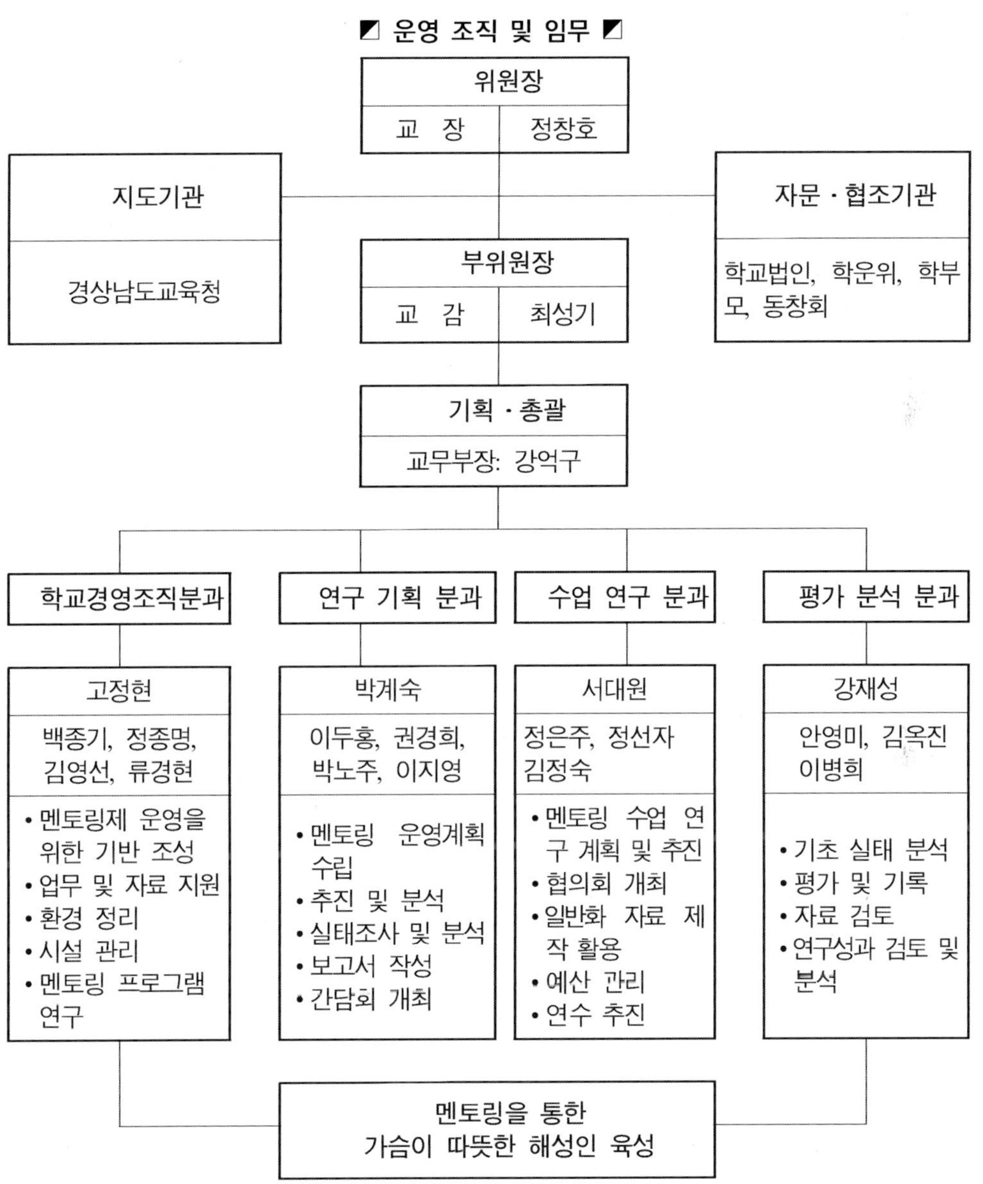

8. 학교에서의 멘토링 적용 분야

1) 학생지도활동(우수, 잠재, 슬럼프, 문제 학생)

- 선생님과 집중 지도 대상 학생을 1 : 1로(지도 대상이 많은 경우에는 선생님
  한 명당 3명을 할당) 연결하여 지도합니다.
- 교사와 집중 지도 대상 학생을 1 : 3으로 연결하여 지도
- 지도 대상 학생의 문제점 파악, 원인 분석
- 칭찬과 격려, 학부모 상담, 잘못한 일은 깨닫도록 지도
- 자신의 부족한 부분을 신청
- 교사 – 학생 개인지도: 교사가 학생을 개인지도

2) 학습지도활동(우수 학생: 부진 학생, 교사: 부진 학생, 학부모: 부진 학생)

- 교사와 부진 학생은 과제나 학습내용 검사 후 수시로 지도.
- 우수 학생과 부진 학생 선정하여 1 : 1 지도
  ○ 수학과에 적용
- 단원 평가를 하여 우수 학생 8명, 부진 학생 8명 선정
- 멘토로서의 자부심과 좋은 점에 관해 지도하고 멘제 지도 시에 받을 혜택 부여
- 멘제는 부끄러운 것이 아니라는 것을 수긍하도록 지도, 학습 효과가 나타나
  면 받을 혜택 부여
- 멘제도 노력에 따라 멘토가 될 수 있다는 가능성 부여
- 칭찬과 격려
- 자기도 멘토가 되기 위한 노력을 보이는 학생이 나오도록 유도

3) 특별활동, 재능활동, 여가활동

○ 특별활동 시간 사물놀이부에서 멘토와 멘제 역할 적용 지도
  - 기존 사물놀이 부원을 멘토로 하고 신입 사물놀이 부원을 멘제로 하여 1 : 1

또는 1:2로 관계를 맺어 줌.

- 채 잡는 법부터 자세 지도, 타법 지도, 가락 익히기 모두 교사가 먼저 시범을 보이고 멘토와 멘제가 1:1로 개별 지도하도록 시간을 줌.
- 멘제들이 쉽게 이해하고 쉽게 익히는 효과가 기대됨.
- 예체능활동, 컴퓨터, 기타 재능활동 및 여가·취미활동과 봉사활동(교내, 사회)을 학습활동에서와 같은 방법으로 시행하며, 사회봉사활동과 같은 경우는 봉사활동 대상자와 특정기간 동안 1:1 또는 반(소그룹)학생들과 대상자가 1:1로 연결하여 돌아가면서 봉사활동을 전개합니다.

◆ 멘토링 프로그램 학교 도입의 성공조건
○ 멘토링을 교사가 정확히 이해해야 한다.
○ 학교 구성원들의 공감대가 형성되어야 한다.
○ 멘토에 대한 동기부여가 이루어져야 한다.
○ 참여자에게 동기부여를 제대로 해 주어야 한다.

---

9. 멘토링의 효과

1) 집단따돌림(왕따) 문제 해결

집단따돌림의 문제는 관계의 단절을 의미하며, 반면 멘토링은 건강한 관계 형성을 의미하기 때문에 멘토링의 도입은 곧 학생과 학생, 선생님과 학생 사이의 관계 형성(지도활동, 학습활동, 취미활동, 특기활동 등)을 통하여 집단따돌림을 원천적으로 없앨 수 있으며, 혹 발생되었다 할지라도 멘토링 활동 중 쉽게 그 사실을 발견하여 학생-학생 또는 교사-학생 멘토링으로 치료할 수 있다.

2) 면학 분위기 조성과 사교육비 문제 해결

학생 상호간에 부족한 학생을 개인지도하는 과정에서 학교 전체의 면학 분위기가 조성되며, 전체 학생(배우는 학생은 물론이고, 가르치는 학생들도 더 확실한 지식으로 정착)들의 성적 향상을 꾀할 수 있고, 나아가 사교육비를 근절할 수 있다.

3) 지도력과 지식인의 양성

다른 학생을 지도함으로써 지도력(Mentorship)과 인간관계 훈련 및 자신의 지식을 활용하는 살아 있는 지식으로 만들 수 있다.

4) 과학적인 자료에 의한 학생지도

멘토링 활동과정을 모니터링한 자료와 보고자료를 근거로 학생 개개인에게 맞는 진로(진학)지도, 잠재능력개발, 최선의 해결방법 탐색능력개발 등의 학생지도를 과학적 근거에 의하여 실시할 수 있다.

5) 무엇보다 선생님을 존경, 동료 사랑의 인간존중의 태도를 기를 수 있다.

1) 1:1로 활동하면서 서로의 학생 집도 방문하고, 심지어는 두 가족끼리 야외에도 가면서 학생들을 위로하고 격려하는 동안에 타인의 어려움을 알고 베풀 수 있는 인간으로 성장하며,
2) 봉사활동 역시, 비록 형식적으로 시작한 경우까지도 1:1의 관계를 형성하며 지속적인 관계 속에서 진실이 싹트게 되며,
3) 선생님과 학생 간에서도 1:1 관계에서 깊숙한 내면의 세계까지 이해하면서 존경과 사랑이 자리하게 된다.

10. 멘토링 우수사례

1) Old Mill 고교 적용 사례

[The Big Winner]

가난으로 한이 맺힌 김종훈 소년은 초등학교시절 신문배달로 학비를 보탰고 70년대 중반에는 라면 살 돈이 없을 정도로 가난한 가정생활에서 76년 미국이민의 길에 올랐다.

이민 첫 정착지는 볼티모어의 빈민지역이었다. 50센트가 없어 중학생 때는 점심을 거르는 비참한 이민생활이었다. 겨우 고등학교에 진학했으나 더 이상 가난에 견딜 수 없어 눈물을 머금고 자퇴서를 냈다. 담임 댄 브리돈은 깜짝 놀랐다. 이미 김종훈의 신상을 파악한 선생님은 앞으로 가능성을 발견하고 학비를 보태고 물적 도움을 주어 자퇴를 막았다. 가난의 소용돌이 속에서 한 가닥 희망의 빛을 예고하는 계기가 되었다. 육상반에서 활동할 수 있도록 배려도 해 주었다. 마침내 전교 2등의 석차로 Old Mill 고등학교를 졸업했다.

그 후 승승장구하여 존스 홉킨스 대학 컴퓨터 공학을 거쳐 미해군 핵잠수함 장교로 군복무를 마쳤다. 경영학석사에 이어 공학박사 학위를 취득했다. 첨단 통신 장비 기술로 Yurie System사를 40달러에 설립해서 5년 후에 10억 달러에 매각했고, 오늘날 현재 1,200명의 종업원을 거느린 루슨트테크놀로지 그룹의 기술부문 사장이 되었다.

그는 연구원으로, 노벨물리학상을 수상한 홀스트 스토머를 영입했고 멘토인 고교 담임 댄 브리돈에게도 연구원 자리를 마련해 주었다.

Mentor 댄 브리돈(고교 담임)		**Menger** 김종훈
1. 가능성을 발견한다. 2. 물적 도움으로 자퇴를 막는다. 3. 육상반에 배려해 주었다. 4. 전교 2등으로 졸업시키다.	멘 토 링	1. 존스 홉킨스대와 해군 핵잠수함 장교 복무 2. 경영학석사, 공학박사 취득 3. 유리시스템社 설립, 루슨트 그룹 사장 4. 담임 댄 브리돈을 연구원으로 영입 5. 99. 3. 美성공이민상 수상(미이민법재단)

2) 링컨과 초등교사와 멘토링 사례

[실패로부터 성공한 사람]

그는 31세에 사업에 실패했고 32세에 입법위원이 되는 데 실패했고 34세에 국회위원으로 당선되었다. 그의 애인이 35세에 죽었고 36세에는 신경쇠약에 걸렸었고 38세에는 대변인이 되는 데 실패, 40세에는 선거위원이 되는 데 실패 43세에는 하원위원에 다시 낙선, 50세에 상원위원에 낙방, 56세에는 부통령이 되는 데 실패했고 58세에는 상원위원이 되는 데 실패했다. 그는 링컨(Abraham Lincoln)이다.

어디에서 그는 그러한 끈기와 실패에 좌절하지 않는 능력을 배운 것일까? 대부분은 물론 내부로부터 왔을 것이다. 샌드버그(Sandburg)는 그를 벨벳과 강철의 결합이라고 불렀다. 그러나 그도 역시 몇 명의 사람들이 그를 믿어 주었고 낙방했을 때는 격려해 주고 실패는 일시적이라는 것을 가르치고 그를 밀어주었기 때문에 견뎌낼 수 있었던 것이다. 아마도 그 시대에 미국의 서부에는 다른 링컨들도 있었을 것이다. 단지 그러한 교사나 친구가 없었기 때문에 그들은 지금 알려지지 않은 채로 무덤에 누워 있는 것이다.

Mentor인 그래함(초등학교 선생님)		**Menger**인 아브라함 링컨
1. 6개월 침식 제공하고 가능성을 발견하다. 2. 처녀를 소개하여 성혼시키고 3. 토목기술(경험)을 가르치고	멘 토 링	1. 불우한 환경에서 용기를 얻고 2. 초등학교 졸업의 핸디캡을 딛고 3. 변호사가 되고 대통령이 되어서 4. 취임식에 그의 멘토인 그래함을 제일 가까이에 앉혔다.

【부록 1】

◢ 멘토링 운영 관리 카드(관리자용) ◢

인적 사항	성 명		소 속		직위(급)	
	주 소				관리 멘제 수	
	전 화			담당 업무		
	휴대폰					
	이메일					
멘토성명 (전 화)		소 속		멘제성명	학년, 반: 전화	
계				계		

【부록 2】

◤ 멘토링 운영 관리 카드(멘토용) ◥

<table>
<tr><td rowspan="5">인적
사항</td><td>성 명</td><td></td><td>소 속</td><td colspan="2"></td></tr>
<tr><td rowspan="2">주 소</td><td colspan="2" rowspan="2"></td><td>학 년</td><td></td></tr>
<tr><td>학 번</td><td></td></tr>
<tr><td>전 화</td><td></td><td>주민등록번호</td><td colspan="2"></td></tr>
<tr><td>휴대폰</td><td></td><td rowspan="2">참고사항</td><td colspan="2" rowspan="2">1.
2.
3.</td></tr>
<tr><td>이메일</td><td></td></tr>
<tr><td>활동 분야</td><td colspan="5">교과지도(　), 특기지도(　), 문화체험지도(　), 인성지도(　)</td></tr>
<tr><td>멘제 성명</td><td colspan="2">학 교 명</td><td>학년, 반</td><td colspan="2">전 화</td></tr>
<tr><td></td><td colspan="2"></td><td></td><td colspan="2"></td></tr>
<tr><td></td><td colspan="2"></td><td></td><td colspan="2"></td></tr>
<tr><td></td><td colspan="2"></td><td></td><td colspan="2"></td></tr>
<tr><td></td><td colspan="2"></td><td></td><td colspan="2"></td></tr>
<tr><td></td><td colspan="2"></td><td></td><td colspan="2"></td></tr>
<tr><td></td><td colspan="2"></td><td></td><td colspan="2"></td></tr>
<tr><td>계</td><td colspan="5"></td></tr>
</table>

【부록 3】

◤ 멘토링 만족도 조사 설문지(멘제용) ◢

소속		담당 멘토명		학년, 반	
응답보기	전혀 그렇지 않다	그렇지 않다	보통이다	그렇다	매우 그렇다
	1	2	3	4	5

분류	문항	설 문 내 용	점 수				
			1	2	3	4	5
활동 계획	1	활동내용의 요점을 잘 파악할 수 있었다.					
	2	활동준비가 잘되었다.					
	3	선택한 교재 또는 용구는 활동에 도움이 되었다.					
활동 관리	4	결강(보강 없는 휴강) 횟수는? (①4회 이상, ②3회, ③2회, ④1회, ⑤없음)					
	5	활동 시간을 잘 지켜서 매 시간 학습 결손이 없었다.					
	6	직접 출석관리를 철저히 하였다.					
활동 진행	7	이해하기 쉽도록 설명하였다.					
	8	학생의 참여의욕을 고취하고 활동에 적극 참여시키려고 노력하였다.					
	9	본 활동과 관련된 충분한 전문지식을 갖고 있었다.					
활동 보완	10	활동내용과 분량은 학습에 도움이 되는 것이었다.					
	11	활동 중 보완자료를 충분히 활용하였다.					
활동 효과	12	활동을 통해 많은 지식을 얻었고, 많은 도움을 받았다.					
	13	다른 사람들에게 이 활동을 권유하겠다.					
	14	이 활동을 전체적으로 다음과 같이 평가한다. (① F, ② D, ③ C, ④ B, ⑤ A)					
활동 태도	15	교재 및 기타 활동자료를 철저하게 준비하였다.					
	16	학습에 진지하게 임하였으며, 내용을 이해하려고 적극적으로 노력하였다.					
	17	이해하기 어려운 내용을 해결하고자 노력하였다.					
장소	18	활동한 장소의 환경(크기, 청결, 조명, 소음 등)은 적절하였다.					
기타 의견	19						

【부록 4】

◪ 멘토명: ___________ ◪

*날짜 기재 후, 출석○, 결석 ×

	1회		2회		3회		4회		5회		6회		7회		8회		확인	총
3월																		
4월																		
총 출석 횟수																		

◪ 멘제 출석부 ◪

*날짜 기재 후, 출석○, 지각 / 조퇴△, 결석 ×

날짜 \ 멘제	1주				2주				3주				4주				5주			
	3 / 15																			
김00																				
최00																				

【부록 5】

◢ 멘토 활동계획서 ◢

1. 멘토명:
2. 영역: (교과, 특기, 문화, 인성)
3. 멘제 명단: 총 3명 (이00, 박00, 최00)
4. 멘토링 활동계획

횟 수	일 시	장 소	활동내용	비 고
1				
2				
3				
4				
5				
6				
7				
8				
9				
10				

【부록 6】

◢ 멘토 활동보고서 ◢

멘토 성명			
활동 일시		장 소	

<table>
<tr><td colspan="2" align="center">활 동 사 항</td></tr>
<tr><td align="center">참가 멘제</td><td align="center">활 동 내 용</td></tr>
<tr><td></td><td></td></tr>
<tr><td></td><td></td></tr>
<tr><td></td><td></td></tr>
<tr><td></td><td></td></tr>
<tr><td></td><td></td></tr>
<tr><td align="center">논의하고
싶은 문제</td><td></td></tr>
</table>

【부록 7】

■ 멘토 교사 활동 테스트 ■

　멘토가 되는 것은 또 하나의 부름입니다. 이 소명에 충실하게 살려면 어떻게 해야 할까요? 여기 훌륭한 멘토가 될 만한 몇 가지의 항목들이 있습니다. 멘토 활동 중에 나는 과연 어떤 멘토일까? 한번 스스로 진단해 보세요.

구분	멘토 활동 진단 설문(교사용)	평 가				
		5	4	3	2	1
소명의식	1. 멘제를 위하여 하루에 한 번 관심을 갖는다.					
	2. 멘제와 함께 집회에 참석하면서 궁금해 하는 점을 설명해 준 적이 있다.					
	3. 멘제가 학교의 규정이나 교칙에 대해 가장 의문스러워하는 점이 무엇인지 알고 있다.					
	4. 종종 그들과 학교생활에 대한 경험담을 나눈다.					
	5. 내가 속해 있는 학교에 만족하며 다른 사람에게도 권할 의향이 있다.					
	6. 학교의 구성원이 된 것에 감사하고 있으며, 멘토가 된 것도 나에게 주어진 사명이라고 생각한다.					
사명의식	7. 멘제와 함께 봉사활동을 할 의향이 있다.					
	8. 자신의 가족을 멘제에게 소개하고 식사를 함께 한 적이 있다.					
	9. 그들이 학교에 몸담기까지의 과정을 알고 있다.					
	10. 멘제의 경조사에 관심을 갖고 참석한다.					
	11. 멘제에게 힘겨운 일이 생겼을 때, 나는 그들이 찾아올 수 있는 편안한 사람이라고 생각한다.					
	12. 멘제들을 많이 두는 것보다는, 한 사람일지라도 잘 돌보는 것이 더 중요하다고 생각한다.					
	13. 멘제들이 관심을 보이는 자선단체나 봉사활동에 대해 조언을 해줄 수 있을 정도의 지식을 갖고 있다.					
창조의식	14. 멘제가 최근에 했던 고민을 알고 있다.					
	15. 멘제의 가족의 이름을 알고 있다.					
	16. 멘제가 존경하는 성인에 대해 알고 있다.					
	17. 멘제에게 학회 출판 자료나 전문서적 구입을 권한다.					
	18. 멘제와 함께 수련회에 참여했거나 계획 중이다.					
	19. 학교의 관심사에 대해 멘제와 토론하며, 이때 주장을 내세우기보다는 그들의 의견을 경청하는 편이다.					
	20. 가끔 학교 밖으로 나가서 그들과 함께 삶에 유익한 문화생활을 한다.					
	계(　　　)점					
종합평가	100~81	80~61	60~41	40~21	20 이하	
	리더 멘토	모범멘토	잠재 멘토	문제 멘토	결격 멘토	

【부록 8】

◤ 멘토링 신청서(멘토용) ◥

인적 사항	성 명		소 속		부 서	
	주 소					
	전 화		주민등록번호			
	휴대폰		참고사항		1. 2. 3.	
	이메일					
활동 희망 분야	교과지도( ), 특기지도( ), 문화체험지도( ), 인성지도( )					

본인은 남해해성고등학교에서 추진하고 있는 멘토링 교육봉사활동을 희망하기에 위와 같이 신청합니다.

2007. 03.
신청인:
남해해성고등학교장 귀하

경기도교육청지정 교육시책(교내자율장학) 시범학교
운영보고서(2 / 2)

멘토링 자율장학을 통한 교사의 전문성 신장

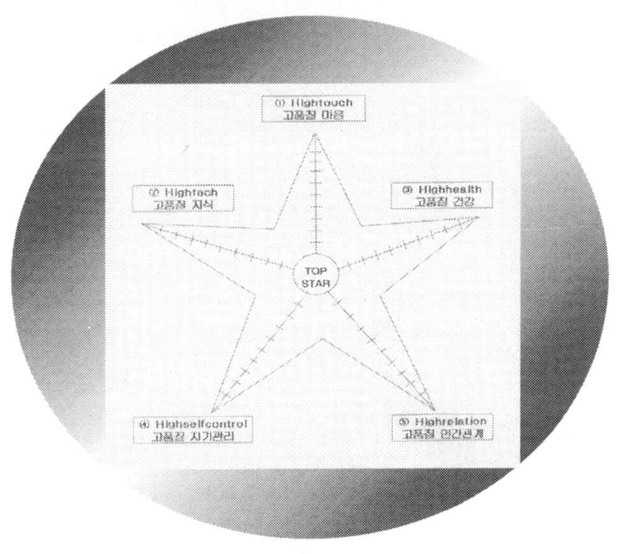

경기도교육청지정 교육시책 시범학교
수원선일초등학교
http://suwon – sunil.es.kr

시범학교 운영의 개요

학교 현황	구 분	1학년	2학년	3학년	4학년	5학년	6학년	계
	학급 수	6	7	6	8	8	9	44
	학생 수	248	289	259	323	324	385	1828

교 장	고성민		교장실	(031) 233 - 9102
교 감	박태성	전화번호	교무실	(031) 233 - 1783
	안재천			
연 구	박미옥		FAX	(031) 233 - 1793

학교명	영 역	지정별	기 간	연 차	보고회 개최일
선 일 초등학교	자율장학	경기도교육청 지정시범학교	2004. 3. 1.~ 2006. 2. 28.(2년간)	2 / 2	2005. 9. 27.(화)

주 제	멘토링 자율장학을 통한 교사의 전문성 신장

운영 중점 및 내용	운영중점	운영내용
	1. 멘토링 자율장학을 위한 기반 조성	가. 멘토링 자율장학 이해 연수 나. 멘토링 자율장학 연구회 및 팀 조직 운영 다. 인간관계 촉진 프로그램 운영 라. 멘토링 자율장학을 위한 시설 구축
	2. 멘토링 자율장학 프로그램을 전개	가. 멘토링 프로그램 수립 적용 나. 멘토링 프로그램 운영
	3. 자기개발을 위한 교원 연찬 활동 강화	가. 자기장학 실시 나. 일반연수 실시 다. 수업 모니터록 활용

운영 결과	가. 학교현장 중심의 신규교사 장학문화의 구축으로 교내장학에 적극적으로 참여하는 풍토를 조성하여 교내장학의 효과를 얻을 수 있었다. 나. 멘토링 자율장학이 이루어지는 과정 중에서 인간적 교류가 활발해지므로 서로 간의 대화 기회가 많아져 학교 분위기가 가족적이 되어 업무를 추진함에 있어서도 능률이 향상되는 효과를 가져왔다. 다. 멘토링 자율장학 활동을 통하여 멘토와 멘제 교사 간에 서로 신뢰를 쌓아 가는 인간관계로 발전할 수 있었으며 교실 중심, 수업 중심, 연구 중심의 학교풍토가 조성되었다. 라. 교직 초기 단계에서 제공되는 학교 중심의 멘토링 자율장학 프로그램은 교실 상황에서 자신의 행위를 개념적, 이론적으로 탐구하는 반성적 학습의 과정이 교사들의 수업능력 향상에 기여했다. 마. 경력교사는 신규교사를 지도하는 과정에서 자연스럽게 수업장학 능력과 본인의 수업 개선에 기여하는 효과를 얻을 수 있었다. 바. 자기장학록을 활용한 자기수업 분석을 함으로써 자신의 수업방식이나 잘못된 습관을 알고 변화하는 기회가 되었다. 사. 수업 모니터록을 통하여 계속적인 정보의 공유로 교사로서의 교양과 지식을 쌓는 데 도움이 되었다. 아. 수업 개선 연구교사의 수업 참관과 협의를 통하여 교수·학습방법 개선에 도움이 되었다.

일반화 자료	멘토링 수업장학 프로그램

1. 서 론

1) 운영의 필요성

1980년대 이후 교육의 질 개선을 통한 국가 경쟁력 확보라는 명제하에 국가적인 차원에서 교육개혁이 추진되어 왔고 이 과정에서 교사의 전문성 신장은 필수적인 과제로 대두되어 왔다. 교육개혁의 방안은 교원의 질을 개선함으로써 교육의 질을 제고하려는 것으로 볼 수 있다. 그러나 그동안의 교원정책은 제도적 차원의 변화에 초점을 둔 것으로 현장교육의 질과 수월성을 보장하기 위한 교원의 전문성 신장 방안으로서 효과적인 전략이라고 보기에는 의문이 따른다. 예컨대 교원의 정년 단축을 통해 교원의 질을 높이겠다는 발상이나 수습교사제를 도입하여 자질이 부족한 교사의 유입을 제도적으로 차단하겠다는 구상은 교사들이 중심이 되어 전문성을 신장하기 위한 체계적 교사 프로그램의 변화를 전제로 한 것이 아니다.

이러한 관점에서 볼 때 교사의 직전 교육과정의 프로그램을 개선하는 일이 우선이겠지만 교사로서 교직에 입문하는 과정에서 넓은 차원의 현직 교육을 통해 교사로서의 전문적 능력을 신장시킬 수 있는 교사 중심의 프로그램이 요구된다. 이러한 노력의 일환으로 1980년대에 들어 선진국에서 강조하는 것이 초임 교사를 위한 멘토링(mentoring)이다.

본교에서 시행되고 있는 장학의 형태를 살펴보면 ① 신규교사를 대상으로 교장 교감이 주도하여 실시하는 임상장학 ② 동 학년 수업 연구 중심으로 이루어지는 동료장학 ③ 교사 개인의 선분적 발달을 향상시키기 위한 자기장학 ④ 신규 및 저경력 교사와 고경력 교사 간에 인간관계를 바탕으로 실시되는 멘토링 자율장학 등 다양하다.

그중 교사의 전문성 신장을 위한 멘토링 자율장학은 교사들이 상급자에 의한 장학에 거부감을 갖는 상황과 자율화·전문화를 요구하는 상황, 그리고 학교현장에 대한 적합성 부족, 시간 부족, 전문성 부족 등의 문제점을 노출하고 있는 현 시점에서 교내장학이 일환으로 동료적 협농장학의 성격을 갖기 때문에 장학의 효과성 및 효율성 측면에서 그 효과가 매우 크리라 생각되었다. 따라서 **멘토링 자율장학 활동을 위한 충분한 여건을 조성한 후 이에 따른 다양한 활동을 실시하여 신규 및 저경력 교사들이 교사로서의 사회화와 전문적 능력을 개발하도록 할 필요가 있으며 단위**

학교 중심의 멘토링 수업기술 향상 프로그램을 구안·적용하여 교수·학습활동에 도움을 주고 교내 교사연수를 강화하여 자기반성 및 전문적 지식을 제공받을 기회를 갖게 할 필요가 있다.

2) 운영의 목적

본 시범운영은 멘토링 자율장학 환경 조성, 멘토링 자율장학 프로그램 구안 적용, 다양한 연수 프로그램을 통한 자기장학 등 교내 자율장학을 통하여 신규 및 저경력 교사의 교실수업기술 향상 및 수업에 대한 긍정적 태도를 길러 교육의 질을 높이고 교사의 전문성을 신장시키는 데 목적이 있다.

3) 운영의 범위 및 제한

연구의 중점은 장학의 제반 영역 중 교수·학습방법 개선 면에 중점을 두며 멘토링 프로그램을 구안·적용하여 교내 교사들의 인간관계를 개선시키고 신규교사나 저경력 교사를 대상으로 수업 개선 의욕을 고취시키며 전문성을 신장시키도록 하였다.

4) 용어의 정의

가. 멘토링 자율장학: 멘토링은 1:1 관계로 한 사람이 다른 개인의 성장과 발달을 격려해 주고 인도해 주는 것을 의미하며 본 운영에서의 멘토링 자율장학이란 교수·학습 면에서 보다 경험이 많고 수업기술이 뛰어난 멘토가 저경력 교사인 멘제에게 도움을 주는 자율장학 활동을 의미한다.

1) 멘토: 멘토는 지혜롭고 믿을 만한 조언자라는 뜻으로 본 운영에서는 멘제가 교사로서의 자아 이미지를 긍정적으로 확립하고 전문성을 계발하도록 지원·조력할 수 있는 15년 이상의 경력 교사를 말한다.
2) 멘제: 멘토의 도움으로 전문성 및 능력을 키워 나중에는 또 다른 멘제의 역할을 할 수 있는 멘토의 대상을 의미하며 본 운영에서는 5년 미만의 신규교사나 5년 이상~9년 미만의 저경력 교사를 의미한다.

2. 운영중점 설정의 배경

1) 자율장학

(1) 자율장학의 기본 개념과 유형

장학의 개념을 백현기는 "학생의 성장 발달에 필요한 모든 조건을 향상시키는 전문적, 기술적 봉사를 뜻하며, 교사 능력의 배양이나 조언 및 조력을 해 주는 활동"[4]이라 하였고, 김종철은 "학습지도의 개선을 위하여 제공되는 지도조언"[5]이라고 했으며, 김영화는 "학교 교육활동 전 영역에 걸쳐 교사 및 학생들의 효율적인 성장 발달을 돕기 위하여 체계적이고 계속적인 지도조언, 협력하는 전문적 기술적 봉사활동"이라고 하였다.[6] 본 연구에서 장학은 교사의 교수력 향상을 위해 장학 담당자나 동료 교사 상호간에 전문적, 기술적, 봉사적 지원 활동이라 말할 수 있다. 장학의 유형은 분류 기준과 관점에 따라 다양하나 본 연구와 관련된 수업장학, 동료장학, 자기장학에 대한 개념을 정리해 보면 다음과 같다.

<표-5> 교내 자율장학의 기본 형태 비교[7]

기본 형태	개 념	주 장학 담당자	구체적 형태	대 상
수업 장학	• 교사들의 수업기술 향상을 위하여 교장·교감(자원인사 포함)이 주도하는 개별적이고 체계적인 성격이 강한 시도·조언활동	교장·교감 (교사, 자원인사 포함)	• 임상장학 • 수업 연구(교장·교감 주도) • 초임 교사 대상 수업 관련 지도·조언 활동 등	• 초임 교사 • 저경력 교사 • 수업기술 향상 필요성이 있는 교사 • 자발적 희망 교사
동료 장학	• 동료 교사들이 교육활동의 개선을 위하여 모임이나 짝을 이루어 상호간에 수업 연구·공개 활동의 추진이나 공동과제 및 관심사 협의·연구·추진 등 공동으로 노력하는 과정	동료 교사	<수업 연구(공개) 중심 동료장학> • 동 학년 수업 연구(수업공개) • 동 교과 수업 연구(수업공개) 등 <협의 중심 동료장학> • 동 학년·동 교과·동 부서 교사 협의 • 부장 교사 협의 • 스터디 그룹 활동 • 각종 공식석·비공식적 협의 등	• 전체 교사 • 협동으로 일하기 원하는 교사 • 관심이 같은 분야 교사 • 동호인

---

4) 백현기(1961). 장학론. 서울: 을유문화사. p.36.
5) 김종철(1985). 교육행정의 이론과 실제. 서울: 교육과학사. p.237.
6) 김영화(1985). 「장학 담당자의 직무 수행과 교사의 수용에 관한 연구」. 고려대학교 교육대학원 석사학위논문. p.13.

기본 형태	개 념	주 장학 담당자	구체적 형태	대 상
동료 장학	• 동료 교사들이 교육활동의 개선을 위하여 모임이나 짝을 이루어 상호간에 수업 연구·공개 활동의 추진이나 공동과제 및 관심사의 협의·연구·추진 등 공동으로 노력하는 과정	동료 교사	<연구과제 중심 동료장학> • 공동 연구과제 추진 • 공동 시범과제 추진 • 공동 연구자료·작품 제작 등 <멘토링 동료장학> • 초임 교사와 경력 교사 간 팀별 활동 <동호인 활동 중심 동료장학> • 각종 건전한 동호인 활동	• 전체 교사 • 협동으로 일하기 원하는 교사 • 관심이 분야 같은 교사 • 동호인
자기 장학	• 교사 개인이 자신의 전문적 발달을 위하여 스스로 체계적인 계획을 세우고 이를 실천해 나가는 활동	교사 개인	• 자기수업 분석·연구 • 자기평가 • 학생을 통한 수업 반성 • 1인1과제연구·개인(현장)연구 • 전문서적·자료 탐독 • 대학원 수강 • 전문기관, 전문가 방문·상담 • 현장 방문·견학 • 교과연구회, 학술회, 강연회 등 참석 • 각종 자기연찬 활동 등	• 전체 교사 • 자기분석·자기지도의 기술이 있는 교사 • 혼자 일하기 원하는 교사
약식 장학	• 교장·교감이 간헐적으로 짧은 시간 동안의 학급순시나 수업참관을 통하여 교사들의 수업활동과 학급경영 활동을 관찰하고 이에 대하여 교사들에게 지도·조언하는 활동	교장 교감	♠학급순시 ♠수업참관 (약식장학은 교장·교감이 일상적으로 수행하는 활동이므로 일상장학이라고 칭할 수 있음)	• 전체 교직원
자체 연수	• 교육활동의 개선을 위하여 교직원들의 필요와 요구에 기초해 교내·교외의 인적·물적 자원을 활용하여 학교 자체에서 실시하는 연수 활동	전체 교직원 (외부 인사, 학부모 강사 포함)	♠학교 주도의 각종 연수 활동 (수업장학, 동료장학, 자기장학의 결과를 자체연수 때에 발표할 수 있음)	• 전체 교직원

① 자율장학의 방향과 절차

자율장학의 목적은 교육의 질적 향상을 위한 교사의 교수력을 높여 수업방법을 개선하려는 데 있다.[8]

자율장학은 장학 담당자가 교사를 감시하고 평가하는 활동이 아니라 보조하는

---

7) 윤정일, 송기창, 조동섭, 김병주, 『한국교육정책의 탐구』(서울: 교육과학사, 1997), p.546.
8) 김춘현 외 1명(1983). 「교내장학으로서의 수업연구」. 공주교육대학 논문. p.6.

활동으로 교사 개개인의 인간적 가치와 존엄성을 인정하고 교사의 요구를 충족시켜 주어야 하므로, 장학 담당자의 주관과 판단에 의하지 않고 객관적이고 합리적이며 과학적인 절차와 방법에 따라 행해져야 한다.

따라서 교사의 교재연구, 수업계획 수립, 학습자료 제작, 교수·학습활동, 평가 결과 활용 등의 수업과 관련된 제반 영역에 걸쳐 도움을 제공할 수 있어야 하며, 또 다양한 장학방법이 개발·적용되어야 하고, 장학 담당자의 전문적인 자질 향상과 장학 담당자와 교사 간의 원만한 인간관계가 충분히 이루어질 수 있는 자율적, 민주적 장학풍토가 선행되어야 함을 전제로 하고 있다.

주삼환은 수업의 질적 향상을 위한 가장 바람직한 장학은 자기장학이며, 그 다음이 동료장학, 마지막으로 교내장학을 제시하였으며,[9] 장이권은 전통적 장학의 문제를 개선할 수 있는 한 가지 대안으로 임상장학을 제시하면서 점진적 개선을 통해 신중히 적용할 것을 권고하였다. 그러나 몇 가지 장학방법으로는 모든 교사의 요구에 부응될 수 없고 모든 장학적 상황에서 효과적일 수 없기에 다양한 장학방법의 구안이 절실히 요구된다.

한편, 수업장학의 절차와 방법에 대해 고영희는 Gorton이 설명한 장학 절차를 근거로 하여 다음과 같이 제시하였다.

〈표-6〉 수업장학 절차 및 방법

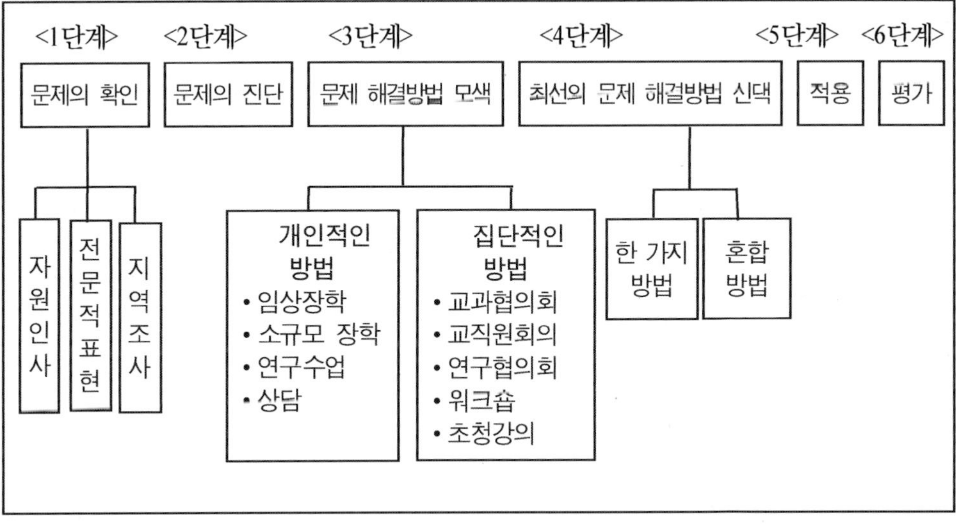

9) 주삼환. 교육의 질적 향상을 위한 장학의 방향. (서울: 교육과학사, 1998). p.54.

이상에서 논한 수업장학의 방향과 절차를 요약하면,

첫째, 모든 장학 활동의 목적을 교수·학습의 질적 향상에 두고

둘째, 학교 여건에 알맞은 수업장학방법을 구안·적용하며

셋째, 장학 담당자와 교사 간의 원만한 인간관계 형성에 중점을 두고

넷째, 계획적인 절차와 방법에 따라 다양한 접근활동이 요구된다.

임상장학 활동 모형에 대하여 고영희는 "수업장학 모형 개발 및 현장 적용 가능성 탐색 연구"에서 여러 학자의 이론 모형을 다음과 같이 요약·제시하였다.[10]

〈표-7〉 임상장학의 모형

단계 \ 학자	Cogan	Gold-hammer 등	Krecsy & Brayne	Acheson & Gall	Abrell
수업 전	교사, 장학 담당자 관계 확립	관찰 전 협의회	계 획	계획 협의회	개방적, 신뢰적, 동료적 관계 확립
	공동 수업 계획				교사의 요구, 희망, 능력, 기대하는 목적의 확인
	수업관찰 계획				장학 활동의 계획 수립
수업 중	수업관찰	수업관찰	관 찰	수업관찰	수업행동 관찰
수업 후	교수·학습과정 분석	분석과 전략 수립	전략 수립	환류 협의회	수업행동의 분석, 협의회 개최, 환류, 평가
	협의회 전략 수립				
	협의회	장학 협의회	협의회		
	후속계획	장학협의회 분석			

이상에서 살펴본 장학 모형들의 공통점은

첫째, 관찰 전 협의회, 수업관찰, 사후 협의를 통한 환류(Feed back)의 세 과정을 두고 있다는 점,

둘째, 현장 적용이 가능토록 수정 보완을 통한 정교성을 요구하고 있다는 점 등이다.

이상의 이론적 배경에서 받은 시사점은 멘토링 자율장학 기능의 효율성을 높이기 위해서는 학교 실정에 알맞은 수업장학 모형 구현과 실천과정에서 보다 체

---

10) 주삼환, 교육의 질적 향상을 위한 장학의 방향(서울, 교육과학사, 1998). p.30.

계적인 장학방법이 모색[11]되어야 한다는 점이다.

본교에서는 멘토링 자율장학의 단계를 모형으로 구안·적용하고 문제 해결을 위해 사전 협의, 실천 적용, 사후 반성의 과학적인 절차와 방법을 다음과 같이 적용하였다.

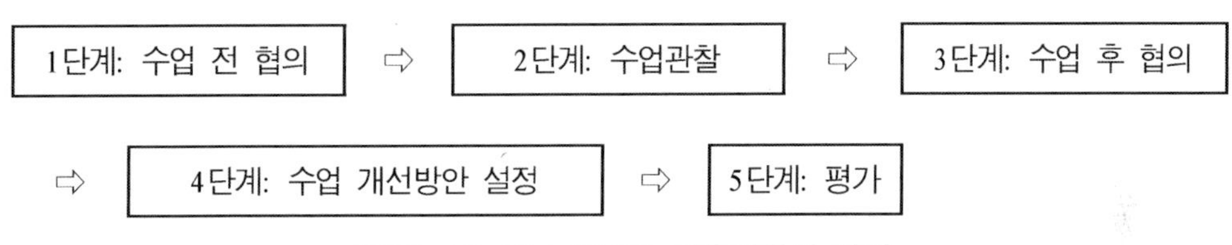

[그림-2] 본교 멘토링 자율장학의 단계

2) 선행연구 고찰

자율장학 시범학교의 선행연구 보고서를 분석한 결과는 <표-8>과 같다.

〈표-8〉 자율장학 시범학교의 선행연구내용

연구기관	연 도	연구주제	본 운영과의 관련 사항
한국 교육개발원	1989	교내 자율장학의 활성화 방안 연구	○ 교내 자율장학의 여건 조성 ○ 자율장학의 형태
서울선린 초등학교	1991	교내 자율장학의 발전적 방향	○ 선택적 장학 활용 ○ 교사의 장학 요원화
울산광역시교육청	2001	멘토링제 운영을 통한 교내 자율장학의 활성화 방안	○ 교내 자율장학의 유형 설정 ○ 교내 자율장학의 과정
대구 대천 초등학교	2001	선택적 교내 자율장학을 통한 교수·학습방법 개선	○ 교사 자체연수 방안
수원 매현 초등학교	2004	멘토링제 장학 모델 프로그램 개발 적용을 통한 교내 자율장학 활성화 방안	○ 멘토링제의 필요성 ○ 멘토링 프로그램의 절차

이상의 선행연구를 통해 본 연구 운영중점 설정에 시사받은 점은 다음과 같다.

첫째, 교실수업 개선 중심의 교내 자율장학 운영이 필요함을 알게 되었다.

---

11) 주삼환. 장학력 요청과 수업 개선을 위한 임상장학(교육연구원 1984년 12월호. p.24.)에서 장학에 대한 부정적인 것은 장학 자체에 있는 것이 아니고 유형과 방법에 문제가 있다. 따라서 여건에 알맞은 장학 유형과 방법을 바꾸면 긍정적이고 적극적일 수 있다.

둘째, 교내 자율장학의 기본 유형을 파악할 수 있었다.

셋째, 교내 자율장학을 실시할 여건 조성 및 자율장학의 기본 과정을 이해할 수 있었다.

넷째, 교내 자율장학을 통해 수업 개선을 하기 위한 자기장학, 동료장학, 수업장학의 구체적 방안들을 시사받았다.

다섯째, 저경력 교사의 수업방법 개선을 위해서는 멘토링제 운영이 적합한 교내 자율장학 프로그램이라는 점을 시사받았다.

3) 학교의 실태 분석

(1) 본교 교사 교육경력 현황

〈표-9〉 교사 교육경력 현황

교직경력	조사자(N =50)	백분율(%)
0년 이상~ 5년 미만	7	14
5년 이상~10년 미만	14	28
10년 이상~15년 미만	6	12
15년 이상~20년 미만	10	20
20년 이상~25년 미만	10	20
25년 이상	3	6
합 계	50(명)	100(%)

본교 교사들의 교직경력은 골고루 분포되어 있어 교직원 구성이 바람직하게 구성되어 있는 것으로 나타났다. 그중 15명의 저경력 교사를 대상으로 이들을 도울 수 있는 멘토링 자율장학 활동을 함으로써, 중견교사와 신규교사 및 저경력 교사가 1:1 짝을 맺어 멘토와 멘제로서의 역할을 충실히 하면 자율장학 효과의 극대화를 꾀할 수 있을 것으로 보았다.

(2) 실태분석 및 분석내용

멘토링 자율장학에 대한 시범운영을 실시하기 위한 설문조사를 하였으며 그 내용은 다음과 같다.

〈표-10〉 자율장학 참여방법 조사

영 역	문 항	번호	항 목	응 답											
				교사 수(N=50)						백분율(%)					
				0년~5년	5년~10년	10년~15년	15년~20년	20년~25년	25년 이상	0년~5년	5년~10년	10년~15년	15년~20년	20년~25년	25년 이상
자율장학에 참여했던 방법 조사	선생님께서 최근 5년 동안 참여한 자율장학 중 어느 형태의 장학 활동에 가장 많이 참여하셨습니까?	1	임상장학 10(20%)	3	4	·	1	2	·	42.8	28.6	·	10.0	12.5	·
		2	동료장학 14(28%)	1	5	2	2	3	1	14.3	35.7	33.3	20.0	37.5	33.3
		3	멘토링 장학	·	·	·	·	·	·	·	·	·	·	·	·
		4	약식장학 25(50%)	3	5	3	7	5	2	42.8	35.7	50.0	70.0	50.0	66.7
		5	요청 또는 전통적 장학 1(2%)	·	·	1	·	·	·	·	·	16.7	·	·	·

본교 교사들이 최근 5년 동안 참여한 장학 형태는 약식장학이 50%로 가장 높았고, 동료장학이 28%, 임상장학이 10%로 나타났다. 그중에서도 임상장학은 경력이 주로 10년 미만의 교사들에게 치중해 있었고, 10년 이상의 교사들은 주로 약식장학 활동에 참여한 것으로 니티니 고경력자일수록 소극석인 장학의 형태로 활농했음을 보여주었다.

<표-11> 자율장학 진행과정

영 역	문 항	번 호	항 목	응 답	
				N =50	백분율(%)
자율장학의 진행과정	선생님은 그동안 수업공개 및 협의회를 어떤 절차로 하였습니까?	1	수업자의 수업안 작성 → 수업전개 → 수업자 반성 → 질의응답 → 지도조언	40	80
		2	수업자의 수업안 작성 → 수업자와 참관자의 공동협의 → 수업전개 → 수업참관 협의 및 개선점 추출 → 지도조언	10	20
		3	공동 수업설계 → 수업자, 참관자 공동협의 → 수업전개 → 수업참관 협의 및 개선점 추출 → 지도조언 → 각각 자기 학생 대상 수업전개 → 개선방향 확인	0	0

수업공개와 협의회를 할 때의 절차는 80%의 교사가 일방적으로 지도안을 혼자 짜고 수업을 진행한 후에 질의응답을 받는 전통적인 수업공개방식을 따랐고, 20%의 교사는 참관자와 지도안 협의 및 참관 협의회를 가진 것으로 나타나, 대부분의 수업공개가 수업 결과에 따른 협의회를 가진 것으로 드러났다. 따라서 수업설계에서부터 공동 협의하는 과정을 거치고 수업전개, 참관 및 조언, 재적용, 개선방향을 함께 확인하는 수업장학으로 전환함으로써 수업 개선의 혁신을 꾀할 수 있을 것으로 본다.

〈표-12〉 바람직한 자율장학의 방법 모델

영 역	문 항	번 호	항 목	응 답	
				교사 수 (N =110)	비율(%)
바람직한 자율장학의 방법에 대한 의견	교내 자율장학에서 수업장학의 효과성과 효율성을 높이기 위하여 선생님께서는 어느 방법의 교내 장학이 바람직하다고 생각하십니까? 두 가지만 고르시오.(N = 110명)	1	임상장학	7	6
		2	멘토링 자율장학	18	16
		3	동료장학	35	33
		4	자기장학	25	24
		5	약식장학	1	1
		6	자체연수	7	6
		7	요청장학	1	1
		8	전통적 장학	0	0
		9	사이버장학	0	0
		10	선진학교 방문 활성화로 견문 확대	4	3
		11	마이크로 티칭	12	10

영 역	문 항	번 호	항 목	응 답	
				교사 수 (N = 110)	비율(%)
바람직한 자율장학 의 방법 에 대한 의견	멘토링 자율 장학 (임상장 학 포함)이 가장 바람직 하다고 생각 하신다면 이 유는 무엇입 니까? (N = 25)	1	1 : 1 인간관계를 바탕으로 교실수업 개선, 생활지도, 인성교육, 학급경영 등의 전반적인 도움을 받을 수 있다.	16	64
		2	수업 연구 준비과정에서 공동으로 노력해 가는 과정을 거침으로써 시행착오를 최소화할 수 있다.	6	24
		3	체험 대화 등을 통한 다양한 수업 설계 및 기법을 조언 받을 수 있다.	2	8
		4	전문가의 지도 단계를 거침으로써 수업 개선의 향상에 도움이 된다.	0	0
		5	정기적인 평가와 피드백을 통하여 멘토 및 멘제의 역할을 충실히 이행할 수 있다.	1	4
	동료장학이 가장 바람직 하다고 생각 하신다면 그 이유는 무엇 입니까? (N = 15명)	1	장학 담당자가 동료이므로 학교장·교감보다 부담이 적어서 쉽게 접근할 수 있다.	8	22
		2	공동과제 및 관심사의 협의·연구·추진 등 공동으로 노력하는 과정에서 자기주도적인 장학이 될 수 있다.	17	49
		3	협동심이 길러지고 수시로 상호 의견 교환이 가능하다.	7	20
		4	혼자 준비하는 것보다 짝을 이루어 준비하므로 능률적이다.	2	6
		5	고경력자(저경력자)인 교사로부터 다양한 수업전략과 기술을 배울 수 있다.	1	3

  수업장학의 효과성과 효율성을 높이기 위하여 본교의 교사들이 선호하는 장학방법은 동료장학이 33%로 나타났고, 자기장학이 24%, 멘토링 자율장학(임상장학 포함)이 22%, 마이크로 티칭이 10% 순으로 나타났다.

  멘토링 자율장학(임상장학 포함)을 가장 바람직하다고 생각하는 응답자들의 이유는 64%가 1 : 1 인간관계를 바탕으로 하여 전 영역에 걸친 도움을 받는 것을 꼽았고, 24%의 교사 준비과정에서 시행착오를 줄일 수 있다고 응답하였다.

  동료장학을 바람직하다고 응답한 교사들의 이유는 49%의 교사가 공동중점 및 관심사를 공동으로 협의·추진·연구하는 과정에서 자기주도적인 장학이 될 수 있다는 것을 꼽았고, 42%의 교사는 관리자보다 부담이 적어 쉽게 접근하며 상호 의견을 교환하며 협동심을 기를 수 있다는 이유를 들었다.

〈표-13〉 멘토에 대한 의견

영 역	문 항	번 호	항 목	응 답	
				교사 수 (N =35)	백분율 (%)
멘토에 대한 의견	멘토로 가장 적당한 교사는 누구라고 생각하십니까?	1	고경력 교사	4	11
		2	동년배 교사	2	5
		3	저경력 교사	2	5
		4	동학년 교사	26	76
		5	인근 교실의 담임교사	1	3

멘토로 적절한 교사로 76%의 교사가 동 학년 교사라고 응답하였는데, 이는 같은 내용을 지도하는 동 학년 교사끼리의 멘토링 자율장학이 효과가 큼을 나타내어 교내 멘토링 자율장학의 방향을 제시해 주었다.

4) 운영중점 설정

관련 이론 탐색 및 실태분석을 통하여 다음과 같은 운영중점을 설정하였다.

운영중점 1	멘토링 자율장학 운영을 위한 기반 조성 가. 멘토링 자율장학 이해 연수 나. 멘토링 자율장학 연구회 및 팀 조직 운영 다. 인간관계 촉진 프로그램 운영 라. 멘토링 자율장학을 위한 시설 구축
운영중점 2	멘토링 자율장학 프로그램을 전개 가. 멘토링 자율장학 프로그램 수립 나. 멘토링 자율장학 프로그램 운영
운영중점 3	자기개발을 위한 교원 연찬 활동 강화 가. 자기장학 실시 나. 일반연수 실시 다. 수업 모니터록 활용

3. 운영의 설계

1) 대상: 선일초등학교 교원, 1~6학년 학생

2) 기간: 2004. 3. 1.~2006. 2. 28.(2년간)

3) 운영절차

〈표-14〉 운영내용 및 추진일정

기 간	단 계	추 진 내 용	추 진 일 정
1차 연도 2004. 3. 1.~ 2004. 12. 31.	계획 및 준비	○ 기초 조사 ○ 문헌연구 및 자료 수집 ○ 주제 설정 ○ 운영 위원회 조직 ○ 계획 수립 ○ 운영계획서 작성	2004. 2. 1.~2004. 2. 28. 2004. 2. 1.~2004. 2. 28. 2004. 3. 1.~2004. 3. 10. 2004. 3. 1.~2004. 3. 10. 2004. 3. 1.~2004. 3. 15. 2004. 3. 1.~2004. 3. 20.
	실행 및 중간보고	○ 직원 연수 ○ 인간관계 형성 프로그램 운영 ○ 멘토링 장학 프로그램 도입·적용 ○ 멘토링 장학 프로그램 운영 ○ 1차 적용 결과 분석 ○ 1차 중간보고서 작성	2004. 3. 26.~2004. 4. 21. 2004. 3. 26.~2004. 4. 21. 2004. 5. 2.~2004. 8. 30. 2004. 9. 1.~2004. 11.30. 2004. 12. 1.~2004. 12.10. 2004. 12. 10.~2004. 12. 31.
2차 연도 2005 2. 1.~ 2006.2. 28.	발전 적용 운영 결과 정리	○ 2차 연도 운영계획 수정 보완 ○ 멘토링 장학 프로그램 운영 ○ 운영 및 적용 결과 분석 ○ 운영보고서 작성 ○ 운영보고	2005. 1. 1.~2005. 2. 29. 2005. 3. 1.~2005. 9. 20. 2005. 9. 1.~2005. 9. 15. 2005. 9. 15.~2005. 9. 20. 2005. 09. 27.
	일반화 단계	○ 수정보완 계속 추진	2005. 09. 28.~2006. 2. 28.

4) 운영 조직

멘토링 자율장학 시범학교로서 운영의 효율성을 높이기 위해 분과별 구체 업무 담당자를 조직하여 분과 간 수시 협의가 이루어지도록 하였다.

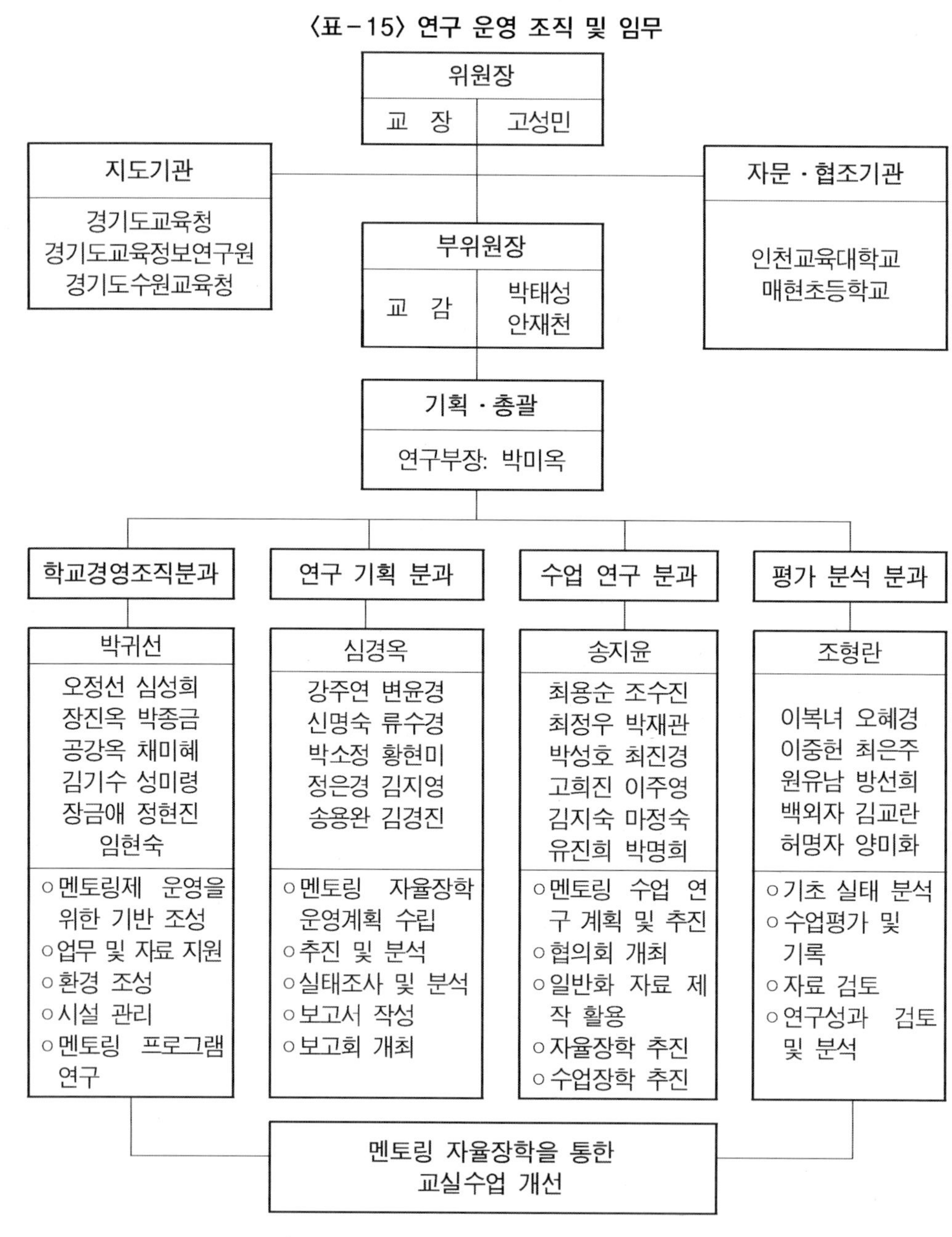

〈표-15〉 연구 운영 조직 및 임무

위원장
교 장 고성민

지도기관
경기도교육청
경기도교육정보연구원
경기도수원교육청

자문·협조기관
인천교육대학교
매현초등학교

부위원장
교 감 박태성
안재천

기획·총괄
연구부장: 박미옥

학교경영조직분과
박귀선
오정선 심성희
장진옥 박종금
공강옥 채미혜
김기수 성미령
장금애 정현진
임현숙
○멘토링제 운영을
위한 기반 조성
○업무 및 자료 지원
○환경 조성
○시설 관리
○멘토링 프로그램
연구

연구 기획 분과
심경옥
강주연 변윤경
신명숙 류수경
박소정 황현미
정은경 김지영
송용완 김경진
○멘토링 자율장학
운영계획 수립
○추진 및 분석
○실태조사 및 분석
○보고서 작성
○보고회 개최

수업 연구 분과
송지윤
최용순 조수진
최정우 박재관
박성호 최진경
고희진 이주영
김지숙 마정숙
유진희 박명희
○멘토링 수업 연
구 계획 및 추진
○협의회 개최
○일반화 자료 제
작 활용
○자율장학 추진
○수업장학 추진

평가 분석 분과
조형란
이복녀 오혜경
이중헌 최은주
원유남 방선희
백외자 김교란
허명자 양미화
○기초 실태 분석
○수업평가 및
기록
○자료 검토
○연구성과 검토
및 분석

멘토링 자율장학을 통한
교실수업 개선

4. 운영의 실제

1) 운영중점[1]의 실천

멘토링 자율장학 운영을 위한 기반 조성

가. 멘토링 자율장학 이해 연수
나. 멘토링 자율장학 연구회 및 멘토링팀 조직 운영
다. 인간관계 촉진 프로그램 운영
라. 멘토링 자율장학을 위한 시설 구축

(1) 멘토링 자율장학 이해 연수

시범학교 운영 목적을 실현하기 위하여 멘토링의 원리, 멘토링의 학교에서의 적용방법, 본교의 시범학교 운영방향 등을 3, 4월에 집중적으로 실시하였으며, 이 때 외부 강사를 초빙하여 이론적 배경을 확고히 하였다.

〈표-16〉 멘토링 자율장학 연수

월	주제 및 내용	연수자
3	• 시범학교 운영계획과 본교 운영의 방향 • 자율장학의 필요성 및 방향	연구부장 박미옥
4	• 멘토링의 유래 • 멘토링의 종류 • 멘토링의 원리 • 멘토링의 활용실태 • 멘토링의 도입효과 • 멘토링 리더십의 특징 • 멘토에게 필요한 역할 • 멘토링의 학교에서의 적용점	멘토링코리아 대표 류재석 소장

[그림-3] 멘토링코리아 대표 초청 연수 장면

(2) 멘토링 자율장학 연구회 및 멘토링팀 조직

① 멘토링 자율장학 연구회 조직

가) 조직방침

1) 멘토링 자율장학 연구회는 교장 교감을 포함한 6명 이내의 위원으로 구성하였고 학교장이 위원장 역할을 담당하였다.

2) 장학사, 교육연구사, 멘토링코리아 지도사 등 교육과 멘토링 전문가를 자문 위원으로 위촉하여 지속적인 도움을 받았다

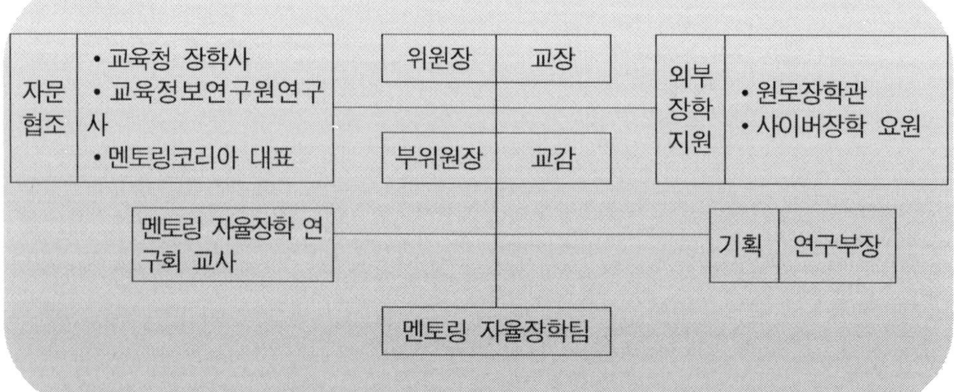

[그림-4] 멘토링 자율장학 연구회 조직

나) 역할 및 활동

  1) 멘토와 멘제를 1:1로 결합시켜 주고 결합된 멘토링팀 간에 원활한 관계
     와 다양한 활동을 할 수 있도록 격려하고 지원하는 역할을 담당하였다.

  2) 멘토링팀의 활동내용 및 공동과제를 선정하고 자율장학팀에 역할을 부여
     하였으며 지속적으로 관리하였다.

  3) 다양한 연수활동을 전개하며 자기장학 활동을 지원하였다.

  4) 관련 전문도서를 확충하고 필요한 시청각 기교재를 확보하였다.

  5) 멘토링팀의 활동을 수시로 점검하고 평가하였으며 평가 결과는 다음 활동
     에 반영하여 좀더 원활한 활동을 할 수 있도록 하였다.

  6) 우수활동을 한 멘토링팀에 대해 격려하고 보상하였다.

② 멘토링 자율장학팀 조직

가) 조직방침

  1) 성격검사(Lynchpin Game)를 실시하여 긍정적 관계를 형성할 수 있는 성
     격유형끼리 결합하여 팀을 구성하였다.

  2) 본교의 실정을 고려하여 멘토링팀을 다음과 같이 15개 팀으로 조직하였
     다. 신규교사를 포함한 저경력 교사 15명을 장학 대상자로 선정하고, 경력
     교사, 즉 멘토는 교육경력 15년 이상의 교사 15명을 선정하여 멘토링팀을
     조직하였다. 그리고 나머지 교사는 멘토링을 위한 지원팀으로 구성하였다.

  3) 멘토링팀은 자기개발 주제 영역별로 Mentor Chain으로 연결하여 상호 정
     보를 교환하고 협력할 수 있도록 조직하였다.

〈표-17〉 멘토링팀 조직

Mentor Pool Center
교감 박태성
Mentor Chain 장진옥
Mentor Chain 심성희
Mentor Chain 김교란
Mentor Chain 최은주
Mentor Chain 심경옥
1조 2조 3조
4조 5조 6조
7조 8조 9조
10조 11조 12조
13조 14조 19조
1조
4조
7조
10조
13조
멘토 박종금
멘토 마정숙
멘토 김교란
멘토 원유남
멘토 이중헌
멘제 이주영
멘제 박재관
멘제 고희진
멘제 정은경
멘제 유진희
지원팀 공강옥
지원팀 송용완
지원팀 정현진
지원팀 김경진
지원팀 장금애

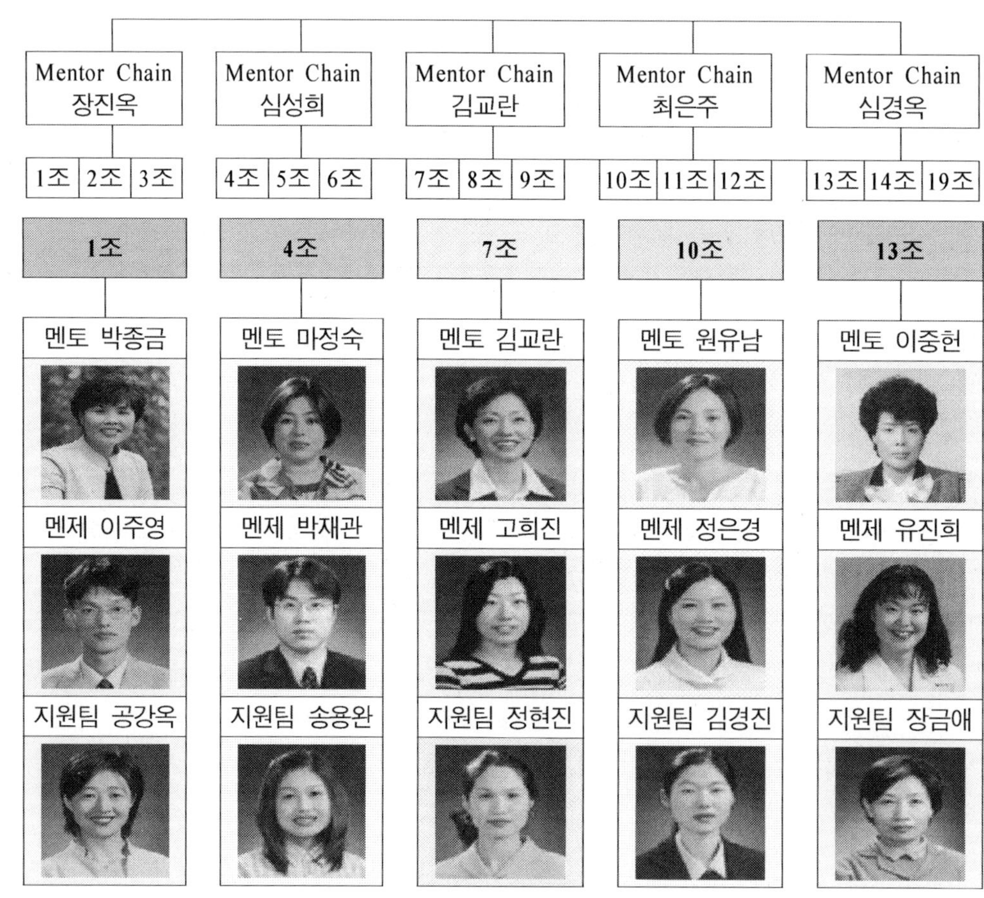

2조
멘토 장진옥
멘제 최용순
지원팀 채미혜

5조
멘토 김지숙
멘제 박성호
지원팀 김지영

8조
멘토 백외자
멘제 송지윤
지원팀 양미화

11조
멘토 최은주
멘제 류수경
지원팀 오혜경

14조
멘토 이복녀
멘제 박소정
지원팀 임현숙

3조
멘토 박명희
멘제 최정우
지원팀 김기수

6조
멘토 심성희
멘제 최진경
지원팀 변윤경

9조
멘토 방선희
멘제 조수진
지원팀 허명자

12조
멘토 조형란
멘제 황현미
지원팀 성미령

15조
멘토 심경옥
멘제 심명숙
지원팀 강주연

나) 역할 및 활동

1) 멘토의 역할

(가) 멘토는 멘토링팀의 리더로서 수업기술을 향상시키기 위해 멘제와 지속적인 대화의 기회를 갖고 교수·학습활동에 관한 협의회를 통해 지도조언하였으며 멘제의 학교생활과 수업활동을 도우며 멘토 자신도 지속적인 연구를 하였다.

(나) 멘제의 상담자가 되어 고민을 들어 주고 함께 이야기를 나누었다.

(다) 멘제의 업무능력을 향상시키고, 긍정적인 직업관을 가지려고 노력하였다.

2) 멘제의 역할

(가) 멘토링 자율장학 프로그램을 통해 끊임없이 수업기술을 연마하며 배운 내용을 실천하려고 노력하였다.

(나) 멘토의 지도조언을 듣고 삶 속에 반영하며 맡은 일에 최선을 다하였다.

(다) 발전의 과정을 기록하며 수시로 멘토와 상담을 하였고 그 내용을 상세하게 일지에 기록해 두었다.

3) Mentor Chain의 역할

멘토는 자신의 위로 멘토(Mentor Chain)와 아래로는 멘제를 동시에 둘 수 있는 상황에서 상(上)과 하(下)의 중간점에서 상호 정보를 교환하고 협력할 수 있도록 연결하였다.

4) Mentor Pool

멘토를 선발하고 양성하고 관리하고 재충전하고 동기부여하는 등 멘토를 전담하여 관리하였다.

(3) 인간관계 촉진 프로그램 적용

멘토링을 통한 자율장학은 멘토링의 근본 원리인 인간의 긍정적 이해를 바탕으로 한 것이므로 멘토링 자율장학 활동을 촉진하고 시범학교를 효과적으로 운영하기 위해서 멘토·멘제의 상호 긍정적 관계를 촉진할 수 있는 다양한 프로그램을 운영하였다.

① Lynchpin Game을 활용한 성격 분석

멘토링코리아에서 개발한 'Lynchpin Game'이란 프로그램을 활용하여 개인의 성격을 검사하였고 적합한 성격의 멘토와 멘제를 연결하였다.

강점 40개 항목, 약점 28개 항목인 페르조나(Persona) 방식의 설문(<표-18>)을 통해 개인의 성격을 파악하여 보았고 주도형, 우호형, 관리형, 분석형 4가지 유형의 성격별로 적합한 성격의 멘토와 멘제를 연결해 주어 좋은 관계를 유지할 수 있도록 하였다.

성격분석에 의거하여 조직된 멘토링팀별 성격유형은 다음 <표-19>와 같다.

〈표-18〉 Lynchpin Game 성격분석 설문지

No	설문항목	O표	No	설문항목	O표
1	행동이 적극적이다		37	개방적, 쾌락적인 일을 좋아한다	
2	협력적이다		38	상대방의 기분을 이해한다	
3	효율적이다, 능률적이다		39	스스로 움직인다	
4	근면하다		40	분석력이 뛰어나다	
5	매사에 열중한다		41	본제에서 벗어난다	
6	가까이하기 쉽고, 친하기 쉽다		42	결단이 느리다	
7	열심히 일한다		43	남에 대한 배려가 부족하다	
8	매사를 면밀히 추진한다		44	유연성이 결여되어 있다	
9	활기가 넘친다		45	시간관념이 희박하다	
10	사교술이 능숙하다		46	자기주장이 적다	
11	행동이 민첩 신속하다		47	억지를 부린다	
12	논리적, 체계적이다		48	결단을 내리는 데 시간이 걸린다	
13	대인관계에 능숙하다		49	감정에 좌우된다	
14	코치나 상담에 능숙하다		50	일에 대한 관심이 희박하다	
15	책임감이 강하다		51	말투가 억세다	
16	질을 중시한다		52	박력이 부족하다	
17	상대방을 몰두하게 한다		53	기분이 변하기 쉽다(싫증나기 쉽다)	
18	온화하다		54	남의 일에 너무 신경을 쓴다	
19	늘 성과(결과)를 중시한다		55	지나치게 자기중심적이다	
20	문제발견에 흥미를 느낀다		56	혼자 일을 한다	
21	영감(inspiration)을 중요시한다		57	정리, 정돈이 서툴다	
22	개인적인 정보에 강하다		58	비약이나 모험을 노리지 않는다	
23	도중에 포기하지 않는다		59	안색, 목소리, 표정이 빈약하다	
24	사실을 중시한다		60	표정이 없는 편이다	
25	비약에 목표를 둔다(大志)		61	차근차근 책읽기를 싫어한다	
26	소집단 활동을 즐긴다		62	신속하지 못하다	
27	시간에 정확하다		63	무리한 목표라도 도전한다	
28	지식, 정보를 수집한다		64	보수적(비약하려 하지 않는다)이다	
29	민감하게 반응하나		65	논리적으로 생각하기를 싫어한다	
30	긴장을 풀어준다		66	주저하기 쉽다	
31	간결하고 낭비가 적다		67	냉담하다	
32	일을 제대로 처리한다		68	사교성이 결여되어 있다	
33	미래 지향적이다				
34	분위기 조성을 잘한다				
35	열정적이다				
36	자기관리를 할 수 있다				

〈표-19〉 멘토링팀별 성격유형

조 \ 구분	멘 제			멘 토		
	성명	성격유형	학년	성명	성격유형	학년
1조	이주영	관리형	6	박종금	관리형	6
2조	최용순	분석형	6	장진옥	우호형	6
3조	최정우	우호형	6	박명희	주도형	6
4조	박재관	우호형	5	마정숙	분석형	6
5조	박성호	우호형	5	김지숙	주도형	6
6조	최진경	주도형	5	심성희	관리형	2
7조	고희진	분석형	5	김교란	우호형	4
8조	송지윤	분석형	5	백외자	분석형	4
9조	조수진	주도형	4	방선희	관리형	4
10조	정은경	우호형	4	원유남	우호형	3
11조	류수경	주도형	3	최은주	주도형	3
12조	황현미	주도형	3	조형란	주도형	3
13조	류진희	주도형	2	이중헌	관리형	2
14조	박소정	주도형	2	이복녀	주도형	2
15조	신명숙	주도형	1	심경옥	분석형	1

② Star Game을 통한 멘토와 멘제의 자기개발지수 설정

자기가치를 측정하여 강점과 약점을 파악하고 이를 멘토링의 소재로 삼아 사람을 개발하자는 의미에서 Star Game(부록-2)을 활용하였다. 즉 마음지수, 건강지수, 지식지수, 자기관리지수, 이웃과의 관계지수의 5가지로 나누어 설문조사(부록-2)하였고 멘토는 멘제를 위해 100%의 역량을 발휘하여 멘제의 자기개발지수를 개발할 수 있도록 도왔다.

본교에서 시행했던 Star Game의 차례는 다음과 같다.

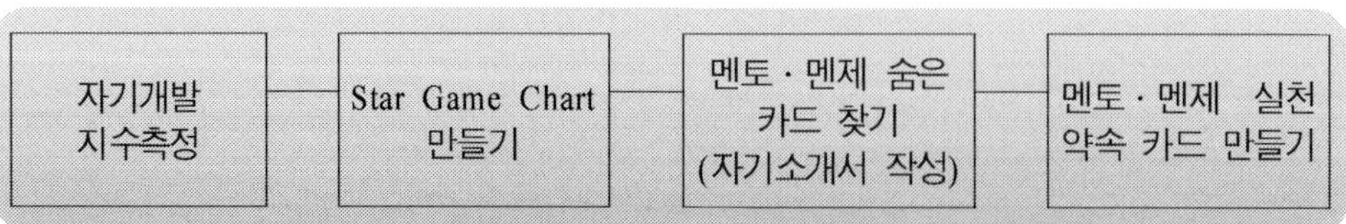

[그림-5] 스타게임의 차례

Star Game의 분야별 지수 목표는 <표-20>과 같고, 개인별 자기개발지수는 다음(<표-21>)과 같다.

〈표-20〉 Star Game 5가지 분야별 지수 목표

Star Game 5가지 분야별 지수 목표		
지수 분야 ／ 지수 목표	지수별 착안점	자기개발지수 점수표
① Hightouch(마음지수) ② Hightech(지식지수) ③ Highhealth(건강지수) ④ Highcontrol(관리지수) ⑤ Highrelation(관계지수)	포용력, 정서력, 봉사헌신력 지식력, 기술력, 정보력, 정신과 신체의 건강력 의지, 절제, 판단, 분별력 조직원 간, 가족 간, 사회활동	만점 20점 만점 20점 만점 20점 합계 100점 중( ) 만점 20점 만점 20점
수 81~100	우 61~80	미 41~60	양 21~40	가 0~20

〈표-21〉 본교 멘제들의 자기개발지수 통계표

멘제(Menger)			자기재발지수					합 계
NO	성명	학년, 반	마음	지식	건강	관리	관계	
1	이주영	6-3	12	8	11	11	14	56
2	최용순	6-4	15	14	14	13	13.5	69.5
3	최정우	영어	13	10.5	12	12	12.5	60
4	박재관	5-7	14	12.5	13	14	12.5	66
5	박성호	5-5	10	5	9.5	11	7	42.5
6	최진경	5-4	11.5	8.5	10	13	10.5	53.5
7	고희진	5-2	16	12.5	15	4	12.5	60
8	송지윤	5-8	14.5	14	11.5	12	9	61
9	조수진	4-6	12	15	10.5	13.5	10	61
10	정은경	4-4	13	11	12	11.5	16	63.5
11	류수경	3-6	14	13	11.5	12.5	12.5	63.5
12	황현미	3-3	10.5	13.5	16	16	14.5	70.5
13	유진희	2-2	11.5	11.5	10	12	12.5	57.5
14	박소정	2-3	12	10	14	13.5	12	61.5
15	신명숙	1-5	12.5	10	12	10	12	56.5
계			191.5	169	182	179	181	%.,

　자기개발지수의 장단점을 한눈에 쉽게 파악하고, upgrade할 목표를 설정하기 위해 활용한 Star Game Chart는 다음(그림-6)과 같고, 멘제들의 자기개발지수 목표는 다음(표-22)과 같다.

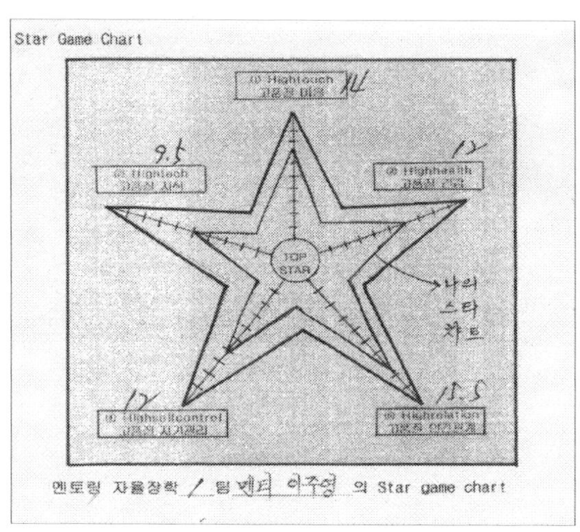

[그림-6] Star Game Chart

〈표-22〉 본교 멘제들의 자기개발지수 도달 목표

멘제(Menger)			자기재발지수					합 계
NO	성명	학년, 반	마음	지식	건강	관리	관계	
1	이주영	6-3	14	9.5	12	12	15.5	63
2	최용순	6-4	16	15.5	15	15	15.5	77
3	최정우	영어	13.5	13.5	13.5	13.5	13.5	67.5
4	박재관	5-7	15	14	14.5	14.5	13.5	71.5
5	박성호	5-5	10.5	6.5	10	11.5	7.5	46
6	최진경	5-4	12.5	9.0	11	13.5	11	57
7	고희진	5-2	19	13	17.5	5.5	13.5	68.5
8	송지윤	5-8	15.5	15	12.5	13.5	9.5	66
9	조수진	4-6	14	15.5	11	14.5	11	66
10	정은경	4-4	12	12	13	13.5	16.5	67
11	류수경	3-6	15	13.5	12.5	14.5	13	68.5
12	황현미	3-3	14.5	15.5	17	19	15.5	81.5
13	유진희	2-2	13.5	12	11.5	12	13.5	62.5
14	박소정	2-3	15	13	16	16.5	13	73.5
15	신명숙	1-5	14.5	12	13	11.5	13	64
계			214.5	189.5	200	200.5	195	%

③ Brain Game을 통한 학교개발 목표 설정

각 팀별로 자기소개서(그림-8)를 작성하여 숨겨진 자기를 소개하고, Star Game에 의거하여 부족한 부분에 대하여 멘토링 활동기간 중에 시행 가능한 사항을 주제별로 아이디어 중에서 5가지 이내로 선택하여 실천카드(그림-7)로 작성하여 자기개발 목표로 삼았다. 전체 멘토링팀이 함께 모여 자유롭게 대화를 나누면서 공통된 문제점을 파악하여 학교개발 목표(표-23)로 설정하고, 멘토링 프로그램을 수립하는 데 활용하였다.

<표-23> 학교개발 목표

학교개발 목표		
교직관 확립	학급경영관리	취미 특기 생활
학생생활지도	업무처리 능력 향상	독서지도방법 향상
수업설계 및 기법	연구활동 지원	영재교육방법 향상
평가 관리	문제 학생 지도	학부모와의 관계

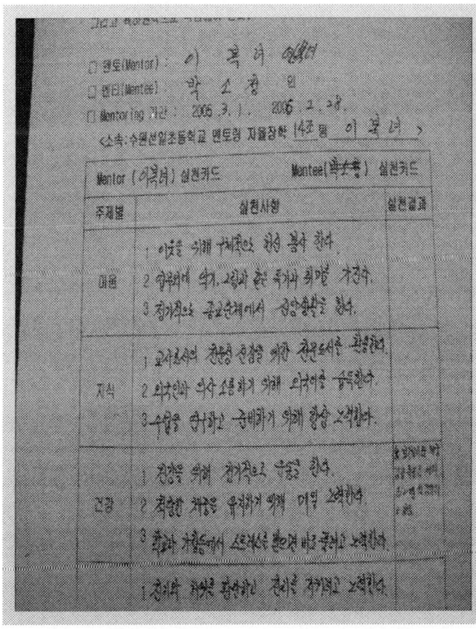

[그림-7] 실천카드

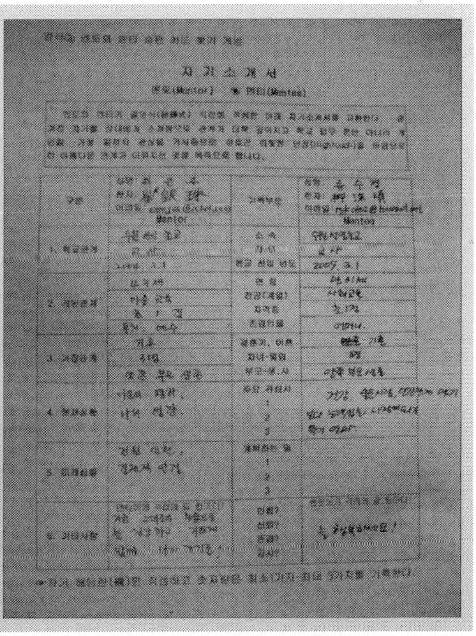

[그림-8] 자기소개서

④ 인간관계 형성 워크숍 실시

멘토링 자율장학 워크숍을 통하여 팀원들 간에 서로 화합하고 인간적 긴밀한 유대관계를 형성하며 시범학교 운영과제를 추진함에 있어 좀더 능률을 높이고자 하였다.

멘토링 자율장학 활동을 점검하고 연구학교 운영 전반에 걸쳐 협조하는 태도를 갖게 하는 시간이 되었다.

가) 장소: 교내외

다) 내 용

① 멘토링팀별 화합과 활동을 강화하는 게임 프로그램을 운영하였다.

② 전 교직원이 화합하는 장을 마련하였다.

③ 분과별 토론의 시간을 마련하여 멘토, 멘제의 발전방향과 수업 및 학급 운영 아이디어를 논의하는 방안을 논의했다.

[그림-9] 멘토링 워크숍 실시 장면

(4) 멘토링 자율장학을 위한 시설 구축

① 멘토링 자율장학 연구실 설치

멘토링 자율장학 연구실은 학년연구실을 활용하여 멘제 교실에 가깝게 마련하였고 동료장학 실행, 목적에 맞도록 테이블과 책장 그리고 학년 자료 등을 비치하여 활용토록 하였다.

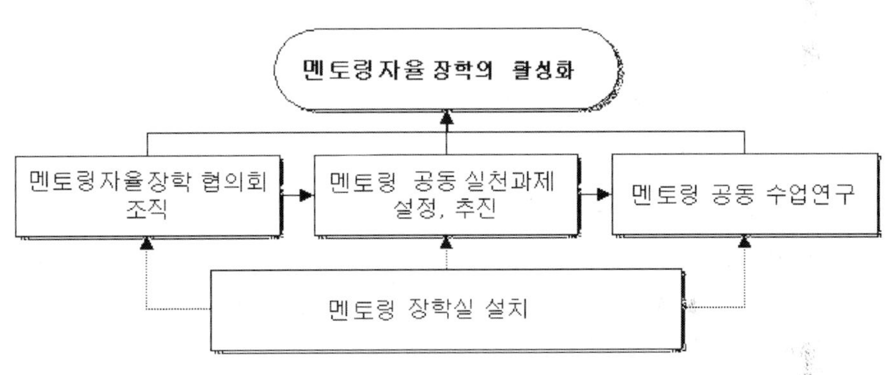

[그림-10] 멘토링 자율장학 활성화 방안

[그림-11] 멘토링 동 학년 연수회

② 교육 전문도서 확충

멘토링 자율장학 추진과정에서 많은 교육 전문도서의 구입 요청이 있을 것으로 예상되어 전체 교사의 추천도서를 요청받아 구입하고 도서실에 비치하여 활용하도록 하였다.

③ 시청각 기교재 확충

　가) 수업에 필요한 모든 자료는 계원에게 사전 청구하여 수업에 지장이 없
　　　도록 하였다.

　나) 기본적으로 필요한 8㎜녹화테이프, VHS테이프, 디스켓, 핀마이크, 카세트
　　　테이프는 계원이 미리 준비해 두고, 필요시 편리하게 사용하도록 하였다.

④ 학교 홈페이지의 활성화

학교 홈페이지(http://suwon-sunil.es.kr) '자율장학 시범학교'라는 메뉴는 본교에서
시범운영되는 멘토링 자율장학에 대한 이해를 돕기 위한 공간으로 활용되었다.

　가) 멘토링 자율장학 교사들은 교수·학습활동 결과물, 지도안, 일지 등에 대
　　　한 자료를 탑재하여 공유하였다.

　나) 연구부에서는 각 학년 교사들과 멘토링 자율장학팀의 운영 상황을 파악할 수
　　　있었으며 도움 자료실 운영은 운영계획과 활동에 대한 안내의 장이 되었다.

　다) 연수 담당 교사들은 각종 연수자료를 탑재하여 교사들이 전문성과 지식을
　　　쌓아 가는 데 도움을 받도록 하였다.

　라) 본교에서 시행하는 각종 결과물들은 교육정보연구원의 홈페이지
　　　(http://www.kerinet.re.kr) 연구학교 자료실에 탑재하여 타 학교 교사들에
　　　게도 본교 시범학교 활동을 알리고 자료를 공유하는 기회가 되었다.

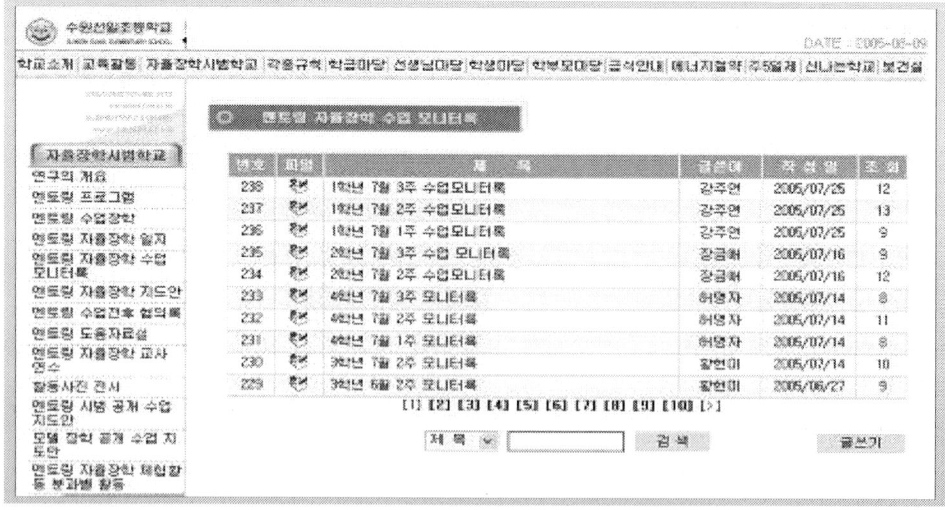

[그림-12] 학교 홈페이지 화면

2) 운영중점[2]의 실천

멘토링 자율장학 프로그램 전개

가. 멘토링 자율장학 프로그램 수립
나. 멘토링 자율장학 프로그램 운영

(1) 멘토링 자율장학 프로그램 수립

신규교사와 저경력 교사들의 학교생활 전반에 도움을 줄 수 있는 내용 중, 학급경영관리 능력, 생활지도 능력, 일반 사무 업무처리 능력, 학부모와의 원활한 관계 유지와 관련된 내용의 수업설계에서 지도·분석·평가와 관련된 내용으로 멘토링 일반장학 프로그램과 멘토링 수업장학 프로그램을 구안·적용하였다.

① 멘토링 일반장학 프로그램

학급경영관리 능력, 생활지도 능력, 일반 사무 업무처리 능력, 학부모와의 원활한 관계 유지에 도움을 줄 수 있는 내용으로 구안된 프로그램으로 그 내용은 다음과 같다.

〈표-24〉 일반장학 프로그램 내용

분 과		멘토링 내용	멘토 및 장소	방 법
1	학급경영 관리 및 업무	• 학교교육과정과 학급교육과정	협의장소	• 대화 • 연수 • 체험대화 • 이메일 • 일지
		• 학급교육과정 편성 실습	〃	
		• 환경 구성 및 게시 교육	〃	
		• 효율적인 학급경영	각 교실	
		• 학급의 특색 있는 행사	협의장소	
		• 업무 분장의 이해	〃	
		• 물품 구입 및 문서 관리	〃	
2	생활지도	• 일탈행동아 지도방법	〃	• 대화 • 이메일 • 토론 • 사례 발표 • 관찰
		• 학습 부진아 지도방법	〃	
		• 집단 및 개별상담 기법	〃	
		• 공격적이며 정서 불안정 아동 지도	〃	
		• 아동의 성교육	〃	

분 과		멘토링 내용	멘토 및 장소	방 법
3	학부모 관 계	• 학부모와 바람직한 관계 형성	〃	• 대화 • 이메일 • 토론 • 워크숍
		• 가정통신문의 바른 활용	〃	
		• 학부모 상담 요령 및 시기	〃	
		• 학부모의 관심사항 이해	〃	
		• 학부모의 신뢰 회복을 위한 방안	〃	

② 멘토링 수업장학 프로그램

수업기술을 향상시키는 것을 목적으로, 수업효과와 관련된 수업설계 능력, 수업전개 능력, 수업평가 능력, 교수 매체 제작·활용 능력 등 5개 영역으로 정하고 이를 다시 세부 내용으로 구성하였다.

수업기술 향상을 위해 적용한 프로그램은 다음(표-25)과 같다.

〈표-25〉 멘토링 수업장학 프로그램

멘토링 단 계	능력 요소	세부 내용	주안점	진행 형태
1단계	수업설계 능력	• 교육목표 설정 • 교재연구와 수업안	• 수업계획서 작성	• 멘토와 신규교사의 협의-신규교사 연습-피드백
	수업설계 확인	• 수업설계의 요소 • 수업안 작성 • 공개 수업 계획 및 연구	• 수업공개	• 수업지도안과 녹화를 통한 분석-피드백
2단계	수업실천의 기초 수업 모형 이해 및 이론	• 각 교과에 따른 수업 모형 연구 • 토론수업의 실제 • 멀티미디어 수업	• 교과수업의 형태와 실제 • 토의수업의 진행	• 전체 세미나-수업 비디오 분석-피드백
3단계	수업전개 능력	• 교사와 학생의 상호작용 • 발문기법의 효용성 • 우수교사 수업 연구	• 플랜더즈의 분석 기법 • 발문기법의 수행	• 멘토와 신규교사의 협의-신규교사 수업-협의-피드백
4단계	수업분석 및 평가 능력	• 불룸의 교육목표 • 수업분석방법 • 수업활동 결과 평가	• 수행평가의 실제	• 멘토와 신규교사의 협의-신규교사 실천-멘토 피드백
5단계	교수매체 제작·활용 능력	• ICT활용 • 실물화상기 활용 • 파워포인트 활용 • 인터넷 활용	• 적절한 교수 매체 활용	• 멘토와 신규교사 협의

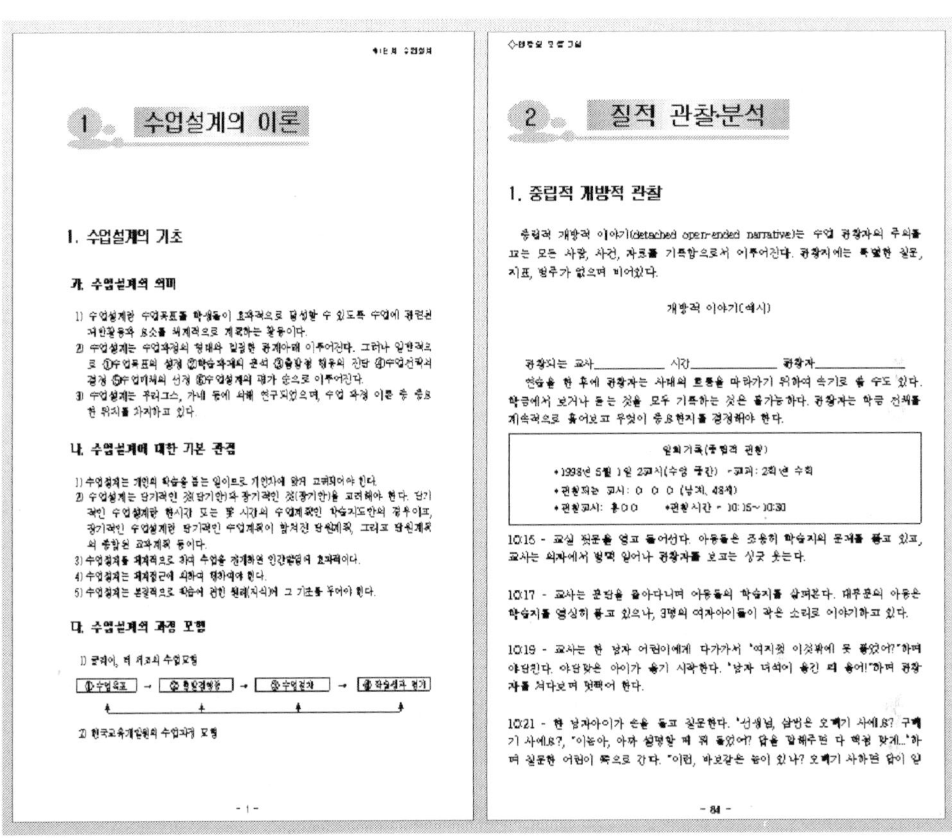

[그림-13] 멘토링 수업장학 프로그램

(2) 멘토링 자율장학 프로그램 운영

① 멘토링 일반장학 프로그램 운영

가) 멘토링 일반장학 프로그램 운영절차

멘토링의 효율적인 운영을 위하여 다음과 같은 절차를 제공하였다.

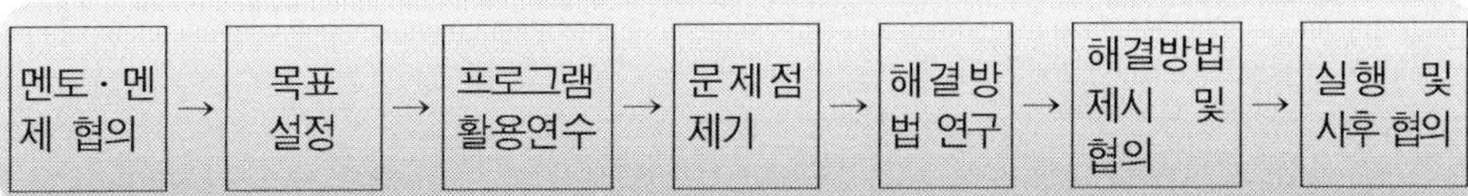

[그림-14] 멘토링 자율장학 프로그램 운영절차

1) 멘토링 개발 목표를 정하고 목표 도달을 위한 영역을 계획하였다.
2) 목표 도달을 위하여 멘토링 일반장학 프로그램에 의거하여 개인 연수 및 공동 연수를 실시하였다.
3) 멘제는 멘토링 일반장학 프로그램과 관련하여 일반학급 경영상에 발생하는 해결하기 어려운 문제나 의문점 중에서 멘토에게 도움을 요청할 내용을 구두, 서면, 메일 등을 통하여 제기하였다.
4) 멘토는 이론 연구, 전문가 도움을 받아 보다 체계적인 해결방법을 연구하였다.
5) 미팅을 통하여 문제점에 대한 해결방법을 제시하고, 더 나은 방법 등을 협의하였다.
6) 멘토와 협의한 방법으로 문제에 접근해 보고, 결과에 대하여 사후 타당성을 협의하였다.

나) 멘토링 데이 운영

멘토와 멘제의 만남의 장을 마련하여, 멘토링 일반장학 프로그램을 운영하였다.
1) 일시: 매월 1, 3주 수요일 14: 00~16: 00, 그 밖에 필요한 경우 수시 실시
2) 장소: 멘제, 멘토 교실 및 필요시 학교 이외의 장소
3) 협의내용 및 절차
   (가) 멘토링 일반장학 프로그램 운영
       －멘토링 장학 프로그램 중 이해가 부족한 영역이나 보충 심화할 내용 협의
   (나) 멘제가 평소에 겪고 있는 문제 및 관심사항 협의
       －사전 협의회를 통하여 협조 의뢰한 내용 또는 전자우편을 통하여 요구한 사항 협의
   (다) 수업설계 협의 및 수업 참관 협의
4) 멘토링 일지 작성

멘토링을 효율적으로 활용하기 위해 멘토들에게 멘토링 전반에 관해 아래와 같은 양식을 구안하여 일지를 쓰도록 하였다.

〈표-26〉 멘토 일지 양식

멘 토		자문대상교사		
일 시	장 소	자문한 내용	자문대상교사 반응	비고

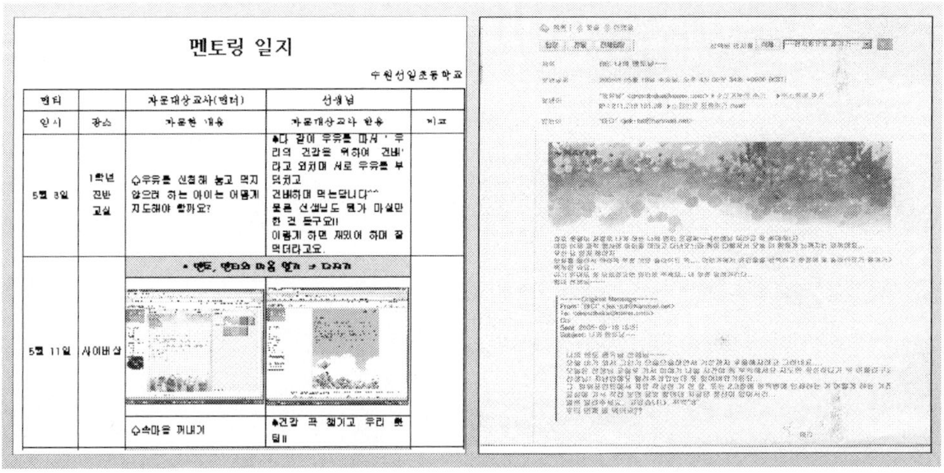

[그림-15] 멘토링 일지

② 멘토링 수업장학 프로그램 운영

멘토링 수업장학 프로그램에 의거하여 월 1회는 수업기술 향상 연수회 및 합동 협의회를 실시하였고, 멘토링팀별 연 5회 이상 연구수업을 실시하고, 월 2·3주는 멘토링 자율장학팀들만의 미팅시간인 멘토링 데이에 수업장학 협의회를 실시하였다.

가) 연수회 실시

내부 인적자원만이 아니라 외부 강사를 초빙하여 연수회를 실시하였다.

〈표-27〉 연수 실시

주제 및 내용	연수자
수업 설계하기(지도안 작성방법)	권선초 교감 김경호
수업전략 세우기(단원 분석 우수수업 사례)	교육정보연구원 연구사 조영숙
수업전개와 발문 기법	교감 박태성
수업분석 및 수업평가 능력 기르기	교감 안재천
동기 유발 및 주의 집중력 지도방법	교사 조수진, 정현진
ICT 활용 수업방법	정보부장 성미령

[그림-16] 멘토링 수업장학 연수(강사: 교육연구원 조영숙 연구사, 권선초 김경호 교감)

나) 수업 연구 실시

1) 멘토는 한 학기에 1회씩 연 2회 같은 팀의 멘제와 희망하는 지원팀만 참관하는 수업을 하고, 멘제의 수업 연구 시 지도안 작성 및 수업 후 지도 조언을 하였다.

‘결과물-㉮ 수업지도안 ㉯ 수업 후 협의안 ㉰ 교수·학습활동 참관록 ㉱ 녹화테이프 2종: 8㎜, VHS테이프 ㉲ 홈피에 자료 탑재’

2) 멘제는 1학기에 2회, 2학기에 1회 연 3회 같은 팀의 멘토만 참관하는 수업을 하고, 교실수업방법 개선에 관한 멘토의 지도조언을 듣고 도움을 받은 후 멘토링 자율장학 협의록에 기록하였다. 또한 멘제는 본교에서 시행하는 수업 개선 연구교사 초청 수업 시 참관을 하여 수업의 질 향상을 위해 노력하였고 교수·학습활동 참관록을 작성해 보면서 교수·학습활동 분석 능력도 키워 나갔다.

   ‘결과물-㉮ 협의 전 수업지도안 ㉯ 수업 전 협의록 ㉰ 협의 후 수업지도안 ㉱ 수업 후 협의록 ㉲ 녹화테이프 2종: 8㎜, VHS테이프 ㉳ 최종지도안 홈피에 탑재’

3) 지원팀은 학습자료 제작에 협조하고 수업 촬영을 담당하였으며 협의회에 참여하여 멘토링 자율장학팀의 활성화를 위해 적극 협조하고, 수업 참관 후 제출물을 취합하여 계원에게 제출하였다.

다) 수업장학 협의회

멘토링 수업장학 협의회 절차는 다음과 같다.

1) 수업설계
   - 본시주안점, 집단구성·교수학습모형·학습자료 제작 등의 수업전략, 수업기록 및 분석방법에 대하여 설계
2) 수업지도안 초안 작성
3) 멘토링 수업 전 협의
   - 수업설계와 지도안에 입각하여 협의
   - 본시주안점, 집단구성·교수학습모형·학습자료 제작 등의 수업전략, 수업기록 및 분석방법에 대하여 협의
4) 수업지도안 교정
5) 수업실시 - 비디오 녹화(녹음)
6) 수업분석 협의회
   - 과학적 수업관찰 분석 결과에 입각하여 협의회 실시
7) 프로그램에 근거한 내용으로 자기수업 평가

[그림-17] 수업 전 협의회 장면

[그림-18] 수업녹화

멘토링 팀별 수업계획

[M: 멘토, m: 멘티]

월	일시	수업자	과목	단원	학습주제	장소
3월	↓30일	[M] 백의자	영어	1. Nice to Meet You	How's The Weather? 노래 부르고 일기도 완성하기	4-1교실
	↓30일	[m] 송지윤	음악	5. 쾰리제를 위하여	곡을 들으며 곡의 형식과 특징 파악하기	5-8교실
4월	6일	[M] 백의자	영어	2. Don't Do That	역할놀이 하기 / 배운 내용 정리하기	4-1교실
	6일	[m] 송지윤	음악	4. 뱃노래 / 23. 여러가지 악기가모였어요 / 24. 항제연	'우리나라의 기악곡' 감상 관련 활동 계획하기	5-8교실
5월	4일	[M] 백의자	영어	3. How Old Are You?	나이를 묻는 말 묻고 답하기 / 챈트하기, 탈관놀이하기	4-1교실
	6일	[m] 송지윤	음악	4. 뱃노래 / 23. 여러가지 악기가모였어요 / 24. 항제연	음악이 있는 전시회 열기 (우리나라 기악곡 감상 관련 활동 후의 결과전시)	5-8교실
6월	8일	[M] 백의자	영어	4. What Time is it?	시각 묻고 답하기 / 시각 알아맞히기 놀이하기	4-1교실
	↓3일	[m] 송지윤	음악	15. 바닷가에서	인상파 음악의 특징과 느낌 파악하기	5-8교실
7월	6일	[M] 백의자	영어	5. Who Is She	누구인지 묻고 답하는 말 듣고 이해하기	4-1교실
	4일	[m] 송지윤	음악	5. 쾰리제를 위하여 / 15. 바닷가에서 / 21. 헬리영 밤 서곡	'서양의 기악곡' 감상 관련 활동 계획하기	5-8교실
9월	↓28일	[M] 백의자	영어	5. Who Is She?	누구인지 묻고 답하기 / 인물 알아맞히기 놀이하기	4-1교실
	↓28일	[m] 송지윤	음악	4. 뱃노래 / 23. 여러가지 악기가모였어요 / 24. 항제연	전통 음악 한 곡을 선정하고 그 곡을 감상하며 음악적 내용 분석하기[1]	5-8교실
10월	20일	[M] 백의자	영어	6. Is This Your Cap?	누구의 물건인지 묻고 답하기	4-1교실
	26일	[m] 송지윤	음악	4. 뱃노래 / 23. 여러가지 악기가모였어요 / 24. 항제연	전통 음악 한 곡을 선정하고 그 곡을 감상하며 음악적 내용 분석하기[2]	5-8교실
11월	2일	[M] 백의자	영어	7. Sorry, I Can't	상대방의 상태를 묻고 답하는 표현 익히기	4-1교실
	3일	[m] 송지윤	음악	5. 쾰리제를 위하여 / 15. 바닷가에서 / 21. 헬리영 밤 서곡	서양 음악 한 곡을 선정하고 그 곡을 감상하며 음악적 내용 분석하기[1]	5-8교실
12월	2일	[M] 백의자	영어	8. How Much Is It?	값을 나타내는 표현 익히기	4-1교실
	5일	[m] 송지윤	음악	5. 쾰리제를 위하여 / 15. 바닷가에서 / 21. 헬리영 밤 서곡	서양 음악 한 곡을 선정하고 그 곡을 감상하며 음악적 내용 분석하기[2]	5-8교실

[그림-19] 멘토링팀별 수업계획

멘티 수업 설계

일 시	2005년 6월 3일 금요일	학년반	5학년 8반	수업자	송지윤
교 과	음악	단 원		4. 뱃노래 / 23. 여러가지 악기가모였어요 / 24. 항제연	
본시주제	모둠별로 선택한 전통 음악과 그에 대한 조사 결과를 들으며 음악적 내용을 분석할 수 있다.				

구 분	협 의 내 용
본시의 구안점 및 수업전략	▶▶본시 주안점◀◀ 모둠별로 기악곡 관련 전통 음악 감상곡을 선정하고 선택한 감상곡의 음악적 분석 내용을 경하여 자유 탐구 학습한 결과를 학급에 발표하도록 한다. 각 모둠의 발표자가 발표하는 내용을 학급 구성원은 서로 공유하며 새롭게 알게 되거나 중요하다고 생각되는 것을 발견하도록 한다. ▶▶수업 전략◀◀ (1) 협단구성 : 4인 1모둠(10) (2) 제시될 활동의 수 : 4개 (3) 과제 해결 방법 : 모둠학습 위주 (4) 학습 자료 제작 : 모둠탐구계획서, 감상학습지 (5) 학습활동 : 토의, 모둠별 생각그물 만들기, 탐구하기, 발표하기 (6) 수업전개방법 : 모둠학습→전체학습
수업 기록 및 분석 방법	**수업기록** ▶비디오 녹화 ( ) ▶ 녹음 ( ) **분석항법** ▶교수활동 관찰·분석 ( ) ▶학습 활동 관찰·분석 ( ) ▶자료 활용 및 수업분위기 관찰·분석 (O) ▶과업몰두도(At Task) ( ) ▶언어적 흐름(Verbal Flow) ( ) ▶신체적 운직임(Movement Patterns) ( ) ▶일화기록(Anecdotal Records, 누림적 관찰) ( ) ▶Checklist(Timeline Coding)교사의 수업경행분석 ( ) ▶교사의 발문 진단표 ( ) ▶교사의 개인적 특성 분석표 ( ) ▶수업 후 교사의 시선분석표 ( ) ▶학생장에 확인 분석표 ( )

[그림-20] 멘제 수업설계

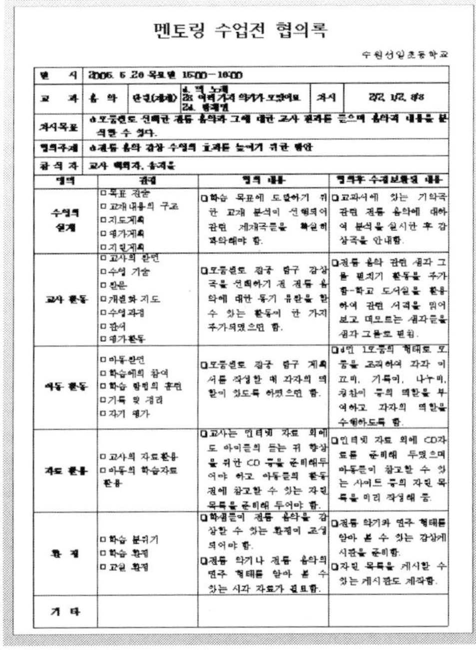

멘토링 수업전 협의록

수원선일초등학교

일 시	2005. 5. 26 목요일 16:00 – 16:00				
교 과	음 악	단원(제재)	4. 떡 노래 23. 여러 가지 악기가 모였어요 24. 방패연	차시	2/2, 1/2, 3/3
차시목표	ㅇ모둠별로 선택한 전통 음악과 그에 대한 조사 결과를 들으며 음악적 내용을 분석할 수 있다.				
협의주제	ㅇ전통 음악 감상 수업의 효과를 높이기 위한 방안				
참 석 자	교사 백외자, 송지운				

영역	관점	협의 내용	협의후 수정보완된 내용
수업의 설계	ㅁ목표 진술 ㅁ교재 내용의 구조 ㅁ지도계획 ㅁ평가계획 ㅁ지원계획	❑학습 목표에 도달하기 위한 교재 분석이 선행되어 관련 제재곡들을 확실히 파악해야 함.	❑교과서에 있는 기악곡 관련 전통 음악에 대하여 분석을 실시한 후 감상곡을 안내함.
교사 활동	ㅁ교사의 관련 ㅁ수업 기술 ㅁ발문 ㅁ개별화 지도 ㅁ수업과정 ㅁ판서 ㅁ평가활동	❑모둠별로 집중 탐구 감상곡을 선택하기 전 전통 음악에 대한 동기 유발을 할 수 있는 활동이 한 가지 추가되었으면 함.	❑전통 음악 관련 생각 그물 펼치기 활동을 추가함-학교 도서실을 활용하여 관련 서적을 읽어보고 떠오르는 생각들을 생각 그물로 펼침.
아동 활동	ㅁ아동관련 ㅁ학습에의 참여 ㅁ학습 방법의 훈련 ㅁ기록 및 정리 ㅁ자기 평가	❑모둠별로 집중 탐구 계획서를 작성할 때 각자의 역할이 있도록 하였으면 함.	❑4인 1모둠의 형태로 모둠을 조직하여 각각 이끄미, 기록이, 나누미, 칭찬이 등의 역할을 부여하고 각자의 역할을 수행하도록 함.
자료 활용	ㅁ교사의 자료활용 ㅁ아동의 학습자료 활용	❑교사는 인터넷 자료 외에도 아이들의 듣는 귀 향상을 위한 CD 등을 준비해두어야 하고 아동들의 활동 전에 참고할 수 있는 자원 목록을 준비해 두어야 함.	❑인터넷 자료 외에 CD자료를 준비해 두었으며 아동들이 참고할 수 있는 사이트 등의 자원 목록을 미리 작성해 줌.
환 경	ㅁ학습 분위기 ㅁ학습 환경 ㅁ교실 환경	❑학생들이 전통 음악을 감상할 수 있는 환경이 조성되어야 함. ❑전통 악기나 전통 음악의 연주 형태를 알아 볼 수 있는 시각 자료가 필요함.	❑전통 악기와 연주 형태를 알아 볼 수 있는 감상게시판을 준비함. ❑자원 목록을 게시할 수 있는 게시판도 제작함.
기 타			

[그림 – 21] 멘토링 수업 전 협의록

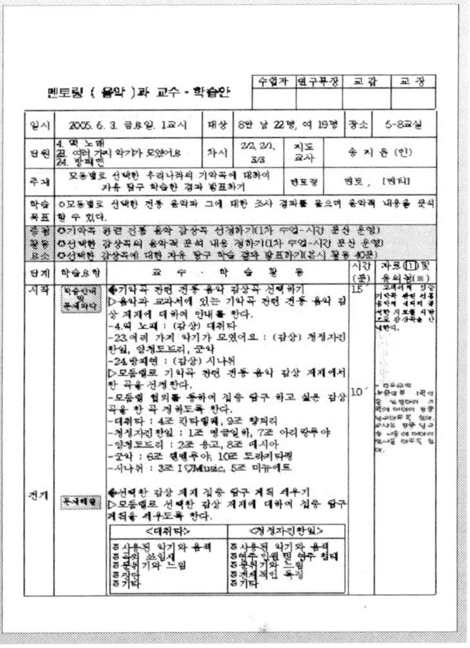

멘토링 (음악)과 교수 - 학습안

수업자	연구부장	교 감	교 장

일시	2005. 6. 3. 금요일. 1교시	대상	6안 남 22명, 여 19명	장소	5-8교실
단원	4. 떡 노래 23. 여러 가지 악기가 모였어요 24. 방패연	차시	2/2, 2/1, 3/3	지도교사	송 지 운 (인)
주제	모둠별로 선택한 우리나라의 기악곡에 대하여 자유 탐구 학습한 결과 발표하기			멘토링	멘토 , [멘티]
학습목표	ㅇ모둠별로 선택한 전통 음악과 그에 대한 조사 결과를 들으며 음악적 내용을 분석할 수 있다.				
중점활동요소	ㅇ기악곡 관련 전통 음악 감상곡 선정하기(1차 수업-시간 분산 운영) ㅇ선택한 감상곡의 음악적 분석 내용 정하기(1차 수업-시간 분산 운영) ㅇ선택한 감상곡에 대한 자유 탐구 학습 결과 발표하기(본시 활용 40분)				

단계	학습요항	교 수 · 학 습 활 동	시간(분)	자료(☐)및 유의점(※)
시작	학습안내 및 문제파악	◆기악곡 관련 전통 음악 감상곡 선택하기 ▷음악과 교과서에 있는 기악곡 관련 전통 음악 감상 제재에 대하여 안내를 한다. -4.떡 노래 : (감상) 대취타 -23.여러 가지 악기가 모였어요 : (감상) 청성자진한잎, 양청도드리, 군악 -24.방패연 : (감상) 시나위 ▷모둠별로 기악곡 관련 전통 음악 감상 제재에서 한 곡을 선정한다. -모둠별 협의를 통하여 집중 탐구 하고 싶은 감상곡을 한 곡 정하도록 한다. -대취타 : 4조 칸타빌레, 9조 창미리 -청성자진한잎 : 1조 명금일하, 7조 아리랑루야 -양청도드리 : 2조 용고, 8조 예시아 -군악 : 6조 천년주야, 10조 도라지타령 -시나위 : 3조 I♡Music, 5조 미뉴에트	15´ 10´	교과서에 있는 기악곡 관련 전통 음악에 대하여 분석한 자료를 바탕으로 감상곡을 안내한다.
전개	문제해결	◆선택한 감상 제재 집중 탐구 계획 세우기 ▷모둠별로 선택한 감상 제재에 대하여 집중 탐구 계획을 세우도록 한다. <대취타>: ㅁ사용된 악기와 음색, ㅁ곡의 쓰임새, ㅁ분위기와 느낌, ㅁ장단, ㅁ기타 <청성자진한잎>: ㅁ사용된 악기와 음색, ㅁ연주 인원 및 연주 형태, ㅁ분위기와 느낌, ㅁ전체적인 특징, ㅁ기타		

[그림 – 22] 교수 – 학습안

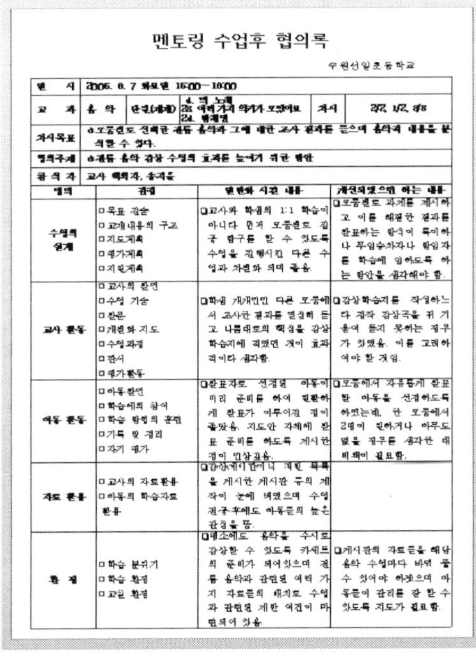

멘토링 수업후 협의록

수원선일초등학교

일 시	2005. 6. 7 화요일 16:00 – 16:00				
교 과	음 악	단원(제재)	4. 떡 노래 23. 여러 가지 악기가 모였어요 24. 방패연	차시	2/2, 1/2, 3/3
차시목표	ㅇ모둠별로 선택한 전통 음악과 그에 대한 조사 결과를 들으며 음악적 내용을 분석할 수 있다.				
협의주제	ㅇ전통 음악 감상 수업의 효과를 높이기 위한 방안				
참 석 자	교사 백외자, 송지운				

영역	관점	잘된점과 시사할 내용	개선되었으면 하는 내용
수업의 설계	ㅁ목표 진술 ㅁ교재 내용의 구조 ㅁ지도계획 ㅁ평가계획 ㅁ지원계획	❑교사와 학생의 1:1 학습이 아니라 먼저 모둠별로 집중 탐구를 할 수 있도록 수업을 진행시킨 다른 수업과 차별화 되며 좋음.	❑모둠별로 과제를 제시하고 이를 해결한 결과를 발표하는 방식이 특이하나 무임승차자나 방임자를 학습에 임하도록 하는 방안을 생각해야 함.
교사 활동	ㅁ교사의 관련 ㅁ수업 기술 ㅁ발문 ㅁ개별화 지도 ㅁ수업과정 ㅁ판서 ㅁ평가활동	❑학생 개개인이 다른 모둠에서 조사한 결과를 열심히 듣고 나름대로의 핵심을 감상학습지에 적었던 것이 효과적이다 생각함.	❑감상학습지를 작성하느라 정작 감상곡을 귀 기울여 듣지 못하는 경우가 있었음. 이를 고려하여야 할 것임.
아동 활동	ㅁ아동관련 ㅁ학습에의 참여 ㅁ학습 방법의 훈련 ㅁ기록 및 정리 ㅁ자기 평가	❑발표자로 선정된 아동이 미리 준비를 하여 원활하게 발표가 이루어진 점이 좋았음. 지도안 자체에 발표 준비를 하도록 제시한 점이 인상깊음.	❑모둠에서 자유롭게 발표할 아동을 선정하도록 하였는데, 한 모둠에서 2명이 원하거나 아무도 없을 경우를 생각한 대비책이 필요함.
자료 활용	ㅁ교사의 자료활용 ㅁ아동의 학습자료 활용	❑감상게시판이나 개인 목록을 게시한 게시판 등의 제작이 눈에 띄었으며 수업 전중후에도 아동들의 높은 관심을 끎.	
환 경	ㅁ학습 분위기 ㅁ학습 환경 ㅁ교실 환경	❑평소에도 음악을 수시로 감상할 수 있도록 카세트의 준비가 되어있으며 전통 음악과 관련된 여러 가지 자료들의 배치로 수업과 관련된 제반 여건이 마련되어 있음.	❑게시판의 자료들을 해당 음악 수업마다 바꿔 줄 수 있어야 하겠으며 아동들이 관리를 잘 할 수 있도록 지도가 필요함.

[그림 – 23] 멘토링 수업 후 협의록

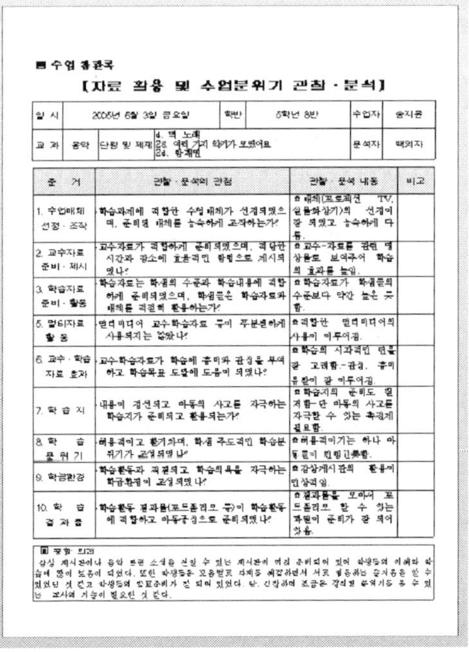

■ 수업 참관록

【자료 활용 및 수업분위기 관찰 · 분석】

일 시	2005년 6월 3일 금요일		학반	5학년 8반	수업자	송지운
교 과	음악	단원 및 제재	4. 떡 노래 23. 여러 가지 악기가 모였어요 24. 방패연		분석자	백외자

준 거	관찰 · 분석의 관점	관찰 · 분석 내용	비고
1. 수업매체 선정 · 조작	학습과제에 적합한 수업 매체가 선정되었으며, 준비된 매체를 능숙하게 조작하는가?	ㅇ매체(프로젝션 TV, 실물화상기)의 선정이 잘 되었고 능숙하게 다룸.	
2. 교수자료 준비 · 제시	교수자료가 적합하게 준비되었으며, 적당한 시간과 장소에 효율적인 방법으로 제시되었나?	ㅇ교수-자료를 관련 영상물로 보여주어 학습의 효과를 높임.	
3. 학습자료 준비 · 활용	학습자료는 학생의 수준과 학습내용에 적합하게 준비되었으며, 학생들은 학습자료와 매체를 적절히 활용하는가?	ㅇ학습자료가 학생들의 수준보다 약간 높은 듯 함.	
5. 멀티자료 활용	멀티미디어 교수학습자료 등이 무분별하게 사용되지는 않았나?	ㅇ적합한 멀티미디어의 사용이 이루어짐.	
6. 교수 · 학습 자료 효과	교수학습자료가 학습에 흥미와 관심을 부여하고 학습목표 도달에 도움이 되었나?	ㅇ학습의 시각적인 면을 잘 고려함.-관심, 흥미 유발이 잘 이루어짐.	
7. 학습지	내용이 정선되고 아동의 사고를 자극하는 학습지가 준비되고 활용되는가?	ㅇ학습지의 준비도 적절함-단 아동의 사고를 자극할 수 있는 측면 필요함.	
8. 학습 분위기	허용적이고 활기차며, 학생 주도적인 학습분위기가 조성되었나?	ㅇ허용적이기는 하나 아동들이 긴장한 듯함.	
9. 학급환경	학습활동과 직결되고 학습의욕을 자극하는 학급환경이 조성되었나?	ㅇ감상게시판의 활용이 인상적임.	
10. 학습 결과물	학습활동 결과물(포트폴리오 등)이 학습활동에 적합하고 아동중심으로 준비되었나?	ㅇ결과물을 모아서 포트폴리오 할 수 있는 파일이 준비가 잘 되어 있음.	

▣ 종합 의견

감상 게시판이나 음악 관련 소식을 전할 수 있는 게시판이 미리 준비되어 있어 학생들의 이해와 학습에 많이 도움이 되었다. 또한 학생들은 모둠별로 과제를 해결하면서 서로 협동하는 즐거움을 알 수 있었던 것 같고 학생들의 발표준비가 잘 되어 있었다. 단, 긴장하여 조금은 경직된 분위기도 볼 수 있는 교사의 기술이 필요한 것 같다.

[그림 – 24] 수업 참관록

3) 운영중점[3]의 실천

자기개발을 위한 교원 연찬 활동 강화

가. 자기장학 실시
나. 일반연수 실시
다. 수업 모니터록 활용

(1) 자기장학 실시

자기장학을 실천한 교사들은 자신을 올바로 파악하여 자기개발 활동에 반영하였으며 스스로 연구하고 노력하여 수업의 질을 높여 가는 것을 목표로 삼았다. 그 결과 자기개발, 자기수업의 질 향상, 학생 교육활동, 지도 및 상담활동에 도움을 주었다.

① 자기장학의 절차
자기수업장학의 절차는 다음과 같다

　가) 자기분석을 통한 자기개발 목표 설정 및 탐색
　　　* 분석내용
　　　　① 교사의 전문적 발달 영역
　　　　② 교사의 개인적 발달 영역
　　　　③ 학교의 조직적 발달 영역
　나) 연간 실천 계획 세우기
　다) 자기개발 활동 추진계획 세우기
　라) 자기장학 수업설계 및 이론적 연구
　마) 수업지도안 작성
　바) 수업 비디오 녹화 또는 녹음
　사) 수업분석
　아) 자기수업 평가 체크리스트 작성
　자) 자기개발 활동 결과에 대한 반성

② 자기개발 목표 설정

　자신의 장·단점 분석을 통하여 교사의 전문적 발달 영역, 개인적 발달에 대한 영역, 학교의 조직적 발달에 대한 영역에 대한 자기개발 목표를 탐색한 후 구체적 목표를 설정하여 이를 실천하였다.

〈표-28〉 교사의 전문적 발달 영역의 일부(예)

◁ 자기분석을 통한 자기개발 목표(연구·추진 과제)의 탐색 i ▷
'교사의 전문적 발달 영역'

1. 교사명: 박미옥　　　2. 연구 교과: 사회
4. 담당 학년: 1학년　　　5. 담당 업무: 연구

교사의 전문적 발달 영역	자신의 장·단점 분석	향후 자기개발의 목표 또는 연구·추진 과제 탐색
• 교육철학 및 교직관	**장점:** 경력 12년의 교사로서 어린이들과의 상호 교류에 중점을 두고 지도하는 편임 **단점:** 교사의 눈높이 설정이 높은 편이라 서로 힘겨워하는 경우가 많음	아동심리에 대한 재발견 및 대화의 기술을 끊임없이 연구할 필요가 있음
• 교육목표 및 교육계획	**장점:** 수립된 교육목표 및 계획에 충실하고자 노력함 **단점:** 교육계획 실행상 현장여건에 맞춰 재구성하는 시각의 필요성	교육계획에 대한 현실성있는 재구성노력을 계속해야겠음
• 교육과정 및 교과지도	**장점:** 교육과정에 맞고 수업의 목표 달성을 위한 교사 자신의 노하우를 쌓고자 노력하고 있음 **단점:** 수업이 진행되어 가는 과정에서 좀더 현실성 있고 시기적절한 투입기술 필요함	교육과정에 대한 좀더 깊은 연수 및 숙지, 교재연구의 충실
• 특별활동지도	**장점:** 어린이들의 과학적인 탐구활동경험을 다양화해 주기 위하여 여러 자료를 찾아 활용하고자 노력함 **단점:** 자료 제작과 프로그램의 활용시간 부족	다양한 과학 사이트를 탐색하여 좀더 활기찬 내용의 활동을 하도록 해야겠음
• 생활지도	**장점:** 체벌 없는 교실을 만들고자 노력하고 있음 **단점:** 기본 생활습관지도에 있어서 개별적인 접근법을 연구해야 할 필요가 있음	지속적이고 원칙이 확실한 생활지도기술 연수가 필요함
• 학급경영	**장점:** 모둠활동의 활성화로 공동체생활의 의미를 깨닫게 하고자 노력하고 있음 **단점:** 교사 개인의 감정적인 기복에 약간은 영향을 받고 있는 편임	감정과 신체적인 리듬에 대한 지속적인 자기관리가 필요함

◁ 자기분석을 통한 자기개발 목표(연구·추진 과제)의 탐색 i ▷

'교사의 전문적 발달 영역'

1. 교사명: 박미옥　　2. 연구 교과: 사회
4. 담당 학년: 1학년　　5. 담당 업무: 연구

• 교육기자재 및 자료 활용	장점: 실물화상기, 비디오 자료, 컴퓨터 자료 등을 많이 찾아 활용할 수 있음 단점: 기계의 조작방법이 익숙지 않음	기기 다루는 방법의 실제적인 연수가 지속적으로 필요함
• 컴퓨터 활용	장점: 다양한 초등 관련 사이트를 찾아보기 위해 노력하며 문서 작성 및 편집을 할 수 있음 단점: 컴퓨터 활용 및 주변기기 이용법에 대한 정보 부족	지속적인 컴퓨터 관련 연수
• 교육연구	장점: 폭넓은 독서와 다양한 자료탐색에 대한 관심이 매우 많고 연구적인 성향이 매우 강함	연구의 폭을 좀더 넓히고 실제적인 연구현장에 뛰어들 자신감 키우기

〈표－29〉교사의 개인적 발달의 일부 (예)

◁ 자기분석을 통한 자기개발 목표(연구·추진 과제)의 탐색 ii ▷

'교사의 개인적 발달 영역'

2. 교사명: 박 종 금　　3. 연구 교과: 국어
4. 담당 학년: 6학년　　5. 담당 업무: 학년 총괄

영　　역		자신의 장·단점 분석	향후 자기개발의 목표 또는 연구·추진 과제 탐색
교사의 개인적 발달 영역	• 교사의 신체적·정서적 건강	• 장점: 긍정적인 생각으로 즐겁게 생활하고자 노력함 • 단점: 눈이 쉽게 피로하고 감기에 잘 걸림	• 독서를 꾸준히 하여 정서 함양에 힘쓰고 규칙적인 운동 – 하루 20분 정도 러닝머신 뛰기
	• 교사의 성격 및 취향	• 장점: 성격이 꼼꼼하고, 남을 잘 도와줌 • 단점: 타인의 말에 쉽게 상처를 입고, 융통성이 없으며 성격이 급함	• 협동학습동호회의　정보교류를 통해 학생들의 참여를 유도하는 학습을 해야겠음
	• 교사의 가정생활	• 장점: 원만하게 가정생활을 유지함. 딸만 둘이라서 분위기가 좋음 • 단점: 맞벌이 가정으로 가사노동에 많은 애로사항이 있음	• 정서적인 면과 인격적인 면에서 좀더 풍부해지도록 독서와 음악감상에 힘써야겠음
	• 교사의 사회생활	• 장점: 착하고 성실하게 살고자 노력함 • 단점: 스스로 만나는 자리를 갖기보다는 이미 주어진 자리에만 참석하려는 경향이 있음	• 교사로서의 품위를 지키기 위해 노력함

<표-30> 학교의 조직적 발달 영역의 일부(예)

◁ 자기분석을 통한 자기개발 목표(연구·추진 과제)의 탐색 ⅲ▷
'학교의 조직적 발달 영역'
2. 교사명: 최 정 우   3. 연구 교과: 영어
4. 담당 학년: 4, 6학년   5. 담당 업무: 특기적성

영 역		자신의 장·단점 분석	향후 자기개발의 목표 또는 연구·추진 과제 탐색
학교의 조직적 발달 영역	• 학년경영 계획 및 경영 평가	• 장점: 동 학년 교사들의 의견이 수렴되는 협의회에서 논의된 의견을 적극적으로 학급경영에 반영하고자 함 • 단점: 전문활동의 조력에 대한 적극성 부족	• 전문활동의 조력에 대한 적극적 수행을 위한 교육 전문도서 탐독.
	• 학년경영 조직	• 장점: 적절한 학년 업무 분담과 협력적인 학년경영 • 단점: 경력이 짧아 도움을 주기보다 받는 측면이 강함	• 학습지도에서 어려운 점을 적극적으로 멘터와 상담
	• 의사소통 및 의사결정	• 장점: 영어학습에 흥미와 관심이 높음 • 단점: 전문활동의 조력에 대한 적극적 부족	• 전문활동의 조력에 대한 적극적 자세 필요함.
	• 교직원 간 인간관계	• 장점: 교사들의 의견이 수렴되는 협의회에서 논의된 의견을 적극적으로 학급경영에 반영하고자 함 • 단점: 행사 시에 활용할 수 있는 레크리에이션 등 다양한 연수 필요	• 행사 시에 활용할 수 있는 레크리에이션 등 다양한 연수 필요

〈표-31〉 자기개발 활동의 목표 추진 과제 및 활동계획 (예)

◁ 자기개발 활동의 목표 추진 과제 및 활동계획 ▷
2. 교사명: 황현미   3. 연구 교과: 수학
4. 담당 학년: 3학년   5. 담당 교무업무: 컴퓨터 관리

영 역		선정된 자기개발의 목표 또는 연구·추진 과제	자기개발의 활동계획 (기간: 2005. 3. 1.~2006. 2. 28.)	
			자기개발의 방법	구체적인 활동계획과 일정 (가능한 한 월별·주별 계획)
교사의 전문적 발달 영역	• 교육과정 및 교과지도	• 지도서를 충실히 읽고 소단원의 수업 준비를 한꺼번에 하도록 해야겠음	• 수준별 학습지 및 심화 보충형 학습지 개발 활용	• 소단원의 수업을 미리미리 한꺼번에 준비해서 각 차시의 연계성을 높여나가야 함
	• 교육기자재 및 자료 활용	• 교육 자료 제작 활용	• 협동학습의 구조를 1주일에 한 번 이상 활용	• 주 1회 이상 제작 활용

◁ 자기개발 활동의 목표 추진 과제 및 활동계획 ▷

2. 교사명: 황현미　　3. 연구 교과: 수학
4. 담당 학년: 3학년　　5. 담당 교무업무: 컴퓨터 관리

교사의 전문적 발달 영역	• 컴퓨터 활용	• 인터넷을 통해 다양한 학습자료를 확보	• 교육 관련 cd, 사이트를 적극 활용	• ppt에 대한 기능 좀더 익히기 • 초등교사 사이트를 활용하여 다양한 교수법을 도입
교사의 개인적 발달 영역	• 교사의 신체적·정서적 건강	• 건강한 몸과 정신의 수양을 위하여 매일 스트레칭 20분을 규칙적으로 행함	• 매일 20분 스트레칭 • 너그럽고 여유로운 마음가짐 갖기	• 매일 20분 스트레칭 • 너그럽고 여유로운 마음가짐 갖기
	• 교사의 가정생활	• 휴일을 자연과 접하는 시간으로 활용하고 평소 자투리 시간에 영어 듣기 공부를 해야 함	• 독서를 통하여 정서 순화와 사고력 향상에 꾸준히 힘써야겠음 • 영어 듣기 훈련	• 부부간의 대화의 시간을 자주 갖기 • 독서와 영어듣기 훈련
	• 교사의 성격 및 취향	• 대인관계를 맺는 것을 즐겨함	• 가족모임이나 동호회 모임을 통해 삶의 에너지를 재충전	• 가족모임이나 동호회 모임
	• 교사의 취미활동	• 단소와 독서 등의 취미활동을 통하여 정서를 순화하고 기능을 익혀 학습지도에 도입해야겠음	• 단소와 그림 그리기 등의 취미활동을 통하여 정서를 순화	• 단소레슨 • 독서, 영어방송 시청
학교의 조직적 발달 영역	• 학교연구계획 및 추진	• 전문활동의 조력 및 주도역할에 대한 적극적 수행을 위한 교육 전문도서 탐독	• 교육 전문도서 탐독	• 교육 전문도서 월 1권 독서 • 연구하는 학년 분위기 정착
	• 연구학교 조직	• 학교현장 혁신 촉진자의 역할 수행을 위한 교육 전문도서 탐독 및 멘제로서 상담 신청	• 연구학교 자료 수집 및 전문도서 탐독	• 시범학교 2차 연도 발표 준비

(3) 자기장학 연간 실천 계획 수립

　자기개발 목표에 의거하여 장학 주제를 설정하고 구체적 자기장학방법 계획을 세워 자기장학을 실천하였다. 이때 수업장학을 3회 이상 계획하여 실시하였다.

〈표-32〉 자기장학 연간 실천 계획 (예)

교사	김지숙	학년, 반	6학년 8반	연구 교과	국어

장학 주제	협동학습 구조를 적용한 교과지도

자기 장학 방법	• 교수-학습과정안 작성 • 수업 녹화·녹음 및 분석 • 수업 관련 자료 제작 • 교내장학지원단과 연계 • 장학자료 및 각종 이론 연수 등 • 수업발표대회 우수 비디오 시청·분석 등

월	주	기간	자기장학방법	실천 여부	수업공개 시기
3월	4	3.21.~3.26.	자기장학 주제 방법 정하기	○	
	5	3.28.~4.2.	지도안 작성 및 수업 실시 ①	○	3월 30일
4월	6	4.4.~4.9.	수업에 대한 분석	○	
	7	4.11.~4.16.	협동학습의 이론적 배경 알아보기	○	
	8	4.18.~4.23.	협동학습의 이론적 배경 알아보기	○	
	9	4.25.~4.30.	지도안 작성 및 수업 실시 ②	○	4월 29일
5월	10	5.2.~5.7.	수업에 대한 분석	○	
	11	5.9.~5.14.	협동학습에 관한 구조 알아보기	○	
	12	5.16.~5.21.	협동학습에 관한 구조 알아보기	○	
	13	5.23.~5.28.	협동학습에 관한 구조 알아보기	○	
	14	5.30.~6.4.	협동학습에 관한 구조 알아보기	○	
6월	15	6.6.~6.11.	국어과 수업에 적합한 협동학습 모형 알아보기	○	
	16	6.14.~6.18.	국어과 수업에 적합한 협동학습 모형 알아보기	○	
	17	6.20.~6.25.	협동학습 수업 모형 적용에 필요한 자료 제작	○	
	18	6.27.~7.2.	협동학습 수업 모형 적용에 필요한 자료 제작	○	
7월	19	7.4.~7.9.	사회과 수업에 적합한 협동학습 모형 알아보기	○	
	20	7.11.~7.16.	사회과 수업에 적합한 협동학습 모형 알아보기	○	
	21	7.18.~7.19.	협동학습 수업 모형 적용에 필요한 자료 제작	○	
9월	2	9.5.~9.10.	지도안 작성 및 수업 실시 ③		9월 9일
	3	9.12.~9.17.	수업에 대한 분석		
	4	9.19.~9.24.	협동학습 수업 모형 적용에 필요한 자료 제작		
	5	9.26.~10.1.	수학과 수업에 적합한 협동학습 모형 알아보기		

④ 자기수업 분석

자기장학 수업설계에 의거하여 수업을 실시하고 수업을 녹화한 후 자기수업 분석을 하였다. 수업분석은 크게 ① 수업설계 관찰 · 분석 ② 교수활동 관찰 · 분석 ③ 학습활동 관찰 · 분석 ④ 자료 활용 및 수업 분위기 관찰 · 분석의 방법으로 실천하였으며 그 외에 수업 중 교사 자신의 시선 분석, 교사 자신의 발문 진단, 과업 몰두도, 언어적 흐름도를 측정하여 교사와 학생 간에 어느 정도 긍정적 상호 교류가 있었는가도 진단해 보았다.

구 분	분석의 관점	분 석 내 용	비고
1. 체 제 면	· 교수 · 학습계획안이 창의성 있고 체계적으로 설계되었나? · 본시수업의 내용과 특성을 잘 안내하고 있나?	[illegible]	
2. 학습목표 진술	· 학습목표가 단원목표와 일관성이 있나? · 단위시간 내에 달성 가능한 목표를 명시적 동사로 진술하고 있나?	[illegible]	
3.수업 내용	· 교수 · 학습 활동이 단원 및 본시 학습목표와 밀접하게 짜여졌나? · 교과와 학교 및 학생 실태에 맞게 재구성되었나?	[illegible]	
4. 수업모형 적용 계획	· 교과와 제재의 특성에 적합한가? · 도입에서 정리까지의 수업흐름이 아동의 적극적인 참여를 유도하는 과정모형인가? · 아동의 활동을 개별화 하고, 다양한 학습방법을 활용하는 효율적인 모형인가?	[illegible]	
5. 교사발문 계획	· 학습의욕과 문제의식을 일으키고, 모두가 이해할 수 있는 발문계획인가? · 아동의 창의성을 유도하며, 발전적인 학습을 촉진시키는 확산적인 발문계획인가?	[illegible]	
6. 수업매체 및 자료 활용 계획	· 학습과제와 학습자의 특성을 고려하였나? · 학습의 능동과 탐구적 활동을 촉진할 수 있도록 다양하고 생동감 있는 매체와 자료를 활용하는 계획인가?	[illegible]	
7. 형성평가 계획	· 학습목표 성취도 점검에 적합한 계획인가? · 학습동기를 유발시키는 내용과 창의적인 방법으로 계획이 수립되었나?	[illegible]	
8. 학습준비 상황	· 학습준비상황(준비물활동)이 분석되어 수업관련 과제 제시 및 학습자료 준비를 위한 계획이 수립되었나?	· 수업과 관련된 학습 자료가 준비되어 있음.	

[그림 - 25] 수업설계 관찰 · 분석

준 거	관찰 · 분석의 관점	관찰 · 분석 내용	비고
1. 과제 제시의 명료성	· 학습목표(문제)와 학습내용을 명확하게 제시하고 설명하는가? · 핵심 내용(학습개념)을 요약, 제시하는가? · 학습목표 도달을 개별적으로 확인하는가?	학습목표가 명확하고 이의 달성을 위한 활동이 전개됨.	
2. 학습동기 부여	· 발문, 매체활용으로 학습흥미 자극하는가? · 아이디어에 대해 칭찬 · 격려 · 활용하는가? · 아동발표에 대한 진지한 관심과 격려 및 학습호기심을 유도하기 위하여 노력했는가?	다양한 학습자료로 학습 흥미를 자극함	
3. 교사 발문 및 교수 용어	· 목적이 뚜렷하고 개인차를 고려하며, 수업단계에 적합한 추론 · 적용적 발문인가? · 생각하여 답변할 시간을 주며, 어려운 질문은 격려 · 보조하는가? · 학습의 강조점에 따라 음성 고저를 조절하며, 용어가 명확하고 알아듣기 쉬운가?	[illegible]	
4. 아동과의 관계 형성 · 교사 기능 발휘	· 아동과의 친밀한 관계(래포)를 형성하고, 여러 아동과 눈맞춤 하는가? · 아동의 요구를 수업활동에 반영하는가? · 아동의 학습 방해 행동을 관리하는가? · 발표 및 활동 기회를 다수에게 제공하고, 수업 난이도를 조절하는가? · 학습집단의 편성 · 활용 · 지도가 효과적이며, 집단화와 개별화가 조화를 이루나?	[illegible]	
5. 교수체제	· 학습주제에 적절한 교수활동과 평가활동이 다양하게 이루어지는가? · 교재구성과 학습과제에 적절한 수업원리가 적용되는가?	학습주제에 적절한 교수 활동임	

[그림 - 26] 교수 활동 관찰 · 분석

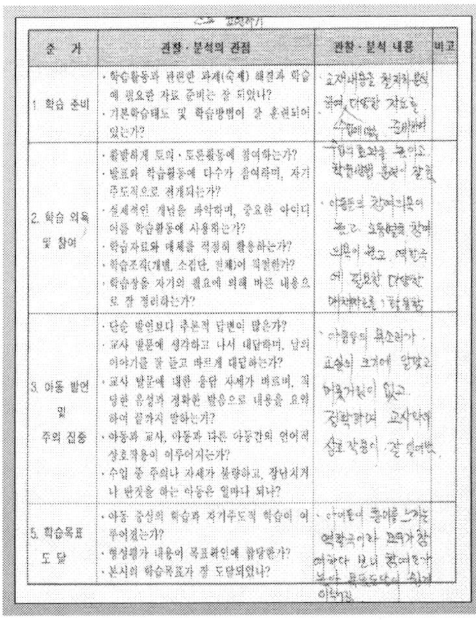

준 거	관찰·분석의 관점	관찰·분석 내용	비고
1. 학습 준비	·학습활동과 관련한 과제(숙제) 해결과 학습에 필요한 자료 준비는 잘 되었나? ·기본학습태도 및 학습방법이 잘 훈련되어 있는가?		
2. 학습 의욕 및 참여	·활발하게 토의·토론활동에 참여하는가? ·발표와 학습활동에 다수가 참여하며, 자기주도적으로 전개되는가? ·실제적인 개념을 파악하며, 중요한 아이디어를 학습활동에 사용하는가? ·학습자료와 매체를 적절히 활용하는가? ·학습조직(개별, 소집단, 전체)이 적절한가? ·학습장을 자기의 필요에 의해 바른 내용으로 잘 정리하는가?		
3. 아동 발언 및 주의 집중	·단순 발언보다 추론적 답변이 많은가? ·교사 발문에 생각하고 나서 대답하며, 남의 이야기를 잘 듣고 바르게 대답하는가? ·교사 발문에 대한 응답 자세가 바르며, 적당한 음성과 정확한 발음으로 내용을 요약하여 끝까지 말하는가? ·아동과 교사, 아동과 다른 아동간의 언어적 상호작용이 이루어지는가? ·수업 중 주의나 자세가 불량하고, 장난치거나 딴짓을 하는 아동은 얼마나 되나?		
5. 학습목표 도 달	·아동 중심의 학습과 자기주도적 학습이 이루어졌는가? ·형성평가 내용이 목표확인에 합당한가? ·본시의 학습목표가 잘 도달되었나?		

[그림 – 27] 학습활동 관찰 · 분석

준 거	관찰·분석의 관점	관찰·분석 내용	비고
1. 수업매체 선정·조직	·학습과제에 적합한 수업매체가 선정되었으며, 준비된 매체를 능숙하게 조작하는가?		
2. 교수자료 준비·제시	·교수자료가 적합하게 준비되었으며, 적당한 시간과 장소에 효율적인 방법으로 제시되었나?		
3. 학습자료 준비·활용	·학습자료는 학생의 수준과 학습내용에 적합하게 준비되었으며, 학생들은 학습자료와 매체를 적절히 활용하는가?		
5. 멀티자료 활 용	·멀티미디어 교수·학습자료 등이 무분별하게 사용되지는 않았나?		
6. 교수·학습 자료 효과	·교수·학습자료가 학습에 흥미와 관심을 부여하고 학습목표 도달에 도움이 되었나?		
7. 학 습 지	·내용이 정선되고 아동의 사고를 자극하는 학습지가 준비되고 활용되는가?		
8. 학 습 분 위 기	·허용적이고 활기차며, 학생 주도적인 학습분위기가 조성되었나?		
9. 학급환경	·학습활동과 직결되고 학습의욕을 자극하는 학급환경이 조성되었나?		
10. 학 습 결 과 물	·학습활동 결과물(포트폴리오 등)이 학습활동에 적합하고 아동중심으로 준비되었나?		

[그림 – 28] 자료 활용 및 수업 분위기 관찰 · 분석

영역	착 안 점	빈도수	%
1. 지시적 발문	*지시, 비난하는 발문(예: 공책에 써요. 칠판을 봐요. 그것도 몰라요. 틀렸어 등)	3	11.0
2. 비지시적 발문	*칭찬, 권장, 학생의 생각을 받아들이거나 이용하는 발문(예: 잘 했어요. 맞았어요. '오유', '그래')	20	87.0
3. 재생적 발문	*재생, 읽기, 계산, 암기 등 학생이 단편적인 지식으로 답변하게 하는 발문(예:우리 나라의 수도는? 3.1운동은 언제 일어났는가? 등)	2	1.7
4. 추론적 발문	*인과관계, 종합, 분석, 구분, 비교, 대조하게 하는 발문(비슷한 점, 같은 점, 다른 점) (예: 국회와 정부에서 하는 일의 주요한 차이점은?)	7	5.0
5. 적용적 발문	*새로운 사태에 원칙을 적용, 이론화, 예언하는 반응을 나타내 하는 발문(예: 백두산이 없어진다면 어떻게 될까?)	3	11.2
계		35	100
특기사항	* 아동들의 발표 내용을 듣고 교사의 칭찬으로 인해 자신감과 의욕의 효과가 극대화 됨. * 역할극의 재연 시 아동들이 다소 서두르는 경향이 있어 불안정해 보임		

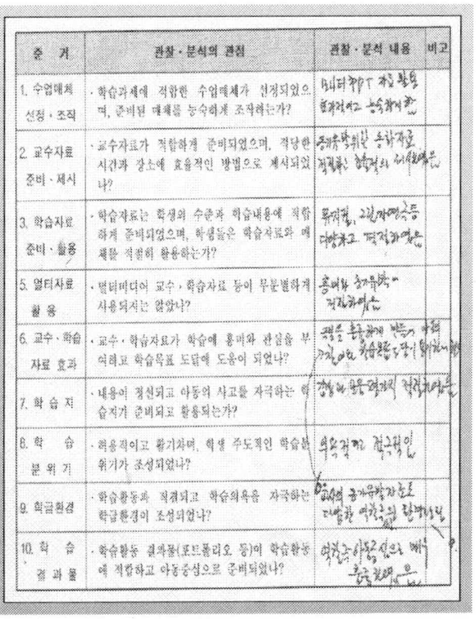

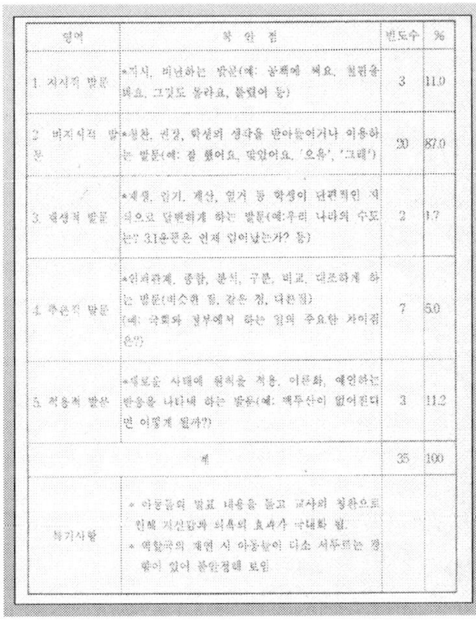

[그림 – 29] 교사의 발문 진단

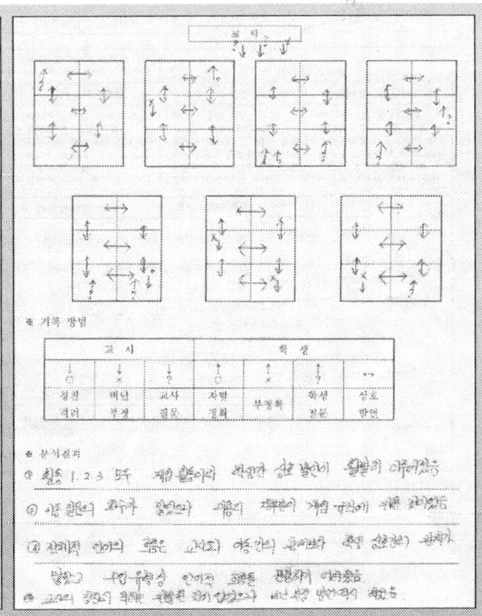

[그림 – 30] 언어적 흐름도

⑤ 자기수업 평가

자기수업 실시 이후에는 수업을 분석을 하고 자기활동에 대한 반성의 차원으로 자기평가를 실시하였다. 평가내용은 다음 예로 제시한 표와 같다.

〈표-33〉 자기수업 평가 체크리스트 (예)

일 자	○2005년 4월 29일 금요일		교 과	과 학			
학년, 반	6학년 8반	단원 및 차시	3. 우리 몸의 생김새 (9/10)				
지도교사	멘토 김지숙	학 습 주 제	○몸 속 기관의 종류와 하는 일 발표하기				
본시목표	•몸 속 기관의 종류와 하는 일을 말할 수 있다. •기관과 관련된 자료를 수집하여 창의적으로 전시회를 꾸밀 수 있다.						

단계	번호	평 가 내 용	배 점		
			3	2	1
수업전	1	단위 학습 시간의 낭비가 없도록 사전에 치밀한 지도계획을 세웠는가?	○		
	2	학습 주제에 적절한 학습자료를 준비하였는가?	○		
	3	학생의 수업 이해도를 높이기 위한 적절한 피드백 계획을 세웠는가?	○		
	4	명확하고 적절한 발문과 학습의 참여도를 알 수 있는 계획을 세웠는가?		○	
	5	수업에 필요한 학습과제 해결을 위한 안내를 잘하였는가?	○		
소 계			(13 /15)		
도입	1	학생들의 학습 준비 상태는 잘되었는가?	○		
	2	좌석 배열 및 모둠 조직 상태는 학습활동에 적당하였는가?	○		
	3	학습목표 제시가 제때에 이루어졌으며 잘 인지되었는가?	○		
	4	선수 학습 및 전시 학습내용을 확인하였는가?	○		
	5	본시 학습내용에 맞는 흥미와 호기심을 갖도록 동기를 유발시켰는가?	○		
소 계			(13 /15)		
전개	1	발문 내용이 구체적이고 명료하며 중계 발문도 이루어졌는가?	○		
	2	발문 후 사고의 시간을 갖도록 하였는가?			
	3	균등한 지명이 이루어졌는가?	○		
	4	결과보다 과정을 중시하는 수업을 시도하였는가?	○		
	5	학습자의 응답에 적절한 보상이 있었는가?			
소 계			(11)/15		
정착	1	본시의 필수 학습 요소가 종합 정리되어 지도되었는가?	○		
	2	확인 학습 과정과 결과 처리는 공정하고 정확하였는가?	○		
	3	결손 문항에 대한 보충지도는 이루어졌는가?			
	4	차시 예고는 구체적으로 안내되었는가?	○		
	5	학습 과제는 적절하게 제시되었는가?			
소 계			(11) / 15		
총 계 (%)			(48) / 60 80%		
개선내용	★ 아동들의 자료가 인터넷으로 한정되어 있다. ★ 한 차시 분량으로 시간이 다소 부족하다.				

⑥ 자기장학 연수록 작성

자기장학 연수록은 계속 보완이 가능하도록 하였으며 교사 재직 시 언제든 활용이 용이하도록 바인더 노트를 활용하였다.

1) 작성내용

가) 자신의 교수·학습 개선에 도움이 되는 자료

나) 자기수업에 도움이 되는 수업 모형 연구

다) 자기수업 연구 후 작성한 지도안 및 학습 제작 자료

라) 교직 활동 전반에 관련된 전문서적 탐독 결과 및 자료

마) 자신의 수업 녹음, 동료장학, 수업장학 참관 결과

바) 각종 연수, 교과 연구회, 시범수업 공개회 등에 참가한 결과 자료 요약

2) 작성 및 활용방법

자기장학 실천 교사는 개별적으로 연구 계획을 수립하고, 주 연구 중점을 설정하여 이를 해결하도록 하였다. 작성방법은 자신의 수업을 녹음 및 녹화하여 교수·학습 개선 사항을 찾아 분석해 보고 수업과 관련된 문헌 탐색이나 교수·학습의 심화 및 참고자료를 수시로 읽어 자기 연수자료로 활용해 보았다. 또 자기수업 분석과 수업 평가도 실시하였다.

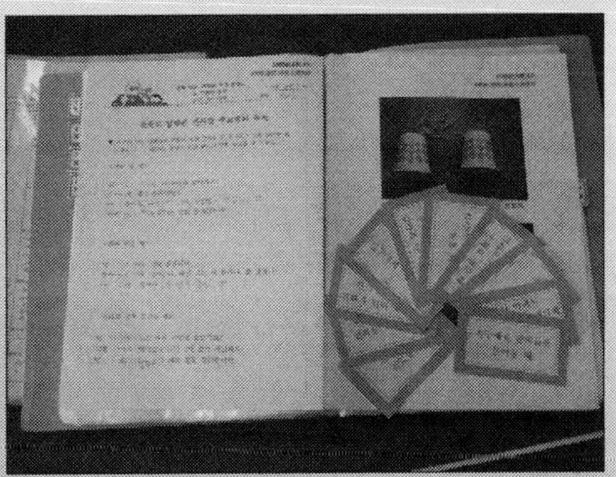

[그림-31] 자기장학록 표지 및 활동 결과물

[그림-32] 자기수업 연구 장면

(2) 일반연수 실시

① 교사연수의 모형

〈표-34〉 교사연수의 모형

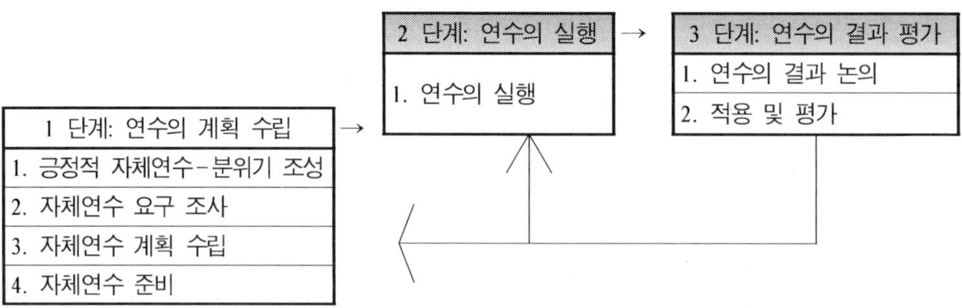

② 연수의 날 활동 개요

〈표-35〉 주별 연수의 날 활동 개요

날 짜	자체연수 활동(1~2시간 정도)		동호인 활동 (선택사항, 1시간 정도)	비 고
	교장·교감·부장 교사 업무 관련 연수	희망 교직원 발표 연수		
첫째 수요일 (15:00~16:30)	멘토링 자율장학 활동 관련 연수(초청 연수 가능)	1~2명 주제 연수 초청강의	동호인 활동	○수업장학, 동료장학, 자기장학의 결과 발표 가능
둘째·셋째 수요일 (15:00~16:30)	멘토링 데이 운영		동호인 활동	○주 1회 직원조회(종례)를 이용한 회의 혹은 전달식 연수는 계속 실시
셋째 월요일 (15:00~16:30)	일반 업무 관련 연수	1-2명 발표 연수	동호인 활동	○동호인 활동은 다양한 동료장학 형태로 운영 가능(협의, 연구과제, 1:1 동료장학 등)
넷째 금요일 (15:00~16:30)	동료장학, 동 학년 협의		동호인 활동	
휴가기간	현지답사·현장방문·견학중심 연수(1박 2일 가능)			

가) 교육과정 운영 중심으로, 주별로 주제를 정하여 연수자를 선정하였다.

나) 연수자는 연수 1주일 전 연수물 및 자료를 작성하여 연구부장과 협의 후 연수를 실시하였다.

다) 연수내용에 따라 필요시 수회로 나누어 실시하고 일반화할 내용은 수업장학에 적용하였다.

〈표-36〉 2005학년도 교사 일반연수

월	요일	반	교 사	연 수 주 제	실 행
3	월	3 - 6	류수경	◆NEIS 인증서 관리와 신학기 업무	○
	〃	6 - 2	공강옥	◇재활용품 분리수거 요령	○
4	〃	1 - 3	오정선	◆집단 체계 진단 실시법	○
	〃	4 - 2	김경진	◇학교 홈페이지 운영 연수	○
5	〃	5 - 8	송지윤	◆독도 사랑 연수	○
	〃	2 - 7	이중헌	◇효율적인 독서지도	○
6	〃	4 - 5	방선희	◆과학실 실험기구 사용법 및 유의점	○
	〃	1 - 2	강주연	◇파워포인트, 엑셀의 활용	○
7	〃	1 - 1	심경옥	◆학습장애아의 상담과 지도	○
	〃	2 - 진	심성희	◇여름철 위생지도	○
9	〃	교담	양미화	◆단소지도법	○
	〃	5 - 1	임현숙	◇올바른 독서지도를 통한 아동의 독서능력 신장	○
10	〃	6 - 5	장진옥	◆생활지도	
	〃	3 - 5	최은주	◇아동극을 활용한 수업 모형 설계	
11	〃	5 - 6	김지영	◆졸업 앨범 프로그램을 이용한 학급앨범 제작하기	
	〃	3 - 4	성미령	◇교원 정보 활용능력 평가 안내	
12	〃	5 - 3	송용완	◆초등영어에서의 이야기와 드라마의 활용	
	〃	4 - 8	김교란	◇인성지도	

[그림-33] 일반연수 실시

(3) 수업 모니터록 활용

'수업 모니터록'은 교과 연구회 활동으로 매주 실시되는 멘토링 자율장학 동 학년 협의회에서 연구 교과 지도내용을 발표하여 서로 자료와 정보를 공유하고 교실 수업 개선에 활용하도록 했다.

1인 1교과 연구(수업모니터록)

제 (5월 1주)
(5월 2일 ~ 5월 7일) 제3학년 수원선일초등학교

학년 반	연구교과 (선진도 교과)	연구 내용
3-1	국어 (쓰기)	• 단원 : 셋째 마당 -1. 꼼꼼하게 살펴서 • 주제 : 원인과 결과가 드러나게 짧은 글을 쓰기 • 학습 목표 : 원인과 결과가 드러나게 짧은 글을 쓸 수 있다. • 중점 지도 내용 - 글을 읽고 원인과 결과가 되는 말을 구별해 보기 - 원인과 결과가 드러나게 글을 쓸 때 어떤 말을 써야 하는지 알기 - 제시된 문장에 원인과 결과가 드러나게 글 완성하기 - 그림의 내용을 원인과 결과가 드러나게 글 써 보기
3-2 3-3	사회	• 단원 : 2 우리 고장 사람들의 생활 • 주제 : 자연을 이용하는 생활- 자연을 이용하는 모습 알아보기 • 학습 목표 : 경험이나 조사를 통해 자연 이용의 여러 가지 모습을 찾아보고 관점을 정하여 그 내용을 체계적으로 정리할 수 있다. • 지도 과정 ○경험담과 수집된 사진을 활용하여 산, 들, 바다, 강의 이용 사례를 찾아보기 ○ [짝] 우리 생활을 종류별로 분류하고 그에 따른 자연 이용 모습을 알아보기 -의생활/-식생활 -주생활/-편리한 생활 -건강과 오락 ○오래된 사진이나 그림 또는 문헌을 통하여 옛날의 자연 이용 모습을 알아보기 ○옛날과 오늘날의 자연 이용 모습을 표로 만들어 비교해 보기
3-4 3-5	과학	• 단원 : 4 온도 재기 • 주제 : 여러 곳에서 온도재기 • 목표 : 여러 곳에서 온도를 재어 표와 그래프로 나타내고 온도가 각각 다른 까닭을 말할 수 있다. • 학습 활동 . 여러 곳의 온도 재기 - 교실의 창가, 나무 아래 . 온도를 표와 그래프로 나타내기 ○여러 곳의 온도 비교하기 ○온도가 높은 곳과 낮은 곳 발표하기 ○예상했던 것과 같은지 비교하여 발표하기 ○여러 곳의 온도가 다른 까닭 토의하기
3-6	수학	• 단원 : 4. 나눗셈 • 주제: 똑같이 나누어 보기 • 수업 내용 및 활동 . 같은 양으로 나누는 조작을 하여 구하려는 것을 알게 한다. . 같은 양으로 나누는 상황을 나눗셈식으로 나타나게 한다. • 유의점 : 똑같이 나누어 보기에는 곱셈과 관련된 계산에 의한 몫 구하기가 아니므로 구체물이나 반구체물을 주어진 상황에 맞게 나누어보고, 나누어 보는 활동에 의해 몫을 찾도록 지도 한다.

1인 1교과 연구(수업모니터록)

제 7월 19주
(7월 4일 - 7월 9일) 제 6 학년 수원선일초등학교

학년 반	연구교과 (선진도 교과)	연구 내용
6-2 6-8 6-10	국어	<다섯째마당>-우리함께 [illegible] 읽기 228-235 ◎ 이야기와 극본의 다른 점 (구분) / 극본 / 이야기 시제 / 현재형 / 과거형이나 현재형 등장인물 / 등장인물 수의 제약 / 제약없이 많은 인물이 등장함 시간, 공간 / 제약을 받음 / 제약을 받지 않음 전달과정 / 무대상연을 전제로 함 / 읽는 것을 전제로 함 표현 / 대사로 이루어 짐 / 대사와 묘사로 이루어짐 인물의 심리 / 대사와 행동을 통해 간접적으로 표현됨 / 직접적이거나 동작을 통하여 심리가 묘사됨
6-6 6-9	수학	8. 비율그래프 : 수학 121-124 비율그래프는 띠그래프와 원그래프의 개념과 원리를 알고, 띠그래프나 원그래프로 제시된 정보를 읽을 수 있어야 한다. 따라서 띠그래프나 원그래프로 제시된 정보를 잘 읽을 수 있는지 띠그래프나 원그래프를 그리기 위해서 자료를 정리할 수 있는지, 띠그래프나 원그래프를 그릴 수 있는지 등을 알아본다.
6-1 6-5 6-4	사회	3. 대한민국의 발전 단원정리학습 : 사회 136-137 ※ 일제 침략에 맞서 우리 민족이 벌인 노력(언론운동, 교육운동, 의병운동, 국채보상운동, 임시정부수립운동 등)을 정리하고 희생들의 입장에서 할 수 있는 일들을 생각해 보게 한다. ※ 4.19 혁명, 5.18 민주화운동, 6월 민주항쟁의 원인, 주체, 성과를 알아보는 활동을 하고 사회, 사회과 탐구교과서 및 인터넷 등의 자료를 통해 풍부한 내용을 정리하도록 한다.
6-3 6-7	과학	7. 전자석 : 과학 84-88, 실관 60-64 <전자석의 세기에 영향을 주는 요인 조사하기> ※ 전지의 수에 따른 세기를 비교할 때는 감은 수를 같게 하여 실험해야 하며 감은 수에 따른 세기를 비교할 때는 전지의 수를 같게 하고 실험해야 한다. <전자석을 만들 수 있는 조건통제> · 전지는 한 개만 사용한다(에나멜선의 길이제한 없음) · 에나멜선의 길이를 1m나 2m로 제한한다. (전지를 한 개로 하거나 세 개까지 제한) · 전지1개, 에나멜선 1m로 제한한다. · 큰 쇠못사용

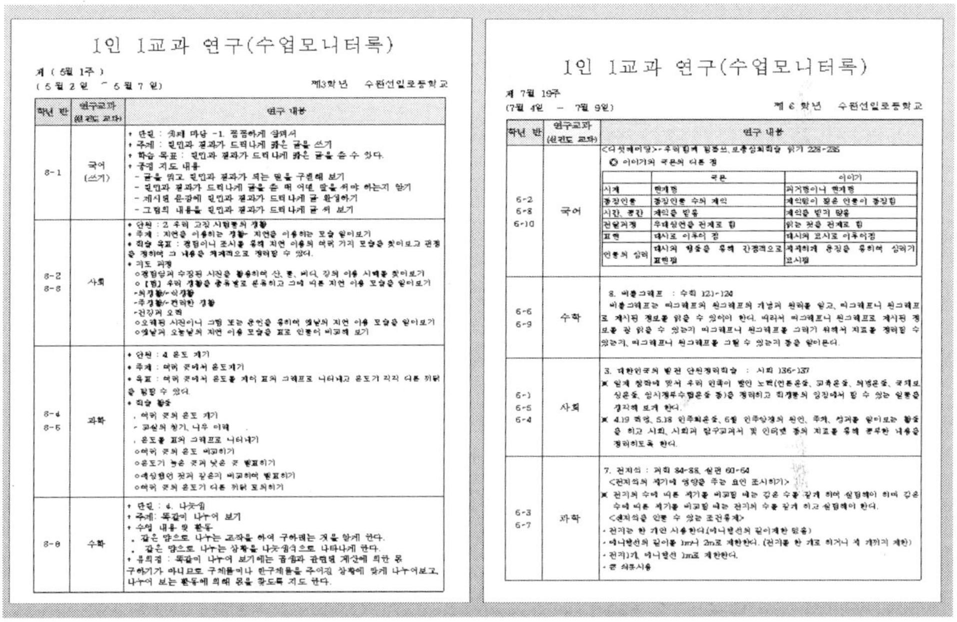

[그림-34] 수업 모니터록 활용

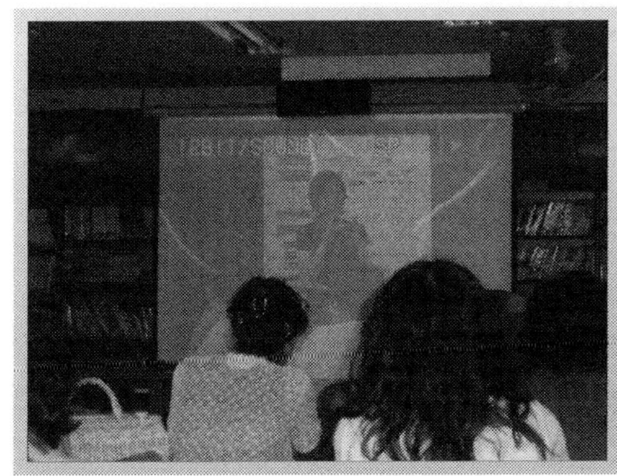

[그림-35] 우수수업 모니터 장면

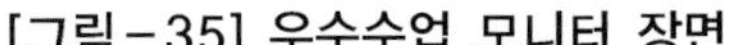

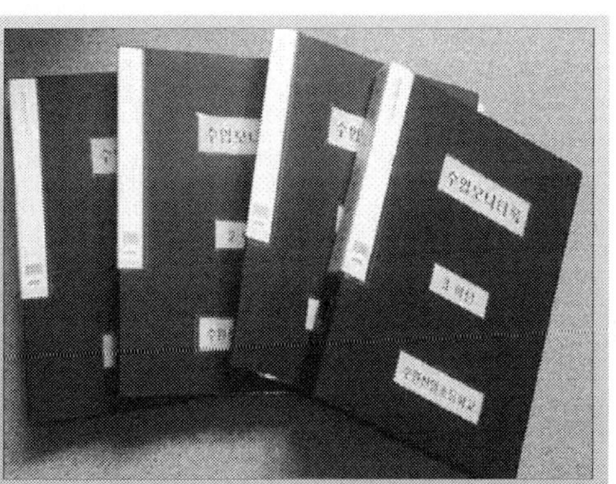

[그림-36] 수업 모니터록 표지

5. 시범학교 운영의 결과 분석

1) 운영 결과의 평가내용 및 방법

시범학교 운영 결과에 대한 자체 평가는 설문지 조사를 통하여 실시하되 ①
멘토링 자율장학 운영 기반 조성에 관한 평가 ② 멘토링 자율장학 적용 운영에
관한 평가 ③ 자기개발을 위한 교원 연찬 활동 강화 ④ 멘토링 자율장학팀 활동
⑤ 시범학교 운영 활동의 측면으로 실시하였고 교사들의 교수·학습력의 변화는
자기수업 평가 체크리스트를 활용하였다.

〈표-37〉 연구 결과의 평가내용 및 방법

구 분	운영 평가내용	방 법	도 구	시 기
멘 토 링 자율장학 운 영 기 반 조성	○자율장학의 필요성에 대 한 인식의 변화	○자작 설문지를 통 한 응답 분석	○자작 설문지	2005년 9월
	○멘토링 자율장학 연수의 효율성	○자작 설문지를 통 한 응답 분석	○자작 설문지	2005년 9월
	○멘토링 촉진 프로그램을 통한 인간관계 형성 및 유지 정도	○자작 설문지를 통 한 응답 분석	○자작 설문지	2005년 9월
	○시범학교 운영을 돕기 위 한 교내 홈페이지의 활성 화 정도	○자작 설문지를 통 한 응답 분석	○자작 설문지	2005년 9월
	○멘토링 자율장학 운영을 위한 연구회 조직의 필요 성 여부	○자작 설문지를 통 한 응답 분석	○자작 설문지	2005년 9월
	○멘토링 활동을 통한 자기 개발지수의 향상도	○자작 설문지를 통 한 응답 분석	○자작 설문지	2005년 9월
멘 토 링 자율장학 프로그램 구 안 적 용 운영	○멘토링 일반장학 프로그램 이 멘제 교사에게 준 도움	○자작 설문지를 통 한 응답 분석	○자작 설문지	2005년 9월
	○수업기술 향상 프로그램 이 멘제의 수업기술에 기 여한 정도	○자작 설문지를 통 한 응답 분석	○자작 설문지	2005년 9월

구 분	운영 평가내용	방 법	도 구	시 기
자기개발을 위한 교원 연찬 활동	○자기혁신 과제의 실천 여부	○자기장학 활동 결과물 포드폴리오 분석	○포트폴리오	2004년 3월~2005년 9월
	○자기장학이 실제적으로 수업의 질 향상에 기여한 정도와 분야	○자기수업 평가 체크리스트 득점 평균 비교 ○자작 설문지를 통한 응답 분석	○자기수업 평가 체크리스트 ○자작 설문지	2004년 3월~2005년 9월
멘토링 자율장학 팀 활동	○멘토링 활동 참여도	○자작 설문지를 통한 응답 분석	○자작 설문지	2005년 9월
	○멘토 교사의 도움 정도	○자작 설문지를 통한 응답 분석	○자작 설문지	2005년 9월
	○멘제 교사의 변화 정도	○자작 설문지를 통한 응답 분석	○자작 설문지	2005년 9월
	○멘토링 자율장학일지의 활용 정도 및 주는 도움	○멘토링 활동 결과물 포트폴리오 분석 ○자작 설문지를 통한 응답 분석	○포트폴리오 ○자작 설문지	2004년 3월~2005년 9월
	○공동 수업 연구 결과 교수·학습방법 향상도	○자작 설문지를 통한 응답 분석 ○수업 연구 분석 자료	○자작 설문지 ○수업 연구 분석	2005년 9월
	○정기 평가와 피드백이 이루어진 정도	○자작 설문지를 통한 응답 분석	○자작 설문지	2005년 9월

2) 시범학교 운영 결과의 분석

(1) 멘토링 자율장학 운영 기반 조성

〈표-38〉 자율장학의 필요성에 대한 인식의 변화

설문내용	번호	항 목	응 답	
			교사 수(N =48)	백분율(%)
자율장학 시범학교 운영의 결과 자율장학의 필요성에 대한 인식 변화의 계기가 되었습니까?	1	매우 도움이 된다.	11	22.92
	2	도움이 된다.	30	62.50
	3	보통이다.	7	14.58
	4	도움이 안 된다.		

자율장학 시범학교 운영의 결과 85.42%의 교사가 도움을 된다고 하여 자율장학의 필요성에 대한 인식 변화의 계기가 되었음을 알 수 있었다.

<표-39> 멘토링의 이해를 돕기 위한 연수의 효율성

설문내용	번호	항 목	응 답	
			교사 수(N=48)	백분율(%)
멘토링 자율장학의 이해를 돕기 위해 멘토링 전문가 및 교육 전문가를 초빙하여 연수를 실시하였는데 이것이 어느 정도 도움이 되었다고 생각하십니까?	1	매우 도움이 된다.	15	31.25
	2	도움이 된다.	30	62.50
	3	보통이다.	3	6.25
	4	도움이 안 된다.		
멘토링 자율장학에서 실시 이해 연수와 수업기술 향상을 위한 연수 중 어느 것이 가장 도움이 되었습니까?	1	멘토링 이해 연수	21	43.75
	2	수업설계(지도안 작성 포함)	15	31.25
	3	수업전개(수업관찰 및 분석)	8	16.67
	4	수업분석 및 평가	4	8.33

멘토링 전문가나 교육 전문가를 초빙하여 실시한 연수의 경우 93.75%가 도움이 되었다고 응답하여 멘토링 자율장학 연수가 매우 필요함을 알 수 있었다. 가장 도움이 되었던 연수로는 43.75%가 멘토링 이해 연수를 들었으며 이는 멘토링 자율장학 도입 실시 시 멘토링의 원리 이해가 최우선되어야 함을 의미한다고 할 수 있었다.

<표-40> 멘토링 촉진 프로그램을 통한 인간관계 형성 및 유지 정도

설문내용	번호	항 목	응 답	
			교사 수(N=48)	백분율(%)
본교 교사들 간의 친밀한 인간관계 형성 및 유지를 위해 워크숍을 실시하고 린치핀게임, 스타게임과 같은 활동을 실시했는데 이와 같은 프로그램들이 관계 증진에 어느 정도 도움이 되었다고 보십니까?	1	매우 도움이 된다.	12	25.0
	2	도움이 된다.	34	70.83
	3	보통이다.	2	4.17
	4	도움이 안 된다.		

친밀한 관계 형성을 목적으로 실시하였던 워크숍, 린치핀게임, 스타게임과 같은 활동들이 95.83%의 긍정적 반응을 보였으며 멘토링 촉진 프로그램이 본교 교

사들의 인간관계 형성 및 유지에 크게 도움을 주었음을 알 수 있었다.

<표-41> 시범학교 운영을 돕기 위한 교내 홈페이지의 활성화 정도

설문내용	번호	항 목	응 답	
			교사 수(N =48)	백분율(%)
시범학교를 활성화하기 위한 방안으로 교내 홈페이지 '자율장학 시범학교'를 이용해 자료를 탑재·공유하였는데 이것이 자율장학 시범학교 운영 및 이해에 어느 정도 도움이 되었다고 보십니까?	1	매우 도움이 된다.	11	22.92
	2	도움이 된다.	37	77.08
	3	보통이다.		
	4	도움이 안 된다.		

홈페이지를 통해 멘토링 자율장학 운영 상황을 파악하고 멘토링 자율장학 활동 결과물을 탑재하여 공유하였던 것은 100% 도움이 되었으며 멘토링 이해 면에서나 시범학교 운영 면에서도 홈페이지의 활용은 큰 도움이 되었으며 학부모나 학생들에게 멘토링을 홍보하는 기회가 되었다.

<표-42> 멘토링 자율장학 운영을 위한 연구회 조직의 필요성 여부

설문내용	번호	항 목	응 답	
			교사 수(N =48)	백분율(%)
멘토링 자율장학 운영을 위한 연구회 조직이 어느 정도 필요하다고 보십니까?	1	매우 필요하다.	11	22.92
	2	조금 필요하다.	19	39.58
	3	필요하다.	18	37.50
	4	필요 없다.		

멘토링 자율장학팀을 위해서는 멘토링 자율장학 연구회가 100% 필요하다고 한 것으로 보아 조직에서부터 내용, 과제 선정, 활동 지원 및 관리, 평가 결과 분석 및 반영에 연구회의 역할이 효과적이었음을 알 수 있다.

<표-43> 멘토링 활동을 통한 자기개발지수의 향상도

설문내용	번호	항 목	응 답	
			교사 수(N =48)	백분율(%)
멘토링 활동을 통해서 자기개발지수(마음, 지식, 건강, 관리, 관계)가 얼마나 향상되었다고 보십니까?	1	매우 향상이 되었다.	4	8.33
	2	조금 향상이 되었다.	28	58.33
	3	보통이다.	14	29.17
	4	향상이 되지 않았다.	2	4.17
	5	전혀 향상이 되지 않았다.		

멘토링 활동을 통한 자기개발지수 향상지수는 58.33% 조금 향상되었다와 29.17% 보통이라고 하여 자기개발지수(마음지수, 지식지수, 건강지수, 관리지수, 관계지수)는 단기간에 변화되는 과정인 것이 아니라 장기적 목표를 설정하여 지속적으로 개발해야 하는 것임을 알 수 있다.

(2) 멘토링 자율장학 프로그램 구안 적용 · 운영

<표-44> 멘토링 프로그램이 멘제 교사에기 준 도움

설문내용	번호	항 목	응 답	
			교사 수(N =48)	백분율(%)
학급경영관리, 생활지도, 학부모 관계, 수업설계에서 분석·평가까지 구안된 멘토링 일반장학 프로그램이 신규 및 저경력 교사들의 학교생활에 어느 정도 도움이 되었다고 보십니까?	1	매우 도움이 된다.	7	14.58
	2	도움이 된다.	31	64.58
	3	보통이다.	9	18.75
	4	도움이 안 된다.	1	2.08
수업기술 향상 프로그램을 수립 적용하여 지속적인 연수를 실시하였는데 멘제 교사의 수업기술 향상에 어느 정도 도움이 되었다고 생각하십니까?	1	매우 도움이 된다.	4	8.33
	2	도움이 된다.	37	77.08
	3	보통이다.	7	14.58
	4	도움이 안 된다.		
멘토링 프로그램 중 어떤 영역에서 가장 도움이 되었다고 보십니까?	1	학급경영관리	8	16.67
	2	생활지도	5	10.41
	3	학부모 관계		
	4	일반 사무 처리		
	5	수업기술 개선	35	72.92

학급경영관리, 생활지도, 학부모 관계, 수업설계 및 분석·평가로 구안된 멘토링 자율장학 일반장학 프로그램은 멘토링의 수요자인 멘제 교사의 학교생활에 89.16% 도움이 되었고 가장 큰 도움이 되었던 분야는 72.92% 수업기술 개선 영역이었다. 이는 연수를 통하여 지속적으로 수업기술 향상 프로그램을 적용하여 85.41% 수업기술 향상에 도움이 되었는데 멘토링 자율장학 운영의 효과가 수업기술 개선과 수업기술 향상에 있음을 보여주는 결과라고 할 수 있다.

(3) 자기개발을 위한 교원 연찬활동

〈표-45〉 자기혁신 과제 실천과 도움 정도

조사내용(포트폴리오 분석)	번호	항 목	교사 수(N=33)	백분율(%)
자기혁신 과제를 몇 회 실천하였는가?	1	13회 이상~	8	24.24
	2	9~12회	24	72.72
	3	5~8회	1	3.03
	4	1~4회		
자기혁신 과제의 실천 결과 교사 자신에게 어느 정도 도움이 되었는가?	1	매우 도움이 된다.	6	18.18
	2	도움이 된다.	23	69.70
	3	보통이다.	4	12.12
	4	도움이 안 된다.		

〈표-46〉 자기장학이 실제적으로 수업의 질 향상에 기여한 정도와 분야

설문내용	번호	항 목	교사 수(N=33)	백분율(%)
스스로 연구하고 노력하는 교사가 되어 수업의 질을 향상시킨다는 목적으로 실시한 자기장학록의 경우 어느 분야에서 가장 도움이 되었다고 생각하십니까?	1	자기장학 수업설계 및 이론적 연구	11	33.33
	2	지도안 작성 및 학습자료 제작	15	45.45
	3	수업 모형 연구	3	9.09
	4	자신의 취미 및 흥미 영역	1	3.03
	5	자기수업 평가 반성	2	6.06

본교 멘제 교사를 제외한 전 교사가 자기혁신 과제의 주제를 정하여 실천한 후 자기장학록을 작성하였는데 포트폴리오 분석 결과 96.96% 9회 이상 과제를 실행하였으며 자기장학 실천은 18.18% 매우 도움이 되었다. 자기장학을 통하여 자기 연구의 성과를 얻을 수 있었고 수업의 질 향상 면에서나 수업기술 개선에도 효과가 있었음을 알 수 있다. 또한 45.45% 지도안 작성을 체계적으로 배울 수 있는 계기가 되었고 학습자료 제작 시에도 도움을 받는 기회가 되었다. 그 외에 수업설계나 수업 모형, 자기수업을 평가하여 반성할 수 있었으므로 자기장학 연구 실천은 지속되어야 한다고 보인다.

(4) 멘토링 자율장학팀의 활동

〈표-47〉 멘토링 활동 참여도

설문내용	번호	항 목	응 답	
			교사 수(N = 45)	백분율(%)
멘토링 활동에 즐겁게 참여하였습니까?	1	매우 그렇다	8	17.78
	2	그렇다	24	53.33
	3	보통이다	12	26.67
	4	그렇지 않다	1	2.22
	5	전혀 그렇지 않다		

멘토링 자율장학팀 교사들이 71.11% 멘토링 활동에 즐겁게 참여하였다고 응답한 것은 즐겁게 참여했던 활동이 자율장학의 효과나 효율성을 높였으며 모든 활동이 원활하게 진행되었던 요인이라고 볼 수 있다.

〈표-48〉 멘토 교사의 도움과 멘제의 변화 정도

설문내용	번호	항목	응답	
			교사 수(N=15)	백분율(%)
멘토는 멘제에게 적극적이고 실질적인 도움을 주었습니까?	1	매우 그렇다	5	33.33
	2	그렇다	10	66.67
	3	보통이다		
	4	그렇지 않다		
	5	전혀 그렇지 않다		
멘토 교사들은 멘제 교사를 지도조언하면서 멘제의 변화를 관찰할 수 있었습니까?	1	매우 그렇다	1	6.67
	2	그렇다	13	86.67
	3	보통이다	1	6.67
	4	그렇지 않다		
	5	전혀 그렇지 않다		
멘제 교사들은 멘토 교사들의 지도조언을 경청하여 들었다고 보십니까?	1	매우 그렇다	3	20
	2	그렇다	10	66.67
	3	보통이다	2	13.33
	4	그렇지 않다		
	5	전혀 그렇지 않다		

멘토들의 적극적인 지도조언과 도움은 곧 멘제의 변화로 이어졌고 멘토의 도움을 받은 멘제는 생활과 교수·학습력 향상에 93.34% 도움이 되었다. 멘토링 자율장학에서 중요하다고 여겨지는 인간적 긴밀한 유대관계와 화합은 학교생활에 활력이 되며 업무능력 향상에도 큰 도움을 주었다.

〈표-49〉 공동 수업 연구 결과 교수·학습방법의 향상도

설문내용	번호	항목	응답	
			교사 수(N=45)	백분율(%)
멘토링 자율장학팀 공동 수업 연구 실시 결과 수업의 질 향상 면에서 어느 정도 효과가 있었다고 보십니까?	1	매우 효과가 있다	4	8.89
	2	효과가 있다	35	77.78
	3	보통이다.	6	13.33
	4	효과가 없다.		
멘토링 자율장학 공동 수업 연구 시 수업 연구 전·후 협의가 잘 이루어졌습니까?	1	매우 그렇다	8	17.78
	2	그렇다	29	64.44
	3	보통이다	8	17.78
	4	그렇지 않다		
	5	전혀 그렇지 않다		

멘토링 자율장학 공동 수업 연구 실시 결과 86.67% 멘제 수업의 질을 개선하는 데 효과가 있었고 수업설계, 지도안 작성, 수업 모형 연구, 수업 중 아동지도 방법 및 발문법 등 다양한 주제를 수업 협의 주제로 다루었는데 공동 수업 연구에 대한 협의회는 82.22% 잘 이루어졌음을 알 수 있다.

〈표-50〉 멘토링 자율장학일지의 활용 정도 및 주는 도움

설문내용	번호	항 목	응 답	
			교사 수(N =45)	백분율(%)
교수·학습활동에 관한 협의, 멘제 교사 상담을 위한 공간으로 멘토링 자율장학 일지를 작성하였는데 어느 정도 도움이 되었다고 보십니까?	1	매우 도움이 된다.	1	2.22
	2	도움이 된다.	36	80
	3	보통이다.	7	15.56
	4	도움이 안 된다.	1	2.22

교수·학습활동이나 아동활동 상담 등 다양한 주제가 멘토링 일지의 자료가 되며 멘토 교사의 멘제 교사에 대한 상담 내용이 주를 이루는 멘토링 일지는 82.22% 멘제 교사에게 도움을 주었다.

〈표-51〉 정기 평가와 피드백이 이루어진 정도

설문내용	번호	항 목	응 답	
			교사 수(N =45)	백분율(%)
정기적으로 멘토링 자율장학팀에 대한 평가와 피드백이 이루어졌다고 보십니까?	1	매우 그렇다	4	8.89
	2	그렇다	39	86.67
	3	보통이다	2	4.44
	4	그렇지 않다		
	5	전혀 그렇지 않다		

멘토링 자율장학팀의 정기 평가는 포트폴리오 자료를 활용하였으며 매월 4주에 취합하여 활동 결과를 분석하였고 보충되어야 할 사항은 직원 협의 시 전달하여 이를 다음 활동에 반영하였으므로 정기 평가와 피드백이 95.56% 잘 이루어졌다고 하였다.

6. 결론 및 제언

1) 결 론

가. 학교현장 중심의 신규교사 장학문화의 구축으로 교내장학에 적극적으로 참여하는 풍토를 조성하여 교내장학의 효과를 얻을 수 있었다.

나. 멘토링 자율장학이 이루어지는 과정 중에 인간적 교류가 활발해지므로 서로 간의 대화 기회가 많아져 학교 분위기가 가족적이 되었고 업무를 추진함에 있어서도 능률이 향상되는 효과를 가져왔다.

다. 멘토링 자율장학 활동을 통하여 멘토와 멘제 교사 간에 서로 신뢰를 쌓아가는 인간관계로 발전할 수 있었으며 교실 중심, 수업 중심, 연구 중심의 학교풍토가 조성되었다.

라. 교직 초기 단계에서 신규 및 저경력 교사에게 제공되는 학교 중심의 멘토링 자율장학 프로그램은 교실 상황에서 자신의 행위를 개념적, 이론적으로 탐구하고 반성하는 계기가 되었으며 이런 과정들은 교사들의 수업능력 향상에 기여했다.

마. 경력 교사는 신규 및 저경력 교사를 지도하는 과정에서 자연스럽게 수업장학 능력과 본인의 수업 개선에 기여하는 효과를 얻을 수 있었다.

바. 자기장학록을 활용한 자기수업 분석은 자신의 수업방식이나 잘못된 습관을 찾아내고 이를 변화시키는 기회가 되었다.

사. 수업 모니터록을 통한 계속적인 정보의 공유로 교사로서의 교양과 지식을 쌓는 데 큰 도움이 되었다.

아. 멘토링팀 간의 공동 수업 연구 실천, 협의 및 수업 개선 연구교사의 수업 참관과 협의를 통하여 교수·학습방법 개선에 도움이 되었다.

2) 제 언

가. 멘토링과 자율장학에 대한 근본적인 이해와 전문적 지식을 갖추려는 노력이 필요하다.

나. 장학 활동을 위한 충분한 시간이 확보되어야 하나 시간 확보의 어려움이

따랐다.

다. 학교 교육활동과 시범운영이 이원화되어 있어 업무가 가중되었다는 생각 때문에 운영에 대한 부담이 있었다.

라. 실천과제가 지나치게 많이 설정되어 있어 멘토링 자율장학에 대한 본질을 이해하고 인간적 관계를 유지하기보다는 과제를 해결하는 데 치중하였다.

학교 - 4 *학교 종합사례

    멘토링 프로그램은 학교에서 특성상 가장 많이 활용되는 부문이다. 왜냐하면 가르치는 교사가 멘토 역할을 자연스럽게 수행할 수 있기 때문이다. 그러나 그동안 우리나라 교육의 여건상 집단교육체제에서 1:1 방법이 채택하기에는 부적절한 환경이었고 제도적으로 시도하려는 의지가 없어 극히 일부분에서 활용되고 있었다. 북미 쪽의 풍부한 자료에 비해 아직은 모범사례가 부족하기 때문에 외국자료와 함께 몇 가지를 선별해서 소개한다.

1. 송천초등학교 사례

발표일자: 2001. 6. 18.

발표자: 서울송천초등학교 김정순 교사

(제1기 멘토링 전문가 과정수료자)

1) 학교에서의 멘토링 적용 분야

① 학생지도활동(교사: 우수, 잠재, 슬럼프, 문제 학생)
- 교사와 집중 지도 대상 학생을 1:4로 연결하여 지도
- 우리 반에 자폐증 학생 1명, 편부 학생 3명을 대상으로 지도
- 지도 대상 학생의 문제점 파악, 원인 분석

- 칭찬과 격려, 학부모 상담, 잘못한 일은 깨닫도록 지도

♣ **사례 1**: 자폐 증세가 있는 S 군은 시업식 첫날 교실에 들어오지 않고 복도에서 서성대었다. 전 담임선생님으로부터 자폐 증세가 있는 친구가 우리 반 명단에 있다는 말을 들은 터라 바로 그 친구일 것이라고 확신하고 친절하게 맞이해 주었다. 다음 날 아침 첫째 시간이 지나고 나서야 등교한 S 군에게 왜 늦었는지 물어보았더니 대답을 하지 않았다. 집에 갈 때 어린이들 한 명씩 머리를 쓰다듬어 주면서 귀가를 시키는데 S 군은 나를 피해 도망갔다.

나는 S 군을 멘제로 결정하고 1:1로 1년 동안 관심을 갖고 지도해야겠다고 결심했다. 다음 날에도 S 군은 첫째 시간이 끝나가도록 오지를 않아 우리 반 모든 어린이들에게 "S 군은 머리도 좋고, 공부도 잘하고, 착한 어린이인데 어려서부터 남과 어울리는 데 자신감을 갖지 못하는 병에 걸렸으니 우리 반 어린이들이 잘 도와주고 같이 놀아 주어야 한다."라고 이야기를 하였다. 그 뒤로 S 군이 하는 행동을 친구들이 이해하려고 노력하였으며, 나는 늘 S 군에게 관심을 갖고 웃는 낯으로 친절하게 대해 주었다. 처음에는 수업시간에도 엎드려 있고 모둠별 활동도 전혀 하지 않던 S 군이 몇 주 지나니까 자기는 의자에 앉지 않고 내 교탁 옆 바닥에 앉아서 공부하겠다고 하고, 학습내용을 정리하는 비율도 상당히 높아졌다.

그 뒤 S 군이 조금만 잘해도 모든 친구들에게 보여주면서 'S 군은 정말 천재다 너무 잘한다. 우리 모두 박수 쳐주자.' 하고 칭찬을 해 주었더니 매우 좋아하면서 조금씩 자신감을 갖기 시작하였다. 친구들도 그를 칭찬해 주고 격려해 주니 모둠 활동에도 참여하기 시작하였고, 수업시간에 수업을 듣는 태도도 매우 좋아졌다. 지금은 가끔 예쁘다고 안아 주면 좋아하고, 자기가 잘했다고 생각되는 것이 있으면 나에게 보여주며 자랑을 한다. 자신감이 많이 생긴 것 같다.

♣ **사례 2**: 편부 슬하에 있는 세 명의 어린이는 모든 일에 의욕이 없고 매우 주의 산만하며 숙제도 거의 해 오는 일이 없었다. 그래서 숙제를 안 해 오면 학교에서라도 다 해야만 집에 보내주고, 해 왔을 경우에는 다른 친구들보다 2배로 스티커를 주고 칭찬도 많이 해 주었더니 숙제를 해 오는 비율이 점점 좋아졌다. 학력도 매우 낮고 발표력도 전혀 없었으나, 칭찬이 약이라고 질문에 대한 답변이 맞든 틀리든 자신 있게 손들고 발표한 것만 해도 훌륭하다고 칭찬하고 스티커를 주었더니 발표력이 매우 향상되었다.

그래도 장난기가 심하고 너무 주의 산만하여 친구들에게 방해가 될 경우에는 따끔하게 야단치고 선생님이 너희들을 사랑하기 때문에 바른 태도를 갖도록 야단치는 것이라는 것을 주지시켜 주었다. 버릇이 쉽게 고쳐지지는 않으나 노력하는 것이 엿보여 기특하다. 위 어린이들을 멘제로 정하고 끊임없는 관심과 사랑을 주려고 노력한다.

2) 학습지도활동(우수 학생: 부진 학생, 교사: 부진 학생, 학부모: 부진 학생)

○ 교사와 부진 학생은 과제나 학습내용 검사 후 수시로 지도
○ 우수 학생(멘토)와 부진 학생(멘제) 선정하여 1 : 1 지도
 - 수학과에 적용
 - 단원 평가를 하여 우수 학생 8명, 부진 학생 8명 선정
 - 멘토로서의 자부심과 좋은 점에 관해 지도하고 멘제 지도 시에 받을 혜택 부여
 - 멘제는 부끄러운 것이 아니라는 것을 수긍하도록 지도, 학습 효과가 나타나면 받을 혜택 부여
 - 멘제도 노력에 따라 멘토가 될 수 있다는 가능성 부여
 - 칭찬과 격려
 - 자기도 멘토가 되기 위한 노력을 보이는 학생이 생김
○ 학부모와 학생 간의 지도는 시행하지 못함

♣ **사례** 3: 학습지도활동에서 멘토링을 적용하기 제일 좋은 과목은 수학과이다.
 한 단원이 끝난 뒤 단원 평가를 하여 점수가 높은 학생부터 차례로 8명을 멘토로 정하고 점수가 낮은 학생 8명을 멘제로 정하였다.
 수학 시간에 문제를 내주었을 때 멘토들은 일찍 문제를 풀고 시간이 남는 관계로 남는 시간에 멘제를 도와주도록 하였으며, 아침자습을 활용하기도 하였다. 방과 후는 학원에 다니는 어린이도 많고, 늦게 귀가하는 것을 싫어하기 때문에 될 수 있으면 쉬는 시간이나 학습 처리 후 남는 시간을 이용하였다.
 어린이들은 친구들한테 지도받으면 자기들 수준에서 이해시키기 때문에 더 쉽게 이해될 경우가 많다고 한다. 멘토나 또 다른 어린이들이 잘 모르는 것은 선생님에게 가져오도록 하였다.
 1주일에 한 번씩 멘토에게 송천 스티커를 주고, 멘제도 성적이 향상되었을 경

우에는 송천 스티커를 주었다(참고로 우리 학교는 모범 어린이에게 송천 스티커를 주고 20개 모았을 경우 학교에서 상장을 수여함. - 교실에서는 학급 스티커 20개를 모아야 송천 스티커 1개를 줌. 학급 스티커는 숙제를 잘할 때, 발표를 잘하거나 글씨를 잘 쓸 때, 봉사를 할 경우에 수시로 주어 학급의 모든 어린이들이 매일 1~2개는 받음).

우리 학급은 수업 종료 후 숙제와 그 날의 학습 결과 검사를 해야만 귀가할 수 있는데 멘토가 멘제를 지도했을 경우 먼저 검사하고 집에 일찍 갈 수 있는 특혜를 주었더니 열심히 지도하였다.

각 단원이 끝날 때마다 단원 평가 후 멘토와 멘제가 바뀔 수도 있으나 거의 변함이 없고, 많이 향상된 어린이는 자기의사에 따라 멘토로 정해 주기도 하였다. 또 멘제도 많이 향상되었을 경우 멘제에서 벗어나기도 하고, 멘제들 중에서 다른 교과에 재능이 있는 어린이는 '체육 멘토, 컴퓨터 멘토, 등'으로 이름 붙여 주었더니 매우 우쭐해 하고 자신감을 가졌다.

3) 특별활동, 재능활동, 여가활동

○ 특별활동 시간 사물놀이부에서 멘토와 멘제 역할 적용 지도(부원 29명)
 - 기존 사물놀이 부원을 멘토로 하고 신입 사물놀이 부원을 멘제로 하여 1 : 1 또는 1 : 2로 관계를 맺어줌.
 - 채 잡는 법부터 자세지도, 타법지도, 가락 익히기 모두 교사가 먼저 시범을 보이고 멘토와 멘제가 1 : 1로 개별지도하도록 시간을 줌.
 - 멘제들이 쉽게 이해하고 쉽게 익히는 효과를 보고 있음.

♣ 사례 4: 본인은 학교에서 특별활동 시간에 사물놀이 지도를 맡고 있다. 4, 5, 6학년 어린이들 중에서 사물놀이부를 희망하고 시험에 통과한 어린이 29명이 사물놀이 부원이 되었는데, 그중에 2, 3년째 하는 기존의 부원도 있기 때문에 어린이들의 실력 차이가 많았다.

그래서 기존 부원 13명을 멘토로 하고 신입 부원 16명을 멘제로 하여, 멘토 1명당 1명 또는 2명의 멘제를 정해 주었다.

멘제들은 모두 장구를 잡고, 멘토는 자기가 원하는 북이나 꽹과리를 잡도록 하여 지난해 배운 장구 가락에 맞는 북, 꽹과리 가락을 새로 익히도록 가르쳐 주었고, 멘제들은 멘토들이 알고 있는 장구 가락을 가르쳐 주었다.

먼저 기본 가락부터 교사가 시범을 보이고, 멘토들에게 개별로 지도할 시간을 주면 멘토들은 매우 즐거워하며 아주 열심히 지도하였다.

멘제들은 대충 알고 넘어갈 것도 멘토들이 하나하나 꼼꼼히 지도해 주니까, 훨씬 쉽게 익히는 것 같았다.

멘토링을 몰랐던 지난해 지도할 때보다 올해가 확실히 수월하고 어린이들도 쉽게 익힌다는 것을 느꼈으며, 멘토들도 매우 흥미 있어 하는 것을 보았다.

　○ 컴퓨터 시간에 적용
　－컴퓨터 활용 능력이 우수한 학생을 몇 명 선정하여 컴퓨터 활용이 떨어지는 학생을 그때그때 지도하도록 함.

♣ 사례 5: 컴퓨터 시간에 컴퓨터 능력이 우수한 어린이 5명을 멘토로 하고 멘제는 특별히 정하지 않은 상태에서 교사가 프로젝션 TV를 통해 설명을 해 주었는데도 이해를 못하는 어린이가 손을 들면 멘토가 찾아가서 지도해 주는 것으로 하였다.

예를 들어 인터넷으로 필요한 사이트에 찾아 들어가는 데 잘 모르는 어린이, 저장하는 방법을 모르는 어린이, 게시판에 올리는 것, 파워포인트 활용법 등 그때그때 활용방법을 손을 들면 멘토들이 찾아가 도와주었더니 교사 혼자서 지도하는 것보다 효과가 크고, 어린이들의 컴퓨터 활용 능력이 매우 향상되었다.

4) 신임교사 조기정착 활동

　○ 동 학년의 신임교사가 도움을 청하러 오면 지도
　○ 옆에서 지켜보고 어려워하는 점 찾아서 지도
　○ 잘하는 점 칭찬, 격려

* 멘토링의 효과
　－의욕 부진, 자멸감을 없애고, 자신을 사랑하고 자부심을 가질 수 있도록 함.
　－면학 분위기 조성 및 학습능력 신장
　－멘토로서 자부심을 갖고 지도력이 향상되며, 모든 일에 자신감을 얻음.
　－선생님을 존경, 동료 사랑의 인간존중의 태도를 기를 수 있음.

2. 여주 운암분교 적용 사례

■ 여주 운암분교 사례(국민일보 01년 1월 10일, KBS-1TV 01년 2월 22일)

방학. 시골 학교 아이들은 무엇을 할까?

지난 4일 경기도 여주군 북내면 운암초등학교 운암분교. 10여 명의 아이들이 교실에 올망졸망 모여 조각 작품을 감상하고 있었다. 방학 중 열리는 '미술교실'. 강사는 이 학교 4학년 경보의 아버지 김운성 씨(37, 조각가)이다. 다음 날에는 동균(3년)이의 어머니 이미경 씨의 글짓기 교실이 열린다고 했다.

운암분교는 전교생 48명의 작은 학교. 면사무소와 이웃한 전형적인 농촌학교다. 그렇지만 교육열만은 도시 학교 못지않아 '학부모 교사' 13명이 구성돼 있을 만큼 열기에 넘친다. 강추위가 몰아닥친 이날도 교문은 활짝 열려 있었고 아이들은 찬바람을 가르며 교실 문을 열었다.

운암분교는 지난해 폐교 직전까지 갔으나 폐교 통보를 받고 놀란 학부모들이 탄원해 살려냈다. 이런 노력 끝에 지켜진 학교이다 보니 부모들의 학교에 대한 애정은 남다르다. 일주일에 한 번씩 모든 부모가 돌아가며 아이들에게 특기교육을 시키게 된 데도 폐교 반대운동이 한몫을 했다. 학부모 교사에 의한 수업은 농사짓기, 글짓기, 미술 감상, 음식 만들기, 별자리 관측, 시력 측정 등 부모의 직업과 능력에 따라 다양하다. 생업 못지않게 가르치는 일에도 열심이다.

부부 조각가인 김운성, 김서경(36) 씨는 지난해 걸개그림과 벽화 등을 지도한 후 학교 담벼락과 운동장 스탠드를 아이들과 함께 걸개그림과 벽화로 장식했다. 이들 부부 덕택에 운암분교는 동화책 속의 삽화처럼 아름답게 변했다.

김씨 부부는 경보가 초등학교에 입학 전 교육을 위해 이곳으로 이사 왔다. "서울 가양동 아파트단지에서 살았는데 초등학교 운동장에 너무나 많은 아이들이 조회를 위해 먼지를 일으키며 줄서기를 하는 것을 보고 시골로의 이사를 결심하게 됐다."는 것이 김운성 씨의 얘기. 아이들을 좋아해 작품에도 대개 어린이의 표정을 담는다는 그는 "각박한 도시 교육 환경을 벗어나 정서적으로 풍요롭게 해 주고 싶었다."라고 덧붙였다.

다른 부모의 열의도 김씨 부부 못지않다. 손재주가 있는, 지수(4년)의 엄마는 타일모자이크를 가르친다. 재원(1년)의 아빠 조현권 씨는 대학 때 전공을 살려 별

자리 관측을 가르친다. '조 박사'로 불리는 그는 학생들에게 '걸어 다니는 백과사전'으로 통한다. 재원이 엄마 이지현 씨(동화작가)는 구연동화를 잘해 저학년생에게 인기가 높다.

여주읍내에 사는 재원이와 동균이는 읍내의 큰 학교를 놔두고 8㎞나 떨어진 작은 학교까지 통학한다. 작은 학교의 교육적 효과를 인식한 두 집 부모가 일부러 멀리까지 보내는 것이다. 동균이 아빠 송호찬 씨(변리사)는 '특허이야기'를 주제로 교단에 섰다. 이 밖에도 안경점을 했던 명주 아빠는 시력 측정, 지혜 엄마는 음식 만들기, 세영 아빠는 도자기 만들기, 경일이 아빠는 농사짓기를 가르친다. 시간이 나지 않아 '교사'로 참여하지 못하는 부모는 낡은 축구골대와 미끄럼틀을 자발적으로 바꿔 놓기도 않다.

부모들의 이런 노력은 아이들을 변화시킨다. 특히 지독한 약시로 몇 학교를 전전하다 부모가 외국이민까지 고려했던 한 아이는 이곳에 전학 와서 비로소 학교에 흥미를 느끼고 밝게 자라고 있다. '학습부진'이나 '지체장애'로 도시 학교 같으면 집단따돌림 당했을 법한 경우도 친구들과 잘 어울리며 산과 들판을 헤집고 다닌다.

3년여 동안 '미술교실'을 이끌며 아이들을 지켜본 김서경 씨는 "네 분의 선생님과 학부모들이 아이들을 세심히 살피기 때문에 과밀학교에서 오는 관심 부족은 이곳에선 먼 나라 얘기"라며 "무엇보다 교사와 학부모의 교육을 위한 의지가 중요하다는 걸 새삼 느낀다."라고 말했다.

(국민일보 2001. 1. 10.)

◆ 멘토링 활동 ◆ [mko 분석]

멘 토	멘토링 활동내용	멘 제
1. 교사 4명 2. 학부모 13명 3. 고학년 학생	미술교실, 글짓기, 농사짓기, 별자리, 음식 만들기, 시력 측정, 구연동화, 모자이크, 특허이야기, 도자기 만들기	1. 학생 48명 　1) 정규학습 　2) 특기학습 　3) 생활학습 2. 저학년 학생 3. 지체장애 학생 4. 학습부진 학생

◆ 효 과 ◆

1. 폐교 위기에서 학부모 열의로 학교 살려
2. 학생의 특기개발에 큰 효과 거둠

3. 동화책 속의 아름다운 학교 모습으로 가꿈

4. 집단따돌림(왕따) 사전에 방지

5. 개별지도로 학습성적 향상

■ 장정아 멘토 교사의 체험수기

"무엇보다 차별하지 않고 교육시키는 것이 중요해요. 특히 학생들 사이에서 일어날 수 있는 따돌림을 주의 깊게 살피지요. 학생 수가 적다 보니 모든 아이들에게 세심한 배려를 해 그 아이에게 맞는 교육방식을 택할 수 있습니다. 특기 교육에는 부모님들의 후원이 절대적이지요."

운암분교 장정아 교사(31)는 작은 학교에서 느끼는 교육자로서의 보람에 흠뻑 빠져 있다. 청주교대를 졸업하고 교직 경력 8년째인 그는 최소 30학급이 넘는 학교만을 거치다 지난해 3월 이곳으로 발령받았다. 이곳에 와서 그는 학교를 지키려는 부모들의 노력과 아이들의 변화되는 과정을 지켜보며 24시간 학생과 함께하는 교사가 됐다.

"큰 학교에서는 학력 편차가 나면 참 극복하기 힘들잖아요. 학생이 너무 많다 보니 일일이 손길을 주기가 쉽지 않지요. 하지만 여기선 행동발달 상황을 그때그때 체크할 수 있어요. '학부모교사'가 뒤진 학생을 특별 지도해 성적을 올리기도 하지요."

장 교사는 일기 지도에 심혈을 쏟는다. 그리고 부모에게 가정에서의 교육방향을 제시해 주는 것. 복식 수업의 경우 힘도 들지만 고학년이 저학년을 가르쳐 학습 효과가 올라 긍정적인 면이 많다고 한다. 큰 학교와 달리 컴퓨터 등 교육기자재 사용 빈도가 높은 것도 작은 학교만의 장점이다. "작은 학교는 교사나 부모가 나태하면 교육의 질적 저하를 초래할 수 있어요. 하지만 우리 학교는 알찬 교육을 시켜 보자는 교사와 학부모의 뜻이 모아진 '함께 만들어 가는 학교'입니다."

3. Old Mill 고교 적용 사례(The Big Winner)

가난으로 한이 맺힌 김종훈 소년은 초등학교시절 신문배달로 학비를 보탰고 70년대 중반에는 라면 살 돈이 없을 정도로 가난한 가정생활에서 76년 미국이민의 길에 올랐다.

이민 첫 정착지는 볼티모어의 빈민지역이었다. 50센트가 없어 중학생 때는 점심을 거르는 비참한 이민생활이었다. 겨우 고등하교에 진학했으나 더 이상 가난에 견딜 수 없어 눈물을 머금고 자퇴서를 냈다. 담임 댄 브리돈은 깜짝 놀랐다. 이미 김종훈의 신상을 파악한 선생님은 앞으로 가능성을 발견하고 학비를 보태고 물적 도움을 주어 자퇴를 막았다. 가난의 소용돌이 속에서 한 가닥 희망의 빛을 예고하는 계기가 되었다. 육상반에서 활동할 수 있도록 배려도 해 주었다. 마침내 전교 2등의 석차로 Old Mill 고등학교를 졸업했다.

그 후 승승장구하여 존스 홉킨스 대학 컴퓨터 공학을 거쳐 미해군 핵잠수함 장교로 군복무를 마쳤다. 경영학석사에 이어 공학박사 학위를 취득했다. 첨단 통신 장비 기술로 Yurie System사를 40달러에 설립해서 5년 후에 10억 달러에 매각했고, 오늘날 현재 1,200명의 종업원을 거느린 루슨트테크놀로지 그룹의 기술부문 사장이 되었다.

그는 연구원으로, 노벨물리학상을 수상한 홀스트 스토머를 영입했고 멘토인 고교 담임 댄 브리돈에게도 연구원 자리를 마련해 주었다.

Mentor 댄 브리돈(고교 담임)	멘토링	**Menger** 김종훈
1. 가능성을 발견한다. 2. 물적 도움으로 자퇴를 막는다. 3. 육상반에 베려해 주었다. 4. 전교 2등으로 졸업시키다.		1. 존스 홉킨스대와 해군 핵잠수함 장교 복무 2. 경영학석사, 공학박사 취득 3. 유리시스템社 설립, 루슨트 그룹 사장 4. 담임 댄 브리돈을 연구원으로 영입 5. 99. 3. 美성공이민상 수상(미이민법재단)

※ 멘토인 댄 브리돈의 말 "나는 고교 때 그의 선생이자 친구였다. 오늘날 그는 경영에서 나의 스승이다."

4. 워싱턴 초교 적용 사례 '상급생이 하급생 지도(Student Tutoring) 효과 높다.'

학생이 학생을 개인지도하는 '스튜던트 튜터링(Student Tutoring)'의 교육적 효율성이 인정받고 있는 가운데 전교생을 튜터링 프로그램에 참가시키는 방법이 호응을 얻고 있다. 워싱턴 주의 워싱턴 초등학교는 이 같은 교육방법을 도입해 성공을 거두고 있는 학교들 중의 하나, 공부 잘하는 학생이 그렇지 못한 학생들을 가르치는 개인지도방법은 미 전국적으로 널리 활용되고 있지만 워싱턴 초등학교의 튜터링은 모든 학생을 개인지도 교사로 활용하고 있는 것이 특징.

이 학교의 튜터링 프로그램을 운영하는 애미 맥필리 교사는 "영재와 문제아 중 누구를 개인지도 교사로 선택하겠느냐고 물으면 문제아로 튜터로 선택하겠다."라고 말한다. 그 이유는 문제아들은 자신들의 공부 때문에 곤란을 겪었으므로 더 좋은 교사가 될 수 있다는 것이 맥필리 교사의 지론. 이 같은 이유에서 워싱턴 초등학교는 4학년 학생 전원을 1, 2, 3학년 하급생들의 읽기 과목의 개인지도 교사로 배치키고, 6학년 학생들은 "미국의 미래교사 클럽"의 멤버로 가입시켜 저학년생들 중 공부와 품행에 문제가 있는 학생들의 개인지도를 맡게 하고 있다. 또한 같은 급우들 사이에는 서로 짝을 지어 가르치는 '동료 튜터링(Peer-tutoring)'을 실시, 사실상 모든 학생들은 서로 가르치며 배우는 관계를 유지하고 있다.

이 같은 프로그램을 실시한 결과, 전교생 중 거의 절반이 연방정부의 무료점심 혜택을 받는 빈곤층이며 3분의 1이 ESL학생인, 이 학교 학생들의 성적이 놀라울 정도로 향상되었다는 것. 학생 튜터링은 배우는 학생뿐만 아니라 가르치는 학생에게도 교육적으로 도움을 주고 있는 가운데 가르치는 학생은 남에게 설명해 줌으로써 알고 있는 것을 더 확실하게 배우게 되기 때문.

학생 튜터링은 교사들로부터 긍정적인 반응을 얻고 있는데, 스탠포드대학교가 발표한 한 교육보고서에서도 학생들 간의 튜터링은 클래스나 컴퓨터를 이용한 교육방식보다 더 효과적인 방법적인 것으로 나타났다.

우수학교 – 무엇이 다른가

- 토레이 파인즈 고교 -

우수학교는 이미 주어진 것에 안주하기보다는 교사와 학교관계자, 부모와 자원봉사자들의 정열과 노력이 훌륭한 학교로 만드는 것임을 알 수 있다.

캘리포니아 주 최우수 선정된 고교, 델마에 소재한 토레이 파인즈(Torrey Pines) 고교는 혁신적 교수법을 도입한 케이스. 1천8백58명이 재학 중인 이 학교는 많은 새로운 교수법을 실시하고 있으며 테스트 성적도 캘리포니아 주 내에서 최우수권 안에 드는 것으로 알려지고 있다.

또한 이 학교는 2시간을 연속 강의하는 클래스를 실시하고 있으며 학생이 학생을 지도하는 '동료 튜터링(Peer-tutoring)'을 하루 종일 이용할 수 있는 것이 특징. 이 밖에도 학부모들의 참여가 높은 것도 이 학교를 가(加)주 내 최우수 학교로 선정한 이유 중의 하나인데 이 학교에서는 학부모가 학교에 대해 질문이나 불만이 있을 경우 교사나 교장에게 연락하지 않고 학부모회 회장인 조이스 데일 샌드로에게 연락을 취하는 것이 통례로 되어 있다고 한다.

매일 학교에 나와 있는 학부모 회장은 학부모의 입장에서 문제 해결을 힘쓰기 때문에 이 학교의 모든 학부모들은 집 전화번호를 모두 갖고 긴밀한 연락을 취하고 있다.

Part 7

인간존중 사례

사 례

사례 1 - 히딩크에 관한 아름다운 이야기

1. 히딩크 소년시절 멘토인 하터링크(Harterink)

어린시절과 함께 떠오르는 인물은 하터링크(Harterink)라는 아버지 친구였다. 전형적인 농부였던 이분은 내게 대부(代父) 같은 분이시다.

나는 방과 후에 아저씨 농장에 놀러갔던 일을 잊지 않는다. 1950년대엔 먹을 것이 별로 없었다. 전쟁이 할퀴고 간 삶의 현장은 처참했다. 빵 한 조각 놓고 싸우던 시절이었다. 난 아저서씨 농장에 놀러가서 일을 도왔다. 농장에 오면 일을 해야 한다는 게 그분의 지론이었다. 당시 농장에는 할 일은 많고 일손은 부족해 나 같은 꼬맹이도 도움이 됐다. 소젖 짜는 법을 배웠고, 돼지 먹이주기, 닭 키우기도 배웠다. 심지어 닭 멱을 따기까지 했다. 지금 생각해 보면 어떻게 그런 일을 했을까 싶지만 당시에 먹고 살려면 누구나 다 해야 하는 일이었다. 때론 그 집에서 자고, 새벽 5시에 일어나 우유를 짰다. 어떤 때는 종일 소젖을 짤 때도 있었다. 그분은 내게 농사짓는 법도 가르쳐 주었다. 열한 살쯤 되었을 때 나는 말 두 마리가 끄는 쟁기를 잡고 땅을 갈아엎는 일을 했다. 드넓은 농토를 종일 오가면서 밭을 갈고 씨를 뿌렸다. 밭에는 당근 같은 야채를 주로 심었다. 밀농사도 지었고 때론 젖소사료로 쓸 작물을 심기도 했다. 처음엔 큰 말 두 마리를 끌고 돌아다니는 게 그렇게 좋을 수가 없었다. 힘들었지만 재미있었고 신나게 일했다. 매일 가야 하는 건 아니었지만 농장에 가는 게 마냥 좋았다

히딩크: 1946년생(56세) 초등학교장 출신의 아버지로부터 엄한 규율 속에 생활

한국에 입국: 2000년 12월 17일 축구대표팀 감독으로 한국에 입국

선수관리: 월드컵 3달을 앞두고 선수들 20개 항목으로 평가해 둔 개인능력을 선수 개개인에 알려주다.

2. 축구대표선수들의 멘토로서 히딩크 감독

멘토인 히딩크 감독	축구대표 선수들
사실 축구의 특성상 인간적인 면에 비중을 둔다는 것은 타 감독의 경우 어려운 접근이라고 본다. 그러나 히딩크 감독은 선수들의 심리상태를 잘 활용하여 선수들의 동요 없이 혹독하게 훈련을 시키면서도 따뜻한 인정을 베풀어 인간관계의 폭이 깊어짐으로 형님같이, 아버지같이, 경기 현장에서 포옹하는 모습은 멘토십의 기본을 충분히 달성했다고 보는 것이다. **(1)** 그는 선수 개인 개인의 체력의 가치를 개발했다. 먼저 파워 프로그램을 도입하여 선수들의 체력을 요소요소 체크하여 과학적으로 관리해 줌으로써 선수들이 90분간 충분한 체력을 유지할 수 있도록 강훈련을 시켰다. **(2)** 그는 선수 개인 개인의 기술의 가치를 개발했다. 그는 비디오(Video) 분석 프로그램으로 자(自), 타(他) 선수들의 경기 테크닉까지 하나하나 분석해 줌으로써 자신은 물론 타 선수들의 기술까지 분석할 수 있어 실력 제일주의의 분위기를 만들었다. **(3)** 그는 선수 개인 개인의 따뜻한 인정 개발에 남다른 방법을 택했다. 그는 축구의 전문가로서 기술은 물론 사람 자체도 챙길 줄 아는 지도자로서 선수들의 정신력, 경쟁력, 담력, 경험, 체력 등을 개발하는 데 탁월한 지도력을 발휘했다고 볼 수 있다.	

사례 2 - 상도에서 임상옥과 홍득주 이야기

200여 년 전 평안도 의주에서 태어나 청(淸)나라와 인삼 무역을 통해 조선 최고의 거상(巨商)이 된 임상옥(林尙沃 1779~1837)은 말년에 장부를 불사르고 빚을 탕감하여 주고는 59세에 속세를 떠나 채마밭에서 채소를 가꾸며 풍류생활로 77세에 여생을 마쳤다(최인호 著 상도 商道)고 전한다.

그의 유언으로 財上平如水(재상여평수 - 재물은 평등하기가 물과 같고), 人中直似衡(인중직사형 - 사람은 바르기가 저울과 같다)은 오늘날 모든 경영자들에게 시대를 초월하여 심금(心琴)을 울려주는 교훈으로 받아들여지고 있다.

특히 오늘날 세계 제일의 부자인 마이크로 소프트의 빌 게이츠가 남달리 자선사업에 앞장서는 것도, 투자의 귀재 벅셔 해서웨이 CEO 워런 버핏이 전 재산을

기부한 것도, 삼성의 이건희 회장이 8000억 원을 사회재단에 기부한 것도 임상옥과 같은 마음가짐을 터득한 사람이기에 가능했던 것이 아닐까 생각한다.

저자는 사실 상도의 방송 드라마 50회분을 거의 빠짐없이 시청하면서 놀랍게도 그 속에서 최고의 가치로 평가할 만한 한국적인 멘토링 사례를 발견했다. 여기에 요약해서 싣는다.

임상옥의 성장 뒤에는 멘토 홍득주 사장을 잊어서는 안 된다. 그는 홍 사장을 만나 공직의 길인 통역관의 길을 접고 경영자의 길을 선택하는 결정적인 계기되었다. 그뿐 아니라 그의 사업가로서 재능을 맘껏 발휘할 수 있는 든든한 버팀 목이 되어 주기도 했다. 여기에 홍득주 사장이 멘토의 역할을 수행한 내용을 아래와 같이 소개한다.

멘토인 홍득주 사장	멘제인 임상옥 사장
1. 그는 임상옥을 20세 나이에 점포 판매원으로 채용했다.	
2. 그는 재능을 인정하여 본사 경리 책임자로 승진시켰다.	
3. 그는 경영의 폭을 넓혀 주기 위해 마케팅 팀장으로 전국을 누비도록 했다.	
4. 그는 사장직을 양보하여 드디어 임상옥을 후계자로 세웠다.	
5. 그는 임상옥에게 "장사는 이문을 남기는 것이 아니라 사람을 남기는 것"이라고 경영 철학(商道)을 전수해 주었다.	
6. 그는 임상옥에게 "돈보다 더 귀한 한 사람의 보배를 얻었는데 그게 바로 자네다."라고 그의 가치평가를 분명히 해 주었다.	
7. 그리고 그는 임상옥을 사위로 삼았다.	
8. 마지막에는 임상옥을 위해 경쟁업자의 밀수사실을 조사하다가 죽음을 당하게 된다.	

멘토 홍득주의 적극적인 도움을 받은 멘제 임상옥의 그 후 삶의 가치를 평가해서 멘토링을 이해하는 자료로 활용해 보기로 하자.

(1) 그는 중국어에 능통하고 북경과의 무역을 활발히 했다.

(2) 그는 현장 경영과 기술 중시로 인삼 증포 기술, 나전칠기 기술의 일인자다.

(3) 그는 신뢰를 얻어 협상에서 중국 상인과 또는 공직자들과도 좋은 성과를 거두었다.

(4) 그는 그 시대 상인(商人)으로서 양반이나, 벼슬이 불가했지만 군수, 부사 벼슬까지 지내는 행운까지 누렸다.

(5) 그는 신뢰를 앞세운 대인관계로 그를 위해 마음과 몸을 바치는 사람들이 많이 모였다.

(6) 그는 효심이 대단하여 모친에 대한 순종과 장인 홍득주 사장에게 친자식
과 다름없이 보살펴주었다.

임상옥(林尙沃)! 그는 끝없는 실패와 재기의 인생 역정 속에서도 멘토 홍득주
의 100% 도움을 바탕으로 톱스타(Topstar)로 우뚝 서게 되었다. 그는 당시뿐만
아니라 21c 오늘날도 역사적 거상(巨商)으로서 그 명성이 살아 있는 것이다.

사례 3 - 드라마 허준의 아름다운 이야기

MBC드라마 '허준'이 평균 60%를 넘는 시청률을 기록할 만큼 폭발적 인기다.
과연 어떤 매력이 이처럼 시청자들을 묶어 매는 것일까? 곰곰이 생각해 본다. 소
설 동의보감에 기초한 이야기 구조의 재미를 빼놓을 수 없지만, 보다 중요한 것
은 천민 출신 허준이 온갖 역경을 딛고 명의가 되는 파란만장한 인생역정이 감동
이 아닐까 싶다.

허준이 명의가 되기 위해 갖춘 덕목은 인격이다. 역적의 딸로 쫓기는 양가 규
수를 구해 아내로 맞는 일부터, 병자들에 대한 사랑과 헌신으로 문둥병자 소굴로
들어가는 일, 환자를 뿌리치지 못해 과거 시험을 포기하는 일 등에서 그의 됨됨
이는 드러난다. 스승 유의태도 어의가 된 아들을 내치고 허준을 인정한다. 그런
고초와 헌신은 매번 시청자들의 가슴을 뭉클하게 한다.

Mentor 한의원 유의태		Menger 허준
1. 허준에게 덕목과 의술을 전수시키다.	멘 토 링	1. 힘든 좌절을 딛고 성실과 뛰어난 의술로 어의가 된다.
2. 병부일지를 직접 기록게 하여 현지실습을 시키다.		2. 서출로서 정일품 양반이 된다.
3. 침술의 으뜸자로 훈련시범을 보인다.		3. 조선당대의 최고의 명의가 된다.
4. 자신의 몸을 해부 실습으로 제공한다.		4. 25권의 동의보감 저술로 민간요법의 대가가 되다.

* 동의보감 허준의 가치평가

마음	뛰어나 윤리 의식
지식	25권의 동의보감, 독창적 의학 이론
건강	강한 정신력과 건강한 신체
자기관리	서출 건달에서 정일품 고관
인간관계	가족, 이웃, 관리들과 신뢰성 구축
인간성(人): 마음의 병을 먼저 치료-심성치료 재능(才): 육신의 병을 그 후 치료-의술치료	

■ 허준 뒤에 멘토 유의태는
  1. '내 위에 우뚝 세게 하리라' 신념
  2. 자신의 몸을 해부용으로 내놓은 살신성인의 결단
■ 멘토 허준의 의술 전이 멘토링
  당대 → 상화에 의술 전이
  300년 후 → 이제마(서적으로)

사례 4 - 드라마 대장금의 아름다운 이야기

1) 대장금 드라마의 개요

남존여비의 봉건적 체제하에서 무서운 집념과 의지로 궁중 최고의 요리사(料理師)가 되고, 우여곡절 끝에 조선 최고의 의녀(醫女)가 되어 어의(御醫)를 비롯한 수많은 내의원(內醫院) 남자 의원들을 물리치고 **조선조 유일한 임금 주치의가 되었**

던 역사상 실존인물, 의녀(醫女) '장금'(長今)! 조선조 중종(1506~1544) 때 '대장금'(大長今)이라는 엄청난 칭호까지 받은 전설적인 인물인 장금(長今)의 파란만장한 생애를 통해 그동안 역사에 묻혀 있던 한 여성의 의미 있는 성공사례다

(1) 궁중 하층민들 중심의 애환과 갈등

왕과 왕비, 후궁과 권신 중심의 권력 쟁탈과 암투를 기본으로 엮는, 기존 궁중사극(宮中史劇)에서 벗어나, 미천한 신분의 주인공 장금(長今)을 중심으로 궁중의 하층민(下層民)들인, 무수리, 나인, 상궁, 내시, 금군병사, 정원서리, 내의원 사령 및 의녀들의 갖가지 애환과 갈등을 궁중이면사(宮中裏面史)와 함께 우리 사극(史劇)에서 처음으로 보여준다.

(2) 궁중요리를 중심으로 한 전통음식에 관한 모든 것

현대인들의 중요한 관심사로 대두된 음식문화(飮食文化)에 대한 정보를 궁중요리(宮中料理)를 중심으로 그 종류와 조리방법을 상세히 소개하고 아울러 보양식(補陽食)을 포함한 우리 고유의 전통음식에 관한 모든 것을 시청자들에게 소개한다.

(3) 조선조 의학 상식 및 의녀제도에 대한 소개

그 내밀성(內密性) 때문에 의학의 금기(禁忌)로 여겨 왔던 부인병(婦人病) 중심의 한방치료와 가정에서 여자를 중심으로 이루어져 왔던 갖가지 민간요법 그리고 세계 유일한 제도였던 '조선조 의녀제도'(醫女制度)와 특성과 운용, 의녀(醫女)와 의원(醫員)의 관계, 역할 등에 관하여 드라마에서 상세히 소개하며 특히 기존 의학드라마와 차별화하기 위해 약초학(藥草學), 부인병(婦人病), 일반침구(一般鍼灸) 등 생활과 밀접한 내용의 질병을 주로 다룬다.

장금이를 위한 멘토링 사례

멘토들의 이야기	멘제 장금

대장금에서 장금이는 그 당시 여인이라는 신분과 서출이라는 절대적인 불리한 여건 속에서도 신입 단계, 성장 단계, 전문 단계, 리더 단계 등의 파란만장한 생애에서 자신의 남다른 재능과 우수한 멘토를 만남으로 조선 유일하게 여의녀가 임금의 주치의 되는 과정을 그린 멘토링 드라마다.

1 신입 단계 멘토 – 유년시절 – 장금이와 덕구 아저씨
- 장금이는 입궐 전에 조실부모하고 덕구(임현식 분) 아저씨의 가사 심부름을 해 주면서 부모님과 같은 따뜻한 도움을 받으면서 유년시절을 보냈다.

2 성장 단계 멘토 – 궁중시절 – 나인 서장금과 한 상궁과 멘토링
- 스승과 제자, 어머니와 딸이라 할 수 있는 한 상궁과 장금! 한 상궁 – 눈앞의 과제 해결 위해 비법 찾기만 몰두하다 보면 큰 목표를 놓친다. 장금 – 어쩌면 한 상궁 님은 저희 어머니와 그렇게 똑같으십니까?

3 전문단계 멘토 – 관비시절 – 장금과 장덕과 의술(침술) 전문 멘토링
- 의술의 핵심을 가르치는 장덕의 열정! "안 가르치면 안 가르쳤지 덜 가르치든 않겠다." 장금에게 의술의 비법 전수를 통하여 못 이룬 자신의 꿈을 실현코자 한다.

4 리더단계 멘토 – 왕궁복귀 – 장금과 스승 신익필, 장덕, 민정호와 리더 멘토링
- 스승 신익필과 장덕, 민정호와 멘토링 관계가 이어지면서 앞으로 어의(御醫)로서 리더 십을 발휘하게 되는데 이 단계가 리더 멘토링 전개과정이다.

사례 5 – 링컨 대통령의 아름다운 멘토링 이야기

1) 링컨 대통령은?

그는 31세에 사업에 실패했고, 32세에 입법위원이 되는 데 실패했고, 34세에 국회위원으로 당선되었다. 그의 애인이 35세에 죽었고, 36세에는 신경쇠약에 걸렸었고, 38세에는 대변인이 되는 데 실패, 40세에는 선거위원이 되는 데 실패, 43세에는 하원위원에 다시 낙선, 50세에 상원위원에 낙방, 56세에는 부통령이 되는 데 실패했고, 58세에는 상원위원이 되는 데 실패했다. 그는 링컨(Abraham Lincoln)이다.

어디에서 그는 그러한 끈기와 실패에 좌절하지 않는 능력을 배운 것일까? 대부분은 물론 내부로부터 왔을 것이다. 샌드버그(Sandburg)는 그를 벨벳과 강철의 결합이라고 불렀다. 그러나 그도 역시 몇 명의 멘토들이 그를 믿어 주었고 낙방했을 때는 격려해 주고 실패는 일시적이라는 것을 가르치고 그를 밀어주었기 때문에 견뎌낼 수 있었던 것이다. 아마도 그 시대에 미국의 서부에는 다른 링컨 같은 사람들도 있었을 것이다. 단지 그러한 교사나 친구 같은 멘토가 없었기 때문에 그들은 지금 알려지지 않은 채로 무덤에 누워 있는 것이다.

2) 멘토인 그레이엄과 이야기

1831년에 링컨과 그레이엄은 공식적인 입장에서 만나게 되었다. 그해 8월에 선거가 있었다. 하지만 그 지역에는 교육을 받거나 그러한 행사를 진행할 능력이 있는 사람이 매우 드물었다. 링컨은 자신이 그럴 자격이 없다고 거부했음에도 불구하고 선거를 주관하는 사무원으로 임명되었다. 이리저리 떠돌던 방랑자 링컨을 뉴 살렘에 머물도록 잡아끄는 힘이 있었다. 그 힘은 곧 앤 루틀지(Ann Rutledge)와의 인연으로 발전하였다. 그녀는 제분업자이던 선술집 주인의 딸이었고, 아름다운 금갈색의 머리를 가지고 있었다. 그녀는 대학에 들어가기 위해 그레이엄에게서 배우고 있었다. 링컨 역시 1833년 2월에 공부를 하고 있었고 그때부터 6개월 동안 그레이엄의 집에 머물렀다. 그곳에서 두 젊은 남녀는 함께 만나서 공부하였다. 그해 7월에 링컨과 앤 루틀지의 약혼 사실이 알려졌다. 나중에 위대한 인물이 된 링컨의 사랑은 그레이엄의 집에서 이루어졌다.

한때 링컨은 계속 공부하는 것을 포기하려 했으나, 그레이엄이 그를 설득했다. 만일 공직생활을 하려면, 완벽한 문법 지식을 지니고 있어야 한다고 하였고, 그곳에 머물러 있으면 커크랜드의 문법을 배울 수 있을 것이라 말했다. 그때부터 링컨은 그레이엄의 지도 아래 문법을 배웠다. 링컨은 울타리 한쪽 구석이든 다른 장소이든 학생과 선생으로 만나는 장소에서는 자신이 학습한 내용을 암송했다. 그레이엄은 언어를 정확하게 사용하고 말을 하고 글을 쓸 때에는 간결하게 하라고 강조하였다. 링컨이 사용하는 간결하면서도 효과적인 문체는 그레이엄의 가르침에서 비롯되었음은 의심할 여지가 없다. 링컨이 행한 게티즈버그 연설은 가장 훌륭한 예가 된다.

그레이엄은 측량기사로서 링컨에게 기술을 가르쳤다. 링컨은 뉴 살렘에 있는 동안 제분공, 사무원, 우체국장 등을 거쳐 처음 도전한 선거에서 패배한 후 결국 1874년에 일리노이의 주의원이 되었다. 2년 후 링컨은 일리노이 주의 변호사 자격을 얻었다. 1845년은 링컨이 변호사로서 가장 힘든 시간을 보낸 해였다. 그레이엄이 100달러의 빚 때문에 고소를 당하였기 때문이었다. 하지만 링컨은 그에게 빚을 갚기 위해 돈을 조달하는 법을 가르쳐 주었다. 그레이엄은 절대 게으른 사람이 아니었다. 그는 학기가 끝나고 다음 학기가 시작할 때까지 농장에서 일을 하고 측량을 하였다. 그는 언제나 공공업무에 큰 관심을 가지고 있었다.

링컨이 대통령 후보로 지명되었을 때 뉴 살렘에 있는 이웃들, 특히 사라는 자신들의 귀를 의심했다. 그가 대통령으로 취임하는 날, 그레이엄은 무슨 일이 있어도 참석하려 했다. 당시 61세였던 그는 점점 귀가 어두워지고 있었으므로, 앞에서 말을 해야 알아들을 수 있었다. 링컨은 그가 어디 있는지 수소문하여 그를 데려 오게 하였고 연단 위의 자기 옆에 앉게 하였다. 그때가 그레이엄의 삶에서 가장 행복한 날이었다. 아마 가장 슬픈 날은 링컨이 죽었다는 소식이 들려왔을 때였을 것이다.

Mentor인 그래이엄(초등학교 선생님)	멘토링	**Menger**인 아브라함 링컨
6개월 침식 제공하고 가능성을 발견 처녀를 소개하여 성혼시키고 토목기술(경험)을 가르치고		불우한 환경에서 용기를 얻고 초등학교 졸업의 핸디캡을 딛고 변호사가 되고 대통령이 되어서 취임식에 그의 멘토인 그래함을 제일 가까이에 앉혔다.

평생토록 10여 명의 멘제를 멘토링하는 일은 당신의 의무이다. 그것은 당신의 역사를 변화시킬 수 있는 방법이다. 멘토링은 당신이 이 세상에 상당한 변화를 일으킬 수 있는 길이다. 당신이 도와주지 않으면 인생의 성공을 거두지 못할 젊은이를 멘토링하는 것은 당신이 오늘날 이 땅에 거하고 이는 이유일지 모른다. 지금부터 50년 후 사람들은, 우리가 지금 그레이엄을 바라보듯이, 당신을 회고하게 될 것이다. 세상 모든 사람들에게 알려지지는 않을지라도, 멘제가 작성하는 특별하객 목록의 맨 앞에 당신의 이름이 오르게 된다.

사례 6 - 김종훈 사장의 아름다운 멘토링 이야기
- The Big Winner

가난으로 한이 맺힌 김종훈 소년은 초등학교시절 신문배달로 학비를 보탰고 70년대 중반에는 라면 살 돈이 없을 정도로 가난한 가정생활에서 76년 미국이민의 길에 올랐다.

이민 첫 정착지는 볼티모어의 빈민지역이었다. 50센트가 없어 중학생 때는 점심을 거르는 비참한 이민생활이었다. 겨우 고등학교에 진학했으나 더 이상 가난에 견딜 수 없어 눈물을 머금고 자퇴서를 냈다. 담임 댄 브리돈은 깜짝 놀랐다. 이미 김종훈의 신상을 파악한 선생님은 앞으로 가능성을 발견하고 학비를 보태고 물적 도움을 주어 자퇴를 막았다. 가난의 소용돌이 속에서 한 가닥 희망의 빛을 예고하는 계기가 되었다. 육상반에서 활동할 수 있도록 배려도 해 주었다. 마침내 전교 2등의 석차로 Old Mill 고등학교를 졸업했다.

그 후 승승장구하여 존스 홉킨스 대학 컴퓨터 공학을 거쳐 미해군 핵잠수함 장교로 군복무를 마쳤다. 경영학석사에 이어 공학박사 학위를 취득했다. 첨단 통신 장비 기술로 Yurie System사를 40달러에 설립해서 5년 후에 10억 달러에 매각했고, 오늘날 현재 1,200명의 종업원을 거느린 루슨트테크놀로지 그룹의 기술부문 사장이 되었다.

그는 연구원으로, 노벨물리학상을 수상한 홀스트 스토머를 영입했고 멘토인 고교 담임 댄 브리돈에게도 연구원 자리를 마련해 주었다.

Mentor 댄 브리돈(고교 담임)		Menger 김종훈
1. 가능성을 발견한다. 2. 물적 도움으로 자퇴를 막는다. 3. 육상반에 배려해 주었다. 4. 전교 2등으로 졸업시키다.	멘 토 링	1. 존스 홉킨스대와 해군 핵잠수함 장교 복무 2. 경영학석사, 공학박사 취득 3. 유리시스템社 설립, 루슨트 그룹 사장 4. 담임 댄 브리돈을 연구원으로 영입 5. 99. 3. 美성공이민상 수상(미이민법재단) 6. 2006 벨연구소 소장이 되다.

※ 멘토인 댄 브리돈의 말 "나는 고교 때 그의 선생이자 친구였다. 오늘날 그는 경영에서 나의 스승이다."

사례 7 - 개성상인 아름다운 멘토링 이야기

* 개성상인이란?

개성상인의 유래는 6백여 년 전 조선왕조 창건 시기까지 거슬러 올라간다. 이성계의 쿠데타에 찬성하지 않은 개성의 고려 유신들이 당시 사농공사의 신분 질서 중 최하위였던 상인으로 전신한 것이 개성상인의 시초였다. 이런 까닭으로 개성상인들은 조선왕조에 대해 뿌리 깊은 반감을 가지고 있어 상대적으로 자신들끼리는 단결력과 배타성이 대단하다고 한다.

개성상인들은 이렇게 기존 권력과 비우호적인 상황에서 사업을 하다 보니 가능한 빚을 쓰지 않고 신용을 중시하게 됐다. 현대의 '개성상인 기업'들이 무차입 경영과 신용을 강조하는 것은 이런 역사적 배경이 것이라고 세종대 오성 교수(한국사)는 말했다. 이런 전통은 식민지 시대까지 이어졌다. 이 시기 개성상인들은 자신들의 상업자본으로 근대식 회사를 잇달아 설립해 일제와 맞섰으며, 개성시민들도 일본제품은 거들떠보지도 않는 식으로 상인들은 측면 지원했다고 한다. 이 덕분에 일본기업은 개성에서만 발붙이지 못했다.

개성상인들은 개성부기법, 차인(差人)제도, 시변(時邊)제도 등 근대적인 경영기법을 창안했다. 개성부기법은 일종의 복식부기법이고, 차인제도는 주인이 돈을 대고 실제 사업은 요즘의 전문경영인 격인 차인이 맡아 하는 것이었다. 수익금은 주인과 차인이 일정비율로 나누어 가졌다고 한다. 소유와 경영을 분리했던 셈이다. 시변은 보증인만 내세우면 연리 13~15%로 돈을 꾸어 주는 일종의 신용대출 제도였다. 금리는 통화 공급량과 수요량, 대출자의 신용에 따라 달랐다고 한다. 최근 국내 은행들이 고객의 신용도에 따라 대출 한도와 금리를 차등 적용하기 시작한 것과 유사한 제도이다. 또 개성상인들은 자신의 자식을 다른 상인의 상점에 취직시켜 일을 배우게 하는 전통도 있었다고 한다.

일본 식민지 시대 개성의 대형 도매상은 10대 청소년들을 점원으로 고용해 도

제식으로 가르쳤다. 처음 2~3년간은 월급을 주지 않고, 3년 뒤 그간의 근무태도 등을 평가해 장래성이 있다고 판단되면 3년간의 급료로 1백 원을 주었다고 한다. 그 이후에는 매달 10원씩 월급을 받으면서 다시 10년 정도 일은 배워야 한다. 이런 수련과정이 끝나면 주인들이 재평가를 해 경영능력을 인정받은 점원에게 가게를 차려주었다고 한다.

광복 이후의 개성 출신 기업들도 대부분 어렸을 때 이렇게 경영수업을 받았다. 이정림 대한유화 회장과 이회림 동영화학 명예회장은 포목 도매상인 강형근 상점 점원으로 출발했고, 서성환 태평양 명예회장과 임광정 한국 화장품 명예회장은 개성 김재현 백화점 점원으로 함께 일하면서 화장품 사업에 눈을 떴다. 이회림 동양화학 명예회장은 한 인터뷰에서 "개성의 상도덕은 매우 엄격해 새로 독립한 상인이 옛 주인과 같은 품목으로 경쟁하는 일은 없었다."라고 말했다. **- 주간조선 98.10.1. -**

Mentor	**Menger**
개성포목 도매상 강형근	이정림 회장 이회림 회장
개성백화점 김재현	서성환 회장 임광정 회장

전수 내용

경영이념 1. 근검절약, 협동의식 경영기법 1. 개서부기 - 재무제표
   2. 무차입 경영   2. 차인(差人)제도 - 전문경영
   3. 신용 중시   3. 시변(時邊)제도 - 신용차등제

사업 성공 방법

1. 부모 밑에 10여 년 가업 전수   • 자수성가 - 자금 / 노하우
2. 부친의 친구 밑에서 5년간 수업 • 백발백중 성공
3. 그 후 능력 인정받으면 가게 차려줌

사례 8 - 빌 하이벨스 목사 멘토링 이야기

세계의 많은 교회들에 새로운 교회상을 제시하고 있는 시카고 윌로우 크릭교회의 빌 하이벨스 목사의 은사인 길버트 빌지키언(Gilbert Bilezikian) 교수의 이야기는 들을 때마다 우리에게 깊은 감동을 준다.

1970년대 초반 당시 시카고 트리니티 신학교의 교수였던 빌지키언 교수는 강의 전에 사도행전 2장 40~47절을 읽어 주면서 도전했다고 한다.

"2000년 전 예루살렘에는 성도들이 살아 있는 하나님의 말씀을 전하고, 서로 물건을 팔아 힘든 사람을 도와줄 정도로 서로를 사랑했고, 늘 함께 밥을 먹으며, 기뻐하며, 하나님을 찬양했고, 기쁨과 평화가 넘치는 삶을 살았던 그런 교회가 있었다. 그 교회로는 끊임없이 사람들이 몰려들어 절망에서 소망을 찾았다. 2000년 전 예루살렘에 그런 교회가 있을 수 있다면 왜 1970년대 시카고에는 그런 교회가 생길 수 없는 것일까? 그때의 하나님과 지금의 하나님은 달라지셨는가? 그분의 능력이 줄어들어서 그런가? 절대 그렇지 않다. 만약 여러분들이 하나님의 능력을 믿고 순종한다면 우리도 그런 교회를 이 땅에 세울 수 있다. 젊은이들이여, 여러분의 모든 것을 바쳐 그 비전을 위해 헌신할 사람은 없는가?"

멘토인 빌지키언 교수	멘제인 빌 하이벨스 목사

당시 신학교 초년생이었던 20대 초반의 빌 하이벨스는 매번 그 메시지를 듣는 순간 가슴에 불이 일어나는 것 같은 감동을 받았다고 한다. 차 속에서 엎드려 흥분을 가라앉히곤 하던 그는, 마침내 그런 살아 있는 교회야말로 자신의 인생 전체를 걸어도 아깝지 않은 비전이라고 결심하게 된다. 그래서 다짜고짜로 빌지키언 교수를 찾아간 그는 "선생님 하나님이 허락하신다면 제가 바로 그런 살아 있는 교회를 시카고에 세워 보고 싶습니다. 도와주시겠습니까?" 그러자 빌지키언 교수도 너무 감격하여 "내가 할 수 있는 모든 것을 다 바쳐서 너를 돕겠다."라고 약속했다고 한다.

그때부터 오늘에 이르기까지 25년이 지나도록 빌지키언 교수는 빌 하이벨스의 멘토(Mentor)가 되어서 끊임없이 그 초대교회의 비전을 상기시켜 주고, 힘을 주고, 조언을 주었다고 한다. 지난번 윌로크릭교회에서 빌지키언 교수가 설교한 적이 있는데, 그는 그 당시 빌 하이벨스가 자신을 처음 찾아와 비전에 헌신하던 때를 이렇게 회고했다.
"10년이 넘게 그 비전을 강의할 때마다 나누었는데 관심을 가져주는 학생은 한 명도 없었다. 그래서 나는 속으로 아무도 여기에 관심이 없구나. 내가 괜한 것을 자꾸 하는 게 아닌가 하면서 낙심하기도 했었다 그런데 빌 하이벨스라는 학생이 처음으로 그 비전에 자신의 인생을 걸겠다고 헌신한 것이다. 정말 감격스러웠다."
멘토링! 다음 세대 멘제에게 더 큰 선물을 주는 것보다 더 귀한 선물은 없다.

사례 9 - 아이젠하워 장군 멘토링 이야기

위대한 능력을 가진 사람들은 학창시절 평범한 학생이었던 경우가 많다. 예를 들어 아인슈타인은 평범한 학습성적 때문에 아무도 그의 위대한 업적을 예견하지 못했었다. 평범하다는 것과 능력이 없다는 것은 전혀 다르다. 평범하다고 생각되는 사람들은 그들이 일상적인 일에 대해 무관심하기 때문에 그렇게 보이는 경우가 많다. 그들의 숨은 재능을 드러나게 하는 한 가지 방법은 위대한 멘토(Mentor)나 자신과 말이 통하는 사람과 깊은 유대관계를 맺는 것이다.

재능 있는 사람들이 1 : 1 멘토링 관계에서 자신이 필요로 하는 것을 찾을 수 있을지 어떨지는 그것을 키울 수 있는 멘토의 능력에 달려 있다. 다행히 서로 다른 세대의 사람들이 만나고 그 만남 안에서 스스로가 여러 선택들을 하게 되었을 때, 우리는 리더의 개발방법과 각 세대 간의 재능 있는 사람들이 서로 어떻게 영향을 끼치는가에 대해서 많은 것을 배우게 된다.

평범하게 보이는 사람일지라도 제대로 된 1 : 1 인간관계를 형성하면 자신의 개발을 촉진할 수 있다. 개인이 그러한 관계에서 많은 것을 배울 수 있는 것은 자기 성찰의 기회가 되었던 인생 경험들과 깊은 관계가 있다.

멘토인 폭스 코너 장군	멘제인 아이젠하워
드와이트 아이젠하워(Dwight Eisenhower)의 경우 초기 군대경력을 보면, 장래 발전에 대한 아무런 희망도 발견할 수 없다. 그의 사관학교 동기생들 중 일부가 제1차 세계대전 중 프랑스에서 실전 경험을 쌓고 있을 때, 그는 "단조롭고 안전한 후방에 묻혀 참을 수 없는 고통의 나날을 보냈다."라고 토로했다. 아이젠하워는 제1차 세계대전 직후 자신의 미래에 대해 다소 비관적이었던 청년 장교였다. 그래서 자신이 존경하던 폭스 코너(Fox Connor) 장군 휘하에서 일하기 위해 파나마로 보내 줄 것을 요청했으나 거절당했다. 이런 좌절은 당시 그의 장남인 아이키(Ikey)가 독감에 걸려 세상을 떠났을 때 그의 가슴속에 더욱 크게 사무쳤다. 군은 이에 대해 책임감을 느껴 아이젠하워를 파나마로 전출시켰고, 그곳에서 그는 죽은 아들에 대한 그리움을 가슴에 간직한 채 코너 장군 휘하에서 묵묵히 직무를 수행했다. 아이젠하워는 죽은 아이키에게 하고 싶었던 좋은 아버지의 역할 대신에 코너 장군의 휘하에서 좋은 아들의 역할에 전념했다. 이렇게 매우 어려운 상황을 겪으면서 그는 멘토인 코너 장군에게서 많은 것을 배우기 시작했다. 장군은 군대에 관한 많은 것을 가르쳐 주었고 아이젠하워는 이를 기꺼이 받아들였다. 이런 관계는 아이젠하워 인생에 많은 영향을 미쳤다.	

아이젠하워는 훗날 코너 장군과 보냈던 시기를 "풍부한 지식과 경험을 갖춘 사람으로부터 영향을 받은, 군사학과 인간관계에 관한 대학원과 같은 시기였다. 나는 그분에게 어떠한 말로도 표현할 수 없을 만큼 감사하고 있다. 일생동안 많은 사람들과 교류했는데 그중에서도 그는 내가 가장 큰 빚을 진 분이다."라고 기술하였다.

코너 장군과 함께 보낸 복무기간 중 아이젠하워에게는 커다란 발전의 계기가 생겼다. 미군 내에서 가장 훌륭한 학교인 포트 레븐워스(Fort Leavenworth)에 있는 '지휘와 일반 참모학교'에 다닐 수 있게 된 것이다. 이는 군인들이 모두 선망하는 곳이었는데 아이젠하워는 이 기회를 잘 활용했다. 그는 고등학교나 사관학교 때와는 달리 이 학교에서 매우 우수한 성적을 냈고 수석으로 졸업했다.

사례 10 - 조수미와 멘토 카라얀 이야기

조수미는 서울대 음대를 수석으로 합격의 영광을 누렸다. 그러나 그 영광을 오래 지속하지 못하고 재학시절에 연애에 열중하다가 그만 꼴찌 서열인 52등으로 과락을 면치 못하게 되었다. 금세 그는 연약하고, 고독하고, 실패의 쓴잔을 마신 주인공이 되어버렸다.

86년에 그녀는 큰 전환기를 맞이했다. 주위의 권유를 받아들여 자의 반 타의 반으로 이태리 유학의 문을 두드렸는데 행운의 여신은 당시의 21c 거장(巨匠) 지휘자 헬베르트 폰 카라얀(Herbert von Karajan)을 만나는 길로 인도해 주었다. 조수미의 잠재력(潛在力)을 발탁한 카라얀! 그는 "신이 내린 목소리"라고 극찬하면서 사랑하는 조수미를 세계적인 오페라왕으로 이미 그때 그녀의 길을 예고하였다. 그러한 멘토(Mentor)인 스승에게 최고의 존경심을 발휘한 조수미, 멘제(Menger)인 제자를 신뢰하고 성장을 지켜본 카라얀, 두 사람의 성공적인 멘토링(Mentoring) 사례는 우리 뇌리에 오래도록 기억되리라고 생각한다.

051229 조선일보기사

김성현 기자 질문-20년간 가장 큰 영향을 미친 사람은 누구였습니까?

조수미 답변-"물론 카라얀입니다. 베르디 오페라 '가면 무도회' 녹음 때 플라시도 도밍고 같은 성악가와 함께 참가할 수 있는 기회를 줬고, 잘츠부르크 페스티벌에도 설 수 있었죠. 제겐 그저 할아버지 같은 분이라, 연습할 때 그분의 은색 머리를 잡아당기며 장난도 많이 쳤어요. '타고난 목소리가 있으니 절대 무리하지 말라', '성대를 끊임없이 가꾸라'고 늘 가르침을 주셨죠."

사례 11 - 카네기의 멘토인 토마스 스코트(Thomas A. Scott)

재능 있는 사람들의 자서전을 보면 위대한 멘토(Mentor)야말로 한 개인을 발전시키는 데 매우 중요한 역할을 한다는 것을 알 수 있다. 앤드류 카네기(Andrew Carnegie) 역시 그의 상사인 토머스 스코트(Thoms A. Scott)에게 큰 영향을 받았다.

펜실바니아 철도회사의 서부지역 책임자였던 스코트는 카네기라는 무명의 젊은 전기 기술자의 재능과 배움에 대한 열정을 높이 샀다. 그래서 스코트는 카네기에 대해 개인적인 관심을 표명하면서 그의 책임감을 북돋우고 배움의 기회를 제공했다. 그리고 그의 자신과 성취감을 고취시켰다. 스코트 역시 강한 개성을 지녔고 성과도 두드러진 사람이었으므로 카네기의 공격적인 개성을 두려워하지 않았다. 오히려 그는 카네기의 독창성을 살려 주기 위해 노력했다.

위대한 멘토는 자신이 찾아낸 멘제(Menger)의 재능을 개발하기 위해 위험을 감수하고, 때로는 모험을 한다. 이들은 젊은 멘제들과 밀접한 관계를 맺고 인간적으로 많은 조언을 한다. 이러한 모험이 항상 성공하는 것은 아니지만 멘토의 그런 도전이 리더의 개발에 결정적인 역할을 한다.

사례 12 옥한흠 / 오정현 사랑의교회 목사

1) 잡음 없는 세대 교체
〈월간조선 2008. 1월 특집기사발췌〉

「사랑의교회」 玉漢欽(옥한음··70) 원로목사는 2003년 정년퇴임을 5년 앞두고 미국 「남가주 사랑의교회」 吳正賢(오정현··52) 담임목사를 후임으로 선택했다. 3만여 명의 신자들이 출석하는 교회를 아무런 연고가 없는 후배 목사에게 물려준 것이다.

몇몇 대형 교회 목사들이 아들에게 교회를 물려주고, 전임목사와 후임목사의 갈등으로 교회가 분열되는 일이 잦다. 「안티 기독교 시민단체」가 출범할 정도로 교회의 「권력승계」를 바라보는 눈이 곱지 않다.

父子(부자)세습 교회는 교계 안에서 영향력을 상실했고, 세대교체 과정에서 홍역을 치른 교회는 교세가 약화됐다.

사랑의교회는 대형 교회 가운데 유일하게 잡음 없이 세대교체를 이룬 것으로 평가된다. 玉漢欽 목사가 교회를 물려준 그해부터 매년 8000여 명의 새 신자가 몰려들어 2007년 11월25일 현재 교회 등록신자가 7만4753명에 이르렀다. 사랑의 교회는 대한예수교 장로회 합동 측 교회 중 교세가 가장 크다.

2) 30년간 이어온 인연

두 사람의 인연은 1978년으로 거슬러 올라간다. 吳正賢 목사는 당시 서울 종로 내수동교회 대학부 간사로 일하고 있었다. 吳正賢 간사는 미국유학을 막 마치고 돌아온 玉漢欽 목사를 대학부 여름수련회 강사로 초청했다. 玉목사는 유학가기 전 서울 성도교회에서 1명으로 시작한 대학부를 3년 만에 350명으로 부흥시켰다. 玉목사는 교회 개척을 준비하고 있었다.

玉목사는 교회 개척을 준비하고 있었지만 젊은이들의 요청에 기꺼이 응했다. 답례로 吳正賢 간사는 玉목사가 신자 9명으로 문을 연 개척교회에 내수동교회 대학부 46명과 함께 참석했다.

玉목사는 매년 내수동교회 대학부에 가서 설교를 하며 吳正賢 목사와 인연을 쌓았다. 吳正賢 간사는 1982년에 미국 유학을 떠나 목사안수를 받고 1987년에 일시 귀국했다. 6개월간 서울 사랑의교회에서 협동목사로 일하면서 玉漢欽 목사로부터 목회 실습을 받았다.

3) 지위만 주고 「파워」 안 주는 대형교회

吳正賢 목사는 후임자의 태도가 중요하다고 말했다. 『대형교회에서 후임에게 포지션(지위)은 주지만 파워(힘)는 안 물려주는 경우가 많습니다. 껍데기 옷만 입고 있는 거죠. 玉목사님은 저에게 포지션뿐만 아니라 파워까지 물려주셨어요. 제가 목양적 소신을 갖고 역동적으로 움직일 수 있게 해주셨지요. 후임은 전임의 발자취를 없애려고 합니다. 없앤다고 그게 없어집니까. 작은 교회라면 모를까, 초대형 교회는 후임이 모든 걸 차고 앉아서 할 수 없습니다. 玉목사님께 「원하는 대로 다 뛰십시오. 저도 뛰겠습니다. 우리 교회는 담임목사가 둘입니다」 했습니다』
──전임과 후임 목사님보다 주변 사람들이 더 문제라고 하더군요.

『玉목사님과 저의 신뢰가 깊어 중간에 다른 이가 낄 수 없습니다. 우리는 공동운명체입니다. 한 사람이 어려워지면 서로 어려워진다는 생각을 하고 있습니다. 한국교회의 세대교체가 잘 안 되다 보니 우리 교회가 마지막 보루처럼 되었습니다. 마지노선이 무너지면 많은 게 무너진다는 역사의식을 갖고 출발했습니다. 玉목사님과 저는 「멘토(스승)」와 「멘제(제자)」의 관계에서 사역계승을 이룬 첫 번째 사례라고 할 수 있습니다』

4) 나의 멘토 옥한흠 목사
/ 글1998.4월 월간 빛과소금 ㅌ기고문: 오정현 목사

서울 사랑의교회 옥한흠 목사님은 필자에게 있어서는 잊을 수 없는 멘토이다. 처음 남가주에 개척할 당시, 그 분이 주신 많은 사역에 필요한 조언과 충고는 지금도 사역을 감당하는 데 없어는 안될 중요한 노하우가 되었다. 철없던 대학시절부터 지난 23년간을 한결같이 멘토로서 필자의 유익을 위해서 든든한 뒷자리에서 주셨다. 개척목사의 자세, 사람에게 욕심내지 않는 것, 목회의 근본, 제자훈련의 철학, 왕성한 실험정신, 설교자로서의 전문성, 여백(Pathos)있는 인생관, 공인으로서 영적인 프로의식 등 수도 없이 많은 내용을 전수 받았다. 지금도 계속해서 사역의 핵심 내용을 나누면서 평상을 배우고 싶고 따르고 싶은 큰 별이 되어주시고 있다. 아마 옥 목사님도 성도교회를 섬기셨던 고(故) 김성환 목사님이나 김희보 목사님 같은 분의 좋은 영향이 있는 줄로 알고 있다.

Part 8

성경 멘토링 사례

하나님은 인류(Human)가 아닌 한사람(One Person)을 창조 했다. 인간은 유일무이한 존재인 동시에 저마다의 개성(Character)을 지닌 독립적인 존재들이다. 누구도 다른 사람과 똑같을 수는 없다. 나름의 방법대로 생각하고, 나름대로의 방식대로 다른 사람과 관계를 맺는다. 따라서 개인(Individual)이란 세상에는 둘도 없는 고유한 특성의 결합체인 셈이다.

그러므로 인간은 누구나 특별한 존재로 존중받고 싶어한다. 아니 사랑받고 싶어한다. 그가 무엇을 하고 어떻게 하든 그만의 방식 그대로 존중받고 사랑받기를 원한다. 때문에 인간은 분석이나 생산의 수단이 아닌 인간경영의 본질로 이해해야 한다.

성경상의 멘토링은 아담과 하와로부터 시작한다. 하나님이 아담에게 하와를 돕는 배필로 준것에 귀를 기울어야한다. 기대하는 배필, 군림하는 배필이 아니다. 멘토링에서 멘토와 멘제가 수평관계를 이루듯이 아담과 하와는 대등한 관계에서 성경상의 벤토링의 효시라고 볼 수 있다.

멘토링이 체계를 이룬것은 모세시대라고 볼 수 있다. 모세개인이 어머니 요게벳, 바로공주, 이드로, 형인 아론 등을 멘토로하여 이스라엘의 지도자로 성장했고 말년에는 여호수아의 멘토로 후계자를 세웠다.

여기에서 성경에는 기록이 없지만 천주교의 멘토링제도인 대부의 원형이라 볼 수 있는 잔닥(Zantak) 제도다. 할례 받을 때 어린아이를 꼭 안아주고 앞으로 사회생활과 신앙생활의 멘토 역할을 해냈다.

신약에서 멘토링은 예수님의 소수 제자화로 리더개발 방법과 바나바와 바울의 멘토링이 모범적인 사례로 들 수 있다.

사례 1. 아담과 하와 멘토링

하나님의 형상대로 창조하신(창1:27) 아담에게 돕는 배필까지 주셨다. 자연과 짐승들이 이미 창조 되었지만 이것들이 아담의 돕는 배필로는 될 수 없었다. 아담을 깊이 잠들게 하여, 그 갈빗대 하나를 취해내 여자를 만들어 아담에게 주셨다(창 2:18~22) 아담은 이때 기뻐하여 '이는 내 뼈 중에 뼈요 살 중에 살이라 이것을 남자에게 취하였은즉 여자라 칭하리라(창2:23)' 하였다. 그리하여 인격적인 남녀가 결합하여 한 몸이 되었다. 그후 아담 부부는 에덴 동산에서 생활하게 되어 그 동산을 경작하며, 지키는 직분이 주어졌다.

사례 2. 모세의 종합 멘토링

구약 성경에 나타난 대표적인 사례로 모세의 삶 속에서 놀라웁게도 이스라엘 지도자로 탄생하는 이면에 멘토들이 깊숙이 자라잡고 있음을 볼 수 있다. 모세의 종합 멘토링은 오늘날 멘토링의 성경적 모델로 그 가치를 높게 평가해도 전혀 손색이 없다. 우선 아래와 유년시절 소년 청년시절 장년시절에서 모세를 도운 네 사람 멘토와 노년시절에는 반대로 모세가 여호수와 멘토로서 역할을 소개해 보기로 하자.

모세의 아름다운 멘토링	모세를 위한 멘토 이야기
1) 유년시절 멘토-요게벳과 어린시절 모세(출2:1~10 히11:23) - 애급나라 법을 어기고 하늘나라법으로 모세를 살렸습니다. 2) 소년시절 멘토-바로공주와 소년시절-모세(출2:10 행7:22) - 모세가 바로왕국에서 세상의 학문을 통달하도록 했습니다. 3) 청년시절 멘토-이드로와 청년시절 모세(출 18:2~6 18:13~27) - 모세가 권력 위임을 통해 평신도지도자를 개발하도록 했습니다. 4) 장년시절 멘토-아론과 장년시절 모세 (출4:10 14:28) - 모세의 바로앞에서 부족한 부문을 보완해주었습니다. 5) 노년시절 멘토링-노년모세와 후계자 여호수아(출17:8~16 32:15~35 수1:18) - 모세는 멘토로서 후계자 여호수아에게 노하우를 전이(傳移)를 했습니다.	

성경말씀: 출 8:25:27 재(才) 덕(德)이 겸전한 평신도 멘토 선발

멘토링은 뿌리 깊은 기원을 가지고 있다. 인류가 시작 될 때부터 멘토링이 시작되었다고 해도 과언이 아닐 것이다. 인류의 기원과 영적 역사를 다루고 있는 성경에서는 멘토링 관계가 어떻게 나타나고 있는가? 특별히 모세의 생애에서 5가지 최선의 멘토링을 종합모델로 하여 현상을 살펴보자. 이스라엘 지도자로서 탁월한 모세의 리더십은 그 배후에 멘토링이 깊숙히 자리잡고 있음을 엿볼 수 있다.

1) 유년시절(멘토 어머니 요게벳) – 하늘나라 법으로 모세를 살렸다.

첫째는 유아시절에 어머니 요게벳과의 멘토링을 들 수 있다.(출2:1-10 히11:23), 요게벳은 당대 애굽의 법률을 어기면서 어린 모세를 3개월 동안이나 몰래 길렀고 갈대상자에 넣어 나일강에다 띄우면서도 소망을 잃지 않고 미리암을 보내 망을 볼 수 있도록 지혜롭게 행동을 했음을 볼 수 있다. 어린 모세를 품에 안고 요게벳의 무언의 모성애는 부모와 자녀관계 속에서 1 : 1 멘토링 관계가 지속되었음을 알 수 있다.

2) 소년시절(멘토 바로공주) – 모세가 세상의 학문을 통달하도록 했다

둘째는 청소년 시절에 바로공주와의 멘토링 관계이다.(출2:10 행7:22)
나일강에서 갈대상자에 띄운 아기 모세를 발견한 바로 공주는 참으로 큰 용단을 내린 것을 볼 수 있다. 히브리 아이임에도 양자를 삼아 바로 궁궐에서 왕자교육을 제대로 시킴으로 『모세는 애굽사람의 학술을 다 배워 그 말과 행사가 능하더라(행7:22)』는 말씀이 기적적으로 바로 공주와 40여년간의 멘토링 관계를 읽을 수가 있다.

3) 청년시절(멘토 장인 이드로) – 모세가 평신도지도자를 개발하도록 했다

셋째는 장성한 모세가 이스라엘의 지도자 역할을 수행할 때 이드로와의 멘토링 관계이다.(출2:11, 18:2-6, 18:13-27)
출애굽기 18장에서 모세는 국정의 중대사인 재판을 혼자 담당하여 많은 시간과 힘을 쏟고 있었다. 그 일이 모세에게 너무나 힘들어 앞으로 문제가 될 것으로 판단한 모세의 장인 이드로는 한 가지 제안을 했다. 즉 모든 재판을 혼자 다 담당하지 말고 온 백성 가운데서 재덕이 겸전한 자들로 천부장과 백부장과 오십부장과 십부장을 삼아 웬만한 재판들은 스스로 하도록 위임함으로 모세의 큰 짐을 덜어주었다.

이드로는 모세의 상황을 듣고 시기적절한 충고를 줌으로써 상담자로서의 멘토의 역할(멘토는 그 강도와 정도의 크기에 따라 제자 훈련자, 영적지도자, 코치, 상담자, 교사, 후원자, 현세적 모델, 역사적 모델로서의 멘토 등 여덟 가지로 나눌 수 있다)을 잘 수행하였다.

모세 장인의 영성과 모세의 영성을 한번 비교해보는 시간을 갖도록 하겠다. 모세는 하나님을 대면하여 안 자이자 하나님의 말씀을 직접 전달하는 지도자였다. 오히려 모세는 멘토인 그의 장인으로부터 조언을 받고 있는 멘제의 실정이었다.

모든 지도자가 이러한 부분을 인정하는 용기를 가져야 한다. 아무리 훌륭한 지도자라도 편견을 가질 수 있으며, 다른 사람을 통해 하나님의 뜻을 전달 받을 수 있음을 인정해야 한다.

모세에게 세 가지의 문제점이 발생하자 이드로는 평신도 중에서 자격을 갖춘 사역자 (10부장,50,100,1000)를 임명하여 일을 분담시키라고 건의하게 된다. 평신도 사역자는 바로 이런 '이드로의 사역분담 법칙'에 근거를 두고 있다.

목회자가 평신도와 일을 나눠 함으로써 하나님이 교회에 맡겨주신 사명을 효과적으로 수행하는 개념인 것이다. 한마디로 정리하면 자격 있는 평신도 멘토들에게 분권적 위임(Delegation)을 함으로써 목회 사역의 효과성을 높이는 제도이다.

멘토링의 장점은 두 사람이 만나서 서로의 장점을 개발하여 시너지 효과를 창출해내는 것이다. 교회에서도 한 사람 한 사람의 장점을 개발하는 것이 목회자의 덕목이다. 그렇지 않고 오로지 목회자 본인 외에는 교인들을 믿지 못하고 혼자 일방적으로 일을 처리하는 것은 그만큼 본인도 고달프고 주위 사람들도 안타깝게 하는 것이 된다. 사람은 장점과 단점을 동시에 갖고 있기 때문에 현명한 목회자일수록 교인들의 장점과 능력을 살펴 적절하게 목회사역을 위임(Delegation)하는 것이 애교심을 길러주고 목회자가 존경받는 지름길이다.

4) 장년시절(멘토 형님 아론) - 모세의 부족한 부문을 보완해 주었다

넷째는 멘토인 아론과의 멘토링 관계이다.(출4:10.14.28)

아론은 이스라엘 최초의 제사장이며 모세의 3세 연장 형이었다. 입이 둔한 모세를 도와 대언하고(출4:10)지팡이로서 모세의 명을 따라 바로 앞에서 이적을 행하였다.(출7:19)

5) 노년시절(멘토 모세) - 후계자 여호수아에게 자기 전이(傳移)를 했다

다섯째는 모세 노년에 후계자 여호수아와의 멘토링 관계이다(출17:8-16, 신34:9) 모세와 여호수아는 멘토링의 좋은 모델이다. 하나님께서는 이스라엘의 차기 지도자를 위해 모세를 멘토로 삼아 여호수아를 오랫동안 준비시키셨다. 모세는 여호수아를 회막, 지성소, 시내산 등으로 데리고 갔고(출 24:9-18, 33:7-11), 하나님의 말씀을 직접 가르치고 전했으며(출 17:14, 수 1:18), 때때로 개인적으로 지도하였다(민 11:28-30), 또한 여호수아는 지도자로서의 모세를 사역의 모델로 삼아 그의 행동 하나하나를 눈여겨보면서 배웠다(출 32:15-35). 그 결과 여호수아와 모세는 유사점이 많았다. 이러한 유사점은 여호수아에게 끼친 모세의 멘토링의 영향이다.

사례 3. 에스더 / 모르드개 멘토링

◀ 엘리야의 영적 멘토링

성경에서 강력하고 긍정적인 멘토링 관계 중 한 예로 '엘리야'와 '엘리사'를 들 수 있다. 엘리사는 북이스라엘 왕국의 선지자요, 엘리야의 후계자였다. 엘리야는 하나님의 명령대로 밭에서 쟁기질을 하고 있던 엘리사를 발견하여 겉옷을 그에게 던짐으로 선지자로 임명 하였다. 그 후에 엘리사는 엘리야를 그의 멘토로 따라다니며 배웠고, 엘리야가 하늘로 불려 올리울 때까지 지속적인 멘토링을 받았다. 멘토 엘리야는 멘제(Menger) 엘리사에게 겉옷을 넘겨줌으로써 차기 선지자로 권위를 물려주었다. 더구나 엘리사는 엘리야와 길갈, 벧엘, 여리고 등 끝까지 동행하여 멘토의 능력을 갑절이나 얻기를 소원하였고 멘토링의 결과 멘토 능력의 전수까지 이루어 졌다.

누구나 인생살이 과정에서 만남의 중요성을 강조한다. 특히 에스더는 조실부모(早失父母)하고 고아의 신세로 큰 시련을 맞이하게 되었다. 그러한 역경 속에서 삼촌 모르드개의 보살핌은 역사의 뒤안길로 사라질 뻔한 에스더의 삶에 한 가닥 빛이라 볼 수 있다. 그뿐 아니라 학식과 지혜를 갖춘 모르드개는 에스더가 왕비로 간택 되는 과정에서도 그의 지혜로운 조언으로 결정적인 계기를 만들었다.

사람의 길이란 평탄할 수만은 없듯이 그 당시 모르드개의 개인에 닥친 불운의 그림자는 그대로 유대민족의 대학살로 이어질 뻔한 찰나에 다시 한번 에스더를 설득하는 모르드개의 논리는, 임재하신 하나님의 섭리와 직결되어 있어 에스더로부터 '죽으면 죽으리라'는 비장한 결심을 받아내었던 것이다.

한 어린 조카를 끝까지 돌보며 정성을 바쳐 왕비 자리까지 키워내 마침내 세상적으로나, 신앙적으나 성공적인 멘토링을 발휘한 모르드개는 오늘날 한 인간 사랑을 중시하고자 하는 목회자들에게 벤치마킹대상이다.

사례 4. 엘리아 / 엘리사 멘토링

◀ **모르드개 양육 멘토링**

모르드개는 베냐민 사람으로 에스더서의 주인공(에2:5,7,10 기타). 기스의 증손, 시므이의 손자, 야일의 아들, 에스더의 사촌 오라비. 그는 삼촌의 딸 하닷사(후에 에스더)를, 그 부모가 죽은 후, 자기의 양녀(養女)로서 키웠습니다. 에스더는 삼촌 모르드개의 지도에 따라 행동하여 바사(페르샤)왕 아하수에로의 왕비로 간택되었다. (에2:7-20). 이 왕은 BC486-465/6년 페르샤왕위에 있었던 크세르크세스 1세로 알려져 있다. 당시 이 왕에 대하여 은밀히 진행되고 있던 왕 암살 계획을 사전에 발견, 에스더를 통해 왕께 고하여, 왕의 목숨을 구하고 두 범인(내시인 빅단과 베레스)을 처형하게 했다. (에2:21-23). 그 후 하만이 재상이 되어, 이방신에 대한 경배 및 자기에게 부복하기를 거부하는 모르드개를 비롯하여, 모든 유대인을 학살하려 계획한 때, 그는 왕후 에스더를 움직여 전 유대인을 구하는 데 성공했다.(에 3:3, 6:1-11)

바로 우리가 이 대목에서 염두에 둘 일은 많은 신학생중에서 엘리사 한 사람에게 집중했다.는 사실이다. 예수님께서도 소수인 12제자를 선발하셨고 한 사람

한 사람 1:1로 관계를 통하여 '사람변화'의 핵심전략으로 활용한 것을 알 수 있다.

다수 관리보다는 한 사람 엘리사를 선택한 엘리야의 1:1 리더십은 성경 중에서 모범적인 멘토링으로 충분한다고 볼 수 있다.

사례 5. 다윗과 요나단 멘토링

◀ 요나단의 동료 멘토링

사울 왕의 맏아들 요나단은 사울왕의 후계자였다. 이런 그가 오히려 놀랍게도 사울을 계승한 다윗에게 헌신적인 우정을 보였다.(삼상20:31)

다윗에 대한 그의 우정은 다윗이 골리앗을 죽인 뒤 두 사람이 처음으로 만났던 그 날부터 싹 텄습니다.(삼상18:1-4). 그리고 장차 다윗이 왕이 되리라는 사울의 말을 믿고도 그 우정은 변치 않았습니다.(삼상20:31). 요나단은 자기 아버지가 다윗을 증오한다는 것을 알게 되었을 때 친구를 두둔 하였다.(심상19:1-7) 나중에 요나단이 다윗을 위하여 자기 생명을 건 모험을 한 것이 한 번만이 아니었다. 한번은 자기 자식답지 않은 요나단의 행동에 화가 난 사울이 요나단에 창을 던졌습니다. 이렇게 사울은 다윗에게도 여러 번 창을 던진 적이 있었다. 두 친구의 마지막 만남은 십 광야에서 이루어졌는데, 그때 요나단은 다윗으로 하나님을 의지하게 하였다.(삼상23:16).

요나단과 다윗의 우정은 내적으로 대등한 관계이다. 이렇듯 요나단과 다윗의 우정은 성경에서 가장 훌륭한 동료 멘토링(Peer Mentoring)관계로 꼽히고 있다.

요나단과 다윗의 우정과 사랑은 골리앗 장군이 쓰러진 후 두 사람이 처음 만난 날부터 시작되었다(삼상 18:1-4). 그리고 그들의 관계는 사울이 다윗을 차기 왕권을 빼앗을 인물로 지목하고 살해하려 한 후에도 지속되었다 (삼상 19:1-7, 20:31).

요나단은 위기에서 다윗을 위로하고 하나님께 의지하도록 도와주었다(삼상 23:16), 이렇듯 요나단과 다윗의 우정은 성경에서 가장 훌륭한 동료 멘토링 관계(Peer Mentoring Relationship)로 꼽힌다.

사례 6. 룻과 나오미 멘토링

◀ 룻과 나오미 멘토링

룻기에 나오미는 룻의 시어머니, 엘리멜렉의 아내, 말론과 기론의 어머니(룻1:2 -)이다. 예루살렘의 남쪽 8km의 고향 베들레헴의 기근으로, 남편 및 두 아들과 함께 모압에 이주하여, 그곳에 살았습니다.(룻1:1 -5) 두 아들을 모압 여인과 결혼까지 시켰으나, 남편과 두 아들을 잃고, 상심한 나오미는 두 자부에게 귀향할 것을 권했는데, 룻은 최후까지 함께 할 결의를 보여 (룻1:6 -18), 나오미는 룻과 함께 고향 베들레헴으로 돌아 왔다.(1:19 -22) 나오미는 상심 끝에 [마 -라: 뜻은 괴로움]라는 자칭명을 썼습니다.(룻1:20). 자부 룻은 연로한 시어머니 나오미와 그 빈곤을 구하기 위해, 허락을 얻어 이삭줍기를 하게 된 것이 계기가 되어 부유하고, 동정심이 깊은 보아스와 결혼하게 되었고, 나오미는 보아스를 유대의 율법에 따라 양자로 삼았습니다. 보아스와 룻 사이에 오벳을 낳게 되어, 나오미는 손자까지 볼 수 있게 되었을 뿐더러, 엘리멜렉의 믿음의 계보는 계속 되었다.

사면초가의 신세가 된 멘토 나오미는 역시 함께 어려움을 당하고 있는 며느리 룻을 친 딸처럼 포용할 때 두 몸이 한 마음으로 결합되어 주위를 감동시키고 땅에 축복과 하늘에 축복을 받는 주인공으로 성경은 우리에게 교훈을 주고 있다.

사랑은 내리 사랑이라고 했다.. 가정이나 교회나 학교나 기업체나 공통점은 아랫 사람이 윗 사람을 사랑한다는 것 보다는 부모가 자녀를, 선생님이 제자를, 경영자가 사원을 사랑한다는 것으로 이는 너무나도 자연스러운 이치이며 당연지사(當然之事)인 것이다. 우리가 유의할 점은 아랫 사람들은 너나 할 것 없이 센스가 예민하다는 것이다. 윗 사람의 거동(擧動)에 대해 본능적으로 주관적인 판단이 서 있다.

사례 7. 예수님 멘토링 5가지 이야기

◆ 아름다운 동행 예수님

바다도 푸르고 하늘도 푸른 맑은 날에, 주님과 성도는 해변가에 두 발자국을 남기면서 거닐었다네. 얼마후 폭풍과 비바람이 몰아치는 시련의 시기가 찾아왔다네. 성도는 있는 힘을 다해 그 시련기를 겨우 통과하게 되었다네. 그리고 뒤를 돌아보니, 그 시기엔 하나의 발자국만 있음을 보았다네. 성도는 주님께 말했다네. "주님! 그 어려운 시기에 어디로 가버렸습니까? 저를 버리셨습니까?" 주님이 대답했다네. "그건 내 발자국이란다. 그때 내가 널 업고 걸었지."

성경말씀: 마18:12-15 한 사람을 소중히 여기시는 예수님

너희 생각에는 어떻겠느뇨? 만일 어떤 사람이 양 일백 마리가 있는데 그중에 하나가 길을 잃었으면 그 아흔 아홉 마리를 산에 두고 가서 길 잃은 양을 찾지 않겠느냐? 진실로 너희에게 이르노니 만일 찾으면 길을 잃지 아니한 아흔 아홉 마리보다 이것을 더 기뻐하리라. 이와 같이 이소자중에 하나라도 잃어지는 것은 하늘에 계신 너희 아버지의 뜻이 아니니라.

멘토링 1. 베드로가 신앙 고백을 할 수 있도록 했다. (마:16:13 - 20)

베드로는 안드레와 형제이고 아버지는 요한이었다. (마16:17) 그가 예수님의 제자로 쓰여지게 된 것은 갈릴리 호수에서 예수님의 부르심에 의해서였다.

(막1:16 - 17). 그는 예수께서 "내가 너희로 사람을 낚는 어부가 되게 하리라" (막1:17)는 말씀 따라 곧 제자로 되었다. 그리고 그는 12제자의 대표자로서 또는 대변자와도 같이 언동했다.

특히 가이사랴 빌립보 도상에서, 예수께서 제자들에게 "너희는 나를 누구라 하느냐?"고 물으실 때, 이 때도 베드로는 다른 제자들을 대표하면서 누구보다도 먼저 예수님에 대한 신앙고백을 했다. "주는 그리스도요 살아계신 하나님의 아들이시니이다"라고(마16:18). 이에 대해 예수께서는 "바요나 시몬아 네가 복이 있도다. 이를 네게 알게 한 이는 혈육이 아니고 하늘에 계신 내 아버지니라……이는 베드로와 내가 이 반석위에 내 교회를 세우리니 음부의 권세가 이기지 못하리라. 내가 천국 열쇠를 네게 주리니 네가 땅에서 무엇이든지 매면 하늘에서도 매일 것이요 네가 땅에서 무엇이든지 풀면 하늘에서도 풀리라"는 말씀의 칭찬을 받았다. 소수를 핵심 제자화하여 복음으로 세계를 정복하시려는 예수님의 계획은 2000년이 지난 오늘의 현실이 그대로 성공했음을 알 수 있다.

멘토링 2. 마리아가 감동적인 삶의 가치관을 갖도록 했다. (요12:1 - 8)

성경 요12:1 - 8에서 예수님을 만난 한 여인이 보여준 특별한 감동을 기록하고 있다. 우리에게 잘 알려진 이 성경은 예수님의 평가에 대한 좋은 사례로 알려져 있다. 마리아는 왜 300데나리온이라는 큰 금액의 향유를 부었을까? 그것은 사랑 때문이었다. 마리아와 그 가족을 먼저 사랑해 주신 예수님에 대한 사랑의 표현으로 마리아는 자신이 가장 귀하게 여기는 것을 아낌없이 부어 드렸던 것이다. 예수님의 먼저 사랑처럼 멘토가 멘제의 마음을 얻을 수 있는 것은 먼저사랑이 전제가 되어야 한다.

멘토링 3. 수가성 여인에게 삶의 변화를 주시었다. (요4:7 - 39)

사마리아의 세겜땅 수가성에 있었던 우물은 놀라운 만남이 있었던 곳이다. 이 우물은 야곱의 우물이었다. 여기에 삶에 지친 한 여인이 예수님을 만났다. 예수님을 만남으로 말미암아 이 여인에게 일어난 놀라운 변화를 생각해 볼 수 있다.

그녀는 부도덕하고 고독한 삶에서 신앙이 바뀌었고 영혼이 새로워지는 회복을 얻게 되었다. 그는 예수님과 만남을 통해서 예수님이 메시야임을 알게 되었다. 그리고 물동이를 내버리고 자신이 그렇게도 피하던 마을과 사람들에게로 가서 예수님을 전하게 되었다. 누가, 무엇이 이렇게 여인을 변화시킬 수 있었을까? 바로 예수님과의 만남 즉 한사람을 소중히 여기시는 예수님의 멘토십 때문이었다.

멘토링 4. 삭개오가 180도로 회심할수 있도록 했다. (눅19:1 - 10)

인간은 일생동안 많은 종류의 만남을 가진다. 그러나 성경은 우리가 일생동안 꼭 만나야하는 중요한 만남을 소개한다. 바로 그리스도와의 만남이다. 눅19:1 - 10

에서는 삭개오가 예수님을 만나는 극적인 장면이 연출 된다. 세리장인 삭개오는 불의한 방법으로 동족의 재산을 착취하여 재물을 축적한 부자였다. 따라서 그는 외면당하는 삶을 살았고 어떤 사람도 그를 가까이 하지 낳았다. 그는 인간적으로 고독했고, 마음속에 기쁨이 없었다. 이것이 바로 예수님을 만나기 전의 삭개오의 모습이다. 그러던 그가 예수님을 만난 후 180도 변했다. 철저한 회개와 믿음으로 자신과 가정이 구원을 받게 되었다. 돈을 모으기에 수단과 방법을 가리지 않던 사람이 가난한 사람에게 돈을 나누어 주었다. 재물에 관한 가치관이 달라졌다. 남에게 훔친 돈은 4배로 갚겠다고 말한다. 과거의 잘못을 철저히 청산하고자 한 것이다. 돈의 노예였던 그가 돈의 쇠사슬에서 해방되었다. 무엇이 삭개오를 이렇게 새사람을 만들었을까? 예수님과의 만남이었다.

멘토링 5. 나다나엘의 성별한 삶을 칭찬하셨다. (요1:43-51)

나다나엘은 예수님을 처음 만났지만 예수님으로부터 참 이스라엘인이라는 평가를 받았다. 참 이스라엘은 참 신자 즉 성별을 의미합니다. 나다나엘을 예수님께로 이끈 사람은 빌립이다. 예수님은 그가 간사함이 없음을 아셨다. 또 그는 참 이스라엘인이었다. 당시지도자들이 권모와 술수와 온갖 불의와 탐욕으로 가득 찼으나 그만은 예수님이 보기에 진실된 신앙인으로 거짓 없는 삶을 살고 있었다. 예수님의 멘토십은 하나님 앞에서 참 신자답게 살아가는 성도들을 구별하신다.

* 예수님의 1:1관계의 발전단계는 우정단계 - 인격단계 - 생명단계이다
  그 분의 목표는 신앙고백, 구원의 기쁨, 하늘나라의 소망을 이끌어 내는 것이다.

사례 8. 예수님 멘토링 의미

4복음서와 서신들에서 멘토링의 관계를 많이 보게 된다. 예수께 멘토링 받은 (Mentored) 제자들은 그들의 사역을 예루살렘과 온 유대와 사마리아와 땅끝까지 확대하였다.

성경에서 멘토링의 가장 훌륭한 모델은 예수님과 제자들의 예를 통해 찾을 수

있다. 비록 예수님이 주로 대중을 대상으로 복음을 전하셨을지라도 그의 사역의 가장 중요한 부분들은 열 두 제자들에게 투자하셨다. 주님께서 승천하시면서 이 세상의 복음화, 제자화를 위해 그의 제자들에게 사명을 맡기신 것이 이 사실을 증명한다. 예수님은 그의 제자들을 무작위로 아무렇게나 택하신 것이 아니었다. 밤을 세워 기도하시면서 제자들을 선택하셨고 그들을 일일이 멘토링 하셨다. 예수님이 사용하신 멘토링 기술은 주로 제자화 시킴, 영적 인도, 코치함, 상담, 가르침, 지원, 모델삼기 등 이었는데 이는 멘토의 여덟가지 기능이 거의 다 나타난 예 이다.

또한 예수님의 멘토링의 친밀도 정도에 따라 살펴보면 제일 강했던 제자는 사도 요한이었고 그 다음이 세 사람 베드로, 야고보, 요한이었다. 그 다음은 제자들과 마리아, 마르다, 나사로 가족, 그 다음은 70인 제자들, 그 외에 여성 재정 후원자들, 그 밖의 여러 제자들과 군중들 순 이었다.

예수님의 멘토링 스타일은 다음과 같다.

① **봉사하는 멘토**: 예수님은 오늘날 성공한 것으로 생각되는 멘토들과는 달라서 섬김을 받기 위하여 그분의 팀을 조직하지 않으셨다. 그 분은 그들을 섬겼다(막10:43-45)
② **지도하신 멘토**: 섬기시는 동안에도 예수님은 지도자로서 자신의 책임을 포기하지 않으셨다.
③ **비판하기 쉬우셨던 멘토**: 최고의 멘토께서는 비판받기 쉬운것에도 아랑곳하지 않으셨다.
④ **남성과 여성의 멘토**: 여성을 대하는 예수님의 태도는 유대사회가 그 편견과 완고함에서 벗어나도록 하시는 예수님의 능력을 생생하게 그리고 있다.
⑤ **신뢰하신 멘토**: 주님은 자신의 적은 무리가 위기에서 그리고 중요한 문제에서 실패할 것을 너무나도 잘 아시면서도 자신의 프로테제 집단을 신뢰하실 수 있었다.

사례 9. 예수님 멘토링 리더십

－성경 마18:12－14

너희생각에는 어떻겠느뇨? 만일 어떤 사람이 양 일백 마리가 있는데 그 중에 하나가 길을 잃었으면 그 아흔 아홉 마리를 산에 두고 가서 길 잃은 양을 찾지 않겠느냐? 진실로 너희에게 이르노니 만일 찾으면 길을 잃지 아니한 아흔 아홉 마리보다 이것를 더 기뻐하리라.

◆ 가브리엘 천사와 예수님

가브리엘 천사는 천국에 오신 예수님을 반갑게 맞이했다. "예수님, 세상에서 얼마나 계셨지요?" "3년 동안 있었지" "3년 동안 무엇을 하셨습니까? 제자들을 길렀지." "몇 명이나요?" "12명을 길렀지." "아니, 겨우 12명입니까?" "12명이 어째서? 나는 그래도 12명의 작은 예수를 길러 놓고 왔지!" 훗날에 보자구.

* 예수님의 생애는 사람을 찾아 훈련하는 일에 우선을 두셨다. 그 사례는 3년 동안 12명의 소수를 선택하여 완전하게 제자화 한 것이다.

1. 소수선택 법 (Selecting)

   (눅6:13－그 중에 열둘을 택하여)

2. 함께 지내기 법 (Associating)

   (마28:20－내가 너희와 함께 있으니라)

3. 성별하기 법 (Consecrating)

   (행11:26 「그리스도인」이라 불리기 시작한 것은)

4. 자신을 주는 법 (Imparting)

   (요15:13－사람이 친구를 위하여 그 목숨을 버리면)

5. 본보기 법 (Modeling)

   (요13:15－내가 너희에게……본을 보였느니라)

6. 위임하기 법 (Delegating)

   (마4:19－내가 너희를 사람을 낚는 어부가 되게 하리라)

7. 모니터링 법 (Monitoring)

   (막8:17－아직도……깨닫지 못하느냐?)

8. 능력부여 법 (Empowering)

   (요15:16－너희로 가서 과실을 맺게 하고)

사례 10. 바나바와 바울 이야기

멘토 – 바나바	멘제 바울
바나바와 바울은 신약성경에 나타난 멘토링의 모델 가운데 뛰어난 모델 중 하나이다. 바나바는 바울을 지원했고 유대 그리스도인들에게 성공적으로 연결시켜주었다. 뿐만 아니라 바나바는 바울을 이방 기독교의 중심에 서도록 길을 만들어준 멘토였다. 바나바는 바울이 예루살렘교회의 사도들에게 의심받고 있을 때 바울의 멘토로서 사도들로 하여금 그를 안심하고 받아들이도록 연결시키는 고리 역할을 훌륭히 수행했다(행 9:23-24). 바나바는 이곳에서 1년 이상 바울이 배우고 성장하도록 여러 기회들을 제공해주었으며 다시 그를 안디옥으로 불러 그곳에서 말씀사역을 함께 담당했다. 그의 멘토링은 여기에서 끝나지 않는다. 안디옥교회가 바나바를 선교사로 이방세계에 파송할 때 바나바는 바울과 함께 간다. 이렇게 바나바는 바울에게 있어 **목회의 멘토, 설교의 멘토, 선교사역의 멘토**가 되었다. 그 이후로 이방선교의 중심은 바나바에서 바울에게로 넘어가게 된다. 바나바의 멘토링으로 바울은 그 후에 브리스길라와 아굴라, 디도, 디모데, 아볼로 등을 멘토링함으로써 그의 선교사역은 그레데, 아시아의 여러 교회들(행18:27-28)과 계시록에 나오는 일곱 교회들(계2-3장)과 고린도교회(행18:1-2), 로마교회(롬16:3-5) 등 세계교회로 뻗어나가게 되었다.	

사례 11. 바울과 디모데 멘토링

디모데후서 2장 2절에 나타나는 '또 네가 많은 증인 앞에서 내게 들은 바를 충성된 사람들에게 부탁하라. 저희가 또 다른 사람들을 가르칠 수 있으리라'는 내용은 바울이 디모데를 어떻게 멘토링 했고, 또한 멘토링의 재생산을 얼마나 중요하게 생각했는지를 잘 보여주는 내용이다. 바울은 그의 디모데에 대한 멘토링이 단지 디모데 한 사람에서 그치기를 원치 않았다. 멘토링의 고리가 계속 연결될 때 멘토링은 그 참 가치를 나타내게 되는 것이다.

이런 관점에서 볼 때 디모데전후서, 디도서 등은 그야말로 멘토링 서신이라고 해도 과언이 아니다. 바울은 그의 동역자요, 함께 군사된 자요, 멘제인 디모데, 디도 등을 이러한 서신을 통해 멘토링 하고 있는 것이다. 물론 직접 만나서 멘토링을 한다면 가장 좋겠으나 서로 멀리 떨어져 있기에 당시의 유일한 통신수단인 편지로 멘토링을 하고 있는 것이다. 오늘날 같으면 멀리 떨어져 있는 경우에 정기적으로 혹은 비정기적으로 전화로, 책으로, 테이프로, E-mail로, 혹은 사람을 보내어 멘토링할 수 있을 것이다.

디모데에 대한 바울의 멘토링 사역은 사역적 모델, 영적 인도자, 교사, 상담자로서의 멘토의 역할이었다. 이런 역할들은 물론 멘토와 멘제의 특별한 관계가 아니면 어렵다. 바울과 디모데는 1차 선교 여행시에 만나게 되면서 가장 친밀한 멘토 · 멘제의 관계인 '내 사랑하는 아들'의 단계까지 가게 된다. 그리하여 멘제 디모데는 바울을 대신하여 바울이 갈 수 없는 곳들에 가게 되었고 (행19:22, 고전 4:17, 16:10, 고후1:1), 훗날 제4차 선교여행 중에는 디모데에게 에베소교회를 잘 목양하고 감독하도록 부탁하게 된다. 평소 디모데에 대한 멘토링이 없었다면 이런 종류의 동역은 불가능했을 것이다.

사례 12. 아볼로와 브리스길라 멘토링

아볼로는 성경에 대해 매우 박식한 인물이었으나 단지 요한의 세례만 아는 정도였다. 브리스길라와 아굴라는 회당에서 담대히 말하는 아볼로를 데려다가 하나님의 도를 더 자세히 풀어 가르쳐 주었다 (행18:26). 즉 장막 만드는 직업을 가진 아굴라 부부는 아볼로에게 영적 교사로서의 멘토 역할을 나타내고 있다. 그 후 아볼로는 아가야로 가서 믿는 자들에게 많은 유익을 주었고 성경을 힘 있게 증거하고 예수는 그리스도라 증거하여 공중 앞에서 유력하게 유대인들의 말을 이겨 복음증거 사역에 중추적 인물이 되었다 (행18:27 - 28).

지금까지 우리는 성경에 나타나는 멘토링의 관계들을 살펴보았다. 위의 예들을 통해서 보듯 성경은 멘토링의 교과서라고 할만큼 수많은 예들로 가득 차 있다. 멘토링이 아니었다면 오늘의 기독교는 존재할 수 없었을 것이다. 한걸음 더 나아가 우리로 하여금 하나님을 닮아가게 하시고 그 사역을 이루게 하시는 하나님께 감사를 드린다.

특히 교회 멘토링에 관심있는 목회자들께 [교회멘토링의 필요성]과 [효과성]에 대하여 아래같이 참고자료로 전한다

자료1 오늘날 교회 멘토링 의 필요성

교회론(敎會論)의 가장 큰 이슈는 "교회가 왜 존재하는가?" 라는 물음입니다. 이질문은 "교회의 사명이 무엇인가?" 하는 질문과 동일합니다. 한국 교회는 이 질문을 답하는 과정에서 역사적으로 두가지 유형의 모델을 세워 나갔습니다. 하나는 전도를 통한 "교회 양적 성장" 이며 다른 하나는 "교회 질적 성숙"입니다. 이와같이 양적인 성장과 질적인 성숙 이라는 두바퀴가 서로 같이 구를 때만이 교회가 건강하다고 볼 수 있습니다.

그러나 오늘날 목회의 현실은 어떠합니까? 아래와 같이 몇가지 문제점을 지적하고 멘토링 전략 차원에서 대안을 제시합니다.

1) 먼저 목회자의 **일방적인 목회**(One way **목회**)가 문제입니다. 과중한 목회로 인하여 건강은 물론이고 고유한 기도와 말씀연구에 전념하지 못하므로 교인의 질적 성숙에 문제가 들어나고 있습니다. 멘토링에서는 모세가 평신도를 개발하여 중간지도자에게 업무를 위임한 사례와 같이 오늘날 목회 현장에 평신도 멘토제를 도입하여 의사소통이 원활한 목회(Two way 목회)를 지향해야 합니다.

2) 두번째는 **교육중심의 지적목회**(Hightech **목회**)가 문제입니다. 평신도에게 과분한 성경교육은 결과적으로 이기주의적인 제자는 양산될지 모르나 진정한 사역자는 얻기 힘듭니다. 목적 보다도 수단이 앞서가는 것은 스스로 부메랑 피해를 목회자 자신이 안게 되는 것입니다. 멘토링에서는 예수님의 소수중심으로 따뜻한 인정을 베푸는 목회(Hightouch 목회)로 전향할 때가 되었다고 봅니다.

3) 셋째는 **앞문도 활짝 열리고**(Produtivity **목회**) 뒷문도 활짝 열려있는 목회가 문제입니다. 활발한 전도활동을 통하여 새신자들이 교회에 들어오게 하는데는 목회자마다 제실력을 충분히 발휘하고 있다고 봅니다. 그러나 문제는 기존성도들에 대한 관리기술은 어쩐지 허술해서 뒷문으로 줄줄 새고있는 현실입니다. 멘토링에서는 멘토제도를 활용해서 교인 한사람 한사람에게 만족기법을 발휘(Humanity 목회)하여 뒷문을 막아야 합니다.

그러므로 미래의 모든교회는 아무리 대형교회가 나타난다 할지라도 성도 한사람 한사람을 돌볼 멘토십제도(Mentorship System)를 구축해야합니다. 이는 큰 교회속에 작은 1:1 교회를 만드는 것과 같습니다. 이 1:1 팀은 다만 지리적인 공통점을 가지고 기계적으로 나눠진 하부조직이 아니고 교인의 욕구를 정확히 진단하고 충족시킬 대안을 가지고 탄생되는 살아있는 유기체 조직이 되는 것입니다.

자료2 교회 멘토링의 기대효과

1) 목회자와 평신도간에 사역의 균형이 유지됨으로 목회자는 본연의 임무에 충실할 수 있다.
2) 사랑의 공동체 분위기 조성으로 따뜻함과 인간미 넘치는 교회로 소문이 날 수 있다.
3) 멘토를 양성함으로 인하여 소명의식, 사명의식, 창의의식이 개발됨으로 인격과 신앙을 겸비한 중간지도자를 기를 수 있다.
4) 새신자 정착율이 월등히 향상되어 멘토링 이전의 정착율보다 이후의 정착율이 80-90% 가능하다.
5) 그동안 1:1 성경공부로 제자훈련이 잘된 자들을 멘토직으로 전환하여 현장 사역자로 활용할 수 있다.
6) 평신도개발 전략으로 각 기관, 각 부서에 사역활동이 원활해지며 새신자 멘토링에서 앞문열고, 평신도유지율향상 멘토링에서 뒷문 닫는 전략이 될 수 있으므로 교회가 질적, 양적으로 크게 성장되고 목회혁신의 지름길이 될 수 있다.

저자 약력 사항

柳在碩 - 멘토링코리아 대표(설립자) -

주요저서 및 논문

멘토링코리아 대표 설립자 1998.2.1
www.cmko.com 010 - 6330 - 0574

* 종합편 단행본 도서
    1 멘토링원리와 현장적용방법(536p한국학술정보㈜)
    2 멘토링경영과 실전성공전략(524p한국학술정보㈜)
    3 멘토링사례와 조직별모음집(560p한국학술정보㈜)

* 단행본 도서
    1 멘토링 인간경영 이야기(130p)
    2 멘토 오디세이 핸브북(130p)
    3 멘토링 섬기는 리더십(130p)

* 멘토링 인간경영 총서 - 10권
    1 Story - 멘토링 인간경영 원리
    2 Skill - 멘토링 인간경영 기술
    3 Leadership - 멘토링 인간경영 리더십
    4 Game - 멘토링 인간경영 게임
    5 Tool - 멘토링 인간경영 도구
    6 Strategy - 멘토링 인간경영 전략
    7 Humanity - 멘토링 인간존중 경영
    8 Productivity - 멘토링 생산성과 경영
    9 Manual - 멘토링 인간경영 매뉴얼
    10 Case Study - 멘토링 인간경영 사례

멘토링 사례와 조직별모음집

• 초판 인쇄   2008년 2월 29일
• 초판 발행   2008년 2월 29일

• 지 은 이   류재석
             (멘토링코리아 대표. www.cmko.com)
• 펴 낸 이   채종준
• 펴 낸 곳   한국학술정보㈜
             경기도 파주시 교하읍 문발리 513-5
             파주출판문화정보산업단지
             전화   031) 908-3181(대표) · 팩스   031) 908-3189
             홈페이지   http://www.kstudy.com
             e-mail(출판사업팀사업부)   publish@kstudy.com
• 등   록   제일산-115호(2000. 6. 19)
• 가   격   46,000원

ISBN   978-89-534-8247-0 93320 (Paper Book)
         978-89-534-8248-7 98320 (e-Book)